天

Borderless

下

博稽古今　融汇天下

天
Borderless
下

博
观

Law and Revolution II

法律与革命

（第二卷）

新教改革对西方法律传统的影响

[美]哈罗德 · J. 伯尔曼 著

袁瑜琤 苗文龙 译

法律出版社 LAW PRESS · CHINA

北京

著作权合同登记号

图字：01–2018–7206

作 者 简 介

哈罗德 ·J. 伯尔曼 Harold J. Berman，1918~2007

伯尔曼是当代美国最具世界影响力的法学家之一，世界知名的比较法学家、国际法学家、法史学家、社会主义法专家，以及法与宗教关系领域最著名的先驱人物。他对中国当代法学界也产生过重大影响，是中国法学界比较熟悉的外国法学家。代表著作有《法律与革命：西方法律传统的形成》《法律与革命：新教改革对西方法律传统的影响》《法律与宗教》。

译 者 简 介

袁瑜琤

北京大学法学博士，烟台大学法学院副教授。译著有《法律与革命（第二卷）》《论英格兰的法律与政制》《道德与政治论文集》以及《权利的变革》等，主要研究方向为法律文化、比较法以及法律与社会变革。

苗文龙

北京大学法学博士，重庆大学法学院教师，宪法与行政法研究中心研究员。译著有《法律与革命（第二卷）》《大宪章》《权利的变革》以及《英国法中的先例》等。

“献给 Ruth，全部，而且永远。”

凡 例

一、本书是伯尔曼《法律与革命——新教改革对西方法律传统的影响》一书的全译本，所据版本为美国哈佛大学出版社 2003 年版。

二、书中人名和专用术语尽量按通行译法译出。为了读者阅读印证方便，人名以及一些术语在第一次出现时括注了原文，有的地方还根据译者的把握，加了“译注”，意在方便读者理解。

三、本书切口处的数字系原书页码。因中英两文版式不一，故边码未必完全切合。

四、本书注释引用各种语种参考文献甚多，译者未能完全了解各种文献内容，译为中文，恐反译讹误，故除《圣经》章名之外，其他文献名称以及著（编）者、出版地等均照录原文。此虽有助于读者查验有关文献，对不谙西文的读者毕竟略显不便，尚祈鉴谅。

五、为忠实反映原著学术面貌，并方便读者检索，本译文以外文与中文对照的方式保留了原著的全部索引。索引条目后的数字系原著页码，读者可按本书边码检索。

序 言

遥想当年罗马天主教和新教对西方法律传统的影响,为什么有其重要意义?首先是因为,我们是那一传统的继承人,我们的法律是受那些影响的结果。如果我们不知道我们的法律制度何以如此,我们就不能理解它们,就像如果我们不知道我们是如何一步步走到今天的地步,就不能懂得我们自己。我们的历史是我们的集体记忆,缺失了这种记忆,我们就丢掉了集体。如果我们仅仅生活在当下,我们就要忍受记忆的缺失,这是一种社会性的健忘症,不知道我们从哪里来,又要向哪里去。

第二,不了解过去,对将来就没有真正的信任。就像埃德蒙·柏克(Edmund Burke)在两个多世纪之前所教导的那样,一个民族,如果不肯回首瞭望祖先,就不会顾盼它的后世子孙。用当代泰拉尔·德·夏丹(Teilhard de Chardin,译按:法国神学家和考古学家,曾来中国考察,中国名字叫德日进)的话来说,正是过去给我们以建设未来的启示。

第三,对我们来说,知道我们所继承的法律遗产乃是历史性地扎根在不同形式的基督教信仰之中,有着重要的意义,因为最近几代人以来,这一事实正在被忘记,而这在一定程度上又是由于我们不再探究支撑着我们现存法律制度的基本信仰。到 1952 年的时候,美国最高法院的法官还会在发表司法意见的时候声称美国人民"是一个有着宗教信仰的民族,她的法律制度以一个至高的神为前提"。[①] 今天,这句话也许仍然由政治家在说着,由其他人在说着,但法院不再说了。站在法律的立场看,宗教信仰已经成为个人事务;它大体上已经脱开了法律的语言。并且,今天看来,作为我们的法律制度所存乎其上的基础,是怎样的新信仰取代了传统的宗教信仰,这尚未明朗。结果是,我们的法律话语、我们的法律价值体系,丢失了它往日曾经具有的力量和活力。

第四,为了积极地回应我们在 20 世纪、21 世纪所面临的世界历史新境遇——此时西方和其他文明与文化处于不断的相互影响之中,重新体会我们的法律传统所曾经具有的宗教维度,包括它在各种形式的基督教信仰中的根系,也具有重要的意义。尤其是在基督纪元的第二个千年间,世界上的人们渐渐地、一个世纪接一个世纪地彼此联系起来,西方的基督教国家通过它的传教使节、它的商人和军队,逐渐在它自己的周围建立起一个世界。现在,西方不再是那个世界的中心。一方面全球性的通信、科学技术和市场,另一方面环境破坏、疾病、贫困、压迫和毁灭性战争的全球性挑战,把全人类结合到一个共同的命运中来。尽管大多数人仍然是站在国家的立场上想到法律问题,就如法律是民族—国家的创造,但实际

① William O. Douglas 大法官在 Zorach v. Clauson, 343 U. S. 306,313 (1952)中的意见。

上，一个新的世界法体系正在出现，它是跨国的非政府组织和政府间组织的创造物。在一个全球一体化的新时代，世界法必须利用的物质和精神资源，不仅是西方的，还要有其他文化的，不仅是基督教的，还要是有其他世界宗教的和非宗教信仰体系的。正是出于新的世界法时代的视角，关于西方法律传统之历史资源的记忆必须要找回。

最后，西方法律传统能够给这个世界社会贡献一个独特的时间感悟，即对在若干代人和若干世纪间逐渐进化的制度所拥有规范意义的感悟。在西方，它曾经系于历史之神挑战人类、通过改造世界而实现救赎的观念。实际上，周期性打断西方演进过程的历次伟大革命，都曾立基于一个信仰之上，这就是要通过一个天启的强烈的社会变革，为人类建立一个四海之内皆兄弟的新时代；并且，每一次伟大革命最终都放弃了它的天启规划，而在其新图景和革命前的历史之间做出妥协。如果西方法律传统现在要对多元文化的世界法有所积极贡献的话，那它将不是通过势必导致暴力革命的天启图景，而是靠着后革命时代对法律演进能力的信念，即对其在改变自身以适应变化的社会需要和价值的同时，保持其自身连续性的信念。

实际上，正是其进化的品质，其逐渐成长的能力，其自觉的对新环境的适应，成就了西方法律传统的一个主要美德。美国以及欧洲的当代法律思想，已被法律实证主义者和自然法理论的拥护人之间的辩论所主宰。实证主义者认为法律首先是一种政治工具，它由政治权威所颁行的规则构成，并由国家制裁来强制执行；而自然法理论的拥护人则认为法律首先是一种道德工具，其中只有符合基本的正义原则的那些法律规则才具有效力。在19世纪的时候，出现了第三种法律哲学即历史法学派，它反对实证主义者,也反对自然法理论。这一历史法学派在今天的法律理论阵营中为大家所不喜,部分原因就是它认同了那种被认为是浪漫的民族主义的东西,它把法律的起源及其效力的渊源,归结到法律所生存其中的社会的历史经验和历史价值。在德国,强调重点放在了Volksgeist,即“民族的精神”;在美国,重点则放在了国父们的信仰上,以及对这些信仰所做出的后世诠释上。目前的这一作品,回到了前启蒙时代的法学理论,那是一个把法律的三个维度——政治的、道德的和历史的维度综合一处的理论。如此之综合性法学理论把法律视为一个按照经验,在秩序和正义之间做出平衡的过程。它回归到了这两个拉丁语单词的早期内涵,即 integrare——“治愈”和 integratio——“更新”。

所以,16 世纪和 17 世纪新教改革对西方法律传统的冲击,将不仅被视为过去的一个片段,而且还是一个活着的记忆,它在影响着我们的现在和未来。当然,历史是不能走回去的。我们也不想走回到那个过去,其时的路德宗和加尔文宗信仰体系不仅像此处要强调的那样,是法律秩序和法律正义进行更新的重要渊源,而且,它们也是君主和贵族的阶级统治、毁灭性的宗教战争、镇压不同意见和改变信仰者、歧视犹太人、迫害被指控有巫术的人以及其他种种罪恶的渊源。

但是,有没有可能和必要回归到其中有益的地方?对法律之宗教根基所持的信念难道不是其中有益的一个重要内容?如果在今天的世界上,所有的人都相信法律——开头字母 L 要大写的法律——建立在爱神、爱邻人以及尤其是要尊重权威、不杀人、不偷盗、不违背婚姻关系的道德准则、不做假证以及不贪恋别人之物等神圣戒律基础之上,就像 16 世纪和 17 世纪的欧洲人遵循犹太人的传统而相信的那样,这难道不是一件好事?人类学家已经证明,

《十诫》的后六条戒律在为人们所知的每一种文化中都有其相应的内容。

于是,作者在本书写作之时就怀着一个信念,即重新体会并挖掘西方法律传统和西方宗教传统之间的历史性联系,在发展普遍的法律标准和共同的法律制度的过程中,将不仅加强而且将会促进世界各主要文化间的对话与合作。

目录

导　论

本书讲述的是西方法律传统在两次“大革命”的冲击下所发生的两次相继转型的故事，这两次革命分别是16世纪的德国革命——路德的宗教改革是其中关键所在和17世纪的英国革命——加尔文的改革是其中的关键所在。当然，受这些革命冲击影响的，并不仅是法律传统，而且还包括新的国家形态、新的政府形式、新的经济制度、新的阶级关系、新的历史观念和新的真理观念。这是两次全方位的政治和社会动荡，它折射出两种新的信仰体系，它们的冲击波传遍了欧洲。

要想把西方法律传统在这两个连续的阶段里所发生的故事得体地讲述出来，就必须把这些革命性的变化当作一个整体，并从中描述出这个故事的发生背景：在1517年10月31日——当马丁·路德在威登堡大教堂的门上张贴出他实际上宣称要彻底抛弃教会组织的《九十五条论纲》

(Ninety-five Theses),当德国境内的各公国的统治者们召集起他们的军队,来抵抗德国皇帝和教皇的军事力量,以捍卫路德的事业——之后,德国以及欧洲,到底发生了什么;在1640年11月——当由英格兰拥有土地的乡绅们选出的、清教徒占多数的议会,在查理一世已经实施了11年的个人专制之后,终于投票决定在苏格兰建立长老会教堂,查理因此调集了一支400人的军队闯入平民院去逮捕其中的领袖人物,随后议会又召集了一支他们自己的军队来对抗王室的至上权威——之后,英格兰以及欧洲,到底发生了什么。当然,本书的主要目的并不是描述这两次革命的来龙去脉,而是要在一个更为宽泛的——这两个国家的法律体系作为组成部分而处于其中的——法律传统的框架内,来审视这两个国家的法律体系最终所发生的变化。

002 此前的一卷讲述了西方法律传统的形成。在11世纪末、12世纪初教皇革命的冲击下,在12世纪和13世纪产生了最早的现代法律体系,即罗马天主教会的“新的”教会法(也就是所谓的*jus novum*)和更为逐渐地出现、同时共存的诸多世俗法律体系——王室法、封建法、城市法和商法。[1]实际上,教会法在许多重要方面都为世俗法的发展提供了榜样。西方法律传统更晚近的转型,则发生在18世纪法国大革命、美国革命和20世纪俄罗斯革命,以及20世纪和21世纪初西方法律传统所经历危机的影响之下。

本导论的主要目的,是以相对简略的篇幅勾画出整部作品的主题,以便把16、17世纪德国法和英国法的转型分别放进西方法律传统的整体框架——从11世纪末的萌芽,到接下来的主要转型,再到20世纪和21世纪初的危机四伏——的背景之中。最终,就是要从这个有着900年历史的西方法律传统目前所正在经受的危机的视角,来讲述它的形成和转型历程的故事。

在开始处，简要地廓清如下词语的含义会有所帮助："西方的"（Western）、"法律的"（legal）和"传统"（tradition）——尤其是当它们被整合进一个单一概念时的含义，以及在西方历史上周期性发生的政治和社会激变即所谓的"革命"（Revolution）这个字眼——在后文它的开头字母是要大写的。

"西方"，我是指在那些欧洲民族中历史地发展起来的文化，那些民族从 12 世纪初期到 16 世纪初期，在罗马天主教教皇统治面前，分享了一套共同的政治和法律"附庸文化"和共同的宗教"附庸文化"，在 16 世纪和 20 世纪之间，则又经历了一系列国家大革命，每一次革命都部分地指向罗马天主教，并且都动荡了整个欧洲。"西方"包括了"非欧洲"的国家，如美国——它由于开拓殖民地的原因而并入了西方文化的历史发展范畴，以及俄罗斯——它则是缘于文化与政治上的相似性和互动交流。

"法律"，我是指从 12 世纪开始在"西方"国家发展起来的法律体系，包括宪法性法律、法律哲学及法律科学，以及刑法、民法和程序法的原则和规则。尽管它们在时间上、空间上参差多态，但这些法律体系拥有共同的历史基础、共同的概念和方法。它们也包括那些或许可以称为精神法或社会法的东西，即那些规范教会事务、婚姻、家庭、道德犯罪、教育和贫穷救济的法律。在 16 世纪之前， 003
这些内容属于罗马天主教会管辖，但新教改革把它们改属到世俗权威的管辖权之下。

"传统"，我是指所体悟到的过去和未来之间不间断发展的历史连续性，在法律上，就是法律制度在一代代人、几个世纪的时间里有机发展，其中每一代人都有意识地在他们的前人的工作基础上再进一步。历史学家嘉罗斯拉夫·帕利坎（Jaroslav Pelikan，译者按：美国基督教史学家）曾经把对传统的信守和传统主义做了如下对比:传统主义,他写道,乃是活人的死信条,而传统则是死人的活信条。[2]与此相仿,我们也比较一下**泥古主义**(*historicism*)——仅仅是对过去的固守和**历史性**(*historicity*)——在缔造未来时借鉴过去。社会学家爱德华·希尔斯(Edward Shils)称传统"不是来自过去的一只僵死之手,而毋宁是一只园丁的手,它培养并引导出也许原本不会如此茁壮长成的判断天分"。[3]那种随着时间而有意识地发展、经历了一代代人和几个世纪之"成长"的法律"肌体",乃是典型的西方概念。它预设了(在西方法律传统中)法律的变化并不是偶然发生的,而是为了适应现在和未来的需要,通过有意识地重新解释过去而发展起来的。法律是进化的,法律正在进化,它有一个历史,它讲述了一个故事。但是,西方法律的进化是随着一场伟大的革命而开始,并且在过去5个世纪里间断性地为一系列大革命所打断。西方的每一个国家都把它的法律追溯到这样的一场革命。长时间的进化和间断性的大革命之间的互动影响,是这个故事的核心部分。

"革命",此处意指一个社会的政治和社会制度领域内的一个根本性的改变,一个迅速的改变,一个剧烈的改变,一个持久的改变,它包括一个民族本身的改变——人们的态度、性格和信仰系统的根本改变。这个字眼的这个含义,时常被追溯到1789年的法国大革命之爆发。当利昂古尔公爵(duke of Liancourt)在凡尔赛向国王路易十六(King Louis XVI)报告巴士底暴风骤雨的消息时,国王喊叫道:"可那是一场暴乱!" 利昂古尔公爵说:"不,陛下,它是一场革命。"[4]这个字眼曾用于1776年至1783年的美国独立战争,随后又用于1905年和1917年的俄罗斯革命。[5]它也许可以恰当地适用于1640年的英国革命,但它只有在1689年告一段落时才被称为"光荣革命";适用于德国革命(German Revolution),它当时被称为

"路德改革"(Lutheran Reformation);适合于1075年至1122年的教皇革命,它当时被称为格列高利改革,因为其发起者是教皇格列高利七世(Pope Gregory Ⅶ)。在这六次革命中,每一次革命都包含着剧烈的动荡,即为崇高理想而奋斗的国内战争。每一次都需要一代人以上的努力才能生根,每一次都在基本法律框架和天启图景上寻求其合法性。每一次都最终形成了一套新的法律体系,它反映了革命的某些重大目的。每一次大革命都改变了西方的法律传统,但又最终保持在这个传统之内。

故此,传统本身并不仅专注于过去,还要关注未来。每一次大 004
革命都提出的一句口号就是"改造世界"。前三次——教皇革命、德国革命和英国革命——乞灵于一个天启的"新天国和新世界"图景,美国和法国革命则采纳了同一图景自然神论的翻版:神赐理性的至高无上、神赐的不可剥夺的权利和自由。俄罗斯革命则通过无神论的共产党宣称了一项救世主的任务,即为实现一个没有阶级的社会而开辟道路,此中四海之内都是兄弟姐妹,对每一个人都按需分配。伴随着这种天启图景的信仰体系,不仅在根本的政治、经济和社会变革中得到反映,还反映在公法和私法的新概念和新制度上。

所以,此处所要讲述的,在16、17世纪的路德和加尔文改革的冲击下,西方法律传统所发生转型的故事,必须作为一个结构更宏大的故事的一部分,并以一个千禧年的视角来看待。

西方法律传统在教皇革命中的起源

这个有着广阔场面的故事要从教会和世俗管辖权的分离开

始,而这一分离是经过一次革命运动而实现的;这一革命运动把罗马教会从屈服于皇帝、国王、封建领主的附庸地位中解放出来,并建立了以罗马教廷为首的僧侣等级制度,包括建立一套等级化的教会专门法庭以解决纠纷并贯彻教皇的立法。这次运动最初由教皇格列高利七世领导,故当时称为格列高利改革。它也称为授职权之争,在20世纪里它又开始被称为教皇革命。它表现为整个欧洲几乎50年时间——从1075年到1122年——的内战。[6]泛欧洲的罗马教会成为第一个现代国家,它建立起一套法律体系,格拉提安(Gratian)于1140年将之系统地整理成一部伟大著作,一般冠之以《教会法整理汇编》(*Concordance of Discordant Canons*)。这是第一部关乎一种法律体系的现代体系化著作,并且它被作为教会法的一部权威陈述而接受下来,一至于今。到13世纪的时候,有关英国法、德国法、法国法和其他地区世俗法律的权威著作就接踵而至了。

世俗法主要涵盖对包括土地财产、暴力犯罪等在内的诸种问题的王室法管辖权,对领主——封臣和领主——农民关系的封建和庄园法管辖权,对在12、13世纪建立起来的数以千计的城镇内所发生事务的城市法管辖权,以及对各种市场商业交易的商法管辖权等事宜。在适用范围上,教会法要比各种世俗法体系广泛得多,
005 它不仅适用于那些直接涉及神职人员的全部事项,而且也适用于许多涉及平信徒的事项。实际上,平信徒时常选择到教会法庭进行事关契约纠纷的诉讼,这尤其是因为世俗契约法的发展水平差之太远的缘故。有许多交叉重叠的问题会引起教会法院和世俗法院的管辖权竞合,而在世俗领域内,王室法院、封建法院、城市法院和商事法院之间也存在管辖权竞合。

在一个既定的政治共同体内,各种自治的法律系统和各种独

立的管辖权的共存和竞争,有助于在这个共同体内实现法律的至上性。在13世纪出现了一个职业化的、多少都是专职从事法律事务的、训练有素的阶层,即职业律师、法官、法律学者,这既有教会人员也有世俗人士,这又强化了教会内部和各个王国的法律至上性。拜占庭帝国皇帝查士丁尼(Justinian)在6世纪所编纂的罗马法著作,在5个世纪之后,在教皇革命的顶峰时期,在西方又被重新发现了回来——这并不是一个偶然发生的事件。它此时被用一个新的方法来分析、综合研究——这后来称为经院哲学,以消除这些权威文本中存在的矛盾,并从这些文本所给定的不同规则和案例中提取出一般的概念。

最终,法律乃是规则和原则的协调体系或系统的概念,借着人们对它可以不断进化之特性——经过数代人和数世纪而不断发展的能力——的信仰而获得了生命力,这是独特的"西方的"信仰。法律,就像哥特式大教堂,是要经过几个世纪的建筑和再建筑的。人们相信,法律体系之中含有一种内在的有机发展机制,并且再进一步,法律的成长(随着时间的变化)有其内在的逻辑,它符合一定的变化模式。人们认为,法律是通过重新解释过去的规则和判决而发展、适应现在和未来的需要的。

法律的历史性,就像它在12世纪及其后所开始被理解的那样,和它的自治性以及超越政治统治者的权威性的概念相联系。最高的政治权威——国王、教皇本人——可以制定法律,就如人们所说,但他不能专横立法,并且在他重新——合法地——制定它之前,他受其约束。布拉克顿(Bracton)在13世纪初写下的一句名言就是:"国王不在任何人之下,但必在上帝和法律之下,因为法律创造了国王。"[7]用布拉克顿在德国的比肩者艾克·冯·瑞普高(Eike von Repgau,译者按:巨著《萨克森明镜》的作者,曾长期做主教的“有爵士封号的法律顾问”,1180—1233)的话来说,“上帝就是法律,所以法律是他的珍爱”。[8]

第一次新教革命:路德宗的德国

教皇革命是一幅对立双方实现辩证妥协的图景:精神的和世俗的、教皇的和王室的、僧侣的和平信徒的,以及世俗范畴内之王
006 室的和封建的、封建的和城市的等各方。这一图景的实现取决于挥舞强大的“精神之剑”的僧侣集团的忠诚,也取决于挥舞“世俗之剑”的王室、封建和城市权力的责任。但是,随着时间的流逝,教皇革命的“两把剑”图景遭遇了严重的缺损。

在14世纪末和15世纪,西方经历了一场广泛的骚动,它要求进一步的所谓改革,精神统治领域和世俗统治领域都是如此。但是,来自教会内部以及人文主义者的、要求更加正义更加人道的教会政策的呼声,仅仅得到了教皇统治集团的微弱回应;到15世纪末时,教皇统治集团已经陷入了深深的腐败之中。改革的要求也波及世俗王国,但同样所遇甚微。事后看来,当时的情形是在朝着最终的爆发靠近。这一点在当时就有许多人意识到了。但是,在路德的教义于16世纪初出现之前,所有试图阻止这一爆发的改革努力都没有切入当时问题的实质;用历史学家迈龙·吉尔莫(Myron Gilmore)的话来说就是,“格列高利革命最终失败了”。在现实中,“世俗政府被最终指引到恩典或正义境界的观念”——这是罗马天主教会为它设定的目标,吉尔莫写道,“不再(被)当真看待了”。[9]

1517年,马丁·路德和他的追随者们通过宣称废止——实际

效果如此——教会的管辖权,而打破了这个演进发展的历程。路德声称,教会不是立法机构,它是信仰者的无形共同体,在此,所有的信徒都是教士,彼此服侍,在同上帝的关系上,每一个人都是一个“私自的个人”(private person),并且单独对“神的话语”——《圣经》做出呼应。世俗的政治权威,即王侯(prince)和他的顾问们——亦即集权政府(high magistracy)或称 Obrigkeit,必须肩负起立法的责任,而这原来是属于罗马天主教会管辖权的职责。

路德的信徒把教皇革命的“两把剑”理论换成了新的“两个王国”理论:看不见的教会,即全部信徒组成的僧侣团体——他们教导说——属于天上的王国,接受“福音书”的统治;而世俗王国,就是“此世”的王国,包括有形的教会组织,接受法律的统治,而这属于作为基督徒的王侯及其顾问们的独有职权。

因为他们教导说,在天上王国,灵魂的得救只能出于神对那些有信仰的人的恩典,而不是靠“合乎法律的工作”,所以,就常常有这样的猜测:路德和他的同事们并没有明确的法律哲学和改革法律的计划。这非常不正确。他们还教导说,在世俗的王国,神依然存在,尽管是隐形的;而法律,包括《十诫》的精神法和世俗统治者所依赖的实证法,都是必需的。

首先,靠着法律所蕴涵的道德原则,叫罪人得以知道他们的 007
罪,并叫他们忏悔;第二,以制裁相威胁来阻止罪人的反社会的行为;第三,通过它的原则和程序,教育并指引义人走在正义和共同幸福的大路上。

为了实现这三种“法律的用途”——它们就是被如此称呼,德国各公国的路德宗统治者们都颁布了综合性立法,称为“Ordnungen”,即“条令”,规范以前属于罗马天主教廷职权之内的事务。这些条令分别是教会条令,管理公国范围内路德宗教堂的建构和职能;婚姻条令,规范婚姻和家庭关系;惩戒条令,管理道德过错;学校条令,管理儿童的公共教育;贫困救济条令,管理贫困、疾病、鳏寡和孤儿、流离失所和无业的救济。[10]这些公国的条令大多数都由路德宗精通法律的神学家起草,其中有些条令的起草者就包括路德本人和他年轻的朋友和亲密的同事菲利普·梅兰登(Philip Melanchton)。

与早期罗马天主教法律科学之经院哲学方法不同,路德宗法学家强调整个法律体系的统一性,并将之划出分支,第一层是公法和私法,第二层是私法范畴内的财产和债,然后,在债内又划分为契约、侵权和不当得利。这种分类建立在梅兰登的主题方法论(topical method)上,它与此前的经院哲学方法不同,而是首先从适用于所有科学的一般主题或真实出发,然后从适用于单独的科学分支——法律科学就是其中之一——的特殊主题出发,并把每一个主题进一步细分为属和种。梅兰登的主题划分方法为整个欧洲的学者所借鉴,并运用到他们关于那部被设想存在的、泛欧洲的普通法——全新的 *jus commune*——的著作之中;它合盘接受了从早先的那两部泛欧洲的普通法体系——罗马法和教会法——所提炼出来的原则、原理和规则,以及从王室法、封建法、商法和城市法的各种不同体系的共同特征中提炼出来的原则、原理和规则。

这是一个职业化了的法律科学,它适合于大学里的法律教学,适合于为德国培养未来的王侯法律顾问,以及那些将主持平信徒之世俗法庭的职业法官。它也非常适合于确立一个由教授判决案件的新制度,这就是著名的由德国法院把疑难案件的卷宗移交到大学法学院,以求最终判决的"卷宗递送"制度,即 *Aktenversendung*(the sending of the file)。这一制度在德国一直延续到1878年。

这也是基于《圣经》的法律。正如罗马天主教法学家曾经在7

个圣礼(译按:补赎礼,圣餐礼,洗礼,坚振礼,封立礼,婚礼和抹油礼)的基础上系统编纂了教会法,路德宗法学家也利用梅兰登的“主题式”方法,把法律的各个不同领域建立在《十诫》(译按:请参阅《旧约》申命记5:1－21)的基础上。就此,约翰·俄尔敦道普(Johann Oldendorp)——他的主要著作在3个世纪之后收藏在美国 008
最高法院大法官约瑟夫·斯托里(Justice Joseph Story)的图书馆里——继承了梅兰登的方法,把刑法建立在“不可杀人”的律条上,把财产法建立在“不可偷盗”的律条上,把家庭法建立在“不可奸淫”的律条上,把契约法和侵权法建立在“不可做假见证”和“不可贪图”等律条上。这些“主题”不仅是栏目或标题的意义,而且有普遍原则的意义;它们是有着神学基础的道德原则,各个种类的法律规则按照这些原则而做出解释。这是一种新的法律体系化的方法,它跨越了早先的同一政治实体内部共存的法律体系的划分模式。一种将《旧约》和《新约》文本作为一个整体的新的圣经注释学被应用到法律范畴中来。德国刑法的系统化编纂——它是这一法律部门最早的综合性现代法典——体现了这一新的解释方法。

路德宗法学家还推出了一套新的法律哲学,它把视法律为体现立法者意志之正式规则的实证主义理论,和通过诉诸路德宗法官的神启良知来实施规则的自然法理论结合起来。

德国路德宗革命的冲击波震荡了整个欧洲。在新教得以胜利之处,如英格兰,就建立起由君主实施领导的国教,王国的所有人等都被法定要求归属该国教。在那些继续属于罗马天主教的国家,如法国、西班牙和奥地利,在王国之内,王室凌驾于教会的权力也得以大大提高。在一国之内,涵摄其管辖权全部领域的国家法律系统开始被建立起来。

第二次新教革命:加尔文宗的英格兰

不论是在新教国家还是在罗马天主教国家,伴随着德国革命而出现的各种问题在接下来的几代人的时间里变得尖锐起来。新教在发展中出现了各种不同的宗派,其中尤其包括由 16 世纪的法国神学家、法学家约翰·加尔文(John Calvin)的信徒所组成的宗派,这就带来了宗教的危机。加尔文教徒从左翼对路德宗教义构成威胁,而罗马天主教统治者一贯的敌对力量从右翼进行威胁,这最终导致了所谓的"三十年战争",它在欧洲大陆上从 1618 年到 1648 年断断续续地进行了 30 年的时间。一个与此紧密相关的政治危机也出现了,即压迫性的"绝对权力的"君主在欧洲登场,他们乃是立法者、最高法官和最高执法者,他们自己"豁免于"遵守这样的法律。亨利八世(Henry Ⅷ)在发动 16 世纪的英国宗教改革时就明确主张这样的绝对权力,和他同时代的信奉罗马天主教的法国君主弗朗索瓦一世(Francis Ⅰ)也是如此。让·博丹(Jean Bodin)
009 在 16 世纪下半期写就的阐述专制君主政体的学说,在大多数欧洲国家的统治圈子里被广泛奉为圭臬。[11]

但是,到了 17 世纪,王室权力至上的观念开始受到越来越多的攻击。攻击先是来自国际性的加尔文主义,它主张贵族式的而不是君主的政府体制;继而是拥有土地的乡绅以及其他阶级,他们承受了来自王室家族及其官僚的现实或是假想的压迫。在 17 世纪中期,各欧洲国家经历了反对君主的运动,它们大体上与大规模的英国革命——1640 年爆发、1642—1649 年进行内战、接下来的 1649—1660 年建立清教徒共和国、1660—1688 年复辟以及最终的

1688—1689 年“光荣革命”——同时,只不过规模较小而已。

1640—1689 年的英国革命确立了议会超越于王权之上的主权地位。这不应和民主原则相混淆:国民中只有大约 2% 或 3% 的成年男子享有选举权。实际上它是一种贵族政体的统治方式,它主要由 8000 到 10000 名的拥有土地的乡绅和几百名出色的商人组成,他们一起取代了作为统治阶级的大约 120 名有头衔的贵族。[12]在议会中,平民院此时第一次获得了超过贵族院的权力。

英格兰仍然归属新教。但是,此时的英格兰教会置于议会统治之下,它也从所有基督徒臣民都必须依附的国家教会(state church)转变成一个国教教会(established church),它在国家的支持下享有特权,但根据 1689 年的《宽容法案》(Act of Toleration),它与发动了 1840 年革命的加尔文宗各教派共存。实际上,这个最终被称为“安利甘宗”(Anglicanism)的宗派,从曾经在革命时期激励着清教徒来反抗安利甘国家教会的加尔文宗信条中汲取了很多内容。

这场革命还给英国的法律体系带来了一次根本而持久的转型。法官们不再根据君主的意志而去留,而是获得了独立和终身任职。都铎王朝所确立的所谓特权法院——其中尤其是星室法院和宗教事务高等法院臭名昭著——被废除了,普通法法院取得了超越衡平法院和海事法院的最高地位。陪审团审判也进行了改革:陪审团不再由法官主导,并确立了证据上的证人证据和规则。诉讼的古代形式保留下来,但现在是用来帮助实现英国财产法、契约法和侵权法的现代化。作为英国普通法之标志的先例原则具有了它的现代意义,因为它此时区分了既定案例判决所必须蕴含的法律规则——这称为案例的“裁决”(the holding)和法院在其法庭意见中所陈述的那些对其判决没有决定意义的理由——这称为

"附属意见"(dicta)。正如德国对法律原则之协调性的强调乃是与
010 其君主制文官制政府——君主及其顾问的出现相联系的,英国对历史延续性的强调,乃是和其贵族制议会国家——它具有辉格党与托利党之政党制度和法官律师之行会——的出现相联系的。前者的概念论促成了一个把每个问题都"放置"在一个种属体系之中的法律科学的诞生。而后者的经验论,则导致了一个从案例推导出的原则要经过对抗程序之辩论的法律科学。

在英国法中,17 世纪和 18 世纪早期的新发展部分地根植于加尔文宗的概念。英国的清教徒尽管在不同的分支、不同的派别以及实际上的不同会众之间有着巨大的差异,但却分享着同一个信仰,即人类历史全部含括在神的天佑之中,它主要就是一部神自己之目的的精神展开史。这一强烈的神圣天佑的信仰,叫他们把英格兰视为神的特选国家,它注定要揭示并体现神寄予人类的使命。进一步说,他们相信神意欲并控制他们所谓的"世界的改革",并且他们强调法律作为这一改革工具所具有的作用。在清教徒的信仰体系中还有一个因素,它强烈地影响了英国政治法律制度的发展,这就是它对基督教共同体之团体属性的强调。英国的加尔文宗清教教义从根本上而言乃是倡导共同体主义的宗教。它强调一个神圣盟约的存在,根据这个盟约,信徒的聚会乃是"照耀世界上所有国家的一缕光线",是"山上的一座城"。这接下来又导致不仅强调勤劳工作、禁欲、节俭、纪律、自我修养以及其他诸种美德——它们后来被称为清教伦理,而且,还强调人类关于公共责任、社区服务、团体企业、相互信任,以及其他诸种牵涉于公共精神之品质的契约的神圣性。

对英格兰乃神之特选国家的信仰,支持了一场准备新改革的运动,这就是为那位伟大的清教徒诗人哲学家约翰·弥尔顿(John

Milton)在 17 世纪 50 年代所称谓的“一场改革的改革”。它在一定程度上也是由于都铎王朝之前的历史传统。为了支持这场革命性的政治变革,盎格鲁—诺曼时期的《大宪章》和早期的普通法被援引进来。而英国的加尔文宗思想则促成了一个新的历史法学派,它充实了罗马天主教和路德宗哲学内的各种自然法和实证主义理论的阵营。

法国革命:自然神论的理性主义

正如 16 世纪的德国革命产生了一套反映路德宗信仰的法律体系,17 世纪的英国革命产生了一套反映加尔文宗信仰的法律体系,1789—1830 年的法国革命也产生了一套反映自然神论信仰的 011
法律体系。

自然神论是西方信仰体系之一,它在 18 世纪曾凭借那些不相信基督之神性的人们而广泛传播,这些人实际上在很多方面是公开反对基督教的,但他们又确实相信宇宙原本乃是神的创造,并且神为宇宙之中的每一个事物都寄予了一定目的,人类被神赋予了一些机能,其中最重要的就是理性,人类借此而谋取他们自己的幸福。18 世纪的法国哲学家(*philosophes*)如伏尔泰(Voltaire)、狄德罗(Diderot)、卢梭(Rousseau)以及其他著名的“光源”(*lumières*)——他们就是享有这一称谓的——都是自然神论者,他们教导说人类乃是生而自由平等,并且具有通过运用理性而获得知识、实现幸福的能力。这一原本含有宗教维度的哲学,在 19 世纪早期开始被称为“启蒙”,并且这一称谓先是在德国,继而在其他地方传播开来。[13] 自然神论者信仰理性的纯粹和力量,并且打着科学的旗号来挑战基督教关于人之原罪以及人类历史的神意属性的信仰——这原本是路德宗和加尔文宗所强调的信仰,并挑战罗马天主教所强调的教会传统以及信仰的团体属性。但是,自然神论却当然地是罗马天主教和新教的一个产物,它分享了它们对神的崇拜——是神创造了人,并赋予人以理性和他们共同的道德价值,它还分享了它们对法律作为改变世界之工具的信心。

18 世纪法国哲学家的自然神论,尤其是其中根本的理想主义,反映到尾随法国大革命而来的公法和私法领域的根本性变革中。德国革命强调君主政体和王室的特权,英国革命强调贵族政体和贵族的特权,与此相应,法国革命的推动者则强调民主与公民的权利和自由——用 1789 年法国的《人与公民的权利宣言》(Declaration of the Rights of Man and of Citizen)的话来说就是"人的自然而不可消灭的权利"。实际上,法国革命首先是一场消灭法国贵族之不公正不合理的传统特权的革命,其次才是消灭君主政体之不公正不合理的专制权力的革命。最高权力被赋予一个民主选举产生的立法机构,它由中产阶级选举产生,并负责执行反映中产阶级公共舆论的政策。一系列的成文宪法确立了严格的权力分立,根据这种分立原则,行政权力只能执行、司法权力只能在单独的案件中应用,由独自享有立法权力的立法机关所创制的法律。

除了确立了一个新的宪法体系,法国革命还带来了一种新的
012 法律科学和一套新的法律哲学。正如德国人强调由教授把法律原则"放置"在主题式的体系中,英国人强调在历史的先例语境中就法律问题进行司法"辩论",法国人此时则开始强调通过制定综合性立法而"澄清"法律原理。在法国,教授的法律原则和司法的先例从属于立法机关通过综合性法典而确立的原则和规则。与此同时,在 16 世纪和 17 世纪早期曾居于主导地位的自然法理论和在

17 世纪和 18 世纪早期与其比肩的历史法学派的法律理论,都屈服于法的实证主义理论;这一理论在 19 世纪获得越来越广泛的接受,并终于在 20 世纪成为实际处于主导地位的西方法律哲学。

新出现的法律科学和法律理论与实体法领域的重要变化有密切的联系。在民法上,著名的 1804 年《民法典》(Code Civil)——拿破仑本人在其起草过程中起到了他的作用,并且该法典立意于表达出法国革命的精神——对权利或个人财产以及契约做出了特别强烈的保护。在侵权法("delict")中,作为一项普遍规则,责任基于过错的原则确立起来,即危害行为人如果并非出于故意或疏忽大意而导致危害发生,对受害人就不负有民事义务。在家庭法方面,婚姻被视为民事契约,就像任何别的民事契约一样,并且在存在事由或经证明不和谐的情况下,经双方同意可以实现离婚。丈夫对妻子儿女的惩戒权受到严格的限制,而笼统地讲,妻子则被赋予更多的财产权利和更多的民事权利。[14]

在刑法领域也出现了巨大的变革。新的刑法典禁止溯及既往的刑事法律,宣布无罪推定,而且不论犯法者的等级,相同的犯罪予以相同的刑罚。所有的罪名都由立法做出规定。与此同时,拿破仑的 1810 年《刑法典》特别强调通过惩罚之威胁来阻止刑事犯罪行为,而不是主张刑罚报应。这反映了曾经流行于 18 世纪末的伟大改革者中间的功利主义哲学。"理性"教导人们,刑事犯罪行为所以要受到惩罚,主要不是由于它们乃是道德上的错误并应予报应——路德宗的德国如是观;也主要不是由于它们破坏了传统的社会准则并因此需要重新申明这一准则——加尔文宗的英格兰如是观;而主要是由于它们有害于社会,对犯罪者的惩罚将会起到警戒他人以及他自己避免在以后重蹈覆辙的作用。

作为新的法国法律科学之基础的,是理性主义、个人主义和功

利主义哲学,它一方面从根本上拒绝了正统的基督教教义,另一方
013 面它还与一个强烈的信仰相联系,即作为礼物,造物主把理性和通过行使意志自由、表达自由、机会平等以及体现在新的法国宪法和法典中的其他自然权利而运用理性的能力赋予了人类。

美国革命:部分"英国的",部分"法国的"

从一定视角来看,美国革命是一场独立战争,是殖民地开拓者为了拥有他们的英国表亲在祖国所享有的权利而发动的一场战争。1774 年第一次大陆会议的《权利宣言》(Declaration of Rights)强调的正是革命的这一侧面,它为殖民地开拓者争取"在英格兰王国内的自由而自然出生的臣民所享有的所有权利、自由和豁免权"。[15]这些"权利、自由和豁免权"的许多内容曾经被拒绝赋予他们;根据不列颠帝国的法律,美洲的殖民地开拓者并不享有英国普通法的权利,他们只能适用枢密院认为符合他们条件的那一部分法律。他们无权享有诸如《大宪章》《权利请愿书》《人身保护法》、1689 年的《权利法案》以及建立殖民地之前的其他制定法所保护的利益,他们也不享有殖民地建立之后的制定法的利益,除非殖民地的名称被特别地明确列举在其中。他们也不享有陪审团审判的权利。还有,他们的总督由国王来任命,他们的法官也由国王委派调遣。简言之,他们生活在王室特权之下,在他们的祖国,这种特权早在 1640—1689 年的时候就为议会所废除,但议会却允许这种特权在海外殖民地中施行。最重要的也许是,殖民地开拓者在议会中没有代表。从他们自己的立场来看,他们所以选择战争,乃是为了获得在英国革命中锻炼而成的那些政治法律制度。这就是美

国革命的"英国的"一面。

但是,从另外一个角度来看,美国革命并不是一场殖民地开拓者为了确认其享有英国政治模式和英国法的权利而进行的运动,而毋宁是一场建立新的政府和法律的运动,这种政府形式和法律将从根本上不同于英国。[16]托马斯・杰斐逊(Thomas Jefferson)作为这一观点的代言人,在革命数年之后写道:"我嘲笑……这种常见的观点,说什么我们从英格兰随身带来了普通法的权利。最初,为了团聚在反对大不列颠的权利周围,这一狭隘观念是最为人们乐于接受的。但是它只是那些体会到其权利的那些人,在想好他们自己的解释之前的狭隘观念。事实是,我们随身带来的是作为人的权利,是移居国外的人的权利。"[17]

杰斐逊这一所有人自然而平等的权利哲学,及其社会多数人有权推翻不能保证这些权利的政府的哲学——他把这一哲学明确 014
地表达在1776年6月12日的《弗吉尼亚权利法案》(Virginia Bill of Rights)和《独立宣言》(Declaration of Independence)的第一个段落中——并没有把美国革命同较早的英国革命联系起来,因为那次革命的思想体系乃是传统主义的,而其政治结构从根本上是贵族统治式的,是团体式的;而毋宁是,这一哲学把美国革命同法国革命联系起来,法国革命的思想体系从根本上是理性主义的,其政治结构则根本上是民主和个人主义的。

让人惊讶的事实是,持截然对立的意识形态立场的埃德蒙・柏克(Edmund Burke)和托马斯・潘恩(Thomas Paine)两人,都能够支持美国人的事业。柏克在他的《法国大革命沉思录》(*Reflections on French Revolution*,1790)中,捍卫了此前一个世纪的英国革命,赞美了英国人的传统和团体式演进(corporate evolution)。他有一个著名的章节,其中写道:国家实际上是根据社会契约而结成的,但这个契约是过去、现在和未来的人们之间合作关系的契约,它不能混同于买卖货品的契约。[18]柏克是在立法机构和法官队伍里的民族精英之公益精神中而不是在短暂无常的多数人的意志中来挖掘自由之源的。作为对柏克的著作的回答,潘恩在他的《人权论》(*Rights of Man*)(1791)一书中,捍卫法国革命,赞美理性——即每一个人的合理性,并把国家看作个人之间的自愿联合。他向特定时间、特定社会之公众舆论中探求自由的根源。这样一来,柏克可以赞同殖民地开拓者,因为他认为他们是合法地脱离他们的祖国,是一场"独立战争"。而潘恩也支持开拓者们,因为他认为那是一场"革命战争"。

如果认为凡是支持美国人事业的美洲殖民地开拓者,他或者固执于这一个意识形态阵营,或者固执于那一个阵营,那将是一个严重的错误。恰恰相反,即使不能说是大多数的人,也可以说有很多的人——当然也有很多的卓越领袖,如约翰·亚当斯(John Adams)、詹姆斯·威尔逊(James Wilson)和詹姆斯·麦迪逊(James Madison)——力图调和这两种视角间的紧张关系。亚当斯、威尔逊和麦迪逊三人在塑造美国宪法方面都起到了重要作用,他们都是有着强烈的新教信仰的基督徒。他们都不接受教条化的理性主义和个人主义,而理性主义和个人主义正是富兰克林(Franklin)、潘恩和杰斐逊等人的自然神论思想的特征。[19]但是,他们又热情地赞成民主政治制度和个人的自然权利和自由,而不是贵族特权和君主专制特权,尽管他们也赞成对多数人的意志做出实质性的宪法限制。最后,他们三人都坚决相信带有浓厚的历史性、过去与现在的连续性因素的英国普通法。总而言之,他们用他们自己的方式,综合并协调了法国哲学家及其在英国和美国的同情者所宣扬的并最终反映到法兰西第一共和国的法律之中的自

由主义理念，以及17世纪英国革命的支持者如约翰·弥尔顿和
马修·黑尔（Matthew Hale）等人所宣扬的并反映在英国法在17
世纪末和18世纪的发展之中的保守主义理念——柏克式渐进 015
理念。[20]

与较早的英国革命相联系的贵族政体和保守理念和与当时正在酝酿之中的法国革命相联系的民主政体与自由理念之间的辩证紧张关系，既反映在新成立的美利坚共和国的宪法性法律之中，也反映在它的民法和刑法之中。在宪法性法律中，最早由各州立法机构选举产生并长期任职的美国参议院议员，应当像英国的平民院一样，代表整个国家；而众议院的议员应当像法国的三级会议一样，代表他们各自的选区。在最高法院终身任职的九位大法官则模仿贵族院——贵族院的贵族法官直到今日组成英格兰的最高司法机构。美国的总统也像参议员一样，最初由各州立法机构选举，他就像一位君主，至少是在对外交往方面如此，尽管并非世袭的君主。

但是，这些将英国传统拿来并改造进新国家的人——威尔逊和麦迪逊之属，也同样把和18世纪欧洲改革运动相联系的民主自由理念改造一番而融入美国宪法之中；这一理念所依据的信仰体系在法国哲学家那里做了最为明确的阐述，并且它在法国革命中达到了高潮。这不仅包括成文宪法观念、修正了的权力分立学说以及政府直接对选民舆论负责的理论，而且更为突出的是，它还包括对宗教信仰、言论、出版和集会自由之保护。实际上，整部宪法就是对那个18世纪的理念所做的政治表达与法律表达，即所有的人基于其自然属性而拥有某种普遍的、平等的生命权、自由权和财产权，政府对此所负有的义务即使不是永远保护，至少也是永不侵犯。

同样,在民法领域——包括财产法、契约法、侵权法以及其他民事上的债法和公司法以及其他社团法,在这几个州也存在着在殖民地时期即已通行的较为保守的英国法律传统和反映在《法国民法典》中的更为自由的法律科学和法律哲学之间的张力。州法院一直犹豫不决的一个问题,就是英国普通法的先例是不是应当被"接收"过来。民法领域内出现了一个法典化运动,并且有几个州采用了民法典。与此类似,在刑法领域也有限制法官将普通法原理应用于新情况的强大趋势,并且联邦最高法院很早就采纳了一项民主原则,即国会可以独立制定联邦刑法——所有的联邦刑事法律都是成文的。

016 这就可以肯定,美国革命给美国法律带来的一个独有的特征是,它的联邦和州宪法以及联邦和州的民事刑事法律体系,把两种相互冲突的信仰体系——清教主义、传统主义和共同体主义(communitarianism)和与之相对立的自然神论、理性主义和个人主义——结合起来,也把两种相互冲突的、各自有其信仰基础的政治体系——以公益精神为基础的贵族政体和与之对立的以公众舆论为基础的民主政体——结合起来。但是,美国法律中的根本独创性并不限于这些对立面的融合。这个新型的美利坚合众国还确立了三项宪法原则,它们既不是"英国的",也不是"法国的",也不是二者的嫁接,实际上,它们在西方历史上从不曾在这一领域里出现过。其一就是美国的联邦主义。[21]与之密切联系的就是另外一项原则,它或许可以称为"大陆主义"(continentalism),即在整个大陆范围内扩大政治实体、对人口和物资流动没有实质性限制及对吸收外来移民没有实质性限制的绝对条件。第三项原则就是立法合宪性的司法审查制度。这三项原则对西方法律传统的影响,要等到第二次世界大战之后才能充分显现出来。

俄国革命:无神论的国家社会主义

如果站在1914年的立场上,站在第一次世界大战爆发的时刻,我们可以回顾有八百年历史的西方法律传统的演进过程,它一方面在数个世纪的发展过程中为剧烈的国家革命所打断,每一次革命都以一个新的超验正义图景的名义来直接挑战既有的法律制度,但在另一方面,这一传统又经受住了那些革命,并因之得以变革,而且最终为那些革命所更新。

有的传统因素从其最早的发端而一直延续到20世纪早期,其一就是互补完整的法律体系,即诸种“法律体”共存的观念;一个调和权威文本中所存在的矛盾并从那些文本所提供的法律规则和案例中推导出一般概念的技术,即后来被称为“学究的”(scholastic)技术也延续下来;对法律与时俱进的品格,即它在几代人间不断成长的能力及其历史性的信念也延续下来;延续下来的还有,对法律解决在一个管辖领域内彼此竞争的政治权威之间的冲突的能力以及它凌驾于政治权威之上的至上地位的信念。

西方法律传统中的这些基本特色是建立在基督教信仰基础上的,最早是罗马天主教信仰,后来是路德宗和加尔文宗信仰。自然
神论——所谓“启蒙”的宗教信仰形式——用对神授之理性的信仰 017
和公众舆论的至上地位,取代了基督教神法的信仰。但是,在1914年的时候,西方世界仍然广泛地认为,真正的实在法的终极渊源在于神法,尤其是《十诫》和通过理性和良知而发现的自然法,以及在《大宪章》中正当程序和法律平等保护等宪法规定中所表达出来的历史传统。

对这些法律渊源之信念的广泛存在,既强化了法律乃是历史演进之结果的信念,又让人们接受了一个在过去周而复始地出现的历史必要性:当现有法律制度根本不能实现它的超验价值目标时,就有必要通过暴力来替换掉它。每一次大革命的口号都来自耶稣对法利赛人的责备:“你们法利赛人有祸了。因为你们将薄荷和莳萝和大茴香献上十分之一”——你们固执于技术细节,拘泥于形式,“那律法上更重的事,就是公义,怜悯,信实,反倒不行了”。(译按:参见《马太福音》23:23)

1914年的情况是,西方并存着共同传统之下的不同形式的法律制度和不同形式的法律科学。这既有罗马天主教式的教会与国家分离模式,也有路德宗的、加尔文宗的和自然神论的模式。君主立宪制和贵族政体、民主政体共存。德国皇帝的特权和英国议会所代表的统治阶层的特权以及法国议会(Estates General)和美国的众议院所代表的公民权利共存。另外,不仅是在每个西方国家之间,而且在每个国家内部,还以不同比例共存着亚里士多德所谓一人之治、少数人之治和多数人之治的观念。

在1914年的时候,在法律科学领域,在现代历史第一阶段时期(First Modern Age)——它曾被误称为“中世纪鼎盛时期”(High Middle Ages)——的经院哲学也是在不同国家、在不同程度上和德国的概念论、英国的经验论和法国的教条论(doctrinalism)共存。在西方的每一个地方,法典和判例法也是在不同的程度上共存。在各国家法律体系的表面下面,也仍然存在着一个西方社会的**普通法**(*jus commune*)。

这就是1914年的情况,是漫长的19世纪结束之时的情况。

今天,要想梳理并记住西方千年历史上的重要事件和重要特征,也许比过去更为困难。9个世纪或是5个世纪,甚至是3个世纪看起来是一个很漫长的时期。但是,比照世界文明的整个历史,就算是一千年,也只是无限广大的时间坐标里的一小段;在这个时间坐标中,随着全人类在它有记载以来的历史上,第一次在世界经济(world economy)洪流中、在世界社会(world society)的发轫中、在世界法(world law)体系逐渐萌生中走到一起来,作为一个整体的人类终于发现了他自己。

梳理并记住这个漫长的20世纪——这个世纪开始于1914年,并且看来将在21世纪的第一个十年里结束——的主要事件和主要特征是比较容易的。它曾经是,并且仍然是一个充满可怕战争 018
的世纪,它先从欧洲国家的内战开始,内战又最终演变为两次世界大战中的第一次。它曾经是,并且仍然是一个内部种族战争和种族灭绝的世纪。同时,它又曾经是,并且仍然是种族和地域文化既冲突又逐渐融合一处的世纪。它是一个在缺少共同信仰体系的不同文化成员之间发生的全球化科技交流、全球化经济往来、全球化环境相互依赖的世纪。

漫长的19世纪随着第一次世界大战的结束而结束,漫长的20世纪随着俄罗斯革命而开始。

有些人不能同意俄罗斯是西方的一部分,或者俄罗斯历史是西方历史的一部分,或者俄罗斯革命与德国、英国、美国和法国革命属于同一个历史脉络。从历史上看,信奉东正教的俄国强烈反对西方11世纪末12世纪初的教皇革命,反对彼此独立的教会—国家格局以及自治的教会法体系。俄罗斯也没有及时地受到路德宗、加尔文宗和自然神论革命的影响,没有受到随之而来的君主制集权政府、贵族制议会和民主制权力分立等制度的影响。沙皇俄国直到1917年覆灭之前,一直坚持着独裁专制的制度,沙皇集最高精神权威和最高世俗权威于一身。另外,直到18世纪,当它的统治阶层接触到法国启蒙运动的影响时,俄罗斯才第一次接触西方世界。1756 年,莫斯科才兴建了它的第一所大学,这差不多比波伦亚出现的西方第一所大学晚了 700 年。并且直到 19 世纪,当拿破仑战争结束之后,俄罗斯才出现了和西方已经有了 7 个世纪的法律制度相似的法律制度:一个博学的法律家阶层、体系化的法律、一系列的法律文献,以及 1860 年代终于出现了的法院等级系统,它配备着职业化的法官和职业化的律师阶层。

但是,俄罗斯的确在 18、19 世纪和 20 世纪早期“西方化”了,并且 1917 年俄罗斯布尔什维克革命领导者的马克思式社会主义信仰本身就是西方的信仰。苏维埃的马克思主义无神论乃是基督教的异端。甚至乌托邦式的马克思列宁主义对未来没有阶级的社会——此时无须国家和法律——的憧憬也是一种西方式的乌托邦图景,它和德国、英国以及法国革命早期激进阶段的唯信仰论相类似。实际上,在 20 世纪的俄罗斯革命中,有很多内容是纯粹俄罗斯式的,正如先前德国、英国、法国和美国革命中有很多东西纯粹属于其民族本身一样。但是,也有很多内容在 19 世纪的西方社会主义运动就曾经显现出来,并有很多内容后来传播到了包括美国在内的其他西方国家。

019 我们通常总是把西方法律传统和 1991 年 12 月苏维埃联盟解体之前的苏维埃俄国的法律进行尖锐的对立。我们强调在苏维埃俄国的法律中,缺少法律高于国家并约束国家最高领导层的概念;缺少土地和生产工具个人所有权;压制言论、出版、宗教和其他基本自由;共产党独裁和总书记与政治局在党内独裁。但是,如果我们仔细研究苏维埃法律体系 75 年的发展过程,尤其是在后斯大林时代,以米哈伊尔·戈尔巴乔夫执政的 7 年为顶峰的发展过程,如果我们批评地看待欧洲和美国自己的法律体系在 1920 年代后期、

20世纪30年代的“大萧条”以来的发展，我们可以看到可类比之处。

在后斯大林时代，苏维埃的民法典、刑法典和司法系统与当代西方的民法典、刑法典和司法系统有很多共同之处。但是，从20世纪50年代到80年代，不是“**法治**”(*rule of law*)而是“**缘法而治**”(*rule by law*)，在苏维埃联盟中起到越来越重要的作用。在1991年12月苏联解体的时候，它拥有25万以上的受过大学教育的法律人员。但是，直到解体之际，除了共产党的领导之外，在苏维埃法律和西方国家的法律之间一直存在两个本质的区别：第一，苏维埃国家运用法律尤其是行政法规操纵、控制经济和社会活动的力度要大得多；第二，苏维埃国家运用法律来指导、训练和规范苏维埃人民的信仰态度的力度要大得多。这就是苏维埃所谓“法律的教育作用”，或者更准确地说，是“法律的养育作用”。[22]在1930年代和1940年代，卡尔·卢埃林(Karl Llewellyn)称之为“父母型的法律”，又补充说我们自己的法律在“向着父母的方向过渡”。[23]

这两个方面——国家通过法律来计划经济和通过法律培养全体人民的信仰态度——标志着俄罗斯革命在漫长的20世纪中对西方法律传统所作出的主要贡献，不论这种贡献是好是坏。苏维埃全国扭曲了社会民主的理念，而这一民主理念原本是革命之最初理想的核心部分。但是，这一理念有很多方面写进了苏维埃的法律之中，并且在斯大林去世后，还越来越多地运用到实践中。苏维埃法律很早就确立了工作的权利、享受老年养老金的权利、免费医疗和免费接受高等教育的权利。在雇佣关系中，上级的种族或性别歧视，反种族的行为或语言，以及性骚扰，都是触犯刑律的行为。

苏维埃法律的基础是一种无神论图景，它的预设基础是人之自然本性的善,人类建构一个现在按劳分配并最终按需分配之社020 会的固有能力和人民在摆脱了经济上的阶级剥削和宗教信仰上的"鸦片"毒瘾之后,积极响应独裁领导之意志的热情。[24]

在这个乌托邦图景中,正是由于信仰的缺失——这甚于任何其他因素——而最终导致了苏联的解体。为了保证社会主义的运行,苏维埃凭借法律来灌输、推行专门利人精神的努力,超过了有效法律活动的极限。尽管进行了很多试验,来平衡国家计划和国有企业自治的关系、平衡工人们的集体目标和个人创新动机的关系,计划经济最终还是崩溃了。与此相类似,党和国家的不懈努力不但没有能够加强家庭、邻里、学校、工厂以及其他组成民间社会的联合体的内部凝聚力和社会责任感,而是恰恰相反,它最终减弱了这种内部凝聚力和责任感。

曾经鼓舞俄罗斯革命的理想图景最终于 1991 年在俄罗斯破产,这叫我们想起那个曾经鼓舞法国革命的理想图景大部分也于 19 世纪 70 年代,在皇帝拿破仑三世统治时期遭遇失败的命运,那个曾经鼓舞英国的理想图景大部分于 19 世纪早期遭遇失败的命运,而那个曾经鼓舞了德国革命的理想图景大部分在一个世纪之后的三十年战争期间,在德国遭遇失败的命运。但是,俄罗斯革命所确立的两项法律新举措——国家在社会经济方面的作用大大加强和与此呼应的法律之父母养育作用的大大加强——却延续了下来,并对整个西方和整个世界产生了影响。

实际上,在西方国家里,在 20 世纪和 21 世纪,政府的官僚机构已经开始直接而积极地控制经济、交通、教育、保健、工作条件以及经济和社会生活的其他方面。在很大程度上,这些都是通过行政法规来完成的。作为法律的一个主要渊源,行政法规虽然不可能全部蚕食掉法国民法典、英国普通法的先例、德国的教授式概念和原则，但却已经在相当大的程度上那样做了。在美国，虽然程度上不至于此，但立法机关和法院已经把它们对经济和社会生活之控制的很多内容，让渡给了政府机构。与此同时，美国法院本身在一定程度上变成了积极控制经济与社会生活的机构，所谓的司法行动主义(judicial activism)越来越多地为人们公开接受。

在我们的时代，法律作为实施国家直接调整经济与社会活动的手段，已经和它作为直接影响人们的信仰和态度、培养人们的社会责任感和彼此平等相待——而不论他们的种族、性别、年龄或阶级上的差别——的手段联系起来。我们越来越多地发现，家庭、学校、教会、工厂、商业企业和其他隶属于立法、行政和司法控制的地 021
方团体的社会化功能。不仅是在俄罗斯，而是在整个西方，国家法律在培养官方所追求的宜于社会之态度方面，都开始扮演父母或教师的角色。正如美籍波兰裔诗人、预言家切斯拉夫·米沃什(Czeslaw Milosz)在谈到20世纪时所言："国家已经吞噬了社会的全部。"[25]

千禧年的历史回顾

正是由于我们处在一个时代的结尾，我们得以概览其全部的历程；也正由于我们处在一个新的国际文化交通时代的开端，我们有必要回顾我们的过去，探求我们的历史因何而生，我们又如何凭借历史以面对未来的挑战。

一个顺理成章的事情是，在20世纪最后几个十年里，在两次世界大战之前居于统治地位的国家主义法律史学，开始让位于跨国的欧洲法律史的研究。[26]但是，总体来看，研究欧洲法律史，需要完全不同于单独研究个别国家法律体系的历史断代方法。包括西方法律史在内的西方历史,有着久远的时间跨度和历史动机的反复。所以,西方法律史家的任务就是确定出一个恰当的历史断代。

总体而言,在西方历史学术界,历史分期问题被想当然了,并且实际上是常常被忽视了,历史研究已经变得越来越狭隘。借用一位 20 世纪伟大的(也是被大大忽视了的)学者尤根·罗森斯托克—胡斯(Eugen Rosenstock-Huessy)的话来说,19 世纪和 20 世纪"科学的"或"客观的"史学已经把历史学家放到了历史之外,它不断地把过去的历史打碎成断裂的琐细,并最终丢掉了历史的任何方向感。他写道,历史学家不应当仅仅计算日复一日、年复一年,而是首先要看到一代代人和一个个世纪的历史,这样才能逃脱"紊乱琐细之'锡拉岩礁'(Scylla)和大而无当之'卡律布狄斯女妖'(Charybdis)"(译按:意大利墨西拿海峡锡拉岩礁上住着怪物斯库拉,而岩礁对面就是卡律布狄斯大漩涡。二者对立比喻腹背受敌)[27]。罗森斯托克—胡斯划分西方历史的方法就是强调从 11 世纪到 20 世纪的反复发生的、每一次都是基于其前一次之经验的大革命。我因此将这种方法拿到西方法律历史的研究中来。

具有悖论意义的是,那些着力于历史的局部点滴,从而想避免大的历史分期的历史学家,已经无形中采取了一个错误的学术断代通例,即以 16 世纪为分界点,把历史划分为"古代""中世纪"和"现代"三个时段。不管他们的研究领域如何专业化,这些历史学
022 家实际上都把自己局限在这三个传统分期的某一个或多个历史阶段中。他们对这种按号入座方式也有一定程度的反抗,就是把"中世纪"划分为 5 世纪到 11 世纪的"中世纪早期"和 12 世纪到 15 世纪的"中世纪鼎盛时期",把"现代"划分为 16 世纪和 17 世纪的"现代早期"和 18 世纪到世界大战的"现代历史"。看来人们忘了,是

16 世纪的路德宗信徒最早提出了为人们广泛接受的“中世纪”(medium aevum,Mittelalter)和“中世纪的”之概念,意在标志从基督教初期到他们自己那个时代的一段历史时期。这一概念和那时的人文主义者相符合,他们用它来指称从古代到他们自己时代之间的一段历史。[28] 但是时至今日,所谓的“中世纪”到底是哪个“中”,已经全然模糊了。

尤其是在谈及西方法律传统时,有必要避免用“中世纪”和“中世纪的”等不合时宜的字眼来指代新教之前的欧洲历史时期。教皇革命的支持者实际上就已称呼他们的时代为“现代”,[29] 正是他们所坚持的教会和世俗管辖权分离导致了第一个现代法律体系的诞生。还应该避免 18 世纪所流行的“封建制度”一词;实际上,确实曾经有过统治封建军事关系和封建土地占有关系的封建法,但是,它们在法国三级会议于 1789 年宣布“封建统治被废除了”之前两个世纪就已经大部分消失了。[30] 当然,法国资产阶级所反抗的贵族特权压迫曾经在很早以前,当领主—封臣关系还存在的时候存在过。但是即使是在那个很早以前,“封建制度”并没有流行在 12 到 14 世纪间出现的那些城市中,它也没有出现在“中世纪的”教会统治中,或是出现在日渐繁荣的“中世纪的”商业世界中。

与此类似,19 世纪中期出现的、指称意大利 15 世纪晚期和 16 世纪的文学、艺术和学术运动的“文艺复兴”或“重生”一词,作为“现代”之开端乃是一个误导概念。14 世纪的伟大艺术家乔托(Giotto)及其同时代的伟大作家但丁(Dante),现在已被当作“文艺复兴”的组成部分。实际上,现在已经出现了关于“12 世纪的文艺复兴”的书籍。[31]

墨守成规的历史分期反映了这个观点,即西方“现代”历史开始于罗马天主教向新教的转变,开始于封建制度向资本主义制度的转变,开始于经院哲学向人文主义的转变,开始于普通文化向民族国家各自文化的转变。这样的观点把“现代”西方历史——当然还有西方法律史——从根上斩断了。

实际上,一个新的追述从11世纪到21世纪西方制度变迁的千
023 年历史,在最近几十年已经出现了。它就像我们目前的研究一样,在一定意义上乃是出于西方文明和其他文明参与世界经济和多元文化世界社会之初期发展阶段的激励。经济史学家专门著书,来解释作为世界经济巨人的“西方的崛起”,并把崛起的部分原因归于11、12世纪的经济革命和随后而来的经济迅速增长的历史时期,还有一部分原因归于为这一经济增长作出了贡献的法律体系。[32]

既然那些卓越的经济史学家站在一个千禧年的立场上,已经发现法律制度的变化在西方的经济发展中起到了关键的作用,那么,揭示信仰体系中的变化在法律制度发展过程中所起到的关键作用,就有待法律史学家了。做出这一探询的历史语境,是正在出现的世界社会和世界法。西方可以把它们的技术出口到其他文化中,它们是否也可以同样地出口它们的法律呢?它们的法律传统是否可以为其他文化有效接收,而不考虑这一传统所依赖的信仰体系?为了促成与其他文化共同参与的新的世界法传统,西方的法律传统及其信仰体系应当做出哪些改变?

本卷的目的不在于给这些问题提供答案,而是要为理解将被分享——或是不被分享——的法律传统之本质及其赖以存在的信仰体系之本质,提供一个必要的背景。

早期的新教信仰体系和西方的“崛起”

16、17世纪的新教信仰,在20世纪和21世纪关于欧洲史的学

术文献中具有一个混杂的印象。一方面，它们被认为在促进（好战的）国家主义、（严格的）个人主义、（攫取的）资本主义和（理性的）世俗主义之崛起方面功不可没，或是脱不了干系。16、17世纪西方政治和经济的“崛起”，和20、21世纪精神和道德的“滑坡”，都被归于国家主义、个人主义、资本主义和世俗主义的动力，而它们的历史萌芽都与路德宗和加尔文宗新教有着联系。而另一方面，新教对法律思想和法律制度发展的积极贡献则在很大程度上被忽视了。

通过研究早期基督教新教对德国和英国法律——更泛泛而言，是对西方的法律传统——所产生的影响，可以帮助我们廓清一个误解，即把新教信仰在后来的演进后果归咎于其最初的奠基人和拥护者。这个研究将会表明，新教的正义和秩序图景所孕育的并不是所谓的主义——不是国家主义、个人主义、资本主义和世俗 024
主义，而毋宁是国家利益、个人责任和机会、市场经济和公共精神。并且，不是16和17世纪的基督教新教的崛起，而是19世纪和20世纪初期基督教新教（以及罗马天主教）的衰落，导致了新的对国家、个人、私有财产积累和理性计算至上的排他性迷信，即各种的主义。

早期新教尤其是加尔文宗对资本主义在西方的出现产生了决定性影响的论断，主要是由20世纪社会理论的守护神马克斯·韦伯（Max Weber）提出来的，他同时预言了资本主义在20世纪的消亡和一个致力于社会福利的政治法律秩序的出现。韦伯的《新教伦理和资本主义精神》一书深刻地影响了一批优秀的历史学家、社会学家、神学家、经济学家、政治科学家和法律家。[33]不夸张地说，有数以百计的专著和数以千计的论文曾专门用于讨论其中的问题。尽管其中某些论点遭到了广泛的批评，但是，它的主要论题还是在最近的“西方崛起”研究中获得了一致推崇。

在讨论的开始处,我们应该先把韦伯的论题提出来,首先是因为它提出了早期基督教新教的概念和早期资本主义进取精神的概念,这是两个为人们广泛接受但却是——就像将要证明的那样——根本不能成立的概念;其次,是因为这些错误概念可以通过分析蕴含在16、17世纪的法律制度中的价值,而得到揭示和纠正;而那些法律制度恰恰在韦伯的分析中被忽视了或是打了折扣。所以,对韦伯论题的批判可以作为本书主题的一个先导。

正像一位最为博学的批评家所发现的那样,韦伯的论述被“朋友们和敌人们一样地大大误解了”。实际上,它是一套非常复杂、非常精细的理论。韦伯并没有说“新教”是“资本主义”的“原因”。而毋宁是,他说新教的一种形式,即特别是在17世纪的英格兰清教徒中流行的加尔文宗,与后来出现在欧洲的资产阶级所勤恳从事的资本主义的“精神”——这个字眼在他最初版本的标题中专门加了引号,以示强调——是相一致的,是具有支持作用的。进一步而言,韦伯所谓的英格兰加尔文宗与资本主义精神相一致、相支持的观点,其本身又是复杂和微妙的,因为他的资本主义精神的定义,包含着个体的资本主义创业者对获得巨大财富的压倒一切的欲望,而与此同时他又承认,英格兰加尔文宗把这种欲望斥责为罪恶的金钱崇拜。他解释说,这种悖论通过加尔文宗的命定论信条而解决了。首先,根据命定论信条,神为永久的救赎仅选择了一小
025 部分人类;其次,神把个体的人归于最终的诅咒还是最终的救赎,这完全超出人的理解或影响能力。韦伯写道,对于到底是被诅咒还是被特选的问题,加尔文宗信徒因此陷入一个可怕的不确定之中。在这种情况下,他唯一的希望在于这个事实,即如果他认真地履行神所寄予他的(他相信的)神召,那么神就会在他响应神召时

恩赐他巨大的成功,并且如果神保佑他以巨大的成功,那么,这就是神把他归为特选子民的一些证据,也就是一个信号——尽管仅仅是一个信号。韦伯坚持认为,正是这一信仰,激励着被呼召而经营企业的加尔文宗创业者追求巨大的财富。在韦伯看来,罗马天主教贬低这样的世俗欲望,而是要首先在"彼岸的苦行主义"(ausserweltliche Askee)中追求救赎,与此相应,他认为路德宗也是首先通过彼岸的信仰来追求救赎,而只有加尔文宗称赞他所谓的"此世的苦行主义"(innerweltliche Askese),这是个体的信徒在世俗中向神召的献身。在资本主义创业者的身上,这一神召就是"挣越来越多的钱,并严格避免所有的情不自禁的生活享受",[34]寄希望于不可揣摩的神意将会用世俗的成就来保佑他、奖赏他,并坚信这样的保佑和奖赏就是一个信号,说明他是神的一个特选子民,是被选择的少数人中的一员。

让韦伯的理论变得更为复杂的是,他认为宣扬追求财富的不是17世纪中期的英国加尔文宗的清教徒,而是18世纪自由进取的理性主义提倡者;实际上,韦伯在他解释"资本主义精神"的论文中,最早引用的是宣扬节俭以求积累财富的18世纪美国自然神论者本杰明·富兰克林——他很难说是一个加尔文宗信徒——的一些言论。[35]进一步而言,在韦伯看来,他所谓的资本主义——"资产阶级所勤恳从事的资本主义"——在19世纪才出现,而它是由于18世纪的"精神"激励,而这个18世纪的"精神"又是基于17世纪的"新教伦理"。实际上,在韦伯看来,18世纪的启蒙运动、法国革命和英国的功利主义才是19世纪资产阶级所勤恳从事的资本主义的直接思想文本,他的论文或许应该冠名以"新教伦理的衰落和资本主义精神"。

但是,无须接受韦伯关于命定论信条影响资本主义创业者的

动机这一问题重重的理论,我们也可以同意加尔文宗确实促进了
026 资本主义精神。无须接受韦伯的假设,即创业者利益最大化的努力主要由个人追求巨大财富的欲望所激励,我们也可以同意这一努力确实是资本主义精神的重要方面。

实际上,养育17、18世纪创业精神的不是加尔文宗的救赎信条,而是它关于基督徒共同体之本质的信条——用技术性的神学字眼来说,不是加尔文宗的救赎论,而是加尔文宗的教会论。加尔文宗——和路德宗——对信众聚会之统一体和团契的信仰,有助于形成以神为中心的紧密结合的立约共同体。实际上,不论是路德宗还是加尔文宗,都异于同时代社会理论家的常规观点,而有着强烈的共同体主义倾向。路德写道,在对神的关系上,个人乃是"私自的个人",但在"三个阶层"——家庭、教会和实施统治的集权政府(*Obrigkeit*)——面前则是一个社会之人。不论是牧师领导的路德宗聚会还是长老负责的加尔文宗聚会,都是紧密结合的自治的"立约的"团契。基督教关于神和神的人民之间以及不同行业的基督教共同体内部成员之间的神圣契约——庄重的约定——的信条,为路德宗和加尔文宗所分享,但尤其为加尔文宗所强调。同样,16、17世纪的经济企业——还不是"资产阶级的",也不是"劳资产业的"——也基本上是共同体主义的,而不是个人主义的,当然也不是"禁欲苦行的"。[36]

17世纪资本主义的共同体主义一个突出的例子,就是股份公司的出现,它是把投资者集合起来共同参与一个共同事业的手段,在经济与政治上常常具有重要意义。例如,在1692年的时候,议会通过一项法案,授予一家伦敦商务公司与格陵兰岛进行商业交易的特许状,其中就列举了这种贸易的重要意义,以及这种贸易又是如何落入其他国家的掌握之中和通过众人的联合努力来挽回它的

必要性。[37]其他公司的特许状中也列举有类似的公共目的。当然,这里面也有为股东谋取利益的企业经营目的。同时,企业依赖于许多志趣相投之人士的紧密合作,在一定程度上,他们的动机来自于通过相互合作,在一个联合企业中服务公共事业的欲望。在17世纪晚期的英格兰,没有什么比那家称为"英格兰银行"(Bank of England)的股份公司更能说明"资本主义精神"的意义了,它根据1694年的一项议会法案而成立,主要目的在于资助政府对法国的战争。根据这一法案,国王委托专员接受认捐,而国王也被授权来组织"出资者和捐助者、他们的继承人、后继人或是委托人,成立一个政治的与法人的实体"。[38]而各股东则被要求承认他们的集体利益就是景气的英格兰经济。那些出资者当中很多就是议会成员。 027
在第一届董事会的26名董事之中,后来有6位相继出任伦敦市的市长。银行章程规定董事会每个星期召开一次会议,而股东大会每年召开两次大会,"来决定本公司的总体形势和经营状况和红利分配事宜……根据他们各自的股份"。[39]

17世纪末还出现了另外一个具有重要意义的法律制度,它既适应了社群目的,又适应了个人需要,这就是英国(和美国)的信托法。像股份公司一样,信托机制使得各资本所有者的投资,由受托管理人根据投资之目的而权衡经营,而信托机制因此适应了维持商业经营,同时把众多具有共同旨趣的人集合到慈善事业中来的需要。

这些例子应当足以证明,如果韦伯曾经研究了17世纪英格兰的法律发展状况的话,他将会得到截然不同的结论。当我们看到那些法律人以及他们所创造的各种制度时,我们看到的不是在终极毁灭或救赎图景前股悚惶惶的奉行禁欲主义的个人。相反,我们看到的是具有社会意识的人创制出了共同体主义的法律制度,比如股份公司、银行信用和信托制度。他们知道,市场经济的成功建立在信任、信用和共同进取精神的基础上,而不是像很多人后来所认为的那样是建立在个人贪欲的基础上的。这种共同体主义包括有土地的乡绅和商人精英间大规模的合作,它深深根植于加尔文宗教义之中。韦伯所谓的 17 世纪和 18 世纪早期资本主义精神,并非如他所设想的那样是“世俗的禁欲主义”的结果,而是当时所谓的公共精神的结果,这种公共精神进而并不是反映为命定论和神召的个人主义教义,而是契约和契约共同体的加尔文宗集体主义教义。

不论是在分析新教还是分析资本主义时,韦伯都没能够分析法律的价值,如公司结构、信托制度、设立并调整慈善组织的法律规则或者是统治宗教和商业社团的那些宪法原则中所蕴含的法律价值,部分原因是他的所有作品中都在事实和价值之间做了绝对区分,再加之他把法律归并到事实的领域。在他的法律社会学的皇皇巨著中,韦伯把法律定义为国家为了使其意志被服从而颁布的规则和程序。他反复地把法律制度的渊源追溯到政治支配。他在不同的文化和历史阶段中发现了不同的“理想类型”的法律体系,他认为它们都是政治权威之合法性的渊源,政治强制措施通过
028 这些法律体系而得以更为有效的执行。他把 17、18 世纪的重视司法先例的英国普通法归为“传统主义的”法律类型,以区别于 19 世纪法国和德国之重视法典编纂的“形式合理性的”法律类型;但是,他把同一时期的加尔文宗教义归为“反传统主义的”,认为它适应并支持和他的资本主义精神相联系的理性主义,而他却没有考虑到英国加尔文宗清教徒所以要发动一场内战,部分目的即是确立起“传统主义的”普通法的至上地位。

尽管韦伯有着将政治和法律系统划分“理想类型”的天才,也

尽管他的学识确实渊博,但是他对宗教的误解(实际上,他的妻子曾说到他“在宗教上毫无乐感”)[40]尤其是对16、17世纪德国和英国各自的路德宗与加尔文宗新教的误解和他对这两个国家在这两个世纪的法律发展问题所形成的误解联系到一起,而在这两种场合中,这种误解都是由于他把事实严格地从价值中隔离出来的谬误,由于他把法律仅仅视为事实、把法律主要作为政治强制手段的严格的实证主义观点。

后面章节将详细地叙述德国革命和英国革命所导致的法律范畴内的变化——它适应并促成了作为德国和英国革命组成部分的经济上的变化,以及这些经济和法律变化与罗马天主教到基督教新教之转型的关系。与韦伯的社会理论相比较而言,此处采取了一个更为实证的立场,来看待这两次大革命对尾随而至的秩序与正义制度的最终影响。无疑,每一次革命都有其暴力、破坏、偏执、迫害、压制和赤裸裸的不正义的发生,每一次革命最早的革命者都持有某种形式的乌托邦图景,每一次革命最早的革命者都在造反某种形式的传统,但是,在经过两代人之后,每一次革命都最终以乌托邦图景和传统之间的和解而告终。每一次革命都改变了西方的法律传统,但每一次革命又都最终留在了这个传统之内。 029

第一部分
16 世纪的德国革命和德国法的转型

第一章　教会和国家的改革，1517—1555年

德国革命，如果作为一个政治事件来看的话，并且用最简单的框架予以勾勒，那么它就是德国境内的几多王侯为了确立路德宗的正统地位、为了成为其公国内最高统治者的权力而对教皇和德国皇帝所进行的一次成功战役。

当然，它既然是一次"伟大革命"，其内容就绝不仅止于此。不仅是各领地上的王侯和他们的顾问以及其他高级官员——"*Obrigkeit*"，或是集体称谓的"集权政府"，还包括在这些领地内自由市的市长、顾问和其他官员，领导了这次对抗教皇和帝国权力和权威的激烈运动。这次革命不仅把各新教公国内的罗马天主教会宣布为非法，大量剥夺了教会的财产，而且，还在领地内建立起单一的世俗国家，其中适用的法律系统也因此完善起来。僧侣和贵族阶层都臣服于一个新型的君主政体中来。就连那些保持罗马天主教

的公国,其王侯的权力和管辖权也获得了大大的提高。

进一步而言,这种政治改革或说国家改革,即使是用如此宽泛的视野来看,也仅仅是德国革命的一个方面。至少,其宗教方面的改革即教会的改革具有同等重要的意义。这两个领域的根本改革在德国境内是融为一体的。王侯和城市权威针对教皇和帝国权力的反抗运动,和路德最早呼吁的教会内部的改革完全结合起来,这两种改革就成为一枚硬币的两个方面。

但是,即使说教会和国家改革结合一处,也仍然不能穷尽揭示这次革命的所有方面。不仅是集权政府,也不仅是宗教领袖,所有的人口都直接或间接介入了这次国内战争:城市的商人和工匠、农民、采矿工人、各个级别的贵族、各个级别的僧侣、法律业者,以及
032 其他人等。这是一场社会—经济的改革,一场文化和智识的改革,也是全部法律秩序领域内的一场改革。

最后,教会改革和国家改革并不仅仅是德国的事情。德国革命也是欧洲的一场革命。在革命爆发之前,要求教会和国家进行改革的呼声已经在整个欧洲叫嚷了一个多世纪。当德国各领地王侯的改革努力还在大大受挫的时候,西班牙的僧侣集团自己已经在强大的王室的操纵和支持下,进行了显著的改革,其中有些内容后来就为德国的路德宗所采纳。在德国革命爆发后,新教教义和君主集权——或是结伴或是独立而行——传播到其他欧洲国家。并且,被各新教领地宣布为非法的罗马天主教会本身也进行了它自己的改革,这后来有时被称为“反改革”运动。

所以,当我们谈到德国革命时,必须清楚地意识到它是一场全方位的动荡,是整个民族和整个文化的“转向”。这次革命包含了德意志民族根本特质的持续性转型——在集体意义上和在个人意义上都是如此,并且不仅是德意志民族,还最终包括了整个西

方社会。

但是在讲述这个故事时,适宜的做法是先勾勒出一个最简单的框架,并问那些王侯是谁又是怎么回事? 德国是怎么回事? 皇帝是怎么回事? 教皇是谁又是怎么回事? 路德是谁,路德宗又是怎么回事?

德国:帝国(Reich)和各领地(Länder)

在 1500 年的时候,不论在领土面积上还是在居民数量上,德国都是欧洲最大的国家,它此时大约有 1200 万的人口。[1]它由几百个的世俗和教会的领地——称为"lands"——和几十个的自由市组成,它们结合在一个松散的帝国框架内。这个帝国在 12 世纪的时候第一次被称为"罗马帝国",在 13 世纪的时候被称为"神圣罗马帝国",到 15 世纪时被称为"德意志民族的神圣罗马帝国"。所以要加上"德意志民族的",是为了指明这个地域广阔、组织松散的帝国疆域内的德意志部分;它在不同的时期还曾囊括了北意大利(伦巴第)、尼德兰、勃艮第(弗朗什—孔泰,Franche-Comte)和西班牙以及葡萄牙。

在查理曼建立帝国之初,在他于公元 800 年接受罗马主教的加冕之前,这个帝国并不称为"罗马"什么的,只是有时候称为"法兰克帝国",有时候则称为"基督教帝国"。在查理曼的三个孙子分裂帝国之后,皇帝的头衔传给了东法兰克的统治者。东法兰克部分最终被称为"*teutonici*"或"*deutsche*",英国人叫他们"德意志",法国人叫他们"*Alemans*",俄罗斯人叫他们"*Nemtsy*",意思是"非我族类",意大利人很恰当地叫他们"*Tedeschi*",这是"*Deutsche*"的意 033

大利词汇表述。[2]

在 11 世纪早期,形成的一个惯例就是:就要做未来皇帝的那个继承人在被选出之时,就被授予“罗马人的国王”(而不是“法兰克人的国王”)的头衔,在皇帝驾崩后,那个继承人将正式来到罗马,由教皇加冕为“罗马人的皇帝”。这一惯例首先象征着这个法兰克皇帝对君士坦丁及其后继者等罗马帝国皇帝的神圣权威的继承,从而成为基督的代理人和教会的首领。在 11 世纪晚期和 12 世纪早期,当教皇的至上权威确立起来,并第一次取得了基督的代理人的头衔之后,[3]“罗马人的国王”和“罗马帝国”等表述中的“罗马”字眼不再表示皇帝拥有神权政治权威,而毋宁是在其世俗范畴内的权威。但是,比欧洲的其他君主有过之而无不及者,这位神圣罗马帝国的皇帝也继续主张他作为其帝国境内教会的最高保护人而享有的宗教权威。

这个帝国没有首都,没有常任官员,在 1495 年之前也没有专门的法院。皇帝没有向他的臣民征税的权力,而只能从自己分散在帝国境内的庄园地产上征集他所需的税收。尽管他是帝国境内各种不同领地上的统治者的共主,但在 11 世纪末和 12 世纪的时候,他的选任问题取决于公爵和其他重要王侯。到 12 世纪结束的时候,皇帝由一个由僧侣和世俗王侯所组成的选举团来选举的制度固定下来,在这个选举团中,美因茨、科隆和特里尔的大主教以及莱茵区的巴拉丁伯爵占有优先席位。这个由“四个王侯占据的席位”最终又加入了另外的三席,即萨克森公爵、波西米亚国王和布兰登堡侯爵。

从 12 世纪初期到 16 世纪初期,帝国发展出一套全新的政治法律制度,并度过了相对强大或虚弱的几个历史时期。作为帝国的最高法官,皇帝在出行时要听取针对王侯和贵族法院以及城市法院裁判的上诉。他还有权召集那些尊贵的王侯——世俗的和僧侣的都算上,和重要的骑士以及帝国城市的代表,来组成一个审议会,称为"帝国之日",或"会议"(来自拉丁语 *dies*,"节日";在德语上是 *Tag*,*Reichtag*),这一做法在 13 世纪固定下来。这些显要人物定期地聚会,象征着一个政治框架,权力在此得以在不同的庄园地产(Stände)之间划分开来:高级僧侣和低级僧侣,大贵族和小贵族,有重要影响的商人以及其他城市显要("市民")。尤其是在 12 和 13 世纪,皇帝通过帝国会议来推行新法律,它们常被冠以"国家和平"(pax terrae,Landfriede)的名称。尽管执行机制很是虚弱,这些帝国法律还是生效的,并常常渗透到公爵和其他王侯领地内的法律以及城市法律中去。[4]

在 13、14 世纪和 15 世纪早期,帝国的权力和法律都在不断式微, 034
而各王侯的权力和法律则不断强大起来。这并不意味着德国不复存在了。首先就有通行的德国习惯语言的诸要素存在,尽管不同的德意志部落群体或称"血亲部族"(Stämme)说这一语言的不同方言。有通行的本国语言文学,尤其是诗史和抒情诗的存在。[5] 此外,还有一种普通的德国法,它部分地体现在 *Sachsenspiegel*(《萨克森明镜》)中,它是一位名为艾克·冯·瑞普高(约 1180—约 1235)的萨克森法学家在 1220 年前后写就的一部著作,它先是用拉丁文写成,然后再翻译成德语。它是一套简明扼要的法律原则和规则的体系化汇编,其现代版本大概有 240 页。其内容主要是萨克森地方习惯法和封建法,以及德国皇帝推行的皇室法。它涉及了财产与继承法、刑法、司法制度、宪法性法律、领主—封臣关系等。《萨克森明镜》很早就开始在说德语的整个地区内拥有准官方的效力。它由一些博学的法学家做了注释,并且 *Frankenspiegel*(《法兰克明镜》)、*Schwabenspiegel*(《斯瓦比亚明镜》)等其他法律"明镜"都模仿着它写了出来。[6]

德国还通过德国城市间通行的普通法而联系在一起。在 11 世纪到 15 世纪期间,德国出现了数以百计的新兴城市,并且,其中有一些城市因为其法律制度和法律书面汇编而很早就享有盛名。新出现的城市就会采用较古老城市的法律。于是,发端于 12 世纪的马格登堡的法律被 80 个以上的新城市接受过来,吕贝克的法律有 43 个城市接受,法兰克福的有 49 个,弗莱堡的有 19 个,慕尼黑的有 13 个。一般情形是,新出现的“女儿城”会派人求取“母亲城”的法律,而“母亲城”的主要司法官员就将其法律准备出一套新版本。女儿城的法院也常常把一些个案递交到母亲城的法官那里,以获得根据与此特定案件相关的规则而做出的判决。就此而言,虽然每个城市都有自己的法律,我们仍可以说有“泛德国的”城市法律,它虽然有一部分写成了书面形式,但仍然(像《萨克森明镜》中所包含的法律那样)主要是习惯法。[7]当然,一个城市的习惯不同于另一个城市的习惯,并且这种差别会在几代人、几个世纪的时间里进一步拉大,就像各公国和其他政治实体内的主要习惯法系统之间的差别那样。但是,这里仍然存在一些重要的、共同的特质,至少它们有共同的政治法律文化。

故此,德国——Deutschland——在 1500 年的时候仍然是一个国家,是一个民族,尽管不是一个民族—国家。它不仅靠语言、文
035 学和习惯法的纽带而结合一处,它还有着种族上的纽带和许多共同的文化特质。它对过去有着共同的历史意识,对未来有着共同的认知。尽管不是基于政治意义的,但却是文化的、种族的、法律的,1500 年的德国显然不比人口仅仅比它少一点点的法国或意大利更缺乏统一性。

除了受帝国法律、领地法律和城市法律的统治之外,德国还像

其他西方基督教国家一样,也受制于罗马天主教会的教会法。教会法的渊源就是司法判例集、学术性法律著作、罗马教会的立法——包括教皇法院的判决(称为“教令”)、格拉提安的权威性著作(Decretum)以及其他著作和汇编,以及教会会议和教皇发布的教规。教会法适用于遍布整个西方世界的主教法庭,它不论在哪里都被称为 *Jus commune*——“普通法”,尽管有时候教会法的偶然性地方变异会被称为 *lex terrae*,“(特定的)地区法”,或是 *lex propria*,“特别法”。罗马天主教会所主张——并不总是成功——的管辖权涵摄了所有涉及僧侣和教会的事务,以及很多直接影响到平信徒的事务,如学校教育、贫穷救济和其他形式的慈善施舍、婚姻和家庭成员扶助、异端邪说等精神性犯罪、巫术、性侵犯和泛泛的不道德生活方式,以及双方当事人用其信仰作抵押的契约和其他约定。教会法涵盖了所有这些和其他事项。平信徒时常会自愿地把他们的契约、财产和侵权纠纷提交给教会法庭,依据教会法来解决纠纷。[8]在 14、15 世纪的时候,德国的教会法庭可能比在欧洲的任何其他国家——英格兰可能是个例外——拥有更为广泛的管辖权,扮演一个更为重要的角色。

教会法中有大量的术语和规则是从 6 世纪时东罗马帝国皇帝查士丁尼的罗马法文本中借鉴而来的;从 11 世纪末开始,欧洲的学者们就已经对那些法律文本进行注释、评论和系统化整理。博大精深的罗马法也逐渐被称为“普通法”,*jus commune*,并适用于整个西方。但是和教会法形成对比的是,罗马法主要是在大学里讲授的学术性原则;它能被引用来弥补现行法律中存在的漏洞,并且它的一些原则被采纳到立法和司法判决中来,但除了几个例外,其地位是辅助僧侣政体和世俗政体的制定法和习惯法。

尽管有帝国的法律、通行的习惯法、教会的教会法以及共同的宗教信仰和共同的大众语言和文学来维持帝国的统一,德国在政治上还是分裂为数量众多的、单独的领地单位,从地域广大的强有力的公国——其中有的在面积和人口上可以和尼德兰相比,一直到很小的郡(Grafschaften,"伯爵领地")——它们有时只有几百号
036 人。大小不一的教会政治实体也堪称为数众多,再加上很多的自由市。这样,在1521年,"德意志民族的神圣罗马帝国"按等级排列的话,包括皇帝、7个选帝侯、50个大主教和主教、83个教会高级主教(主要是男女修道院院长)、31个世俗王侯、138个伯爵和领主以及85个帝国自由市的代表,加起来差不多是400个政治管辖区域。[9]

在12世纪到15世纪的时候,德国境内很多单独的公国领地——既有世俗的也有教会的——都发展出了非常复杂的政治法律制度,与英格兰、法兰西或是西西里岛上的诺曼王国可有一比。[10]它们建立起专门的中央司法法庭和中央的大法官法庭和国库,都配备专职的官员班子。在日耳曼部落制度改造而成的习惯法律制度之外,一套现代化的刑法和民法体系也发展起来,其审判程序乃基于所谓的理性证据,而不是早先所谓的靠神明裁判和宣誓帮助所获取的形式证据。像教会的教会法一样,德国境内各领地在14世纪和15世纪发展起来的法律,也越来越多地借用了学术化的罗马法的术语和概念,尤其是因为在意大利和法国的大学里完成学业的德意志法学家的归来,以及德国自己刚刚建立起来的大学里,就像讲授教会法那样开始讲授罗马法。[11]

用最宽泛的线条来勾画的话,1500年时的德国,其政治—法律结构在实质上和整个欧洲在教皇革命之后所出现的那种结构很相似。它建立在教会和世俗管辖权二元化的基础上,建立在世俗领域内部管辖权多元化的基础上。它还依赖于每一种类型的政体内

的等级制度。这种政治—法律结构已经坚持了四百年的时间。无疑,其内部存在着严重的张力。其一就是,教会和世俗权力之间的竞争不断加剧,而这一情势在德国由于皇帝一方面既是他的帝国天下的共主,另一方面又是教皇的精神同盟而变得更为严重。另外一个就是,王室和封建贵族之间的竞争也在不断加剧,这一情势在德国同样由于皇帝和各王侯间的竞争而变得更为严重。1493年,马克西米连一世当选为帝国皇帝,帝国的权力和管辖权因之而扩大,这就威胁到这个以皇帝为首脑的等级制度内各个王侯统治者的自治权力。马克西米连于 1495 年召开了一次帝国会议,颁布了一个 *Landfriede*(“国家和平”),第一次宣布罗马法成为帝国——尽管不是帝国境内各个独立的王侯领地和非帝国城市——的正式的、实在的世俗法,并首次建立起帝国法院来适用这种法律,并听取来自各王侯法院和帝国城市法院的、受帝国法律管辖的有限的案件上诉。[12]

山雨欲来 037

马克西米连的帝国如此之大,如此多元,他的抱负面临着如此强大的军事和政治挑战,以至于他根本不可能维系住一个凌驾于德国各公国之上的稍稍强大一点儿的中央统治。他从他父亲那里继承了奥地利哈布斯堡的财产,另外还通过联姻获得了勃艮第公爵领地,它当时包括佛兰德斯和荷兰。马克西米连在位时,很多时间都花在了对外战争上,以保卫勃艮第在尼德兰的利益和哈布斯堡在意大利的利益,它们受到了法国国王的攻击。这些战争不为德国境内各王侯所欢迎,因为他们为此被不停地要求支付马克西米连的军饷。

在马克西米连于1519年去世之后,他的孙子查理被选为皇帝,帝国影响所及的疆域就变得更为广大了。这个只有19岁的查理五世不仅继承了马克西米连的疆土,还通过他的母亲而继承了西班牙和南意大利。查理着手在欧洲重建教皇和皇帝领导下的基督教统一体的观念——这一观念从14世纪开始几乎就一直处在衰落的过程中。但是,他也深深地卷入了军事行动之中,并且,也还是主要针对法国。他是在勃艮第庄园里长大成人的,他说的德语带着一种外国话腔调,这一事实只能加剧皇帝权威和德意志王侯权威之间的政治与经济紧张局势。

还有一个使得帝国境内紧张情势甚至更为棘手的问题是,罗马天主教统治集团和世俗王侯之间的竞争也在不断加剧。一位大主教或主教的管辖领地通常涵盖着几个世俗领地的各一部分,这就使得问题特别的尖锐了。实际上,在萨克森选帝侯的领地内,至少有六个不同的主教在行使着管辖权,它们除了管辖这一领地之外还各自涉及别的领地部分。换句话说,每一个主教在某些事务上直接隶属于教皇,在其他事务上则直接隶属于皇帝,而与此同时,在与他的教区重合的领地上,他还与各个不同的世俗统治者存在着管辖权上的竞合。[13]进一步而言,教会差不多拥有德国三分之一的土地,却又豁免了世俗的课税。如此一来,各王侯就有理由既厌恶教会的权力又嫉恨教会的财富。与此同时,世俗的人民也不得不忍受教会的苛捐杂税。在实际中,对教会过分的怨恨,很容易转嫁到皇帝头上;帝国权威和罗马天主教统治集团是打得一团火热的关系,因为,虽然神圣罗马帝国的皇帝在11世纪末、12世纪初的教皇革命中饱偿败绩,但他仍然在罗马天主教会内保留了他的神圣使命。

德国的市镇之内也广泛存在着类似的紧张局势。这些市镇一般由一位市长和一个从有影响力的市民中产生出来的城市议会来管理。那些贵族统治者一般来说并不倾向于做出全盘变革，同时， 038
他们——以及商人、工匠和城市贫民——对减少来自教皇权力的经济与政治压迫的努力，又不是无动于衷，尽管他们为了对抗王侯的扩张而不时地向皇帝和教皇寻求保护。

世俗权威和教会权威之间的紧张局势，由于教皇出售所谓的"赎罪券"来募集钱财的做法而大大激化了。教皇宣称，他有权力代表罪人在上帝面前求得赦免，而如果未经赦免的话，罪人死后会在炼狱中遭受惩罚；并且，从 1476 年开始，这种赎罪不仅是针对罪人自身，而且更及于他们死去的亲人。[14] 赎罪券原本是在 11 世纪末第一个十字军时期开始的特殊场合下的产物，但在 14、15 世纪，它们成了一种野蛮的、通过精神而不是肉体强制来实施的课税形式。这些钱财被认为是"一个施舍的善功"，它将记在教会"功劳宝库"的账上。[15] 尽管赎罪券在欧洲其他国家也有发售，但是，德国被认为是一块特别肥沃的土壤。就像马丁·路德在谴责教皇"抢劫和敲诈"时所质问的那样，"为什么我们德国人叫他们愚弄成这个样子的傻瓜？"[16]

如此说来，在 1500 年的时候，德国最高统治者和他的附庸贵族之间的紧张局势，以及教会权威和世俗权威之间的紧张局势，要比法国、英格兰、西班牙、尼德兰或西方其他地区的局势更为严重。但是，欧洲的每一个地方，凌驾于封建贵族之上的王室权力正在强化，世俗权威正在教会权威面前主张它自己的权威，领地内的忠诚也正在加强。在欧洲的每一个地方，都发出削弱教会权力、改革教会和国家的强烈呼声；每一个地方的城市也都在寻求更大的自治。

实际上，整个西方已经至少有三代人的时间一直处于革命前的临界状态。在英格兰一直活跃着的罗拉德派(Lollards)宗教反叛运动,在它最初的领导人约翰·威克利夫(John Wycliff)于1384年去世后的一个多世纪之后,在16世纪初期遭到了残酷镇压。[17]胡斯信徒(Hussites)的命运也是如此,他们在约翰·胡斯(Jan Hus)于1415年领受死刑之后,又坚持在波西米亚斗争了两代人以上的时间。颇为让人吊诡的是,将胡斯绑上火刑柱的是1415年的康斯坦茨公会议(Council of Constance)的决定,而这次会议却是为了在教会内部分散权力和权威,缓和罗马天主教的僵硬教条而召开的一系列会议的第一次会议。[18]在接下来的教会会议中,德国王侯以及其他势力表达了他们对教会政策的不满,但这些会议也是不成功的。在15世纪的后几个十年和16世纪的前几年,西班牙的宗教法庭在那些声称从犹太教和伊斯兰教改信基督教的信徒中间,形成了一个事实的恐怖统治,而北方的人文主义者——其中最为著
039 名者当属伊拉斯莫(Erasmus)——争取更人道、更自由的宗教政策的运动,则遭遇了臭名昭著的教皇腐败统治的尖锐打压。[19]

在德国,改革的要求不仅来自宗教预言家和人文主义者,还来自世俗统治者。早在1438年,一个声称勾画了皇帝西吉斯蒙德改革计划的广为流传的小册子,冠以《西吉斯蒙德的改革》(*The Reformation of Sigismund*)之题名,就在倡导一个彻底的改革,它既包括世俗领域又包括教会领域。[20]尽管它在15世纪修订并反复印刷了若干次,但却没有什么结果。很多城市也很自然地实施了影响深远的称为"改革"的法律改革措施,它们在一定程度上实现了商法的理性化,并且在教会面前加强了世俗权威。[21]但是,这些改革并没有救平社会大多数阶层的不满之感。不同地区的农民在零星而徒劳地起义,流浪汉、乞丐和强盗们徜徉在大路上,犯罪在猖獗蔓延。城市的商业化利益给不景气的骑士阶层施加了经济和社

会压力,他们终于揭竿而起——也同样是没有成功。不管在哪里,教会的局势都在日渐吃紧,但不管在哪里,它都拒绝根本的改革。

回过头来看,我们可以发现,各种问题正积蓄为一场最终的爆发。当时就有很多人意识到这一点了。但在路德之前,还没有哪个改革的支持者一语点破眼前的关键症结所在,用迈龙·吉尔莫的话来说就是:“世俗世界再也不能从罗马教会为它竖起的火刑柱上推导出它的终极意义了。”[22]

这实际上就是这场革命的形势:教皇革命的天启图景已经失败了,既存的政治法律秩序的内部张力已经为根本的改革造成了势不可当的压力,而它们又注定不能实现那场改革。这一形势在德国尤其真实,那里的世俗权威和教会权威之间的紧张局势比欧洲的其他地方都要严峻。

路德和教皇:教会的改革

点燃德国革命的火花在 1517 年被威登堡大学一位 34 岁的神学教授激发出来,他就是马丁·路德,奥古斯丁修会会士。很快,很多著名的人物就加入了他的阵营,并且在某些情况中他们堪称比肩而行。但是,路德在 1546 年去世之前,一直是德国境内教会改革和国家改革主要的精神与智识领袖。路德自己在那场革命运动中所发挥的特殊作用,可以部分地通过他所倡导的教义来解释,部分地通过他用自己的生命践履那些教义的方式来解释。

040

路德的教义

对包括出售赎罪券在内的教权滥用的攻击,仅仅是路德宗教改革内容的表面。实际上,对这种权柄滥用的谴责已经广泛地存在了一个多世纪。但是,早期的谴责旨在促使既存权威着手实现所需要的变革。在胡斯信徒和威克利夫信徒被镇压之后,坚持变革的舆求主要呼吁在教会内部和在世俗王国内部做出道德、法律和行政上的改革,即在教皇格列高利七世所主张的罗马天主教会“两把剑”理论的操作框架内的改革。另外还有其他一些声音,如帕杜瓦的马西利乌斯(Marsilius of Padua,1275—1342)曾要求罗马教会从属于世俗权力。[23]但路德与此相反,他不仅仅是要求罗马天主教教阶组织的改革,或者是对它的权威附加以限制,而是要废止它。

路德开门见山地指向教会权威的问题,并用最激进的措辞要求结束教会的全部管辖权——它的立法、司法以及行政权力。这就是他在1517年寄给美因茨大主教,并张贴在萨克森选帝侯的威登堡教堂大门上的《九十五条论纲》的根本意义:它们不仅谴责赎罪券和教皇权柄在其他方面的滥用,而且也否定了在实施补赎时任何第三人的存在必要性。路德写道,没有教士被授权介入神和单独的恳求罪之赦免的个人灵魂之间。[24]这就意味着,神职人员也没有必要介入其他的圣礼之中;路德以及其他人很快就把这一意义明确阐述出来。实际上,路德在后来写道,没有教士被授权来传播基督徒生活所应该遵守的法律。真正的教会不是一个立法的组织,而毋宁是所有信众无形的共同体,他们都是教士,彼此服侍,而在和神的关系上,每一个信徒又只是一个“私自的个人”。每个人都直接对“神的话语”——《圣经》做出回应。[25]

路德把格列高利的两把剑理论——精神权力和世俗权力、教会和国家彼此影响——换成了一套新的“两个王国”的理论。他教导说,教会属于恩典与信的天上王国;它受《福音书》统治。而地上王国,即“此世”之王国是罪与死的王国;它受法律的统治。路德认为他的这一教义是革命性的,他写道,“关于《福音书》和法律的区别,在古代教父的书中不能找到什么线索。奥古斯丁(Augustine)有点知道这种区别并指了出来,杰罗米(Jerome)和别的人就不知道了”。[26]

这样,路德的教义就把教会作为一个挥舞剑柄的实体——一个看得见的、团体式的、等级制的、政治和法律的共同体——的属性剥离了。取而代之的观念是,教会成为一个纯粹的精神共同体, 041
它是和平、喜乐、恩典、救赎和荣耀的天上王国的一部分。这一教会观念乃是建立在仅仅因信而“义人化”——在上帝眼中成为“正当的”或“义的”,并因此而得享上帝的恩典救赎——的基本原则之上。路德否认一个人可以通过自己的努力而建立起所谓的通往天上王国的路。一个人不论做什么,都不能“拯救”他自己,即不能使他自己可以为上帝接受。人之堕落天性,他的自私本质,渗透到他的每一个行为中;实际上,渗透进他思考的每一件事(他的理性)和他期待的每一件事(他的意志)。他的“堕落”是“绝对的”,所以救赎——此世以及下一世——只能凭借恩典,而恩典又只能因信而获得。就此而言,教士的居中介入就不再必要,或者说不需教士而能行得通。正如仅仅因信而得救,教会成为一个信仰共同体,它不再享有法律权力。而在路德的神学观点来看,信本身又是一个“被动的”美德,是神的恩典将之恩赐给他所选择的那些人,即他的“特选子民”。

路德神学理论的核心存在着一个悖论:上帝的恩典所拯救的那些人,由于其与生俱来的罪的状态而不值得拯救。在 12 世纪到 15 世纪的时候,罗马天主教义曾经对人的意志和理性从根本上采取了一种乐观的态度:尽管人处在罪的状态,但是他的意志和理性被认为有能力获得一个“自然的”——尽管不是“超自然的”——完善性。进一步说,罗马天主教义认为,通过基督教的洗礼,人的“原罪”——亚当对上帝的反叛,子孙后代将之继承——获得了赦免;并且,尽管每个个人在实践其自由意志时,又犯下“现实之罪”并需对此负责,但他们仍然可以通过信和虔诚之举,通过补赎圣礼而至少获得一定程度上的赦免。在圣礼仪式中,教士被赋予神圣的权威,来引领忏悔,而接受过洗礼的基督徒因此而洗净他的现实之罪,并被赦免了永远的诅咒。与此相对照的是,路德和他的同事们认为,尽管洗礼可以把虔诚的人们——不论是成年人还是婴儿——带进教会,并为他们做好救赎的准备,但是,洗礼本身并不能自动洗净他们与生俱来的堕落。罪的赦免只能通过忏悔的罪人直接面对神,借着神圣的恩典——这无须规则和程序——来完成。

实际上,在路德看来,人类压根儿不能将其自身从堕落状态中解救出来。路德神学的这一部分内容——也许,它在后启蒙时代的西方社会是最难以为人们所接受的观念——对欧洲 16 世纪早期的大多数基督教王国来说,实际上最能引起共鸣;那些基督教王国充斥着司空见惯的压迫、腐败和各种不幸的困扰,并加之以那种开始显得不切实际的乐观的道德信条。

表面看来,路德的教义似乎对地上的王国采取了一种全盘否定的态度。这是一个罪与死亡的王国,并且,它不能借由意志或理
042 性而超脱。政治和法律并不是一条通往恩典和信的道路。难道恩典和信也不是一条通往正当的政治和法律的道路?就此,路德的理论存在着不圆满之处:他既相信人的本质邪恶,又相信这种邪恶本身以及体现这种邪恶的地上王国乃出于神意。路德宗关于创世纪的一个核心信条就是,罪人乃是神的创造物,神——尽管隐身——就在这个地上的王国。路德宗的改革者教导说,基督徒的

义务就是“在世上做神的工作”,并运用他们的意志和理性——不管这有多么欠缺——来做出尽可能多的善行,来获得尽可能多的同情。看不见的神甚至居住在人类的罪的状态中,这一教条也许会被认为是路德思想中叫人最为沮丧的所在。“神自己统治并建立起这个地上王国和它的诸种特征”,路德写道,“(并且)只要我们在这地上,我们就必须在其中存在和工作”。[27]

与路德两个王国的教义紧密联系的,是所有信徒皆为祭司和普遍基督召唤的双重原则。在摧毁特殊的教士管辖权和传统的罗马天主教会关于高级僧侣和底层平信徒之间的界限之后,路德宗的改革者把侍奉他人的义务交给了每一位信徒:为他们祈祷、向他们传道、服侍他们。在这个意义上说,所有的信徒都被说成是教士。同样,路德宗的改革者把罗马天主教的“神召”(calling)或“天职”(vocation)——这个字眼在此属于“精神上完善”的,主要是修士和教士的职业——之信条,替换为一个新的信条:一位基督徒所从事的任何职业都应被视为“神召”(beruf,vocatio)。不论是木匠还是君王,不论是家庭主妇还是法官,都要接受他们作为基督徒的义务,自觉地履行他们的职责,并服侍他人。尤其是,公共官员据说肩负着服务社群的特别神召。这种神召或许要求他们遵循一个基督徒的社会伦理,它不同于基督徒的个人伦理。直接和神交通的基督徒的义务是,“作为一个私自的个人,一个仅仅在他自己意义上存在的个人”,他要爱他的敌人,忍受来自邻居的不正义和冒犯,而不得抵抗,不得复仇。但作为一个“公共的人”,在诸如军队、司法或法律职业内服务,这个基督徒可能被要求反抗他的邻居、为不正义而复仇,甚至不惜暴力和流血。[28]

路德及其追随者特别强调把这一信条应用到他们的基督徒王侯理论上:基督徒王侯应当被鼓励以体面而虔敬的方式来统治,以提高他的臣民的安乐。[29]这一理论被解释为,作为一位地上王国的统治者,他不得不承认"要根据每个人的职位和身份的要求,对任
043 何不正义不应表现出任何宽容,而是要抵御错误,对之进行惩罚,并努力防御和维持良善"。[30]

路德的王侯概念根植于神召和职位的神学信条,从根本上不同于路德同时代的著名人物尼科洛·马基雅维利(Niccolo Machiavelli, 1469—1527)的君主(译按:路德所谓"王侯"之"*prince*"一词就马基雅维利的名著所指而言,通常译为"君主")观念。马基雅维利也相信世俗的国家,它从神法中剥离出来;在这一点上,他也可以被认为是持有"两个王国"的理论。但是,马基雅维利的君主将仅仅出于权力政治的考虑而采取行动,而路德的王侯是要努力行使正义的。马基雅维利的君主也要促进宗教事业,但意在借此使得他的人民满意、团结和忠诚。路德的王侯则是为宗教所指导,来规范他与他的臣民以及臣民彼此之间的关系。在马基雅维利看来,自私和对权力的角逐乃是政治生活的基本原则,16世纪的德国路德宗信徒不能接受这样的观点。他们不愿意把地上王国交给它自身所蕴涵的撒旦的阴谋。[31]在这一点上,他们坚持古老的罗马天主教传统,尽管他们变换了一个全新的神学和哲学视角。

路德的王侯概念也根本不同于后来的法国法学家让·博丹(Jean Bodin, 1530—1596)所提出的概念。博丹是最早提出君主(monarch)专制权威和权力理论的学者之一,他的君主(prince)(译按:像在马基雅维利处一样,"prince"一词就此通常译为"君主"),像马基雅维利(译按:原文如此。从行文来看,似是单词误植,而应是"路德"一词)的王侯一样,也是要行使正义,遵守神圣的法律。但是,在他的公国内的政治生活方面,他是神的唯一代表,是"绝对

的"君主。也就是说,他"豁免于"对地上任何权威的从属地位,并且,还得以制度性地自由违反哪怕是他自己制定的法律。[32]与此相反,路德的王侯尽管根据神意来实施统治,尽管在他的领地上享有政治至上地位,但也要听命于其权力本身所应受的制度性限制。他并不是独自实施统治,而是和他的整个"家院"(house。译按:即后世"议院"一词)——他的家臣和他的顾问——以及他的整个"集权政府"一起实施统治。实际上,博丹所谓由君主独自行使的"主权"(souveraineté),最早在翻译成德文时译为 *Oberkeit*,即"最高权力",这个词可以通用于 Obrigkeit,这个词在这里翻译为"high magistracy"(集权政府),并且,它通常并不是用来仅仅指代王侯本身,而是指代他的全部随员,即他为咨询建议和管理事务的需要,而所从求助的那一"最高层"统治团队。实际上,为他提供顾问服务的大学教授在理论上享有和他作对的自由,并在实际上享有投奔到另一领地供职的自由。另外,和博丹的王侯概念不同,路德的王侯并不比他的任何臣民更接近神;根据神圣的训谕,任何臣民不得服从任何违背基本的圣经戒律的法律和命令。

路德及其追随者最终对王侯权威所提供的支持,也是建立在圣经权威的基础上。根据路德宗改革者的主张,《十诫》的第四条戒律(译按:十诫具体条目的计数方式前后有所不同。此处所言第四条,根据 King James 版圣经,该条戒律是第五条)——"当孝敬父母"——要求每一个臣民像孩子对父亲那样,或像妻子对丈夫那样,或像个人对神那样,向他们的王侯致以顺从。[33]将这一第四条 044
戒律应用在政治统治者身上,这是路德宗关于顺从观念的基础。与此同时,第四条戒律还"召唤"王侯要正义,要在爱并服侍他的臣民的精神下施行统治。作为 *Landesvater*,"他的国家的父亲",他应当以身作则,叫每一个人看到如何做一个良好的家务和财产管理人,以及如何做一个正直的人。路德宗信徒担心并谴责君主专制下固有的暴政倾向;但是,民众不应当用造反叛乱的方式来反抗有违于神圣法律的暴政,因为起义本身即是对神圣法律的违反。

如此看来,路德神学保留了法律和宗教的联系纽带。政治和法律不是通往恩典和信的道路,但恩典和信却仍然是通往正当政治和法律的道路。基督徒应当是遵守法律的,并且,基督徒王侯的法律应当既实现秩序又实现正义。法律应当引导人们避免邪恶、彼此合作和服务社区。基督徒不应认为他可以通过善行而赢得在天上王国的功绩;但是,他将运用他的意志和理性——在明确意识到其欠缺属性的情况下——做神所成就的尽可能多的善行。

此处只是简要介绍了路德的宗教思想的一些基本特征,饶是如此,我们也能清楚地看出它直接挑战的不仅是罗马天主教的一些根本教义,而且还有罗马教阶制度的合法性。但是,路德的宗教思想本身并不能导致那场剧烈的动荡,而正是那场动荡使得罗马天主教会在德国大部分地区和欧洲其他一些地方的最终解体。如果既有的罗马天主教会即将被瓦解,靠什么来维持基督教信徒团体内的秩序?谁来取代各公国和城市的统治阶层内部的大主教、主教和其他神职人员的位置?谁来管理礼拜、洗礼、婚姻、圣职颁任、道德或教义?谁来对教育、贫困救助和教会财产实施管辖权?还有一个现实问题,谁来继承罗马天主教会的庞大财产——它差不多拥有德国1/3和欧洲其他地区1/4的土地?

诸如此类的问题,在那一救赎信条中根本找不到任何答案,而其两个王国的教义和基督徒神召的教义也只是给出了模棱两可的线索。路德宗神学可以被用于支持不同时代的不同政治运动,但是,就其本身来看,它虽然作为一个关键性因素而导致了诸多重要政治问题,但它并不意图提供解决办法。

虽然如此,在 1517 年之后的数十年间,德国境内建立起新的政治秩序,并且路德宗神学的确决定性地影响了这一新秩序的性质。就我们所察觉到的影响而言,路德的宗教思想应当曾经成为行动 045
的指南。这次革命所以能够成为现实——首先是在教会中,接着就是在国家的层面上——正是由于路德本人和他的许多同事的行动,以及最终是大量民众的行动;这部分地是由德国大多数领地的王侯及其顾问来领导的,部分地是由德国大多数城市市长及其顾问来领导的,部分地是由民众运动的领袖来领导的。并且,起决定作用的不仅仅是路德及其支持者的行动,他的反对者的对抗动行为也起到了这种作用;因为追根究底,一个大革命的性质不仅取决于其支持者的思想和行动,还取决于所有受其影响的人们所做出的反应。

路德其人

路德本人的品质和性格,不论是为其教义赢得支持,还是在激起他的敌人进行反击并最终败北而去方面,都起到了重要的作用。

他于 1483 年出生在萨克森一个还算殷实的矿工家庭,于 1501 年进入爱尔福特大学读书,在那里他修完了哲学、神学和教会法的预备课程,并于 1505 年完成了其人文学科的硕士考试。然后,他开始了他的博士课程,主修民法。但是不久,他曾经差一点儿被雷电击毙,这使得他经历了一次宗教的体验,他也因此而走进了奥古斯丁修会的属会爱尔福特修道院。在此他继续研究教会法和教会政治。1507 年,他接受任命成为一名教士。1510 年,他代表爱尔福特修会前往罗马教廷,进行一场奥古斯丁修会内部问题的法律论争。1511 年,路德离开修道院(但并不是断绝关系),到威登堡大学开始研究神学。这是萨克森选帝侯智者腓特烈在 1502 年建立的一所大学。在获得神学博士学位后,他开始在威登堡大学授课。他在1516年就《诗篇》和圣保罗(Saint Paul)的《罗马书》所作的讲演,标志着他的新神学露出端倪。在1517年,路德教授震惊了整个西方的基督教世界:他公开谴责"赎罪券"是神职阶层窃取上帝独有权威的典型。

他的《九十五条论纲》最初以拉丁文写成,并几乎是同时译成德语,它的印刷品在整个德国境内迅速传播,并流入比邻国家。[34]它激起了数不清的支持和数不清的反对。1518年10月,路德被要求在一位教皇使节面前为自己的论纲做出辩解,并且,从1518年到1519年,他在为数众多的指责者面前反复地为他的论纲辩护,并为回答众多的问题而进一步详细地阐述了他的论纲。最终,在1520年6月,教皇发出一道诏书,限令路德在60天的期限内收回他的理论,并责令公开烧毁他的书面文件。1520年12月,作为回应,路德
046 带领着威登堡大学的一大群老师和学生来到市区外不远处的一块空地,他们在那里把教皇权力所凭借的教会法书籍扔进一大堆燃烧的篝火中。"一本接着一本,各种不同的卷帙被投进火焰之中。终于,路德出人意料地从他的袍子下掏出了一件(教皇)诏书,边说边把它掷向燃烧的火焰:'既然你已经败坏了神的真理,但愿神用火焰把你烧毁。'"[35]

1521年1月,教皇发出第二道诏书,将路德作为异端开除出教籍,并把这一开除教籍的处罚交由皇帝来执行。据此,在1521年,皇帝查理五世把路德召到在沃尔姆斯(Worms,读作Vawrms)召开的帝国会议,要他回答他是否就是为教皇所诅咒的那些书籍的作者,以及他是否要悔过自新。在那里,路德明确承认了他的作者身份,并为他的观点进行辩护。据说,他说了这句名言:"这是我的立场,我别无选择。"[36]皇帝于是签署了那个叫"沃尔姆斯通缉令"的

文件,它将路德称为“披着修士外衣的魔鬼”,宣布他为异端,并强令:

> 所有的王侯、各等级和臣民不得……秘密或公开地向上面所指出的马丁·路德提供庇护、事物或饮品,也不得以任何方式向他提供言语或行动上的帮助。相反,不论你们在什么地方抓获他,你们应当立即把他投进监狱,并把他押解给朕,或是至少及时上报知朕……同样,你们应当遵依神圣国体和我们的、帝国的禁令,以如下列举方式来对付他所有的同盟者、同谋犯、教唆犯、合作者、资助者和追随者。你们应当镇压他们的活动,并没收掉他们的财产,充入你们自己的府库,除非这类人犯能够证明他们已经弥补了他们的过错,并已经请求教皇的赦免。还有,我们命令……任何人不得购买、出售、阅读、收存、复制或印刷上面所指的马丁·路德或是其代表的、为我们的圣父教皇陛下所谴责的任何拉丁文或德文或其他语言的书写作品……并且同样,我们命令所有阶层和身份的人等,尤其是位列集权政府(*Oberkeit*)者或是法官,将上述书写作品、书籍和图画……在我们的神圣罗马帝国境内和我们所统辖的各公国以及各领地境内,全部收缴起来,撕碎它们,公开焚毁。[37]

但是,许多领地王侯并不执行这个帝国通缉令。路德自己的君主“智者腓特烈”把他安排在瓦特堡内,保护他不被逮捕。在那里,他用差不多一年的隐居时间,把《新约》从希腊文翻译成德文。这一翻译连同他后来翻译的《旧约》,在规范现代德国语言方面起了重要的作用,正像他所谱写的那几十首赞美诗也成为德国唱诗班合唱音乐的主要来源。

047 在接下来的数年间,路德继续在威登堡大学讲授神学,并在德国各领地内到处旅行——这避开了帝国会议,但他也全然不顾他的名义上的罪犯身份。他和各种各样的牧师、神学家、法学家和学者们以及各个阶层的政治人物进行了大量而富有激情的通信,与此同时,他还发表了一系列开拓性的神学小册子和布道。随着这个运动的发展,他开始政治性地介入其中的方方面面,尽管他总是站在它的幕后。

1525 年,路德打破他的修道誓言,和修女凯瑟琳·冯·波娜(Katharina von Bora)结婚。他们的婚姻和家庭生活表明了他对神职人员不食人间烟火——不管是保持独身还是通过别的什么方式——观念的反叛,而这一观念曾被认为是一种高于平信徒的神召的体现。同时,他们还示范了一个紧密结合而独立——相对于部落或家族关系而言——的德意志家庭的榜样,和慈爱的丈夫与父亲之主导作用的榜样。路德的家长作风是和他的国家家长式温和专制的哲学主张相一致的。[38]

就这样,路德用他自己的生活和工作完美地体现了他所宣扬的教义。尽管他直到去世之前一直为帝国所通缉,并且因此而冒着某种程度上随时被逮捕和上绞架的危险,但他通过他的著作和个人接触,仍然能够帮助指导在德国境内各城市和领地内开展起来的改革运动。最初,是他的敌人用“路德宗”(Lutheranism)和“路德宗的”(Lutheran)的字眼来指代他的说教,而他自己是反对这种界定性称谓的;他自己说成“福音的”(evangelical)信仰和“福音的”教会,这个称谓来自“福音”(Gospel)一词在拉丁语和德语中的对应词(*Evangelium*,*evangelisch*)。终于,他的支持者接受了“路德宗的”和“路德宗”的称谓。

在他那个时代,路德被视为一位终于被期盼而来的赋有神圣使命的先知,一位新的摩西、以利亚、丹尼尔或是施洗约翰,接受神的指使来拯救德国人民。他在那个时代的画像,都有象征圣灵的鸽子在他的头顶之上,甚至是一个光环。[39]他的声誉和影响部分地来自他的智识能力;他或许是他那个时代最为睿智、当然也是最富独创性的神学家。[40]它们也是由于他作为一个演说家的个人能力;不论是在对话中还是在讲道坛上,以及作为一个合唱赞美诗作词、作曲和演唱者,他都显示出了这种能力。[41]最后,它们还是因为他激昂的热情,正是带着这种热情,他似乎——不论是在他自己还在对别人看来——有一个身外的力量附在他身上。需要补充的一点是,这种热情也使他十分刻薄地谴责他所坚决不能认同的那些人。在进行谴责的时候,他毫不犹豫地使用下流污秽的言辞。他对那些拒绝改信基督教的犹太人所使用的偏执的攻击语言——这是在他后来几年所写就的,[42]和他对他所蔑视的天主教徒、再洗礼派教徒、土耳其人和其他人等的攻击如出一辙。[43]在某种程度上,他就像他深深厌恶的那个历史人物:修士希尔德布兰德,他在 1073 年成为教皇格列高利七世,他是"教皇革命"的发动者,他曾经被他的朋友和同事彼得·达米安(Peter Damian)称为"一个神圣的撒旦"。[44]

048

改革运动的发展

鉴于路德既没有担任教会的政治职位,也没有担任国家的政治职位,把他放到和教皇格列高利七世比肩的位置是站得住脚的。他是一位大学教授——是一位学者,一位教师,那么,是谁来执行他的革命性指示呢?

最初,他希望罗马天主教统治集团自身会接受他的新说教。他最早的呼吁实际上是对教皇本人发出的。[45]当他发现罗马方面根本没有响应时,他转而投向皇帝和帝国境内的贵族,来寻求他们的援助。[46]这一次,他仍然是不成功的。当皇帝宣布他为罪犯时,他自己的君主保护了他,但却没有认可他的观点。[47]直到1524年,才有别的一位君主——21岁的黑森君主菲利普(Philip of Hesse)——做了皈依者。[48]在这一时期,他最早所得到的支持主要来自为数众多的大学同事,少后,则来自数十上百的外面的学者,包括神学家、哲学家和法学家,他们为路德的个人品格、他的布道和他的著作的魅力所折服。他的话在成千上万的神职人员中间和他们所领导的数以十万计的会众中间迅速传播。它还传播进许多市镇政府领导者中间,并且,围绕由这些政府所批准的在其教会内实行的礼拜仪式和教义问题,还发生了若干激烈的冲突。

一些影响卓著的宗教领袖和路德站到了一起,其中不乏和路德差不多属于一个重量级的人物,如菲利普·梅兰登(Philip Melanchthon,1497—1560)、约翰·布根哈根(Johann Bugenhagen,1485—1551)和马丁·布塞尔(Martin Bucer,1491—1551)。很难想象,如果没有他们的参与,那场改革运动将如何维系。至少还有半打的其他宗教领袖在路德的直接感召下,在促成一个或几个城市改信这一新教义上,起了关键的作用。还有其他一些宗教领袖,他们尽管也受到路德的强烈影响,但却是选择了他们各自的道路,并且有的最终又站到了路德的对立面。[49]

在1520年代早期,瑞士和德国南部的一些城市正式接受了这种或那种形式的福音信仰,其中有苏黎世、巴塞尔、斯特拉斯堡、纽伦堡、奥格斯堡和康斯坦茨。[50]这一新的信仰还在帝国骑士中间传播,在1522年的时候,一大批骑士率领着他们的雇佣军揭竿而起,武装反抗帝国和教会权威（“骑士战争”），其中两位最为卓越的领袖，佛朗兹·冯·西肯根（Franz von Sickingen）和乌尔里奇·冯·胡顿（Ulrich von Hutten），就在路德的教义中为他们“举大事”找到合法性根据。[51]这个改革运动还在农民、矿工和城市工匠中间蔓延，他们在 1524 年的武装暴动（“农民战争”）也是在路德的神学理论中找到部分的合法理由。简而言之，在圣经信仰的旗号下，由于路德对罗马天主教僧侣制度的攻击而点燃的这场“德国革命”，在一开始时就演变为一场群众运动，在不同的时期，它获得了德意志民族内部几乎所有阶层的为数众多的人们的支持。

像欧洲历史上的其他大规模革命性运动一样，德国革命在它 049
的初期也滋长出“派”：一个左派是茨温利宗和加尔文宗信徒，一个更为彻底的左派是再洗礼派和唯灵论派信徒，一个温和的右派是人文主义者，还有一个极右派，主张在罗马天主教会自身内部进行根本的改革。路德本人既反对相对于他而“左倾”的那些人，也谴责相对于他而右倾的那些人。他强烈反对那种诉诸骑士和农民暴力的做法。他攻击再洗礼派信徒和唯灵论派信徒，因为他们宣扬的教义既威胁到有组织的宗教又威胁到国家自身。他抨击伊拉斯莫和其他人文主义者，在他看来，他们拔高了人的理性和意志，而葬送了个人的信仰。[52]他的神学理论和茨温利与加尔文之间只有细枝末节的分歧，但他们在教会论上的见解则存在根本性差别。[53]

路德和王侯们：国家的改革

在 1517 年之后的几年里，路德改革是一个自发的信众运动，它似乎是凭着它自己的力量传播到不同的城市中,而没有一个有组织的政治中心。但是,那场“农民运动”——再加上激进的再洗礼派和唯灵论派的出现,把局势逼到了一个紧要关头。对很多人来说,如果想避免无政府状态,就得要么恢复到1517年之前的罗马天主教的帝国统治秩序,要么把这一宗教改革运动置于各领地王侯控制之下。最终,正是路德宗信徒和各领地王侯的结盟以及各王侯彼此之间的结盟——而不是其他任何单一的因素,保证了路德宗教义在德意志人占多数的领地内的胜利。

最初,那些支持路德的王侯并不都是要投身到他的事业中来;有的王侯仅仅是为了保护他们自己的权力和利益,而反对皇帝和教皇。实际上,那些王侯的诉求在很多方面和路德的不满恰好重合。下萨克森的选帝侯“智者腓特烈”,路德的保护人,虽然坚持信奉罗马天主教,并且也仅仅和路德见过一次面(在1521年的沃尔姆斯帝国会议上),却要积极保护这位来自“他的”大学并在“他的”大教堂大门上张贴神学论纲的教授的自由。在1521年拒绝执行对路德的通缉令的领地王侯还包括美因茨大主教,而他身兼帝国大法官之职,并且是路德神学的头号敌人。

16世纪20年代中期,政治形式发生了根本变化。为了扑灭福音运动,天主教王侯们结成一个联盟,它包括(上)萨克森公爵、美因茨大主教和布兰登堡的选帝侯。而另一些王侯,即黑森的菲利普、(下)萨克森选帝侯腓特烈的继承人约翰和梅克伦堡、安哈尔特
050 及布伦瑞克—吕内堡的统治者则结成一个捍卫路德事业的联盟。1529年,在施派尔召开的帝国会议上,占多数的天主教集团通过了一项帝国决议,停止所有形式的宗教改革运动,并恢复各主教的管辖权。作为回应,五个属于路德宗的领地和十四个路德宗城市,发起了一个“抗议”(protestation。译按:通常所谓的“新教”即是

Protestantism,又译为“抗议宗”)声称“在涉及神的荣耀和灵魂救赎的所有问题上,每一个人都必须站在神前,为他自己作出回答”。[54]于是,那些发起“施派尔抗议”的人就获得了一个“抗议宗信徒”的称谓,并且,这一称谓最终落实到数百万的跟随他们步伐而来的信徒身上。

在经过一段时间的出巡之后,皇帝查理五世返回德国,主持了在奥格斯堡召开的帝国会议。在这次会议上,天主教神学家提交了一份文件,历数路德宗教义、茨温利教义和再洗礼派教义的 404 条悖谬之处。路德的支持者则向皇帝宣读了另一份主要由梅兰登起草、由路德认可的文件——这就是为人们所熟知的《奥格斯堡信条》(Augsburg Confession),它提出了新教信仰的基本信条。那些发起“施派尔抗议”的王侯们在这个文件上签了名,另有几个城市的代表也签了名。那些新教王侯在会议结束之前就退出了会议。在他们缺席的情况下,天主教的代表通过了一项决议,禁止异端的发展,强令把已经世俗化了的教会财产再恢复到原来的地位,并建立起印刷和布道审查制度。作为反击,《奥格斯堡信条》的签名各方在 1531 年召开了一次会议,形成了捍卫新教信仰的“斯克马卡迪克联盟”(Schmalkaldic League)。很快,既有来自德国北部也有来自南部的其他城市和公国加入到这个联盟中来。由于面临着来自东方土耳其人的不间断的威胁,皇帝在很多年里不能抽出手来对付“斯克马卡迪克联盟”,于是这个联盟不论是在政治上还是在军事上,就成为帝国内部迅速蔓延的新教运动的中流砥柱。[55]

查理五世统一罗马天主教帝国的蓝图因为新教的传播而受挫,他终于在 1546—1547 年对斯克马卡迪克联盟发动了一场战争,并击溃了新教武装力量。但是,1552 年,新教王侯和法国国王亨利二世结成联盟,打败了这位皇帝。1555 年,帝国会议再次在奥格斯堡召开，通过了《奥格斯堡和约》（Peace of Augsburg），它允许各领地王侯自决其领地内的宗教信仰，从而最终结束了德国的内战。如此看来，德国境内各领地王侯对路德宗事业的支持，在促成德国革命的成果方面乃是一个关键因素。

《奥格斯堡和约》为解决那场剧烈的宗教冲突——它已经在神圣罗马帝国属下的德意志区域内各地蔓延了35年——奠定了基本的准则。[56]它规定，帝国境内各公国的统治者自己决定其公国是否信奉单一的路德宗或罗马天主教，以及他和那些分享他的集权
051 政府职位的人员，是否对其领地内的教会事务实施最高的立法权、行政权和司法权。接下来，那句拉丁语“*cuius regio eius religio*”（“whose realm-his religion”，“教随国定”）应用到这一原则之中。但是，应该强调的一点是，这一选择限于要么是《奥格斯堡信条》所指即路德宗，要么是“老的宗教”即罗马天主教。再洗礼派、加尔文宗和其他宗派都被排除在外。[57]

各王侯决定在这两种信仰之中施行哪一种信仰的权力受到一定的限制。在那些流行着这两种宗教的帝国自由市内，不论是路德宗还是罗马天主教都将被容忍（第14条）。同样，自由的帝国骑士也不应被强令从属于他们的领地统治者的宗教管辖权（第13条）。第11条还规定，宗教上的少数信徒只要没有拖欠任何税赋，并且更重要的是，只要他们不存在法律上的像农奴那样留在所在地的义务，那么，他们就有迁移到其他领地的自由（*jus emigrandi*）。作为这一书面条约的补充，他们还有一个口头协议，新教势力正是通过这个口头协议而获得了皇帝的承诺：凡是属于那些业已改信新教的教会统治者的骑士、城市和教区，将不会再被引领回到原来的信仰去。[58]

《奥格斯堡和约》规定了新教王侯最想拥有的内容：*jus*

reformandi,即“改革的权利”,在他们各自的领地内确立路德宗为国教的权利。但它同时也体现了为“老的宗教”的利益而做出的实质性让步。不但在那些继续信奉罗马天主教的世俗公国内,路德宗信徒受到严厉禁止,也不但在推行路德宗教义的领地内信奉罗马天主教的骑士受到保护,以及在信奉新教的自由帝国城市中的罗马天主教市民受到保护,而且,新教王侯没收其领地内罗马天主教会的财产的权利受到了一定的限制。《奥格斯堡和约》第 5 条规定,如果任何主教或高级教士在将来放弃罗马天主教信仰,那么,与其相关的传教处所和收入都将归还罗马天主教会。参加此次奥格斯堡会议的新教阶层对这一条“教会保留”(ecclesiastical reservation)的内容拒绝同意,并且他们的拒绝适当地记录在该第五条中。另外,第 6 条承认了在 1552 年的“帕骚和平”之前新教地区业已完成的教会财产世俗化的合法性。

一些历史学家认为,《奥格斯堡和约》只是“对现状的确认”而已,它“没有指出未来的道路”,而仅仅是导致了灾难性的宗教冲突,这种冲突在经历了两代人的时间后,随着所谓的“三十年战争”(1618—1648)而达到了它的高潮。[59]各公国内的宗教冲突还在继续,而另一种称为“加尔文宗”的新教最终在德国也开始 052
拥有越来越多的信众。帝国境内最有影响力的公国巴拉丁的选帝侯腓特烈三世,在 1563 年改信了加尔文宗,并且为他的领地确立起这一信仰。拿骚伯爵于 1577 年做出了同样的行动,不来梅市和安哈尔特市则在 16 世纪 80 年代步之后尘。[60]与此同时,乌兹堡的主教教区在 16 世纪 70 年代恢复了天主教信仰,福尔达大修道院的所属田庄也在 17 世纪早期恢复了天主教。科隆选帝侯在 1580 年代度过了一场来自新教的挑战。而在奥地利哈布斯堡和巴伐利亚两地,天主教则采取咄咄逼人之势为其自身张旗。如此看来,新教领地和天主教领地内的居民都面临着被迫改变信仰的威胁。但是,三十年战争最终带来了《威斯特伐利亚和约》(*Peace of Westphalia*)(1648),它从根本上对《奥格斯堡和约》原则进行了重新确认,并对其原则做了扩大解释:加尔文宗也因此而归于可被接受的信仰之列;并且,如果一位王侯改变其宗教信仰,他将丧失其领地。

人们或许会争论说:历史上没有什么是全新的,也没有什么会是最后的结束。但是,不可否认的是,罗马天主教会在德国各公国曾经拥有的霸权被《奥格斯堡和约》最终击溃了,正是这个和约最终确立起一个崭新的原则,即在组成德意志民族的各邦国共同体内,各领地统治者的宗教信仰——罗马天主教或路德宗——是其领地内的唯一宗教。1555 年以后,查理五世恢复统一的、中央集权的罗马天主教帝国的梦想就再也无望实现了。查理本人于 1556 年放弃了他的皇帝宝座,做了一个修士,宣告了他的梦想的破灭。实际上,有好几次,路德宗的王侯看来有可能就当选成了皇帝。[61]

进一步而言,对王侯在其公国内确立路德宗——以及最终还有加尔文宗——信仰的权力的认可,也大大强化了那些留在罗马天主教阵营的王侯的权力,因为此时是凭借他们自己——而不是教皇统治集团——来决定他们的公国继续其"老的宗教信仰"。

尽管《奥格斯堡和约》有些模棱两可——并且可能正是由于这种模棱两可,这个和约可以说是终止了那些组成德国革命内容的一系列政治事件。路德最初的天启图景已经证明是不能全面实现的。敌对的力量之间——包括那些代表古老统治秩序的力量——不得不达成妥协。但是,一个持续性的转型已经开始,它的影响所及不仅是德国,而是整个的欧洲。[62]

城市的角色

到目前为止,我们所叙述的德国革命的故事主要还在沿用它的传统版本,即一个"路德和各王侯"对抗"教皇和皇帝"的故事。但是,在最近几十年,这个故事由于存在着"官方"偏见,而受到杰出的历史学家们的严厉质疑。他们强调,对教会和国家所经历的那场巨大转型负责的,不仅仅是——也不主要是——宗教先知和世俗集权政府的结盟,而毋宁是来自德国人民、尤其是德国城市商人和工匠阶层的广大人民的行动。于是,一位站在新近立场的解说作家曾经这样写道:"我反对那个传统的叙述套路,它把目光限于路德的神学,然后掠过骑士和农民的战争,再到王侯的改革。我认为那些创造性的、斩钉截铁的事件主要在于城市的改革,那是由新的活跃阶层和布道者、小册子的写作者和印刷者一道,向陈腐的城市政治发动的有力一击。"[63] 用那位作家反复引用的一句话来说:"德国的宗教改革是一场城市运动。"[64]

053

有一个同样强调这次改革的"草根"性格的故事,它把改革的主要动力归于农民和城市贫民,他们在 1524—1526 年发动的大规模起义被集权政府镇压了下去。

此处没有必要区分出这两种解释哪个更真哪个更假。学术争论的情况常常是这样,而解决困境的办法也许是兼顾这两种说法。王侯、市民、农民和城市贫民、布道者和其他教士、法学家、人文主义者以及其他人等,所有的人都扮演了关键的角色。正如史蒂文·沃兹蒙特(Steven Ozment)所言:根据我们所考察的影响这一发展进程的不同关节点来看,可以说这次改革运动是"布道者的、人民的或是地方文官的改革”。[65]

实际上,如果我们把德国的宗教改革视为一次全局性革命、一次全局性转型——整个德国民族就卷入其中——的一部分的话,那么,我们可以说,不论从哪方面来讲,它都是由所有参与其中的民众而“引起”的。这不是哪个单一的阶级或集团或几个联合的阶级或集团,简单地把他们的意志强加到别人头上;毕竟,那些被镇压了的人们正像那些胜利了的人们一样,共同促成了这次德国革命。权力是相互的:强者的意志也被弱者的反响深深影响。在国内战争中常常见到的一个局面就是,战争的结局不仅仅是一方的胜利,而是所有敌对方的一种新的互动消长。[66]进一步而言,如果我们把这一改革放在这个由教会和国家双方参与的革命全局中来看,那么我们就不应当仅仅局限于路德宗和加尔文宗——在德国大多数领地内——对罗马天主教的取代,而是也要注意到德国民族整体性的政治、经济和社会变革。最后,如果我们不再坚持探究这次德国革命的“没有原因的最初原因”的话,而是试着讲出这个故事中发生了什么、是如何发生的和有什么结果,那么,从路德和王侯们讲起,继而讲到其他主要民众团体——包括那些赋予这次革命以长久的制度和法律形式的人们——在其中所起的作用,这种安排是完全适当的。

054 在涉及德国城市内的运动情况时,它的草根(基层民众)因素和乡村运动情形形成反差,它不容易从地方文官的成分中区分开来,因为城市民众的情感和利益在很大程度上,在市政官员所采取的行动上表达出来。在那些市长和市议会议员受到绝大多数市民反对的城市里,剧烈的对抗就适时而至,并且在很多情况下,新的精英集团上台取代了旧有的精英。此外,城市内部的力量角逐,常常受到其所在领地的王侯公职文官的政治意志的强烈影响。

在 1500 年的德国,城镇所拥有的人口只占总人口相对很小的比例,在大多数领地内不到 10%,萨克森和可能还有其他城市达到 20%。再从另外一方面看,在 3000 个左右的城市中,大约有 2800 个人口不到 1000 个。路德的家乡威登堡有大约 2500 个市民。有 45,000 市民的科隆和有 38,000 市民的纽伦堡在全德国拥有 15,000以上人口的 12 座大城市中是最大的城市。这些数字和西欧常见的那些城市人口数字大体上还在伯仲之间,但德国没有一座城市在规模上可以和巴黎、那不勒斯、米兰、威尼斯和格拉纳达等城市相比较。[67]

从智识方面来看,城镇更易于接受路德的教义。用史蒂文·沃兹蒙特的话来说就是:"新教改革为其胜利预设了一个有读写修养的城市文化,并且它看来特别吸引正在崛起的城市阶层,他们或者已经经历了或者是决心去实现一种新的政治和经济成就。"[68]但是,这绝不意味着,那些诱导诸多城镇的集权政府推行路德宗信仰的因素,明显地区别于那些诱导领地内的集权政府——王侯及其顾问——在他们的领地内实施同样行为的因素。其中一些因素就是狭隘意义上的经济与政治因素,即没收罗马天主教会财产的经济利益,和获得罗马天主教的政治和法律管辖权的政治利益。一个更广义的政治因素——向来自下层的宗教和智识压力妥协、尤其是向来自教区会众本身的压力妥协的利益——在城市里要比在大的领地内具有更明显的意义。但是,有必要指出,除了那些根据《奥格斯堡和约》而被授予自决权的自由帝国城市,其他城市信奉这种信仰或那种信仰的决定,最终取决于该市所在领地的王侯,而不是市政权威。

最终,在这 65(或更多一些)个帝国城市中,有一半以上在 16 世纪改信了或是保持了新教信仰。在其他城市,新教聚会和罗马天主教聚会则是井水不犯河水。还有的城市确立了新教,然后又背弃了它。并至少有一打的帝国城市没有承认这次宗教改革。[69]
055 通过这些数字来看,把这次改革称为"城市运动"是站得住脚的,它反映出"社区共同体的价值",但是,这样称谓的合理性不会超过"领地运动"或"王侯运动"的称谓,它们反映了"官方的价值"。同样,在经过精心的立法活动来规范政治、经济、社会和宗教行为,从而赋予这次改革以制度的和法律的形式方面,城市和领地都扮演了一个重要的角色。

农民战争:"普通汉的革命"

在德国南部爆发的这场有燎原之势的暴动开始于1524年,持续进入1525年,它最终卷进来非常庞大数量——差不多有几十万——的武装农民,并常常有来自城市工匠和矿井工人以及著名牧师和其他精神和知识领袖的支持。这些暴动遇到了来自某些王侯的武装打压,那些王侯此前已经结成了一个所谓的"斯瓦比亚联盟"。到1526年初,这次起义被镇压下去,它的领导者以及参加的村庄都受到了严厉的肉体的和经济上的迫害。当时报道有100,000人死在战场上或是绞刑架上。[70]

这场反叛尽管是由农民领袖所发动,并且后来也被称为"农民战争",但是,它实际上是一场群众性的运动,它的中坚力量来自乡村以及城镇的贫困阶层,并且,它不仅仅以农民的名义进行战斗,它还打着反抗"精神和世俗权力"压迫的"普通汉"(common man)的旗号。[71]它明确地站在由路德、茨温利、托马斯·闵采尔和其他改革者所倡导的新的圣经信仰基础上,这一信仰被认为强调所有阶层之间的社会、经济和政治上的平等。正如德国历史学家彼得·布瑞克（Peter Blickle）所揭示的那样，就“革命”一词所蕴含的被用滥了的经典意义来看，那场运动具有很多方面的革命属性。但是，与布瑞克的解释相反，那场运动不应被视为“这次”（失败了的）“德国 1525 年革命”，而应当视为那场更大规模、更为千头万绪的（胜利了的）“德国 1517—1555 年革命”的一个独立组成部分。

在 1525 年初，农民暴动的领导者发布了一个面向“基督徒读者”的所谓《十二条》（Twelve Articles）的告示，它的条文内容广泛援引了圣经的权威。在序文部分，它声称，福音教导人们的“只有爱、和平、宽容和团结，而别无其他”，而且，农民的要求乃是建立在这些德性之上，但是魔鬼已经派遣福音的敌人前来抵制、拒绝这些德性。[72]于是，第一个条文就要求每一个教区应获准委任其本堂牧师的权利。第二个条文要求，谷物的什一税应由教区委任的教会管理人来征集，并且它应当仅仅用于支付本堂牧师，和（用剩余部分）周济穷人，和（如果还有剩余的话，以之）用于军事防御，“以便穷人身上再也不被征缴一般的领地税”。家畜税则应全部取消。056
第三个条文谴责了“领主把我们当作他们的财产的习俗”，但是它补充说“我们在所有正当的、基督教的事务方面，应当心甘情愿地服从我们所选择的、神所指定给我们的、合法的统治者”。第 4 条到第 11 条的几个条文要求：取消对打猎和捕鱼的限制；把村庄的树木和森林归还给村庄，以便农民可以采集建筑木材和劈柴；减少劳役；领主应当遵守他们曾经同意的契约的条文；根据田地产量调整地租；“根据古老的成文法和案件情节、而不是根据法官的偏见”来降低刑事处罚的水平；那些攫取了公共牧草地和土地的人们应当归还它们；以及彻底废除死亡税。第 12 条条文声明：“如果这些条文中有任何一个或几个条文违背神的话语（就此我们也不肯定),那么这应当用《圣经》的话为我们指正。当它为《圣经》所证明,我们就将放弃它。”

应该指出的是,农民所关心的经济问题大多都是针对15世纪末16世纪初才刚刚出现的一些特定现象,因为拥有土地的贵族的经济形式在逐步恶化,许多贵族就采取了一些侵犯久已形成的农民权利的措施。但是,这次起义的潜台词,是一种基于基督徒教友会之社会平等的新式革命理想。在那些最著名的造反领袖中,有一位即是再洗礼派的托马斯·闵采尔,他可谓是领先了卡尔·马克思三个世纪,他宣称,“每个人都应当根据他的需要而适当获得。任何王侯、伯爵或贵族如果在被严厉警告的情况下仍拒绝这么做,就应该绞死他或是剁下他的脑壳”。基督徒教友之间的平等图景,从德国南部不同地区广泛出现的所谓“基督教联合会”——最终又形成了一个“基督教联合会联盟”——上,以及从对所谓的“共和政体模范”的推行上,找到了一个制度性的框架。在那个“模范”中,农村和城市社区结成一个地域政治结构的基础,其全部政治职位最终都由社区的选举来决定。在几个较大的地域内建立地域联合(*Landschaft*),由它来代表不同的社区。[73]这种新的政治秩序的基础乃是神的法律。神圣的法律所规定的“共同的善”,被理解为去实现穷人的经济救济。基督徒兄弟般的爱被理解为去实现所有人的平等正义。基督教社会的自治,则被理解为去实现精神和世俗权力的社区公共选举。如此看来,这场革命运动既有宗教上的内涵,也有经济和政治上的意义。

这场“普通汉的革命”从左翼挑战了路德的教义。路德本人对革命的双方都进行了谴责——谴责农民,因为他们诉诸暴力;谴责王侯,因为他们不愿意向合理的经济与社会要求妥协。无疑,由于他拒绝接受农民,加之以农民在失败之后所经受的残酷惩罚,大量

的德国农民都背弃了路德的事业,并最终回到罗马天主教上去。 057
但是,这一为数众多的德国民众对再洗礼信念的认可——哪怕只保持了一段时间——对德国革命产生了很大的正反两方面的影响。从消极方面来看,它起到了阻碍路德宗的宗教事业和王侯的政治事业挑战教皇和皇帝权力的进程的作用。从积极方面来看,它有助于缓解众多农民的不满情势,并最终引导农民和平地融入王侯领地内的经济、社会和宗教生活中去。

在 1526 年召开的施派尔帝国会议上,根据皇帝授意而成立的那个所谓的"大委员会"对农民诉求给予了特别的考虑。该委员会的《关于臣民之陋习与负担的陈情书》心照不宣地把《十二条》当作了它的出发点。它建议取消各种应向罗马交付的税项,因为它主要由普通平民来负担,给了"造反和其他形式之不服从的口实"。它还建议对家畜税的支付进行一定的限制,取消或降低死亡税,适当限制领主加于农民的劳役。"陈情书"并没有赞同《十二条》取消农奴制度的要求,但它的确建议取消对其他形式之迁徙自由的限制,建议把被统治者据为己有的捕鱼水域和牧草地归还给村庄,建议不应漠视地方和乡村的法院,还建议减轻刑事犯罪处罚。[74]尽管这些建议并没有进入帝国的法律,但它们还是表明了对许多农民诉求的合法性的认可。不论是在战争期间还是在战争之后,德国各城市也给予农民以实质性权利认可,并且,甚至很多曾经加入"斯瓦比亚联盟"的领地统治者,在他们取得了胜利之后也向《十二条》的各种诉求做出了妥协。[75]

再次如史蒂文·沃兹蒙特所言,尽管把那次改革等同于一场农民战争是不恰当的做法,而因此把那次改革说成是一个失败则是更为不恰当的做法,但是,如果认为那场农民的反叛"没有在德国的政治和社会视野中留下任何有意义的和持久的变化"并因此而忽视它的话,也是有失偏颇的。[76]他们的起义被残酷地镇压下去了,但是他们的许多诉求最终被听见、被满足了。

德国革命在欧洲的反响

德国革命是一场欧洲革命。一个多世纪以来,改革教会的剧烈运动以及几乎各地皆然的王室凌驾于教会和封建组织之上的权
058 力的显著提高,都在为这场席卷整个欧洲的革命做着准备。1517年爆发的德国革命及其后来的发展过程,对西方所有国家——从波兰到英格兰,从丹麦、瑞典到意大利和西班牙——都产生了或是正面或是负面的意义深远的影响。实际上,路德的教义对斯堪的纳维亚国家的控制,要比在德国本身来得更迅速,采取的形式也更为激烈。1520年代初,丹麦(后来还有受制于丹麦的挪威和冰岛)和瑞典(后来还有受制于瑞典的芬兰)皈依了严格的、由国家强制推行的路德宗,并对公开信仰非路德宗教义的行为施以苛重刑罚。[77]

在波兰——它在16世纪的时候是一个立陶宛政治联合体的组成部分,该政治联合体还包括乌克兰和白俄罗斯的一部分,在1520年代和1530年代,有相当多的贵族成为路德宗信徒,而到1540年代和1550年代,则有差不多一半的乡绅成了加尔文宗信徒。在新教最终又几乎从波兰消失的时候,路德宗早已在波罗的海的拉脱维亚、爱沙尼亚和东普鲁士——这三个国家都被一个遵循罗马天主教修道院军事规则的“条顿骑士团”所统治——等国家建立起它的长久地盘。实际上,东普鲁士的条顿骑士团宗师(Grand Master)本人在1525年成为一名路德宗信徒,并解散了那里

的骑士团。[78]

当路德宗从德国境内领地主要向着中部和东部欧洲传播的时候,它的"近亲"加尔文宗则主要朝着法国、荷兰、苏格兰和英格兰发展。约翰·加尔文在法国出生并接受教育,很早就成为路德宗教义的热心骨干。1535 年,在他 26 岁的时候,加尔文为躲避王室的迫害而逃离法国,来到瑞士。作为一位杰出的神学家和法学家,他于 1536 年出版了他的著名的《基督教要义》(*Institutes of the Christian Religion*)第一版。他最终在日内瓦定居下来,并领导了那里的新教共同体。他领导的共同体一方面信仰和路德追随者的信仰相差无几的救赎和圣礼信条,但另一方面,他们所坚持的教会组织和权威以及敬拜仪式的信条,则根本区别于路德宗教义。或许,在 16 世纪所流行的路德宗教义和加尔文宗教义之间的最大区别在于,加尔文宗教义认为有关教会事务的最终权威来自地方信众聚会的长老,而与此相对,路德宗教义认为在教会事务上的最终权威在于领地上的王侯。

加尔文宗也像路德宗一样,在不同的国家有不同的分支。在法国,加尔文宗的新教徒称为胡格诺派,[79]他们于 1534 年在巴黎以及其他城市的罗马天主教教堂门上张贴布告,攻击弥撒(此即"张贴事件"),这一行动导致了第一次严重的宗教迫害。对加尔文宗的压制于 1562 年爆发为内战,在接下来的 30 年间,王室的罗马天主教军队为镇压城市起义,先后打了一连串的八次内战,它们总 059
称为"宗教战争"。在 1572 年及之后,法国各地开始大规模屠杀胡格诺教徒,这就是所谓的"圣八多罗买日大屠杀"。最终,在 1598 年,这场暴力冲突由亨利四世颁布的《南特敕令》(Edict of Nantes)最终平息下来——它持续了差不多有一个世纪。该敕令赋予胡格诺教徒以良知自由,尽管它带有一些严格的限制。[80]

和法国的宗教战争一样,尼德兰同样也对新教徒展开了血腥的镇压。在尼德兰,1520 年代早期出现了路德宗和其他福音运动的大量追随者,而在 1540 年代和 1550 年代,加尔文宗则在此迅速传播。皇帝查理五世在 1555 年放弃他的皇帝宝座之前,曾经运用宗教审判的法律程序处死了成千上万的尼德兰新教徒。[81]此后,他的儿子,西班牙的菲利普国王,出动西班牙军队占领并劫掠了尼德兰的北方(荷兰)省区。在经过 20 年的断断续续的战争之后,到 1581 年,在加尔文宗君主“奥兰治的威廉”的领导下,“尼德兰联省共和国”成立并正式宣布独立,并最终赢得了独立——信奉新教的英格兰女王伊丽莎白的支援在此起到了一定的作用。

英格兰自身从 1520 年代和 1530 年代开始即已陷入以各种派别的新教为一方,以新出现的、和罗马脱离了关系的安利甘教为另一方的冲突之中;而同时,安利甘教本身在其最初奉行的罗马天主教神学和后来的新教神学和政治学倾向之间,还出现了分裂。还有罗马天主教,尽管亨利八世在 1534 年已经宣布了它的非法地位,他的儿子爱德华六世对此又再次申明,但亨利的长女玛丽女王却在 1553 年恢复了它的合法地位,亨利的小女儿伊丽莎白女王于 1558 年再一次宣布它的非法地位,此后,它就一直是一个颇有声势的地下运动了。安利甘教《公祷书》(Book of Common Prayer)包含了很多摘自罗马天主教弥撒书的内容,同时却又受到了路德神学和礼拜仪式的强烈影响。路德的君主政体也与安利甘教的主张相契合。尽管路德宗本身在英格兰并没有多少作为,但它的强劲对手加尔文宗在 16 世纪的下半期在这里却有所建树,并在 17 世纪为确立议会至上原则而扮演了重要的角色。

即使在整个 16、17 世纪保持了强硬的罗马天主教立场的那些国家,如意大利和西班牙,新教也有其深远的回响。这种回响首先

是反面的,即残酷无情的宗教审判被用来处死、驱逐或是用其他方
式镇压那些为数不多的、敢于在此发出他们反对罗马呼声的新教
徒。尽管是教会在引导这类异端审判,但却是世俗权威在直接控
制审判的程序并实施死刑;并且,在西班牙以及稍后的尼德兰,宗
教审判成为王室和帝国权力的重要政治措施。与此同时,教皇为 060
了回应改革运动,坚决维护并大大强化他在教会内部事务方面的
权力。耶稣会——由“罗耀拉的依纳爵”(Ignatius of Loyola)于
1530 年代建立,并于 1540 年获得教皇认可——的出现增援了教皇
强化权威的运动。耶稣会信徒分布在世俗社区之中,他们因此就
充当了罗马天主教积极的使者,鼓吹服从教皇和主教权威的重要
意义。

但是,就神学意义来看,罗马天主教的“反改革”——它后来被冠以这个称呼——在一定程度上也是对新教挑战所做出的正面反应。首先是它的神学内质被“天特公会议”(Council of Trent)予以改造,这一公会议先是在 1545—1547 年召开,继以在 1551—1552 年召开,最后在 1562—1563 年召开。该公会议的最初几次会议重申了业已受到新教挑战的罗马天主教传统神学信条,谴责了新教“仅因信得救”的信条和新教对传统圣礼的攻击,以及任何不同于罗马天主教会对《圣经》所做出的解释。但是,公会议也采取了具体的行动,来修正一些为新教所责难的教皇权力滥用问题。在它颁布的一些改革诏令中,就包括提高教士的教育和操守水准,在教会和学校定期诵读《圣经》,《圣经》与传统惯例具有同等的效用,以及以后的罗马天主教婚礼应在一位教士和两名证婚人面前举行——路德曾经批评教会说,它对非正式婚姻或私下婚姻的接受乃是对家长权威的颠覆,教会于是做出了这一回应。耶稣会士也比照着新教对平民教育的重视,而在全欧洲建立起数量巨大的学

校;它们的教育方式那么有效,以至于新教信徒有时也会把他们的孩子送进这样的学校里来。

但是,在西班牙和其他罗马天主教国家内所发生的这类事宜及相关事件,不仅是一场“反改革”运动,它还是天主教内部发生的一场独立运动——自觉自主的“天主教改革”运动——的组成部分。[82]在西班牙,大主教即后来的红衣主教弗朗西斯科·西曼乃斯(Cardinal Francisco Ximenes de Cisneros,1437—1517)领导了一场强调回归《圣经》之重要意义的运动,并在1517年监督印制了第一个订正版本的《圣经》,它以希腊语、希伯来语和新的拉丁语译文的几卷本形式同时出版(译按:此即所谓《康普路屯多语圣经》)。[83]在1506年,红衣主教西曼乃斯还创办了一所用来培养更富文化修养的教士的大学。他的身边团结了一批重要的学者,其中就有伟大的神学家和法学家弗朗西斯科·德·维多利亚(Francisco de Victoria,1482—1546),他的专著《论法律》(*De Lege*)和《论战争法》(*De Jure Belli*)是后来的新教法学家做进一步建构的基础。[84]在西班牙,维多利亚和其他天主教改革法学家回到了圣托马斯·阿奎那(Saint Thomas Aquinas)的著作中去,但却是重新解释了托马斯的理论,这后来被称为“新托马斯主义的”(neo-Thomist)或“新经院哲
061 学的”(neo-scholastic),在一定程度上,这和同时代的新教阵营在法律哲学和法律科学上建树相类似。[85]

路德宗信徒改革教会,整个宗教界都因此而反响一片;与此紧紧相联系的是,德国的政府改革也在整个欧洲激起了政治上的反响。整个欧洲开始经历一场后来称为“信条化”(confessionalization)的发展历程。[86]一个领地的统治者推崇哪一个信条,哪一个信条就因此而确立。在某种意义上,罗马天主教会自身——尽管由教皇来领导——成了分布在意大利、西班牙、葡萄牙、法国、巴伐利亚、奥地

利和其他地区的各领地教会的一个联盟。无疑,它通过"天特公会议"而保持了它的信条统一性,但是,它的世俗管辖权却由于各种"最高统治者"对各自政治势力范围的牢牢控制而受到极大的限制。这样一来,西方基督教王国就从一个包含在单一教会国家之内的多元政治实体所组成的社会,转变为由多元基督教信条——每一种信条都在政治上对应于一个或多个特定世俗国家——组成的社会。

实际上,正是由于在欧洲兴起的信条化运动——它实际上把在不同的欧洲政治实体之中的教会和国家分成了阵营——才有了第一次"欧洲大战",即 1618—1648 年的"三十年战争"。1555 年的《奥格斯堡和约》曾经成功地解决了发生在新教王侯和罗马天主教帝国之间的德国内战,但是,在经历了两代人之后,当欧洲大部分都已经信奉了新教,奥地利哈布斯堡王朝的皇帝斐迪南二世在继承了那个已经大大式微了的皇帝宝座之后,他动员保留在罗马天主教阵营里的各王侯向德国境内的新教领地和城市开战,他要恢复教会的权力,他要索回在《奥格斯堡和约》之后为新教统治者缴去的财产。在三十多年里,并且主要是在德国的土地上,奥地利皇帝的雇佣军和丹麦、瑞典新教皇帝的雇佣军时断时续地交火,并不时地有法国、西班牙、英格兰、尼德兰和其他国家的军队介入进来。[87]最终,宗教的动机湮没在贪婪和权力的欲望之中,天主教的法国开始和天主教的西班牙交战,而打仗的将军们也根据他们的王室雇佣者的指使而瓦解了他们的宗教联盟。各式各样的军队扫荡了德国的乡村,包围并洗劫了德国的城市。成千上万的德国农村彻底荒芜了,而德国的人口从 1200 万减少到 800 万,其中奥格斯堡的人口从 8 万减少到了 1.6 万。德国花了差不多一个半世纪的时间,才从它因此而遭受的这种贫穷和枯竭的阴霾中走出来。

三十年战争最终随着一个多边条约的签订而告终,这就是《威斯特伐利亚和约》(Peace of Westphalia),它把九十多年前为解决德国宗教纠纷而出笼的《奥格斯堡和约》的一些基本条款,应用到所有的欧洲大国上。像以前一样,统治者的信仰就是其领地内所确立的信仰,视为"国教"。但是,在每一个领地内,那些没有被确立
062 的教派——不论是新教的还是罗马天主教的——将有权按照它们自己的信仰来聚会、敬拜以及教育他们的孩子。路德宗信徒、加尔文宗信徒和罗马天主教徒之间的宗教宽容原则因此而确立下来。但是,罗马天主教教士不再享有其原本保留着的在新教领地民事法院内的特权和豁免权。[88]

就那些《威斯特伐利亚和约》缔约国的宪法性法律而言,因德国革命而最早确立的王室对教会和国家的至上权威在此得到重申,但是这一权威为了那些没有被确立为国教的教会的利益而受到了一定的限制。与此同时,这一新的有限宗教宽容的宪法原则,也成为建立在国家主权基础上的新的国际法理念的基础。这一条约不仅确认了德国各公国的主权,而且,还有包括西班牙、尼德兰联省共和国、瑞士和奥地利在内的其他欧洲国家——它们都曾经是神圣罗马帝国的一部分——的主权。帝国的名义还存在,但它实际上只是一个虚幻的影子了;它再也不能制定法律、征缴赋税、保持军队或是行使别的什么国家职能。而与此同时,德国境内的每一个公国——不管是新教的还是天主教的——在国际法上都被视为独立的主权国家,它能够和任何其他国家缔结条约关系。

这样,1555 年《奥格斯堡和约》最终为德国境内各王侯和他们的顾问以及集权政府(*Obrigkeit*)所确立的主权原则,在经过大量的流血冲突后,又扩大到所有欧洲国家在国际法框架下的相互对外关系上。欧洲主权国家——从法律视角来看皆处于平等地位——

的现代体制之出现,以及基于这种国家间的一致意志而存在的现代国际法体系之出现,通常被追溯到 1648 年的《威斯特伐利亚和约》,但是,它的基础却是奠定在 1555 年的《奥格斯堡和约》上,实际上正是这个条约在德意志帝国的范围内,通过确认各王侯、各最高统治者——不论是世俗的还是教会的——为各自公国、王国的最高法律渊源,而确立了国家主权的原则。

法律的改革

尽管故事到现在为止讲的都是泛泛的文学作品的内容,并且
很多都是那些受过良好教育的人们所耳熟能详的,但是在过去的
一个半世纪,关于路德改革——或是总而言之的德国革命——和
与之伴随而来的法律转型之间的关系,还很少见到形成文字的东
西。16 世纪的时候,不论是宗教上还是政治上,人们的观念和利益
所在都受到新教信仰的强烈影响,他们为此而在法律领域做出了
根本的变革——不论是在德国还是在其他地方,这一事实,还很少
为当代学术作品所涉及。实际上,人们一般总有这样的印象:法律
和宗教之间在“中世纪”时所可能存在过的任何联系,都已经在 16 063
世纪的时候迅速地烟消云散了,不仅是在德国,在别的欧洲新教国
家也是如此。此外,也没有什么作品提及新教领地王侯由于其政
治和宗教权威的显著提高,而在德国法上所产生的巨大影响。“一
般的”的史学家没有对 16 世纪德国法的变革予以充分的注意,而
“法学的”史学家又没有充分地注意到德国法在 16 世纪所发生的
变化和同期并行的宗教与政治变化之间的关系,这就导致了对德
国革命的这些方面的严重误解,并进而误解了革命整体内质和它

对未来所具有的重要意义。

在路德改革之初,它的很多领袖都不仅对过去的法律而且对所有的法律发出尖刻的攻击。这就是革命的天启阶段,路德和其他倡导改革者有时候似乎要根除那个可见的、适用法律的、实行等级制度的罗马天主教会,而代之以一个看不见的、平等的、仅仅因信而生的信众团契。最初颇为频繁、既而变得偶尔的是,路德在宣扬他关于天上王国——在此恩典取代了法律——的神学信条之余,还广泛攻击各德意志公国内部和整个帝国境内所流行的法律秩序,攻击一般意义上的法学家。"真理和法律总是一对敌人",他曾经这样写道,"告诉我哪个法学家通过研究而发现了真理……不,他们所以研究法律,只是为了法律给他们带来的那些好处"。[89]再洗礼派作为改革运动的左翼,则更为极端地采取了反对道德律的唯信仰论倾向,他们倡导建立只需凭福音教导进行统治的信众共同体。这样一来,处于攻击矛头之下的不仅是罗马天主教会的教会法,而且还有世俗的法律,包括经过大大修正而现代化了的学者们的罗马法——它已经越来越多地渗透进了城市法、王侯领地法以及——在1495年(译按:帝国法院体系在这一年被改组,开始任用精通法律的人士任职,并开始适用帝国的普通法)之后——帝国的法律之中。

但是,当改革具有了它的气势的时候,攻击旧法律以及攻击所有的法律,很明显会导致无政府状态。实际上,在1524年和1525年,托马斯·闵采尔和那次大规模农民起义的其他领导人明确地喊出了一种激进的反对道德律的唯信仰论,它已经走到了无政府主义的边缘。[90]正是在这个时候,为了证成法律制度和法律原则的积极意义,路德所主张的信条——由法律所统治的地上王国乃是靠着神恩,尽管它是一个罪的王国,并且神只是隐形其中——开始承担起其作为政治角色的使命,为赋予法律制度和法律原则以实在价值而寻找基础。最终,路德神学和王侯以及城市议会的世俗权威相结合,产生出一套全新的法律哲学和一套全新的法律“方法”或“科学”——一种新的法律体系化模式,以及各部门实在法本身的实质性变化。

后面各章将比较详细地检讨这些发展情况。而此处暂且简要 064
地勾勒一下发生了哪些主要的法律变化,以便看出:1517—1555 年的德国革命的最终胜利,以及它作为西方历史上的“伟大革命”的根本属性,在一定意义上乃是取决于:其最终形成的那一套新型而持久的法律秩序,在多大程度上体现出了它的基本理想和信念;另一方面是,它又在多大程度上体现出了它的政治与社会目的。

路德神学和王侯权威之间的紧密关系,首先反映在既主宰宗教领域又管理世俗领域的新的宪法性法律原则上。在新教公国以及那些选择了新教的帝国自由市内,王侯和城市文官们在 1530 年代和 1540 年代通过颁布条令而关闭了罗马天主教的敬拜场所,终止或是大大限制了罗马天主教的传统习惯,如斋戒、苦修、圣徒崇拜、买卖赎罪券、为死者做弥撒、向托钵僧施舍以及大量的节日和假期等。正如史蒂文·沃兹蒙特所注意到的:“这些条令是如此逐字逐句、如此虔诚地把新教的信条说教搬到法律中来,以至于一个不明就里的读者会以为他掉进了 1520 年的布道和宣传手册的包围中。”[91]

新教王侯[译按:此时,即在获取了充分的权力之后,这样的“王侯”(prince)翻译为“君主”可能更适合我们的习惯表述。但为了照顾译文统一,prince 一般仍译为“王侯”]——还有新教城市里的市政集权政府——不仅接手了教皇集团对教会事务的管辖权,而且还把它在婚姻和家庭关系、道德犯罪、教育、贫困救助以及其他领域对平信徒的管辖权也取代了。基于通奸或是遗弃的离婚得到立法认可,异端邪说、渎神和性犯罪在世俗法律上也被规定为犯罪,世俗法律还有专门针对流浪、乞讨、行止仪容等事宜的内容。这次改革还确立了世俗法律对教育的管理:公共学校和图书馆因此得以建立,并取代了教会学校,各大学都被置于王侯的管辖权威之下。实际上,为男孩子和女孩子提供尽可能广泛的基础教育成了新教统治者所听从的基督教神召的一部分,以便所有的人——而不只是神职人员——都有能力阅读《圣经》。另外,向鳏寡孤儿提供救济、为病患和老年人提供医护以及其他形式的慈善事业,这在以前曾是主要由修道院和其他教会设施根据教会法而肩负的责任,此时也留给了世俗权威根据世俗法来担任。

随着改革的进行,王侯和城市的立法机构制定出了"一揽子"的关于这类事宜的条令。尽管这些条令也有革命性的变化内容,但它们的许多条款就直接来自罗马天主教会原来所使用的教会法,只不过现在是由世俗权威来在世俗法院里执行的。如此说来,传统上所谓的教会的精神法律世俗化的过程,也必须被看成是国家世俗法律的精神化的过程。

065 王侯和他的集权政府的优越权力,还标志着那个从德语所谓的 *Ständestaat*——"各等级的统治",到 *Fürstenstaat*——"王侯的统治"或是有时候称为 Hofstaat——"宫廷的统治"之转型过程的最后一个阶段。统治等级有三个,包括教会高级教士、贵族和由乡绅、商人以及其他有影响的市民组成的第三等级;农民、工匠和家庭佣人也构成一个阶层,但是他们没有作为一个政治团体的声音,很难说曾经"统治"过。在 15 世纪的德国,就像在欧洲任何其他地方一样,各领地统治者,即君主,亦即王侯或公爵或伯爵,在各阶层面前正在掌握越来越多的权力;但是,他们在税收上仍然依赖于那几个等级,并且,他们的顾问也主要来自那几个等级——尤其是教会高级教士。为征税和立法的需要,统治者定期召集各个等级的代表举行会议。但德国革命带来了一个转折的契机,那些原来由各较高等级代表所执行的功能以及他们所拥有的权力,被转移到作为一个平民部门而出现的新型集权政府身上,他们之中有许多人来自于那些出身卑贱而接受过大学教育的人群。另外,那些新教王侯不但由于没收罗马天主教会财产而大大富有起来,而且还开始行使独立的征税权力。各等级代表会议仍然被召集起来,并且王侯们的行动有时候也的确需要他们的支持,但是,他们所商议的事项,常常不过就是他们就所谓的集权政府权力滥用而表达的一连串不满而已,并且,这样的不满越来越难以被圆满解决了。宫廷顾问会议(*Hofrat*)和宫廷法院(*Hofgericht*)在重要性上取代了贵族会议和他们的世袭法院的地位。[92]

路德强调王侯作为"国家之父"的神召属性,这就不仅把王侯视为了法律的最终渊源,而且,在统治者命令他的臣民以邪恶或不虔敬的方式行动时,路德还限制了作为臣民者的非暴力反抗的权利和义务。一方面,臣民有不服从这种命令的道德义务,因为这种命令是对神授君权的滥用;另一方面,统治者不应受到积极的反抗,因为《圣经》的一句箴言就是暴政不得被反抗,而只能被忍耐。但随着改革大潮的逐渐退去,路德自己改变了他对这个问题的见解,他永远支持对罗马天主教权威之邪恶而不虔敬之法律的反抗;但是,他又时常坚持对真正基督教的——新教的——王侯之命令的"绝对不反抗"。在他的追随者中间,不同的人在不同的时间对这个问题的理解歧义颇丰。

抛开这个棘手的非暴力反抗问题不谈,路德的理论以及这一理论所针对的政治现实都对世俗统治者的职能、管辖权和权力做

066 出了重要的限制。第一个限制来自这个现实:王侯并不是独自实施统治,而是通过他的政府文职服务人员来实施。这些文职人员加上王侯自己就构成所谓的*Obrigkeit*,即集权政府。像王侯本人一样,这些文职人员也受服务公共利益之基督教神召的约束。与此同时,他们由于担负较高级别的公共责任,而同时享有比普通公民更为宽泛的独立性。另外,既然每一个德国新教公国在事实上都是一个主权国家,这些文职服务人员便得以——并且有时的确是——离开某个领地统治者的雇佣,去到另一个领地。与此相类似,作为*Obrigkeit*之一员的大学教授对真理所负有的义务,要超出他对他们的王侯所负有的义务,并且,他们也拥有这个现实可能,即离开他们所在的大学,而接受德国其他公国其他大学的邀请。

尽管这些不同名目的国家官员一般来讲可能会在大众面前形成暴虐,他们也同样会对王侯权力的专制运行形成一个障碍,这在一定程度上是因为他们有接受其他领地王侯的邀请而进入其文官班子的自由。实际上,彼此之政治——法律结构具有很大程度相似性的各独立公国,形成一个事实意义的邦联,而这个邦联的存在就笼统地限制着任何一位德国王侯的权力。在1517年之前,在神圣罗马帝国框架内的所有不同层次的统治者形成一个等级体系,其中皇帝位于最顶端,在他的下面,根据权威从大到小的排列顺序是,王侯、公爵、伯爵和其他统治者、神职人员、贵族和市民。在各种处于附庸地位的领地的、教会的、贵族的和城市的政治实体内,存在着帝国的、领地的、教会的和贵族的管辖权竞合。但是,在1555年之后,就其面对其臣民所享有的权威而言,每一个领地的统治者和其他统治者都是平等的。当然,他们在力量或财富上是不能平等的,但他们在其各自领地内都享有至上的权威。在信奉路德宗的领地内,每一个王侯都有责任和权利来独立决定其宗教事宜。每一位王侯都受制于他自己的法律——公国的领地法(*Landesrecht*)。每一位王侯都自由选任他自己的官员和顾问,而不受制于来自外部的皇帝或教皇的压力。与此同时,每一位统治者在其自己的领地内所享有的广泛的管辖权,都将受到任何其他统治者的尊重。每一个公国在对外关系上都成为一个主权国家,实际上,每一个公国所以获得一个主权国家的属性,在一定意义上是由于这个事实的邦联之内的其他国家对这一属性的认可。

此外,这次革命在地理意义上廓清了一个新概念,即"领土"(territory,德文为 *Land*)(译按:territory,即前文之"领地",此时,它开始对应于"领土"这一概念)。在 1500 年之前,王侯统治的轮廓线取决于一些动态因素:一个"王国"或"公国"的存在由王室或王侯的家族管辖权来决定,而这种管辖权反过来又更多地由其行政能力——包括其采邑上的权利——来决定,而不是靠领地。只有到了 16 世纪,那种保护人的角色才让位于领土主权。[93]只不过,在考虑到领土之间的关系时,那种主权受到德国诸公国的国际或称联邦之属性的限制。

对王侯权力之专制滥用还有另外一层限制,这就是共和国 067
(republic)或是共富国(commonwealth)或是国家(state)——这三个字眼逐渐相互通用——的观念:即它是一个受法律统治的政治实体,是一个"法治国"(*Rechtsstaat*)。它预设的一个前提就是,国家统治者将依据法律——立法、司法和行政等措施——推行其政策,以及他们自己在道德上也有义务遵守他们自己所制定的法律。进一步而言,路德宗独特的关于《十诫》所体现出来的天启之《圣经》律法的哲学,以及他们对应于《十诫》——神已经把它的道义根植于每一个人的良知之中——的自然法理论,也都在强化王侯通过法律施行统治的义务。

这样,新教王侯的至上政治权威就得到了一定的弱化,首先是由于其主权领土和这个泛泛的德国框架内其他统治者之主权领土的并存,更何况此时其集权政府还享有投奔其他新教王侯属僚的自由;其次是基于这个信念,即王侯的法律最终建立在《十诫》教条之上,以及王侯及其 *Obrigkeit*(集权政府)尽管在法律上拥有改变法律的权力,但在合法地改变一项法律之前,他们在良知上有受该法律约束的义务。这些原则至少在理论上把德国的王侯规范成了立宪君主,而不是专制君主。

新教公国内罗马天主教管辖权的废除,不仅影响到德国的宪法性法律,还给德国的刑法、民法和法律体系内的其他相关部门以及法律哲学、法律科学都留下了实质性的空白。在本章,我们只需说明:一方面是国家的改革,另一方面是教会的改革,为所有法律部门的世俗化、体系化倾向施加了巨大的推动力。在刑事法律和程序法方面,各领地内体系化的综合法典被制定出来;在西方历史上甚或是人类历史上,这是第一批单一法律部门的法典编纂。但就包括民法在内的整个法律范畴来讲,法律的统一化并不是通过官方正式的法典编纂来实现的,而是通过对适用于某一特定领地内的整个法律体系——教会的和世俗的,王室的和城市的,以及封建的和习俗的——所做的系统化学术论著来实现的,同样,这也是西方历史上甚或是人类历史上的第一批这样的论著。像那些刑事法典与程序法典一样,这些研究著作也是意图涵盖业内的法学家和专门的法院所运用的全部原则和规则;这是一种区别于今天由立法机关所制定的成文法意义的立法,而是一种包含在权威教科书里的成文规则体系。这样,在新型的德国 *Rechtsstaat*(法治国)内,作为一种重要的法律渊源,学术著作在成文法和习俗之侧而拥有一席之地。

在这个新出现的刑事和民事法律体系化的过程中，路德宗的法律思想也起到了重要的作用。它强调，法律规则作为法律之基本形式，其含义是否相对精确具有重要的意义。这种主张法律明确性的信条，是和路德所宣称的人性恶、因此要以强制性的规则措施来阻止人之恶行的信条相关联的。鉴于自然法过分泛泛的属性，路德写道，成文法不仅在威慑普通的犯法者上是必不可少的，而且在限制包括法官在内的官员之滥用权力的天生倾向上，也同样是必要的。与此同时，路德强调把一般的法律原则当做分析法律文本和案件的出发点，这就导致了这样的一个观念：法院的首要任务是应用法律，即通过一个法律规则的演绎推理过程，把它所要解决的文本或案件放到一个适当的、既定的、一般原则或规则之中，而不是借着注解、评论等手段，从具体的文本和案件结论中归纳出一般的原则，从而发现法律（像以前的学术分析那样）。 068

由于强调通过演绎——从一般原则到特殊规则和案件的推理方法——来实现法律的体系化，教授的作用就被大大抬举起来。在 16 世纪，出现了一个广泛流行的做法，就是把那些最为复杂的案件交给大学里的法律教授们，由他们做出判决。各领地、各城市的法院以及“帝国最高法院”，每当在适用法律遇到特别的困难时，就会把有关的全部案卷交到一个法学院，而那些法律教授们就会针对那个案件研究、讨论一番，并做出一份对法院具有拘束力的经过推理论证的判决。这一制度就称为 *Aktenversendung*，即“卷宗递送”，它在德国一直实施到 1878 年，对德国的法律内容和风格产生了巨大的影响。对教授们来讲，它也是颇为劳神的——和颇有油水的。如果说通过综合性研究著作和综合性法典编纂——就刑事法律和程序法而言——来实现法律的体系化是一个更为一般的趋势,那么,这种有教授介入其中的“卷宗递送”程序的广泛采用,就是这个一般趋势中一个组成部分。

不仅是宪法性法律,也不仅是法律哲学和法律方法,还包括刑法、民法和也许可以称为社会法的基本法律原则,在德国革命的冲击下都经历了实质性的改变。阐述这些变化的内容将留待以后的章节。

省略的事项

在讲述德国和英国革命对西方法律传统的影响这个故事时,要确定应当讲述哪些内容,以历史的法理学为线索将是特别有益的。在欧洲,16 世纪早期以及 17 世纪中期,法律领域进行某些根本性变革的时代来临了。在接下来的几章里我们就是要讨论这些
069 变革;但这个时代却不是为别的事宜而来,我们对此将仅仅做一提示,而不是分析。

其中的一项就是,犹太人解放的时代还没有到来。在 16 世纪的路德宗新教领地内,正像在罗马天主教的公国和王国里一样,那些没有改信基督教的犹太人被指令居住在“犹太人街”里,还要佩戴一种身份标牌儿,并且被限制在一些特定的职业里。从事金融交易属于被允许的职业之列,那些在金融方面成就非凡并因此而为王侯和其他高贵人物所器重的犹太人,便有机会为社会所接纳。但是其他人实际上还是被排斥在社会之外,并有时遭受到十分残酷的迫害。一个世纪之后,加尔文宗的英格兰对犹太人要宽容得多,被驱逐了 5 个世纪的犹太人又被邀请回到社会中来,尽管他们在那里也仍然被隔离并被剥夺了民事权利。

另一项就是,不再把巫术当作犯罪的时代还没有到来。就这一问题,罗马天主教和新教也是各有责任。实际上,教皇英诺森八世在 1490 年的一封诏书中,首次把巫术界定为背离了基督教信仰的异端,因为那些从事者把自己交给了魔鬼。于是,那些被指责从事魔术活动的人开始被当做异端而受到指控。不论是在罗马天主教领地内还是在新教领地内,在 16 世纪和 17 世纪所施行的针对巫术的法律并没有多少有意义的差别;而在这一问题上,加尔文宗的英国法律表现得甚至比路德宗的德国或是罗马天主教更为严酷。

最为重要的是,减少欧洲战争的次数、减缓战争的残酷性的时代还没有到来。甚至当西方所有国家的统治者和人民都已经信奉共同的罗马天主教信仰达 4 个世纪之久以后,这也没有阻止罗马天主教诸公国之间频仍反复的战争。在 15 世纪的时候,罗马天主教的法国和罗马天主教的英格兰之间断断续续地交战,几乎持续了 100 年的时间。随着新教的出现,新教和天主教公国和王国之间的宗教战争更是一再发作。1555 年的《奥格斯堡和约》开启不同民族间的两代人的和平,但在民族内部并没有实现这种和平,如在法国。从那以后,在罗马天主教和新教国家间爆发了 30 年几乎没有间断的战争,双方分别损失了十分之一的人口。只是到了 1648 年的《威斯特伐利亚和约》,才终于实现了宗教上的和平,结束了国际性的宗教战争,并同时确立起一个国际法体系,由它来泛泛地限制国际间的战争,不管其力度多么微弱。

本卷还省略了——尽管这样做更难找到正当的理由——那些保留在罗马天主教阵营内的国家之法律发展状况的广泛分析,如西班牙,它的法律和法律思想在 16 世纪的时候都经历了重要的变化。在 15 世纪晚期和 16 世纪早期的时候,在路德号召一场根本的变革之前,西班牙就经历了一场天主教的改革,西班牙的君主因此 070

而从教皇那里攫取了对西班牙教会几乎全部的控制权力。在斐迪南和伊莎贝拉——他们因为西班牙宗教裁判所的酷刑而声名狼藉——长时间的联合统治时期,出现了一个卓越的法学家阶层,这个阶层在16世纪的时候开拓出了一个“新托马斯主义”的法律哲学和法律科学,它们在某些方面和新教的德国法学家所发展的法律哲学法律科学是并驾齐驱的。在新教的威胁之下,由新近成立的耶稣会领导的西班牙改革明显地呈现出了“反新教”的“反改革”品格。但是,那些16世纪伟大的西班牙法学家的法律著作,在很多方面都和同时代的新教法学家的作品颉颃一致,并且西班牙和德国的法学家彼此之间还偶尔相互推崇引证一番。就这些西班牙“晚期经院哲学家”(late scholastics)——他们有时候就被这样称呼,和德国的“早期圣经专家”(early Biblicists)——如果可以这样称呼他们的话——的法律著作之间的相似和差别,有待写一本专门的著作来阐述了。

第二章　路德宗的法律哲学

常见的论述西方法律思想史的材料都忽视了16世纪路德宗法律哲学家所做出的重要贡献。大多数作者都仅仅把16世纪看作一个过渡期，它连接着他们所谓的经院哲学的“中世纪”和作为现代开端的17世纪。“16世纪的法学家”，他们评价说，“仅仅站到了现代法律哲学的门槛儿上”，他们“大都不能把他们自己的见解放进来”。[1]往最好处说，他们也不过是充当了以阿奎那和奥卡姆（Ockham）之“中世纪的”法律哲学为一端、以霍布斯（Hobbes）和洛克（Locke）之“现代的”法律哲学为另一端的一个中间环节。并且实际上，16世纪的法律思想即使在被认真看待时，它也一般不是和路德的宗教改革联系在一起的，而是要和意大利、法国的“文艺复兴”的法学理论联系起来的；“文艺复兴”法学理论致力于恢复罗马法教科书的原始含义，并用潜在的一般原则或是“新托马斯主义”或有时又被称为“新经院哲学”——这是一门旨在恢复托马斯·阿奎那的早期经院哲学思想和方法的哲学——的方法把它们条理化起来。[2]于是,路德宗关于法律改革的哲学教义,其独创性和重要性在大多数当代诠释者那里就不了了之了。[3]路德宗的法律哲学尤其留在了人文主义法学的影子里。

路德宗的法律哲学也为研究一般的路德思想时的狭隘视角所遮蔽了。很多法律学者把他们的研究限定在马丁·路德本人的著作上,并且在那里仅仅看到了一些没有章法的法律哲学的只言片语。他们没有能够在16世纪众多的信条、教义问答和使徒信条中、在菲利普·梅兰登以及其他重要的路德宗神学家和伦理学家
072 的卷帙中、在约翰·阿佩尔(Johann Apel)、康拉德·拉格斯(Konrad Lagus)、约翰·欧登道普(Johann Oldendorp)以及其他杰出的路德宗法学家的法律著作中看到路德宗教义的系统展示。

路德宗的法学理论所以被忽视,一个重要原因就是人们假设了"宗教改革"就仅仅限于宗教领域的事务。既然路德和他的同事们把法律委托给了受世俗权威统治的世俗王国,那么,许多学者因此就误以为,他们就已经把法律和宗教彼此疏离开来,并且,他们的新信仰和新信条仅仅适用于宗教方面。为这一命题进行激烈论证的就有卓越的德国历史学家和神学家恩斯特·特洛尔奇(Ernst Troeltsch,1865—1923),他声称,新教在"法律理论……或在法律形式上"并没有带来实质性的变化,"就本质来看,它只是在延续中世纪的环境"。[4]如果一个人从这个假设出发,那么显而易见,不论路德宗的作家们为法律哲学做出了什么样的贡献,那也只是没有创意的、折中骑墙的和肤浅的,它们不会比西塞罗(Cicero)或是早期教父或是罗马天主教的陈词滥调强多少。而实际是,事实恰好与此相反。路德宗关于地上王国和天上王国之间的关系的观念,关于法律和信仰的关系的观念,不仅是一套全新的神学理论的渊源,

而且是一套全新的政治科学与法学理论的渊源。

最后，有的作者把自己局限于这个问题：即路德宗法律哲学是不是属于法学理论上的自然法学派或是实证法学派。他们就是带着这样的概念术语来给目前正在流行的各个问题——关于法律规则的属性、法律权利的渊源、法律体系的定义、法律和政治的关系等——寻找答案的。这些当代法学理论的标签和问题，并不能很恰当地分析路德宗法律哲学的全部内容。

事实是，路德宗改革者的确有其独特的法律哲学，它根植于他们基本的神学和政治学信仰之中，并且这一法律哲学不仅在德国产生了重大影响，而且还影响到欧洲的其他国家，并最终影响到了美洲以及别的地方。

在 11 世纪末、12 世纪初的革命性巨变期间及此后，西方法律哲学的基本框架就已经确定下来。在当时，开天辟地第一回，研究新出现的教会法体系以及刚刚复兴、重新体系化的罗马法的伟大学者，都曾努力为法律的属性和目的、法律的不同种类、法律与正义和秩序的关系等问题，梳理出一套自恰的原则体系。毫无疑问，他们离不开柏拉图和亚里士多德的著作，离不开希腊和罗马斯多葛学派的著作以及教父和晚期神学家的作品。但是，他们的前人还从没有谁像他们那样，把法律哲学当作一个独立的、综合性思想体系来看待；它尽管与道德哲学和神学有关联，但却区别于道德哲学和神学。

在 12、13 世纪的时候，不仅是西方法律哲学的基本框架，而且还有它的一些基本预设命题，都第一次被明确地界定出来。[5] 当时的法学家教导人们说，人法——包括习惯法和制定法，都是从自然法中获得其合法性；而自然法——据他们所说——又是神法的反映。自然法被认为可以由人的理性直接认知，神法则通过神圣的 073

经句和教会的惯例而启示给人的理性。与此同时,他们也认识到,人类的自私、傲慢和攫取权力的欲望是不正义之法律的渊源,它既有悖于自然法,也不符合神法。所以,人法尽管是对神法的一种回应,也仍然被视为非完美之人类意志的创造物,这种非完美的意志可以,也需要由人的理性来矫正。还有就是,人的理性和自然法以及神法都一致地认为:犯罪应被惩罚,契约应被执行,信托(trust and confidence)关系应被保护,被指控之人接受审理时应有自己的辩护,以及一言以蔽之,法律规则和程序应符合正义标准。

大体而言,在西方法律哲学范畴内,在12、13世纪首先由罗马天主教法学家和神学家所明确阐述的这些以及其他预设命题,在路德宗改革者的著作里保留了下来。所以,路德宗的法律哲学必须首先被理解为是对罗马天主教教义的延续;路德宗对经院哲学法哲学的批判,乃是来自早期所谓的经院哲学法学家最早建立起来的那个传统内部。

但是,路德宗改革者还是为那个传统带来了革命性的变化。在分析这些变化时,我将借助两位为路德宗法律哲学奠定基础的人物的作品,一位是路德本人,一位是他的伙伴菲利普·梅兰登;还有就是约翰·欧登道普的作品,他更为彻底地发展了这一哲学。在神学、哲学和法学方面,三位人物都是训练有素,但是路德更像一位神学家,梅兰登更像一位哲学家,而欧登道普更像一位法学家。他们三位固然有着彼此的差异,但他们还是有着共同的神学、哲学和法学基本观点。这一简要概括将着眼于他们共同的内容上。

路德的法律哲学

路德在他的整个职业生涯中,都对法律上、政治上的哲学问题保持着浓厚的兴趣，尽管他并没有就这些问题做出系统化的梳理。在1501年进入爱尔福特大学之后，他的父亲送给他一部关于罗马法的书，并敦促他在法律研究上下一些功夫。路德因此选修了哲学、神学和教会法方面的一些准备性课程，并在1505年获得硕士学位之后，开始攻读他的博士学位课程，主修民法。尽管他在两个月之后离开了那所大学，他在爱尔福特的奥古斯丁修道院内，仍然坚持研究教会法。1510年，他启程来到罗马教廷，代表爱尔福特分会参加了奥古斯丁修会内部的一场法律争论。1511年，在他进入新近成立的威登堡大学的神学系之后，他结识了法律系的两位同事， 074
即位列当时的德国杰出法学家阵容的海罗尼姆斯·舒尔普夫（Hieronymous Schuerpf）和约翰·阿佩尔，并引为知己。[6]

在1517—1522年对抗罗马的经历中，路德不但借助于他新颖的神学洞察力，而且还利用了他在教会法上的渊博知识。不论是在他1517年的《九十五条论纲》中，还是在他接下来的论辩和诘难中，他都从教会的忏悔惯例和教会法中，牵出了长长一串的弊端和非正义之处。他还揭露出他所认为的教皇权威所依据的“荒谬的法律基础”，以及《圣经》之“神圣训诫和常规”与罗马天主教教会之“人的法律与惯例”之间的“大量的”不相般配之处。[7]

在接下来的20年里，路德就《旧约》部分做了一些很有见地的系统注释和布道，并以他著名的教义问答的形式对《十诫》做了大量的解释。他还就《圣经》的其他章节做了十分详细的解释，尤其是，他在这些解释中引证了罗马法和教会法文本的内容。他就婚姻、犯罪、高利贷、财产、交易和社会福利等方面的各种法律与道德问题，进行公开演讲，发表富有远见卓识的小册子。他起草了关于贫困救济和公共教育的综合性法律，他热情地赞同法律人文主义者的重新编排罗马法古代文本、改革德国大学法学教育的努力。

他还经常性地与遍布欧洲的法学家们通信。[8]

路德从他的神学体系中引申出了这个含义:即基督徒有义务承认《十诫》即为神法,它不仅直接地适用于他们的个人生活,而且还通过它所派生的世俗权威的法律,而间接地适用于他们的政治生活。路德坚持认为,世俗统治者行使的权威乃是来自于神,他在地上王国充当神的代理摄政王。所以,他的法律应当尊重并反映神的法律。世俗统治者因此并没有进行专制统治的自由。路德发现,这些正义原则在《十诫》中得到最为完美的表现;他相信《十诫》乃是自然法的一个简洁概括,所以异教徒和基督徒一样,都可以认识它。[9]他还发现,正义也在罗马法中体现出来,尽管体现得不是那么完美;在他看来,罗马法是人类理性的结晶,而这一理性乃是由神赋予、却为人类的罪所败坏。[10]

"政体和经济",他写道,"从属于理性。理性在此据有最重要的位置,人们在此找到世俗的法律和世俗的正义"。[11]这样的理性并不仅仅是体现在基督徒的课本中。"那些没有信仰基督教的人的书籍",他写道,"也教导世俗生活的德性、法律和智慧,正如《圣经》为天国的永生而教导信仰和善功一样"。荷马(Homer)、柏拉图、德莫斯特尼斯(Demosthenes)、维吉尔(Virgil)、西塞罗和乌尔比安(Ulpian),他写道,都是"为尘世的政府而来的使徒,先知,神学家,和布道者"。[12]

但是路德理解的法律,在哲学和神学基础上不同于他的罗马
075 天主教阵营内的先驱者。通行的罗马天主教教义把良知当作了理性的侍女。它区分了领悟机能——这被称为 *synderesis*,和运用机能——这被称为 *conscientia*。一个理性的人,按照这个教义的说法,运用他的 *synderesis*(领悟机能)来理解并阐明自然法的原则和规则;他运用他的良知把这些原则和规则应用到具体的实践场合中

去。这样,举个例子来说就是,通过 *synderesis*(领悟机能)的运用,一个人领悟了爱他的邻居的原则;通过良知的运用,他把这一原则和帮助贫穷无助之人以及信守诺言的实践联系起来了。对经院哲学来说,理性乃是上位的认知或智识能力,而良知则是下位的实践或应用技能。[13]路德与此恰恰相反,他把理性从属于良知。他教导说,良知不仅仅是应用自然法之理性原则和知识的技能。良知是"人与神的关系的载体",是"人的宗教之根",它决定并统治人生的活动,包括他对自然法的理性领悟和运用。[14]"在人之良知败坏的地方",路德写道,"他的理性也将不可避免地黑暗下来,扭曲并残缺不全了"。而当人之良知得到修复之处,"他的理性之领悟能力也会得到提高"。[15]路德并不否认所有的人都具有区分善与恶的理性能力,但他不能认同罗马天主教经院哲学家的断言,即这种能力乃是独立甚至高于良知的。在路德的神学体系中,良知直接源自信仰;它不仅把神法和自然法的原则应用到具体的情况里去,还是我们理解这些原则的根源和具体表现。

但是,不论是理解这些原则还是应用这些原则,都不能使我们更接近于救赎。就神学的意义而言,路德的法律观念不同于罗马天主教经院哲学家的概念,因为他认为不论是世俗法(civil law,译按:"civil"一词强调与"自然"和"神"相对的"人",故译为世俗法,而不译成在今天作为特定概念的"民法"一词。后文出现"civil"一词的地方,仿此)还是自然法和神法,都是神为世俗王国而颁定,而非为了天上的王国。路德不认为法律是神自己的客观实在的不可或缺的组成部分,他也不认为神所颁布的法律是引导人们和他联合的道路。这样的联合唯有依靠信仰(*sola fide*),其内容唯有在《圣经》中得到启示(*sola scriptura*)。在路德的神学里,包括《十诫》在内的所有的法律都是神为帮助罪人、堕落的人履行他的天职而预定的。对它的顺从并不能把人从罪的状态中救赎出来,也不能使他为神所接受。[16]

法律的用途

一旦肯定救赎并不依赖于"合乎法律的工作",就会出现一个问题:那么,神为什么还制定法律呢?在神看来,它的"用途"是什
076 么?[17]这个问题从根本上不同于早先罗马天主教神学家们所提出的那个问题,因为他们认为顺从道德法和信仰都是天经地义的。对那些经院神学家而言,说法律的"用途"和说信仰的"用途"是一样的,或甚至是说神的用途。

路德提出了两种"法的用途"(*usus legis*),并认可了一个第三种用途。用途之一就是通过惩罚之威胁来禁止人们的不端行为。他把这称为法的"世俗的"或"政治的"(civil or political)用途。路德认为,神甚至要罪人也要遵守道德法——孝敬父母,不可杀人和偷盗,尊重婚姻誓言,诚实作证,等等——以便"得以维持住一定的世俗秩序、交道与和谐"。[18]堕落的人并不自然倾向于遵守这些戒律,但却可以通过惩罚——神的惩罚以及人的惩罚——之恐怖而诱导着去遵守这些戒律。法的这个"第一用途"既适用于《十诫》,也适用于由其派生而来的世俗法。[19]

路德所谓法的世俗用途,为现代的法律实证主义理论奠定了基础。路德写道:"严厉而无情的世俗规则在这个世界是必要的,以免这个世界被摧毁、和平消失以及交易和共同利益被破坏。"[20]他强调说,为了维持秩序,精确的法律规则是必要的,它不仅用来遏制坏法者,而且还用来约束包括法官在内的具有专断行使权力

倾向的官员。尤其是在邪恶的时期，他写道，由于自然法实在泛泛无拘，成文法就是必不可少的了。[21]这样，路德的法律理论就成了现代法律实证主义者之法律定义的重要渊源，即法律是体现为规则的国家意志，并由强制制裁来保证其执行。

但与19世纪的法律实证主义不同的是，路德的法律理论假设了国家、其意志、其规则以及其制裁都是由神注定的；并且，除它的世俗用途之外，它们还有第二个甚至更为重要的“神学用途”（theological use）。神法和自然法以及它们派生的世俗法，还使得人们清醒地意识到他们完全献身给神和他们的邻居的义务，并且同时意识到，如果没有神的帮助，他们根本不能履行这一义务。于是，人通过法律来找寻神。就此，路德援引圣保罗对《十诫》之于基督徒的重要意义所做的解释：使得他们意识到他们固有的罪，并带他们忏悔。[22]

路德还承认了法律的第三种用途，即所谓“教化的用途”（pedagogical use），亦即教育那些有信的人——他们已经准备好忏悔并且不需要被强制服从——懂得神对他们的要求，并因此把他们引导向美德。路德本人从没有就第三种用途进行解释；[23]他虽然认可了这一用途，但却并没有通过任何表述这一用途的信条或著作来论述这一用途。[24]是他的同事和亲密的朋友菲利普·梅兰登，站在神学和法学理论的立场上，系统地提出了法律三重用途说。 077

梅兰登的法律哲学

有一个说法是，如果说路德宣扬的是神的正义的话，梅兰登宣扬的就是社会的正义,并且他就社会正义的教义“应该和亚里士多德、托马斯·阿奎那、莱布尼兹(Leibniz)的教义放到一起来看待,应该和19世纪法学理论界的德国法学派放到一起来看待。”[25]威尔海姆·狄尔泰(Wilhelm Dilthey)称他是“宗教改革中的伦理学家”和“(16世纪)最伟大的说教天才,(他)把哲学科学从经院哲学家的思想诡辩中解放了出来……一种新的生活气息从他那里走了出来”。[26]实际上,在梅兰登自己的时代,他被称为“德国之父”(*praecetor Germaniae*)。[27]他关于社会正义和伦理的说教和一种新的自然法与实证法理论结合起来——在路德宗获得胜利的那些地区,这一理论正在逐渐取代托马斯主义的和其他罗马天主教的理论。

菲利普·梅兰登生于1497年,10岁时成为孤儿。他是一个少年天才,14岁在海德堡大学获得学士学位,17岁时在图宾根大学获得硕士学位。此后,在1514—1518年,他在一家出版社任编辑,期间他准备了他自己的希腊文《圣经》的翻译工作,还有一本重要的古典语法书,即《希腊语言入门》(*Rudiments of the Greek Language*)。

1518年,21岁的梅兰登被召到威登堡大学,担任希腊语第一教授。在他才华横溢的就职演讲——“教育之改善”(The Improvement of Education)——中,他敦促他的同事们放弃“经院哲学家的枯燥、粗俗的咆哮”,而投身于对古典和基督精神之渊源的研究。[28]梅兰登破除偶像的讲演获得了坐在听众席上的路德的盛赞。时年35岁的路德替他年轻的同事遮挡了流言蜚语,并最终成为他忠实的朋友和支持者。

在路德的感召下,梅兰登加入到了德国的新教改革事业中来。在威登堡大学的第一年,他在教授希腊语和修辞学的同时,还研究神学，并在1519年初获得了神学学士学位。很快，他就作为神学教授脱颖而出：有多达600名学生来听他的讲座。他还成为路德神学理论一名雄辩的阐述者。在1519年和1520年，面对着罗马天主教的敌手，他写了几篇颇有功力的为路德辩护的文章和一系列短小而通俗的神学小册子。1521年，他发表了他的著名的 *Loci Communes Rerum Theologicarum*，即《神学事宜之一般主题》，这是新教神学的第一部系统化的著作。[29] 078

在1520年代和1530年代，梅兰登扮演了路德宗改革者和罗马天主教敌手以及激进的新教敌手间辩论的主角。他起草了路德神学的主要宣言《奥格斯堡信条》（Augsburg Confession）（1530），以及它的《辩护》（Apology）（1531），并参与起草了《斯克马卡迪克条款》（Schmalkaldic Articles）（1537），这是又一部具有重要意义的路德教义。他还准备了一些路德教义的"教义问答"和介绍性书籍，就《圣经》和古代基督徒教义出版了一打以上的评论著作，并反复修订和扩充了他的《一般主题》（1535、1543、1555、1559）。

尽管梅兰登的神学著作在用词上不像路德那般辛辣，倒是在形式上更为体系化、更合乎逻辑，但是他们之间几乎没有什么实质的差别。[30]他们强调的方面有所不同，这最终导致了他们的后继者分裂为两个对立的阵营，但路德和梅兰登在神学或是道德哲学、政治哲学或法律哲学的任何重要问题上，从没有发生过彼此的对立。[31]尽管梅兰登大量地引用西方法律哲学的整个传统，尤其是引用希腊—罗马的原始资料，但是，他用新的方式重述并修正了那个传统，使其协调于、从属于路德之两个王国、完全堕落、唯独因信得义、唯独《圣经》是神启渊源、基督徒的神召以及所有信徒皆祭司等主要信条。[32]

梅兰登撰写了大量的法律哲学方面的内容，而这主要在道德哲学和政治哲学的语境中。他讲授罗马法的大学教程,并就其法律制度的神学基础和哲学基础写下了内容广泛的文字。他还参与起草了几部城市和领地成文法,并就那些会引起复杂的法律、政治和道德问题的疑难案件而被频频咨询。他在路德的基础上发展出了一套系统的法律哲学。这一哲学可以简要地概括为三个题目:(1)自然法之于神法(《十诫》)的关系;(2)自然法在世俗社会的用途;(3)自然法之于实在法的关系。[33]

自然法之于神法的关系

梅兰登只在一些细枝末节上区别于罗马天主教的这个传统教义:即有一些道德原则是刻在所有人的内心上的,人们彼此之间的关系应由这些道德原则来统治,并且这些道德原则是可以为人的理性所认识的。和他的罗马天主教的前辈以及同时代人一样,梅兰登称这些道德原则为"自然之法"(*lex naturae*)或"自然法"(*jus naturale*)。他和他们一样,认为理性乃是由神赋予人的,其部分用
079 意即是辨识并适用这一自然法。

但是,梅兰登为自然法的本体论提供了一套彻底全新的理论,即自然法在人之本质中的起源。[34]在两个王国理论的基础上,他教导说,神已经给所有的人植入了"知识的元素"(*notitiae*),它是来自天上的一缕光线,乃"自然之光",没有它我们将不能找到我们在地上王国的道路。[35]这些"知识的元素"不仅包括某些逻辑观念,如整体大于其任何一部分,一个事物或者存在或者不存在,还包括某些道德观念,如神是善、如危害社会的过错行为将被惩罚、应言而有信。[36]

梅兰登认为,这些与生俱来的道德观念是"(人之)本质的真相"(facts of [human] nature),它是理性探索的前提,而不是对

象。[37]所以，它们超出人之理性证成或证伪的能力。这就是和罗马天主教经院哲学传统的分歧所在之处，因为那个传统教导说理性可以证明那些与神启相和谐的道德观点。[38]梅兰登还否定了与此相关的经院哲学信条，即某一特定正义原则的普遍认同就是其合乎理性的证明；所以，他没有把各国普适的法律(*jus gentium*)自动归为自然法的范畴内。[39]

梅兰登认为，人的理性因为原罪而败坏，因此既不能证明那些与生俱来的基本道德概念的存在，也不能正确地领悟和运用它们而不使它们扭曲。[40]经院哲学家们也承认，人的理性可以为自私自利而扭曲，但他们也坚持认为那也不必然。但是对梅兰登以及路德来说，人的理性不仅可以而且不可避免地为人之与生俱来的贪婪与权力欲而败坏。[41]

梅兰登坚持强调人的理性的局限性，这就使得他的自然法信条有了一个悖论式问题。一方面，他认为“自然法是神的法律，它关乎理性所理解的那些美德”。[42]另一方面，他认为“在这一脆弱的本质状态下”，人的理性是“黑暗的”，于是“自然法是被扭曲的……并且是被不可避免地误解的”。[43]他对这一悖论的解决办法就是，把为人的理性所辨识、所扭曲的自然法置于因信而得启的圣经律法(biblical law)之下。[44]圣经律法(梅兰登也称它为神法)重述并阐明自然法。[45]圣经律法概括在《十诫》里，梅兰登(像圣奥古斯丁、经院哲学家和其他早期路德宗信徒那样)把它前面三条戒律和后面的七条戒律分成了两个“表”。[46]前三条戒律——崇钦一神并不可雕刻偶像，不可妄称神名，守安息日——对应着人和神联合的需要。下面的七条——尊敬权威，保护生命，保护家庭，尊重财产，维持真理，避免忌妒，避免贪婪——对应着人彼此结为共同体的需要。

于是，梅兰登沿着路德指明的方向，把《圣经》——尤其是《十 080

诫》——而不是理性当作了自然法的基本渊源和概括,从而改造了西方的道德哲学和法律哲学。早期的罗马天主教作家,尤其是15世纪的作家,实际上也曾在某种程度上讨论、解释过《十诫》。他们也曾主张"'古老的法律'(即《十诫》)明确地提出自然法的义务"。[47]但是,多数罗马天主教作家并不是凭借《十诫》来发展出世俗生活所需的自然法的,而是为内心的精神生活发展出一套道德法。相应地,在罗马天主教传统中对《十诫》的讨论大多集中在忏悔书籍、内庭救治(treatments of the internal forum,译按:internal forum——内庭,即忏悔室,指教会对事涉良心问题的管辖,与事涉有关公共利益的外在行为的"外庭"——external forum 即教会法庭相对)和补赎圣礼中,而不是在有关法律的书籍中。[48]梅兰登与此正好相反,他的《十诫》既是自然法的最终渊源和概括,也因此是世俗统治者制定实在法的典范。

这就代表着信仰和理性的一个新的调和方式。与传统的罗马天主教思想相反,梅兰登宣称人的理性只有在信仰的指导下才能辨识神法和自然法。而与此同时,他的神法和自然法合而为一,都对应于《十诫》。如此一来,他改造了传统的自然法理论,使之完全包含在《圣经》之中,而他也重新解释了《圣经》,使之包容了传统的自然法理论。

梅兰登的《十诫》理论的基础在于两个王国的理论。在梅兰登的观念里,《十诫》之前三条(或是后来所说的四条)戒律关系到人和神的直接关系,此即天上的王国;后面的七条(或是后来所说的六条)戒律则关系到世俗社会——人类共同体,此即地上的王国。只有当人们通过信仰而接受了《十诫》的第一"表"时,他们才能凭借理性而建立起一个基于第二"表"的伦理标准,进而还有法律。[49]

自然法在世俗社会的用途

像路德一样，梅兰登也相信，在信与恩典的“剧情”中，即在天上的王国里，法律“没有什么用处”。[50]“所以，一个人会问”，他写道，“那么，在哪里法律才有用”？[51]他在这一语境中所说的“法律”，既指《十诫》第二表所体现的自然法，也指反映自然法的实在法。他的回答和路德一样，那就是说，不论是自然法还是实在法，都在地上的王国有重要的用途，对基督徒和非基督徒都是这样。

梅兰登系统阐述了路德所指点的法律的“世俗”用途和“神学”用途。第一种用途就是凭借惩罚而强制人们远恶迁善。[52]尽管这样的“外在道德……并不能在神前称义”，梅兰登写道，“它是取 081
悦于神的”。[53]因为它使得各种信仰里的人们在神创造的这个地上王国和平共处，[54]它使基督徒履行神对他们的神召，并且它使得“神继续把人们中间的教会召集到他身边”。[55]

法律的第二种用途——对梅兰登来说也和路德一样——是叫人们意识到，没有强制而仅凭借他们自己的意志和理性，他们无力远恶迁善。[56]梅兰登认为，这种清醒的意识乃是他们寻求神的帮助和信仰神的恩典的先决条件。[57]

梅兰登加上了法律的第三种之“教化”或“教育”用途，即教育那些有信的人，那些义人，“那些已经是信徒的虔诚之人，那些通过神的话语和圣灵而已经重生的虔诚之人”。梅兰登说，他们也需要法律，以便能够“知道那些取悦神的工作”。[58]尽管这没有为路德所明确论述，但梅兰登的法律第三用途说乃是建立在路德的教义之上的，即基督教信徒虽然得救，但并非完美。他既是圣徒又是罪人，既是天上王国的公民也是地上王国的公民。[59]因此，梅兰登坚持认为，即使是最伟大的圣徒，也需要自然法的指引，“因为他们带着软弱和罪”,尽管他们的罪并“没有给他们带来更多的不利”;并且他们“仍然在一定程度上不知道神对他们的生活的意志和愿望”。[60]

梅兰登对法律之教育用途的强调使得天上王国和地上王国的关系紧密起来,尽管还不是彻底的彼此依赖。一方面,法律乃是在西奈山上的启示,另一方面,它又被神根植于每一个人的心中,这样的法律以取悦神的方式指导着所有的人,不论是基督徒还是非基督徒。[61]它使他们充满对权威的尊敬,对社会的关心,对正义和公平的热爱和对正当生活的期待。梅兰登把这称为一种“公民的义”或“政治的义”(civic or political righteousness),尽管“它必须和宗教或福音的义严格区分开来”,但是,它仍然是法律所提供的“有用的好处”。[62]

自然法之于实在法的关系

自然法同样指导着圣徒和罪人来理解何为“政治的义”,梅兰登的这种自然法之教育作用的观念在他的两个理论——即自然法在世俗社会中的用途的理论和自然法之于实在法的关系的理论——之间形成了一个重要的纽带。那一关系理论,简单地说就是,正如神通过自然法来为世俗社会划定路线,世俗社会则有把这种自然法的一般原则具体化为实在法的详细规则的任务,而这特别要通过国家(state)来实现。这就是自然法所要“教育”国家做的
082 事情。与此同时,国家——梅兰登此处是在“国家”之现代意义上来使用这个字眼的[63]——针对其国民而言,则通过其法律来执行教育功能,就如神通过自然法而对国家所实施的教育功能。

对梅兰登来说,和路德一样,政治统治者被称为神的“斡旋者”和“牧师”,他们的臣民有义务对他们像对神一样顺从。[64]但是,梅

兰登走得比路德更远,他明确阐述了政治权威为了统治地上王国的教会以及国家的需要,而肩负着推行“合乎理性的实在法”的神圣使命。[65]为了做到合乎理性以及合法,梅兰登主张,实在法必须建立在自然法的一般原则上。但是,这些原则本身——作为一个整体而言——又要求实在法建立在对社会功利和一般的善的现实考虑之上。于是,梅兰登在实在法之合乎理性的第一标准——它们必须与作为一个一般原则体系的自然法相符合——之外,又加了一个第二标准,即它们应符合特定时间和地点的政治、经济和社会需要。

在阐述第一个标准时,梅兰登的出发点是:政治统治者的政治职能是充当“《十诫》第一表以及第二表的保管人或监护人”。[66]就此而言,他们就有责任通过实在法来界定并落实前三条戒律所反映的人和神之间的正当关系;有责任界定并落实后七条戒律所反映的人们之间的正当关系。

作为第一表的监护人,政治统治者不仅要禁止并惩罚偶像崇拜、渎神的行为和各种违犯安息日的行为,[67]还要“确立纯粹的信条”和正当的礼拜仪式,“禁止所有错误的信条”,“惩罚愚顽不化之人”,并彻底根除异教徒和非正统的异端。[68]于是,梅兰登就为在路德宗领地和城市内推行新宗教法——它们大都包含一些综合性手册,里面既有正统的告解(confessions)又有信条,既有赞美诗又有祈祷文,既有圣餐礼又有其他各种仪式——的洪流,奠定了一个神学基础。“*cuius regio eius religio*”(教随国定)的原则曾在《奥格斯堡宗教和约》(Religious Peace of Augsburg)(1555)得到承认(尽管不是用这些字眼来表述的),在《威斯特伐利亚和约》(1648)的宗教条款中再次得到(明确的)表述,并最终落实在梅兰登之界定并执行《十诫》第一表的实在法作用理论上。

作为《十诫》第二表的监护人,政治统治者有责任管理“神用来把人围拢在一起的那些多重复合的关系”。[69]于是,在我们现在所说的第五条戒律(“孝敬父母”)的基础上,国家官员有义务禁止并惩罚对诸如父母、政治统治者、教师、顾主以及其他权威的不顺从、不尊重或蔑视之行为;在第六条戒律(“不可杀人”)的基础上,则有
083 义务禁止并惩罚不合法的杀人、暴力、强奸、殴打、报复、仇恨、残酷无情以及其他冒犯邻居的行为;在第七条戒律(“不可奸淫”)的基础上,则有义务禁止并惩罚不贞、淫荡、卖淫、淫秽、猥亵以及其他性犯罪;在第八条戒律(“不可偷盗”)的基础上,则有义务禁止并惩罚偷窃、入室夜盗、侵吞公款和针对他人财产的类似犯罪行为,以及针对自己财产的浪费、有害使用和铺张使用的行为;在第九条戒律(“不可作假见证”)的基础上,有义务禁止并惩罚不诚实、欺骗、诽谤、造谣中伤、诋毁、诡辩、虚假托辞、欺诈以及其他犯罪行为;最后,在第十条戒律(“不可贪图”)的基础上,则有义务禁止并惩罚所有试图实施这些或其他针对他人的犯罪行为。

在传统上,这些社会交往中的许多问题是由罗马天主教会通过内庭的告解法和外庭的教会法来管理的。梅兰登的法律哲学为政治官员们把这些事项置于国家职能范畴之内提供了理论根据。于是,在阐述其实在法合乎理性的第二个标准——它们与社会功利和一般的善的现实考量相一致[70]——时,梅兰登将《十诫》作为一个整体——并放在《圣经》的整体语境中,而从中演绎出一个由神意赋予国家的一般义务,即“维持一个与神圣戒律和地上合乎理性的法律相一致的惩戒、审判与和平”。[71]但是,那个为维持“惩戒、审判与和平”而必需的法律秩序的性质为何,不论是神圣的戒律,还是基于它们而产生的地上合乎理性的法律,都没有就此做出系统的陈述。为了给这样一个系统陈述找到理论基础,梅兰登发

展了刑法和民法的一般理论。

在刑法方面，梅兰登列举了惩罚犯罪的“四项很是重要的理由”：

> (1)神是智慧和公义的存在，他因于良善而创造了像他的有理性的创造物们。所以，如果他们反抗代表公义秩序的那个人，他就把他们消除掉。所以，惩罚的第一个理由是神的公义秩序。(2)约束某些人的需要。如果谋杀犯、通奸犯、抢劫犯和盗窃犯还留在我们中间，就没有人是安全的。(3)(树立一个)典型。如果有的人被惩罚了，其他的人就会被提醒认真对待神的愤怒，并害怕他的惩罚。这样，惩罚之源就会减少了。(4)神圣审判和永久惩罚的重要意义，这是那些没有信奉神的人们所不能逃避的。神的惩罚现在表明，他赞成一种德性标准。他是公义的法官，并提醒我们在此生之后，所有没有信奉神的罪人都将接受惩罚。[72]

这样，对梅兰登而言，刑事惩罚的意义在于神圣报应、特别威慑、一般威慑和教育。

在解释民法的渊源时，和刑法相对，梅兰登预设了统治者促进 084
并调整各种类型的自愿的社会关系之结成与运作的责任。他特别地集中阐述了三种关系：契约关系、家庭关系和关乎有形的教会的各种关系。在传统上，这些关系至少在部分程度上也是属于罗马天主教会的管辖范围。教会法曾经管辖所有由当事人宣誓或用信仰抵押来支持的契约，以及婚姻家庭生活的大多数问题和教会机构本身及其财产上的大多数问题。在梅兰登的法律理论中，这些社会关系被归于新教国家的管辖权之下，并由一套精致的民法体系来调整。

梅兰登写道,神曾许下了各种形式的契约,以使出售、租赁或财产交易、购买劳动与就业、贷款与信用拓展等事宜得以实现。[73]神已经召唤他的政治官员们推行那些规定“公正的、平等的和公平的”协议的法律,推行那些使基于欺诈、胁迫、误解或强制而达成的契约无效的法律,推行那些限制显失公平的、不道德的或侵犯公共利益的契约的法律。梅兰登在大多数情况下满足于以断言的形式来论述契约法的这些一般原则,只是偶尔才把这些一般原则结合到具体的案例中去。他特别强烈地谴责那种迫使债务人支付过分利息或是授权债权人得以用价值超出借贷额的财产作借贷担保的借贷契约,以及那些规定只有在受佣者完全履行义务时雇主才有支付义务的单方劳务契约,还有那些基于不平等交换的买卖契约。

官员们也要推行调整家庭关系的法律。民法将规定相互匹配的男女双方之间的一夫一妻、异性婚姻,并禁止同性的、一夫多妻或一妻多夫的、重婚的以及其他“非自然”的关系。它将保证每一个婚姻都是出于双方的自愿同意,并应解除基于欺诈、误解、强制或胁迫而存在的关系。它将促进婚姻生育和抚养孩子的功能,并禁止所有形式的避免怀孕、流产和杀婴行为。它将保护父权家长对他的妻子儿女的权威,但将严厉制裁所有形式的通奸、遗弃、乱伦和虐待妻子儿女的行为。[74]

在梅兰登看来,教会也将由政治统治者所推行的法律来治理,这不仅包括涉及《十诫》第一表的教义和礼仪方面,也包括其内部组织与管理及其外部财产等方面的问题。“王侯是神在教会内最高等级的主教(*summus episcopus*)”,梅兰登这样写道。[75]确定教
085 会——从地方聚会到城市巡回教区会议、到领地宗教公会或大会——内部的主教管辖下的等级阶层;决定地方聚会会议、巡回教

区公会和领地大会的任务和程序;任命教会官员、向他们支付薪水、监督他们,并在必要的时候予以劝勉甚至惩戒他们;保证当地的大学和学校培养出教会管理所需的牧师、教师和管理人员;为建立和修葺每一所教会建筑而提供地皮、设施和服务等事宜,这些都是王侯的责任。他还将监督教会财产的取得、使用和让渡。[76]

梅兰登就这样以现代法律实证主义的方式,把政治统治者描述为实在法的制定者和执行者。但是,他也坚持实在法的有效性受《圣经》所启示的并铭刻在人的内心的自然法的限制。正是自然法赋予统治者以制定实在法的权威,但只能制定那些合乎自然法的实在法。进一步而言,既然实在法的终极渊源在于自然法,那么,统治者本人就将受他所制定的实在法的约束。

梅兰登不仅阐述了政治官员们的义务和权利,还阐述了隶属于他们的权威和法律的臣民的义务和权利。在他早期的职业生涯中,梅兰登也像路德一样教导说,所有的臣民都有顺从政治权威和实在法的义务,而没有反抗的权利,即使在这样的权威和这样的法律已经变得专制滥用的时候。如果"地方文官在命令任何事情时带有暴君专制的色彩",他在 1521 年这样写道,"我们必须因为爱而忍受这位文官,因为要改变任何事情都必然要有公共的暴动或叛乱,然而如果可以不经暴动而逃避的话,那些经受这种暴政的人们应当逃避"。[77]梅兰登把这种绝对服从的理论建立在圣保罗的政治性话语上:即"凡掌权的都是神所命的",对他们保持不动摇的顺从乃是"良知的命令",反抗他们就是反抗神,就是要惹起神的愤怒。[78]

但是,随着德国王侯权力的不断发展,梅兰登变得越来越多地关心如何保护臣民避免权力滥用之害,如何限制王侯的暴政。至迟在 1555 年之前,他就已经加入到那个承认基于自然法而反抗暴君的权利的阵营中来了。但是他仍然坚持认为,“蓄意反抗合法的世俗权威、反抗真正的合乎理性的法律的行为,是极端的罪恶,是——如果我们固执地坚持陷于其中——神用永远的诅咒来惩罚的罪恶”。[79]但是,如果政治官员所推行的实在法抵触自然法,尤其是抵触《十诫》,那么它在良知上没有拘束力。与自然法的固定标准相抵触的实在法在良知上没有拘束力的说法,当然合乎罗马天主教的法律理论。但是,这个原则在一元化的新教国家内具有根本不同的含义;在新教国家内,不再有教会和世俗的竞合管辖权以违反自然法为理由,来挑战彼此的立法。此时,反抗那些超越了其
086 职责权威的官员、抵制那些违背了自然法之命令的法律的权利,就留给了人民;他们或者单独地行动,或者通过领地和帝国会议而集体行动。

此外,梅兰登很早就强调公布成文法作为约束专制权力之手段的重要意义。[80]梅兰登坚持认为,过去的所有伟大文明,包括以色列人的、克里特岛的、希腊人的和罗马人的文明,都符合这一要求。书写成文并公布开来的法律更为确定、更有可预期性、更为稳定。它们保护公民避免官员们对他们的人身和财产造成毫无根据的侵害。它们也保护权威避免非正义的反叛,避免对所谓专制或任意性之毫无根据的指控。成文的实在法提供了“一堵抵御大众之冷酷无情的铜墙铁壁”,和统治者与人民之间为防御秩序与和平而缔结的共同契约。[81]

梅兰登认为罗马法也是一道约束专制权威的手段。他认为,罗马法是由统治者所制定的实在法;在这一点上,他着重于它的书面成文品质和它的精细品质。但他也像罗马天主教法学家一样,认为它是 *ratio scripta*,即“书写出来的理性”(written reason),它是在执行自然法。他反对罗马法乃起源于异教徒而非基督徒的观

点,他声称它“是取悦于神的,尽管它是由异教徒统治者来推行的”,并且它“并非来自人的机敏,(而毋宁)是来自神圣智慧的光线”,是“圣灵显现在了”异教徒面前。[82]所以,罗马法约束 *obrigkeit*(集权政府),它是他们的法律,是他们要落实的实在法;但是既然它源自他们的先辈,并且它存在于古代文本的注释与评论之中,那么在一定程度上,它就超出了他们的把握能力。它具有一定的客观性,并且对他们具有一定的拘束力。[83]

梅兰登对罗马法的溢美之词并非基于他对其内容的无知。他曾经集中地研究了罗马法,从查士丁尼的文本到伊尔内留斯(Irnerius)的注释本,再到巴尔多鲁斯(Bartolus)的评论本,以及他同时代人的修订本。他掌握了它的发展过程。[84]和他探讨罗马法的那些同事和朋友包括当时一些最为前沿的法律学者。[85]他曾经开过一门罗马法课程。他在罗马法中一方面发现了一个防止“大众攫取权力”的政治秩序产生机制;另一方面还发现了防止权力滥用、“保护我们避免暴政侵害”的约束手段。[86]于是,梅兰登提出了这个经由 19 世纪的鲁道夫·冯·耶林(Rudolf von Jhering)倡导而广为人知的名言:“罗马法……在一定意义上乃是一门哲学。”[87]

在塑造德国法律哲学的内容和品质方面,梅兰登所起的积极作用延续进了 17 世纪。在 16 世纪,有整整一代的德国优秀法学家作为梅兰登的学生、同事或是通过书信来往而受到他的直接影响,其中包括约翰·欧登道普(约 1486—1567),海罗尼姆斯·舒尔普夫(1481—1554),约翰·阿佩尔(1486—1536),康拉德·拉格斯(约 1499—1546),巴斯流斯·穆勒(Basilius Monner,约 1501—1566),梅尔考尔·柯令(Melchoir Kling,1504—1571),约翰内斯·施内德温(Johannes Schneidwin,1519—1568),尼古拉斯·维吉里斯(Nicolas

Vigelius,1529—1600)以及其他学者。[88]从此,一代代的学生研究他的法学、政治学和伦理学著作,其中一些著作直到17世纪晚期还在出版,并在大学里面作为教科书来使用。他基本的法学理论洞察力统治了德国的法律学术界,这至少延续到了17世纪的晚期。

约翰·欧登道普的法律哲学

梅兰登的法律哲学既不是16世纪发展起来的唯一的也不是最为综合性的路德宗法律哲学。尽管16世纪路德宗法学家和伦理学家接受梅兰登的基本的洞察之见,但是他们有时候还是批评其思想的公式化和中心所在,并用他们自己的方式补充他的见解,使他的思想体系化。或许,在路德宗法律哲学之批评性体系化建树上,居功至伟的当数约翰·欧登道普。

欧登道普是"他的时代最卓越的法律人物之一",[89]用罗德里奇·冯·斯廷金(Roderich von Stintzing)的话来说,"在他个人的人格力量上……以及在他作为一位作家和教师所具有的重要性上,他都是出类拔萃的"。[90]他于15世纪80年代出生在汉堡,[91]1504年至1508年在罗斯托克大学学习法律,1508年至1515年在波伦亚学习法律,当时波伦亚是人文思想的领导中心。1516年,他成为格拉夫瓦尔德大学的罗马法和民事程序法教授。在这早期岁月里,欧登道普沉湎于新的人文主义,他是一个沉迷于古典作品——柏拉图、亚里士多德还有西塞罗等人的作品——和罗马法的学者。

16世纪20年代初,欧登道普决心献身于路德的宗教改革事业。于是,在1526年他离开格拉夫瓦尔德,在罗斯托克做了一名市政领导(*Stadtsyndikus*),同时担任该市改革派的领袖。他最终在领导罗斯托克市追随改革方面发挥了他的号召力,在监督当地的教会活动、创办教育年轻人的公立学校等方面,他本人也扮演了重要的角色。但是,罗马天主教方面的敌对意见迫使他在1534年离开罗斯托克,转而就任吕贝克市——德国的重要贸易中心之一的市政法律顾问(*Stadsyndikus*)一职。在那里,他又是着手把新教带进这个城市中来,但再一次,敌对意见最终又把他排挤出去了。1536年,他接受了欧德河畔法兰克福的一个教书的职位,他在1520—1521年时曾经在那里有过短暂的教书经历。1539年,他被邀请到了科隆,既在大学教书,又同时供职市政府。科隆的罗马天主教红衣主教赫曼·冯·维尔德(Cardinal Hermann von Wied)本人被吸引到新教中来,并成了欧登道普的朋友。欧登道普在那里也开始了和梅兰登以及斯特拉斯堡改革者马丁·布塞尔的亲身交往。但是,在反对力量面前,欧登道普在1541年又一次离开了科隆。在马 088
尔堡大学作了一个短暂的学期的教授之后,他又在红衣主教赫曼的敦促下回到了科隆,但是到1543年,他最终又被罗马天主教当局驱逐出了这个城市。他又回到了马尔堡,新教在那里已经稳固地确立下来,他就在那里的法律系教了24年的书,直到1576年去世。

欧登道普接受马尔堡邀请的条件是,他在讲授《国法大全》(Corpus Juris Civilis)文本时不受后注释法学派(post-glossators)立下的条条框框——所谓的“意大利方法”(mos italicus),它已经统治了欧洲的法学教育和法律学术差不多有两个世纪——的约束。他坚持只有他得以“在讲授法律时,把特别的注意力放在它们的正义结果上,和它们与神的话语的关系上——这正是必须首先探究和讲授的问题”,[92]他才会前去就职。最终,欧登道普得到了该大学的王室缔造者“大度的兰德尔·菲利普”的首肯,来给马尔堡的法律教育进行了一场根本的改革,在此,法律作为一个整体,被用哲学和历史的视角来审视它与神的话语的关系。[93]

欧登道普卷帙浩繁的法律著述提出了一个复杂的法律哲学,古代希腊的、斯多葛的、罗马的、经院哲学的、人文主义的以及其他哲学因素都在此被重新整合起来,并从属于圣经的信仰和基督徒的良知。[94]因此,我们可以说,欧登道普和梅兰登一样,即是一位人文主义者,又是一位路德宗信徒。

欧登道普的法律哲学可以分为三部分:(1)神法、自然法和实在法之间的关系理论;(2)衡平的理论;(3)政治和国家理论。

神法、自然法和实在法

欧登道普的法学理论从“法”的一个有些糊弄人的简单定义开始,即法(*Recht*,*ius*)是法律规范的总和。而接下来,法律规范被定义为一般的规则,由一定的权威发布,予以命令、禁止、允许或是惩罚行为。这样,以大写字母开头的“法”(*Recht*,*ius*)就被视为一些小写字母开头的个别法律(*Gesetze*,*leges*)了,这是一种现代实证主义的风格。[95]

但是,在欧登道普的理论中,世俗权威颁布的法律(*leges rei publicae*)却从属于神根植于人心中的、可以通过良知来辨识的法律;欧登道普称之为 *lex in hominibus*,“人体内的法律”,也称为自然法(*lex naturalis*,*ius naturae*),并认为它对世俗权威具有直接的拘束力。在欧登道普看来,神在《圣经》中所推行的法律(*leges Biblical*)应为每一个信徒的良知所辨识。[96]

这样,在欧登道普的理论里,就像在由 12 世纪伟大的教会法学家格拉提安所最早系统阐述的罗马天主教经院哲学家的法律理论中一样,法律有三种状态或是层次,它们构成一个等级序列:神
089

法、自然法和人法。但是，和格拉提安、托马斯·阿奎那和其他罗马天主教神学家不同的是，欧登道普把 *lex divina*（神法）限定在《圣经》所提及的 *leges*（法律）范围内，而这实际上指的主要就是《十诫》。在这一点上，早就有路德和梅兰登宣称：在《旧约》所定下的诸多规则中，只有《十诫》对基督徒具有拘束力。欧登道普在这个问题上追随了他们的主张。同样，像路德和梅兰登一样——与格拉提安和阿奎那不一样，欧登道普并没有说过 *lex aeterna*（永恒法）优越于《圣经》。

关于 *lex in hominibus*（人体内的法律），欧登道普再一次从《圣经》中找到它的渊源，而不是从人的理性本身，即人头脑中产生的理性，这就又一次区别于罗马天主教教义。欧登道普写道，自然法乃是源自《圣经》的那些确立了爱和诚实——尤其是对自己的同类共同体的爱、对自己邻居的爱、"为人黄金准则"（Golden Rules）（译按：这尤指《圣经》中所说的"Do as you would be done by.""你要别人怎样待你，你也要怎样待人"）和与他人打交道时的诚实义务——之道德原则的章节，尤其是《十诫》和《新约》的一些章节。[97]这是神恩赐的、合乎《圣经》的自然法；每一个人通过其受神恩赐的良知，都能够辨识并遵守它。对欧登道普来说，良知实际上是理性的一种形式；但是，它不是普通的人之良知，或说世俗的良知（*ratio civilis*），而是根植于人身之中的神圣良知，欧登道普称之为自然良知（*ratio naturalis*）。因为在欧登道普看来，自然乃是神的创造能力；实际上，"自然就是神——万物的创造主"。[98]神所根植于人的良知之中的自然法"并不依赖于人的能力……神已经把它写进了你的头脑中"。[99]"至于良知"，他写道，"它是绝对可靠的向导"。[100]

世俗理性（ratio civilis）则的确依赖于人的能力，并主要在世俗政体(civil polity)的法律范畴内起作用。但是,这种法律最终也是源自《圣经》。像路德和梅兰登一样,欧登道普把所有统治地上王国(*weltliches*,*Regiment*,“世俗政体”)的法律都追踪到后来被指为是第五条的戒律(“孝敬父母”——王侯即为父母)。比梅兰登更明确的是,他把所有的刑事法律都归结于第六条戒律(“不可杀人”),所有的关于个人财产的法律归结于第八条戒律(“不可偷盗”),程序法律则归于第九条戒律(“不可作假见证”)。他还(不像梅兰登)把家庭法归结于第十条戒律(“不可贪恋人的妻子”),把税收法律归于那个一般的戒律“爱人如己”(译按:出自“《利未记》19:18”)。[101]

欧登道普特别重视第八条戒律(“不可偷盗”),他在此不仅发现了私有财产的渊源,而且还有契约法的渊源。就此,像在他的著作的其他地方一样,他在分析过程中运用了亚里士多德的“四因说”。他认为,契约法的“动力因”(efficient cause),即何者“促动”了它,是“自然法或神法”,他也将之视为 *jus gentium*,即所有国家都
090 适用的法律。他写道,契约法乃是基于这个事实而出现,即神创造的我们皆为兄弟,并通过我们的自然理性而赋予我们为了相互利益彼此定立契约的机会,既诚实又公平地,“而不是出于他人的压制”(*sine ullo gravamine*)。契约法的“质料因”(material cause),即它的对象内容,欧登道普阐述为把大量的各式各样的人为事项规范到一个一般的秩序里来的手段。“形式因”(formal cause)就是契约法借以运作的形式,在欧登道普看来,它包括购买和销售、租赁、捐赠和其他用于财产互享的手段。就此,他也是强调(亚里士多德的)自由的形式,谴责了利用契约来盘剥贫弱的做法。最后但最重要的是契约法的“目的因”(final cause),即它的“结局”(*finis*),它的最终目的,乃是通过维持缔约双方的交换平等——即责任和利益的平等,因而避免对贫弱的压制并保证交易事务的恒久存

在——而履行相互分享的义务。[102]

这样,欧登道普认为在他的时代统治德国的法律(*leges rei publicae*)是由神定立的。但是他也坚持那些法律要接受自然法(*lex in hominibus*)和神法(*leges Bibliae*)的检验,并主张,在一些特殊的场合,当那些法律被发现缺失了资格时,否认并违抗它们乃是基督徒的良知义务。"因为世俗法",他写道,"正如菲利普(梅兰登)所言,不能规定任何违背自然法的事项。如果它全然背离了自然理性,它就不再具有拘束力"。[103]他也确实发现了这样的一些例子。他认为那些允许出售教会圣俸、离婚和高利贷的人法直接抵触了 *leges Bibliae*(神法),而对之加以谴责;他也谴责那些允许通过欺诈手段而占有财产、剥夺家庭成员的继承权、迟到的正义、法官就其适用程序的利益倾向性选择、统治者违背自然法而授予的特权、仅根据一个事先宣战就发动的战争、如奴役一般的严格束缚以及其他一些事项的人法,他认为它们抵触了 *lex in hominibus*(人体内的法律)。[104]再说开来一些,他坚持认为自然法要求财产的所有者为了社会的目的来使用他的财产,而不是——比方说——排除他人在不损害他的利益的情况下使用他的财产。[105]我们还会发现,他还坚持认为自然法赋予了国家一些实在的义务。

这样,通过诉诸《圣经》所启示的神法之规范以及铭刻在个人良知上的《圣经》信仰,欧登道普的法律定义("法是法律规范的总和")的实证主义品格得到了一定程度的修正。

衡平(Equity)

对欧登道普而言,还有一个同样关键的问题有待解决,这也是路德和梅兰登言之不详的问题,这就是法律规范——无论是《圣经》法、自然法还是世俗法的规范——应用于个别案件时所依据的标准是什么。欧登道普写道,法律规范或规则的概括性本身就预设了,它可以应用在广泛的情势之中,每一种情势都有它独特的事实情节;但是,规则本身并没有规定那些错综复杂的枝枝节节应如何考虑进来。在欧登道普的两个世纪以后,伊曼努尔·康德(Immanuel Kant)把这一问题精辟地表达在他的一句格言中:“没有适用规则的规则。”(there is no rule for applying a rule)[106]

梅兰登曾经以经院哲学法学家的方式提出过这个问题。他写道,统治者有必要“剪裁自然法之概括性原则,以适合于……具体的事实情节”。[107]他断言概括性原则并不解决具体的案件,在这一点上他领先于一位20世纪著名的美国法学家。[108]如果“一个普遍正义的法律在一个具体的案件中造成不正义”,梅兰登写道,“衡平而善意地”适用那个法律——如果他能够的话——乃是法官的义务,以消除不正义。[109]但是,一个“普遍正义的法律”必须被维持,即使它在特殊的个案中适用结果是不正义的,因为在法律规定的是什么这个问题上,“虔诚的人们不能无所适从”。[110]

欧登道普用不同的衡平概念(*Billigkeit*, *aequitas*)填补了规则与应用之间的理论空白。在他看来,衡平就是需要就特别案件的具体情节做出仔细审视,衡平就是赋予法官把概括性规则、抽象性规范运用到那些具体情节之中的能力。[111]就此,欧登道普借鉴并超越了大都为梅兰登所沿袭了的亚里士多德的衡平观念;亚里士多德认为,如果一个高度概括的规则在应用到一个其字面含义所涵摄但实际上却未曾被寄意涵摄的特别案件时,这个规则就会造成不正义,而所谓的衡平就是修正这种规则上的缺陷。[112]亚里士多德所比照的是衡平与严格法,而不是衡平与全部的法:衡平在于规则未被寄意来涵摄的特殊案件。经院哲学法学家曾经继承了亚里士多德的衡平概念,但是充实了它的内容:他们声称,衡平保护贫穷和无助的人，坚持信托关系，并背离那些会在特别案件中造成窒碍难行之处的某些特定的法律条文。[113]但是，对欧登道普而言，所有的法律都是严格法，因为所有的法律都是概括的和抽象的。[114]所以，法律的每一种应用都需要经过衡平的决定。如此来看，法律和衡平，*Recht und Billigkeit*，*ius et aequitas*，彼此对立而又相反相成，它们就是同一个事物。[115]

欧登道普结论说，衡平有三重功能：第一是中止那些与良知相抵触的法律规范；第二是改进法律规范（例如，通过袒护鳏寡、孤儿、老年人和患病之人）；还有第三，就是在适用法律规范的每一个案件中解释法律规范。[116]这些功能中的前两项反映了传统的罗马天主教的衡平观，并把衡平和自然法联系起来，欧登道普也正是如此。而第三项——欧登道普把另外的两项都列在该项的从属地位——反映了他自己特有的法律理论，在这一理论中自然法和人法合而为一，自然法和神法合而为一。[117]实际上，在欧登道普看来，衡平就是良知的法律。它是自然（即神恩赐）之法（*lex naturalis*，*ius naturae*），是 092
人体内的法律（*lex in hominibus*）。它并不是人之意志的产物，或是为欧登道普所称之为世俗理性（civil reason）的那种依赖于人之意志的理性。[118]衡平或是自然法是由神根植于每一个人的良知之中的，它即体现为"使我们从恶中区分出善、从不正义中区分出正义、并做出判断"的能力。[119]

欧登道普于是借助了早期经院哲学的良知概念，也就是他把良知定义为实践理性的一个侧面，普遍的道德原则正是通过这种实践理性而应用到具体的情节之中。托马斯·阿奎那曾经把这个良知概念阐述为把善恶知识运用于特别事例的活动。[120]但是，阿奎那并没有像欧登道普那样把这个道德概念翻译为法律概念。另外，欧登道普区别于阿奎那的地方还有，他沿袭了路德的良知概念,认为它是关乎人之全部的,即包括他的信仰,而不仅是他的智识和道德能力。这样一来,在欧登道普看来和路德一样,罪人的良知靠着信、通过神的恩典而得以补救。[121]

人们不禁要问,面对把法律规范运用到具体案件中所遇到的复杂问题时,一个人如何从他的良知中找到衡平?他如何肯定什么是良知所告知他的内容,以及那是他的良知在说话还是仅仅是他的世俗理性或是意志在说话?欧登道普的答案可能不会让非路德宗的读者感到满意。他写道,所谓"良知决定"(*Gewissensentscheidung*)就是个人的精神裁判,是出自灵魂的裁判(*iudicium animae*)。首先,这个裁判像任何法律判决一样,是建立在世俗理性上的,即取决于人的经过法律训练的理性,相关的法律判例正是借助这一理性而得到仔细的研究、分析和体系化。但它也是建立在自然理性基础上的,这就是神恩赐的理性,它深植于每一个信奉《圣经》律法的人的灵魂之中。欧登道普写道:"如果没有人心之中的某些律法常规来指示给人他的所做是正义还是不正义,那么,就不能做出一个良知上的裁判。所以,法律(《圣经》的律法)乃是在人心中。"[122]一句话,答案就是:为了辨识何为衡平,个体的法官在把他的世俗理性发挥到最大限度之后,必须研究《圣经》,向神祷告,检视他的良知。

于是,欧登道普继承了路德把基督徒良知作为道德裁判之终极渊源的信念。路德曾经用"为了神并且出于我的良知"的说法,为他违背修道院誓言和在沃尔姆斯反抗德皇查理五世的做法辩解。[123]他谴责了那些抵触良知的法律。欧登道普把路德对良知的强调,发展为其法律哲学体系的一个有机组成部分。

093

政治和国家

但是,欧登道普并没有因为强调合乎良知之自然法优越于世俗政体之实在法，而推论出泛泛的“世俗不顺从”的教条。相反，欧登道普像路德和梅兰登一样，强调世俗政体——他给它不同的称谓，*civitas*，*weltliches*，*Regiment*（世俗政体），*politien Regiment*（政治统治体），*res publica*，*ordo civilis*，*Obrigkeit*，和 *universitas civium*（公民社团法人）——乃因神意而确立，并要求其臣民无条件的服从。[124]但是，欧登道普愿意列出一个长长的特殊情况清单，此时公民的良知可以要求他不再服从世俗的权威，这一点和路德形成反差，而和梅兰登保持了一致。另外，欧登道普还有超越路德和梅兰登两个人的地方，就是他提出了一个关于世俗权威之义务的体系化观念，它们应信守《圣经》的法律，信守 *lex in hominibus*，信守世俗的法律——这在它自己的世俗法律之外还包括国家间的法律。“这是一个古老的问题”，他写道，“到底是国家文官们超越于法律还是法律约束着文官呢”？他的回答是，“文官是法律的执行者［仆人］”。[125]所以“声称王侯有权对抗法律是荒谬和无知的”，他写道，“因为这般大驾的得体之举……是服务于法律”。[126]

除了给国家权力进行限制之外，欧登道普还发展了一套关于世俗政体责任的系统理论，它既基于又超越了梅兰登的理论。他写道，作为自然之法和《圣经》之法的仆人，国家有使其立法符合神的旨意的立法义务。为此，世俗政府应当比较其他国家的法律——现在的和过去的。[127]就政府管理角度而言，为维持真正的信仰，世俗政体有责任（在诸种义务之中）注意维持足够数量的牧师，他们要有良好的资质，并且他们要有足够的薪俸，以便他们可以捍卫信仰——不是通过强制，而是借着神的话语；以便他们可以惩治贪婪、慵懒和服饰奢靡之风；也以便他们开办和支持良好的学校和大学，因为这是培养有能力的、诚实的人的途径，正是他们保证世俗政体实现神恩赐的目的。[128]

世俗政体还有一个责任就是维持它与其他世俗政体之间的和平。他说,所有共和国(republics)的人们形成一个 *corpus Christianum*(基督教共同体),并且应当按照自然(即神)要求的那样,“睦邻相处,而不是以邻为壑”。[129]战争只有是在抵御非正义的侵略时才是正义的。欧登道普写道,即使是在遭受侵略的时候,一个世俗政体仍应寻求和平解决冲突的途径,并且即使那是不可能的时候,在防卫反击之前仍应当留出三日的时间来,以给迫在眉睫的侵略者一个改变主意的机会。另外,防御应当限制在必要的限度之内,因为它唯一的目的就是恢复和平。[130]

094 欧登道普强调世俗政体的法律人格。国家就像一个单独的个人一样,有它的权利和义务。它受国际关系方面的习惯法的国际性约束,也受“国际条约和协定必须被遵守”(*pacta sunt servanda*)之原则的约束。它还受和它自己民族相类似之法律原则的约束。欧登道普坚持他的国家责任理念,以至于要求世俗政体作为一个法人,就其非法行为而给其民众造成的侵害进行赔偿,他援引 14 世纪的伟大法学家巴尔多鲁斯语录来支持他的这个观点,即就一个 *res publica*(共和国)在履行其法律义务时的失职,以及在立法、司法或行政方面的失职,法院(他没有说是哪一个法院)应当享有裁决其刑事和民事义务的管辖权力。[131]

彼得·马克(Peter Macke)认为,欧登道普在对借助法律而使公共生活基督教化的关注上,更接近于伊拉斯莫而不是路德。[132]但是,欧登道普的关注又是直接建立在路德的原则基础上。“法律的目的”,欧登道普写道,“是我们和平地度过幽暗的人生,而被指引到基督的身旁,到永恒的生命”。[133]他也强调法律的“第三种用途”——它的“教化的”或“教育的”功能。欧登道普称法律为 *paedagogus noster ad Christum*,指引我们走向基督的老师。[134]这其中就包含着某种程度的对人之理性的信心；在强调人之恶时，他写道，尽管堕落，但仍然有一个 *igniculum*，一个火花，保留在人的理性中。[135]显然，他把这个火花和良知结合一处，把良知和《圣经》结合一处（这是梅兰登所没有做到的），从而架起了燎原烈火。

路德宗改革者们所宣扬的神学理论，尤其是他们"唯因信得救"和"所有信徒皆是祭司"的两个信条，侵蚀了罗马天主教会的教会法和圣礼制度的基础，并危及它全部的管辖权。这就给了世俗统治者在其各自领地内的立法、行政和司法管辖的终极特权。但是同样地，现在由统治者所定立的法律，就不再像从前那样，由于为两把剑理论——此时在教皇所主宰的普世教会组织和多元的世俗王国、封建领地和城市政体之间存在权力的划分——下的教会所认可而被赋予了神圣性。[136]

另外，罗马天主教所主张的独立的理性与信仰和谐共存，并且它能够独立证明由信仰而获得的启示的教义，也受到了路德神学的攻击。支持罗马天主教自然法信条的正是这种理性与天启之综合体的信念。[137]但是，路德宗信徒教导说，不仅是意志、而且还有理性本身，都已为与生俱来的傲慢、贪婪和其他形式的自大所腐蚀。他们并不怀疑存在着超越的道德原则，由它们来审判人们的行为和法律，但是他们不相信这样的原则可以在理性上找到终极渊源。

没有了独立的教会统治权威的认可，没有了获得灵魂救赎的 095
积极作用，也没有了人之理性的客观和公正，那由什么来证明世俗法律的正当性？难道仅仅是权宜之计？如果不是出于被迫，为什么任何人还是应当遵守法律？它们凭借什么而成为法律而不仅仅是强制命令？

对这些基础性的法律理论问题的神学答案，根植于路德的两个王国的理论,这一理论当然地认为,神尽管隐形但确是存在于这个地上王国。生活在这个地上王国的基督徒尽管是堕落的,但却被呼召在那里做神的工。他们被要求维持秩序、作出正义,不管这样的秩序和正义将不可避免地存在何等的瑕疵。秩序和正义并不是通向救赎的道路,但是它们却是神在这个世俗王国隐身所藉的形式。它们乃是神立,部分旨意在于使人的生活得以延续,部分旨意在于指出通往信的道路,尽管它们本身并不是这条道路。

尽管这些神学信念本身并不构成一套法律哲学,但是它们还是否定了那个通常的看法,即路德神学仅仅关注个人的精神生活,而无关乎政治与法律。另外,它们还为区别单独的个人对神所承担的义务和对他的邻居所承担的义务提供了一个神学基础。

根据路德神学,两类义务都表述在《圣经》中,尤其是在《十诫》里。不论是对路德神学而言还是对其法律哲学来说,《十诫》取代了教会惯例和教会法,而成为神法、自然法和人法的超越性渊源。对调整世俗关系的那部分法律来说,后面的六条戒律被理解为公法与私法基本原则——包括关乎权威、关乎人的生活、关乎家庭关系、关乎财产权利、关乎程序正义、关乎他人权利等事项——的权威性表述。

但是,路德的法律哲学并没有止步于把法律效力的最终检验仅仅寄托在《圣经》上,尽管在他的职业早期他曾经很想这样。[138]《圣经》是面向信徒而言的,但并不是所有臣属于世俗政府的人们都是信徒。神定立的世俗政府和世俗法律不仅是为着基督徒,同样也是为着异教徒的。实际上,正是由于人类的堕落状态,各种形式的法律才是必要的——其中主要是向罪人们指明他们所被要求的是什么,以及要想完成这些要求,他们是何等的无能为力。所以,在《圣经》之外,并且独立于《圣经》,神在每一个人的良知中植入了一定的道德洞察力，它实际上对应着《十诫》信仰所启示的原则。梅兰登把这些普遍的道德洞察力划入“知识的元素”中，它们本身决定着理性，并因此而不能为理性所证明。虽然如此，如果理性为信仰所指引，它可以理解并接受——尽管它不能证明——那些直接启示给良知的内容。于是可以这么说，理性可以被信仰所 096
挽救。用欧登道普的话来说就是，良知是一种高级形式的理性——它不是普通的理性，而是神圣的理性。

正如路德宗的良知理论把信仰和理性联系起来，它的市民或说政治公义理论把天上的王国和地上的王国联系起来。此时，为梅兰登和欧登道普两个人都强调的法律的“第三用途”起到了重要的作用。自然法——为良知所领悟并为《十诫》所确认的道德法原则——在正义、公平、利他信念与和平的路上，为信徒们担当了向导，尤其是为那些身居高位的人。

在路德宗法律哲学中，自然法的法律之教育用途的观念被适用到了实在法上。梅兰登和欧登道普写道，正如自然法的一个重要功能就是教育世俗权威，世俗权威的实在法的一个重要功能就是培养这些法律所管辖的那些人的道德操守和情感。就此，梅兰登和欧登道普详细列出了实在法的不同分支，包括刑法、民法、教会法和宪法等在内，在促进社会秩序和社会福利以及改善社会道德方面所遵循的途径。

对西方法律哲学的发展具有特殊意义的是，欧登道普洞察到法律规则所固有的概括性和客观性，这种属性既是它们的伟大优点，也是它们的重大缺点。同样重要的是，他更为深邃地认识到，法律规则之概括性和客观性的缺点在依据良知而运用到具体的情节中时，可以得到修正而不影响规则之优点。作为哲学家的梅兰登曾致力于在法律规范和一般意义上的理性与良知之间做出调和,而作为法学家的欧登道普则深入而详尽地挖掘了规则与原则的个案应用,并展示出一般性规则和原则在应用到具体案件中时所产生了悖论。欧登道普的结论是,不仅是针对特殊案件,而是在所有的案件中,都有必要走出法律的字面而深入到法律的精神中——这种必要不仅是基于个案公平的观点,而且还是出于规则本身最后一致性的要求。他不仅是在专门的逻辑综合中而且还尤其在法律规则的应用目的上发现了这一最终一致性。于是,欧登道普把良知当作实践中的法律系统之统一性和完善性的关键,这或许是路德宗法律思想对西方法律理论做出的最为重要的具体贡献。欧登道普所谓的作为高级理性的衡平——它在一般规则根据良知而应用到具体案件时而发生作用——在许多现代西方法律制度中都有反映,其中最为耀眼的就是盎格鲁—美利坚的司法自由裁量和陪审团衡平的观念。[139]

路德宗强调个人良知作为正义渊源的作用,同时又同样强调
097 世俗权威在界定和实施正义中的作用,以及更为一般的说,在看护宗教崇拜、道德和社会福利(“共同福利”)中的作用,这两个方面必须等量齐观。路德本人认为,他的国家——*Obrigkeit*(集权政府)——之尊严和使命的观念,是他为他那个时代的宗教和政治思想所做出的最为重要的贡献之一。[140] 实际上,路德的宗教改革把曾经由占据教会职务的人员所把持的职能,改由国家部门来担当其最终的责任,因此而产生了现代世俗国家。在路德宗领地内,就僧侣人员、教会财产、教育、贫困救济、医务护理、道德和宗教犯罪、婚姻和家庭关系、遗嘱以及其他在罗马天主教领地内由教会官员依据教会法而调整的事宜,国家官员担当起了管辖权。世俗国家之主权的概念,与世俗 *Obrigkeit*——这是一个德文字眼,它与拉丁单词 *superanitas*、“支配性”、“超级性”同源——之扩大了的功能紧

密相连，并对应于法语的 *souveraineté*、英语的“主权”（sovereignty）。

传统上由罗马天主教集团对世俗权威所施加的限制就因此而消失了，这就显著地增加了王侯攫取专制权力——权力凌驾于法律之上的危险。更何况，路德神学还强调，王侯乃是凭借神法而实施统治，他的臣民应当把他当做国家的父亲来尊敬服从。但是，路德宗法律哲学和罗马天主教法律哲学一样，也含有制衡暴政的重要因素。首先，王侯乃是其人民之父的观念本身，就暗含着与暴政不相协调的责任意味。其次，路德宗法律哲学强调公布成文法的重要性，其用意在一定意义上就是限制邪恶的统治者。第三，它主张罗马法权威乃是理性之成文化体现；尽管每一位领地王侯被认为已经取代了罗马帝国的权威，但是罗马法仍然被视为超越国际的 *jus commune*（普通法），而它的解释工作则被委托给那些注释、评论、编纂古代文本的博学的法学家。最后，路德宗法学家在《圣经》和良知中都发现了抵抗专制暴政的普遍权利。良知既是民众服从的基础，又是民众不服从的基石。当实在法违背自然法时，根据良知行事的路德宗信徒就陷入一个服从神授的“实然的权威”，还是服从他自己的神授正义感等两种义务冲突的困难境地。

当代的美国法律哲学家也许会对路德宗法律哲学不能通过理性手段来解决法律和道德之间的紧张关系而感到沮丧。但是，有必要认识到，不论是基于哲学的视角还是基于历史的视角来看，路德宗法律哲学既是当代法律实证主义的主要渊源，又是当代自然法理论的主要渊源。作为实证主义理论而言，路德宗法律哲学把世俗社会的法律定义为用一套规则所表达出来的立法者的意志， 098
其首要功能就是维护社会秩序。梅兰登写道，“政治”——他也说成“国家”，有时候又是“*Obrigkeit*”（集权政府）——就是“在共同社会里创造合法秩序”的手段，创造“管理财产、契约、继承和其他事务”的法律的手段。[141]这是德国 *Rechtsstaat*,“法治国”的最早表述。[142]为了其充分的有效性,梅兰登和欧登道普都强调,这样的法律必须被公布,具有可预期性、普遍适用性,并对政治权威和它们的臣民都具有拘束力。根据路德宗法律哲学,一个法律体系或是一个既定法律和法律判决所声称体现的理性和正义,并不能在法律系统本身内部得到证明,而只能在法律系统之外的道德准则之基础上来证明。所以路德宗法律哲学接受了当代法律实证主义的基本预设,即法律和道德彼此截然有别,实然的法不应当和应然的法混为一谈。把法律视同道德规范将会增加法律的不确定性和不稳定性,进而导致无序状态;把世俗法律当做道德批评的根据而不是目标也是如此,这将导致不正义。

所以,路德宗法律哲学反对托马斯·阿奎那所提出的法律定义:法律乃是由看护共同社会的人为了一般的善而做出的理性的法令。[143]根据路德宗的法律思想来看,这样的定义既没有保证法律的神圣性,也没有保证理性的神圣性。它寄托在过分乐观的人性观念上,以及国家乃是正义工具之观念的过分乐观上。在路德宗的法律哲学中,一个由最高统治者合法公布命令即是法律,哪怕在其目的和效果上它是专制的。

但是,作为一个自然法理论来看,路德宗的法律哲学预设了每一个人在他或她自己内部都有一定的关乎法律正义的道德情操,这包括对世俗权威、对人之生命、对财产、对家庭责任、对公正程序以及泛泛地说是对自己和他人权利的尊重。这些道德情操或说是领悟能力或是倾向,部分地寄托在理性和意志之上,但主要的还是寄托在良知之上。于是每一个人的良知乃是自然法的渊源,换句话说,是人性(human nature)中与生俱来的思想和行为原则的渊源。和罗马天主教不同的是,路德宗的自然法理论从根本上来说是道德理论，而不是法律理论。它主要是建立在天生的正义观念上，理性从属于这一正义观念。从路德的立场来看，理性由于人的自负而太过脆弱，存有偏见，不能够充分地维持这样的正义观念。于是，在道德法各种原则的含义及其在具体事例上的应用问题上，人们彼此注定不能达成理性上的一致意见。在存在理性分歧的场合，如何实施具体的应用，必须求助于他或她自己的良知。

鉴于路德宗的自然法理论实质上是道德而非法律的理论，它 099
与当代的法律实证主义是相协调的。但是，它主张在将法律规则应用于特殊情节时需要诉诸良知，这就又超出了法律实证主义的界限。在司法或行政行为的法律过程中，靠纯粹的理性把宽泛的规则应用到具体的案件上会产生不正义，这只能根据对案件特殊情节的认识把握得以纠正，包括当事各方的品质、他们的动机、变更判决的相应后果以及其他各种诸如此类的因素。与此相类，在立法的过程中，立法者要考虑的不仅是一般意义上的政策，还要考虑使得这一法律成为必要的那些具体问题，以及运用这一法律将会得到的具体后果。这样，我们将在后面的一章里看到，路德宗的法律哲学适合于——并且实际上在 16 世纪导致了——将公法和私法进行大规模分类和体系化整理的新的法律科学，附之以基于良知而进行的弹性化应用，这就是所谓的衡平。

路德宗的法律哲学已经做了简要梗概的陈述，它对当代的法学理论是有其贡献的。其中最重要的是，它提出了一种解决学派间分歧的方式。一方面或许可以称为法律思想中的“高级法”学派，它把平等、隐私权等价值视为超然的权利，它不能为政治社会的管辖权所侵犯；另一方面也许可以被称为“政治现实”学派，它否认那些尚未被正当的立法机关所正式认可的原则的法律属性。路德宗教义认为，这两个学派之间的冲突不能通过理性运用来解决，它进一步断言,这种冲突在实践中可以通过良知来解决。但是,就如何运用良知,它没有提供具体的指导,而仅仅有一个神学的方案。那些不能接受神学方案的人于是就有待解决一个很是棘手但也很有趣味甚至很有价值的问题。[144]

第三章　德国法律科学的转型

德国在16世纪所发生的政治和宗教激变，
伴随着当时所谓的一次“方法”(method)——或 100
者有时又称为“科学”(science)——上的转型，
这一转型反过来又深化了那场激变。这就是进
行法律分析和体系化整理法律的方法，包括将法
律判决和法律规则联系于法律原则、法律概念和
理论的方法。要理解这些变化的范围和意义，就
有必要认识到，它们给发端于11世纪末和12世
纪的西方法律科学传统带来的是一次转型，就像
路德宗法律哲学一样，而绝不是否定掉那一传
统。在那些较早建立起来的欧洲第一批大学中，
法律成为一门独立的体系化学科知识，单独的法
律判决、规则和制定法因此得以客观地研究，并
被放在整个法律体系内的一般原则、概念和理论
框架下做出解释。[1]这实际上是欧洲最早的现代
科学；当然，它不同于后来出现的自然科学，但它
也不同于先前罗马教会学校以及别的知识传授

场所所追求的文学、美学、哲学和神学研究。16 世纪的德国法学家保留了法律科学的体系化特征,但当时所谓的早期"经院哲学"方法为一种新的"主题式"方法所取代。

11、12 世纪的西方法律科学也不同于在 1 世纪到 6 世纪罗马帝国境内所流行的、有着强烈决疑论色彩的法律知识传承,但是,11 世纪末和 12 世纪的原则化、体系化的西方法律科学最早所针对的主要对象,就是在教皇革命鼎盛期间在意大利的图书馆里被偶然发现的、具有决疑论特征的查士丁尼罗马法文本。并且,在一定程度上,16 世纪的法律学者也是把他们新的主题式方法应用到那
101 些文本中。实际上,罗马法在 16 世纪的法律改革中所起到的作用,比在此前更为重要。

当然,"罗马法"一词具有很多不同的指代,其中有一些内容如古代罗马的《十二表法》和后查士丁尼时代的东罗马帝国的法律,与西方法律传统仅仅有些间接的关系。进一步而言,即使是对西方法律传统做出巨大贡献的那一部分罗马法,尤其是在查士丁尼赞助下所编纂的卷帙浩繁的文本,在被拿来之时也已经经过了诠释上的重大变化。11 世纪至 15 世纪的罗马法学家主要致力于查士丁尼《学说汇纂》(*Justinian's Digest*),最初是为其分散的成千上万的法律规则进行注释,后来则是对这些注释做出评论。[2] 与此相对,16 世纪到 18 世纪的法学家则把主要精力用在查士丁尼《法学总论》(*Justinian's Institute*)上,同时,他们还把对罗马法的概念、原则和规则的研究,和欧洲各种政治实体的实在法律体系——教会的教会法,帝国、王室和王侯的法律,城市法,商法和封建法——的研究结合起来。

所以,罗马法必须被视为一个进化的法律传统中的一种进化因素。15 世纪末和 16 世纪所发生的、为众多法律史学家所称谓的

罗马法“实践的继受”——这与从 11 世纪末到 15 世纪对罗马法的“理论的继受”形成对照——应当被视为一个更为宽阔的历史进程中的一个片段，在这一历史进程中，实践与理论因素都始终存在着。实际上，从 12 世纪到 19 世纪，罗马法从未间断地为欧洲所“接受”，正如希腊哲学和希伯来神学被不间断地接受一样。每一种形式的接受都经过了理解、吸收和转变，并被赋予了新的生命，新的历史，并且，每一种接受都被反复地以不同的方式追溯到它的主要经典文本——《圣经》、柏拉图、亚里士多德以及查士丁尼的法律文本，它们也因而反复获得新的充实。

所谓“中世纪鼎盛时期”的罗马法理论继受和只有在 15 世纪
末和 16 世纪初才开始的罗马法实践继受，乃是一个误解，它忽视
了这样一个事实，即在 12、13 世纪出现的所有各式各样的“实践
的”法律体系，如教会法院所适用的教会法以及欧洲各王国王室法
院所适用的王室法，“接受”并在实践中应用了罗马法的各种概念、
原则和规则。[3] 查士丁尼法典中所包含的法律规则和原则，除了融
入其他立法之外，它们本身并不是实在法；除了在意大利的比萨和
其他几个城市外，它们也并没有被正式采纳。但是，在一个更为广
泛的意义上，罗马法是一种法律渊源，不论是教会法还是各种世俗
法律体系，都援引它来弥补漏洞，廓清模糊不清的问题。只有皇帝
马克西米连于 1495 年，建立所谓“德意志民族的神圣罗马帝国”第 102
一所也是唯一的一所法院时，要求它适用罗马法，也就是为西方法
律学者所注释评论、为在这所新成立的法院内任职的大学教授所
诠释的查士丁尼法律文本。[4] 在德国的其他法院以及西方的其他
地方，罗马法被认为是一种理想法，是“书写出来的理性”，*ratio*
scripta，它的原则和规则正如被诠释的那样，是一道过滤网，现行的
法律通过它而得以解释和补充。

在 11 世纪末、12 世纪和 13 世纪最早发展起来的法律科学,在 15 世纪和 16 世纪初的时候,受到主要是来自那些拥护当时所谓“人文主义”——有时又称为“新人文主义”——的学者的抨击。那些人文主义者首先要抨击的,是早期法学家对古代查士丁尼法律文本的理解,其次是他们注释、评论那些文本的技术。在这一抨击的背后,是关于语言、历史、哲学和法律本身的“一揽子”新观念,这些新观念在颠覆那个在西方已经流行了四个世纪之久的世界观方面,最终起到了巨大的作用。对所谓的早期法学家之经院哲学的抨击分三个阶段,其中第一个阶段时常被称为语言学和历史学阶段,也可以被称为“怀疑论”的阶段;第二个阶段则可以称为“原则化”的阶段;而第三个阶段可以称为“体系化”的阶段。在所有三个阶段,抨击都是打着人文主义的旗号进行的。[5]体现德国革命精神的正是第三个“体系化”阶段。

人文主义法律科学的怀疑论阶段

早在 14 世纪中期,意大利人文主义的伟大先锋们,如彼特拉克(Francesco Petrarch,1304—1374)和乔万尼·薄伽丘(Giovanni Boccaccio,1313—1375),就已经在抨击同时代的法学家们对古代罗马和罗马法起源的无知,抨击他们对无足轻重的问题喋喋不休的讨论,抨击他们野蛮而粗野的方式,抨击他们缺少真正的科学,抨击他们普遍地没有文化。[6]到 15 世纪的时候,人文主义语言学家罗伦佐·瓦拉(Lorenzo Valla,1407—1457)又站到这个立场上。[7]瓦拉是一位语法和修辞学大师,并以其古典拉丁文写作而享有盛名,他提倡确实和具体而反对抽象和空洞,提倡明晰而反对模棱两可。就像唐纳德·恺利(Donald Kelley)所言:“对瓦拉就像对大多数人文主义者一样……理解来自字面意义,而不是来自任何比喻的结构;并且也是凭借着他一贯的毫不妥协的逻辑,他坚持认为,词语和事务之间有明确无误的联系。恰当地说,词语是符号,它在实质上所意味着的乃是意义。”[8]接下来,“意义”来自那些精通语言的人们所接受的意思。于是,为了理解过去流传下来的词语的意思,有必要知道那些词语对最初使用它们的那些有学养的作者 103
而言意味着什么。结果就是,为了理解查士丁尼的罗马法,就要弄清楚查士丁尼法律文本中的词语的意思是什么——不仅是在文本的编纂者特里波尼安(Tribonian,卒于545年)在整理编辑这些词语时,还包括在他引用这些词语之前几个世纪的法学家们书写它们之时的意思。瓦拉证明,特里波尼安本人轻慢对待了他所汇集的原始文本。[9]

瓦拉既抨击那些注释者和评论者们粗俗的语言,也责难他们在诠释古代文本时对其含义的歪曲。他抱怨说,经院哲学法学家们“叫他倒胃”。他们把“哥特的”字眼混进了拉丁语中,把罗马法和从后来的教会法中抽出的讹误语言混杂一处。“更尤其是”,再次引用恺利的话来说,“他们给罗马法带来的灾难,和他们的亚里士多德学派教友给哲学带来的灾难如出一辙。他们用毫无意义的吹毛求疵的把戏,把罗马法从常识和历史语境中隔离出来;他们把一门‘人的科学’搞得没有人味了。对这群没有美感的腓力斯丁人而言,他们更喜欢巴尔多鲁斯和阿库休斯(Accursius)之流的‘家鹅’,而不是古代法学理论的‘天鹅’。瓦拉除了嘲笑之外不能再做别的什么”。[10]

阿库休斯的*Glossa Ordinaria*或称*Magna Glossa*,即《通用注释》(*Great Gloss*),完成于1250年前后,它是西方第一位伟大的罗马法学家伊尔内留斯(约 1060—1125)以来对查士丁尼《学说汇纂》所做注释的集大成之作。它在整个欧洲产生了巨大的成功,并且它的权威在很大程度上取代了《学说汇纂》本身。这样,在瓦拉看来,它就成了一层黑幕,遮蔽了原始文本的纯洁性。后期注释法学派或说是评论法学派——萨索弗拉多的巴尔多鲁斯(Bartolus of Sassoferrato,1314—1357)就是其中最伟大的人物之一——就是在《通用注释》的基础上开始他们的建树的。他们推导早期注释法学派各种分歧意见背后的前提预设,他们对罗马法原始文本的字面意义不是很感兴趣,而更专注于它们的本质、它们的概念和它们在不同情况下能不能适用的问题。[11]瓦拉对此就更是气愤异常,他把巴尔多鲁斯称为"驴子""白痴"和"疯子",称他完全歪曲了罗马法。[12]最终,瓦拉对巴尔多鲁斯的蔑视——这在今天看来完全是不公正的——渐渐为其他人文主义者所认同,其中包括一些法学家。这次发生在 15 世纪的运动,和 20 世纪美国法学理论界所发生的"现实主义者"和"批判"运动对传统法学的根本责难,颇为雷同。

瓦拉所率先开启的认识罗马法的语言学——历史学途径,对经院哲学法学理论产生了强烈的负面影响,它从两个主要方面颠覆了那一理论的科学品质。首先,它剥除了原始法律文本的神圣属性。其次,它因此也剥除了二手法律资料的权威性。较早时期
104 的法律科学曾肯定古代罗马法文本具有神圣的、上帝赐予的品格——即客观性。事实是,那些文本只是被选择性地接受过来;许多单独的规则和术语被直截了当地忽略了,而有些部门(例如宗教部门,它在原始资料中占据显著位置)则被认为绝大部分是无关紧要的了。但是,作为一个整体,那些文本曾被视为人类对神法的认知结果。[13]不仅是正义、美德、合法性以及其他抽象品质,还有程序公正、契约责任、过错责任之类的一般性原则,都被视为体现在文

本之中的神圣的超越性法律。但是，瓦拉和他的继承者们却把那些文本仅仅视为6世纪的文学创作，具有历史相对性、折中色彩和自相矛盾的地方。这样，他们不可避免地要挑战由一代代的注释者、评论者在几个世纪之后对那些文本所做诠释的权威性。而一旦那些文本本身被降低到纯粹文学作品的水平，那么，那些曾经假设了它们的神圣性的传统注释和评论，就逐渐被视为是对文本原意的附会曲解了。

只要法律人文主义囿于纯粹语言学和历史学的维度，那么从法律的视角来看，它的成就主要就是批判。它揭示了众多的对罗马、希腊、日耳曼和教会之法律原始文本的歪曲之处，包括一些重大的伪造。[14]它的支持者及时而成功地修复了这些古代文本的大量内容。在15世纪末和16世纪，法国、意大利、德国、瑞士、荷兰、西班牙和英国的法律学者们找到、恢复并注解了数以百计的罗马法古代抄本。[15]他们剥除了这些文本中在中世纪衍生积累的内容，剥除了混杂在法律语言中的大量粗鄙俚语。但是，在它发展的第一个阶段，法律人文主义还不能为解决同时代的法律问题而提出建设性的方案。为此，就需要一个第二阶段，它将在语言学—历史学之文本批评方法的基础上开创出新局面。

人文主义法律科学的原则化阶段

人文主义法律科学的第二阶段在16世纪的最初几个十年间，由新一代的人文主义法学家拉开序幕。像第一阶段的人文主义者一样，这个新的学术流派的代表人物也主张并实践法律研究的语言学路径，以查士丁尼法律文本被诠释得太过粗糙和松散为由，对

早期法学理论的很多——尽管不是全部——内容进行批判。他们
也强调那些文本的历史相关性,因此那些文本和16世纪所面临的
问题——在某些情况下——缺少关联。但是,第二阶段的法律人
文主义者在两个方面比他们的前人走得更远:第一,他们大幅度省
105 略了传统的分析内容,从而简化了法律;第二,他们根据更为概括
的原则和概念,而组织和诠释具体的法律规则。这样,那个更多怀
疑论色彩的语言学—历史学路径,逐步让位于更具建设性的综合
方法,特定的法律领域和特定的法律问题要涉及一般的原则,并因
此而成为更具综合性的问题。

这一新的原则化法律思维模式在学术界逐渐崭露头角(尽管早期的语言学—历史学模式仍然占据显著的位置,并在一些地方继续流行),并超出了文本澄清阶段。法律分析的出发点不再是文本,也不再是对文本的注释,而是法律原则和概念。与此同时,查士丁尼的《学说汇纂》以及法学家们就其特定的法律规则应用于特定的案件而发表的成千上万、众说纷纭的见解,让位于对查士丁尼《法学总论》的重视。《法学总论》原是为学生准备的一本入门教科书,内有对一般性原则的阐述,尽管其定义和组织结构都还显得松散。

在这个反叛经院哲学法学理论的第二阶段,人文主义法学家发展出一套新的法律教学模式,称为 *mos juris docendi gallicus*,即"高卢式"(亦即"法国式")教学模式,它与先前存在的(巴尔多鲁斯学派的)*mos juris docendi italicus* 即意大利法律教学模式相对称。(实际上,"法国模式"在意大利许多所大学里也有采用,而"意大利模式"也继续在法国多所大学中施行。)[16] 法国模式倾向于把注释内容从教学课程中删除,从而大大缩短了课程。它同时也像第一阶段那样,注重查士丁尼文本的语言学和历史学探究,以及语言的

美学运用。但是,它最重要的特征是在于,教师将从原则和概念出发,并揭示出它们是如何应用在特定的条件中。与经院哲学法学理论不同的是,这些人文主义者的原则和概念,不论是从《法学总论》还是从什么地方得来,都被视为外在于法律文本,并有不证自明的效力。这样,法国模式以及法律人文主义的第二阶段,代表着一种新的法律推理类型,它具有更多的演绎推理的属性,此时,特定的法律规则看起来就成为不证自明的法律原则和概念的必要结论。[17]与此同时,该第二阶段的法学家们也没有附和第一阶段的人文主义学者,而是在某种程度上对经院哲学法学家表示出更多的尊重;他们攻击他们的方法,但毫不犹豫地接受了他们对很多特定问题的解决办法。进一步而言,那些在人文主义者们看来具有不证自明之效力的原则和概念,其中有许多——如果不是大多数的话——与经院哲学法学家在神圣文本中所发现的那些原则概念是完全一样的。

第二阶段人文主义法律科学的主要特征,在德国法学家乌尔里奇·查修斯(Uldaricus Zasius,德语为 Ulrich Zäsi)(1461—1535)和意大利法学家安德列亚·阿尔恰托斯(Andrea Alciatus,意大利语为Andrea Alciato)(1492—1550)的著作中反映出来。这两个人再加上法国人圭勒姆斯·布多伊斯(Guillelmus Budaes,法语为 106
Guillaume Budé)(1468—1540),被伊拉斯莫(1466—1536)称为罗马法的"伟大的三人同盟"。[18]但是,布多伊斯的作品属于法律人文主义的第一阶段;他不像查修斯和阿尔恰托斯,他所关心的不是按照潜在的原则对罗马法文本做出诠释,而是运用语言学和历史学方法,来揭示它们最初的意义,和它们存在的反常谬误。实际上,布多伊斯像他之前的瓦拉一样,大体上不是一位法学家,而是一位古典派作家。[19]

不管伊拉斯莫如何看待,查修斯还是毫不留情地抨击瓦拉和布多伊斯:他们无知而厚颜无耻地对罗马法学家的伟大作品进行了“劫掠”,这“无论如何是不能被洗白的”,查修斯在 1518 年写道,“不管是用硫磺,还是用火把”。他写道,他们的罪甚至比亚当的更为糟糕,因为他们“不仅像亚当那样糟蹋了善恶知识树上的果子,而且还把整个的树连根拔起”。[20]

查修斯和瓦拉和布多伊斯也有共同的信念,即“恢复本源”,他们厌恶用分析注释内容取代分析原始文本的做法,厌恶经院哲学法学家讹误百出的拉丁语言。但是,查修斯毕竟是一位法律人(lawyer),他不能像他前面的人文主义者那样坚持原始文本的简洁性,他也不像他们那样倾向于把文本中模棱两可的话归入自相矛盾之属。查修斯写道,如果要求法律智慧被解释得所有的读者都能看懂,那就是把法律文本当作了“一个临街而立的妓女,任何接近或(恕我直言)闯进来的人都可以搞到手”。[21]他写道,罗马法学家的法律写作不可避免地要复杂而难懂,要解读它们就需要训练有素的法学家的知识修养。

但是,查修斯远远不只是一位训练有素的法学家。在弗莱堡大学,他最初不仅讲授法律,而且还讲授修辞和诗歌。他才华横溢的演讲和写作为他赢得了广泛的欢迎。他还与遍布欧洲的潮流人物们进行了大量的通信。他是伊拉斯莫的朋友。他在帝国城市弗莱堡的市政府里担任重要职位。他还是一位享有盛名的执业律师,他在具体案件中的法律观点在许多国家里出版传播。或许,他最大的实务成就就是起草了弗莱堡市综合法典;这部法典于 1520 年被采用,从此查修斯的《弗莱堡法典》成为德国其他城市效仿的楷模。[22]

查修斯在法律学术界的位置,体现在他从 1508 年开始写作的有关具体法律问题的一系列作品，和几部关于特定法律部门的综合性论文上。[23]与经院哲学法学家不同的是，查修斯通常从原则而不是权威开始，进行他的分析研究，并且，他所涉及的法律问题，不仅包括具体法律文本中的问题，还包括那些超出了文本的一般性 107
问题，法律文本是这种一般性问题的反映，而不是来源。与语言学—历史学学派不同的是，查修斯所关心的不仅是——也不主要是——批判文本，而是——并且主要是——详尽阐述一般性的法律概念和原则，并结合文本所列举的具体法律问题，指出如何利用这些概念原则来获得问题的解决途径。“法律真理”（*Rechtswahrheit*），查修斯写道，“只能通过文本本身来获得，通过理性来获得，而不能靠学者们的权威”。[24]还有，“所有和文本或法律理性（*Rechtsvernunft*）相矛盾的教条，我们尽可以名副其实地说它们是：违背真理的罪恶”。[25]查修斯强调在诠释法律文本时要参考它们在基本的一般原则——“法律真理”和“法律理性”——中的渊源，这有助于把法律人文主义从其第一阶段的否定论和怀疑论中解救出来。

安德列亚·阿尔恰托斯是一个深为查修斯所钦佩的同时代的年轻人，他在开启法律人文主义之第二阶段上也起到了相当的作用。阿尔恰托斯出生在米兰，并在帕维亚和波伦亚研究法律。1518 年，在米兰从事了几年的法律实务后，他以 26 岁的年龄被任命为法国阿维尼翁大学的教授。4 年之后，他回到米兰继续从事他的法律实务。他分别在 1518—1522 年和 1527—1529 年在阿维尼翁大学讲授民法，在 1522—1527 年在米兰从事法律实务，在 1529—1533 年在法国波格兹大学执教，然后就永远回到意大利，在那里他主要在帕维亚和波伦亚执教，或是从事法律实务，撰写法律论文，直到 1550 年去世。从全欧洲云集而来的学生听他的讲座，甚至包括法国国王弗朗索瓦一世在内的名流都来光顾他的课堂。他多产的作品也是一版再版不停。[26]

阿尔恰托斯有着惊人的语言学和历史学天赋,并且在某种程度上,他运用他的天赋——就像布多伊斯和其他语言学——历史学人文主义者一样——来揭露欧洲传统的法律知识领域内以及查士丁尼文本本身的讹谬之处。但是,从他的职业生涯的早期开始,他发现他自己更接近北方的人文主义者,尤其是伊拉斯莫,这就引领他——就像它曾经引领查修斯那样——超越了语言学——历史学方法,而是挖掘出古代法律文本背后的逻辑和精神,根据这种逻辑和精神来诠释那些文本,并把它们运用到当代的需要之中。他不仅要找出讹谬,还要解决那些讹谬,而且,在这样做的过程中,他常常反对第一阶段的法律人文主义者如瓦拉、布多伊斯等法学家的做法,而为查士丁尼的《学说汇纂》辩护。

像查修斯一样,阿尔恰托斯既是卓越的法律学者和教师,又是有着巨大声誉的法律执业者。他写作的内容也和查修斯的一样,主要针对训练律师和解答法律问题的目的。像查修斯一样,他针对具体的法律案件而提供了数以百计的法律意见——咨询和解答(*consilia and responsa*),涉及城市法、教会法、封建法、刑法、遗嘱、契
108 约以及其他种类的法律问题。[27]尽管这两个人年龄相差 31 岁,但他们有着相同的见解,彼此保持着热情的通信联系。实际上,在查修斯抨击布多伊斯和瓦拉在诠释文本时过分强调语言学和历史相对主义时,阿尔恰托斯加入到查修斯这一方来。

这两个人在法学上做出了重要的学术成就,其中就包括他们就罗马法诸领域所撰就的专著,他们在其中详尽地探讨了各领域众多的规则、概念和原则。他们在著作中所着意做到的是把法律学科知识归入以原则为纲的脉络中,条理清晰、无所不包、系统严

谨。阿尔恰托斯和查修斯以及几位同时代的学者关于约定之债(*De Verborum Obligationbus*)的各种著作,对一般的契约法进行了综合性的研究。查修斯的著作长达742页,而阿尔恰托斯的则是1020页。

查修斯和阿尔恰托斯在他们自己的时代就作为伟大的法律科学改革者而受到欢呼喝彩,而这一形象在以后的几个世纪中通过法律史家的工作而保留下来。但是,仔细探究一下他们的作品可以发现,他们与其说是新方法的奠基人,毋宁说是中间过渡的角色。一方面,他们从事了把欧洲的法律思想从第一阶段的人文主义怀疑论的法律科学所造成的破坏——卜加丘、瓦拉以及他们在16世纪的继承者(尤其是在法国)所造成的破坏——中拯救出来的工作。他们进行了重要的教学改革,并就单独的法律部门写出了最早的综合性著作。他们大大减少了课程的繁冗和经院哲学法律研究的决疑色彩。像他们的人文主义先驱一样,他们承认文本的历史相关性,但是,他们发现了一个通过原则和概念的演绎推理来合成规则的方法;他们认为这些原则和概念是不证自明的,但实际上,它们对应于他们的经院哲学先驱在法律文本中所发现的那些原则和概念。

另一方面,查修斯和阿尔恰托斯都没有为法律科学带来实质性的创新。他们并没有试图把全部的法律知识体系化起来,或是把其潜在的主题和目的做出系统的阐述。他们的贡献在于"教学和传输法律知识之技术上的提高与进步",[28]而不是法律分析或法律学说概念化上的根本性变化。[29]他们的长处和弱点都在于他们保留了所谓的经院哲学法律科学的基本要素,而去掉了其经院哲学领域内的哲学和神学支持。

法律科学的体系化阶段:*Usus modernus protestantorum*

人文主义法律科学经历了“怀疑论”的第一阶段和“原则化”的第二阶段,在西方法律科学的转型中就需要一个进一步的第三阶
109 段来结出果实。这一第三阶段就是“体系化”阶段,它开始于1520年代末和1530年代,其中领衔的法学家主要是德国并且主要是新教阵营的法学家,他们要从基本的原则和概念中推导出的不仅是法律的某些侧面或部分,而是整个的法律体系。这就完成了向新的法律科学的转型——既是技术上的转型,也是逻辑上的转型。

发端于11世纪末和12世纪的经院哲学法律科学:(1)把法律规则分类研究;(2)这些法律规则主要从权威文本以及那些文本的权威诠释中引申出来;(3)并从这些规则推导出相互关联的概念和原则,它们符合于常见的理性标准。支持经院哲学法律科学的是这一信念,即不管是教会法还是罗马法的权威性法律文本,都体现着一个普遍真理和普遍正义,因此它们可以作为必然推理的出发点,这一必然推理将使我们对真理和正义获得新的理解。但是与此同时,它们也还包含着漏洞、模棱两可和矛盾之处,因此也必须予以辩证地分析;即必须找出问题(*questiones*),做出分类和定义,阐述彼此对立的见解,调和其中的矛盾。最终,可以形成体现普遍法律原则的法律格言(maximum propositions)。所以,通过信仰而获知的文本神圣性,也可以通过理性而证明。用圣·安塞尔姆(Saint Anselm)最爱说的那句话来说:“*Credo ut intelligam*”,“我相信所以我可以知道。”——*ut* 表示的是“结果”的意思,而不是(像通常被想象的那样的)“目的”的意思。人文主义法律学者查修斯和阿尔

恰托斯提炼了这一方法，而不是根本改变了这一方法。他们从在文本中发现的规则出发，并一直探究到其中所蕴涵的概念和规则。

与此相对，16世纪之第二、第三、第四个四分之一季度的新教法律科学理论：(1)把法律概念和原则分类研究；(2)这些概念和原则来自天生的理性和良知；(3)并通过相互关联的规则把它们予以阐明；(4)这些相互关联的规则存在于多种多样的法律渊源中。这一新的分析与综合的方法建立在法律人文主义前两个阶段——怀疑论和原则化——基础上，又超出了它们。与此相联系的是一个把整个法律规则体系，纳入一个共同的概念和原则框架下的努力。

在人文主义法学理论的第二阶段（它也像第一阶段一样，继续占据显著的位置并在一些地方继续流行），它实际上已经常常强调基本法律概念和原则乃是法律推理的出发点，乃是法律规则和具体法律问题之解决方法的解释说明。但是，这种整体化的考虑只是局部的；只有个别的法律论题或分支领域——而不是整个的法律领域，才被这样整体化考虑。关于合意之债、规则解释以及其他特定的法律主题都有重要的著作问世。实际上，在第二阶段，有些法学家明确表示了把整个法律领域体系化的愿望。[30]而包括查修斯在内的其他法学家则认为没有这个必要。[31]人文主义本身实际 110
上并没有为这样的体系化工作提供基础。

它只有在和宗教思想上的根本变革结合起来之后，在16世纪20～40年代才出现了新的体系化的法律科学，来取代经院哲学法学家的体系化法律科学。第三阶段就是建立在新的人文主义和新教联姻的基础上的。

尽管彼此之间存在重大的紧张关系，新教改革还是和人文主义携起手来并最终改变了人文主义。最好的例子就是伟大的人文主义者、路德宗改革者菲利普·梅兰登（1497—1560），他给新的法律科学带来了巨大影响。另外,新的法律科学在一定程度上还借鉴了早先的经院哲学的成果。那些为新的法律科学之产生做出了决定性贡献的法学家们——约翰·阿佩尔(1486—1536)、康拉德·拉格斯(约1499—1546)、约翰·俄尔敦道普(约1488—1567)、尼古拉斯·维吉里斯(1529—1600)、约翰·阿尔苏休斯(Johannes Althusius,1557—1638)以及其他学者,不仅明确承认他们对路德和梅兰登的遵依,还感谢先前伟大的经院哲学法学家们。如果撇开经院哲学法律科学的一些基本成就,也就不会有新的法律科学所带来的那场持久的转型过程。

新教尤其是路德宗,为法律人文主义注入了一个信念——为人文主义者所抨击的经院哲学神学家和法学家也分享这一信念——即人法作为神之创造物的一个完整性组成部分具有客观性。在路德宗神学看来,神决定人的法,正像他决定地上王国的每一件事,并且要求人法尽可能符合于《十诫》的神法。同时,新教徒否认罗马法和教会法文本的神圣性,以及那些文本的常规解释的权威性;因为他们不同于早先的罗马天主教经院哲学家,而一致认同于先前的人文主义者。但是,他们相信,人法所依据的原则应当首先在基督徒的理性和良知中去寻找,即在神为他们根植的知识中去寻找,这一点和前两者都不相同。换句话说,神不能在法律文本中被揭示出来,而是隐藏在法律文本中,要想发现文本的隐含意义,就有必要把它们之外的真理——根植于有忠实信仰的法学家之理性和良知中的概念和原则——带到这些文本中来。其目的不是(像经院哲学所教导的那样)获得隐含在权威性文本中的法律规则里面的法律格言,或者是用理性证明凭靠信仰所知道的那些事物,而毋宁是通过揭示出法律规则来自于那些建立在基督徒良知之上的正义原则,而确立起那些规则的合法性。

这不仅是一个法律理论问题，即法律渊源问题；它还是一个法律权威以及法律自身之合法性的问题。在挑战教皇并最终挑战皇帝的过程中，路德否定了他生存其中的政治世界之法律权威的两个终极保证人。正是由于这个挑战，导致许多杰出的人文主义法学家站到了他的对立面，包括伊拉斯莫所称谓的“伟大的三人同盟”，即查修斯、阿尔恰托斯和布多伊斯，而他们三人和伊拉斯莫以 111
及许多其他人文主义者一样，开始的时候是被吸引到路德的事业中来的。但是，当他们发现，路德的神学并不是要改革罗马教会，而是要彻底摧毁罗马教会，以及神圣罗马皇帝的政治权威，他们就开始反对路德了，因为在他们看来，路德要抨击的正是合法性的基础，叫统治者和臣民都失掉了忠于法律的根据。

然而，路德绝不是一个反对道德律的唯信仰论者。他抨击教会和世俗王国既存的法律秩序，但是，他也努力为新的法律秩序建立起一套符合圣经要求的根基。所以很自然地，大批的16世纪的新教法学家——其中许多人和路德本人有着密切的联系[32]——深深关注于探究法律的本质、探究法律统一性和完整性线索，以及尤其是要建立一套“方法”，即他们所谓的对基本的法律概念和原则——它们产生具体的法律规则——做出科学解释和体系化的方法。在最高意义上而言，这不仅是一个法学理论问题，更是一个政治问题：为法律规则的合法性和权威性找到新的客观基础。

梅兰登的主题式方法

1518年，年轻的梅兰登来到了威登堡大学，并在此引起了一场精神和智识领域的骚动，新的体系化法律科学首先就是在这一气氛中诞生的,这是一个自然而然的过程。[33]

在前一章已经提过,梅兰登最早的一部主要著作 *Loci Communes Rerum Theologicarum*(《神学事宜之一般主题》)——最初发表于1521年[34]——奠定了新的体系化神学的基础,它充分反映了为路德所支持的基本的神学教义,但它又为路德神学附加了一个新的"主题式"分析方法。这个方法也适用于其他学科知识——不仅包括法律哲学还包括法律方法或科学。

为了建立起一门科学,梅兰登教导说,所有科学所共有的一般主题(*loci communes*)应当采用一系列的问题形式应用于正在被研究的学科:(1)所研究的事物的定义是什么?(2)它"种""属"划分如何?(3)它的各种原因是什么?(4)它的各种结果是什么?(5)和它邻接的事物是什么?(6)和它同源的事物是什么?(7)和它矛盾的事物是什么?[35]进一步而言,他写道,每一特殊的学科内容或说每一人文学科,都需要它自己的能够按照一种条理简明地呈现其"特殊
112 主题"(*praecipui loci*)的"方法"。[36]正如神学的特殊主题提供了一个简明而体系化的阐述神学基本教义的基础,在梅兰登看来,法律的特殊主题也提供了一个体系化的法律科学的基础。

经院哲学曾经给一些最初从亚里士多德引申而来的一般主题赋予了新的意义;而它们的意义再次为15世纪的人文主义者所修正,其中尤其是鲁道夫·阿格里科拉(Rudolph Agricola,1443—1485),他在1479年出版《论辩证法的发明》(*De Inventione Dialectica*)一书强烈地影响了梅兰登。但是,在梅兰登之前,一般主题仅仅被视为所研究材料的一个分类索引(通常按字母顺序排列)。另外,不论是一般主题还是特殊主题,都没有体系化地应用到神学和法律等"人文学科"中。[37]

经院哲学家曾经把 *loci* 视为修辞学的分支,因此把它主要作为

辩论的指南。15 世纪末、16 世纪初的人文主义者把 *loci* 从修辞学归入辩证法之中；他们给辩证法的定义是阐述和证明的科学或艺术。但是在实践中，梅兰登之前的人文主义者把 *loci* 的用途局限在辩证法的“阐述”层面上——他们称为 *inventio* 或“发现”，对立于“证明”——他们称为 *iudicium* 或“判断”。这就是说，*loci* 即主题，乃是一个组织材料的方法，一个探究或“发现”所研究学科之结构的方法；并且，正是这种学科结构的“发现”构成了早期人文主义者的*methodus*，即科学方法。梅兰登在 1520 年时写道：“辩证学家们为最恰当的阐明次序，使用了 *methodus* 一词。”他自己则超越了这一层面。

一些哲学史家认为，是法国著名的语法学家和逻辑学家彼得·拉姆斯（Peter Ramus，1515—1572）把作为阐明（*inventio*）之方法的 *loci*，改造为同时也是证明真理（*iudicium*）之方法的 *loci*。[38] 但实际上，尽管拉姆斯的确声称他的 *loci* 方法既是阐明之方法，也是证明之方法，但它在他的手上几乎完全保留在前者层面上。[39] 实际是梅兰登而不是拉姆斯，最早向人们展示了“最恰当的阐明次序”又如何同时也是决定某论点或主张是否正确的方法。他利用一般的方法，即一般主题（*loci communes*），把具体的知识条目从它们所从属的特定学科分支中梳理出来，并确定它们的本质属性。对梅兰登而言，一般主题（属和种、原因，等等）是基本的分析原则，它们不仅适用于语言和哲学，而且适用于神学和法律。把这些一般主题和特定学科分支的特殊主题结合起来，并回答——例如在神学上——这些问题：什么是“属”之意义上的“罪”（sin）？它们分多少“种”？它们的原因是什么？什么是恩典？诸如此类的问题。这就不仅仅是在阐明问题，同时也是在挖掘真理，在这个例子中也就是挖掘法律和福音之间的真正区别。神学中的特殊主题来自《圣

经》;更具体地说,梅兰登从保罗书信中特别引申出罪、恩典和法律
113 的特殊主题。[40]在法律方面,前一章已经提到,梅兰登从《十诫》的第二表引申出宪法、家庭法、刑法、道德过错、财产法、欺诈行为和其他范畴的基本主题。

梅兰登的后继者们继承了他根据《十诫》来划分法律部门的方法,并且更进一步,他们在罗马法律文本中读出了成对的主题,如规则和衡平、实体和程序、所有权和债、契约和侵权。通过把 *loci communes*——一般的或"普通的"主题——应用到这些特定的法律领域,他们不仅精确而系统地阐明了法律内容,而且在阐明的过程中,他们还对那些内容有新的理解,那些内容因此获得新的意义和应用。他们和梅兰登一样确信,如果一套知识通过正确的"方法"而得以"理出头绪"——我们今天可以称之为"包装"起来,那么,这也就证实了其中所蕴含的基础性原则。

约翰·阿佩尔

在最早对梅兰登的"方法"要求做出反应的法学家中,有他在威登堡的同事约翰·阿佩尔(1486—1536)。阿佩尔比路德年轻两岁,比梅兰登则年长 12 岁。[41]他出生在纽伦堡,16 岁时进入刚刚成立的威登堡大学,后来他也曾在爱尔福特和莱比锡学习。在选择人文学科后,他最终获得了法学博士学位。他最早曾在哪里授课已经不得而知了。他后来进入了教会统治阶层,但却不是以一名教士的身份,而是乌兹堡康拉德主教的教会法学家和顾问。尽管他以前曾经宣誓过独身生活,但在 1523 年,他和一位有着贵族血统的修女秘密地结了婚。在他写的一个名为《为婚姻辩护》

(*Defensio pro Suo Coniugio*)的小册子中,他认为像他自己那样的婚姻,是在神的看护之下而缔结的,是出于爱情而不是出于肉欲,它是合法的,而且不论是帝国的权威还是教会的权威,都不可以对之提出责难。不管是由于他的结婚还是由于他写的小册子,还是都有,康拉德主教把阿佩尔和他的妻子都逮捕并监禁起来。但是,这一事件成为一桩万人瞩目的公案,他们两人在 3 个月之后就被释放出来。第二年,阿佩尔在威登堡做了一名法学教授,并成为路德和梅兰登的亲密朋友和信徒。实际上,他参加了路德本人于 1525 年举行的那场令天下哗然的婚礼。

1524 年,阿佩尔被任命为威登堡大学的校长并在这一职位上坐了 1 年。此后,他成为萨克森选帝侯的顾问。1529 年,他接受委任进入萨克森的高级法院(*Hofgericht*)。在这期间,他在威登堡大学讲授罗马法和教会法。1530 年,他离开威登堡,成为普鲁士阿尔伯特公爵在哥尼斯堡(Konigsberg)的大法官。4 年之后,他返回他的故乡纽伦堡,做了一名市议员和辩护律师。他于 1536 年去世。

尽管阿佩尔像他那个时代许多杰出的法学家一样,其学术生涯同时伴随着在领地和城市政府内担任法官和议员的活跃经历, 114
但他还是写出了两部重要的学术著作,它们直接来自于他的任教经历。这两部著作可以说奠定了德国现代法律科学的基础。第一部著作的拉丁文书名以"*Methodica*"一词开头,该书名可以被译为《法律知识所应用的辩证推理方法》(*Method of Dialectical Reason Applied to Legal Knowledge*),它是对全部法律内容进行整理和体系化的一个尝试。[42]第二部书的名称翻译为《入门:关于正确制定的法律之研究的对话》(*Isagoge: A Dialogue on the Study of Law Properly Instituted*),它是一本关于法学教育的著作,其中就提出了将全部法律内容体系化的教学需要。[43]

《方法》(*Methodica*)一书最初出版于1535年,它是基于阿佩尔在1530年离开威登堡之前的几年中,在威登堡大学的授课讲义而问世的。它开头就把注意力放到查士丁尼的《法学总论》上,但是,它并不是概括、解释或者阐释一遍《法学总论》的文本,而是相反,他是在利用这一文本所能提供的众多的法律规则,并把它们作为例子,通过梅兰登的主题(*loci*)——包括一般主题和特殊主题——方式而把它们分类并进行分析。这样,阿佩尔通过回答下面这些问题而将它们体系化了:法律是什么?它所涉及的属和种的分类是什么?其中有效的原因是什么?其效力(结果)又是什么?它与哪些概念和事务相关联?它的对立面又是什么?在哪些情况下上述问题的答案要改变?[44]这些问题("主题")中的每一个问题都构成一章内容的标题,每一章都有图表和例子来帮助说明其研究内容。这些问题的答案就形成了一个新的知识体系,在此,原始文本中的各个章节虽有所反映但却没有明确提出来的那些概念、原则得以明确罗列出来。或许正是由于这个原因,19世纪伟大的法律史学家罗德里奇·斯廷金说道:"在当时那些致力于体系化方法的法学家中,阿佩尔是最有原创性的。"[45]

阿佩尔的《入门》是一部对话体的著作,对话发生在一位普通的法学家(阿尔贝利奇,Alberich)、一个新入门的法科学生(赛穆普洛纽斯,Sempronius)和第三人苏尔皮修斯(Sulpitius)之间,苏尔皮修斯是作者本人的化身。三个角色都在抱怨靠《学说汇纂》的文本注释来传授法律知识的苦不堪言——"阿库休斯的苦艾"(这是乌尔里奇·冯·胡顿的说法)只能麻木并毒害人的头脑。赛穆普洛纽斯抱怨说,他在他必须参加的课堂上,"我听到的是些孤立的词藻,但要说我从中懂得了什么,这倒不比它们是用俄语表述来得更明白些"。他一想到要在这种味同嚼蜡般的学业上花掉五年的时间就害怕不已。苏尔皮修斯建议他除了有关《法学总论》的课程外，一概不用花心思去听讲了，而他又断言，《法学总论》在一年之中就可以讲授完毕。“这个轻松的工作”，他说道，“包含着法学理论的精髓”。

到此处为止，这部著作不论在形式上还是在内容上都是人文主义的。但是，最终，这一个对话超出了我所说过的人文主义法律科学的第二阶段。苏尔皮修斯把一个由镶嵌在理性之中的法律理念本身所推导出来的法律规则体系，溯本到《法学总论》。他声称，这些规则所蕴涵的基本的法律原则和概念，可以追溯到（梅兰登所 115
谓的）“人的本质属性中与生俱来的知识元素”。[46]但是，阿佩尔并没有驻足在“与生俱来的理念”上，而是继续把梅兰登辩证“方法”其余部分的作用发挥出来。实际上，他倡导把《法学总论》的内容予以重新编排，一方面要满足法学教育的需要，即把大量的技术性的法律规则进行简化、体系化，以便于学生们把握的需要，另一方面是为了从合乎理性的、综合的原则体系中推导出法律规则的目的。阿佩尔于是在他的《入门》一书中，重新梗概介绍并充实了很多他那部更早的著作——《方法》中已经做过的分析。

弗朗茨·维亚克尔（Franz Wieacker）曾经责难阿佩尔说，他在利用罗马法时使用了某种偷梁换柱的伎俩。维亚克尔写道，阿佩尔和他所在的那个学术圈子之所以要借助《法学总论》，不过是为了托古改制，即在先例中寻找权威，但实际上，他们曲解了它的意思，而是在一个根本全新的内涵上使用它。[47]但是，我们也可以从另外一个角度来评价阿佩尔的工作。他“溯本求源的工作”，当然不是根据瓦拉以来的人文主义批评家所推崇的语言学—历史学方法，而是根据为路德、梅兰登和其他新教神学家在解释《圣经》时所使用的解释学的方法。16 世纪的解释学，力求为当时的读者阐明

《圣经》中所隐含的意义。它并不是出于信而好古的动机,而是出于对《圣经》启示给当下以及未来的信息的关怀。此外,《圣经》被诠释的依据在于它的精神,而不是它的字眼。这就要求在解释每一个单独的部分的时候,要照顾到《圣经》的整体。路德宗解释学的座右铭就是“*Scriptura sui ipsius interpretes*”,即《圣经》就是它自己的诠释者。[48]这也意味着,传统——即在以前的几个世纪中为人们所接受的传统解释——丧失了它的权威。每一个有信仰、有学问的读者,都可以自由解释《圣经》文本的意义。这样,新教神学把《圣经》中所蕴含的那些原则和概念体系化组织起来,其形式完全不同于《圣经》文本本身所呈现那些原则和概念的形式,它也不同于先前的权威所确立的形式。

阿佩尔也许是把新教解释学应用到法律上的第一位法学家,他把法律当作一个由原则和概念所整合而成的整体,各种不同的法律规则乃是从中逻辑推导出来的结果。他着手在法律领域进行他的同事们在神学领域所做的那些事情:把原则和概念整合起来,其结果完全不同于它们在原始文本中所呈现的那种形式,也完全不同于先前的权威著作所确立的形式。

阿佩尔所做的主要贡献之一,就是批判并重新解释由查士丁尼《法学总论》所宣告的“人”、“诉讼”和“物”的法律划分方式。
116 《法学总论》的作者并没有以令人满意的方式界定好这三个概念,并且实际上他的解释内容也没有围绕它们来进行。阿佩尔首先坚持认为,“人”一栏的内容从属于“物”的内容。接下来,他把“物”(*res*)一栏区分为“享有物的权利”(“right *in* a thing”,*jus in re*)——他用“所有权”(*dominium*)一词来称谓它,和“涉足物的权利”(“right *to* a thing”,*jus ad rem*)——他用“债”(*obligatio*)一词来称谓它,并且他也把“诉讼”归于该项之下。“涉足物的权利”这一概念并不见于《法学总论》中，它是12世纪的经院哲学法学家们的发明，并已经成为欧洲法律中一个不可或缺的、基本的概念。[49]阿佩尔把民法划分为所有权（直接的和受益的）和债（契约的和准契约的、私犯的和准私犯的），[50]这就为西方现代法律科学制定了基本的法律术语，它们一直延续进入21世纪。所有权和债是两个基本的"属"概念，民法中其他内容——据阿佩尔所说——关系到：(1)"种"概念，(2)有效的原因，(3)结果，(4)相关的内容，(5)相对立之物，或(6)有关情况问题。这样，"人"就成为所有权和债的"情况"所属的内容，而"诉讼"则成为所有权和债的"结果"。阿佩尔的一个特色是，他把先前用来阐明个别主题的图解或插图手段，扩大成为把握整个民法（就如他对这个概念所理解的那样）体系的方法（见图1）。

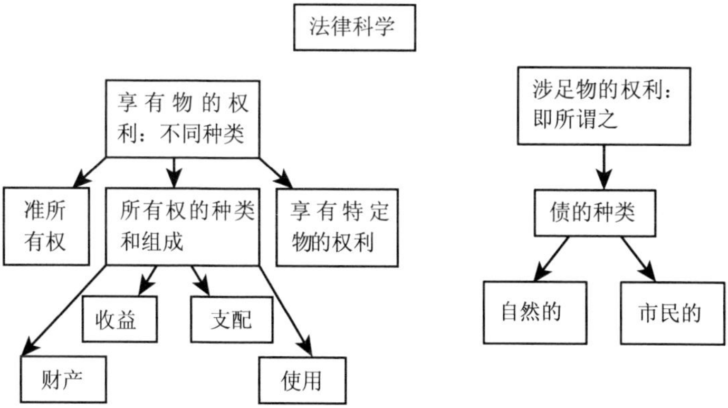

图1　阿佩尔的图表

资料来源：阿佩尔的《法律科学的辩证方法》（*The Dialectical Method Accommodated to the Science of Law*）（里昂，1549）。

阿佩尔是最早用"民法"（civil law）来主要指代财产法、契约法、侵权法和这一主要调整私人关系的法律规范之其他分支的西方法学家之一。罗马法中所谓的"市民法"（*jus civile*）原本是调整罗马市民的全部法律,它不仅包括在16世纪开始被称为“私法”(private law)的内容,还包括宪法、行政法、刑法、教会法以及“公法”的其他分支。[51]教皇革命之后,法律的一些分支,如婚姻法和刑法,开始被视为教会法和罗马法这两个主要法律体系之内独立的亚体系;但是,一直到16世纪及以后,严格区分公法和私法并且把“市民法”主要(而不是绝对地)视为私法的做法,才成为西方法律思想中的特征。[52]16世纪的时候,德国境内许多领地和城市制定了单独的刑事法典,和单独的治理公共行政的立法(*Polizeiordnungen*)。从阿佩尔开始,16世纪在德国出现的那些概括“民法”的伟大著作主要(同样,也不是专门地)针对所有权和民事之债,以及继承、家庭法和私法范畴内其他有关领域,而通常仅仅简要涉及公法——这就是典型的“人法”(尤其是国王其人的法),并忽略了刑法。与此同时,实体民法从民事程序法中分离出来。

对定义的强调,以及把法律原则精心划分为属种关系,导致民
117 法体系本身内部的严格的概念区分。其中一个区分就是,契约和所有权的取得分离开来。根据阿佩尔,契约引起债之“原因”,而债又是“涉足”而不是“享有”物的权利。所有权是“享有”财产的权利,它可以通过各种不同的途径来取得,不仅包括占有和继承,还有契约;但是,一项契约不能因为产生所有权之取得,例如买卖契约,就可以说它是所有权的“近因”(proximate cause),而只能称为“远因”(remote cause)。买卖契约是对人诉讼——即债——的“近因”;于是,它可以引起出售货物的交付之权利。所有权的“近因”——取得方式——是实际的(尽管是象征性的)交付,而不是交付之权利。[53]

这一分析直到19世纪都是正统的理论——不仅在德国,而是

在整个欧洲。它还没有为人们所全部抛弃,即使是在美国。货物 118
购买人在出售人已经交付货物(例如,交付给搬运人)之后,对货物所享有的权利,和货物仍然为出售人所占有,购买人对货物交付所拥有的契约权利,二者之间在今天仍然是有区别的;在前边的情况下,它们是购买人的货物,他可以要求第三人恢复原状,而在后一种情况,正常情况下他只能就没有履行交付而主张弥补损失。至于土地,与货物不同,契约权利和财产权利之间的差异更为尖锐。让渡土地所有权的契约不同于土地的让渡。

理解阿佩尔法律科学的关键是他关于民法之逻辑上的统一性的观念。正如维亚克尔所言,阿佩尔和他的圈子认识到"打破权威本身并不能带来一个发现法律的新基础"。在抛弃了"意大利方法(*mos italicus*)孜孜矻矻的分层后",他们看到了"从更大的有机整体(*Zusammenhang*)中推导出(具体的规则和)判决结论"的可能性。[54]

阿佩尔的《方法》(*methodica*)一书看来是一个长长的系列书目中的第一本,16 世纪的法学家——他们中的大多数都是德国人,[55]并且又差不多都来自新教阵营[56]——发表了一系列书名类似的著作,他们不仅是计划而是实际上在构设一个全部法律的综合体。在这一个世纪中,这些体系变得越来越具有综合性,也越来越精细。

康拉德·拉格斯

阿佩尔的著作在综合性和详尽程度上,显然要比他的年轻同事康拉德·拉格斯(约 1499—1546)——他于 1522 年至 1540 年在威登堡教书[57]——在 8 年之后出版的《方法》一书差了很多。像阿佩尔一样,拉格斯在人文系任教的时候开始接触法律。在1529年获得人文学科的硕士学位后,直到1540年拉格斯才拿到他的法学博士学位,尽管此前他不仅在辩证法和神学领域,还在法学的哲学与技术等领域开始了他的授课和著述经历。拉格斯在现实政务方面也很活跃,他在1539年参加了茨维考市的改革,并在1540年最终离开威登堡,成为新教城市但泽市的一名行政官员。像阿佩尔一样,拉格斯热烈地追随路德和梅兰登的信仰,并像梅兰登曾经建构神学那样,根据学科的基本论题或概念——它的特殊主题(*praecipui loci*)——来积极建构法律科学。拉格斯写道:"自然的秩序要求我们通过理解'属'而认识到'种'的知识元素。"[58]也像梅兰登、阿佩尔以及一般的人文主义法学家们所经历的那样,拉格斯在寻求一般的法律原则和概念的过程中,最终找到《法学总论》上来,他曾说这部著作提供了"法学的结构体系"。[59]但是,也像阿佩尔一样,拉格斯并不是打算遵循《法学总论》的"体系",而仅仅是把
119 它的法律规则和概念拿来,用作他自己的《方法》一书的建构材料。他在1536—1540年写就了他的《方法》,并首次在1543年出版。这是一部830页的著作,差不多是阿佩尔那本《方法》的6倍厚,它系统阐述了从罗马法和教会法中提取出来的那些基本原则。[60]拉格斯试图在这部著作中,通过一个体系化途径,来阐述"构成法律科学和艺术的那些重要部分"。[61]在该书的广告中,出版人声称,在此前的4个世纪里,还从没有人写出这么一部涵盖全部法学的"概要"(*compendium*)(这个字眼在当时通常可以和"方法"一词交替使用)来。[62]拉格斯本人也有类似的言论,他推崇地提到13世纪霍西滕西斯(Hostiensis)和阿佐(Azo)的"教会法大全"和"罗马法大全",但是,他指出,他们是根据那些资料在权威文本中出现的先后次序来处理那些资料的,而不是根据贯穿于文本之中的那些基本

原则。[63]拉格斯说,他的目标是向学生们提供一幅整个法律的图画,以便学生们可以从其中的"属"概念认识到它的"种"概念,并正确把握从中演绎推导出来的法律规则和结论。[64]

拉格斯没有提及他的同事阿佩尔,尽管他沿袭了阿佩尔民法统一性的概念,以及将民法划分为所有权和债的方法。他也没有提到他的同事梅兰登,尽管他(像阿佩尔一样)接受了梅兰登的人乃天生认知基本真理的观念,以及梅兰登的主题式分类方法。[65]

尽管拉格斯的法律科学在很多方面都和阿佩尔的相似,但是它仍然做出了一个重要的进步。它不仅仅是在尺寸上要厚得多,在内容上包罗得多得多,而且在哲学内容上也丰富得多。阿佩尔在他的《方法》中,提出了辩证推理的原则(主题的方法),并以此作为将法律原则体系化的基础,即从一般原则开始,推及到它们的特定"种"原则上。但是,阿佩尔在他的《方法》中没有就法律的目的问题提出哲学性的反思。他所关心的是将法律原则和规则体系化,而忽视了公平问题——尽管正是公平的要求,促使了那些原则、规则应用到具体的案件之中。与此相反,拉格斯把他的著作分为两个部分,其中之一他称为哲学部分,另一个为历史部分。哲学部分在1544年版中只占58页,它探讨的是法律的一般属性,并提出了本书的研究方法。而历史部分占了这部著作的绝大部分内容——830页中的766页,它是对整个法律结构的详尽分析。

特别耐人寻味的是,拉格斯在书的哲学部分,根据亚里士多德的四因分析——"动力因""质料因""形式因"和"目的因"——来体系化建构他的法律。这一分析方式对经院哲学神学家、法学家和哲学家们来说曾经很是熟悉,但是他们在阐释那些知识领域时,还从没有用这一分析方式做过体系化整理工作。阿佩尔也曾经跟随梅兰登的做法,把亚里士多德的四因论当作一套工具——尽管

120 它还不是一个主要的依据,用来体系化整理法律。[66]阿佩尔这一“偶然的”分析方法,被拉格斯大大地发挥了。拉格斯首先根据动力因,即根据每一种特定的法律内容的渊源或制定者来划分法律。这样,他把自然法和市民的法(civil law)区分开来,前者的渊源是“自然的智慧或是理性的判断”,而后者的渊源是反映到制定法或习惯法中的“人民的同意”;他进一步把制定法和习惯法划分为帝国制定的法、教会制定的法、单独的自治市制定的法、特定的立法者所颁布的法(如保民官的法和恺撒的法等)和其他的法。

拉格斯第二种划分法律的依据是它的质料因,即某一特定类型的法律所包含的规定内容。他首先区分出神法——它所涉及的是神圣事物(如寺庙和坟墓)、神职人员以及此类等,和人法——它所涉及的是世俗事物(*negotia civilia*)。从质料因来看,人法包括军事法、封建法、宗教仪式和惯例(拉格斯将之从神法中划了出来),以及市民的法(civil law),它又进一步可以划分为公法和私法,每一领域又都有它自己的部门。

拉格斯第三种划分法律的依据是它的形式因,即它所采取的形式,这样他就区分出严格法和衡平法,衡平法又进一步划分为成文的和不成文的(或自然的)衡平法。

拉格斯的第四种划分依据是目的因,即法律所要服务的目的,在这个标题下,他把法律划分为主要涉及公共事务的法律(*res publicae*)和那些主要涉及私人事务如契约和伤害等问题的法律。这样,公法和私法之间的区分对法律的目的来说就具有根本意义了,尽管拉格斯补充说,对公共利益的保护也就满足了个人的便利(*utilitatem singulorum*),而对个人的保护最终又服务于公共福利。“所有法律的最高目的”,拉格斯写道,“就是公共福利”(*salus publica*)。

拉格斯在结束他的“原因”分析之介绍时说，“并且这些”——即公共福利和个人便利——“是每一个单独法律的最终原因，它们正是藉此而问世，所以，如果这些原因不在，这些法律的拘束力(*obligatio*)也就不存在了”。

拉格斯把亚里士多德和梅兰登的原因论应用到法律中来，这具有重要的哲学意义。我们从中既可以看到法律实证主义的因素(尤其是在动力因乃是立法者之观念上)也可以看到自然法理论的因素(尤其是在不再服务于一般的善的法律就失去了拘束力的观念上)。然而至少同样重要的，是它对法律体系化所具有的技术意义。这部著作的整个历史部分，就是围绕基于亚里士多德原因论的归类划分而组织起来的。这一点在拉格斯所绘制的图表上明白地看出来(见图2)这张图表仅仅针对法律所由构成的规定内容(“质料因”)而言的。拉格斯的后继者们把他插图的方法扩大到 121
“整个法律”(*universum*)，包括它的渊源、形式、目的以及规定内容。

拉格斯著作的第二部分划分为：(1)人的法；(2)取得、让渡和抛弃财产的方式；(3)协议和责任；(4)诉讼和辩护；(5)审判和(6)特权和法定授予财产(圣俸)。在哲学部分所提出的那些法律理论和“原因”，在历史部分渗透进对整个法律原则和观念体系以及它们 122
所推导出来的规则的分析中。在谈及他的六分方式时，拉格斯写道：“我认为这些标题能够涵盖每一种形式的法律。”[67]

第二部分六章的每一章，总的主题又分为“种”主题，每一个“种”主题即每一种形式的法律又用一个和几个标题来分析。第一章“关于人的法”，研究家庭法的某些方面(家庭成员的权利和义务)和宪法性法律的某些方面(皇帝、王侯和公共官员的权力和责任)。第二章“关于取得、让渡和抛弃财产(*Res*)”，研究财产法、继承法和婚姻财产。第三章“关于协议和责任”，研究契约责任、侵权责任和其他形式的民事责任以及刑法。婚姻和离婚也包括在这一章里。第四章“关于诉讼和辩护”,涵盖了民事和刑事程序法。第五章“关于审判”,涉及法院的组成。第六章“关于特权和授予财产”,部分涉及宪法性法律,部分涉及债法。这种将“属”分解为“种”的方式,被体系化地应用到最小的单元。正如杰哈德·提奥考弗(Gerhard Theuerkauf)所说:“拉格斯的思考路径是通过一个坚定的方案而确定下来的,它一直分析到个体的单元,并且这一方案贯彻始终。”〔68〕

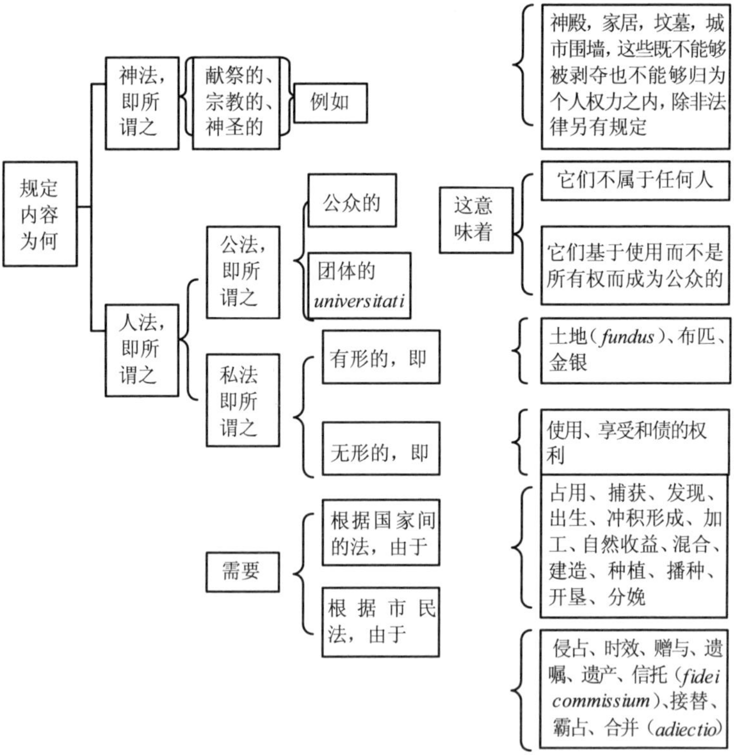

图 2 拉格斯的图表

资料来源:康拉德·拉格斯的《方法》(Method)(里昂,1544),第 137 ~ 137 页。

拉格斯的“方案”使阿佩尔把蕴涵在法律中的全部规则予以体系化整理的观念结出硕果。它包括两个新的方法论上的原则。第一,拉格斯在梅兰登提出的原则基础上,围绕适用于所有科学的一般性主题(*loci communes*)——包括亚里士多德的四因论,来安排法律的规定内容;此前,那些曾经运用主题式方法的法律学者曾经围绕“主题”以及权威法律文本本身所给出的“主题”顺序——当时被称为“*loci ordinaria*”即“惯常的主题”,安排组织过法律的规定内容,其结果是同一个一般性主题被分裂在不同的地方并且有时是前后矛盾地进行讨论。

第二,拉格斯把罗马法渊源和教会法渊源结合起来了;此前,这些是彼此分开研究的,罗马法文本只在罗马法教程中来阅读,只有罗马法学家为之著述,而教会法只在教会法教程中来阅读(这当然要援引罗马法的观念和规则),只有教会法学家为之著述。[69]拉格斯是最早着手把两个法律系统中的法律概念和规则总括一处来研究的法学家之一。[70](阿佩尔的著作主要局限在罗马法的整合上)在他的《方法》一书中,在讨论的每一个一般主题之下,拉格斯都列出了主要的罗马法渊源和主要的教会法渊源,其讨论在此基础上而展开。[71]

拉格斯清楚地意识到他的研究方法的新颖性,并担心会遭遇墨守成规一方的反对。他禁止他的学生不经他的允许而传播他的讲义笔记,并以尚未最后完工为理由,拒绝出版他的《方法》。实际 123
上,1538 年,在他还只是一名“讲师”(*Privadozent*)而不是“教授”的时候,萨克森选帝侯颁发过一份敕令,谴责那些未经合格训练但却抛开了法律文本传统解释的法律讲师,拉格斯就是这份敕令所针对的目标。人们不是很清楚,他为什么在 1540 年在他 41 岁的时候离开威登堡,而 3 年之后,他的《方法》在未经他授权的情况下,在法兰克福和缅因出版问世,他提出激烈抗议并甚至发表了一份《抗议书》(*Protestatio*)来声明他对此过早出版问世的反对,并试图澄清该书的目的和方法问题。

而实际上,拉格斯的《市民法律概要》(*Compendium of Civil Law*)(这是法兰克福出版商为该书改就的书名)是一个极大的成功。它在1543—1592年,至少出版了8个版本,这还不算不计其数的重印。在1571年的巴塞尔版——1581年再次印刷——的封面上,印着"不仅是为法律人,而且是为那些渴望智慧的人们"一句话。提奥考弗指出,直到1580年代末和1590年代,当一系列类似的其他体系化法学著作出版之后,拉格斯的《概要》才停止印刷。[72]此时,由阿佩尔开创、由拉格斯完善的体系化方法作为德国法律科学的主流,而牢固地树立起来。

一旦"主题式"法律体系化方法被确立起来,不可避免的就是,不仅是罗马法和教会法,而且还包括其他各种类型的法律,如领地法(*Landrecht*)、城市法(*Stadtrecht*)和帝国法(*Reichsrecht*),都将被放到这一共同的研究焦点上来。就此,拉格斯仍然是先锋式的人物。他的市民法律概要主要致力于但绝不仅仅限于罗马法和教会法的研究。除此之外,他还写了一部萨克森法律概要,他在这部著作中系统研究了萨克森的法律——主要是《萨克森明镜》(*Sachsenspiegel*)和《马格德堡法》(Magdeburg Law)这两部伟大文本中所规定的内容。《萨克森明镜》大约写作于1220年,它是用德语写就的第一部重要法律著作;它首先主要关注了萨克森的习惯法,其次是德国皇帝所认可的适用于萨克森以及其他地方的皇室法律(既有习惯法也有制定法)。这部法典详细罗列了一整套的法律规则和原则,但是却没有什么概念分析,也很少具体的说明。《萨克森明镜》乃是由萨克森法学家艾克·冯·瑞普高以个人身份编纂而成，但它的权威性却得到普遍承认，而且具有学术素养的法学家们为它进行注释工作，在整个德国境内，在几个世纪的时间里，它还被认可为辅助性的法律，可以补充现行的城市法、领地法或帝国法的适用。1534年，萨克森最高法院向这位选帝侯提议，鉴于《萨克森明镜》有许多部分的内容已经不再适用，应当对它进行修订。拉格斯的概要就于1540年问世，这或许就是要为这一修订而铺垫下一个理论基础。

拉格斯把他的萨克森法律概要划分成了两个主要部分，就像划分他的罗马法和教会法概要那样，即哲学部分和历史部分。在每一个部分，他或多或少都遵循了他在市民法律概要中的主题分 124
类方式：哲学部分依次研究了法的渊源、法的划分、法的适用性和法的解释，而作为全书主要内容的历史部分则依次涉及人的法、财产法、责任法、诉讼和辩护法和审判法。

不论是在市民法律概要还是在萨克森法律概要中，拉格斯把他的分类基础都是建立在所有人类法律的三重渊源上，即神赐理性、公共权威的意志和习惯。这些观念在针对萨克森民族这样的特定历史社会的一元化法律时，较之适用在查士丁尼法律文本和教皇的敕令上，显得尤其明确。拉格斯首先把罗马法和教会法视为萨克森法的辅助性法律，它们只有在填补领地法的漏洞时才适用。领地法具有最高效力，并且在和帝国法冲突的场合，领地法有效；甚至是帝国的制定法（*Reichspolizeiordnungen*）都不必然在萨克森具有拘束力。其次拉格斯把领地法视为领地的 Obrigkeit 即集权政府所颁行的法律，即使是《萨克森明镜》所概括出来的习惯法也是因为 *Obrigkeit* 的默许才获得其效力，并且在存在冲突时，习惯法屈服于成文法。[73]同样，《马格德堡法》尽管在形式上是马格德堡及其众多的“女儿市”的法律，但是拉格斯也认为它适用于萨克森，只不过在存在冲突的场合它要屈服于领地法。简而言之,萨克森领地法——即该公国的法律,*Landrecht*——当时在萨克森领域内具有超越所有其他人类法律的至高地位,它将只屈服于神法(《十诫》)和自然法——这两者被视为是同一个事物,并等同于神根植在每一个人身上的与生俱来的理性。这样,在将萨克森法合理化的同时,拉格斯也就将它国家化了。

法律体系化的后续发展

在1520年代末和1530年代,由阿佩尔和拉格斯在威登堡所开创的法律体系化研究"方法"以及其中所承载的新的法律科学,在整个16世纪以及进入17世纪以后,主要在德国但也包括在欧洲其他国家内,获得了不同方向上的进一步发展。在16世纪下半期最卓越的德国法律"方法家"中,有尼古拉斯·维吉里斯和约翰·阿尔苏休斯。维吉里斯是俄尔敦道普在马尔堡的学生,并从1560年到1594年在那里执教。[74]在他出版于1561年的《全部市民法律的方法》(*Methodus Universi Iuris Civilis*)中,他把法律的"类"("属")划分为公法和私法——这种划分如前所述,只是到16世纪的时候
125 才成为法学分析中的基本知识。维吉里斯的著作由25本"书"组成,前面的三本研究公法,私法以及获得私权利的方式占了后面的21本书,最后一本书研究的是那些不适于归入其他门类的一些零散主题。[75]

就总体的法律科学而言,维吉里斯和拉格斯一样,他也从罗马法文本所设定的研究框架中解脱出来。他所谓的"全部市民法律"并不是**罗马的**(*Roman*)法律,而是**法律**(*the law* as such)本身,即在

帝国、各公国和自治市内所生效的全部法律。维吉里斯使用了经院哲学法学家从罗马法文本中发展出来的那些观念和原则，但是，像第一阶段法律人文主义法学家一样，他对这些文本的检视，较之经院哲学法学家们要苛求得多。另外，像第二阶段的法律人文主义法学家一样，维吉里斯强调基本原则（如《法学总论》中所提出的那些原则）在体系化研究单独的法律部门中的重要意义。但是，维吉里斯著作中最为惹人注目也最具意义的——就像阿佩尔和拉格斯的著作一样——是，他努力把整个法律内容从一般到特殊地组织起来；他首先把它划分为公法和私法，再把公法进一步划分为立法、行政和司法活动，把私法划分为人的法（包括家庭法、主仆关系和监护关系）、财产法、继承和信托和赠与法和基于契约、侵权和不当得利的债法，每一个法律部门的特定规则都进行了体系化编排。这些直到今天都是西方法律科学的基本“主题”。

维吉里斯也像拉格斯那样绘制了一幅形象描述他的《方法》之结构的插图。在 1581 年版中，维吉里斯的插图页相当于八个印刷页面的大小，它在一些重要方面都不同于拉格斯的插图。它省略了神法和自然法，而仅仅针对于实在法。它把契约、侵权和不当得利划归为取得（私）权利的方式，而不是与私法所有权相对应的私法之债法，并且，在处理私权利方面它具有更大的综合性。维吉里斯的插图是其整部著作内容的一个直观列表，而拉格斯仅仅图示了其著作的一部分内容。但是，它们所遵循的体系化方法在根本上是一样的，只不过维吉里斯的体系更为复杂和宽阔，而拉格斯的体系更具有原创性和影响。

这种体系化研究“全部法律”的方法和通过插图来绘制内容的做法，在约翰·阿尔苏休斯（1557—1638）的著作中达到了巅峰。阿尔苏休斯是德国的加尔文宗教徒，他作为法律学者和政治理论家而享有盛名。[76]阿尔苏休斯于1586年在巴塞尔获得法学博士学位,同年出版了他的第一部重要著作,《罗马法理论》(*Jurisprudentia Romana*),这是一部庞大的法律百科。这部著作后来经过实质性修订,在1603年冠以“*Dicaelogica*”(《法律的逻辑》)的名字出版。这些著作仍然沿袭了拉格斯和维吉里斯的传统,在17世纪和18世纪
126 的时候经过多次再版;像他的前人一样,阿尔苏休斯把全部法律划分为公法和私法,私法再划分为所有权和债,债再划分为契约、侵权和不当得利,并试图从一般性的观念和原则中演绎出可以适用于个别交易行为的详细规则。[77]

由阿佩尔、拉格斯、维吉里斯和16世纪其他德国新教法学家的著作所开创的新的法律科学,在接下来的两个世纪里为整个欧洲的法学家们——不论是天主教的还是新教的——进一步开拓和发展。它不同于早先的法律科学,不论是经院哲学的还是人文主义的法律科学,它利用主题方法,把法律作为一个整体而进行分析整合,并用主题方法来分析并整合整个欧洲所流行的各种不同法律制度的共同特征,其中尤其是罗马法和教会法,但也包括王室法、城市法、封建法和商法等在内的各种制度的共同特征。构成16世纪到18世纪欧洲新的普通法(*jus commune*)基础的,首先就是这一法律科学。那些投身于这一科学之发展的法律学者们形成了一个泛欧洲的法学家阶层——*Juristenstand*,他们不仅为他们各自国家的人们来著书立说,有时候还主要针对别的国家来立论(注释[78]列举了一些卓越的法学家)。[78]

这一新的普通法不同于欧洲第一普通法——罗马天主教会的教会法,因为它并不是一个泛欧洲的团体式政治实体的正式法律。但是它也不同于欧洲的第二个普通法——经过罗马法学家的注释法学派和评论法学派之语法注释、总结和精心阐发的查士丁尼的

罗马法，因为它并不限于罗马法律文本的学术分析和整合。它也不是这两类法律的一个融合体。尽管甚至在20世纪最著名的法律史学家中，都有一些人不断地写出“罗马—教会法（Roman - cannon law）的继受”等字眼，但实际上从来就没有所谓的“罗马—教会法”这个法律体。毫无疑问，在新的法律科学基础上所建立起来的新的法律观念、原则和规则体系，的确从过去的教会法和罗马法中汲取了很多内容，而这两者此前都曾经被称为“普通法”，并且这两者放到一起时也被称呼为 *utrumque jus*，即“每一种法律”（each law）。[79]它也从王室法、封建法、商法和城市法中汲取了一些成分。但是它一直把这些法律制度彼此区分开来。[80]有一个欧洲早期法律文献的汇编，它所收集的书籍都是在研究那些特定政治实体内的各种法律体系之间的区别。[81]但是，罗马法和教会法仍然作为法律原则的超越性渊源——新的 *jus naturale*（自然法）而占有特殊的位置。[82]

新的法律科学在政治学和哲学上的意义

之所以要对法律进行一次新的体系化整理，首先是因为对古代罗马法律文本的神圣性及其传统注释和评论的权威性缺少信心。但是，如果仅仅出于这一原因，则它只能导致法律人文主义的 127
前两个阶段，即瓦拉和布多伊斯的怀疑论阶段与查修斯和阿尔恰托斯的原则化阶段。原则化阶段利用了怀疑论阶段在语言学和历史学上所取得的一些成果，并因此拯救了原来的经院哲学法律科学；对古老的法律文本而言，这并没有恢复它的神圣性，但却恢复了它的权威性，而且，对它传统的注释和评论内容而言，这没有恢复它的权威性,但却标明了它们值得尊重。但是,这个第二阶段并不足以把某种程度的客观性恢复为法律科学,而这正是已经为新教教义和领土主义而改变了的德国出于政治和哲学目的所需求的。

16 世纪路德宗法学家发展起来的新的法律科学适应了新教王侯的事业需要,它为他们公国内的法律秩序提供了合法性和有效性。先前的经院哲学法律科学,曾经为由唯一的统一教会集团和多重的世俗政体联合统治的基督教国家的法律秩序,提供了合法性和有效性。但是,这一套较早的科学不能适当地适用于作为一场政治运动的新教事业。即使在经过新的人文主义修正之后,宗教改革之前的法律科学仍然假定了教会和世俗管辖权的多重性,每一种管辖权都有其自己的权威性法律文本。经院哲学方法论的目的是根据文本中的具体规则和判决结论来建构法律原则。这样,举例来说,教会法承认一项非正式协议(*nudum pactum*)具有拘束力,而罗马法则不承认;封建法承认农奴身份,而城市法则不承认;商法强制执行汇票,而不管它们有关的契约是如何约定它们的用途,而王室法不这样。这些矛盾冲突之处,以及诸如此类的其他矛盾,在"联邦式"基督教国家内是可以被容忍的,彼此竞争的管辖权之间都有它们各自的法律文本作保障。但是,在一个统一的君主或国王的法律秩序——在一个领土之内,它既统治教会也统治国家——内部,它就不容易被容忍了;新教改革正是确立了这种统一的法律秩序。

新旧法律科学之间一个最大的差别就是,它把罗马法和教会法整合到一起来——还不止如此,整合进来的还有城市法、封建法和商法。历史学家所误称的 16 世纪德国对罗马法的继受,实际是在一个政治实体内部,统一包括罗马法在内的所有不同类型的法律的运动。

从一个纯粹的政治视角来看，为了在王侯和他的顾问即 *Obrigkeit*（集权政府）领导之下统一所有的僧俗管辖权，一套试图辨识蕴含在全部法律秩序中的法律原则，并将之体系化整合的法律科学，要比一套试图辨识不同管辖权的权威法律文本中所蕴涵的规则和判决结论，并将之体系化整合的法律科学好得多。所以，新的法律科学适应了王侯政治事业的需要。

同样，路德宗法学家根据动力因（谁创制的法律?）和目的因 128
（法律服务于什么目的?）之间的差别来分析法律——**所有的**（*all*）法律，这具有重要的政治意义。它强调法律的立法品质，即它在立法者的意志中的渊源。同时它也强调，规则也不同于规则之应用：政治权威所制定的规则被赋予了一个抽象的存在品质，它独立于理性和神启示给良知的公平，尽管规则要服务于并被修正于理性和神启示给良知的公平。

新法律科学和新教公国内的新政治秩序之间存在相当明显的联系，同时它们之间还存在一个更为微妙的联系：法律学者的政治地位被抬高了。在宗教改革之前的欧洲，法律学者作为教皇、皇帝和国王的顾问，就发挥着重要的作用。他们有时候也就如何解决案件问题而向法官提供咨询。但是，法律学者们还从没有像在 16 世纪的德国新教公国那样，被有计划地、大量地充实到顾问和法官队伍中去。这在一定程度上当然是由于纯粹政治的原因，但在一定程度上也是由于新法律科学的品质：它具有如此的智识复杂性，以至于它需要教授的专业知识，来明确表达、阐述它的意义。

德国新的法律科学的政治意义，紧紧联系于它的哲学意义。王侯此时无疑成为最高的立法者，但是，他所制定的法律有其内在的要求：它服务于一个高于王侯的事业。那一更高的目标就由法律科学本身体现出来：法律科学把所有的法律划分为神法(《十诫》)和人法，人法又划分为自然法(神根植于人心的理性和良知)和实在法，实在法又划分为公法和私法。王侯无疑是公法的“动力因”，但是，神法、自然法和**实际中的**(*in practice*)大部分私法都超出了王侯的权限之外。另外，**所有的**(*all*)法律应当根据神赐的良知而平等地**适用**(*applied*)。路德宗法学家的法律科学很难被描述成为马基雅维利主义的，它也不支持博丹所倡导的那种君主专制政体。

这一新的德国法律科学对哲学上所谓的辩证法来说具有特别重要的意义，尤其是对辩证法上关于科学证明方法的那一分支来说如此。就此，关键人物是梅兰登，他教导法学家们说，知识的每一个分支应当根据它自己的主题[*praecipui loci*，“特殊位置”(special places)]来整理，并且，通过利用知识之所有不同分支都具有的某种一般性主题[*loci communes*，“一般位置”(common places)]，就有可能把各项知识从它们特定的分支中提取出来，并界定它们的本质属性。这在自然科学的发展史上是一个巨大的方
129 法论进步，它不仅基于“亚里士多德的”经验论，而且还建立在“柏拉图的”并最终是数学的概念论基础上。

16世纪，一个庞大的来自德国各大学的新教法学家阵营开创了一套新的法律科学，阿佩尔、拉格斯和维吉里斯是其中出类拔萃的代表。在欧洲其他国家里，也进行着一场虽然不是同样大张旗鼓但是与之遥相呼应的运动，其参加者既有新教法学家也有罗马天主教法学家。这在当时是一个欧洲现象，尽管是德国在一路领先，并且就法律发展而言，欧洲其他地方的法学家所起到的作用也不如德国法学家的作用那般重要。

法国的经验对德国人来说还是有一些可借鉴之处。在布多伊

斯之后，杰出的法国法学家——如居雅士[Cujacius(Cujas)]、霍特曼努斯[Hotmannus(Hotman)]等——继续专著于语言学和历史学方法，而不是具体的法律研究。[83]为了把后来的解释和注释内容清除出去，找出古代的罗马法文本，他们最终拒绝承认那些文本是活着的法律，而复归到“高卢的”法律制度。终于，法国一些大学的法律系或说至少有很多非常有名的法学家，作为一个整体而脱离了法学研究，投身到历史和神学研究中去了；历史和神学研究在当时的法国是紧密联系于国家政治的学科。其他杰出的法国法学家如克拉休斯(Corasius)和博丹，从最初对法律百科全书的兴趣，转而发展出一套君主专制政体的政治理论；根据这一理论，统治者是法律的“动力因”，他因此而不受法律的约束。一个颇为引人瞩目的事实是，在16世纪法国最为杰出的法学家当中，有三人——杜阿莱努斯[Duarenus(Duaren)]、登厄鲁斯[Donellus(Doneau)]和杜·摩兰(Du Molin)——的确利用梅兰登的主题方法，来组织、分析在查士丁尼文本中所发现的数量巨大的法律规则，而且，其中的一人——杜阿莱努斯同情新教教义，另外两个人——登厄鲁斯和杜·摩兰逃到了德国境内，改信了新教，并在路德宗的大学里著述授课。

在16世纪，欧洲的法律思想经历了一个从怀疑论到原则化到体系化法律科学的转型，要理解在这一过程中所出现的危机，不妨把这个转型过程与20世纪和21世纪初美国法律思想领域内的发展情况比较一下。所谓的“法律现实主义”，在20世纪20～40年代在美国的法学院中成了显学，就像15世纪末和16世纪初的人文主义一样，它部分地站在语言学的视角，部分地站在历史的立场上，抨击现行法律规则体系的有效性。它解剖法律规则的文本，以证明那些适用它们进行判决的人们已经曲解了它们的意义。从20

世纪 50 年代末到 20 世纪 70 年代,在法律现实主义的一些见解的130 基础上,美国出现了一个新的法学理论流派,它强调“法律的过程”,通过把现实主义的成果放在与寻求法律解决的特定类型的问题相关联的一般原则的语境中,努力补救法律的形式层面上意义。就像查修斯和阿尔恰托斯所代表的第二个“原则化”阶段一样,那些支持“法律乃是一个过程”观念的美国人,在恢复规则的严肃性和整合单独的法律分支上,也暂时地获得了成功。但是,他们所使用的方法,在恢复整个法律体系在现实主义者抨击之前所具有的完整性上,在恢复法律原来所牢牢具有的客观真实性上,则是不成功的。在 21 世纪开始的时候,似乎失去了把美国的整个法律进行体系化整理的客观基础;即看来没有哪一个与生俱来的并为人们所普遍认同的知识要素,可以作为一个基础性原则,人们藉此可以理性地推导出所有的法律制度。同样,至少在法律学者中,对在具体案件中实现公正结果的个人良知能力,看来也没有一个普遍的认同,或至少是没有这方面的分析。认清这一处境,可以叫我们认识到德国新教教义在克服此前法律人文主义的不足并激发创造一套新的法律科学方面,所取得的伟大成就。

第四章　德国革命和刑事法改革

在16世纪的时候，德国的刑法——在程序性方面和实体性方面——经历了一个重要的转 131
型。[1]转型的一个原因就是为了控制日益泛滥的暴力的需要；在15世纪末和16世纪初，暴力成为德国社会秩序的特征。大量的无业游民——流浪者、犯法者、吉普赛人、不守规矩的朝圣者、出逃的修士和修女、辍学的学生、乞丐以及其他各色人等——充斥在大路上，他们既是罪犯的渊薮，又是受害的对象。由劫匪骑士率领的武装团伙既攻击行人，又打家劫舍。[2]先前既有的刑法体系乃是预设在地方社会安定习俗之上，此时已不能有效应对具有准专业和专业水准的、日益泛滥多变的犯罪行为。另外，曾经拥有非常广泛的刑事（以及民事）管辖权的教会法院，正在把其管辖权的许多重要领域让渡给王侯法院和城市法院，而王侯法院和城市法院的程序又不适于应付数量巨大的形形色色的案件。相似的问题也存在于英格兰、法国和欧洲的其他国家,虽然没有德国这么严重。

然而,要改变一整套的刑法体系并非唾手可得之事,并且即使有改变的必要,这一必要本身也很难充分解释为什么改变就发生了。在实质性改变开始发生之前,这一必要已经存在了几十年和几代人的时间。另外,对旧体系的不满也不能解释为什么发生改变的是某些方面,而不是别的方面。

几个世纪以来,德国的乡村、城市以及领地内存在一套既针对刑事又针对民事案件的判决体系,它由一个 7~12 名有名望的、称为 *Schoeffen*(陪审法官)的门外汉和一名称为 Richter(主管法官)的官员所组成的法庭来施行。德语单词 *Richter* 现在的意思是"法官",但在 16 世纪之前,*Schoeffen* 才是法官,即 *Urteiler*(也就是由他
132 们做出判决,即 *Urteil*)。*Richter* 主持并指导整个审判过程。这一体系在 12 世纪到 15 世纪期间,对德国世俗法律——不管是地方的、城市的、领地的还是帝国的世俗法律——的发展起到了根本性的作用。这种法律的一个主要渊源就是习俗,而 *Schoeffen* 具有责任感和才智,是地方社区、城市、领地内受过教育(尽管不是大学教育)的头面人物,他们谙知习俗或是能够发现习俗。习惯法有相当多的内容开始在成文的著作中被表达——并被修改——出来,如《萨克森明镜》,或是在成文的城市法汇编或偶尔是在王侯条令中表达出来,这就在一定程度上改变了它的特质,但并不是彻底改变;书面的法律文本本身已经预设:它所包含的法律内容仍然是和习惯法相辅相成,并且在一定程度上是按照业余法官——坐在法官席上听从正式 *Richter* 之指导的兼职 *Schoeffen*——所掌握的习俗来解释的。[3]

在 16 世纪之前,*Schoeffen* 法庭的刑事案件所适用的程序还保留着 12 世纪之前的更为古老的部落式刑事程序的某些特征,在那

一程序中，刑事案件根据受害人或是受害人的亲属、朋友的指控而开始，被告则根据他和他的指控者的宣誓以及他人的支持性宣誓，来被判定无罪开释还是有罪。如果他能够按照一个宗教程序做出洗清他自己被指控之事的庄重誓言，并且如果他的誓言得到所谓的“宣誓帮助者”（“共誓涤罪者”）的支持，那么他将被无罪开释。而如果被判有罪，他就要向受害者或是受害者的亲属支付赔偿金，这就是“和解协议”。12 世纪之前的法庭并不是专业法庭，而是一个地方集会。这一古老的共誓涤罪与和解体制——像其他古老形式的神明裁判与决斗（战斗）裁判一样，乃是建立在审判即是呼求神圣判决即是在彼此结仇的亲属团体间求得和解的一个过程等观念基础上，此时刑事民事案件之间并没有多少重要的区别。[4]

在 12 世纪的时候，德国也像欧洲其他地方一样，其审判制度追随着教皇革命的步伐而发生了转型。严重犯罪（重罪）开始明显区别于严重程度较轻的犯罪（轻罪，不法行为），并且，对严重犯罪的惩罚，即死刑或肢体刑，由法院来决定，而不再由当事人或他们的亲属之间进行协商决定。尽管宣誓程序保留下来，但其他呼求神圣判决的证据形式如神明裁判和决斗或战斗裁判，则为教会所谴责并最终在实践中被废除。另外，宣誓程序本身也由原来富有魔力而机械的证明模式——此时宣誓的效果标准是宣誓时“不得有疏忽或闪失”——过渡到一个更为理性的模式，此时由 *Schoeffen* 决定由哪一方当事人用宣誓来提供证据，以及证据是否充分。而如果有充分的人证到场，涤罪宣誓则被禁止。

另外，在 12 世纪、13 世纪的时候，针对被控犯有最为严重罪行的人等，王侯和城市权威部门开始在起诉中发挥其主动权，并且在 133
这样的案件中，在审判之前先由法律官员审问嫌疑犯人。在德国的许多公国、城市和乡镇里，都有被委任的官方起诉人，负责对臭名昭著的刑事犯罪人提起诉讼。最早在教会法庭里发展起来的训问当事人和证人的制度——现代学者曾把它误称为“罗马法的—教会法的”(Romano - Canonical)或是“罗马—教会法”的(Roman - Canon)(尽管它完全不同于在古典罗马法和后古典罗马法教科书上所描述那些刑事程序)——的一些因素也逐渐渗透到世俗法院中来。[5]早期的日耳曼“对抗式”(accusatorial)刑事程序模式——此时审判乃是控告者和被控者之间的对抗,其结果被视为神的判决——的一些因素,和 11 世纪之后教会法的“纠问式”(inquisitorial)模式——此时审判乃是法庭对被告和证人的诘问,其结果被视为基于理性和良知的人的判决——的一些因素结合起来。在 15 世纪期间,对抗因素较之先前,越来越多地从属于官方的操纵模式。而与此同时,纠问式因素比起它在 16 世纪、在德国革命的影响下将要达到的水平,要显著地简单而不成体系。另外,在 16 世纪之前的整个时期,一个经过修正的对抗程序在非死刑犯罪案件中保留了其效力的很大部分。[6]

纠问程序的一个重要因素就是诉诸刑讯——在某些类型的案件中——来获得被控者的认罪口供。历史学家们已经阐述过,刑讯的出现乃是 1215 年“第四次拉特兰公会议”(Fourth Lateran Council)废除神明裁判的一个结果。据说,为了取代神明裁判,就需要一种新的证据方法,它应能够获得和神明裁判的确定性具有可比性的确定性。这样的确定性应决定于所谓的“充分的证明”(full proof)的基础上,而这样的证据,或者是两名没有瑕疵的目击证人对犯罪行为核心因素的指证,或者是公开法庭上的自愿认罪陈述。[7]如果不能获得充分的证明,而只能获得不充分的证明(half proof)——例如,有很有说服力的间接证据,但只有一个目击证人——那么,为了获得必要的确定性,就需要有认罪陈述。一般认为，如果允许定罪仅仅建立在间接证据上，就将把自由裁量权留给了法官，由他根据他对各种间接因素的主观评价来做出判决。

这一解释虽然为人们广泛接受，[8] 但却留下了很多的疑问。第一，在非死刑犯罪中，如企图伤害罪和攻击罪、伪造文书罪、轻微偷窃、高利贷、妨害秩序行为、酗酒或亵渎行为等，这些并不需要充分证明。例如，如果某人被控偷窃了相对小数额的钱财，对其惩罚可能是罚金或是示众或是将其按入水中或是鞭打或是放逐，在他占有该被偷窃钱财、有偷窃的动机、没有不在犯罪现场的证明、行 134
为鬼祟和其他间接证据以及有关他事后言行的证人证言和不足两名目击证人的其他直接证据的基础上，他就可以被定罪。问题于是就出现了，如果没有两名目击证人或是认罪陈述的充分证明，法庭可以在非死刑案件（轻罪）中获得大体上的确定性，那么为什么在可判处死刑案件（重罪）中还需要那样的证明？

第二，尽管认罪陈述被称为“证据皇后”，但通过刑讯而获取的认罪陈述的效力总是让人抱有很大的怀疑。在一定程度上正是由于这个原因，认罪陈述应当是在审判过程中自愿重复陈述的结果。但是，考虑到在审判时翻供的被指控者将会被发回重审，重新经受调查和刑讯，并再次被要求在法庭上重申他的认罪陈述，那么，即使是在审判中经过重申的认罪陈述也值得怀疑。问题于是就出现了，如果承认被逼迫出来的认罪陈述的证明价值令人怀疑，那为什么还坚持它？

第三，一些特权阶层豁免于刑讯审问，除非在叛国罪和宗教异端罪案件中。这些人等包括贵族、高级官吏、僧侣、医师和法学博士，以及不满 12 岁或 14 岁的少儿、孕妇和刑讯会导致死亡危险的羸弱之人。[9] 如果认罪陈述是“证据皇后”，为什么在起诉医生和法学教授的时候不再坚持它？

第四,甚至一个为补强情节所确证的认罪陈述,例如,一个导致抓捕到共犯的认罪陈述,就证明被指控者之犯罪而言,它本身较之那些补强情节也不是更好的证据。在审判中重复一次认罪陈述不会使它的证明价值增加多少。问题于是就出现了,为什么提出先前的认罪陈述和具有证明意义的补强证据,不是充分证据?

这样,一位杰出的美国学者所谓的"罗马—教会法"制度没有刑讯就"行不通"的说法,必须限定在某些阶层的人等所犯死罪案件上。[10]并且即使如此,对认罪陈述的需要(在缺少两名目击证人的情况下)也不能仅仅根据确定性之需要而做出解释。

这里再次有必要区分罗马法和教会法,并就罗马法而言,区分东罗马帝国皇帝查士丁尼的文本中所包含的罗马法和 11 世纪到 15 世纪间西方罗马法学者(在"罗马法"的名义下)所讲授著述的"罗马法专家的"法,以及进一步区分"罗马法专家"的法和那些有时会援引罗马法专家之法律科学并称之为"罗马法"的世俗统治者和法院的实在法。关于两名证人的规则、认罪陈述和刑讯等,在查士丁尼的文本中实际上可以找到一些片言只字的概念,但是,它们没有哪一处在查士丁尼时代(或更早)就蕴含着西欧的罗马法学者
135 所诠释的意思,因为西欧的刑事程序法起步于 1100 年之后,它已大大不同于早先的罗马法。进一步而言,在罗马法学术高度发展的意大利,许多城市国家在 13 世纪到 15 世纪间制定了它们自己的刑事法律规则,其中尤其包括有关充分证明和刑讯的规则。这些城市立法时常授权年度选举的市长(*podestà*)即使是在可判处死刑案件中也不必实现充分证明,行使自由裁量权而以不充分的证明代之。[11]一些杰出的罗马法学家在那几个世纪里所著述的有关刑法的著作,在援引那些立法时声称,法官是在运用他们个人的判断(*arbitrium*,"意志")而抛开了"两名证人"的规则,根据证据的总体

来宣布有罪或无罪。14 世纪意大利伟大的法律学者萨素弗拉多的巴尔多鲁斯写道，充分证明并不必然需要认罪陈述或是两名目击证人，“当法官在他所面对的既有证据的基础上，能够就争讼问题形成确信之时，充分证明就形成了”，并且，他可以像证人一样通过直接的感知经验或是通过推理和论证来获得案件的确定性。[12]

与此相对，那个时期的教会法学家在某种程度上为司法自由裁量权留有较少的余地，并为某些类型的案件——只为少数人知道的严重的犯罪（*pene occultum*，“几乎是秘密的”）——坚持保留了严格的充分证明规则（两名证人或认罪陈述，因此以及刑讯之可能）。[13]当然，这其中异端罪是最为明显的，并且在异端罪案件中认罪陈述看来最有价值。

事实也许是，在某些可判处死刑案件中之所以坚持要有认罪陈述，主要不是由于确定性之需要，而是由于引导被指控者在死刑之前进行忏悔，以便他能够从永远的诅咒中被救赎出来。这一观点为如下事实所印证，即对认罪陈述——在必要的情况下可以通过逼迫而取得——的要求，最初源自 13 世纪审理异教徒案件的教会法庭。首先，在审判时，一个人很难证明被指控为异教徒者的精神状态，除非靠着被指控者自己的证言，因为他会在做出裁判之前改变他的精神状态，从而不再是一个异教徒。其次，对异教徒的灵魂而言，教他拒绝撒旦，而回到教会的怀抱中来，这也被认为是很有必要的。当然，在定罪之前不再坚持是一个异教徒，并不能把他从死刑中解救出来，因为那是对他先前所发的异端邪说和（或）所做的异端行为的赎罪。但是，教会法庭要确信那种犯罪，并不必需一个认罪陈述。实际上，正是由于法庭已经根据其他证据而确信被指控者犯有异端罪，它才坚持被指控者认罪并忏悔。

然而还有一个例外就是：如果有两名目击证人，认罪陈述就不再必要了。

136 在 14 世纪、15 世纪的德国各领地内,教会法院纠问式程序的许多特征——包括某些类型的案件对充分证明的要求——移植到德国世俗法院审理的一些可判处死刑的世俗案件中来。其中典型的就是叛国罪、各种形式的杀人罪、强奸罪、纵火罪、抢劫罪、暴乱罪、伪造货币罪、伪造文书罪、渎神罪和非自然的性行为等。世俗的 *Richter* 就像教会的法官一样,不仅出于拯救被指控者的灵魂免予永远诅咒的愿望,而且尤其感到毫不留情地镇压犯罪因素之必要,他们因此诉诸野蛮的肉体折磨手段以榨取出认罪陈述,它将连同其他证据一同提交给 *Schoeffen*。

这一实践在 15 世纪晚期的时候,随着道路犯罪问题日益严重而广泛传播开来。所谓的乡村盗贼(*Landschaedliche*)由于他们的"臭名声"(*Leumund*)而被审判,然后通过刑讯而迫使他们认罪。这种惩罚光天化日之下臭名昭著的罪犯的程序最早起源于古老的日耳曼法,它规定正在实施暴力犯罪行为的人可以被杀死,而杀死他的人只要在宣誓帮助人的帮助下,提出一个"针对死人的控告状",指控死者对犯罪受害者的家庭成员构成了威胁,那么他就可以为受害者及其亲属获得赔偿。12 世纪的立法及其后来者,把适用于被捉现行之罪犯的法律以及在指控者宣誓基础上对这种罪犯进行起诉的程序,扩大到了享有"臭名声"的"乡村盗贼"。实际上,就此所有要证明的就是被指控者具有社会危险性。无须赘言,这一程序即使不使用刑讯逼供的手段,也容易流于严重滥用。越来越多的无罪之人被定罪并处以死刑。而与此同时,各种形式的宣誓证据作为它的一个替代手段,则倾向于把有罪之人无罪开释。

不仅是刑事程序存在着缺陷,在世俗法院——在德国以及欧洲其他地方——适用于可判处死刑犯罪的实体法也存在着缺陷。

那些引起法律责任的各种形式的违法行为都没有明确的界定，谋杀的各个级别也没有明确区分，并且，在有减轻或加重情节的情况下，也没有明确规定出处罚等级。与此同时，犯罪未遂本身一般来看也不被视为犯罪，而参与他人实施的犯罪行为也一般不予处罚。

随着暴力犯罪在15世纪的增加，领地和城市权威部门的反应就是加大执法的严苛措施。但是，由于刑事程序法和实体法的不足，这些措施不论是在给有罪者定罪还是为无罪者开释方面，都时 137
常显得无能为力。1497—1498年召开的弗莱堡帝国会议决定："由于对王侯、帝国城市和其他权威的控告已经被提交到（帝国的）法院，控告它们允许无罪的人被判处死刑，并在没有充分理由的情况下而被非法处死……所以在帝国境内有必要进行一场广泛的改革，规范刑事案件的诉讼程序模式。"〔14〕

在20世纪最后几个十年里和21世纪的初期，西方许多国家里的暴力犯罪大幅度增多，鉴于此，我们可以体会到在15世纪末16世纪初的德国，在刑事程序之"犯罪控制模式"和"正当程序模式"两派支持者间的尖锐冲突。〔15〕

如果没有法律哲学和法律科学领域内的根本变化，也就不会发生必要的改革。在法律哲学方面，需要有新的道德动机来把正义和功利、传统和革新、大众法律意识和专业法律学术造诣结合到一起。在法律科学方面，需要有体系化、合理化刑事法律的新方法，以取代早先世俗法律概念和教会法律概念混为一体时的、细枝末节式变革的老方法。简言之，德国刑法的根本性变化有赖于法律哲学和法律科学领域内的根本变化，如前面章节所做的分析。

同样还需要的是，那些不仅认同新的法律哲学和法律科学，而且还拥有充分的献身精神、想象力和学识，并具有把正义与功利、传统和革新、大众法律意识和专业学术造诣转化为一个有效刑法系统之实践能力的人群。

施瓦岑贝格和《班堡死刑法庭立法》、《卡罗林纳刑事法典》

一个具有这种必要素质的人物就是约翰·冯·施瓦岑贝格(Johannvon Schwarzenberg),他被称为“改革时代最伟大的德国立法者”,和“(德国)民族的伟大法律思想家之一”。[16]

施瓦岑贝格生于1463年或是1465年,他的父亲是一位供职于布兰登堡主教公国政府的骑士,并有一段时间曾任职于布兰登堡公国高等法院(*Hofgericht*)。他本人所接受的教育是军事技术,在皇帝马克西米连的亲随护卫队中担任了一段时间的骑士之后,他先是进入了帝国城市乌兹堡统治者的文官队伍,然后又来到萨克森公爵的文官队伍中,并最终供职于班堡主教公国的文官队伍。在班堡,他在16世纪初期担任王侯—主教(prince - bishop)的高级官员(*Hofmeister*),和班堡首席法官(*erster Justizbeamter*),再后来担任布兰登堡公国高等法院的首席法官。此外,他还从他的父亲那
138 里继承了一个地区法院的法官职位。他还是1521年沃尔姆斯帝国议会[Imperial Parliament (*Reichstag*) at Worms]的代表,在1522—1524年的帝国治理委员会(*Reichsregiment*)中起到了领导作用。

就人们所知的施瓦岑贝格的成长和早期职业历程来看,没有什么能够预示他将成为第一部现代刑法典的主要起草者。他没有接受正规的法学或其他学科的高等教育;实际上,他甚至不懂拉丁语。只是从他后来的成就看,很明显他还是受过良好的教育,他阅读了德语版的西塞罗和其他古代经典著作,他有一流的把握德语的能力,并且他是一个拥有卓越才智和献身精神的人,拥有虔诚信

仰的人，拥有浓厚的诗人气质的人，还是一流的法官、法律学者和立法者。他也成为路德的忠实追随者，在1520年代早期他们之间过从甚密。

1507年，在施瓦岑贝格40岁出头的时候，他——当然是在其他人的帮助下[17]——为班堡制定了一部规范死刑犯罪的包括实体法与程序规则的法典，它几乎立即就为他在整个德国境内赢得了声誉。这部法典简称为《班堡死刑法庭立法》(Bamberg Capital Court Statute, *Bambergishe Halsgerichtsordnung*，或是 *Bambergensis*)，它成为布兰登堡1516年立法的几乎原文照搬的典范，和后来德国其他公国内相似立法的典范。1521年的沃尔姆斯帝国会议(*Reichstag*)投票决定实施一部规范死刑犯罪的帝国法典，皇帝查理五世就委派曾经参加帝国会议的施瓦岑贝格参加了一个委员会，来修订他的班堡法典以供此用。[18]帝国会议在1523年、1524年、1529年和1530年连续拒绝了一连串的起草稿，并最终于1532年，在施瓦岑贝格去世4年之后，帝国《卡罗林纳刑事法典》(*Constitutio Criminalis Carolina*)或简称《卡罗林纳法典》——它在很大程度上就是逐字照抄的《班堡死刑法庭立法》[19]——得以颁布通过。[20]

我们将回到施瓦岑贝格的个人素质——包括他虔诚的宗教信仰——和他所发起的德国刑法改革之间的关系上来。但让我们首先讨论一下《班堡死刑法庭立法》和《卡罗林纳刑事法典》的内容和重要意义。

由班堡王侯—主教所推行的施瓦岑贝格法典在西方甚或世界历史上是同类法典中的第一部法典，即在严格意义上而言，它乃是一个单独法律部门——可以处死刑之犯罪的法律——的第一部体系化综合法典，共有26章，涉及从渎神罪和伪证罪到抢劫罪和谋杀罪等犯罪。无疑，在此前的三个世纪里，就某些特殊的法律部门——包括刑事法律和程序规则——也曾经有博学的罗马法学家和教会法学家写就的一些体系化的学术著作,[21]并且人们必然会认为施瓦岑贝格和他的同事们利用了这些著作中所包含的概念和定义,尽管他们并没有做出这样的注脚。但是,那些著作虽然有的
139 时候被法院视为权威,但毕竟还不是立法;不论在形式上还是在效力上,它们都不同于通过最高权威之立法权而推行的综合性制定法。在德国,与之最为相似的是一部出现在15世纪前25年的相当原始的专著——《克拉格明镜》(*Klagspiegel*),以及在《班堡死刑法庭立法》颁布之前几年间由德国皇帝和各领地王侯所推行的几部规范死刑犯罪的立法。[22]北部意大利在13世纪、14世纪和15世纪出现的那些城市国家,有许多也制定了复杂的制定法(*statuti*),界定了许多种犯罪和每一种犯罪所适用的刑罚,它们一般也被认为给《班堡死刑法庭立法》以及后来的《卡罗林纳刑事法典》提供了重要的资源。[23]但是,在《班堡死刑法庭立法》之前,还没有制定过任何一部旨在包括整个法律部门的综合性制定法,即一个完整的普遍原则和特殊规则之综合体系。

有必要强调一下,《班堡死刑法庭立法》和《卡罗林纳刑事法典》之间存在着权威上的差别。后者乃是"帝国大法院"(Imperial Chamber Court, *Reichskammergericht*)——唯一的帝国法院——所适用的法律,但它的刑事管辖权要比各领地法院和其他非帝国法院的刑事管辖权小很多。《卡罗林纳刑事法典》也是领地立法的一个典范;但是,它包含着一个"保留条款",该条款明确表明各公国得以自由对待该法典,并且实际上,只有少数几个公国采纳了该法典,而其他公国或者偶尔援引该法典,或者简单地把它忽略了事。实际上,在《卡罗林纳法典》的最后一个条文中,皇帝以第一人称的口吻感谢那些致力于帝国法律和帝国改革的各选帝侯、其他王侯

和各个等级,他声称:“我们并没有打算通过这个雅致的回忆,来从他们传统的、合法的、公正的习俗中借鉴任何内容。”[24]这样,《卡罗林纳法典》在那少数几个采纳它的公国内实际上只是辅助性的法律。但是,它给德国所有公国的立法和司法实践的影响还是相当显著的。尤其是,它为大学里的法学教授所研究和应用,而这些法学教授在整个德国境内的刑事案件判决中以及在法律起草中,开始扮演举足轻重的角色。随着各领地制定它们自己的综合性刑事制定法——这在一定程度上是对《班堡死刑法庭立法》和《卡罗林纳法典》的呼应,整个德国境内就发展出了——就像德国法律史学家雷恩哈特·毛拉奇(Reinhart Maurach)所说的那样——一个“普通的德国刑法”。[25]《卡罗林纳法典》直到1870年都在德国的帝国法院内适用。

《班堡死刑法庭立法》和《卡罗林纳法典》都渗透着一般改革的精神,那是那个时代的精神。就此而言,施瓦岑贝格不仅借鉴了1503年的班堡法院改革——他本人曾经是这次改革的主要规划者,而且还借鉴了纽伦堡、沃尔姆斯、法兰克福以及其他地方的城市法律改革。[26]改革的指导原则在《班堡死刑法庭立法》文本中总结为“正义和一般的善”(*Gerechtigkeit und Gemeinnutz*)。[27]正义有 140
一个超验的道德维度,而一般的善有一个经验的历史维度。

这两个目标的互补性格反映到施瓦岑贝格的建树中,他把在教会法和罗马法学家的法律科学中所发现的原则结合起来,以及在较小程度上还结合了意大利城市法中发现的法律原则,和习惯式的德国刑事实体法以及非专业人士参与的德国程序法。这个法典是约束 *Schoeffen* 的;因此它必须能够为他们所理解,所以施瓦岑贝格使用的是简明、通俗的词语。300年以后的1814年,伟大的法学家弗里德里希·卡尔·冯·萨维尼(Friedrich Karl von Savigny)

要说,他不知道18世纪或19世纪早期的哪一部德国立法,在表达力上可以和《卡罗林纳法典》相媲美。[28]

刑事法律法典化的目的并不是要把Schoeffen改造成博学的法学家,也不是要从国外引进一部法律。它的目的是改革德国的世俗法,以及在这一意义上,把法律科学所带来的好处融入其中;不论是德国还是其他地方,法律科学都是首先在教会法庭里,然后是在大学里的法学家学术作品中发展起来的。

为了服务于"正义和一般的善",《班堡死刑法庭立法》和稍后的《卡罗林纳法典》都刻意改革了适用于可判处死刑犯罪的程序法和实体法,而正是那些犯罪把德国世俗法院在15世纪发展起来的纠问式程序接续下来。它们包括——按照《卡罗林纳法典》所列出的顺序——渎神罪、伪证罪、违背经宣誓的具结罪、巫术罪、诽谤罪、伪造货币罪、篡改法律文书罪、捏造重量和尺度罪、恶意搞乱界标罪、代理人侵犯委托人利益罪、非自然性行为罪、乱伦罪、绑架妇女罪、强奸罪、通奸罪、重婚罪、把妻子孩子做性交易罪、拉皮条罪、叛国罪、纵火罪、抢劫罪、煽动民众罪、恶劣规避法律罪、图报世仇罪(法典对每一个罪名都有一个专门条文来规范);最后还有杀人罪(有28个条文专门针对它)和盗窃罪(有25个条文专门针对它)。

这些犯罪并不是施瓦岑贝格和他的同事们编造出来的;它们中的大多数在日耳曼以及欧洲其他民族的习惯法——它们经历了先前几个世纪的发展——中,就已经被确认、定名和实施死刑惩罚。施瓦岑贝格和他的同事们也没有发明那些适用于被定罪犯人的可怕的刑罚:在车轮上处死、用剑处死、绞死、拖死并取出内脏并四分尸体(对背叛者)、用火烧死(对纵火犯)、沉入水中淹死(对杀婴犯)等;在有从轻判处情节的场合或较轻罪过的犯罪,则用砍手的办法毁损肢体、鞭打、放逐或其他处罚。这些就是西方文化——它在1500年的时候对残酷行为的容纳能力比今天更为坦率、更有 141
自己的特色——中传统的刑事制裁措施。[29]

《班堡死刑法庭立法》和《卡罗林纳法典》值得标榜的就是,它们大大减小了先前刑法的任意性和不确定性。在刑事程序法领域内,它们建立了理性的证据评价制度,限制了刑讯,并显著加强了只有罪犯才将被定罪的可能。在刑事实体法领域内,它们为各种不同的犯罪要素做出明确的定义,犯罪标准建立在主观故意或过失上,量刑尺度符合于犯罪者的罪之轻重程度,以及其他基本的正义原则。

《班堡死刑法庭立法》和《卡罗林纳法典》都体现出的一些主要变化如下:

(1)古老的私力救济手段被最终废除了,如赎罪赔偿金,或是受到严格的限制,如血亲复仇。

(2)宣誓帮助证明最终被废除。

(3)尽管除了某些类型的案件外,私人提起的刑事诉讼获得了认可,[30]但是它却有诸多要求上的严格限制,自诉人必须为诉讼程序费用以及被指控者所要受到的屈辱和伤害提供担保,以防万一案件不能进入审判并查明犯罪。[31]如果自诉人不能提供担保而又希望起提起诉讼,那么在审判和定罪期间,他将和被指控者一并关进监狱。[32]这些条文的实际作用是排除了大多数严重犯罪案件的私人起诉。

(4)在大多数案件中,由主持法庭的司法官员即 *Richter* 指定一名官方公诉人,来担当起诉人(*Ankläger*)角色并发动、执行起诉。与此同时,起诉人的权力受到了精心限制。诉讼将采取审理("查证")即官方调查的形式,由法官来调查、收集证据。法庭成员——

Richter 和 *Schoeffen*——将审问被指控者和证人。

(5)针对被指控为仅仅是具有社会危害性(“声名狼藉”)的人的特别程序被废除了。

(6)确立了更高的证据标准。就犯罪的每一个因素而言,具有说服力的证据[*redliche Anzeigung*,“充分指征”(sufficient indication)][33]不可或缺。只有存在这样的证据,在可处死刑案件中的被指控者才能被刑讯,以获得认罪陈述。在任何刑讯调查之前,被指控者得以反驳从那些不利于他的证据中所推论出的犯罪。[34](法典中)还明确规定“如果立意调查一项犯罪的充分指征没有在事先获得并被证明,那么任何人不得被审问;但如果通过刑
142 讯而获得了认罪陈述,那么该陈述不得被采信,任何人不得在此基础上被定罪。但是,如果任何集权政府或是法官以此行事,那么他一定要向被非法刑讯之人提供适当赔偿……以弥补他的伤害、痛楚、损失和损害”。[35]这样,刑讯只能用在那些被指控犯有可处死刑并且其犯罪已经为其他证据所充分指征的人身上,用来获取认罪陈述。《卡罗林纳法典》还进一步规定如果“在充分证明(sufficient proof)之后”(*nach genugsamer beweisung*)被指控者还不认罪——想必是在刑讯审问中——“他仍然将根据已被证明的犯罪而定罪,而无须任何(进一步的)刑讯审问”。[36]这样,根据改革后的德国刑法,在可处死刑的案件中,“充分证明”(full proof)是可欲的但不是必需的了。

另外,已受伤的人将不适用刑讯,病患者将不得因刑讯而加重病患。[37]

(7)不同种类的犯罪起诉所必需的特定证据都详细地规定出来。例如,对秘密谋杀罪而言,必须有被指控者“被看见有染血的衣服或是挟带武器并以值得怀疑的方式行事;或是他占有、出卖、

出让或保留了谋杀受害人的财产;除非他能够用可靠的指征或证据来对抗这样的怀疑”。[38]对秘密投毒罪而言,必须是“嫌疑人购买或是用其他方式获得了毒药,并且嫌疑人曾经和被投毒之人有所纠纷,或是他可以从被投毒之人的死中获得收益或好处,或者他是一个任意胡为之人,犯罪可以被确信由他实施……除非他能够拿出可靠的指征,说明他使用或打算使用该毒药在其他非犯罪之目的上”。[39]对盗窃罪而言,必须是“被盗窃财产被发现和嫌疑人在一起,或是……被嫌疑人全部或是部分地拥有、出卖、散发或是挥霍,并且他拒绝说出向他出卖或是提供该财产的人的名字……只要他不能证明他是以非欺诈的、非犯罪的诚实方式,而获得该财产”。进一步而言,“当发生了一宗特别巨大的盗窃案件后……(嫌疑人)被发现在花销上比他没有沾染这一犯罪的话要铺张很多,并且他不能为他被怀疑的财富提供合理的根据,而他又是那种能够被相信实施了这种犯罪行为的人,那么,针对他的合法且充分的犯罪指征就成立了”。[40]但是,对叛国罪而言,除了叛国行为之证明外,“嫌疑人被发现曾经鬼鬼祟祟地、非平常态地、诡秘地和他被怀疑背叛的那些人交往,并且他假装他害怕他们,并且他又是那种能够被相信实施了这种犯罪行为的人”,这就构成了充分指征。[41]

(8)*Richter*和另外两位可以采证证人证言的人将“根据法律”而“努力”获得证人证言,法庭书记员将之进行记录,并且书记员应“特别注意证人是否反复无常、是否推翻他的证言,并应把这些情 143
况以及他所观察到的证人在诉讼过程中的举止记录在案”。被指控者有权提供证人证言为自己开脱。而证人应“根据他们自己所知道的真实情况提供证言,并声明他们之所以知情的详细根据”,“传闻”而来的证据将被视为“不适格”证据。[42]

(9)一般而言,被指控者如果不能被证明有罪,就将被无罪释放。但有一个特定条文把证明自身防卫或是必要防卫他人的责任,转移到被指控者身上。[43]

(10)*Richter* 和 *Schoeffen* 在不同的条文中被反复要求说,在疑难案件中,他们应当向那些"谙知法律知识"(*rechtsverstendigen*)的人——大学里或是城市里或其他高等法院的知道法律的人们——"征询忠告"。实际上,《卡罗林纳法典》中界定或是确认特定的实体罪的 77 个条文中,有 42 个条文包括这样的规定。[44]另外,第 105 条——它包含了实体法律条文部分的一个总序言——声称,在所有犯罪事实清楚但如何科刑却难于裁量的"古怪而不可思议的案件"中,*Richter* 和 *Urteiler*"应当征求忠告";第 219 条——也是该法典的最后一条——规定得甚至更为泛泛:"既然在本法令中此前已经在很多地方提及了征求忠告之事,那么,所有的法院在对它们的刑事程序、法庭诉讼行为和判决等事宜不能确定时,应当向他们的上级法院、(或在没有这样的法院时)向其他(上级)权威部门……(或)向比邻的大学、城市、自由市或是其他拥有渊博法律知识的对象征求忠告。"

这个第 219 条为一些条文所专门援引,如规定捏造重量和尺度罪的第 113 条,它规定法院就反复发生的犯罪行为,应当就是否应当适用死刑而征求忠告;和第 142 条,它给出了一系列的例子来说明,没有证人的杀人罪在什么时候可以或不可以用自我防卫为无罪开释的正当理由,并补充说疑难案件在包含"高度微妙的差别……而又不能通过解释而为普通人所理解时",应当提交给法律专家。[45]

这些条文反映出了一些疑虑,即外行的 Schoeffen 是不是总能理解或者(如果他们理解的话)是不是总能接受刑事责任和证据新标准。[46]它们也反映出了对通晓法律的人——教授以及高级法院的法官们——在案件之书面卷宗的基础上，审查法院判决之能力的巨大信任。例如，在黑森，1540 年的一项法律要求当地的法院把每一件死刑案件的卷宗上交到高等法院，而在 17 世纪早期的萨克森，卷宗递交到较高级别法院或大学法学系的制度是强制性的，并且地方刑事法院只能决断非常轻微的处罚。[47] 144

要变革德国的刑事程序法，就有必要在刑事实体法领域做出实质性变革。此前，在对抗色彩（“控告式的”）更为浓厚的审判程序的全盛时期，正义的实现可以依赖于刑事习惯法所反映出来的大众法律意识，它们大多（尽管不是全部）是没有书写成文的。生活在共同社会里的人们“知道”什么是犯罪什么不是犯罪。但是，在 15 世纪的时候，随着官方调查（“纠问式的”）程序——这在一定程度上模仿了教会法庭的刑事诉讼程序——逐步确立，那套较古老的、更为社区化的习惯法就显得杂乱、专断，并容易为肩负刑事调查和提起诉讼之责的世俗官员所滥用。这就有必要更为精确地定义犯罪和更为明晰地表述法律原则，以决定犯罪与无辜。

施瓦岑贝格的法典出色地满足了这些要求。它们对德国刑事实体法的重大贡献包括下列方面：

（1）《卡罗林纳法典》219 个条文的前 105 个对犯罪与刑罚做出了一般性规则和定义，它们实际上构成了这部法典的“总则”。例如，第 19 条给出了“指征”（indication）一词的定义，而接下来的第 20 条是“没有合法的充分指征，任何人不得被刑讯审问”，和第 21 条是“关于犯罪之合法的充分指征应如何被证明”。[48]

（2）法典所列举的几十种犯罪中，几乎每一种犯罪的要件都被仔细地界定出来[49]——大多数都还是第一次在德国世俗法中这样做出界定。[50]一些一般性的概念如自我防卫、共犯和犯罪未遂也被定义出来。（法典）也强调了犯罪意图和犯罪起因要件，并指出了无罪开释的情形。

(3)所有的各种特定犯罪都规定了具体的刑罚,有的是绝对的,有的则是可自由裁量的。刑罚根据犯罪者的犯罪性质和严重程度而存在轻重上的差别。很自然,在大多数案件中,差别在于死刑的执行方式,如故意杀人罪(*Mord*)用车轮处死,非故意但仍应得罪的杀人罪(*Totschlag*)用剑处死。可以想象,不同的死刑执行方式所体现的不同残酷程度,反映了原始的罪刑相适应的观念。然而在其他存在减轻处罚情节的案件中,可处死刑的犯罪降低到轻罪,刑罚也局限在放逐、鞭打或是所谓的"民事处罚"(civil penalty)如罚金等制裁措施内,这就反映了一个更为复杂的罪刑相适应观念,并使得那些可以实施刑讯的犯罪种类大大减少。[51]

(4)只有出于故意或是在某些案件中出于过失而实施了被禁止之行为,才负有刑事责任的一般原则确立起来。就 *mens rea*——
145 即"犯罪故意"——方面来看,在没有可惩处性(德语表述为 *schuld*)时,将没有刑事责任。另外,故意不法行为和出于正当愤怒而实施的冲动行为之间也做出了区分。《卡罗林纳法典》第 150 条明确规定,在被激怒时所实施的杀人行为因为不具备必要的主观故意而无须惩罚。第 166 条则规定,被指控者为了填充自己或是他的妻子或孩子的严重饥饿而偷窃食物的行为应被原谅。

(5)与早期的德国世俗法律形成尖锐对立,但和教会法庭在德国以及欧洲其他国家所实施的教会法一致的是,《卡罗林纳法典》(像《班堡死刑法庭立法》一样)为犯罪未遂——当犯罪行为之中断并非出于行为者意志时——规定了刑事责任,尽管它没有给受害者造成伤害(第 178 条)。不论是比较于 12 世纪之前的日耳曼刑事惩罚观念——它乃是向受害者支付的伤害赔偿,还是 12 世纪之后的世俗刑事惩罚观念——它乃是向国王或领主或其他世俗权威支付的伤害报应，这都是一个鲜明的转折点。施瓦岑贝格的法典采纳教会法庭的刑事惩罚观念，即它并不是对伤害本身的报应，而是对不当行为、对罪（sin）的报应。但是，这种报应并不是复仇的意义，而是为邪恶罪过支付相应代价的意义。实际上，如果刑事责任的基础在于应受责备之属性，即 *Schuld*，那么，犯罪未遂之 *Schuld* 应当被惩罚（但没有那么严重），尽管该犯罪意图由于外界条件而受阻。

（6）但是，施瓦岑贝格认为有些令人厌恶的行为根本不应属于犯罪，除非它们引起了伤害。例如，在涉及巫术时，"伤害或损失"之发生被认为是构成犯罪本身所必需的因素。[52]在整个欧洲都在如火如荼地打击巫术的时候，《班堡死刑法庭立法》和《卡罗林纳法典》规定除非有实际伤害发生，否则不得被定为巫术罪，这实在是向合法性迈出的重大一步。艾力克·沃尔夫（Erik Wolf）把这一规定归因于施瓦岑贝格曾经做过法官的经历，那"叫他懂得了，迷信活动的危险更在于对灵魂的毒害，而不是很难证明的外在伤害；只有这些很明显时，行为者才能像传统那样，被火刑而死"。[53]

（7）关于犯罪能力，《班堡死刑法庭立法》和《卡罗林纳法典》都规定，如果一个人"由于年轻或是病患而缺乏理解能力"，则他应当免予刑事惩罚。并且更进一步，它们还规定那些提出了这种辩护理由的案件，必须提交给大学的或城市的或其他地方的有渊博法律知识的人，并且被指控者将"根据那些……人的忠告来对待或惩罚"。[54]

（8）作为免予杀人罪之责任的情形，《班堡死刑法庭立法》和《卡罗林纳法典》都涉及了必要的自我防卫或防卫他人的行为，并 146
为此确立了指导依据。证明防卫行为乃是必要行为的举证责任落到了被指控杀人者的身上。他将证明他不能"适当地"（*füglich*）逃脱,杀人乃是为保护他自己的生命或肢体所必需。另外,还规定了一个人并不仅仅因为是他最先实施的殴击就必然超出了自我防卫的正当限度。就像约翰·朗本(John Langbein)所说,《卡罗林纳法典》第140条"实乃真正的自我防卫","属于《卡罗林纳法典》中最为早熟的概括化、概念化研究之列"。[55]

刑罚改革和德国革命的关系

如果把注意力集中在施瓦岑贝格对德国刑法所做的伟大变革上,并且注意到德国刑法在班堡的出台,比路德谴责罗马天主教会圣礼权威早了10年,那么初看起来,这或许会排除掉任何关于德国刑法的伟大变革联系于路德宗教改革的主张。另外,虽然《卡罗林纳法典》颁布于1532年,比路德最早表明他的立场晚了15年,但是,它却是完全建立在施瓦岑贝格早期工作的基础上,并且是由路德宗和领地独立运动的主要敌人——皇帝查理五世所颁行。推想起来,即使新教改革没有发生,《卡罗林纳法典》也会颁布出来。并且无论如何,《班堡死刑法庭立法》实际上在新教改革发生之前就已经颁布问世了。

但是,施瓦岑贝格的确成为一名执著而卓越的路德宗信徒,他和路德保持通信联系,他还写小册子为新的福音神学辩护,并且在1524年,当班堡的王侯—主教打压那些支持路德宗事业的人们时,他不得不离开班堡。施瓦岑贝格就径直回到他在新教的布兰登堡的庄园。同年,他不得不和那些公开支持路德宗事业的委员们一同离开帝国治理委员会。实际上,当他担任《卡罗林纳法典》起草委员会的负责人时,施瓦岑贝格就利用其身份来保护路德及其信徒免遭迫害。1522 年，他参与阻止了针对“智者腓特烈”——他把路德庇护在瓦特堡内——的《沃尔姆斯敕令》的执行，而 1523 年，在为审查皇帝敕令而召集起一个委员会之前，他帮助保护了路德宗的牧师不受皇帝敕令的迫害。他于 1528 年在《卡罗林纳法典》草稿最终被通过之前去世，但是，他的负责人职位为另一个卓越的路德宗事业的支持者、萨克森选帝侯的大法官克里斯蒂安·拜尔(Christian Baier)所继承。[56]

因为德国的刑法改革在教会改革之前就已经开始，也因为它的支持者既有众多的新教徒也有众多的天主教徒，所以，差不多所有的当代历史学家都完全忽视了这两次改革——法律改革和宗教 147
改革——之间的关系，这也就不叫人感到全然意外了。[57]而当他们做出稍稍详细一点的解释的时候，他们更愿意把施瓦岑贝格的工作和人文主义和所谓的罗马法的继受联系到一起，而这两次运动在根本上通常被作为路德宗新教的敌对势力来看待。实际上，《班堡死刑法庭立法》和《卡罗林纳法典》一般被视为泛欧洲的学术性法律科学——“普通法”(*jus commune*)——的一个样本；这一法律科学叫人颇感意外地碰巧在 16 世纪初期的德国产生出一套新的刑事立法而已。

就“后者乃是因于前者”(*post hoc ergo propter hoc*)之因果意义而言，路德的宗教革命并不是制定《班堡死刑法庭立法》的原因，但这一事实并不意味着这两个事件可以被理所当然地视为彼此没有瓜葛。约翰·冯·施瓦岑贝格的传记给我们的印象就远远不是这样。并且，德国的一些新教公国稍后采用了类似的法典，以及德国新教法学家在《卡罗林纳法典》基础上撰写了刑法方面的重要著作，这也都表明施瓦岑贝格所发起的刑法改革，至少和这种新的福音法学理论是协调一致的。有一位作家就曾经称之为“改革精神的一个硕果”。[58]19 世纪伟大的德国法律史学家罗德里奇·冯·斯廷金写道,“尽管很难找到宗教改革对《卡罗林纳法典》在特定环节上所产生的影响,但《卡罗林纳法典》还是受到了这一广泛运动的影响”。[59]而 20 世纪杰出的德国法律史学家艾力克·沃尔夫(Erik Wolf)已经向人们表明,施瓦岑贝格早先的宗教信仰在一些重要方面领先了路德宗神学,并且它们广泛地反映到《班堡死刑法庭立法》(以及《卡罗林纳法典》)之中,但是,沃尔夫的论断也仅仅停留在和“时代精神”相联系的层次上。[60]

实际上,与沃尔夫的结论不同的是,我们可以看到——这在一定程度上也是建立在沃尔夫自己的分析基础上——《班堡死刑法庭立法》包含着一些重要的法律原则,它们反映了后来为路德及其追随者所发展出来的神学教义的基本信条。另外,新的刑事立法与德国革命的另外两个方面是协调一致的,或说实际上是相辅相成的;正像我们所看到的那样,这两个方面关系着路德宗神学,它们就是梅兰登的新的科学方法——它强调所有的知识与普遍原则或概念(“主题”)的种属关系,和新的领土政治学——它强调领土之王侯及其博学的顾问们对教会和世俗法律所享有的主权。体现在施瓦岑贝格法典化工作中的刑法改革,密切联系于德国革命的这三个方面:宗教的、科学的和政治的。

宗教的方面

施瓦岑贝格在制定《班堡死刑法庭立法》时是一位罗马天主教徒,而他的改革也是由信奉罗马天主教的皇帝查理五世来颁布推
148 行,改革也强烈地影响了那些保留在罗马天主教阵营内的德国诸公国的立法,这些固然是事实,但是它必须再参照另外一个事实来看待,即宗教改革本身也是罗马天主教的一个产物。马丁·路德

也像他之前的约翰·威克利夫和约翰·胡斯一样,最先是一名罗马天主教徒,他最早的神学理论和教会理论原本是要在罗马天主教会内部进行改革。同样,施瓦岑贝格的德国刑法改革也是打算在既有的法律传统内部进行一次变革而已;那一法律传统是在此前的4个世纪里、在整个罗马天主教的欧洲确立起来的。但是,它改变了那个传统,就像路德的宗教改革改变了罗马天主教神学和教会理论一样,也像梅兰登的新科学方法改变了早期的经院哲学,也像王侯扩大了的政治能力改变了特定领域内多元主权体系一样。

《班堡死刑法庭立法》和《卡罗林纳法典》反映了路德宗的信仰,即法律——包括《圣经》的道德法和市民的法律(civil law)——主要作为执行神在地上王国的意志的工具而存在,并且,和罗马天主教教义相反,合乎法律的工作并不是通往天上王国的救赎之路。而罗马天主教法律哲学有一个基础就是炼狱说:凡是没有在此世根据其严重程度而接受惩罚的罪(sins),都将在下一世接受惩罚,但是善行可以按比例地弥补罪,并可以减少死后的惩罚。于是,在罗马天主教神学里,在外庭(external forum,译按:或译为外在裁判所)和内庭(internal forum,译按:或译为内在裁判所)之间,就有了一个重要的联系;就外庭而言,教会法庭对违反教会法的犯罪实施刑事处罚,就内庭而言,忏悔室的僧侣就未被裁判为犯罪(crimes)的罪(sins)之问题,实施忏悔之事宜。路德宗神学与此相反,它既拒绝了有关炼狱的教义,也拒绝了忏悔的圣礼属性。路德教导说,救赎,即在天上王国的生命,乃仅仅凭靠着信。

施瓦岑贝格分享了这些观点。在几部神学作品中,他表达了只有因信——即信仰基督的救赎之举——得救的坚定信仰。他写道,道德行为是为它自己的原因才被实践,而不是为了救赎。他还写道,这样的道德行为由个人所拥有的神赐良知的自由运用来主宰。就像沃尔夫所注意到的那样,这些原则“在几年之后由路德给出了神学上的解释”。在建立其伦理学原则——对比于其神学上的原则——时,施瓦岑贝格也是十分倚重西塞罗的作品,而反对亚里士多德一脉的经院哲学,正像路德宗的学者后来所做的那样。[61]

但是,如果对道德法和市民法律的遵守并不是通往救赎的道路,那么它的神圣目的何在?就像我们在第二章所见的那样,路德宗神学对这个问题给出了三层答案:法律的用途是(1)界定并谴责罪(sins)——这是其神学用途;(2)以惩罚相威胁阻止人们犯下罪恶(sins)——这是它的世俗用途;和(3)教导所有的人(包括那些因信成义的人)什么是神所认可为正当的行为——这是它的教育
149 功能。正如已经指出的那样,施瓦岑贝格的立法强调刑法的前两项用途,它们就是今天所谓的报应功能和威慑功能。它也强调了——甚至比路德本人有过之而无不及地——路德所谓的法律之第三种用途,即它的教育功能。《班堡死刑法庭立法》在序文中说道,该法典不仅是一部法律,而且还是一本教科书(*Lehrbuch*),它将教给那些没有学问的人“行事的方式和方法,以及根据法律和帝国的善良习俗进行审判的方式和方法”。序文还进一步说,“为了避免误解的需要”,这部法典用一种通俗易懂的形式来书写。实际上,施瓦岑贝格在整个法典的不同部分穿插了一些打油诗——押韵的对句,以及许多优美的木刻画,它们把规则的意义戏剧化了,使它们更易于理解并突出了它们的宗教基础。这部法典的卷头木刻插画描绘出作为世界法官的基督形象,他以彩虹为御坐,并配有带韵脚的对句,告诫人们在最后的审判之时,每个人将根据他在这个世界的生活而接受审判(“*Das Urteil dort wird dir gefällt/wie du gelebt hast in der Welt*”)。

宗教方面的联系也明白地体现在施瓦岑贝格改革的现世主义上。施瓦岑贝格接受了路德所谓的地上王国的局限性,即神在这个王国仅仅是隐形的。施瓦岑贝格的使命是改革德国的刑事习惯法,而不是用一个新的法律体系来取代它。像前面已经注意到的那样,《班堡死刑法庭立法》和《卡罗林纳法典》虽然大大限制了刑讯的使用,但并没有彻底废除它。它们革除了杀婴罪的活埋死刑,但却用沉水死刑代替。尽管它们要求在巫术罪中必须证明巫师的言辞或行为对他人造成了现实的伤害,但它们并没有根除巫术罪。它们规定,当一个被指控的人在审判期间要关进监狱时,则"监狱应当是为了这样的羁押而建立并维修,而不是蓄意要加重他的痛苦"。[62]

还有其他条文要求年纪小的人(具体的年龄没有明确指出)、智障者和软弱之人的案件应当咨询博学多才的人,以决定他们是否被审判或治疗,并且对那些已经生病的人不得再施以刑讯,那将会把他们的情况搞得更糟。艾力克·沃尔夫写道,《班堡死刑法庭立法》中所表现出来的融怜悯于正义之中的做法,"其伦理基础与其说在于伊拉斯莫的人文主义,不如说在于基督徒对其邻居所持有的爱,这种爱特别扩大到对病患者、软弱者和智障之人的照顾"。[63]

另外,《班堡死刑法庭立法》和《卡罗林纳法典》中所蕴涵的报应、威慑和教育"作用"反映了——像一般的路德宗关于法律用途的学说所反映的那样——不断发展的世俗法律本质上乃是一个政治意志的产物的观念,而不再是罗马天主教托马斯神学所说的本质上是自然理性的体现。实际上,16 世纪的德国对制定法(*Ordnungen*)——《班堡死刑法庭立法》和《卡罗林纳法典》是其最主要的榜样——异乎寻常的强调,就像英格兰、法国、西班牙的尼 150
德兰以及别的地方在 16 世纪所出现的类似发展一样,完全符合路德宗神学关于地上王国和天上王国既彼此分别又相互联系的观念。

施瓦岑贝格的立法实际上在很大程度上借鉴了教会法的实体内容(例如,它惩罚犯罪未遂,它要求应予惩罚的行为必须反映出犯罪意识,或更准确地说,它必须是在犯罪故意或犯罪过失的状态下所实施);它也借鉴了教会法的刑事程序内容(例如,它限制“传闻”证据,它要求自我防卫的举证责任在防卫者本人)。但是,它并不像教会法学家那样,要追求一个完全和道德标准相符合的法律体系,而是把德国习惯法作为它的出发点,即它要把那一习惯法改造得更加符合正义和一般福利这两个理想。这两个理想之间的冲突——一方面是人情的要求,另一方面是社会秩序的需要——将通过王侯及其顾问们尤其是那些“具有渊博法律知识的人”的智慧来解决。正是他们的意志和智慧才是所有世俗法律的渊源。这也符合路德宗的法律理论,那一理论把道德法或自然法和世俗王国的个人良知——而不是权威文本中所反映出来的教会团体良知——结合起来。

科学的方面

正如《班堡死刑法庭立法》和《卡罗林纳法典》中蕴涵着和路德宗神学相协调一致的内容,这两部法典中也蕴涵着与新的科学方法相符合的内容,也就是后来梅兰登的哲学著作和路德宗法学家的法律著作中所反映出来的科学方法。将法律部门法典化——并藉此予以改革——的观念,乃是与德国革命相联系的体系化思想的一个独特要求。这是教授的法律,为了叫每一个人能够阅读并理解,它当然以简单的语言来书写,就像路德宗《圣经》那样,但是它也像路德宗《圣经》那样常常需要学者们做出颇为复杂的解释。施瓦岑贝格的立法——以及整个的时代特色——就是如此，前面已经说过，《卡罗林纳法典》中 77 个定义个别犯罪的条文，有 42 个条文规定就这些条文所出现的疑难案件，法院“应当征询忠告”于“谙知法律知识的人”。这就是由政治高层制定的法律，它以明白简洁、为大家所能理解的语言书写出来，但又像《圣经》那样，要求运用博学之人的知识和智慧对它做出解释，并认真地适用到具体案件中。

梅兰登式的主题方法体现在施瓦岑贝格的立法之中。他的法典结构划分蕴涵了普遍的种类划分思想，比如属种——梅兰登所谓的 *loci communes*——之间相互关系；它分为两个部分，第一部分 151
提出了适用于所有可处死刑犯罪的一般性原则，而第二部分则以呼应这些原则的方式规定了具体的可处死刑犯罪的种类。在以后的世纪中，这种划分为“总则”和“分则”的方法成为欧洲刑事法典的一般特征。梅兰登将之表述为，诸多原则本身构成了法律科学的特定主题，praecipui loci。用斯廷金的话来说，施瓦岑贝格的立法把基本的法律类别如未遂、必要防卫和合并处罚等“第一次并且以一种新的方式安排到一起来”。[64]实际上，16 世纪伟大的德国路德宗法学家尼古拉斯·维吉里斯——他曾著书把这一主题式方法应用到整个民法领域中——后来在一部明确建立在《卡罗林纳法典》基础上的著作中，把这个方法特别应用到刑事法律和刑事程序规则中；这是一部最早专门论述德国刑事法律和程序规则的体系化学术专著。

《班堡死刑法庭立法》和《卡罗林纳法典》都反映了梅兰登式的一个方法，即把充满活力的法律学说和允许把这种学说灵活应用到具体案件之中的规则和程序结合起来，这一方法也符合了路德宗良知作用的观念。

《班堡死刑法庭立法》和《卡罗林纳法典》也标志着立法概念化水平发展到一个新阶段,这也反映了路德宗的方法论。先前在教会法和罗马法著作中所提出的并应用在教会法庭的教义,现在被嫁接到为公众所接受的并为公诉人和法院所适用的一套综合性的定义和规则中来。如朗本所言:“本质上而言,《卡罗林纳法典》中的每一个犯罪的定义都标志着概念化道路上的一个进步。”[65]刑事责任的一般规则在大多数情况下,也是以一种既有条理又精确的方式规定出来的。例如《卡罗林纳法典》第140条,“什么是合法的自我防卫”规定如下:

> 如果一个人用致命武器或凶器挑衅、攻击或殴击另一个人,而限于危险之中的这个人不能在没有危及或伤害他的身体、生命、荣誉和清名的情况下以适当方式逃脱,则他可以通过合法的反击力量来保护他的身体和生命,而不受任何惩罚。并且,如果他因此而杀死他的攻击者,他对此将不负责任,而如果他在被击中之前未能抑止他的反击力量,他也不负责任,而不管法律和习俗是否与此相反。

当然,这个条文有待从很多方面来论述。如最后一个从句所规定的那样,它对自助行为规定了限度,这在德国法律领域内是一个主要的变化。它也需要——在以后的条文中也的确得到了——某种展开的详细阐述。[66]但是,从法律科学方面来看,最重要的还是它作为一部综合、严谨而明确的制定法所具有的品质。

152 艾力克曾经就施瓦岑贝格的方法写道:

> 我们……应把最早的……基本的犯罪类型划分

> (*Typisierung*)归功于他。他精确描述了诸如秘密与公开盗窃罪、伪造货币罪、杀婴罪和堕胎罪等犯罪,这是对原来固有的法律认识的重要贡献……他为必要的防卫所界定出的实质性情节因素直到今天都还有效,而他所界定的可惩罚之犯罪未遂,包含了所有方面的观点,后来各种彼此矛盾的观念都可以在这里找到它们的根本渊源。还有他……对共同犯罪形式的描述,显示出他对核心问题的确信和把握。[67]

在这一特性描述中具有重要意义的是,施瓦岑贝格的方法和传统经院哲学方法以及早期人文主义者方法之间所蕴含的反差。施瓦岑贝格把主题式方法应用到了刑法领域,而这种主题方法后来由梅兰登在哲学和神学领域内做出界定、解释和示范。

有必要指出,从方法论的观点或是科学的观点来看,此处所强调的《班堡死刑法庭立法》和《卡罗林纳法典》的创新性——实际上是一种革命性的品质——鲜明地区别于既有的学术知识。有些学者坚持认为,施瓦岑贝格的立法不过是把14世纪、15世纪时德国以及其他地方业已积累起来的教会法的学识和经验,应用到德国的刑事法律之中。另有一些学者则强调,德国的立法从本质上而言是对15世纪、16世纪德国"罗马—教会法"之普通法(*jus commune*)的一次普遍接受而已。意大利的法律学术和意大利的城市立法对施瓦岑贝格的影响也为人们强调出来。但一个事实是,施瓦岑贝格并不精于那些"外国"法律体系,并且甚至不能看懂拉丁文,这在一定程度上叫人吃惊,但是,人们就此马上假设,他通过德语译本而了解了它们,并且他也从他博学多才的同事那里获得了有关建议。这些观点有一定的说服力。这部新的立法的确反映了教会法的强烈影响,它也的确从大学里的罗马法教程以及意大利的法律著作中以及在相对较小的程度上还有意大利的城市刑事立法中,汲取了一些术语和概念。但是,在强调这些影响时,一个被普遍忽略的——也是此时要考察的——事宜是,德国立法的独一无二的品质,即它乃是对一个特定的法律部门做出完整立法体系的第一次尝试,是现代法典化改革的第一次尝试。

前面的章节已经说明,罗马法和教会法对德国来说并不比对
153 欧洲其他民族来说更显得“陌生”。就像基督教本身那样,罗马法和教会法已经彻底地欧洲化了。无疑,施瓦岑贝格作为班堡主教公国一位杰出的司法官员,他完全熟悉它的教会法院的工作,像我们已经看到的那样,他得以把教会法院所适用的教会法的诸多原则迻译到世俗法律中,这不但不会减低反而会增加其贡献的开创性。至于16世纪的罗马法,或更准确地说是罗马法学家的法律科学,它也是“德国的”,就像它是“意大利的”“西班牙的”或是“法国的”(或是就此而言是“英格兰的”)一样,因为它在欧洲所有的大学里都有讲授,并且在每一个地方的教会法院以及某些世俗法院里,都是作为辅助性法律来适用。显然,除了一些术语之外,查士丁尼的法律文本对西方各个法律体系中的刑事法律几乎都没有贡献任何东西。用弗朗茨·维亚克尔的话来说:“在罗马渊源中,没有发现任何条理清楚、发展成熟的(刑法)概念体系;也没有形成普遍的原则。”[68]但是,14世纪、15世纪杰出的罗马法学者如意大利的甘地努斯(Gandinus)、巴尔多鲁斯和巴尔杜斯(Baldus)(译按:三者皆是注释法学派的代表人物)都在刑法方面写出了重要的论著,他们利用了罗马法的术语,但却主要汲取的教会法的内容,他们的很多观念都反映到《班堡死刑法庭立法》和《卡罗林纳法典》之中。

学界以往强调了意大利法律尤其是意大利城市国家的刑事制定法(*statuti*)对16世纪德国刑事立法的影响——它甚至超过了教

会法和罗马法学家的法律科学的影响。每一部这样的制定法都旨在列举并界定许多为城市法律所禁止的犯罪类型，以及每一种犯罪所要受到的惩罚。施瓦岑贝格和他的同事很可能是受到了意大利 *statuti* 的影响，才要为德国诸公国制定同样的法律。况且，这些 *statuti* 中许多分散的条文在德国立法中都有对应的条文。但是，《班堡死刑法庭立法》和《卡罗林纳法典》与意大利 *statuti* 之间的不同之处，远远大于它们之间的相似之处。作为一部规则，*statuti* 包括一些有关一般特点的介绍性条文，它们一般涉及程序方面的问题，但是，这些条文很是单薄，很难说是总则部分。[69]另外，*statuti* 中所列举的犯罪只有简略的描述；并且也很少条理化规定——即使有所涉及的话——某一特定类型的犯罪构成所要求的主观方面，以及限制构成犯罪的理由或正当理由，或是其他构成德语所谓的犯罪构成（*Tatbestand*）——即“要件总体”（totality of elements）——的情节因素。只需把《班堡死刑法庭立法》和《卡罗林纳法典》与意大利的 *statuti* 放到一起，我们就可以看到它们之间在综合性和复杂性上的巨大差别。[70]

同样，像朗本所指出的那样，德国的刑法改革也显著地不同于其后不久在法国和英国发生的刑事法律制定法改革。1539 年，法国的维业—科特赫特敕令（ordinance of Villers - Cotterets）在实际中为法国刑法带来一场深刻的变革，它根除了刑法中的很多非理性 154
因素，但是，如朗本所指出，它乃是针对专业人士而来，并且它在很大程度上是矫正性的，并留下了很多有待弥补的空白。同样，1554 年英国所制定的具有重要意义的《保释法》（*Bail Statute*）和《拘押法》（*Committal Statute*）也缺少刑法典的品质，它们主要是为了修正在犯罪调查和起诉中所存在的程序性缺陷。[71]

《班堡死刑法庭立法》和《卡罗林纳法典》是德国的法律，而不是教会法或者罗马法,也不是意大利的城市法。德国的立法者的很多法律理念,都是从流行在整个西方——包括德国自己——的法律潮流中汲取而来,这本没有什么值得惊奇的。耐人寻味的是,他们并不是在某种机械的意义上“接收”那些理念,而是有所选择,有所拒绝,并且他们把从国外继承而来的那些理念和他们自己的德国理念融合起来,并破天荒地改造出一部现代的刑法典。

政治的方面

16 世纪前几个十年德国发生的刑法改革,不仅和当时路德的教会改革运动所引起的宗教改革有密切联系,以及和法律哲学法律方法领域的相关变化紧密联系,而且,与当时的政治变化——国家的转型有着紧密的联系。

我们在前面已经看到,在 15 世纪和 16 世纪早期,许多的德国王侯一方面在罗马教会面前、在皇帝面前以及在王侯相互之间,争取到了越来越大的权力;另一方面,他们在他们的臣民面前也是争取到了越来越大的权力。但是,在 1517 年之前,在德国境内就像在欧洲其他地方一样,每一个公国内部都保留着重叠多元的管辖权,这仍然是当时政治生活的一个决定性特点。但是,除了同时并存的教会的、王侯的、封建的、城市的、商人的和地方的管辖权之外,德国也和其他一些国家一样,还存在“德意志民族的神圣罗马帝国”的管辖权,它在 15 世纪晚期和 16 世纪早期的时候,已经和教皇权力结成了非常紧密的同盟。所以,路德对教皇统治集团所享有的教会管辖权的攻击,不可避免地要攻击到帝国的管辖权,尽管其力度大大减弱。这就响应了德国各王侯争取领地自治的斗争。而德国骑士阶层和反路德的帝国势力的结盟,又进一步把路德宗的事业等同于为王侯权威主张封建管辖权。最终,像我们已经看到的那样，路德神学将领地上的王侯视为他的国家的父亲，根据《十诫》之第五条戒律，人们对他负有顺从的义务。所有的这些因素都促成了这样一套观念和理论，即王侯在其领地内享有超越于所有他者的至上管辖权。

《班堡死刑法庭立法》授予班堡主教公国——当时在德国各政治实体中是一个比较大的公国——的王侯及其集权政府（*Obrigkeit*）在其疆域内对所有可处死刑犯罪的管辖权。德国其他的公国也制定了类似的立法。如前所述，皇帝的法律——《卡罗林纳法典》仅仅可以直接适用于仅有的一所帝国法院——*Reichskammergericht*——审判的非常有限的一些案件。皇帝显然是在模仿那些王侯们：既然他们有了他们的刑事法典，那么他也要有他的法典！就像弗里德里希·恩格斯（Friedrich Engels）在一个半多世纪之前所写的那样，"皇帝变得越来越像其他王侯那样的一个王侯"。[72] 155

第五章　德国民事和经济法律的转型

就像在宪法和刑法领域一样,在 16 世纪的时
156 候,德国的民事法和经济法领域也发生了实质性的变化,尤其是在契约法、财产法和信用交易方面。[1]这些变化,部分地反映在 16 世纪德国法律学者为重新解释罗马法和教会法教义而写就的学术作品中,部分地反映在 16 世纪领地和城市立法对调整经济关系的习惯法体系所做的梳理和修正上。我们有必要分析学术范畴的民法和制定法与习惯法范畴的民法所发生的变化,以便探究它们与德国革命的政治、社会—经济和宗教因素的关系。

契约

学术之普通法(*jus commune*)

在 16 世纪的时候,在包括德国法学家在内

的欧洲法学家的著述作品中,欧洲第一次出现了一套统一的体系化的契约法。无疑,在此前的若干世纪里,在德国以及欧洲其他地方,也有许多种类型的协议被赋予了法律上的拘束力,并在某一个或多个并存的管辖权下得以执行。那里也有关于契约的法律,此处“契约”是一个复数概念——实际上,是几种不同类型的契约法:王室的、教会的、封建的、城市的、商人的等。甚至在 11 世纪末和 12 世纪罗马法复兴、现代教会法出现之前,西方的部落法律和王室法律就已经承认,通过宣誓和物品交换仪式等庄重形式而达成的某些类型的协议,具有法律上的拘束力。同样,在古典以及后古典罗马法中,那些被认可为契约的不同类型的协议,以特定形式和方式被“赋予”(clothed)而获得其拘束力。在查士丁尼的罗马法中, 157
“无保证的协议”(naked agreement,*nudum pactum*)是不能够被起诉的;它不能成为一个契约(*contractus*)。另外,罗马法列举了那些可强制执行的正式契约的类型(借贷契约、抵押契约、买卖契约、租赁契约、合伙契约以及其他几种契约),并为一类未命名(“无名的”)契约留下了空间,此类契约即是那些通过“约定”——即当事人之间相互做出的、明确而格式化的、让渡一定的物或实施一定行为的承诺——而达成的契约。一项契约为了具有可强制执行的效力,必须符合其中某一种形式。不管是有名契约还是无名契约,都基于土地或动产或服务行为之交换的“部分履行”(half - completed)而创设出义务来。总体而言,根据罗马法和 12 世纪之前的日耳曼习惯法,单纯的相互承诺本身并不导致契约上的义务,除非当事人的一方已经——在最低限度上——开始履行他的承诺。

与日耳曼习惯法和重新发现的罗马法截然对立的是,12 世纪的教会法学家断言,各种类型的协议之所以具有法律上的拘束力,最终并非取决于它们的必要仪式或是它们的形式,或是当事人一方已经做出部分的履行,而是在于当事人的意思。正是当事人之间的达成一项契约的同意,使契约成为一项契约。进一步而言,他们的同意并不需要被“赋予”(clothed);在教会法中,一个 *nudum pactum*(无保证的协议)是可以强制执行的。这一原则建立在这个神学前提下,即疏于履行诺言乃是一项罪(sin);这一前提为《旧约》和《新约》中的许多经句所支持。并且,在一定程度上,从教父著作中以及教会法的衡平原则中推演而得的自然法哲学观念,也支持了这一前提。对教会法学家而言,一项契约的效力,最终取决于契约当事人之间的诚信(*bona fides*),而它又由于包含了所谓的信仰抵押(pledge of faith)而更加稳固,违背这样的契约即是违背信仰(*fidei laesio*),在出现纠纷的情况下将由教会法庭予以管辖。

教会法所主张的协议之拘束力最终取决于当事人间之同意——即取决于他们在订立协议之时的合意状态——的原则,使得发展出一套可以适用于所有契约的共同原则成为必要和可能。要约和承诺必须表明相互的同意,即意思的一致;契约必须有一个合法的目的(*causa*);由于欺诈或胁迫或基于误解而产生的契约无效;对当事人一方不公正(*laesio enormis*)的契约也无效。但是,教会法学家并不打算把这些以及其他基本原则和规则,整理为一部独立的、可以适用于所有类型协议的综合性契约法。他们简短的“关于协议的论文”(*tractatus de pactis*),一般主要是针对契约法的原则在婚姻法以及其他圣礼上的应用,在主教权威介入教会财产交易时的应用,以及在教会法所调整的其他契约事宜上的应用。[2]

158 16世纪时,随着各种先前存在的教会和世俗管辖权向领地王侯尤其是新教王侯的管辖权的屈服,德国统一并体系化整理民法的先驱们就建立起一个独立的契约法部门,在理论上,它可以适用于所有的管辖权领域,他们把该法律部门连同侵权法(私犯)和不当得利(准契约)归为债法的范畴。他们把教会法学家的契约诚信——即德语所谓的 *Vertragstreue*——原则,和教会法学家的要约和承诺原则,目的合法原则,显失公平原则,以及由于欺诈、胁迫或误解等而无效的原则作为该法律部门的基础。其他在 16 世纪为学术普通法所吸收的教会法学说包括赠与承诺的拘束力品格、对契约第三方受益人的保护、转让契约权利的权利、代理人缔结拘束被代理人之契约的权利,以及销售方保证销售物品适合于其销售目的等方面的学说。[3]

在查士丁尼的罗马法文本中,也可以找出很多支持这种普遍契约概念的内容来,尽管那些文本并没有明确表述这一概念本身。例如,民事之债的四重划分,即契约、私犯、准契约和准私犯,查士丁尼《法学总论》的开篇处即对它们进行了梳理,现在的法律改革者们把它们借鉴过来,尽管在当初的罗马法中,这套术语并不意味着一个独立的法律领域之分析,而仅仅是一种介绍不同文本内容的便利途径而已。法律改革者们还借鉴了罗马法上的有名契约和无名契约的规则,但是把它们放进了一个可以适用于所有契约的普遍规则体系之中。

16 世纪那些以教会法的合意立场为出发点而对德国契约法进行系统整理的杰出法学家,大多——尽管不是全部——都是路德宗的信徒。[4]德国新教公国内所展示出的新的契约法科学,大大倚重于早期的教会法——较之于“被继受了的”罗马法而言,这一点已经为一些杰出的德国法律史学家所注意,这种注意有时甚至带着一种讶异。[5]但是,当代的法律史学家却并没有试图在契约法新教改革者的法学理论和他们的宗教信仰之间建立起一种联系来。

制定法与习惯法

在15世纪的时候,德国的王侯和城市议会已经开始偶尔制定综合性的领地制定法,称为“政体条令”(*Polizeiordnungen*)或者“领地条令”(*Landesordnungen*),但是,在16世纪,这样的制定法第一次开始了大规模出现。[6]至少有一个德国公国,在1500—1600年间,颁布了450件以上的这样的制定法。[7]这些立法把调整德国民族
159 之经济生活的大多数方面的习惯法进行了体系化的整理和修正。

当代的法律史学家在研究16世纪德国的普遍民法原则时,并没有结合当时数量巨大的调整契约、财产以及其他民事法律关系的领地和城市立法与习惯法,就此,16世纪那些写出了权威性民法著作的博学的德国法学家们负有一定的责任。例如,德国城市康斯坦茨,在16世纪初期制定了数十种内容涉及贸易和其他经济活动的条令;但是,出生在康斯坦茨市的16世纪的伟大法学家乌尔里奇·查修斯,曾在康斯坦茨市大法官法庭接受了他最早的法律执业训练,并且他还是具有重要意义的1520年《弗莱堡市立法》的主要起草人,但他在他的学术著作中却不屑于讨论这样的立法。一位在20世纪曾经把1510—1548年康斯坦茨市所制定的大约200部立法的名称予以汇编的编辑说过:“在罗马法系统中,任何一个德国中世纪城市……发达起来的经济法律都是无足轻重的,因此,像查修斯这样的人物就认为它不值得他花时间进行科学的研究。”[8]但是,在16世纪的德国,却有数量庞大的主要为法律执业者而写就的法律作品,它们列举出了“学者的法律”(*learned laws*)和特定公国的领地法律之间的数以百计的不同之处。

作为辅助性的法律,不管是罗马法还是教会法——即所谓的“学者的法律”,只有在德国法院为了弥补漏洞、解决各公国立法和

各地方习惯法中存在的歧义时,才被用以借鉴之资。但是,在发生矛盾冲突——一方面是立法或者是习惯法,另一方面是学术普通法——的场合,立法或习惯法有效。在没有明显矛盾的时候,学术普通法具有普遍原则的意义,那些博学的法学家据此对立法与习惯法做出解释;那些法学家正越来越多地占据了王侯的、城市的和地方的法院席位,以及大学法律系教授的席位——他们要为法院提交来的案件做出剖理判决。并且,学术普通法中所蕴含的普遍原则也常常渗透到迅速繁荣起来的公国和城市立法中。但是,在16 世纪德国民法的转型中起决定性作用的,并不是学术普通法,而是其立法与习惯法领域内的革新因素。

学术普通法之所以称其为学术普通法,尤其是在契约法、财产法和其他民法领域内,主要在于其学术特质,即它的体系化品质。制定法与习惯法在体系化程度上要相对不足,其普遍性原则的表述要差一些;它们具有更多的散乱特征,并更多地依赖于现实的经济和社会条件。例如,在 16 世纪伟大的新教法学家马修斯·沃森贝克(Mattheus Wesenbeck)关于契约的作品中,人们可以发现契约之债的本质、契约如何形成、契约有效或者无效的渊源、契约法中相似的一般特征等问题的讨论,以及不同种类契约的讨论,但是,对大量的规范各种贸易中的特定契约惯例的习惯法与制定法,却 160
没有什么分析研究。在 19 世纪、20 世纪研究 16 世纪德国法的主要历史著作中,所存在的问题依然如此。

在有关学术普通法的著作中所探讨的一般意义的契约法,和领地和城市立法与习惯法中的有关特定类型契约的法律,两者之间存在着差异,这种差异由于制定法与习惯法对相关内容的正式保留——实际上是有所加强——而格外地凸显出来。正像沃森贝克和其他学者所指出的那样,在学术普通法中,"无保证的协议"

(*nudum pactum*)能够构成一个具有拘束力的契约。但是根据领地综合性制定法如1555年《符腾堡领地法令》,凡涉及财产交易的契约都必须由双方当事人亲自到当地法院进行登记备案;在登记之前,那些契约被认为没有法律上的效力,任何一方当事人都可以根据自己的意志而将之撤销。[9]同样,有关本票和汇票——它们在这一时期开始在贸易和财政领域扮演越来越重要的角色——的习惯法也是以严格的形式主义而著称。

像16世纪其他领地和城市中的综合性民事立法一样,符腾堡的制定法在规定涉及不同类型契约的普遍原则时,当然也借鉴了学术普通法。它的第二部分——《关于契约和交易》——由借贷契约(*Leihe*)开始,并用罗马法学家的术语将其定义为三种类型:(1)用于消费的货币或物品之借贷,需要返还严格的等价物(*mutuum*);(2)用于使用的物品之借贷,需要返还该特定物(*commodatum*);(3)土地之借贷(即租赁)(*locatio*)。该法接下来的部分涉及契约保证金、买卖、房屋以及其他财产之租赁、赠与、物品抵押、作为债务担保的财产抵押。尽管符腾堡立法中所规定的这些交易类型的一般定义,和当时罗马法学家和教会法学家所给出的一般定义没有实质性的差异,但就具体的界定而言,它们之间还是存在重要的区别;另外,实际上,该立法中所规定的所有类型的契约都既受到某种形式上的限制,也受到某种实质的限制。此外,所有影响地上权利的交易,在进入法院登记之前(*Gerichtsbush*)必须得到法院的批准。这样一来,像前面所提及的那样,教会法关于"无保证的协议"可强制执行的学说就不能适用于各种契约了。同样,罗马法关于有名契约之外的其他契约(即所谓的无名契约)要求经过某些特定步骤("条件")的学说,也不适用于16世纪的欧洲商业界所出现的多种多样的新型交易类型。

调整信用交易的法律颇为鲜明地反映出“学者的法律”和16世纪德国制定法与习惯法之间的关系。在12世纪到15世纪的时 161
候，研究罗马法的学者已经从查士丁尼的文本中挖掘出一系列可以适用于各种类型的土地交易、动产交易和货币交易的规则，包括租赁、抵押和货币借贷等方面的规则。但是，现实的经济与文化生活环境已经大大不同于查士丁尼的时代，并且，探究查士丁尼文本的法律推理方法也日新月异，欧洲的注释法学派和评论法学派给古典以及后古典的罗马法文本赋予了新的内涵。与此同时，罗马天主教神学家也确立起新的道德价值，其中具有重要意义的两条是：不得以过分的利率来拓展信用，[10]财产不得以不公平的价格转让。[11]这些道德原则既可以在教会的内庭即忏悔室得以执行，也可以在外庭即教会法庭执行。这些原则也偶尔为世俗法院在债务诉讼一类的民事诉讼以及刑事起诉中所援引。[12]

罗马天主教关于价格公平和高利贷的道德和法律教义，为16世纪欧洲的道德哲学家和法学家——不管是罗马天主教阵营的还是新教阵营的——所继承下来；并且和20世纪的历史学家和社会理论家所通常假设的相反，就这两个方面的教义而言，路德宗和加尔文宗的道德哲学在结论上，与14世纪、15世纪杰出的罗马天主教神学家的结论并没有实质性的差别，而由世俗的新教法学家所提出的基本法律原则，也和罗马天主教教会法庭所实施的、由教会法学家所倡导的那些基本法律原则没有根本的差别。

另外，同样也和人们所通常假设的相反，无论是在16世纪还是在此前的历史时期，价格公平和高利贷这一对孪生教义在实际操作中并不是反资本主义的。[13]在16世纪就像在12世纪到15世纪的时候那样，人们所理解的价格公平教义，就是意味着市场上达成的公平合意的价格，它不含有欺诈或欺骗，尽管它还有一个限定条件,即就食物和其他生活必需品而言,价格应当低廉得穷人也支付得起。[14]同样,在16世纪以及此前的历史时期,就像在今天所一般理解的那样,高利贷一般不是指利润本身,而是指过分的利率,它在法律(尽管在神学和道德哲学上并不总是如此)上界定为利率超过了债权人对其劳动、成本和风险所可以正当要求的收益。[15]这样,这两个教义就产生了对抗荒谬不合理与不公平竞争的弹性规则,这正是成功的市场经济的基本原则。

毫无疑问,一定数额货币的简单的非商业借贷,在归还时一般不用附以利息;支付任何附加的数额或是在借贷数额之上获取任
162 何额外的实际利益,都被指责为高利贷。一些神学家也是强烈谴责对一定数额的货币借贷支付利息的做法。[16]但是,教会法学家实际上一致同意应当区分合法的利息要求和非法的高利贷。商业借贷所主张的利息如果条件合理并且法律没有限制,则它并不被称为高利贷,也不被认为是非法的。教会本身——包括教皇——就支付其借贷的利息并且索取其出贷的利息。[17]在14世纪的时候,商业集镇或市政府的长期贷款的利率浮动在5%到15%之间,而出贷给国王或王侯的借贷——其风险要更高——的年利率高达40%甚至50%。根据某些研究,集镇消费者的借贷年利率一般也是在15%到50%之间浮动。[18]许多城市限制了最大利率,如13世纪的热那亚市,最大利率是15%;而苏黎世有一个时期限制在43.3%;法国有一个时期整个王国都限制在20%。[19]当然,利率的高低通常取决于债务人所提供的安全担保。另外,在15世纪日渐繁荣起来的商业债务的年度分期支付、根据期货契约进行的支付、汇票之折扣以及其他形式的市场交易,并不属于高利贷法律调整之事项,只要它们没有公然背离市场利率。

与为人们所广泛接受的韦伯的社会理论相反,新教伦理——

不论是路德宗还是加尔文宗的——本质上和罗马天主教的有关内容是一致的。[20]路德在1524年的著作《论贸易和高利贷》(*Treatise on Trading and Usury*)中,在用十分激烈的字眼谴责过分的价格和利率的同时,又精心设计了一个在道德上可以视为正当的、通过出售物品或信用拓展而获益的条件。路德谴责贪婪,但同时又为正当的商业盈利活动辩护,他声称“一个商人在其货品上所取得的利益应能弥补它们的成本,并补偿他的劳动、他的心血和他的风险,这应当是公平而正当的”。他写道,货物应当“具有在一般的市场或土地上的买卖价格所标志之价值……我认为任何以此方式获取的盈利都是诚实而得当的”。[21]但是,路德写道,垄断行为以及为了哄抬物价而囤积居奇却是不正当的,并应为法律所禁止。同样,在谴责高利贷的同时,路德为合理的借贷利率做了辩护,他说正常的利率应在5%,尽管在特殊的场合下可以提高到6%或7%。又同样,他这一主张的根据不仅有他所理解的出贷者之劳动的合法收益,而且还有借贷期间出贷者由于不能利用其货币而遭受的损失,以及借贷者不还贷的风险等因素。他断言,债权人所承担的风险也是一种工作形式,他就此应当获得——而且法律应当允许他接受——一个正当的收益。这一理论和杰出的罗马天主教神学家以及道德哲学家的理论没有实质性的差别。[22]而在结果上看它和加 163
尔文宗的理论也没有差别。[23]

真正存在实质性差别的——不论是在德国还是欧洲其他地方,一方面是路德和16世纪其他神学家和立法者所处的经济环境;另一方面是他们所处政治和法律环境,这些都与先前的条件形成对比。

在经济方面,信用交易不论是在交易范围还是在重要性上都在急剧扩大。农民开始从大土地所有者手里租种和购买小块儿的土地,这取代了以前的封建依附关系,而且这样的租种和购买通常具有部分的信用性质。这些小农所有者也为耕种田地或是为渡过下次收获之前的难关而举债,并且这些信用通常有抵押担保。此外,在16世纪的时候,卷入大规模军事行动的王侯们要使用雇佣军,而这通常需要大笔的现金,王侯们就通常要从银行家那里用担保借贷的办法获得高利率贷款。

另外,价格的大幅度上涨——在德国,16世纪的前半期估计上涨了50%[24]——加之人口的巨大增长——德国估计增加了25%,即从1500年的一千二百万人增加到1600年的一千五百万人[25]——都增加了对信用的要求,也增加了拖欠支付的风险。[26]最后还有,作为西班牙征服墨西哥(1519—1521)和秘鲁(1532)的结果,黄金和白银开始输入进来,再加之贵重丝绸和其他外国商品的流入,这些因素都导致了利率的提升。

实际上,这在整个欧洲都是一个商业和金融活动——不论是当地的还是远距离的——大爆炸的历史时期。但是,如果像许多经济史学家所说的那样,或是像社会历史学家所普遍接受的那样,断言"资本主义"最早于15世纪末和16世纪开始出现,那就忽视了一个事实,即在此前三个世纪的时间里,就已经存在一个泛欧洲的市场,它充满着琳琅满目的商品,并且存在一个为个人生产和销售这些商品所必需的商业机制。为了销售盈利而生产、价格竞争、通过信用交易而实现个人融资、集中的资本积累以及其他一些界定资本主义时所列举的特征,在12世纪、13世纪和14世纪的时候已经全部出现了。从14世纪中期到15世纪后半期是一个萧条时期,部分原因是由于黑死病而导致的人口大幅度减少,部分原因是破坏性战争的发生,如所谓的"英法百年战争"。但是在新的经济因素刺激下,接下来就是一个经济大发展的历史时期。在从1400

年代末到1600年代初的“漫长的16世纪”[这是费尔南·布罗代尔(Fernand Braudel,译按:1902—1985,法国年鉴学派大师,主张历史的时间不是线性前进,而是分为“长时段”、“中时段”和“短时段”的层次)所给出的恰当称谓],[27]实际上出现了所谓的第二次商业革命,但它是建立在更早的商业革命——它出现在从11世纪到13世纪之间的漫长的12世纪——的成果基础上。[28]在政治和法律方面,对价格不公平和高利贷这对孪生之罪的斗争,在更早的 164
时候由教会宣称为它自己的责任,并主要通过忏悔措施来实施之,此时却成为主要由王侯们肩负的责任,并主要是通过世俗立法、世俗司法和行政措施来实施之,尤其在新教领地内更是如此。如此一来,黑森的君主菲利普和他的儿子威廉四世作为路德宗改革的拥护者,不仅把路德对调整价格和正当利率的号召规定到法律中来,并且,路德所呼吁的在丰年建立公共粮仓,以备未来饥馑之急,以及由官方逐条备案登记借贷之担保物,以在出现拖欠的情况下保护债权人和债务人双方的利益等事宜,都被制定进法律中来。[29]符腾堡君主乌尔里奇也是路德宗的拥护者,他在他的领地内建立起类似的法律。[30]

这是一个为经济史学家贴上了“重商主义”标签的时代,它在一定程度上突出了“政府”即政治权威对经济活动的大规模控制。[31]某些种类的商品销售要征税,并有激励机制刺激出口商品的生产,这在一定程度上也是为了通过税收而融资。购买国外商品受到一定的限制,保护市场防止贸易垄断的规则也建立起来。谷物和羊毛产品的垄断被严令禁止,并有相应的规则来保护农民、纺织业主和其他人等免受沉重的债务之累。最为重要的是,战争的特点发生了巨大变化,雇佣军取代了原来的封建军事义务,这激励了通过向大型银行企业大量借贷来扩大公债的做法。[32]虽然有担保的信用交易以前主要是和商品买卖相联系,它允许将来支付现在的货物交付,但大规模的融资活动改变了货币和商品的关系:债权人就商品所享有的权利现在成为他对资金提供者的担保,以防他拖欠支付借贷。这样,一些大型的银行企业就从那些战事失利而无力还贷的皇帝和王侯身上,获得了大量的矿产和其他资源的资产股份。[33]“学者的法律”——学术普通法对促成了这些转变的立法与习惯法涉及甚少或没有涉及。

德国契约法在 16 世纪的转型,不仅体现在调整商品价格、利率以及其他和贸易相关事宜的领地立法上,还体现在习惯法——包括调整金融交易的习惯法——的变化上。具有特别重要意义的是,这一时期发展出了一套新的银行和商业惯例,它一方面联系于对领地统治者大幅度扩张的军事和经济活动的资助;另一方面联系于个人跨国货币交易活动的扩张。用来实行个人对政府活动和
165 商业活动之资助行为的主要法律手段就是汇票。所谓汇票,它们自从 12 世纪、13 世纪商业大发展时期就已经出现,并在很小的规模上进行流通,但是,在 16 世纪发生的第二次商业革命中它们获得了新的重要意义。

本票最初主要是为了远距离支付商品货款的需要而开始使用。随着“行商”日益成为“坐贾”趋势的出现,这些商人通过不同城市间的客户和分号网络来经营生意,他们将代表他们的客户,接受国外购买者的在将来某一指定时间支付一定金额的书面承诺,或是向国外的出售者提供这样的书面承诺。最终,从 14 世纪开始,这些本票偶尔签发给收款人“或持票人”,或是签发给收款人“或指定人”;它们经背书后允许转让。[34]至于从什么时候开始,“持票人”或“指定人”本票获得了其现代的可转让属性——本票背书所指定人作为经过正当手续的持有人,可以不受某些所谓的

属人抗辩(比如欺诈之抗辩)的阻碍,将之提交给本票的签发者,而将原持票人排除在外,这是一个在历史学家中存有争议的问题。这样的商业交易几乎完全由不成文的习惯法来管理,并且,它们只是偶尔才在当时博学的法学家的作品中有所涉及。我们可以认为,随着16世纪欧洲国际贸易的巨大发展,以及与此同时,调整信用交易的习惯法也在朝着合理化、体系化的方向发展,不可转让的本票的受让人所享有的权利,与可转让本票的背书指定人所拥有的权利就应当开始出现了区别;前者持有本票要受限制于属人抗辩,而这样的抗辩可以发生在本票签发人和最初的收款人或是后来的背书指定人和背书人之间,而后者则不受这样的抗辩限制。

可以在国外支付的本票就称为交易证(*letters of exchange*)——即"汇票"(*bills of exchange*)。其中"交易"一词特别指不同货币之间的交易。英语单词"bill"来源于拉丁语 *bulla*,是"letter"(证书)的意思。当商人们在欧洲各地之间穿梭买卖他们的货物的时候,或者当他们为此目的而聚集在国际集市的时候,他们可以亲自或是通过货币兑换中介来交换那些由公国和城市统治者发行的各式各样的金属货币,这些硬币通常由铜、银或金等贵重金属合成,它们的交换是根据它们的重量来进行的,至少在理论上如此。[35] 当然,那个时候还没有出现印刷纸币的印刷机,也就没有官方印制的纸币。在14世纪、15世纪的时候,商人们开始定居下来,不同货币之间越来越多地发生异地支付,而且远距离夹带大量金属硬币也完全不切实际。这个问题通过商事银行家和客户之间的交易契约而得以解决了。这类契约包括四方当事人:(1)当地货币持有者,一般是向当地进口商出售外国商品的外国出口商在当地的代理人,他将把进口商所支付的购买价金(在扣除佣金后)提交给(2),一位当地银行家,他将收下当地货币,并进而发证书(letters)给 166

(3),他在出口商经营所在地的商业往来银行家,通知他以其所在地的货币形式支付相应数量(在扣除佣金后)给(4),出口商。

这种体现为商品交易契约的证书,在16世纪时常常被变通为可转让的商业信函,它于是就不仅是支付的手段,还成为一种信用手段。即不管有没有一个实际的买卖交易,凡是想得到外汇的人都可以要求一位当地银行家(开票人),开具如此一张票据给一家外国银行(受票付款人),领款人是他自己或是他的债权人(作为收款人)。如果该票据加上"或持票人"或是"或指定人"的字眼,并且如果受票付款人在票面上写上"已接受",则该票据通过背书就可以转让,并且背书指定人将有权从收款人处——或者如果收款人缺席,则由受票付款人处,或者如果受票付款人缺席,则由开票人处——获得票面所标明数额的货币。应履行支付的时间标明在票面上。尽管在早期的交易契约中,开票人(当时称为"收受人")要事先得到需要兑换货币的当事人(当时称为"交付人")的当地货币付款,但在16世纪的汇票(这样称谓是合适的)中,开票人成为终极债务人,收款人或者最后的背书指定人成为终极债权人,而票据本身可以在各中间当事人之间流通。由于欧洲任何地方都没有官方发行的纸币,并且大多数跨越边界的商业债务都是用pounds(镑)、livres(镑)、guilders(盾)等"影子货币"的形式表示,它们并没有相应的实物,[36]于是汇票成为国际间的、地区间的以及城市间的欧洲货币,同时相对较小数额的当地支付按惯例还是以硬币或是易货贸易的形式完成。

当代的法律学术著作没有讲述这一段历史故事,它在过去的一个世纪里几乎完全留给经济史学家;[37]但是,它在法律史上却有着关键性的意义,因为它揭示出,契约法在16世纪的一个主要渊源是商人和银行家的习惯法。那些执意要探讨汇票起源的为数不多的法学家，无论是在罗马法中还是在教会法中，都没有发现多少资料来支持他们研究。

财产

学术之普通法（*jus commune*）

像契约法一样，在16世纪的时候，当先前在每一个国家内共存的各种管辖权——教会的、王室的（帝国的和王侯的）、封建的、城市的、商人的和地方的——在大多数公国内开始从属于王侯管辖权以及王侯立法权的时候，在德国法学家以及欧洲其他国家法学家的学术著作中，出现了一种新的普遍意义上的财产法。尤其 167
是在新教公国内，教会对各类财产权利的管辖权或者被取缔，或者像在英格兰那样被置于王室控制之下，一些新的所有权观念因此诞生了。

尽管先前各种早已存在的管辖权都有它自己调整财产权利的法律体系，但是在不同的管辖权之间，存在法律观念上的重叠交错现象。在所有的体系中，拉丁词 *dominium* 不仅意味着在土地或动产上的权利，还意味着作为主人的贵族——Herrschaft——对人的权利。另外，在财产法与调整契约之债和其他债务的法律之间的界限，却没有一个法律体系做出明确的界定。这样，在封建法中，土地不是“被拥有的”（owned）——以这个词的现代意义来说，而是以某种保有（tenure）形式“被保有的”（held），它意味着对土地的占有权、使用权和处分权，它们和土地保有人对其领主所担负的义务以及对其属从所享有的特权相联系，这是一个封建链条。无疑，王侯是最高的封建领主，就那些属于他的王室所有的土地和动产而言,他拥有最高的 *dominium*,但是,他的很多财产还在于他的封臣所进献的封建税金(dues)和役务(services)上,以及各等级代表投票决定的征税上。这样,君主的个人财产与他的封建财产和他的政治财产混为一体。另外,王室和封地家庭对其土地和动产所享有的 *dominium*,并不是现代意义上的一元化的所有权,而是被划分了的所有权,占有、使用和处分等不同的权利时常为不同的主体所分享。在封建链条中的封臣或是其他附庸对领主负有效劳的义务以及其他义务,没有领主的允许,他们不可以转让土地。

在新教改革之前,罗马天主教会在包括德国在内的大多数西欧国家占有 1/4 到 1/3 的土地,它对那些仅仅使用于教会目的的土地和动产常常享有排他的 *dominium*。但是,即使在这些场合,各种主教管辖权也只能在教会法所仔细规定的目的和程序上,实施其占有、使用和处分的权利,并且实施这些权利还要受到教会统治集团的严格限制。处分的权利尤其受到严格的限制。

另外,教会的财产权利分为不同的种类。例如,根据方济各修会的章程,方济各修会修士不得就土地或动产享有 *dominium*;他们将不"拥有"(own)任何财产。为了履行他们的精神义务和满足他们的物质需要,他们获得了土地和动产,但这些土地和动产被认为是接受他人信托而保有的。作为受益人,他们被认为有权**涉足**(*to*)这些土地和动产(*jus ad rem*),而不是**享有**(*in*)它们的权利(*jus*
168 *in re*)。封建的封臣在其所"保有"的封建领主"的"土地上的权利,也被认为是涉足土地的权利,它区别于**享有**(*in*)土地的权利。封建附庸以及方济各修会修士对财产不能享有完整权利,这在 13 世纪的时候刺激产生了一个法律概念即 *dominium utile*,或说"受益所有权",它含有占有和使用的权利,但不含处分权利,它区别于"直接所有权",即 *dominium directum*,后者还包含处分的权利。

Dominium utile 保有者享有 *dominium directum* 保有者的受益人所享有的权利。[38]

教会法学家也发展出了保护土地或动产占有者不受有形妨碍的法律规则,即使是具有更高级占有权利的人也不得实施妨碍,甚至是一个对一块土地拥有合法权利的人,也无权以暴力驱逐其佃户。这实质上是防止自力救济的规则;就占有权利而存在的纠纷应当在法院里通过正当程序来解决。[39]另外,占有并不是像罗马法那样定义为事实上的状态,而是定义为法律上的状态,即占有的**权利**(*right*);一个人可以享有土地的占有权利——用拉丁语来说是 *saisina*、英语是 seisin(土地的占有)、德语是 *Gewere*——即使在他由于朝圣或参加圣战而离开了土地。佃户不在现场时如果被剥夺了土地占有权,那么在他返回后,如果他能在法院中证明他的土地占有权遭到了侵害,他就有权恢复原状并获得损害赔偿。

这些教会法上的教条最早是为和平解决竞争主教职位的纠纷而发展起来的,它们在英国和法国世俗的土地法中也有类似的规定。[40]德国的世俗法并没有明确地将这些教条表述出来,但德国的教会法庭却曾经将它们予以应用。并且,到 16 世纪时候,德国的世俗法院把占有权利——*Gewere*——的概念不仅应用在占有土地或持有动产的权利上,而且还应用到收取各种赋税的权利、交付货物的权利、享受服务的权利、获得利息支付的权利以及越来越多的其他权利。[41]德国具有学术素养的罗马法学家把这些占有权利(*Besitzrechte*)作为刚刚体系化的财产法(*Sachenrecht*)的一部分而提出来。[42]但是,他们通常并不是把它们的渊源追溯到罗马天主教的教会法,而是追溯到查士丁尼法律文本中的间接类比中。这样,作为非经法院判决不得被剥夺占有之权利的权威渊源,他们将引证古罗马确认不动产占有令状和确认动产占有令状(interdicts *Uti possidetis* and *Utrubi*),前者实际上只是裁判官在某一案件中,在最终处置办法做出之前,为保证不动产的既存占有状态不被改变,而向所有当事人发布的命令,后者则是适用于动产的类似命令。[43]

德国16世纪的罗马法学家还对“直接所有权”(*dominium directum*)和“受益所有权”(*dominium utile*)之间的区别给予了新的重视。随着信用交易变得越来越广泛,受益所有权的概念也变得特别地重要起来。封建的领主—封臣和领主—农民关系日渐衰落,取而代之的是出租人—承租人关系的日渐扩张,享有土以及动
169 产的权利越来越从属于罗马法学家所谓的“永佃权”(*emphyteusis*)(租赁契约,*lease*),承租人借此得以长期占有出租的土地,而作为代价,他要同意每年提交一定的物品或服务或货币支付;或是罗马法学家所谓的“抵押权”(*hypotheca*)(抵押权,pledge),取得土地的人因此而将其作为抵押以担保履行这样的年度交付或支付。[44]

在15世纪末16世纪初的时候,德国和欧洲其他地方一样,经济和社会领域的变化最终要求重新审视财产法哲学与科学——这既包括它的理论又包括它的方法。德国以及欧洲其他公国、王国内所曾经流行的教会法、王室法、封建法、城市法和商法等各种法律体系内都曾经有其各自的财产法律观念,此时就有必要将它们协调统一起来了。同时,随着封建关系和庄园农业制度的衰落,也有必要重新定义财产权利,以使它们得到更好的保障,而这就顺理成章地要求把财产的概念和其他类型法律关系的概念分离开来——首先就是要把所有人身份和领主身份分离开来,以及在某些类型的场合下把所有人的占有、使用和处分的权利相互结合起来。这就最终导致财产权和基于契约之债或其他债而发生的权利分别开来。

在财产法理论和方法上所发生的这些根本变化,最早由路德

宗伟大的法学家约翰·阿佩尔，在他1520年代末和1530年代初在威登堡和纽伦堡的讲座中系统地提出来，并发表在他于1535年和1540年出版的两部分别论述法律科学和法学教育主要著作中。[45]阿佩尔的年轻同事和伙伴、路德宗的康拉德·拉格斯以及伟大的法国新教法学家雨果·多内鲁斯（Hugo Donellus）进一步发展了经他修订过的财产法。

阿佩尔推翻了早期罗马法学家的民法研究框架，该框架沿袭了查士丁尼《法学总论》所设计的体系，对关于物的法律（*de rebus*）和关于诉讼的法律（*de actionibus*）做了区分。在罗马法律术语中，*res* 通常翻译为"物"（*thing*），但它有着非常广泛的内容；它不仅包括土地和动产，还包括货币之债和其他有价值的物品。与此相对，罗马法律术语 *actio*，则严格限制在程序救济的意义上。而 *obligatio*（债）一词则有时用来指涉一个 *res*，有时用来指涉一个 *actio*。这些原始的罗马法含义并没有在古典和后古典罗马法学家那里得到系统的详细阐述；直到11世纪末到15世纪的注释法学派和后期注释法学派，他们才系统地界定了这些术语的意义，并围绕它们建构他们的理论。但是，他们的理论并没有明确区分关于物的法律——*dominium* 是其中之一部分，和关于债的法律。因为——举例来说——在罗马法中，债务是可以买卖的，它既被当作一个 *res* 又被当做一个 *obligatio* 来对待。

阿佩尔运用他的同事梅兰登的主题式方法，从根本上对这些术语进行了修正，从而构设出财产法和债法的基本分野，这一模式一直延续到今天。他把财产法局限在对土地和动产所享有的权利 170
上，他坚持认为，这些所有权应当和取得这些权利所凭借的契约之债以及其他类型的债区别开来。他写道，债将引起"对人的"（personal）诉讼，尤其是要求赔偿损失的权利主张，而所有权则引起“对物的”(real)(来自 *res* 一词)诉讼,即对土地或动产的占有、使用和处分的权利主张。在阿佩尔看来,在一个物上所享有的权利(*jus in re*)不仅包括完全的所有权(*dominium directum*),还包括受益所有权(*dominium utile*),而受益所有权包括占有和享受他人土地或动产所结出果实的权利。这样的受益所有权此前曾被划归为涉足一个物的权利(*jus ad rem*),它是基于契约之债或是其他类型的债而产生,而不是由于一项所有权而产生。在阿佩尔研究的基础上,再经过拉格斯的进一步发展,*dominium directum* 失去了其 *Herrschaft*——领主权——的内涵,而成为 *proprietas*(人对物的所有权)——在德语为 *Eigentum*——的同义词,即“自己的”。与此同时,属于不完全所有权的财产权利,如承租人或质权人所享有的权利,开始被归为在他人土地或动产上所享有的财产权利(*jus in re aliena*),而不再是债法的组成部分。[46]

阿佩尔把民法划分为所有权法和债法,这在当时是有争议的,但它逐渐在德国以及其他国家流行起来。[47]即使在今天,欧洲的民法典仍然在土地或动产所有权与由于契约、侵权或是不当得利而产生的债权之间做出严格的区分。而英国的普通法——它为美国和其他地方所继受——虽然通常并不谈及一般的债法,但却在财产法和契约法、侵权法和不当得利(“返还原物”)之间做了区分。举例来说,在今天,在西方国家的每一个地方,就像阿佩尔所设计的那样,一个简单的出售土地的契约之债,在没有一定的权利转移形式的情况下,它本身一般并不能引起对整个世界有效的土地之财产权利的让渡,而只能就卖方的违约引起一定的救济权利。同样,出租人和承租人彼此间的契约之债也区别于承租人和出租人对世的财产权利。英国法及其所派生的分支抵制了欧洲大陆的“不动产”契约的概念,但它通过信托法和不动产转让法而实现了相似的结果。

制定法与习惯法

现代财产法的概念、原则和规则,最早由阿佩尔进行了阐释,接着是他之后的16世纪欧洲新的学术普通法法学家进行了阐释,它们是法律学术界对经济和社会变革所做出的反应,而在习惯法与制定法范畴内,也有相应的内容变化正在积极调整、支持着这一场经济和社会变革。像在契约法领域一样,学术普通法的作家们也在帮助起草财产法领域的新立法,并在起草过程中进行体系化 171
整理。但是,在财产法领域也像在契约法领域一样,无论是在习惯法上还是在领地与城市立法上所产生的实在法,都与学术文献上所阐述、分析的法律有着重要的区别。特别是在各种各样的自主式所有权取代封建占有关系的缓慢过程中,学术上的所有权在此只能体现为一个很小的侧面。罗马法学家的*emphyteusis*(租赁)和*hypotheca*(抵押)之概念,不能完全涵盖形式多样的习惯法上的占有,而这些形式多样的占有又有必要在王侯的、城市的立法和执法中得到规范。典型的是,和阿佩尔同时代的年轻人约翰·俄尔敦道普把习惯法上所有不同类型的租赁(lease)或租用(rental)协议都归为*emphyteusis*(租赁),他写道,这种*emphyteusis*要么是把土地上的完全所有权(*jus*)从所有者转移到承租者,要么是把土地上的受益所有权(*dominium utile*)转移到承租者;这样的权利转移在"我们的农夫"(*nostros rusticos*)中间很典型,尤其是在开垦耕作新的土地时。[48]同样,像阿佩尔和俄尔敦道普这样的法学家,把习惯法上为实现土地转移而发生的所有不同类型的有担保的信用交易,归为罗马法的*hypotheca*(抵押)契约。但在实际上,这些多种多样的行为方式超出了它们概念化的规定(译按:上述几个拉丁语和英语字眼都简单对应成“租赁”等概念,这也存在名词本身的局限性问题)。

在16世纪的学术普通法的论文中被严重忽视的,是对由习惯法和各领地制定法所详细调整的变化中的民事法律关系的研究。在一定程度上,16世纪那些主要为法律执业者而写就的各种法律作品,弥补了这一缺失;它们列举并总结了学术普通法和某一特定领地法律之间的差异,如其中一本著作就列举并总结了学术普通法和萨克森选帝侯的公国法律之间343条的差异,随后并简单概括了萨克森公国1572年时所施行的162部公国法律。[49]这些“辨异”著作的作者们都强调,在出现法律冲突的场合,领地法律的效力优于学术普通法。现代法律史学家对这些差异问题并没有做过系统研究,而是把注意力主要集中在学术普通法方面,只是偶尔涉猎习惯法与制定法的内容;相反,当代的经济和社会史学家却已经注意到在财产关系领域所发生的经济和社会变化,并有时候就某一特定领地或城市内的习惯法与制定法进行分析研究,而只是偶尔涉猎学术普通法。

在财产法方面,无论是学术普通法还是领地制定法,都是对当时的财产所有者——包括有地贵族和农民,以及生产者和商人——之间习惯性相互关系领域所发生的巨大变化的回应。只不过,学者们所做出的回应,和立法者所做出的回应显著不同。学者们的做法是把以前存在的罗马法和教会法的概念、原则和规则适用到新的财产关系中来。他们所使用的术语,主要来自封建(领主—封臣)和庄园(地主—农民)关系居于支配地位的那个时代的
172 法学理论。但是,在15世纪末和16世纪的时候,封建法和庄园法的重要性逐渐衰微。无论是在经济上还是在政治上,骑士阶层都大大地衰落了,农民则逐渐从对领主所肩负的较为苛刻的经济和

人身义务中解放出来,而能够以相对自主的所有权方式拥有土地。王侯对使用土地的控制和对土地持有者的征税,补充甚至是常常取代了贵族对土地的控制和征税。货币和信用手段不仅是在工业生产和商业领域,而且在农业关系领域,开始扮演更为关键的角色。与这些变化相适应的法律上的主要变化,一方面是习惯法上的发展,如新型契约和财产交易;另一方面则是领地和城市制定法上的发展。那些具有学术素养的法学家把这些发展用罗马法语言表达出来,并把它们加以整合和“科学化”。但是,为了具有现实的效力,这一新的法律制度需要那些主要来自习惯法与制定法的新的法言法语——全新的术语和句法。20 世纪一位杰出的德国私法史学家说过,16 世纪那些具有学术素养的法学家并没有改变他们所发现的法律规则;相反,“他们的任务是通过学术上的法律来把握现实存在的关系,并把它们整合到学术普通法中”。[50]

这种整合方式的优点和缺点可以从威登堡关于借贷契约(*Leihe*)的立法规定上看出来——就此我们曾经做过参照。这是一部在杰出的罗马法学家的帮助下起草完成的制定法,它在第一段关于契约的表述内容中,就试图“把握住”并“整合”那些在威登堡习惯法中发展起来的、复杂而多样的现实存在的信用关系,并在后面的章节中将这些信用关系归入详细的立法规定中。学术论文当然也用复杂的方式研究 *mutuum*(消费借贷)、*commodatum*(使用借贷)和 *locatio*(租赁)等契约,并且他们的研究作为辅助性法律,弥补了习惯法与制定法中的漏洞,并廓清了模棱两可的问题,但是,在正在发生的法律转型中起主要作用的仍然是作为法律渊源的习惯法与制定法。例如,在租赁契约(*locatio*)中,学术普通法和领地法律之间的一个关键性的差别是,根据领地法律,某种类型的承租人无需出租人的同意,而得以自由转让他们在土地上的权利。与此相对,学术普通法则保留了封建的原则,即一个占有上级领主的采邑的人,不经领主的允许,不得让渡他在采邑上的权利。但是,领地法律也规定,在不经出租人同意而转让一份租赁物时,其财产价值不得受到负面影响。这样,在确定财产的价值时,就可能援引学术普通法的内容了。

173 在16世纪的时候,在德国以及欧洲其他地方,有一个最为人们所广泛接受的让渡财产权利的法律机制,在古典和后古典罗马法中根本没有和它相对应的规定。这一机制用德语表述就是*Rentenkauf*,或者*Zinskauf*,其字面含义是“获得定期支付的权利”或者“年金的获得”;德语单词*Zins*——它最终具有了“利息”的内涵——来自拉丁语术语*census*;相应的法语词是*rente*,意大利语是*rendita*或*reddita*,西班牙语是*cense*。这一独有的法律制度好像源于12世纪或13世纪,当时这一制度的典型内容是,拥有土地的人向教会让与一定的权利,即每年向教会交付一定的土地出产物,一般是果实或葡萄酒或粮食,但有时候也会是动物和其他与土地有关的动产。这种享有年度交付的——有时是永久性的——权利,不仅针对让与人,还包括土地未来的承租人。这就为受让人创造了一个土地上的权利,而不仅仅是让与人的个人义务。在义务不履行的情况下,受让人可以占有土地,以保证义务之履行。与此同时,这种让与又规避了封建性的限制,因为它无须征得封建链条中上级领主的同意。实际上,在*census*发端之时,它主要适用于城市土地,因为这种土地的占有权——较之非城市土地的占有权来说——通常赋予地主大得多的处分权。

在15世纪和16世纪的时候,这种享有年度交付权利的现象在整个欧洲变得非常普遍了,并且它的交付内容通常是货币而不再是实物。更进一步的是,这样的年金收入越来越普遍地和土地买卖联系起来;购买人将支付一个相当数量的价款——用德语来说就是Kapital——作为购买土地的首期付款,而剩下的购买价款将以每年交付货币或出产物的形式进行支付。这样,*Rentenkauf* 或者 *census* 就开始类似于现代的不动产抵押,即以每年分期付款的形式偿付欠款,而土地和建筑上的财产权益就是偿付担保。但是,作为年金的一种买卖形式,它在很多方面都有重要的法律后果,这就使它不同于普通的担保借贷。债权人通过保留土地上的财产利益而获得了对抗违约的担保;如果债务人不能进行每年的支付,债权人有权获得一个司法裁定,通过司法程序将土地变卖,折抵债务。

此外,*census* 开始出现大量的不同种类。例如,在收到一定的首期付款(Kapital)的情况下,土地可以被(1)被出售,或者(2)被租赁,(3)要有后续之年度交付,交付标的是土地的出产和/或(4)年度货币支付,(5)期限为一个指定的年限或是(6)土地购买人或承租人的生命期限内,或是(7)永远,(8)并且,在土地购买人或承租人或是他们的继承人拖欠一年或多年支付的情况下,年金享受人拥有或是(9)不拥有回购土地的权力,(10)在年金享受人返还了此前向他支付的数额的情况下,或者(11)以其他条件和方式。另外,购买人或承租人(12)可以,或(13)不可以享有出售、出租或分租土 174
地的权利,同时转让支付年金的义务。

正是主要通过这些不同种类的首期付款加年度"租金"的土地买卖或租赁形式,在16世纪的德国、法国、意大利、西班牙和欧洲其他国家(尽管英国的法律对此采取了不同的对策)境内,小耕农的封建土地占有形式转型为私人的土地占有形式。[51] 尽管那些罗马法学家给这些不同类型的 *census* 安排了特别的名称,但它们完全是欧洲习惯法的发展结果,并在16世纪的时候为领地立法所修正。例如,在德国新教领地内,制定法严格限制支付年金的年限,

并严格限制 *Zins*(年金)和最初的 *Kapital* 之首期付款之间的比例关系。之所以要做这些限制,部分原因是因为马丁·路德对年金压迫条款的强烈攻击,尤其是他对年金享受人在年度支付未被履行的情况下所享有的重新占有土地的权利的攻击。[52]

在德国各个领地内,一个 *Rentenkauf* 就像每一件买卖契约、交换契约或是其他交易形式——藉此土地或建筑物的财产权利得以转让——一样,需要提交到法院,并有契约各方当事人到场,并且在被批准后,契约内容将盖章登记在法院的文书(*Gerichtsbuch*)或土地册(*Grundbuch*)中。[53] 在登记在案之前,这一交易被认为尚未完成,任何一方都可以退出约定。另外,如果交易对缔约的某一方不公正或是存在其他方面的违反法律规定的情况,法院将拒绝批准。领地制定法通常规定每年的支付应采用货币形式,而不是实物,并且一般有时间上的(如不超过 10 年)和数额上的(如支付总额的 5% 或 6%)限制。债权人所享有的强行收回土地的权利,通常从属于债务人补偿年金的权利(*Wiederkauf*),即偿还剩下的余额,并因此把土地从债务抵押中解除出来的权利,这在英国的抵押法上逐渐称为衡平法上的回赎权。

商业社团

尽管在 16 世纪的时候,生产和贸易在整个欧洲都经历了巨大的扩张,其性质也发生了变化,财产法和契约法也因此而发生了变化,但是,行业协会的法律形式却并没有发生与之相称的变化。合伙仍然是把资金和其他资源聚积一处的基本途径,而利用代理人——通常是家庭成员——也继续是进行远距离交易的主要手段。

同样,尽管银行业在规模和业务范围上增长巨大,但它仍然主要是 175
家庭经营的模式和其他合伙模式。尽管此时中间人会向工匠和其他工人提前支付价款,以资助他们最初的商品生产,并且这样的做法越来越多,但同业行会仍然是组织生产的主要机制,这种同业行会的神召意义为路德教义所支持。尤其是在跨越边界的交易中,传统的贸易市场扩张为大型的交易所,在此,银行家开始扮演举足轻重的作用。这些方面的进步为一些经济史学家标榜为资本主义的诞生;[54]但是,此时尚不具备的是资本主义企业的主要制度结构,即股份公司,并且也还没有形成一个自由的市场。[55]这不是严格意义的资本主义,而是重商主义(mercantilism),正如艾黎·赫克舍尔(Eli Hecksher)在他关于这一问题的经典著作中所断言,这种重商主义的"本质是政府居于所有经济事务的中心地位"。[56]

16 世纪的"政府"——王侯和他的集权政府,国王和他的贵族们——高涨的权力,是和罗马天主教会的衰落——在新教国家内则是结束——联系在一起的。特别是在新教国家内,新的宗教信仰对民法和经济法,尤其是包括信用交易在内的财产法和契约法的发展,产生了强烈的影响。但是,新教教义对商业社团法的主要影响,看来要到下一个世纪的时候,在英格兰境内,才最初表现出来。

第六章　德国社会法的转型

176 生命之世俗王国和精神王国的对立与互动的辩证关系深深植根在基督教思想中。耶稣命令他的挑战者说，“恺撒的物当归给恺撒，神的物当归给神”(《马太福音》22:21)。他对他的门徒说:“从肉身生的，就是肉身。从灵生的，就是灵”(《约翰福音》3:6)和“人若不是从……圣灵生的，就不能进神的国”(《约翰福音》3:5)。接下来，圣保罗在“喜欢神的律”的“内心”(inward man)和对抗“圣灵的律”的“属肉体”的人之间做了比较(《罗马书》7:5—7，22—23)。他写道，“体贴肉体的，就是死，体贴圣灵的，乃是生命，平安”(《罗马书》8:6)。他在列举神为跟随基督的人所根植的“属灵的恩赐”时，列举了智慧的、知识的、信心的、医病的、异能的、先知的恩赐等(《哥林多前书》12:1—7)。属圣灵的并且听从内心指导的基督徒，与他所降生其中的未被救赎的时代的世俗主义进行斗争，与这个被时间束缚着的世界的世俗主义进行斗争。

四个世纪之后，圣奥古斯丁把这一观念应用到他生存其中的社会里，他在现世的“地上之城”之罪恶的并且实际上是撒旦的属性，与永恒的“上帝之城”之纯洁之间做了一个鲜明的对比。在圣奥古斯丁看来，教会和帝国都生存在一个罪恶的时代，即“*in hoc maligno saeculo*”，真正的基督徒——不管是神职人员还是一般的平信徒，实际上只是寓居此地的外方人。用彼得·布朗（Peter Brown）的话来说，“对奥古斯丁而言，俗世是一个极度邪恶的东西。它是一个应受惩罚的存在……它在没有任何韵律或理性中颠簸反复。”[1]与此相反，在圣奥古斯丁看来，在上帝之城，依靠三位一体的神根植在人的记忆和想象力、人的理性和理解力以及人的欲望和爱里面的“遗存”，基督徒的灵性得以实现。[2]

11世纪末12世纪初的教皇革命确立起一个完全不同的世俗与精神世界之关系的概念，同时，西方的教会也获得了跨国界、跨 177
领地的法律团体身份，以及摆脱了帝国、王室和封建统治后的自由。当此之时，精神王国开始被认同为看得见的、有等级统治权的罗马天主教会；它的神职人员第一次被称呼为“spirituals”（神职人员）（spirituales，德语为Geisliche），并且刚刚在教皇领导下统一起来的西方教会被认为在挥舞着“精神之剑”，而与此相对，包括皇帝和国王在内的部落的、封建的和城市的平信徒，则挥舞着“世俗之剑”。[3]教皇格列高利七世断言，“地上的国王和王侯们更喜欢他们自己的利益，而不是精神上的东西”，而神职人员则“把神的事务放在肉体事务之上”。[4]但是，教皇的统治集团并没有像奥古斯丁那样对世俗之城精神进步的可能性感到绝望。相反，刚刚集权化、系统化的独立教会对这个俗世抱有很大的希望，只要它接受神职人员的保育和指导；神职人员不仅开始构成教会内部的官僚团体，而且还是世俗统治者的公职文官的主体。

罗马教会创建了西方第一个现代法律体系,即教会法,并称之为"精神法"(*jus spiritual*,*geistliches Recht*),与彼此共存的王室法、封建法、城市法、商法和地方性法律相对称,它们统称为"现世法"或"世俗法"(*jus temporale*,*jus saeculare*,*weltliches Recht*)。由教会权威制定并实施的"精神法"不仅包含纯粹涉及教会事务——如圣典和圣餐礼仪的举行、基督教教义的权威解释、神职人员戒律、教会财产以及教皇、主教和神父的权威等——的法律,而且还包含涉及平信徒事务的法律,如婚姻、教育、平信徒所实施的某些犯罪、济贫,以及为平信徒自愿提交教会予以裁判或仲裁的大量的财产的、契约的和其他方面的民事纠纷。[5]但是,王室法、封建法、城市法和地方世俗法则被认为调整范围较为狭隘,较缺乏系统性,也更形式主义。教会法法学家认为"精神法"之称谓的正当根据,不仅在于教会法的渊源在于教会的立法权、执法权和司法权,而且还在于它比世俗法更为"高级",他们断言教会法更为直接地接受了神法和自然法的指导。[6]

在路德宗教改革的冲击下,"世俗"和"精神"等字眼在16世纪的德国获得了新的含义。路德"两个王国"的教义把可见的团体教会——*ecclesia manifesta*——置于世俗王国之中。同样,路德的"三阶层"(three estates)教义也把僧侣归为世俗阶层,和集权政府——被称为Obrigkeit——以及被路德视为经济和政体之基础的家庭并称。[7]在罗马天主教中所谓的"spirituals"(*Geistliche*),现在变成了
178 新教术语所谓的教会官员,*kirchliche Beamten*,成为人类脆弱和罪恶的地上王国的一部分。只有**看不见的**(*invisible*)教会——所有信众所组成的精神教会——的虔诚信徒,才生活在信与恩典的天上王国中。

但是，路德的世俗王国和圣奥古斯丁的地上的“世人之城”（*civitas diaboli*）有着很大不同。正像罗马天主教——路德神学既反抗它，又原本是在它的滋养下成长起来——一样，路德神学对待世俗法的态度要远比奥古斯丁神学的态度乐观。一方面，不仅是教会法而是所有的法律，甚至包括《十诫》之实在的神法，在路德看来都是世俗的，即 *weltlich*，是属肉身的，即 *leiblich*；只有神启的信、爱、恩典才可以被称为神法，即 *geistliches Recht*——如果把“法”这个字眼理解为一个特殊含义的话。它完全不同于其他种类的法，因为它没有规则，没有强制措施。[8] 甚至《十诫》之道德法，神都没有寄意为救赎的手段，而是要惩罚、威慑和矫正罪人的行为。尽管它是神订立的，但它不是“属灵的”，它不能把人带进与神的融洽关系之中；并且在路德看来，福音派教会（Evangelical Church）的全部目的固然是要实现与神的融洽关系，它并不是一个法律实体，因此无从产生或是实施一套法律体系。通过法律来实施统治，以及在实际上通过法律来统治教会，乃是世俗政治权威——王侯和他的集权政府——的排他性职责。但是，由福音派基督徒老师培养的并受福音布道鼓舞的新教王侯，应当并且能够通过制定并实施合适的法律，来调整地上王国的宗教活动，从而帮助教会履行其职能。这样的世俗性宗教法由世俗王侯颁布，并由世俗的包括世俗法院在内的集权政府来实施，这样的法律是“实实在在的权力”的工作，而这样的“实实在在的权力”——用路德所常常引用的圣保罗的话来说——乃是“神意的安排”。对路德及其追随者来说，尽管世俗法本身并不是他所理解的精神性的，但是它却有“精神的用途”；[9] 就像其他世俗制度——包括地上可见的教会本身——有其精神的用途一样，世俗法也是神意的展现，并且将尽最大可能地符合于《十诫》之实在性神法，以叫人知道他们的罪和被救赎的需要。

路德宗信徒并不否认法律的道德性和理性,而是否认它的精神性和它的神圣性,它的 *Geistlichkeit*。

16 世纪的时候,德国境内路德宗的王侯和城市议会颁布了数以百计的、调整此处不妨称为“精神的”——不管路德是如何使用这个词,也不管它在当时的德语中的具体用法是什么——责任和权利的法律,这些新法律生动地反映出在路德宗的德国,精神领域和世俗领域相互之间的辩证影响。这些法律差不多都是称为条令(ordinances),即*Ordnungen*,“命令”之意;每一个条令都是一个发布“命令”的综合性规则,调整某一完整的法律部门所涵摄的一个广泛的行为和关系领域。那些被称为精神条令——尽管路德宗信徒
179 在那个时候会称呼它们为 *geistlich*——的规则,把原来罗马教会所谓精神法的治理事项,转移到世俗权威的管辖权内。

这些由世俗权威颁行的新的精神性条令,如前面的章节所提及,有着各种不同的名称,它们包括实际上涵盖所有精神事项的教会一般条令(*Kirchenodnungen*),以及更为专门化的婚姻条令(*Eheordnungen*)、学校条令(*Schulordnungen*)、惩戒条令(*Zuchtordnungen*)和穷人条令即赈贫法律(*Armenordnungen*)。[10]它们通常由那些杰出的新教神学家起草,其中就包括路德和他的同事菲利普·梅兰登本人,以及路德的好友约翰·布根哈根,他和路德以及梅兰登一样,在法律方面也很有素养。这些条令融合了神学以及那些被认为与基督教信仰有最为密切之关系的法律教义。

这些不同种类的精神条令有四个方面的革命性特征。第一,它们不是由教会统治集团颁行的,而是由城市议会和其他集权政府的代表会议颁行的;它们的运行依据在于世俗统治者即王侯们的权威,而王侯则具有福音派教会首脑的身份和能力。第二,违反条令将受到世俗权威和世俗法院的行政制裁和刑事制裁。第三,

这些条令包含并贯彻新教神学的教义，它在很多重要方面都区别于以前的罗马天主教教义。第四，它们反映了新的法律科学，而这一科学融合了此前并存的教会法和罗马法的成果，并借鉴了此前并存的王室（王侯）法、城市法和封建法等独立的法律系统。它们在涵盖某一特定法律部门方面所表现出的综合性，也体现出了新的法律科学。[11]

世俗法的精神化

在 16 世纪的时候，德国新教领地的世俗权威所颁行的条令，在精神领域主要规范五个方面的事项。它们是（1）教会礼拜仪式，（2）婚姻，（3）学校教育，（4）道德惩戒，和（5）贫穷救济。这些类型的法律，每一部都继承了先前的罗马天主教教会法的某些因素，也包含着一些根本变化了的因素。

礼拜仪式

在 16 世纪的时候，那些由杰出的路德宗神学家起草、[12]由各主要路德宗公国和城市的世俗统治者颁行的教会条令（*Kirchenordnungen*），[13]不仅规范教会的组织结构，还规范教会的 180
礼拜仪式——包括三项保留下来的圣礼，即圣餐（*Abendmahl*，"主的晚餐"）、洗礼和忏悔与罪之赦免，以及敬拜仪式和布道。[14]在所有这些方面，新的路德宗圣礼都在它所取代的罗马天主教圣礼的基础上进行了重要的革新。[15]

有一项最重要的变化就是德国本地语言取代了拉丁语。路德自己把《十诫》、主祷文、使徒信条、洗礼仪式以及其他敬拜仪式翻译成了德语。其他相关的变化有,在实施圣礼、会众祈祷[16]和吟唱神圣的路德宗赞美诗时,都特别强调会众的参与。

路德对会众参与"主的晚餐"之圣礼的重视,反映了教会结构和神学理论在圣礼性质方面的变化,并且这种重视还具有重要的社会内涵。罗马天主教的惯例是向会众仅仅分发面包,它象征着基督的身体,而把象征基督宝血的葡萄酒留给教士自己,并且按照惯例还要突出圣餐的神圣效果,当此之时教士要说:"这是我的身体"[用拉丁语是"*Hoc est corpus menum*,"新教改革者把它戏弄为"*hocus pocus*"(译按:*hocus pocus*,乃前一句拉丁语的谐音,是魔术师在变戏法前念的一句话,如同"天灵灵,地灵灵"一般的咒语俗套)]。这样,罗马天主教的圣礼由教士来完成,很常见的是他独自完成这个仪式,而会众没有在场。实际上,平信徒仅仅被要求在圣周(Holy Week)进行每年一次的忏悔和指定补赎后,接受每年一次的主的晚餐。与此相反,路德宗坚持圣礼之完成必须有聚会者分食面包和葡萄酒的仪式,而聚会者每周都要参加一次圣礼。这一变化体现在王侯的法律中,它反映了路德主张的所有信徒构成教会的教义。"这一圣礼的重要意义或说结果",路德写道,"是所有圣徒的团契……因此事实是,基督和所有的圣徒是一个共同体,是一个肌体,每一位市民都是其他市民中的一员,是整个城市的一员"。[17]路德写道,穷困中的人们实际上应当"欢欢喜喜去参加祭坛的圣礼,放下他在共同体中的仇恨……并从整个集体中寻求帮助"。[18]

这样,在路德看来,圣礼具有实现共同体认同的社会效果。如卡特·林德博格(Carter Lindberg)所写道,"穷困中的人"听从路德的话语而"从整个共同体中寻求帮助","就像一位市民会向政府和其他市民那里寻求帮助一样"。[19]实际上,这一圣礼正是路德济贫——包括市政府赈饥、扶伤以及为需要帮助的人而“奋斗、工作和祈祷”的责任——的神学教义的基础。在谈及早期的教会时，路德写道，“在过去，圣礼运用得如此之得体，人们对团契的理解又如此之好，以至于他们甚至在教会里募集食物和其他物品，并在那里分发给那些需要帮助的人们”。[20]在洗礼仪式方面，路德宗较之于罗马天主教仪式的主要变化是它被翻译为德语，这对路德而言具 181
有重要的神学意义。路德宗神学和罗马天主教神学都赞成婴儿受洗，并且二者都反对那些背离这一信仰的人再洗礼回到这一信仰中来。二者都允许在特殊的情况下，可以在教会之外由一位平信徒独自实施这一圣礼。并且，在通常的情况下，在由教会圣职人员实施婴儿洗礼时，罗马天主教和路德宗的仪式都准备会众的参与，以及会众要把抚养受洗婴儿当作一项基督徒义务而接受下来。但是，在对这一会众义务的强调上，路德宗的婴儿洗礼有所不同。路德在翻译洗礼仪式时，还相应地写了一篇随笔，他在文中指出，他所以要把祈祷文翻译为德国本地语言，是因为要保护婴儿不受撒旦的诱惑，必须要有信众团体的信。[21]这项洗礼的驱邪仪式是从罗马天主教沿袭而来，路德在为这一仪式辩护时写道：“凭着所有基督徒的虔诚，我想请求所有那些实施洗礼的人，那些掌握着孩子们的人，或是见证洗礼的人……挡住撒旦并且……把它从小孩子身边驱赶开……并且我怀疑”，他接着补充道，“人们在接受洗礼后变得那么坏，就是因为我们对他们的照顾曾经是那么冷淡、那么漠然，（并且因为）在他们洗礼时我们表现得没有热诚”。[22]

与礼拜仪式翻译为德国本地语言相联系的还有，就是确立了一种新的会众祈祷形式，即唱赞美诗。在16世纪的罗马天主教礼拜仪式中，聚会很少唱赞美诗，而所唱的那些也主要是拉丁语的赞美诗；教会的曲子大多数仅仅是为领唱者，或是牧师，或是唱诗班而谱写的,并不是为所有的会众。[23]实际上,会众中没有多少人能够读懂乐谱。但是,路德不仅在人文和教会音乐传统方面训练有素,而且还有一副优美的男高音,他曾经在流行的合唱团中唱过歌,而且还是工人歌星音乐协会(music guild of Meistersinger)的活跃分子。他相信,音乐乃是神的礼物,是信的最高形式的表达;他把耳朵说成是"高尚人的器官",并且说"那些叫我们的眼睛看见的奇迹远远不及我们用耳朵所领略的奇迹"。[24]

从1520年代开始,并在接下来的几十年里,路德写了几十首的德语赞美诗,其所配音乐通常是从当时的通俗曲调改变而来,歌词则从圣经文本中抽取而来,十分简单明了。他为1524年出版的第一本德语赞美诗集写了前言,并且八首赞美诗中有四首是他的作品。[25]他还为别的新教赞美诗集题写前言,这样的诗集在他生前差不多出版了一百部。[26]

在他1525年出版的《德语弥撒和礼拜仪式》(*Deutsche Messe und Gottesdienst*)又称为《歌曲弥撒》(*Lied Messe*)中,路德用聚会合
182 唱的赞美诗取代了很多在罗马天主教圣礼中由神父或领唱者个人朗诵或吟唱的或是由教会合唱团歌唱的弥撒曲。另外,虽然罗马天主教所演唱的弥撒曲只在每年的圣周演唱一次,但路德宗的弥撒曲连同它的聚会赞美诗,每个星期天举行一次。这样,《尼西亚信经》不再是由神父或领唱者每周朗诵或吟唱一次,或是由合唱团每年演唱一次,而是每周都为会众所歌唱,这也与罗马天主教的惯例形成对比;同样,在罗马天主教中通常为会众每年举行一次的圣餐礼,在路德宗弥撒中,不仅是每周举行一次,而且还要冠之以会众赞美诗,确认路德关于"主的晚餐"的神学教义。[27]

路德在他1524年写给一位朋友的信中说,他打算"为德国人民谱写德语歌曲,以便神的话语能够回荡在人们的歌声之中……

要让歌词尽可能地简单，但同时要纯粹而适宜；要让意思明白并且尽可能地贴近圣诗”。[28]他还强调说曲子应当优美，以便于赞美诗“在最大范围内传唱”。[29]“不论是词还是曲”，他写道，“（包括）声调、旋律和姿势，都必须来自母语腔调，否则它就仅仅是一个猴子般的模仿”。[30]实际上，路德以及他的追随者所作的赞美诗，都从根本上改变了那个时代教会音乐和流行音乐的音调和节奏。与流行的罗马天主教教会音乐不同的是，它强调单音旋律而不是复调音乐，与流行的世俗音乐不同的是，它强调整齐的节奏，所有的音符都有一样的节拍，以此来加强歌词宣示信仰的品质。用现代一位音乐理论家的话来说，在路德的赞美诗中，“旋律的改进突出了歌词所要强调的内容”。[31]

有一句古老的德国谚语说“路德从罗马天主教会中唱出来百万大众”。[32]他最有名的一首赞美诗《坚强的堡垒是我们的主》（*Ein feste Burg ist unser Gott*），曾经被称为“德国新教运动的战斗号角”。他的另一首赞美诗《主，从天上注视我们》（*Ach Gott vom Himmel Sieh Darein*），曾经由四百个人站在王侯宫殿的院子内高歌以示抗议，因为他拒绝让一位颇受欢迎的路德宗牧师恢复职位。[33]

从政治和法律观点来看，这些新的赞美诗集最主要的意义——如新教礼拜仪式改革的其他方面一样——首先是，在新教公国内，教会圣礼的治理权从教皇统治下的罗马天主教会转移到了新教神学家鼓舞下的新教王侯和他的集权政府；其次是，新的赞美诗集像其他礼拜仪式改革一样，把此前一直专属于神职人员的精神事务权力转移给了会众，即“德国人民”。在罗马天主教的教会法中，教士乃是“神职人员”（spirituals），而聚会者、平信徒构成
地位其次的世俗王国。在罗马天主教会的礼拜仪式中，从最高阶 183
层到最低阶层的聚会者，都扮演相对被动的角色，他们很少对僧侣

们做出呼应。但德国革命把聚会精神化了;在举行圣礼时,它赋予平信徒以教士的角色。它把世俗音乐改造成宗教音乐。最重要的是,聚会时要歌唱那些神圣的新教赞美诗,这成功地彰显了路德的每一个真正信众都是教士的教义。

路德宗另一项根本的礼拜仪式变革,是加强了牧师布道的重要意义:他宣讲圣经第一次成为礼拜仪式的中心内容,并且他得以根据他自己的良知来教导、鼓舞听他布道的人,这是他被赋予的新的自由和义务,较之于教会确立的教条和教会的等级控制,这相对自由起来。

罗马天主教会的礼拜仪式当然也有布道,但是它在整个礼拜过程中并不占中心地位,并且它遵循一套既定的模式,这套模式通常建立在对《圣经》文本的比喻式的诠释上。与此形成对照的是,路德宗布道旨在达到一种救人的效果,即通过牧师得到启示的讲道来帮助会众实现救赎。一位当代研究路德神学的学者这样说道:"布道是弥撒中最为精彩、最必要的一部分。路德差不多把它充实为圣礼内容的全部,并把它放在圣礼的核心地位……新教礼拜围绕在讲道坛周围,围绕着打开的《圣经》,而布道者面对会众……布道成为如此重要的一件圣事,甚至连那些为教会逐出门外的成员也不得被排除在利益分享之外:'神的话语应当为每一个人自由倾听'"。[34]

路德宗的布道要把《圣经》语句根据其语境而做出诠释,以求得会众能体会到它们的生动之处。路德写道,布道者的任务就是用人们熟悉的语言来解释《圣经》——"神的话语"。布道的内容固然是神学性的,但布道者将使它叫所有的人能够明白。"我不是在给珀末拉努(Pomeranus)、琼纳斯(Jonas)和菲利普博士讲道",路德说,"而是给我的小汉斯和伊丽莎白讲道。"[35]

路德关于布道的作用和性质的教义，隐含着讲道自由的原则。在1525年即农民战争的时候，他在为农民社区不受王侯和领主干涉而独立选择他们的牧师进行辩护时，详细阐明了这一原则。路德写道，不仅统治者不应当干涉这种选择，而且，“实际上，任何统治者都不能阻止任何人讲论或是相信他所愿意的东西，不管是福音还是谎言。如果他们防止了宣传叛乱和造反，那就足够了”。[36] 尽管后来路德又着实修正了这一说法，[37] 但是，德国路德宗教会仍然把很大的讲道自由作为一项宪法原则保留下来。[38] 这些新的教 184
会条令虽然是由王侯颁行的，但是，它们却诉求一个高于王侯权威的法律神学权威，即《圣经》（“神的话语”）的权威和“我们的主耶稣基督的命令”。[39] 实际上，一个为大家广泛接受的教会条令明确说出“不受法律（*vom Gesetz*）约束而侍奉基督乃是基督徒的法律（*Recht*）”。[40]“恩典的神法”——它无须外在强制而运行，并且是信徒获得神所应许之正当的唯一根据——被认为是衡量实在的人法是否可以遵行的标准。[41]

婚姻

路德宗新婚姻法的内容有些规定在较为一般性的教会条令（*kirchenordnungen*）中，有些则规定在某一特定领地的婚姻条令（*Eheordnungen*）中，并且路德宗婚姻神学理论和系统的婚姻法律条文一并出现在这样的婚姻条令中，包括婚姻之同意、婚礼规则、婚姻障碍、配偶义务、离婚以及相关事宜等内容。[42]

与罗马天主教教会的婚姻法一样，路德宗婚姻条令也宣称一夫一妻制是神所创设，并应是配偶间终生的结合，它是家庭的基础。但是，路德宗的婚姻不再是一项圣礼，因为它不同于洗礼和主的晚餐，它不是神之恩典的象征，不是进入天上王国的象征，而在本质上处于——用路德的话来说——“一个外在的、有形的、世俗的地位”。[43]如果由于人的罪恶之性,配偶一方因为通奸或遗弃行为而背弃了他的或她的忠诚诺言,那么,根据路德宗婚姻法,这个婚姻就可以解体了,这一点区别于罗马天主教婚姻法。但是与此同时,尽管在罗马天主教的婚姻观念中,婚姻在精神层面上要低于教士的独身生活,路德宗的婚姻观念却把它提高到了神召的高度,即它是作为家庭的基础而由神创设,它又是神创的三个阶层之一。

正如约翰·维特(John Witte)所表明,路德宗婚姻家庭神学理论导致了一种新的婚姻法律观念,它不仅像以前那样含有配偶之间的个人结合,而且还包含一个社会的结合,此时配偶双方的父母、教区会众以及整个社区都牵涉进来。与早先的罗马天主教教会法不同的是,此时公众仪式和父母同意成为合法婚姻的必要条件。另外,还必须有两名虔诚而正直的证婚人出席婚礼,且婚礼必须按照教会仪式隆重举行,并由配偶双方、证婚人和其他人员签字,记录在教会的登记册中。在婚礼仪式上,牧师将就夫妇间的责任对他们进行教导,并且告诫他们,如果他们违背了他们的责任,
185 他们将受到惩戒,在极端的情况下甚至被逐出教会。路德宗婚姻条令的规定和早先的罗马天主教教会法形成了尖锐对立,因为后者承认秘密婚姻以及配偶双方未经任何婚姻仪式而同居的非正式婚姻的合法性。

路德强烈强调婚姻的“尘世”属性,这就导致他不仅支持世俗政治权威用立法规定婚姻状态的排他性能力,而且还支持世俗法院判决婚姻诉讼的排他性管辖权。包括梅兰登在内的其他路德宗改革者,则没有走到这样的极端,他们把判决婚姻诉讼的权力留给了称为“consistory”(宗教法庭)的新教教会法庭。就此问题,不同的公国和城市走上了不同的方向。但实际上,在一些地方,是神父

被吸收到世俗法院参加审理婚姻案件，而在另一些地方，是法学家和神学家加入到宗教法庭上来审理这样的案件，这实际上就缩小了两条路线之间的差距。在17世纪、18世纪的发展过程中，有关婚姻纠纷的管辖被视为精神和世俗诉讼的混合，并且逐渐集中到宗教法庭里来，由教会和世俗人员会同审理。[44]

学校教育

像教会条令和婚姻条令一样，16世纪路德宗领地的世俗权威所颁行的为数众多的学校条令（*Schulordnungen*），也是一方面采取了神学宣言的形式，另一方面采取了特定法律部门体系化立法的形式。[45]并且像教会条令和婚姻条令一样，路德宗的学校条令在一定程度上也借鉴了先前的教会法。另外，欧洲各地尤其是意大利的世俗学校，从14世纪到16世纪，打破了罗马天主教会实际上所形成的教育垄断，这些世俗学校也为那些学校条令提供了可资借鉴的经验。[46]但是，无论是先前的教会学校还是世俗学校，都不具备路德宗新式大众教育系统所关注的目的。

路德和他的追随者把他们的教育改革建立在两个王国的教义基础上，尤其是他们相信，在福音知识和基督教信仰的传播中，以及在完成地上王国的使命、为基督徒准备好在天上王国的生活方面，教育（按照路德的话来说）“在重要性上仅次于教会”。[47]另外，路德宗改革者认为教育对维系地上王国本身来说也是至关重要的。正如路德所说：“即使没有灵魂、没有天堂、没有地狱，也仍然有必要为了下面的事宜而建立学校”，尤其是为了培养“众多有能 186
力、有文化、有智慧、正直而有修养的公民”。[48]并且梅兰登也写道：“好的学识带来好的道德，好的道德带来好的社会。”[49]

罗马天主教当然也认同路德宗的信条，即教育作为精神生活之准备具有重要的意义。但是,其间的主要差别体现在路德宗的教育信条上:首先是路德宗强调**所有**(*all*)的人都应当接受教育;其次是,保障普遍的大众教育之责任,主要在于政治权威即集权政府,而不是教会权威。这两个彼此交织影响的信条,接下来又是建立在路德神学观念的基础上,即不仅是牧师的职业,而且是所有的职业都是神圣的;进一步而言,那三个神设的世俗阶层——家庭、僧侣和政治权威——共同为信徒在天上王国之生活的准备负有责任。[50]

路德和他的同事们——尤其是梅兰登和布根哈根——为公共学校教育精心设计了一套详细的讲授课程,这些课程连同它们所蕴含的神学教义,为1523—1600年间德国各城市和公国所采用的一百多个学校条令中的许多条令所确认。此时要建立的既有使用拉丁语的学校,也有使用德国本地语言的学校。在那些接受了路德—梅兰登计划的城市和领地内,拉丁语学校的孩子们从初级水平开始学习阅读、拉丁语语法和各种祈祷文。在第二阶段,他们将在各种经典作品和人文作家的作品中学习更高级的语法,从圣诗、福音、主祷文、《十诫》、使徒信条中接受宗教教育,研究德伦西(Terence,译按:古罗马散文家)、普劳图斯(Plautus,译按:罗马第一个有完整作品传世的喜剧作家,也是罗马最重要的一位戏剧作家)和伊拉斯莫的散文,还有伊索寓言。在第三阶段,高级学生将学习奥维德(Ovid)、西塞罗(Cicero)和维吉尔(Virgil)的作品,学习辩证法、修辞学和诗论。在所有的三个阶段,只要时间允许的话,都教授音乐、数学、科学和历史。路德宗人文主义者后来发展出一套更为精练的拉丁语学校教程,把低年级的学生划分为十个班级,每一个班级都有其综合性的宗教和人文课程和练习。[51]

对使用本地语言的学校来说,布根哈根设计了一套复杂程度较轻但更实用的课程。学生们将从他们所能接触到的那些课本中,接受阅读、写作和算术方面的教育。他们将背诵《十诫》、主祷文和使徒信条,阅读圣诗,唱赞美诗,并学习《圣经》中的故事。此后,他们将学习农业、商业、家政之类的实践技能。主要的讲授语言是地方的德语方言,尽管具有特殊禀赋和兴趣的学生也可以学习希腊语、拉丁语和希伯来语。[52]

规定这些课程的各种学校条令在很多重要方面都不同于罗马天主教关于教育问题的教会法。在路德宗公国,学校并不从属于教会的中央统治。其教师并不是由教会权威机构来聘任,而是由 187
当地的城市或乡村权威部门。这些新式公共学校在宗教信仰上属路德宗,《圣经》乃是其核心科目,并且所有的孩子都被邀请前来就学。当然,他们中有很多人——或许是大多数人——不能够入学,因为他们的父母不舍得耽误活计,或是因为他们不能支付他们应缴纳的费用;但是,很多路德宗学校条令都规定向贫穷而需要帮助的学生提供财政资助。[53]

罗马天主教会教士根据教皇和主教立法管理教育的模式,转型为地方政治权威和世俗教师根据领地和城市立法来办学的模式,这一过程通常被描述为教育的世俗化。但是,在更为根本的意义上,它是世俗权威之职能的精神化过程,尤其是领地王侯的职能,新教运动已经把他们变成公共学校立法的终极渊源。作为"国家之父",这些王侯们负有对其臣民进行精神教育的责任。同样,接受教育的机会扩及全部公众,而原来则主要局限于为某一教士职业做准备,这也是一个反差。这通常也被视为一个世俗化的过程。但是,从更根本的意义上而言,它也是世俗职能精神化的一个组成部分。用约翰·维特的话来说:"所有基督徒所顺从的普遍神召,就将取代教士作为教育之存在理由而顺从的特殊神召。"

道德惩戒

路德宗城市议会和王侯等世俗权威为强化道德规范而制定了惩戒性条令(*Zuchtordnungen*),它们通常寓于教会条令之中,但有时候也单独颁行。和圣礼、婚姻和教育方面的有关事宜一样,路德宗世俗权威在道德领域也取代了罗马天主教的教皇统治,成为这一新的精神立法的终极渊源和执行者;但同样,那些不仅鼓动立法而且起草立法并将之提交给世俗权威予以颁行的,仍然通常是那些接受过法律训练的路德宗神学家们。

路德宗惩戒条令所规定的道德过错类型,在很大程度上和罗马天主教会教会法所规定的内容是一样的。维特写道:

> 新的安息日法律禁止在星期日和圣日进行所有不必要的劳作和不文明的消遣,而要求虔敬地参加礼拜。新的精神法禁止亵渎、悖逆、魔法、巫术、把戏、炼金术、伪誓以及类似的犯罪。新的禁止浪费的法律禁止不端庄的服饰、铺张浪费的生活和奢侈的宴会与丧葬。新的性道德法禁止"非自然的"的性
> 188 关系,如乱伦、重婚、一夫多妻或一妻多夫、同性恋和卖淫行为,以及"不正经的"性行为,如手淫、兽欲、鸡奸、色情描写、裸露癖等。新的娱乐法律对公众饮酒、狂欢庆祝、狂热舞蹈、赌博以及其他包含命运、运气和魔术的游戏进行了严格的限制。世俗政府对这些道德过错的重视以及对它们的界定,都没有太多地摆脱教会法的构设。

尽管路德神学和罗马天主教神学都一致认为,这些行为所以是罪恶的,是因为它们为神所禁止,并且这种行为使罪人背弃了

神,但是,就教会权威和世俗权威应当做出什么样的反应,这两套神学所给出的答案就大相径庭了。根据罗马天主教教会法,罪人至少要一年一次地向着神父忏悔他的罪,以求获得赦免——这取决于他的悔罪表现如何。在完成补赎圣礼之后,罪人就避免了地狱的处罚,减轻了炼狱期间的惩罚。而如果不能进行忏悔和补赎,这本身就是一个致命的罪恶。与此不同,路德神学认为忏悔圣礼乃是教士对忏悔者和神之关系的荒谬介入,从而对之大加谴责。根据路德神学,看得见的教会应当惩戒罪人,但仅仅是为了处罚和威慑地上王国的罪,而不是为了与神的最终和解——用《奥格斯堡信条之辩护》所使用的字眼来说,"不是为了天堂的原因"。该《辩护》指责罗马天主教说,它"迷信地想象出,(补赎的)意义不是在于教会前的惩戒,而是为了取悦神"。[54]

另外,罗马天主教教会法把道德戒律的实施分为"内庭"(internal forum)——教士在罪人忏悔时所行使的管辖权是其主要体现,和主教或枢机主教或教皇所主持的教会法庭之"外庭"(external forum)。当罪的严重程度足以构成犯罪的时候,外庭就被用来惩罚这样的罪——如教会神职人员所实施之谋杀、(不论是神职人员所为还是平信徒所为之)盗窃教会财产、异端邪说、巫术,以及其他可以实施更为严厉的惩罚措施的犯罪,包括在某些情况下可以实施的长时间甚至终生拘禁在修道院的犯罪,以及那些在世俗法律范围内也构成犯罪、提交到世俗权威将领受绞刑甚至火刑的犯罪,如极端的异端邪说以及构成世俗犯罪的巫术等犯罪。

路德宗惩戒条令为惩罚道德过错确立起一个不同的制度。首先,路德宗的忏悔在性质上区别于罗马天主教的忏悔。每周一次的星期六晚祷仪式,包含着一个共同的忏悔仪式,接下来是个人对神父进行忏悔,但是,这种忏悔并不鼓励历数具体的罪恶行为,相反,忏悔者被鼓励用一般的字眼来说出他违背了《十诫》的哪一条,189 而牧师则可以就那些戒律的意义以及如何更好地遵守它们做出解释和指导。也许会指定补赎,但这并不是为了赎罪,因为只有通过罪人自己的信仰和神的恩典,来实现罪人和神的精神和解,进而实现罪恶之救赎。[55]对违背道德戒律所能实施的最严厉的惩罚是"小绝罚"(small ban),即排除在"主的晚餐"之外。但即使如此,罪人仍然被邀请参加教会的礼拜仪式,听宣扬"神的话语"的布道。惩戒性条令的关键在于"教会前的惩戒",即正义与和解要实现在教区公众之间。

路德神学对每一位主教管辖下的宗教法庭和其他形式的教会法庭的管辖权,进行了严格的限制。它们能够听审轻微的道德过错案件,并实施小额罚款和某些形式的肉体惩罚,如鞭打和上枷锁。但是,路德宗的宗教法庭不同于罗马天主教的教会法庭,它们不是根据正式的实体和程序法律体系而运作的官方法院系统的一个组成部分。[56]于是,(道德之)罪和(法律之)犯罪之间就有了鲜明的区分,并且,那些构成了刑事犯罪或者民事违法的道德过错,将只能在世俗法院里接受刑事或民事的制裁。这实际上意味着,不仅先前教会法院的刑事管辖权转移到了世俗法院,而且,罗马天主教内庭的一些管辖权也转移到了世俗法院。实际上,16世纪的路德宗信徒与和他们匹敌的加尔文宗信徒一样,都在积极争取对道德过错的惩戒权。

贫穷救济法

在16世纪之前,罗马天主教会不仅通过教会法来调整西欧所有民族的圣礼、婚姻、教育和道德方面的生活,而且,在照顾那些处于贫困或处于其他物质需要之中的人们方面,它也扮演了主要角色。所有形式的基督教——就像它所由出的犹太教一样,从一开始就强调所有信众照料贫穷之人、病患之人、无家可归之人、鳏寡孤独以及其他需要帮助之人的义务。到12世纪及此后,教会通过一系列的教会制度来履行这一义务。[57]教会法要求教区的牧师(或者在没有牧师时就是当地的代理人)要拥有充分份额的教会收入(数量应由主教管区的主教来决定),来抚恤那些贫穷之人、无家可归之人、病患之人以及其他需要救济之人。另外,修道院也向需要帮助之人提供食品、庇护、衣物和医疗看护。最后,世俗人等——国王和王侯、封建领主和富有商人,以及行会和自治市——要捐赠教会"救济院"(hospitals),它不仅有向病患之人提供医疗的场所,还有麻风病人聚居地、老年人和穷人之家、朝圣者和旅行者的客 190
驿、孤儿院、孕妇分娩医院,以及其他类型的慈善设施。[58]在16世纪早期,罗马天主教的教会法规定全部教会收入至少要有1/4花费在穷人身上。

德国革命把管理、资助和实施慈善活动的主要责任,从教士和修道院——"神职人员"(spirituals)——转移到世俗权威上来。在这之前一个半世纪,随着贫穷、流离失所和疾病现象的大幅度增加——其部分原因是黑死病的流行,出现了寻找新的济贫途径的需要,此时就已经开始了这一方向的责任转移。在15世纪的时候,罗马天主教的济贫神学理论也开始倾向于新的变革,而这一变革最终为路德神学所继承并发展。但是,德国各领地内的济贫神学和济贫法律是在德国革命的冲击下开始其根本变革的。[59]

路德神学在济贫问题上有三个方面区别于先前的罗马天主教神学:第一,它更多地强调整个社会——从王侯到农民——帮助需要帮助之人的责任,而较少强调教会权威的责任;第二,它把确定、管理和实施济贫的道德责任主要放在地方政治权威上;第三,它把懒惰和贪婪之罪和包括乞讨和流浪在内的各种形式的贫穷联系起来,因而对这种罪更缺少容忍。

从1520年代开始,德国境内大部分地区的城市议会都通过了济贫法(*Armenordnungen*),而这许多济贫法的积极起草者,同样也主要是路德宗具有法律素养的神学家。路德在1517年的《九十五条论纲》中就已经抗议对穷人和需要帮助之人的漠视,[60]在1520年的《致德意志民族之贵族的公开信》(*Address to the Nobility of the German Nation*)中,[61]他又呼吁政治权威对穷人和需要帮助之人做出体恤之举。从1520年代初开始,路德开始构想实际可行的途径,以便城市权威部门履行这些基督徒的义务。1520年,在他的同事安德里亚斯·卡尔斯塔特(Andreas Karlstadt)的帮助下,他为威登堡市起草了一份条令,它一方面将乞讨规定为违法,另一方面又创设了一个综合的贫穷救济计划。卡尔斯塔特的小册子《基督徒中间不应当有乞丐》(*There Shall Be No Beggars among Christians*)为确保该条令获得通过起到了帮助作用;这个条令要求市政当局建立一个"共同基金"(gemeiner Kasten),取代既有的个人慈善组织的捐助。[62]这一公同基金,通过解散修道院和其他先前的罗马天主教组织而获得其最初的资金来源,而一个特定地区内所有形式的慈善开支,都将由这个公同基金划出。纽伦堡于1522年通过了一个类似的条令。1523年,路德再次成为莱斯尼格小城《共同基金条令》的主要起草人,该条令规定所有的公民都要根据他们贵族、商人或
191 是农民等的社会身份而做出一定比例的捐献,以平衡这种公同基金的支出。[63]尽管莱斯尼格条令遇到了很大的阻力,但它还是在1529年最终得以通过。在1522年到1530年间,有25个以上的德国城市在改信路德宗时,通过了包含路德设想之核心内容的贫穷救济法,尤其是设立了路德所设想的共同基金。[64]

在16世纪的时候，整个德国的城市都建立起城市共同基金，它们不论是在责任范围上，还是在操作方法上，都不同于欧洲罗马天主教传统的慈善捐赠机制。例如，莱斯尼格的贫穷救济法规定，共同基金的董事们将对教区内城市和农村的穷人困境做出精确评估，把那些应当救济的穷人列出名单，并每周一次地就他们的状况进行磋商。[65]莱斯尼格条令还规定：

> 在我们整个教区内，无论是城市还是农村里的穷苦和被遗弃的孤儿，在必要时，将得到由共同基金董事们提供的训练以及身体所需之必需品，直到他们能够工作并挣到面包为止。如果在这些孤儿或是穷困家庭的孩子中，发现具有接受学校教育之禀赋以及具有学习手艺和识字之能力的男孩子，董事们将对他们提供资助……这些被遗弃孤儿中的女孩子，以及贫困家庭的女孩子，应当得到由共同基金的董事们所提供的适当的结婚嫁妆。在我们教区和聚会中的那些由于环境因素而导致赤贫，并且不能得到其亲属之援助的人们……以及那些由于疾病或年老而不能工作的人们，还有那些确属贫穷而真正需要帮助的人们，应当在每个星期的星期天和其他必要的时间，接收到我们的共同基金通过十名董事提供的生活费和其他救济物……以保证在我们的教区内，没有人由于贫困而当众哭号、悲叹或是为诸种日常用度而乞讨。[66]

莱斯尼格条令所确认的执行机构由该城每年都要召开的市民会议来领导，并且，该市民会议要通过选举产生出10名董事，两名来自贵族，两名来自现任的城市议会，3名来自普通的市民，3名来自乡村的农民。全体会议每年将在市政大厅举行3次会议，听取并讨论董事们提交的报告,并提出未来的行动方案。[67]

其他神学家也起草了别的济贫法,它们遵循了一个在一些基本方面类似于莱斯尼格样本的模式。[68]实际上,在16世纪的所有新教——无论是路德宗还是加尔文宗——领地内,以及最终波及一些罗马天主教领地,都建立起社会基金。就此而言,约翰·布根哈根的影响具有特别的意义。约翰·布根哈根是路德本人的牧
192 师、大学同事和神事顾问(spiritual adviser),他在德国北部8个主要城市和领地内组织了宗教改革,其中包括丹麦王国。[69]布根哈根在他的作品和他为那8个政治实体所起草的济贫法中,发展出了一套基于神学教义、社会理论和政治学教义之综合体的贫穷救济理论。他关于贫穷救济的神学理论像路德的理论一样,也是建立在基督的命令上,"我们承担我们的邻居所需,正如耶稣所说(《约翰福音》13:35):'你们若有彼此相爱的心,众人因此就认出你们是我的门徒了。'"[70]他写道,这样的顺从有其必要,这并不是为了配得上神的恩典,而是为了成为一名基督徒。"给我们的邻居的服侍",布根哈根写道,"是为了他的缘故……而从心田自由流出"而不是为了被救赎。[71]

在布根哈根的理论中,贫穷救济的社会意义和它的神学意义交织一处,并且它也和路德的理论一样,其社会意义在一定程度上就是向乞讨现象进行宣战——用今天的术语来说就是,用工作福利代替单纯的福利。"修道院所理想的'神贫'(Holy Poverty,译按:方济各修会不拥有财产,修士过赤贫生活,此即'神贫')——即方济各修会的'存在理由',在布根哈根的神学教义中没有位置。"[72]新的济贫法并不是为所有的穷人,而是为"有尊严的穷人"设计的。布根哈根在他的作品中强调并在他所起草的教会条令中贯彻他的教义,即社会救济所资助的那些穷人乃是"有住房的穷人、工匠和

劳动者,他们并不是在游手好闲或者醉酒中得过且过,而是在勤奋地工作,并过着值得赞扬而正直的生活,但是,他们仍深陷不幸之中,而他们之所以忍受痛苦却并非由于他们自己的过错。还有那些……不能通过工作……来养活他们自己的人们……他们必须过着正直值得赞扬的生活,而绝不是怨天尤人。"[73]

除了神学基础和社会基础外,16 世纪的路德宗贫穷救济法还有其政治学说基础,即领地世俗权威,尤其是领地内的市政和镇政部门,负有维持基督教社会的精神职责。布根哈根坚持认为,济贫法连同其社会基金制度应当为各城镇议会所采纳,并由其城镇居民来实施。这样的城镇市民——即德国自治市居民——将是"基督徒公民的最佳展现"。[74]布根哈根所起草的济贫法提交给丹麦国王和波美拉尼亚公爵,并为他们所采用,但是这些法律把其最终的执行权授予城市议会、公民委员会和一般意义上的地方社区。实际上,在布根哈根为布伦斯维克所起草的法律中,规定该领地内的每一个大教区都将有它自己的共同基金。

世俗法和精神法的互动影响

在今日的德语中,通常和"精神的"(spiritual)相对应的单词是 *geistlich*,其含义看来主要局限在英语中所谓的"神职人员的"(clerical)或"教士的"(priestly)意义上,它们和教会事宜相联系;而 193
与之相当接近的一个德语单词 *geistig*,其含义在大多数语境下都是"心理的"(mental)、"智力的"(intellectual)、"博学的"(learned)。*Geistige Arbeit* 翻译成英语就是"智力工作",而 *geistliche Arbeit* 就是"教会工作"。英—德词典中并没有给"精神价值"(spiritual

values)或“精神关系”(a spiritual relationship)或“精神生活”(a spiritual life)做出一个恰当的德语解释。并且看起来,要用今天的德语解释路德所谓的神圣的精神法(divine spiritual law)——它统治的乃是天上王国的关系,尤其是神恩所激励的信与爱之间的关系——甚至就更加困难了。对路德而言,“精神”(spirit,*Geist*)这一字眼注定要和“圣灵”(Holy Spirit,*der heilige Geist*)联系在一起。一个简单的事实是,某种东西(如法律)具有道德性质或是宗教性质,对路德来说它并不意味着就具有精神性。他所谓的“精神的”即 *geistlich*,或许应当译为今天的 *heilig*,即“神圣的”(holy)。英语的“精神的”(spiritual)一词在用来泛泛指代一个人最为心底的信仰和忠诚,即一个人最为密切的个人情感和最为深层次的内心关怀时,或许应当对应德语的 spirituell。如果是这样的话,那么路德的教会法、婚姻法、学校教育法、道德法和济贫法就可以恰当地称为 *spirituelles Recht*。

“世俗”(secular,*weltlich*)这一字眼的含义在 20 世纪也已经发生了根本的变化,它已经和政治的、经济的和社会的制度和理论——它们被认为不仅不具有宗教性质,而且在任何意义上也不是神圣的或精神的——联系起来。早在 1918 年,马克斯·韦伯就提及“世界祛魅”(disenchantment of the world),他认为这是理性主义、个人主义和官僚法之“现代历史”的最终产物。[75]在 1906 年,他的朋友和同事、新教神学家恩斯特·特洛尔奇曾经把社会世俗化的历史渊源追溯到新教改革,他说道,新教改革确立了宗教上的个人主义,而这一个人主义最终又被世俗化了。[76]这些早期预言被后来为数众多的社会学家、神学家、历史学家、哲学家、政治科学家以及其他学家继承下来,关于世俗主义对现代社会的影响,他们在过去的一个世纪里已经出版了几十种专著和成百上千篇论文。[77]

汉斯·布鲁明堡（Hans Blumenberg）曾经写道，世俗化这个观念本身已经被世俗化了。[78]神不再被认为隐形——*absconditus*——在这个世俗世界。我们认为国家机构所颁布下来的法律是世俗之物，部分原因是它们是由世俗的国家所颁布下来的，部分原因在于我们不相信遵守它们可以拯救我们的灵魂；但是，路德的思想在我们这里断裂了：我们否认通过采纳由神学决定并规划的教会圣礼法、婚姻法、学校教育法、道德惩戒法和济贫法，可以实现国家法律明确培养"精神礼物"的功能，我们也否认教会权威指导世俗国家调整那些原本属于精神活动的特别功能。我们一方面把社会生活的精神领域进一步个人化了，另一方面又把其世俗领域进一步地 194
政治化了。

这些倾向已经严重地影响——并扭曲——了正统的史料编纂模式。历史学家把16世纪即路德的时代标榜为"现代历史"的开端，正像路德的追随者们自己所标榜的那样；但是，他们却赋予这一概念以全新的含义。他们所谓的"现代性"，并不是路德宗神学家们所谓的基于《圣经》信仰之新时代的现代性，而是指世俗主义之崛起的现代性；而这种世俗主义又不是路德的或梅兰登的或布根哈根的世俗主义——有神存在于其中的世俗主义，而是认同政治、经济和社会力量之统治地位的世俗主义，以合理性和实用主义为理由，将自由从传统和权威中割裂出来而加以推崇的世俗主义。

用所谓的"现代性"来指代世俗主义，导致当代历史学家低估了本章所讨论的路德宗的法律在精神层面的重要性。要看清楚这一点的话，不妨关注一下在这五类法律中，两类法律的最近研究状况，即道德惩戒法和贫穷救济法。

在"现代早期"的史料编纂中，有一个很有影响的学派曾经把16世纪路德宗关于道德惩戒的法律定性为政治专制主义的工具；

它争辩说,君主专制主义的兴起,力图通过道德惩戒立法来加强对民众的统治,使他们顺从政治权威,安于秩序,并因此而强化国家的权力。一个新的"社会惩戒"(*Sozialdisziplinierung*)范式因此而提出,以补充马克斯·韦伯作为解读现代国家之出现的钥匙的"形式理性"范式。[79]

正如任何新的"学派"出现,通常都会有和它对立的"学派"向它发出挑战——并非要指出它是完全错误的,而是要给它再增加一个维度。于是,反对者们声称,社会惩戒只是路德宗道德惩戒法的目的之一、结果之一;另外一个甚至更为重要的目的是社会之"信条化"(*Konfessionalisierung*),即国家加强控制业已确立的宗教信条。[80]

这两个学派都想当然地认为"现代早期"德国历史的一个特征就是君主专制政体的加强。但是,通过研究惩戒条令从无到有的发展历程,我们可以发现,那些制定这些条令的路德宗王侯和城市议会,和起草这些条令的路德宗神学家们分享——平等地分享——了权力。德国革命实际上确实导致了对圣礼、婚姻、学校教育、道德惩戒和贫穷救济的管辖权从罗马教会转移到路德宗王侯;但是,当实施那一管辖权的时机到来,世俗统治者却依赖于包括路德本人在内的神学教授们。

另外,法律本身也清楚地表明,路德宗王侯和他们的顾问班子并不是"专制的"——他们并不能"豁免"于他们所制定法律的管
195 辖。实际上,路德宗王侯相信,他们所制定的那些法律乃是神法之附庸,并且,如果臣民们基于基督徒的良知而知道某一种世俗法违背了《圣经》所启示的神法,那么,他们就保有不服从这一世俗法的自由。由于德国作为一个泛泛的政治实体具有联盟的性质,上述信念也就被赋予了现实的意义;各公国彼此林立,一个基于良知行

事的、某个国家的公民就有可能穿越很近的边境线，去到德国境内另外一个具有相同语言、文化和历史背景的国家。

同样，研究“现代早期”德国的当代历史学家已经强调说，路德宗济贫法不仅加强了王侯们的政治权力，而且也加强了统治阶层的经济实力，因为正是在济贫院里，廉价的劳动取代了乞讨和游荡。[81]这样的政治、经济和社会的分析研究，再一次忽视了精神层面的意义。肯定无疑的是，那些为了生活薪水而工作的人们，较之那些赋闲而依靠他人慈善捐助——或是财产——而活着的人们，不论是对国家的政治权力还是对统治阶层的经济实力来说，都有更多的贡献。但是，这个问题还有其精神层面的东西，即这样的人如果工作，较之于那些依旧做乞丐和流浪汉的人来说，他们就是比较好的人——在神和他们的同伙看来是比较好的。罗马教会的神学理论赋予乞讨行为以一种神圣属性，而路德宗神学对此进行了尖锐的责难。[82]

路德宗教会强烈地倾向于支持路德宗国家的政治权力，这一事实导致当代的“世俗主义者”得出结论说，路德宗国家利用路德宗教会来提高它自己的政治权力；非常泛泛地说，这样的结论也是正确的。但是同样正确的是，路德宗**教会**（*State*）也利用路德宗国家来强化它自己的**精神**（*Spiritual*）职能。路德宗神学教导说，国家的主要功能就是帮助教会完成其教育任务，这是一项要通过宣讲福音、实施圣礼和社会教育来实现的任务。[83]路德形象地指出了这一点：他说，为了消除罪与撒旦，神就在世俗行政官员的办公署里。[84]

从路德宗条令中的精神法和世俗法的互动影响上，我们可以知道，在路德宗公国里，教会和国家被认为是同一个秩序的两个面孔、两个侧面。它们不再是先前那一时期，当泛欧洲的罗马教会和多元的世俗王国、封建领地以及自治城市相互影响时的“两把剑”了。教会和国家也不再彼此严格分离,好比它们——用民主理论来说——在 18 世纪末以后所形成的格局那样。但是,至少在德国,这绝不是君主专制统治,更不是“皇帝兼教宗”(Caesaro - papism)的政教合一统治。用罗森斯托克—胡斯(Rosenstock - Huessy)的话来说,每一个公仆都要“经过宣讲的教会和聆听宣讲的政府这两道管辖权”。[85]

196 当代的社会理论家已经发展出一套世俗化理论——或者说是两套理论:一套就是,当政治科学从 16 世纪以来一直是中世纪神学的世俗化,[86]另一套就是,世俗的现代性有其自己的世界观,它完全独立于神学。[87]通过研究德国 16 世纪的精神条令,我们可以得到第三个世俗理论,即在教皇革命所开辟的“现代历史第一阶段”(First Modern Age)中就曾以一种形式表现出来世俗和精神之间的互动影响,在新教革命所开辟的“现代历史第二阶段”(Second Modern Age)中保留下来并经历了转型;并且,这一互动影响在德国深刻地体现出来,即在关于教会本身、关于婚姻和家庭、关于公共教育、道德和体恤贫穷的世俗立法上,都渗透着路德神学的广泛影响。

最后,如果认识到这些世俗事务是精神领域的事业,并承认调整这些世俗事务的法律——而不管它们是由“国家”还是由“教会”制定——乃是精神法,这就不仅为广泛争论的世俗主义对“现代”和“后现代”西方社会的影响问题增加了一个重要的视角,而且,也为争论尚未如此普遍,但重要性却不在其次的法律与宗教在西方文明发展历史上的互动影响问题增加了一个新视角。

从最宽泛的意义上来说,可以肯定的是,我们所有的法律实际上都可以说含有精神层面的意义。我们所有的法律实际上都旨在促进正确的行为;所有的法律实际上都有其道德的维度;所有的法律实际上都至少要培养健全的人际关系。但是,有的法律比其他法律具有多得多的精神属性,其程度上的差别已经形成类型上的差别。例如,调整婚姻关系的法律与调整商业伙伴关系的法律就有类型上的差别,因为较之于各种形式的商业组织,婚姻与人类生活的终极价值、终极目的的关系更为密切。从经济视角来看,从功利主义的视角来看,从西方传统法律术语所谓的物质的或世俗的视角来看,有关商业组织的法律实际上具有极端的重要意义。但是,调整婚姻的法律,或者说调整父母养育孩子的权利义务的法律,对人类心灵、人类情感和人类精神的影响,要远为深刻。对学校教育法来说情况也是如此,对禁止某些可憎之道德过错、救济那些实在需要帮助之人的法律来说,情况也是如此。这些法律触及了我们与他人关系中最为神圣的部分,触及了我们作为人的自然本性和命运中的最为神圣的部分。它们不仅触及了我们头脑中的理性计算,还触及了我们心底的情感。

在犹太教、基督教和伊斯兰教以及其他有神论的宗教信仰体系中,人的精神和人的内心紧密相连。“求你为我造清洁的心,和正直的灵”,诗篇的作者这样说(《诗篇》第51章),先知以西结把这一祈求扩大到所有的人:“我也要赐给你们一个新心”,他宣布,“将
新灵放在你们里面……我必将我的灵放在你们里面,使你们顺从 197
我的律例,谨守遵行我的典章”。(《以西结书》36:26—28)

尤其是在20世纪和进入21世纪之后,学者们普遍忽视了法律在西方的历史发展乃是一个辩证的互动影响的结果,一方面是托克维尔(Toqueville)所说的“心的习惯”(the habits of heart)和亚伯拉罕·林肯在他的《第二次就职演说》(译按:单词误植。应为“第一次就职演说”)中所谓的“我们本性中的善念”(the better angels of our nature);另一方面是实用的、可以数字化的、功利主义的东西;这是一个神圣和渎神之间的、道德和政治之间的、社会生活之精神和世俗维度之间的互动影响。我们已经看到,对16世纪的路德改革来说,以及对此前的罗马天主教来说,物质因素和心理因素之间、肉体和灵魂之间、短暂和永恒之间——世俗和精神之间——处于辩证的张力之中。

当16世纪之时,僧侣根据罗马天主教教会法所负有的调整教会圣礼、确定并保护婚姻关系、建立并管理学校、确定并惩罚道德过错以及体恤穷苦之人的义务,转移到德国领地和地方政府的肩上来,在一种意义上而言,这实际上是一个"世俗化"的过程,即先前的教会职能此时转移到世俗权威上来。但是,在更深层的意义上而言,统治这些事务的法律仍然是精神法。世俗权威被赋予了先前被称为精神义务的义务。世俗权威的法律——在这个意义上可以称为世俗法——被精神化了。杰出的新教改革者作为新的精神权威,他们参与推动和起草了新的立法,这促成了世俗法律的精神化过程。

对今天的很多人来说,"精神的"一词可能并不具有密切联系于婚姻、教育、道德和济贫等事宜的内涵。而且当然地,强有力的君主政体连同国家教会此时在西方实际上也消失了。但是,16世纪德国革命对德国法律产生的影响,不仅值得历史学家和哲学家来回顾一番,而且也值得那些对德国当代有关家庭生活、学校教育和社会福利之法律感兴趣的人们进行回顾。我们的世俗政府应当借鉴于16世纪德国路德宗世俗权威的成就,把这一方面的事宜认真铭记在心。

第二部分
17 世纪的英国革命和英国法的转型

第七章　英国革命，1640—1689

1640—1689 年的英国革命和 1517—1555 年的德国革命一样,是一场欧洲革命。它是对欧洲 201 的,而不仅是对一个国家危机的回应。此外,它在其他欧洲国家有实质性的反响。因此,它不能仅仅被理解为英国历史。确切地说,德国革命和英国革命,二者都是国家的剧变,它们都各自地反映并最终重塑了德国和英国的特征。但是它们也反映并重塑了欧洲的特征。

17 世纪欧洲的危机

英国革命的欧洲特征已经显得模糊了——至少是直到最近几十年——通过英国历史学家强调英国革命独特的英国特点这样的方式,排除了它与其他欧洲国家所共有的特点。[1]这种通向孤立的趋势,只是通过一个历史学派的出现才得到了部分的克服,这个学派对休·特雷弗—罗珀(H. R. Trevor-Roper)在1959年所称的"17世纪的普遍危机"进行了研究。[2]尽管特雷弗—罗珀正确地将这场危机描述为对绝对君主制的挑战——不仅在英格兰也在其他地方,他的重点主要是在这项挑战的一个方面,即拥有土地的乡绅对王室官僚("宫廷")的挑战。然而,如果要理解它和英国革命之间的关系,就必须从更为广泛的视角来考虑这场普遍的欧洲危机。[3]

这场危机部分地是一场宗教危机,部分地是一场政治危机,还有一部分是一场社会经济危机。宗教危机是没有认识到,通过1555年德国《奥格斯堡和约》* 达成的解决方案和通过在17世纪
202 的法国、英格兰和欧洲其他地方达成的同样的解决方案所产生的希望而导致的结果。

《奥格斯堡和约》给予了德国每一个地方诸侯确立其领地内宗教的权力——但是这种选择只能在罗马天主教和路德宗新教之间进行。将加尔文宗** 从解决方案中排除出去成为了激烈冲突的一个来源,因为加尔文宗在16世纪末和17世纪初已经在德意志帝国范围内传播开来。此外,有时新教统治者在天主教公国获得权力,

---

* 1555年在日耳曼民族神圣罗马帝国会议上签订的和约。因会议地址在奥格斯堡,故名。和约结束了天主教和新教各邦诸侯之间的战争,制定了"教随国定"的原则,承认各邦诸侯有权自由选定其自身及其臣民信仰天主教或路德宗新教。和约还规定,1552年前新教诸侯占有的天主教会土地和没收的天主教会财产不再归还;但凡领有教职教产的诸侯和高级教士,如皈依新教,应立即放弃其职位、土地和俸禄。和约进一步扩大了德意志帝国诸侯的势力,并使路德宗新教在德意志境内取得了合法地位。——译者注

** 加尔文宗又称长老宗、归正宗,是新教主要宗派之一,是以加尔文的宗教思想为依据的各教会的统称。它强调信徒因信仰而得救;《圣经》是信仰的唯一源泉;相信上帝预定论,即人得救全凭上帝的预定,自己无能为力;基督只为"选民"而死;不相信圣餐中的饼酒是耶稣的肉体和血,反对婴儿受洗;摒弃祭台、圣像、祭礼;主张由教徒推选长老和牧师共同治理教会。加尔文宗于16世纪欧洲宗教改革时期产生于瑞士,后来逐渐传布到荷兰、法国、英国、东南欧国家和北美等地。在基督教传教运动的过程中,它又传入亚、非、拉地区。鸦片战争后传入中国。——译者注

有时天主教统治者在新教公国获得权力,这导致了猛烈的冲突。最重要的是,《奥格斯堡和约》没有充分地为新教和天主教少数派提供在相反的信仰盛行的领地内拥有他们自己的礼拜的权利。类似的紧张之来源存在于欧洲其他地方,在那里,统治者的宗教信仰要成为他的领地里排他性宗教信仰的原则已经被接受。因此,尼德兰,属于信奉罗马天主教的西班牙国王,事实上被截然划分成了罗马天主教地区和新教(主要是加尔文宗)地区。[4]在罗马天主教的法国,一系列内部的宗教战争之后,1598 年亨利四世的南特敕令为(主要是加尔文宗的)胡格诺派提供保护,而且在伊丽莎白(1558—1603)治下的新教英格兰,事实上存在对于英国国教会里的加尔文宗清教和私下里单独的罗马天主教礼拜的适当宽容。无论如何,在所有这些国家里,宗教所处的境遇,如在德国一样,仍然有一种巨大的紧张,这种紧张在 17 世纪一系列遍布欧洲大陆被总称为三十年战争(1618—1648)的宗教战争中达到了极致。在法国,对新教徒的迫害还在继续,在 1685 年的南特法令被废止时达到了极致。在英格兰,国王严酷镇压清教徒,他们最终在内战中反叛了。

与宗教危机紧密相连的,是欧洲被分裂而形成的每一个主要政治主权范围内的政治危机,就像它们之间的国际政治危机一样。在许多政治组织里,都存在立宪君主制和绝对君主制之间持续的紧张。在 16 世纪德意志,信奉路德宗新教的国王的权力受到限制,一方面,通过由牧师的告诫得到加强的基督良知的要求,而在另一方面,通过高级文官组织,集权政府,它也受制于基督良知而且分享诸侯的主权。其他国家的新教徒寻求确立对统治者同样的约束,但通常都没有成功。即使在罗马天主教国家里,教会越来越多地被置身于国王权力之下,而且一种绝对君主制的学说开始被宣称。一个"绝对的"君主是他的王国里的最高立法者,他同时在所有方面都获得了豁免,包括豁免于他自己制定的法律。他被认为有道德的义务去遵守神法和自然法,但是从根本上来讲,并没有
203 任何制度手段来保证他来履行这种义务。在17世纪,绝对君主制的学说开始逐渐地受到攻击,首先,来自国际的加尔文宗,它主张贵族制,反对政府的君主制学说,[5]其次,来自深受实际的或想象的身边的王室机构及其官僚统治之害的拥有土地的乡绅和其他阶层的成员。在1640年代和1650年代,几乎与议会反对国王的英国革命同步,很多欧洲国家都经历了反对君主制的叛乱,尽管它们的规模要小得多,而且都普遍地半途而废了。

很多区域政治组织里的宗教危机和政治危机都与危及17世纪欧洲的国际危机相关联。三十年战争,直接将德意志帝国、各个德意志公国、瑞典、丹麦、波兰、法国、西班牙,以及荷兰卷入其中,它是一场欧洲的内战,即使没有直接参加战斗的国家(如英格兰)无论如何也被间接地深深卷入其中。[6]当宗教仇恨与政治仇恨相符合或相冲突时,联盟就发生变化。一些新教徒或者倾向于支持立宪君主制,如一些信奉路德宗的公国所例示的那样,或支持共和主义,如在尼德兰和瑞典所例示的那样,虽然一些天主教徒倾向于支持绝对君主制。同样地,一些新教徒倾向于支持德意志帝国的诸侯们组成联邦,尽管一些天主教徒倾向于支持一个中央集权的联盟。然而,这些分界线,并不总是笔直的;有绝对主义者的清教徒和宪政主义者的天主教徒,也有联邦主义者的天主教徒和中央集权主义者的新教徒,战争本身退化成一种赤裸裸的权力斗争——这在当时开始被称为 *raison d'éstat*,"国家理由"。[7]

国际政治危机最终在1648年通过威斯特伐利亚和约被解决,它承认帝国内的每个有宪法制定权的公国的主权和平等,正如被

卷入战争的每个其他欧洲国家一样。威斯特伐利亚和约确立了现代欧洲国家体系的正式法律根据,其中每个国家通过其体系内的成员资格形成自己的特点。它也授予了天主教徒、路德宗信奉者和信奉不同于由统治者确立的宗教信仰而信奉良心自由的加尔文宗信奉者私人崇拜的权利、移民的权利,但继续受哈布斯堡王朝统治的区域除外,在那里这些有限的宽容一点儿也没有给予非加尔文宗信奉者。同皇帝和选侯(prince-elector)相比,在德意志帝国内,帝国议会(*Reichstag*)被授予的权力逐渐地被大大地扩张了,而且从1663年开始,它固定在雷根斯堡(Regenburg)召开会议。[8]

17世纪欧洲危机的社会经济方面和16世纪王室官员组成的政府体系直接相关,他们拥有其权力和财富地位主要归功于君主的意志,而不是如15世纪和之前那样主要归功于他们的教士身份和封地家世。在早些的体系之下,君主的权力受到了教会、封建贵 204
族和城市的制衡。君主的大部分收入也得自他或她自己的王室土地、海关进口税,以及有义务给予作为最高君主的国王的收入。然而,在16世纪,在大多数欧洲国家,教会、封建贵族以及城市越来越多地被纳入君主的控制之下。而且,很多国家还涌现出了一种新的没有封建关联的大土地所有者阶级,同样地,小农拥有土地获得巩固,土地买卖开始逐渐地摆脱封建义务。同时,因为封建征兵制为雇佣兵制所取代,军队规模扩大,以及军事战斗越发频繁,持续时间也更长,所以战争的财政开支剧烈上涨。为了筹钱进行战争,君主们抵押王室土地,当他们失败时交出王室土地。随着来自王室土地的收入的缩减,征之于大土地所有者和商人的税收开始越来越繁重,在一些国家,他们对围绕在国王身边的王室顾问和形成国王政策的王室官员们的怨恨相应地越来越多。在英格兰,17世纪"宫廷"(court)和"乡村"(country)的冲突最终促进了英国革命的发生。[9]

在法兰西、尼德兰和西班牙,有同样的运动,但是规模较小。因此,在法兰西 1648—1653 年间发生了一系列流产的叛乱,这被称为投石党运动(the Fronde),反对国王和他的首要顾问红衣主教马萨林,它在很大程度上是由多群法国土地贵族进行的。与之同时的英国拥有土地的乡绅之革命是由两方面引起的。[10]在 1640 年,加泰隆尼亚贵族领导了一场反对西班牙国王菲利浦二世统治的叛乱,同一年,葡萄牙贵族领导了一场类似的叛乱,这确定了他们国家的独立地位。[11]虽然这些不同的叛乱每一场都有其自身的特征,而且只有一场,即葡萄牙人的叛乱,成功了,但它们都部分代表了一场拥有土地的乡绅和进行开支超越其财富的战争的绝对君主之间的阶级冲突。然而,在德意志,最初土地所有者和集权政府之间的阶级冲突被德意志公国之间的宗教和政治对抗遮去了光芒。

提到 17 世纪普遍欧洲危机更大范围的社会—经济方面,就要说到范围较窄的经济原因的问题。一位杰出的英国马克思主义历史学家曾将 17 世纪前半叶的危机描述为从封建到资本主义经济普遍转变的最后阶段,其征兆包括人口下降、贸易规模变小,以及海外扩张的收缩。[12]但是这些下降并没有发生在欧洲的每一个地方,而且英格兰在很大程度上避免了严重的经济困难。[13]在英国革
205 命的语境里,对这些因素的一个更深入的考察将被延后到后面的一章。

在这一点上可以充分地说,它们中没有任何一个能够足够有效地解释这场危机和最终发生的政治和宗教改革的广度。然而,非封建的和非教士土地拥有者阶级重要性的增长,以及这些阶级对君主经济压迫的抵抗,确实必须被视为——当其与宗教和政治因素放在一起时——这场普遍危机的一个主要方面。

英国革命是对欧洲危机的回应,并不仅是针对一场英国危机,而且其得到了欧洲的响应,通过其在英国和当时的其他地方所理解的方式得到了证明。“有一些动荡的日子”,杰里迈亚·惠特克(Jeremiah Whittaker)1643 年在平民院里说,“这场动荡遍及各地:巴拉丁、波西米亚、日耳曼尼亚、卡塔伦尼亚、葡萄牙、爱尔兰和英格兰”。[14]意大利贵族比拉哥·阿伏加德罗(Birago Avogadro)在 1653 年根据新闻报道出版了一本书,涉及了在其前几十年卡塔伦尼亚、葡萄牙、西西里、英格兰、法兰西、那不勒斯和布拉济的“政治反叛”。[15]在书中,他曾写道,1651 年英国的海军司令罗伯特·布雷克(Robert Blake),在西班牙代表克伦威尔政府,说在卡迪斯(*Cadiz* *)的公共广场已经有了受到伦敦影响的例子,所有的王国都将废除暴政,成为共和国。英格兰已经这样做了;法兰西紧随其后;而且因为西班牙人(the Spaniards)的天然的重要性使他们在行动中多少有些慢,他给了他们十年的时间在他们的国家里准备革命。[16]

英格兰革命的历史分期及其特征

传统的英国历史编纂认为发生在 1640 年到 1689 年之间的这些事件,在那个世界并不是一场有很重要意义的革命。官修的英王在位年表(English Table of Regnal Years)——英国的文件以此为时间标准,记录了查理二世从 1649 年 1 月 30 日开始的统治,当时他的父亲被处决;完全被忽略的是从 1649 年到 1660 年的“群龙无

---

* 西班牙最古老的港口城市。——译者注

首时期”,当时首先是奥立佛·克伦威尔然后是他的儿子理查德·克伦威尔为期甚短地作为护国公(Lord Protector)进行统治,其时被绞死的国王的继承人定居在欧洲大陆上。虽然从1640年到1660年的这段时期,最终被很多英国历史学家称为清教徒革命,但是其他人仍然拒绝承认其革命的特征,而且某些人甚至坚持称其为“大反叛”。[17]

从1660年开始到1688年的这段时期一般被称为复辟,因为在当时它就被这样称谓,而且它标志着查理二世重归英格兰,因此,它确实是斯图亚特君主的复辟。然而,按照某些人所想象的那样,如果它也是对1640年前状态的一种重归,那么1640年到1660年的清教徒革命一定是一场异常之举。

206 作为一个曾经被谈及的杰出英国历史学家,在攻击一本题为《英国革命的起因》的书时,“我们需要记住,没有一场这种规模的革命,可以用来称谓这场如此迅速停止而自我恢复的革命”。[18]但是,如果从相反的方面看,已经被认可的是,在1640年之后的时期里,英格兰的确经历了一场真正的革命——在法国革命和俄国革命是革命的意义上,以及在16世纪的德国改革和11世纪的教皇改革是革命的意义上,对此要打上一个大写的R*——那么可以确定的是,斯图亚特复辟必须部分地被看作是一次倒退,但主要是一次进步,它是这场革命的新阶段而不是革命的对立面。事实上,查理二世政府推进了某些前一时期的改革措施而且开创了新时代。

传统上,当英国人说到“革命”时,他们通常指的是1688—1689年的事件,当时议会创造了一套新的王位世袭制,王权受到了议会的控制,而且正式地被置于议会统治的管制之下。尽管这带来了

---

* 指的是革命(Revolution)的首字母。——译者注

奥兰治王室的威廉(Prince William of Orange)带着五万五千军队侵入英格兰,但相对而言它流血较少,因此在当时被称为“光荣革命”(The Glorious Revolution)。[19]然而,它仅仅可以被正确地理解为最终的结果,从1640年开始的这场革命的最终解决。

和其前的德国革命一样,英国革命用了两代人来使其自身确立下来。它的第一点,激进的阶段为保守的第二阶段所跟随,该阶段依序跟随着第三阶段,第三阶段产生了一个前两个阶段的妥协。最终那些在敌对阵营战斗的人的孙子们相互达成和平,这场革命被认为是长时段前进历史中的一段核心部分。

英国革命的所有三个阶段——清教徒阶段,后面的斯图亚特阶段,议会建立了一套新世袭制度的阶段——这种新世袭制度在当时被认为是复辟。清教革命被认为是对于英国人古老自由的恢复,这种古老自由写进了大宪章和其他中世纪文件以及一个多世纪之前司法决定中——当时都铎—斯图亚特君主还没有夺取教会和国家之上的最高权力。1649年共和国的大印上刻着“自由恢复元年”。[20]斯图亚特复辟不仅是君主制的复辟,而且是1640年代革命的议会立法的复辟——其中很多已经被1650年代的克伦威尔独裁者忽视了。“光荣革命”这个名称的“革命”一词表明了,倒退到詹姆斯二世之前时代的历史车轮的逆转挑战了议会的统治,而且它还对重建罗马天主教教义构成了威胁。[21]在整个1640年到1689年的革命时期,英国被认为是“目光向后,脚步朝前”。

在这个意义上,英国革命的保守主义是其他革命的保守主义
的怀旧对象。在16世纪,路德宗的神父们和王侯们试图恢复圣经 207
的权威,超越教皇和帝国权力回到早期基督教。在11世纪和12世纪,在卡罗林帝国兴起之前,教皇格里高利七世和教皇党援引主教和教会理事会权威来证明他们为“教会自由”奋斗的正当性。回到

早期黄金时代的神话——自然的、无阶级的原始部落的——也分别是法国和俄国革命的意识形态的一部分。

迄今为止,英国革命的保守主义——或者,更为精确地说,作为其意识形态的保守主义——超越了恢复的神话。它也包含了不曾中断的连续性神话。即使在最近的时期,英国的历史编纂还保留了这种意识形态。在英国法的历史编纂中,它被特别地宣告。很多历史学家对待英国革命时其强烈的倾向于孤立性的趋势,和同样强烈的倾向于渐进主义的趋势相影而随。确切地说,这些趋势都植根于早期英国历史,但是它们都不是革命前的早期斯图亚特和伊丽莎白时代英国流行观念体系的一部分。

1640 年之前,英格兰的政府形式是绝对君主制,君主以他的咨议会进行统治,而且他断断续续地在他的议会里召集它。(国王查理一世在 1640 年召集它时,已经是在没有它的情况下进行了 11 年的个人统治!)1689 年以后,政府的形式是立宪君主制,议会连续地召开会议,而且是至高无上的,尽管国王和他的咨议会,在议会的同意下,保留了实质的权力,特别是在有关外国事务和海外殖民地方面。1640 年之前,在英格兰唯一被确认为合法的教会就是英国国教会,国王不仅在法律上而且在实践中都是它的最高统治者。1689 年以后,议会是事实上的英国国教会的领导,而且很多持异议的新教教会被确认为合法,尽管它们的成员还处于政治资格缺失(political disabilities)的状态。在议会,一套政党体系——辉格党(Whigs)和托利党(Tories)——在 1660 年代第一次出现。同样是第一次,平民院拥有了比贵族院更大的权力。拥有土地的乡绅取代了头衔贵族(the titled nobility),“贵族”(the peerage),而成为英国统治阶级的最为重要的部分。

这个时期英国法也经历了一场根本且持续的转变。1640 年之前,法官服从于君主的意志;1689 年之后,他们实现了对国王的独立和终身任职。大多数都铎君主们所建立的强有力的特权法院——其中,星室法院(Star Chamber)在 17 世纪早期最为臭名昭著——都被废除了,而且号称普通法法院高于所有其他的法院。普通法本身成为英格兰的宪法。刑事案件和民事案件中的陪审团审判实现了转变;陪审团变得独立于法官,而且证人证明和证据规则被引入。英国财产法、契约法和侵权法实现了现代化。英国的 208
先例学说——现代英国普通法的标志——被赋予了现代意义。

因此我们可以说,1640 年到 1689 年的英国革命符合其他西方历史上的大革命标准。[22]总体而言,在英国的社会制度方面,它标志着一场根本的变革,一种迅速的变革,一场猛烈的变革,一场持续的变革。它用了一代以上的时间来植根。它最终产生了一套新的法律体系,这套体系体现了这场革命的某些主要目的。它也符合一场欧洲大革命的另一个标准:它所产生的新的法律体系既改变了西方法律传统,而且也最终保留在传统之中,这将留给本章的下一节和下一章来展现。

第一次英国宗教改革中英国革命的背景

16 世纪的新教改革,在德国革命中开始有所表现,在不同的欧洲国家采取了不同的形式。一般而言,它提升了君主的权力,但是在德国,它也和一个新教联盟的存在有关,这个联盟超越了很多德意志公国中任何一个地域限制,反对仍处于帝国范围内的皇帝。而且,德国宗教改革和路德宗对以教会法为根据而实行有形等级制的教会的反抗有很强的联系。相比之下,16 世纪的英国宗教改革,首先主要是一场政治运动,其目标是在英国由君主的权威取代教皇的权威。正如亨利八世(1509—1547 年在位)所发起的那样,它包含了天主教信条的英国化,保留了很多传统罗马天主教神学和礼拜仪式特征。只是在亨利的新教徒儿子,爱德华六世(1547—1553 年在位),和——经历了一场天主教的复辟之后——他的新教徒女儿,伊丽莎白(1558—1603 年在位)的统治下,英国的君主才允许一些路德宗和加尔文宗的教义渗透到英国国教神学之中。

然而,亨利八世和他的继任者宣称他们有超越英国国教会的绝对权威,如杰出的英国历史学家 G. R. 埃尔顿(G. R. Elton)所论辩的那样,构成了一场"真正的革命"。[23]在这个意义上,人们确实可以这样说 16 世纪的英国革命。如埃尔顿所做的那样,人们可能想要将王位自身、国王的咨议会、议会和司法制度的转变,作为构成这场革命的整体所不可缺少的部分包括进来。然而,这些是现在可以作为 17 世纪英国革命部分背景进行讨论的问题。那么,英国经历了两场"大革命",这应该是清楚的,一场是在 16 世纪,一场
209 是在 17 世纪。16 世纪的罗马天主教会的英国宗教改革,从一种欧洲的观点来看,是第一次新教改革的一部分,它开始于路德对罗马教廷的公开反抗,而且从德国传播至欧洲的很多国家,每个国家都以其自己的方式做出了响应。16 世纪英国君主权威的提升,也是一种与各地教皇权威的下降联系在一起的欧洲现象。然而,说其是 16 世纪的欧洲革命仍是合适的,它首先在德国作为德国革命爆发而且使出了全力,17 世纪的欧洲革命,在英国作为英国革命爆发而且使出了全力。法国也经历了同样的 16 世纪和 17 世纪的欧洲革命,尽管"法国革命"这个名字留给了 1789 年及以后的经历,当时法国是第一个对 18 世纪的欧洲危机做出强烈反应的国家。

在其最初,16 世纪的亨利八世宗教改革主要是因其君主制和

反抗罗马的特征而与德国革命和新教相连接的。在其最初,它主要不是亨利神学信念的产物。在1535年他砍了两位巨人的头——托马斯·莫尔爵士(Sir Thomas More)和约翰·菲舍尔主教(Bishop John Fisher),因为叛国罪——一种政治犯罪而不是宗教犯罪——因为他们认为在罗马教会的教会法中,英国教会的权威高于英国国王的权威。确实,在1533年亨利曾经告诉过他的大主教——自身即是坚定的新教徒的托马斯·克莱默(Archbishop Thomas Cranmer),说他,亨利,承认"地球之上上帝至高",而且他不"受制于人和地上生灵的法律"。[24]以这种精神,亨利解散了罗马天主教修道院,而且没收了他们的财产归自己使用——包括大约英国1/4的土地财富。尽管他利用他的议会来实现这些目标,他的行动——正如甚至他的现代辩护者爱尔顿,曾经说过的那样——"从根本上来说是私人的"而非"从根本上来说是议会的"。[25]

亨利激烈的反罗马政策,在不同的时间里伴随着激烈的反新教政策。在1531年、1533年,再一次在1540年,他将重要的英国路德宗信徒作为异教徒烧死在火刑柱上。[26]但是,路德宗神学确实在这个时期渗入了英国思想里,这得到了宽容,而且也许还得到了亨利短时间的鼓励,当时他通过威登堡大学神学系,希望得到他第一次离婚的正当性证明,当时他还试图与德意志新教公国联盟。在1535年,科弗代尔(Cloverdale)圣经,旧约和新约的第一个英文译本在英国出版;它在很多方面归功于路德的德国译本。1538年大主教克莱默和其他的英国神学家及德国路德宗神学家们聚会,努力发展出一种共同的宗教教义。然而,最终,国王终止了这些接触,并且在1539年他正式宣布了——而且通过火刑和绞刑执行——一种新的信仰声明,所谓的六条信仰原则(Six Articles),它 210
重申了天主教(现在的英国天主教)的基本教义。[27]

然而,在爱德华六世以及后来的伊丽莎白统治之下,英国的宗教改革逐渐地受到了来自德国的新教影响。对印刷、阅读和教授英文版圣经的限制被解除了。牧师们被允许结婚了。第一部公祷书,在1549年爱德华六世统治时出版,1552年做了修订,它的主要作者是克莱默,而在很大程度上要归功于路德宗的影响,爱德华六世死前不久签署的四十二条信仰原则也是这样。

因为接任了爱德华王位的亨利的女儿,玛丽,是一个罗马天主教徒,因此,根据王权至上学说,英国重归罗马教会。一种新的恐怖统治被营造出来。作为一位重要的英国宗教改革方面的历史学家,A. G. 狄金森,曾经指出这一点,“监狱里的人数迅速变化”。[28]在玛丽统治的五年里,大约有290人作为异教徒被烧死。最著名的是克莱默,至少四十个新教徒死在监狱里。超过八百个圣母玛利亚的信徒离开家乡,正如他们被称呼的那样,逃到海外清教徒集中的地区。

25岁的伊丽莎白即位带来了与其姐姐全然相反的宗教政策,恢复了他的哥哥爱德华的宗教政策。同时,伊丽莎白主要关注的是以最小的暴力来实现这一点。她马上召集议会,在1559年议会通过了一部新的《最高治权法》(Act of Supremacy),任命她为英格兰国教会的最高统治者,同时也通过了一部《礼拜仪式统一法》(Act of Uniformity),要求每个人在星期日前去教会,否则就要受到罚金的惩罚,它强加给教士和俗众相同的统一仪式,即爱德华六世第二公祷书(1552年)。这部祈祷书的高明之处,部分在于它曾被称呼的“有意模棱两可”。因此英国国教一方面对温和的新教徒变得热情起来,尽管对激进的清教徒还不是;另一方面,对英国天主教变得热情起来,尽管对罗马天主教还不是。

在1570年代和1580年代,西班牙罗马天主教侵入带来的威胁,加上教皇的敌对行为,导致了敌意的增加。1570 年的一份教皇诏书,将女王逐出教会并督促其臣民废黜她。与之相对的是 1571 年的一项法律,任何人提及或歌颂罗马天主教弥撒或者不在星期日参加英国国教活动都要被处以罚款和监禁。1582 年的一份王室公告,及其后 1585 年的一部制定法,宣布在其统治范围内发现的耶稣会信徒和神学院的教士,将被认为是叛国者,而且要被处死。[29]

在 16 世纪的最后几十年里,清教徒对伊丽莎白的解决方案的挑战,主要来自王国内部而不是来自外面——尽管它与国外也有很强的联系。然而,应该被强调的是,并非所有当时被称为清教徒 211
的人,而且当然并非所有后来被称为清教徒的人,都反对伊丽莎白的解决方案。更严重的挑战来自那些英国的加尔文宗教徒,他们在 16 世纪晚期,不仅试图“纯化”英国的国教(因此得了“清教徒”这个贬损的名字),而且将这种期望运用到实践和宣讲中——不遵守英国国教的礼拜仪式,而且主张从根本上重建一种教会机构。这些人在当时被称为不奉国教者(Nonconformists)。他们包括那些长老会的牧师,他们拒绝承认英国国教的主教权威,而且赞成对教会的控制应该掌握在地方牧师长老评议会的手里,每个地方牧师长老评议会都由地方会众选举出来的一位牧师和一些年长者组成。

都铎政府体制

在英格兰,和在欧洲其他地方一样,王权的加强已经导致了它与罗马教会的崩裂——或者,像保留了罗马天主教的国家里那样,其宣称控制了罗马教会。在亨利七世治下,在一定程度上,国王不再是主要从宗教和封建贵族、他的家臣及他的佃户那里获取他的随从和对他的支持,而且在亨利八世之下更加令人注目。相反,像德国王侯一样,他发展出了一个内部的顾问团,主要根据他们的忠诚和优点而不是根据他们的世袭身份来获得任命。在 1536 年,一个由全职的专业文官组成而被称为枢密院的机构,从旧的超规模的国王咨议会里被创造出来,后者只在短短的一个阶段内开过会。托马斯·克伦威尔本人是新官僚的原型,他是一个律师,一个在渥斯利大主教家里长大,而且后来进入王室服务机构的制衣工人兼酒馆看门人的儿子。枢密院大约有 20 个成员,主要由王室的官员(主机官、侍从长、家产财政官和其他人)和国家的"重要官员"(坎特布雷大主教、大法官、财政大臣、海军总司令和其他人)组成。枢密院的各种官员都拥有其自己的专业人员,他们独立地操控国王个人的大部分家产。因此政府的早期王室家产制度,在几个世纪里发挥着作用,通过不同的国家部门的运转,它转变成了一种早期的内阁制。这是 16 世纪德国政府在英国的对应物。

咨议会的转变伴随着议会角色和功能的转变。在过去,议会
偶尔在某些重要情况下分配国王的正义。他们也曾经偶尔地颁布
212 过制定法。然而,它们最重要的功能,曾经是表决支持国王的税收
(特别是在一个新君主继位时)和请求国王对冤情给予补偿。每个
议会都是一个独立的团体,按照君主的意志召集和解散。每个议
会都有一个贵族院,人员来自宗教人员(主教和大修道院院长)和
世袭贵族,和一个平民院,每个郡和自治市有两个代表。

议会的过渡性,以及它们对君主的依赖,在 16 世纪并没有实质性的改变。一般而言,国王只是每隔两三年召集一次议会,而且在两三个月后就解散它们。[30]伊丽莎白在其 55 年的统治期间里只召集过 10 次议会,而且它们开会总计少于 140 周——平均每四年半一次,每次开会十四周!虽然国王在 16 世纪仍支配着议会,但

是为了使总体而言大大增加了的君主权力和君主主动权开始实施的措施更能够为国民所接受，它越发需要它们作为国家意志工具的支持。随着主要封建王朝权力的下降，国王的咨议会转变为一个专门的行政机构，而且随着教会的国家化，英格兰的政治统一开始成形。君主从其上面诸多竞争性力量所加诸的很多限制中解脱出来，但是，出于同样原因，对于最高层之下的竞争性力量的反抗，它受到较少的保护。

都铎议会在某些类型的案件中继续扮演一个法院的角色，它们有时被称为“议会的高等法院”。它们也给予钱款和请求冤屈补偿。然而，它们的大部分行为开始由制定法律组成。然而，它们在很多重要的方面不同于 17 世纪出现的那种立法机构。首先，都铎君主是每届议会的“首脑”。16 世纪的议会，并不被认为是反对或限制国王行政权威的机构。相反，国王被说成是“在其议会的咨议会里”进行统治。其次，议会不是单独的立法机构。国王本人，或没有议会情况下，国王在咨议会里，都可以制定法律而且确实制定过法律。这些法律被称为宣言，而不是制定法，但是无论如何它们都是法律，而且由法院和其他王室官员，通过刑事和民事制裁的方式加以执行。粗粗算来，在伊丽莎白统治的议会没有开会的 540 个月里，有 500 个月，女王在咨议会颁布了几百种这样的法律。从理论上讲，只有议会可以改变一项法令，但是没有一届都铎议会和一个都铎法院曾经拒绝过一项王室宣言。[31]

除了将国王的咨议会和议会转变成国王的有效政策工具之外，都铎君主们通过创设一系列新法院实现了司法的转变，这些新法院在一方面更为有效地应对了英格兰面对的政治和经济问题； 213
另一方面，它们比传统的普通法法院更为直接地对国王意志做出了响应。这些法院是从枢密院丢出来的——枢密院自身经常扮演法院的角色。它们包括星室法院、上访法院、边境法院,以及宗教事务高等法院。一个新的高等海事法院也被创造出来。另外,衡平法院被重新命名为高等大法官法院,而且其管辖权大大地扩展了。[32]新的"高等"法院——"特权法院",像除了海事和大法官法院之外的所有法院被称谓的那样——是罗马法性质的;就是说,它们在一定程度上按照某些原则和程序来运作,尽管绝不是全然地——这些原则和程序部分来自罗马天主教会的早期教会法,部分来自于世俗的罗马法,后者在欧洲的大学里已经被研究了几个世纪,这些大学包括牛津和剑桥,而且在16世纪,它还经历了一种新的遍及欧洲的系统化。

变革的张力和征兆

1603年苏格兰国王詹姆士·斯图亚特登基英国王位,这并不标志着英国政府制度性质的一种根本性改变。然而,在他和他的儿子查理士一世统治期间,这个制度所依赖的政治、经济和社会条件方面都有了实质性的变化。清教徒和英国国教徒之间和乡村与宫廷之间平行的紧张逐步加强。另外,从詹姆士一世统治初期开始,君主统治的某些特征既受到平民院也受到普通法法院的法官们的挑战。因此,詹姆士被激怒,他系统地进行解释——最终以书的形式出版了——这是一套他的前任们精明地留给他的绝对君主制理论,这在很大程度上是模糊且模棱两可的。某些历史学家曾警告说,不要夸大这些紧张和冲突,特别是在1629年之前的时期里;[33]毫无疑问,因它们达到顶点而爆发的1642年内战本可以避免,如果双方更加理性,本可以达成一份妥协。而且,在议会和国王最终决裂之前,绝对君主制的反对者——很少有例外——绝不认为他们自己不忠于国王;他们只是迫使他接受他们宣称的,对他的权力进行传统的宪法限制。

在整个斯图亚特王朝早期阶段,国王和其议会的主要冲突与税收有关。伊丽莎白给新国王留下了一笔债务,数额达400,000英镑之巨。截至1606年,这笔债务增加至700,000英镑。依靠国王管理对外贸易的特权,詹姆士对进出口货物强行额外征税——被 214
称为"苛税"——超出了第一届议会授权国王终身征收的常规海关税("酒税和磅税")。[34]在1610年议会会期里,詹姆士命令议员们不要对其征收"苛税"的权利进行讨论。平民院随后起草了一份请愿书,宣称它"对所有确实完全涉及英国臣民的问题,都有进行自由辩论"的权利。[35]一份妥协达成了,但是在它成为法律之前,詹姆士就解散了议会。在议会于1614年再次被召集时,平民院制定了一份法案,宣布苛税非法,而且拒绝就直接税所产生的收入进行表决,直到国王对此和其他不满进行说明为止。詹姆士再一次以解散议会作为回应,后来几位议员因为在该会议上做过放肆的发言,而被投进伦敦塔。

在这个时期,国王特权的行使遭到了另一个方面的挑战,即民事诉讼法院和王座法院的法官们。这两个法院,与财税法院一起,是12世纪第一批从国王的咨议会里创造出来的专业王室法院。在以后的世纪里,它们开始被称为"普通法法院"——与教会法院、庄园法院、封建法院、城市法院和商人法院相区别,也和在14世纪和15世纪发展出来的特别的大法官的"衡平"司法相区别。在16世纪,普通法法官,面对国家法律事务的很大一部分份额分配给新的特权法院和重塑后的大法官法院和海事法院,已经有办法去改变它们的传统程序和学说,以适应新境况和偶尔地保护他们的司法管辖权免遭其他王室法院侵蚀。而且,16 世纪的普通法法院和特权法院之间的竞争,通过相当清晰的司法疆界划分的边线,和普通法法院最终愿意接受在那些存在明显管辖权冲突的案件中有利于特权法院至上的国王政策而被容纳下来。

然而,在詹姆士一世治下,16 世纪的管辖权之争转变成一场法院之间的痛苦斗争,在这些斗争中,12 位民事诉讼法院和王座法院的法官,在爱德华·柯克(Edward Coke)的领导下,力图一个接一个地控制特权法院和高等海事法院以及高等大法官法院的管辖权。在 1606 年至 1616 年之间一系列裁决的案件中,柯克,作为第一位民事诉讼法院和后来的王座法院的首席大法官,宣布普通法至上被认为是古老的英国传统。他最终挑战了国王本人限制普通法法院决定它们自己管辖权的权威。在 1616 年,在一场剧烈的个人冲突之后,詹姆士解除了柯克的职务。柯克对于普通法法院独立和
215 它们高于特权法院的主张,有助于确定一个主要问题——这个问题最终在议会里和内战的战场上以斗争方式得到了解决:君主绝对专制问题。确实,在 1640 年代,激进的清教徒约翰·李尔本(John Lilburne)将一手拿着圣经,另一手拿着柯克的《法律汇编》(*Reports*)走进平民院。

柯克本人最终重新获得了国王的眷顾并被选进了 1621 年议会,在这里他成为平民院冤情委员会的主席,而且领导平民院进行了一次初始的主张独立运动。

随着查理一世在 1625 年的即位,议会和国王之间的关系更加紧张。议会拒绝通过授予新国王常规终身税,查理则求助于强迫借贷,有人拒绝借贷就被投入监狱。[36] 1628 年议会开始考虑批评君主通过强迫借贷和伴随的制裁而侵犯臣民的"人身自由"。平民院一致接受了一份决议,该决议谴责没有法定理由的监禁,否认人

身保护权令,拒绝保释,不经议会授权的征税,私宅驻兵,根据军事法进行的简要审判,以及国王和枢密院采取的强制同意强迫借贷的其他措施。这些不平之事随后被写进了柯克草拟的权利请愿书里,它要求国王宣布,从此以后他或他的官员都将不再侵害其中写明的权利和自由。经过很长时间的犹豫之后,查理一世最终批准了请愿书——以平民院所要求的法律形式——但是他坚持绝不放弃他的任何特权。这些普通法法院逐次宣读了1628年权利请愿书,它只适用于其中明显包含的具体事项,而并没有公布任何新的宪制原则。[37]

在1629年到1640年之间,查理没有再召集议会。这甚至比亨利和伊丽莎白治下曾经发生过的间隔还要长。查理的私人准则也与其前任们不同,既表现为他喜欢从普遍不情愿的人们中收敛钱财的前所未有之方式,[38]也表现为他执行宗教政策,不仅疏远了日益增多的英国国教会里的清教徒,而且也遭到了很多正统英国国教徒的厌恶。这个阶段后来被称为"十一年暴政"。

与其宗教政策相比,查理的税收总体而言也许对国民,或者甚至对曾经支付它们的上层阶级的伤害较小。查理在1633年任命威廉·劳德为坎特布雷大主教,在其领导下,英国国教会引入了某些新的神学教义和仪式惯例,这些既与英国清教相悖,也与英国国教曾经批判过的罗马天主教神学和仪式的特点相吻合。甚至比这些教义和惯例更可憎的是对那些公开反对者的系统地镇压。教士的 216
天罚在全王国进行。仍然顽固的教职人员和世俗人员受到宗教事务高等法院的惩戒。有些人被星室法院判处严重的刑罚。[39]为了摆脱这些镇压,大约两万英国人在1630年到1640年间移居马萨诸塞湾殖民地,而且同样多或更多的人移居尼德兰。就像有些英国国教牧师在当时指出的那样,人们"涌出英国就像走出巴比伦"。

长期议会,内战和共和国

国内和国外危机的联合效果最终揭示了查理政策的破产。在1637年,他试图将英国风格的祈祷书强加于他的苏格兰臣民头上,他们中的很多人坚持加尔文宗长老会神学和教会学,这些是在17世纪由约翰·诺克斯(John Knox)首次引入苏格兰的。在1638年,长老教会会员大会表决不仅拒斥查理的祈祷书,而且要完全废除苏格兰的主教制度。查理以派遣军队前往苏格兰作为回应,首次是在1639年,再一次是在1640年,但是两次他们都被击败了。为了筹集进行这场战争的钱款,他在1640年召集了一届新议会。它就是这个议会——"长期议会"——对此温斯顿·丘吉尔(Winston Churchill)在超过3个世纪之后写道,它是"英国曾经召开过的最值得纪念的议会"。[40]直到1659年它才被正式解散。

长期议会从权利请愿书的早期失败中汲取了经验。首先,它坚持释放和赔偿曾经被星室法院和宗教事务高等法院监禁过的人们。其次,它控告"十一年暴政"的两个主要设计师——斯特拉福德伯爵(the earl of Strafford)和劳德大主教(Archbishop Laud)——并将他们投进伦敦塔——最终要被处死,同时还有其他与国王恣意横行有关的小一些的人物也受到了这样的处置。[41]最后,它制定了一系列的成文法,确立了它的独立和减少了国王特权。这些成文法中的最重要的部分都是在1641年制定的,它们是:

1. 三年法(The Triennial Act),规定被召集的一届议会不超过3年不应该被解散,以及任何一届议院不经其自己同意不能休会,直到至少开了50天的会议;还有另一部法律规定长期议会自己永远不能不经其同意而被解散。此后议会(Parliament)——现在以大写P开始——就要成为一个政府的永久性机构而不再是一个随国王的高兴召集和解散的临时会议。

2. 四部禁止强迫接受前所未有税收的法律,为批准的两个月(取代了国王终身的)的酒税和磅税设定了限额,恢复了对王室御猎场边界的早期限制,而且不许出现“涉及骑士身份名册的厌烦议程”。结果残存下来的封建的附属权利也被废除了。此后议会对于税收就有了排他性的控制。 217

3. 两部废除了星室法院、宗教事务高等法院和其他特权法院,[42]而且剥夺了枢密院听审民事和刑事案件权力的法律。这些法律也确定了,在人身保护权方面,解除根据国王或枢密院的命令决定人们行为正义和合法性的权利。此后普通法法院就成了刑事和民事案件的最高的法院。

议会缩小国王权力的措施与其对国王的宗教政策的反对紧密相关。在1641年春天,平民院引入了一部法案,要求废除所有主教制度的“独立性,根和枝”。这部法案博得了很多支持,尽管它没有获得通过。然而,在1641年11月,为大规模的爱尔兰的罗马天主教叛乱和对“教皇的秘密计划”所激发,两院——平民院和贵族院——非常勉强地通过了一部法案,被称为大抗议(*Grand Remonstrance*),尽管它没有签署这部废除主教法案(*the Root and Branch Bill*),但是大抗议控告国王宣称同情罗马天主教,要求减少英国国教会主教的权力并且将他们逐出贵族院,还要求国王任命大臣应该通过议会批准。[43]然而,即使这种控告也没有打击国王权威的合法性,只是要求他应该和议会合作行使其权力。因此,如果不是国王走过了头,就可能令人信服地达成一份妥协。他派卫士去逮捕平民院的五个领导成员,因为他们曾经与苏格兰人共谋支持在苏格兰建立长老会。当平民院拒绝交出这五名成员时,查理亲自前往,带着400个武装人员,去捉拿他们——但是他们已经溜掉了。[44]这发生在1641年/1642年1月2日。[45]在下面的月份里,议会和国王处于公开对抗状态。直到8月,议会征集了其自己的军队,一场从1642年进行到1646年而且又在1648年暴风骤雨般进行的内战爆发了。

在英国革命的第一个激烈的阶段,在革命的各个阶层内部产生了重要的分歧。议会在1645年接受了长老会作为国家宗教;然而,在同一年,一个更为激进的清教徒组织,其领袖不是长老会徒而是中立派,掌握了议会军队的领导权,这支军队被称为新模范军。这些中立派反对长老会的老年会、宗教会议和会员大会,而且支持会众的完全自治。新模范军里一个更为激进的派别——被称
218 为使平者(Levellers),发布了一份人民公约,宣布提议该国为民主政体,以及在该国实行根本性的法律和经济改革,包括废除专卖权、改革济贫法、减少税收、宗教宽容以及更为广泛的公民权。在1648年10月和11月间,一个选举出来的军队大理事会在普特尼召开了一系列的会议——被称为普特尼辩论,在这些会议中人民公约和其他项目被加以认真且详细的辩论。[46]这些辩论因某些军团之间一场使平者鼓动的叛乱而结束。

在1649年1月,议会——已经由其中更为温和的成员进行了肃清,任命了一个特别的高等司法法院,由大约135名专员组成,宣判"查理·斯图亚特,英国国王"犯下了高级叛国罪。包括奥立佛·克伦威尔,现在的议会武装司令在内的59个专员,签署了死刑令,在1649年1月30日,查理被砍了头——欧洲历史上第一次审判和处死一位君主。[47]此后尾闾议会(Rump Parliament)废除了君主制和贵族院,并且宣布英国是一个共和国。[48]就这样结束了英

国革命的第一个激烈的阶段。

共和国首先由国务参议会——全然无效地——统治,它的50个成员中有31个也是议会议员。在1653年克伦威尔——在4年后已经从爱尔兰和苏格兰胜利的战斗中返回,率领一队战士来到威斯敏斯特并且武力解散了议会。他指出,它的终止并不比一只狗叫来得更重要。一个有140名成员的新议会,由克伦威尔领导的军队官员理事会所"任命",被称为"圣徒议会",或者"贝本议会"——因它的一个成员,一位伦敦世俗施洗者传教士的名字赞美上帝者贝本(Barebone)而得名。现在激进的法律和宗教变革被提出来,包括以摩西律法替代世俗法,废除供养宗教人员的什一税,以及世俗婚姻的合法化,还有废除大法官法院、减少军队官员薪水和肃清地方政府。最后,在1653年12月,它的很多更为温和的成员投票将它的权力授予克伦威尔,根据英国第一部也是唯一一部名为《政府约法》的成文宪法,他获得了"英格兰、苏格兰和爱尔兰共和国护国公"的名号,这部宪法由他的将军们草拟并且他自己亲自公布。这部文件命名"总司令奥立佛·克伦威尔"为护国公,而且规定他应该由一个不超过21个或少于13个成员——很明显,由他来任命——的政务会进行协助,还有在其死后,他的继承者将由该政务会选举产生。它还规定了共和国的最高立法权要放在护国公和"在议会里开会的人们"手里,而且"没有议会全体人员同意,不能修改法律,也不能制定新法",以及每三年至少要召集一次议 219
会,并且每次至少要进行5个月。事实上,《政府约法》几乎不能在1654年据其组成的议会选举中存活下来,它很快就被废除了。直到1658年克伦威尔死亡,他一直在军队和平民院各种派别的帮助下,作为真正的独裁者进行统治。

贝本议会对于克伦威尔的目的来说太激进了,他很快就解散了它。然而,他的下一届议会,对于其目的来说又太软弱和太优柔寡断了,他同样地解散了它。这样过去导致内战的两个主要冲突的一个,即,议会和国王的冲突,现在转变成议会和护国公之间一个未解决的冲突。而且,这场冲突使双方都瘫痪了。在1653年到1669年间,没有制定任何重要的法律,政府体制也没有发生重大的变化。

同样地,克伦威尔的宗教政策并不成功。他曾预想过地方教会的自治,和宽容试图建立独立公理教会的"慈善的良心"。然而,如果没有他们的财产和他们的生存空间,政教分离本来要留下大多数的宗教人员,现在大部分是长老会众。一方面的宗教自由和另一方面的财产安全之间的分裂,[49]克伦威尔不再反对中立派为废除供养宗教人员的政府税收而进行的努力。因此,曾经导致内战的第二个冲突,即清教和英国国教之间的冲突,现在转化为一场公理会的良心自由和国教会之间未解决的冲突。

比这些冲突中的任一个都更不明显,但是更为根本的一种弱点的来源在于克伦威尔的统治缺乏合法性。无论贝本议会还是其后的议会都不合法,因为在1640年选出的长期议会,从没被正式解散过;克伦威尔和他的顾问们仅是选了新成员。另外,曾命名克伦威尔为护国公的1653年《政府约法》,从没被任何一届议会批准过,事实上,它的某些规定从一开始就没被重视过。因此,处死查理一世和一个世袭君主的缺席,使不可能被填充的君主的合法继承出现了裂缝。1657年议会给了克伦威尔国王身份,但是他拒绝了,尽管他继续坐在王位上而且被称为"陛下"。

在1658年9月克伦威尔死后,摄政政体的破产已经变得明显了。他的儿子理查,被提名继承他做护国公,很快就告退了。在来自军方的压力之下,长期议会的尾间会议在1659年5月重新表决其本身最后的解散和下令进行新一届的选举。在 1660 年 4 月,一个所谓的协定议会(Convention Parliament)(没有国王召集它)被选出,它邀请查理二世从荷兰回来即位。 220

奥利弗·克伦威尔和他的遗产

亨利八世的著名顾问托马斯·克伦威尔的旁系后裔,奥利弗·克伦威尔在 1599 年出生于一个贵族家庭。他的父亲曾经做过议会议员,奥立佛,按照次序,在 1628 年和在 1640 年两次被选进议会。在长期议会的早些年份,他发表了很多演讲而且在很多委员会工作过,但是在内战期间,他是以一个议会军领袖而开始大大突出起来——先是作为来自他的出生地亨廷顿郡的一个骑兵连头目,后来是所谓的东部联盟副司令,再后是新模范军的领袖。在内战的第一个阶段之后,他重新回到平民院,但是在 1648 年的第二阶段重新掌握了军事权力。在粉碎了保皇党人和苏格兰军队之后,他回到伦敦,充当一个审判国王的专员。此后,他命令一支军队镇压了一场爱尔兰叛乱,对此他完成得非常残忍,在 1650 年他主持了入侵苏格兰。

克伦威尔不是一个教条意义上的共和主义者。他在普特尼辩论中发言反对平等主义者的民主要求,而且在 1648 年国王刚刚拒绝了所有立宪君主制要求之后,就反对与查理一世进行进一步的协商。然而,在加尔文宗的意义上,他既深深地致力圣经的信仰,也深深地致力良心自由。在 1630 年代早期他谨慎地谋划乘船前往新英格兰以避开英国国教劳德式的反清教改革。[50]在 1641 年,作为长期议会的一名议员,他支持废除主教法案,这部法案旨在废除主教制。在1644年,他说服平民院通过了一项呼吁召开威斯敏斯特大会的动议,这是一个由世俗之人和教士组成的委员会,其之所以被建立起来,是为了设计一种新的教会政府形式,“以尽力发现某些人的善意良知可以忍受到什么程度的方式,这些人不能在所有方面都服从于即将按照命令建立起来的规则,以及努力发现他们在多大程度上可以和公共和平相一致的方式。”[51]

克伦威尔作为护国公的5年统治,按照其自己的标准,是失败的。然而认为它没有留下任何永恒的制度或个人遗产却是一个错误。从制度上来讲,摄政体制是整个欧洲历史上,在没有国王情况下国家政府的首次经验。而且,这次经验被具体地写进了一部成文宪法即政府约法中,它声称要实现行政部门和立法部门的分立。其他立法规定了司法独立于行政和立法部门。议会要被定期地召集,而且,没有它们的同意就不能改变立法也不能制定法律。然而,因为所有这三个部门都听命于护国公,所以这个制度失败了。
221 一个类似的制度被后来的斯图亚特君主们接受——在其统治下,它最终也失败了。然而,它在其自己的范围内孕育了未来英国议会至上和未来法国最终的权力分立的种子。

摄政体制失败的宗教政策也留下了间接的积极遗产。没有国教的英国这个概念,一个其宗教生活要留给地方基督教公理会来关照的国家概念,尽管在国家的层面最终被拒绝,但是在地方层面,作为一种替代被接受了下来。1640年代造成的在两个不同版本的英国国教,安立甘宗和长老会之间的选择,不再以消除中立派和分离派教会的初生的公理会为代价。对异议教会的宽容成了不成文英国宪法的一部分,而且,最终成为英国国教会自身的非成文信条的一部分。确实,克伦威尔在减轻贵格会领袖乔治·福克斯(George Fox)和詹姆士·内勒(James Naylor)刑罚方面的成功,虽然曾被平民院谴责为“亵渎者”,但是象征着对新教抗议广泛宽容的政策对于摄政政府来说是根本的。犹太教徒也获得了宽容。[52]只有罗马天主教继续受到严厉的区别对待,在爱尔兰,他们被残忍地迫害。在1655年,爱德华一世国王命令他们离开英格兰差不多三个半世纪之后,克伦威尔的摄政议会才正式地邀请犹太教徒重新回来。[53]

此外,克伦威尔深切的圣经信仰的某些方面,体现在英国宗教和政治思想中。这些方面最明显的是,他确信英国是一个“选国”,一个新以色列,上帝命定的道德和政治的伟大国家。“克伦威尔最大的一种力量,是他与他的官员和人民交流其自己绝对确信的能力,他确信他们是一种神圣计划的工具,在这个神圣计划里,英国作为选国扮演着特别的角色……他们是上帝子民中的先锋队。”[54]他的另一种力量是他厌恶教条的政治意识形态,无论是左派(平等主义者)还是右派(保皇党人)。他没有固定的共和国政府计划。他确信,上帝,将指导信仰他的人们在特定的环境下去做正确的事。与后来清教教条主义的陈词滥调相反,克伦威尔的清教是高度注重实效的。他坚定地相信一种神意,就是它将领导信徒、选民、“圣徒”,他说,“正如当他不知目的地时,他就在走着”。[55]

最后,克伦威尔一方面留下了一种公共服务遗产,另一方面,还有一种遗产是关心受压迫者和流浪者。在1650年9月的一封由其苏格兰军事领袖发出的致议会议长的信中,他迫切要求:“解放受压迫者,听听英国贫穷囚犯们的呻吟。为改革所有职业陋习而感到高兴,而且,如果有一种情况使得很多穷人造就一小撮富人, 222
那么它对一个共和国来说是不合适的。”然而,关心穷人经常和公共服务理念相冲突。后者是拥有土地的乡绅的责任,他们为其国家和人民服务,可能和他倾向于穷人的情感相冲突,特别是如果他们是游手好闲的穷人或者怀有敌意的穷人,就更是如此。在克伦威尔征服爱尔兰时,这场冲突以有利于公共服务的方式被残忍地解决了,这是带着野蛮的残暴完成的。然而,他为其所认为这种必要的残酷感到深深的遗憾。如安东尼亚·弗雷泽(Antonia Fraser)所写的,“他实际上对牧师和修道士的宽恕和他在宣言中公开指责罗马天主教人员时所用的恶毒语词形成了奇怪的对比”。类似地,当他将数万名苏格兰长老会众重新安置在北爱尔兰时,他没收了爱尔兰天主教贵族的土地以供他们居住,同时“他的个人介入总是站在对个体的怜悯这一边”。[56]

复辟

随着1660年查理二世的返回,英国革命的清教阶段就从英国历史的官修记录中抹去了。从1642年内战爆发到1660年的这个阶段,现在被称为“大叛乱”,从1649年查理一世被处死到1660年这个阶段,现在被称为“空位期间”,查理二世的统治被认为不是从1660年而是从1649年开始的。然而,事实上,重归都铎—斯图亚特制度是不可能的。首先,查理二世在1660年支持重新制定很多长期议会在1641—1642年的立法,根据这些立法,君主特权统治要被废除。此外,在1660年回到英国之前,查理发表了布雷达声明(*Declaration of Breda*),在声明中他给予所有“将重归效忠和按照良好臣民标准服从”的人们以“大方而普遍的宽恕”,但那些根据议会稍后决定不被免除罪行的人除外。他也宣称“良心自由,任何人都不会因在不扰乱王国安宁的宗教问题上发表不同意见,而担心或涉嫌被传唤;而且,为了充分授予这种赦免,我们将准备在深思熟虑基础上同意给我们提供这样的一部议会法律”。他也宣布将由议会来规定“因很多不动产赠与和转让而产生之财产纠纷的解决措施”,这些赠与和转让曾经因“很多年的和很多大革命的”持续扰乱而产生。最后,他宣布,他准备同意议会为了充分清偿所有对军方军官和战士欠款的任何法律。[57]

因此他至少在口头上同意了议会至上和良心自由的理念,这 223
是革命所依赖的两个根本原则。正是查理二世和后来他的兄弟,詹姆士二世对这些原则的违反,最终导致了斯图亚特王朝第二次也是最后一次被推翻。

虽然有这些违反,但是无论查理二世还是詹姆士二世,都没有想象他们能够回到从前的状况。通过他们不去控告——或者迫害——那些曾经为新宪政秩序而战的人,他们自己向一种政策做了妥协,这种政策给仍处于很深的分裂状态中的国家带来某些和谐。查理和他的首席顾问克拉伦登伯爵非常赞同在1660年的协定议会里接受《释放和普遍宽恕、补偿和赦免法》,根据该法,布雷达声明中所做的承诺将被充分地实现,只有1641年爱尔兰革命和弑君的参与者——即那些曾经签署了死刑令或参与了处死国王的人除外;但是,弑君者中只有13个人被判处死刑。[58]1660年《赦免法》给予任何绅士或更高身份者应得的民事损害赔偿,任何更低身份者40先令,他们在接下来的3年里“将恶毒地期望……抗议任何其他人任何名字……或者无论如何,都倾向于使最近分歧和其中情况记忆苏醒的其他责备之言”。然而,后来的法律,确实严厉地剥夺了资格,包括对那些不缴什一税者或不信仰英国国教者施加刑事处罚。

斯图亚特家族重返王位不仅标志着君主的复辟,也标志着议会的复辟。此外,尽管贵族院被恢复了,主教们重回其间,平民院仍保留了最高立法权,特别是通过其发起财政立法的权力。[59]当国王和议会之间的紧张再次恶化时,两个竞争政党出现了——欧洲历史上的第一个政党政府制度,辉格党——克伦威尔时代清教和议会"圆颅党"的继承人,开始超越托利党——英国国教和保皇党"骑士团"的继承人。有一次克拉莱登伯爵向查理抱怨说,他正在允许太多的圆颅党人重返议会,查理回应说,如果他以骑士团来塞满平民院,在 7 年内他们将全部成为共和国人。换句话说,复辟在一种意义上讲是反革命,但是在另外一种意义上它将革命推进到一个新阶段。在查理二世统治的第一年,他能够维持这两种运动——前进和后退——通过和平但不稳定的均衡方式。然而,在后来的年份里,特别是在他的兄弟詹姆士二世统治下,反革命运动开始占据主导地位,结果革命力量再次被发动起来,尽管这一次,暴力色彩较弱,而且变革动力也不大。

224 查理初始的政策是不在他的议会"里"而是"以"它进行统治,他充分地认识到了,根据宪制,他没有资格不经议会同意就征税。议会重新让国王全面掌握军队,但是通过保留财权,它严重地限制了军队规模和使用军队的次数。[60]而且,在查理统治的头十年里,议会每年都开会,在第二个十年里,除了有两年之外,也是每年都开会,而且所有这些会议至少持续了两个月,经常是 3 个月或更长时间。

起先,查理也承认普通法和普通法法官至上。1660 年,在其鼓励下,议会确认了 1641 年废除特权法院的立法。海事法院和大法官法院也仍然低于王座法院和民事诉讼法院。[61]"陛下和贵族及平民在议会集会"也通过一部法律确认了从内战爆发到复辟这个阶段,所有法院、法官、专员和司法的判决和程序的有效性,但根据议会法律或命令而做出的不动产出售案件,和 1641 年 5 月至复辟这个阶段有关控告保皇党人为叛国罪的案件除外。复辟政府也推进了某些方面的法律改革运动,它由普通法法律家们在1640年之前的时期发起,而且在1640年到1660年这个阶段得到了很多清教徒的拥护。

光荣革命

同长期议会和克伦威尔摄政一样,复辟的斯图亚特君主无力最终解决曾导致内战的尖锐的政治、宗教和社会经济冲突:议会和国王之间,或者共和主义和绝对君主制之间的政治冲突;清教和英国国教之间,或者持有异议的新教派和正统的拥护国教者之间的宗教冲突;以及乡村与宫廷,或者拥有土地的乡绅和中央官僚之间的政治冲突。在1680年代,无论查理二世还是詹姆士二世,都越来越为外部力量和他们自己想要重归绝对专制的性情,高级教会以及他们的父亲和祖父,查理一世和詹姆士一世的官僚政策所驱使。[62]詹姆士二世向罗马天主教忏悔,而且随着他的罗马天主教妻子在1688年6月生了一个儿子,罗马天主教对于王位继承的威胁,最终导致了严重后果。[63]短时间之后,一群杰出的辉格党人和托利党人——詹姆士已经解散了的议会的议员——邀请荷兰王子威廉和其妻子,玛丽公主,詹姆士的大女儿,来英国即位。

新君主的即位,使政治、宗教社会—经济的残酷冲突之解决, 225
花了差不多50年时间。

政治的解决方案

在1688年11月,威廉带着一万五千人组成军队和一支三百艘船组成的舰队入侵英格兰。他受到查理二世已经解散了的1681年议会——最后一届斯图亚特议会——的平民院幸存下来的议员组成的一个大会的欢迎。[64]对入侵军队的抵抗可以忽略而且也没有成功。在12月,詹姆士被迫逃离英格兰。在1688/89年1月,为了将王位给威廉和安排他进行统治的名义,一个新协定议会被建立——再一次的,和1660年的一样,没有君主的权威,因为没有君主来召集它。[65]此后很清楚,用W.S.豪兹沃斯(W.S. Holdsworth)的话来说,议会有权产生和不产生国王。

奥兰治王室的威廉王子作为威廉三世登上英国王位,在当时被称为"一场革命"而且是"光荣的",其后很快便被称为"光荣革命"。[66]忠实于普通法的意识形态,英国人在1689年认为,"革命"标志着车轮重回其前面的位置,一次复辟,如1660年他们也将斯图亚特君主制的复辟当作一场革命一样。

光荣革命的主要象征,和它宣称的合法性基础,是臣民权利和自由宣言,它被协定议会采纳,而且在1688/89年1月13日,在两院面前正式地向威廉王子和他的妻子,玛丽公主宣读并被他们接受。在3月,该宣言由正当选举产生的新一届议会制定成了一项法律,冠名"权利法案"。[67]它一开始就列举了三种滥用权力的例子,据此"已故的詹姆士二世国王,在各种受雇于他的邪恶顾问、法官和大臣们帮助下,确实搅乱和毁灭了新教信仰和这个王国的法律和自由"。它接着指出"尽管上面所说的已故詹姆士二世国王放弃了政府和王位并因此使之处于空缺状态,威廉王子殿下(他制定了将这个王国从教皇制度和恣意的权力下解救出来的法令,以此取悦于全能的上帝)的确(在宗教贵族和世俗贵族及平民院各种负责人的建议下)就要签署选举议会的文件"——这个议会,已经组成,"首先要表明和宣告他们古老的权利和自由,声明……"

接下来是一个基本权利列表——也是13项。然后,该宣言继续指出,宗教贵族和世俗贵族及平民院,“完全信任上面所说的威廉王子殿下将……保护他们这里已经宣告的以及他们的所有其他 226
信仰,权利和自由免遭侵犯……决定,威廉和玛丽,奥兰治王室的王子和公主,成为和被宣告为英格兰国王和王后”。它补充说,在该宣言呈交给他们之后,“根据包含在上面所说的宣言中所提到的贵族和平民的决定和意愿,上面所说的他们的最高权威确实接受了王位……”,然后继续指出“据此所有的……上面所说的宣言中宣告和要求的权利和自由,都是这个王国人民的真实、古老和不容置疑的权利和自由,这已经被宣布而且被制定成了法律”。

因此英国的权利法案,为都铎—斯图亚特王朝绝对神权君主制向议会控制下的立宪有限君主制的革命性转化提供了四个合法证明:第一,它以前就是一个立宪有限君主制,詹姆士二世将其变为“一个恣意的专制的权力”;第二,詹姆士二世已经退位,王位空置(暗示他的罗马天主教后嗣不能合法地统治新教英国);第三,威廉王子已经使得选举新一届议会成为可能,而且他已经同意议会授予他英国王位的名义;第四,威廉接受的对英国君主的宪法限制,植根于英国人民的古老权利和自由之中。

1689 年权利法案中指出的最重要权利和自由如下:

> 议会议员的选举应该是自由的;
>
> 在议会发言的自由不应在任何法院或其他地方受到审问;
>
> 没有议会的同意由君主权威中止法律或执行法律是非法的;
>
> 除经议会同意之外,禁止在和平时期征集或保留任何军队;

"不应该要求额外的保证金,不应该强加额外的罚金,也不应该适用残酷和非常的惩罚";

陪审员应该被适时地挑选;

定罪之前加之于人们的罚金和没收是非法的。

权利法案并没有明白地对所有王室特权领域进行限制。它没有在协商中限制国王独有的决定对外政策或任免大臣和法官的权力。更进一步讲,它没有废止王室召集、中止和解散议会、赦免议会弹劾的官员,以及否决议会制定法的权力。还有,国王可以继续通过依职权(ex officio)的王室官员("禄虫"*)之议会成员身份来施加影响。一旦即位,威廉尽其所能地运用和扩大这些权力。然而,当时的潮流在所有这些方面——尽管缓慢——都与他相撞,因为议会至上和宪政政府这一对学说,不仅在《权利法案》里是模糊的,而且,荒谬的是,在形成了其结构和立法框架的整个革命——非法的——剧变中也是模糊的。

227

因此,尽管在1690年代,议会不能阻止威廉依赖荷兰顾问,而且使英国的利益服从于荷兰的利益,然而在詹姆士二世的小女儿,丹麦的安妮公主统治下,1701年《王位继承法》,建立了一种新的王位继承,它禁止外国人担任公职,而且规定英国的外国国王进行防卫其外国领土的战争要经过议会的同意。类似地,由议会的两院通过的1691—1692年《法官法案》,试图建立一套不能由国王解职的司法独立制度。威廉否决了这项措施,但是,它又在1701年《王位继承法》中复活了,该法规定"法官"委任应该"*quamdiu se bene gesserint*"("在良好行为期间"——实际上,就是终身制,除非议会

* 禄虫(placeman),在英国为贬义词,指为个人私利而任命的官吏。——译者注

因其工作品行不端而解除其职务)进行,而且他们的薪水应该确定,但是根据议会两院的命令可以合法地开除他们。[68](事实上,威廉已经任命了所有法官在“良好行为期间”进行工作)

对君主宽恕议会弹劾案件的限制和不让罗马天主教徒得到王位,是1701年《王位继承法》规定的对王室权力的其他限制,为了能够被正式地立法,不得不等到该法的出台。确实,在1701年法中,其冠名“进一步限制国王和保障人民权利和自由法”,解决了大多数关于光荣革命最终重要性的疑问,威廉三世不断地提出这些疑问以重申王权至上。

威廉也反对某些立法,这些立法将有可能限制其仅因不能合法地召集议会就阻止选举新一届议会的权力。在这方面,他也因1690年代引入王室开支的议会拨款新方法而受挫,这种方法取得了需要议会每年开会授予国王足以执行其行政活动和军事行动资金的效果。因此,残存下来的对外事务方面王室特权受制于议会的批准,而且,即使在和平时期,只要批准军事预算,议会就不得不每年开会。事实上,议会从1685年11月到1689年11月这段时间里根本就没有开会,这可与都铎—斯图亚特王朝统治的整个130年中,只有75年在开会相提并论,然而从1689年开始它已经每年都开会了。

或许,从君权神授或绝对君主制向议会或立宪的君主制转变 228
中,最重要的象征是议会要求君主宣誓的新形式——在加冕礼上发誓。以前,一个新国王很少发誓遵守他的前辈们批准的法律和惯例,更不会向议会发什么誓。威廉王子发誓“按照议会同意的法令以及同样的法律和惯例”进行统治。[69]

然而,1689年取得胜利的议会至上与1640年代首次被宣称的议会至上相当不同,因为它并不要求废除君主制,甚至也不要求取消其整个的从属地位,而是重新使君主成为一个强有力的行政机关,同时还创造了一个强有力的皇家文官机构和内阁制度。议会保留了最终的权力,但是它同意国王对某些政府政策的实质性控制。君主特权经议会批准而被保留下来,例如,控制不列颠海外殖民地的权力。

宗教的解决方案

1689 年宗教的解决方案与政治解决方案相匹配。威廉王子所采取的誓言,包括承诺他的权力最大可能地"维护法律确定的新教改革后的宗教"。如同共和派辉格党人和君权神授派君主制信奉者托利党人一起来建立超越国王的议会至上政治制度一样,清教中的不奉国教者和正统的英国国教徒一起来建立一种宗教制度,在这种制度中英国的新教教会仍然是国家的国教会,但是长老会、中立派、公理会,和其他的信仰三位一体的新教派别要能被"自由信仰",一神教派和贵格会及一些其他的激进的新教派别只有被忍受,犹太教在其行动中受到了严格的限制,罗马天主教仍然受到严重的歧视对待。

尽管国王继续——在一段时间里——发挥着重要作用,而且能够影响——有时能够阻挠——议会政策,然而,此后正是议会而不是国王最终决定了宗教解决方案的范围。议会有权确认或拒绝国王对英国国教会大主教和主教的提名,而且还有权批准或不批准其神学教义和宗教惯例。

荷兰加尔文宗教徒威廉和他的新教妻子玛丽,在他们得到英国王位后的一个首先采取的措施,是发布了一个废除 1671 年《检查法》的政令,该法要求所有人在担任任何公职之前,都要得到英
229 国国教会圣餐礼上的圣餐。这部法律的效果是不让新教徒中的不

信奉国教者——甚至,威廉自己——担任所有公职。此后不久,威廉也支持议会制定一部法律,以废除在查理二世和詹姆士二世治下制定的反对新教非国教者的其他措施。尽管被称为《信仰自由法》,但它既没有使用“宽容”这个字眼,也没有废止早期使非国教派为非法的立法。[70]然而,在一定条件下,通过清除对违反早期立法的人适用的刑罚,它取得了导致实际上的不同新教派别的宽容之效果。

将有限的宗教宽容的革命性原则引入英国法律中的方法,具有总体的英国革命意识形态特征,特别是将根本的变革伪装成与过去具有连续性。例如,它仍然认为,根据伊丽莎白一世和詹姆士一世统治之下制定的法律,不去参加英国国教会里的星期日教会活动为一项法定犯罪;缺席的人有责任在每次缺席时缴纳 1 先令的罚金,连续缺席一个月缴纳 20 英镑。然而,根据《信仰自由法》,如果他们发誓效忠于国王和英国国教会之上的至高无上者,而且否认将圣餐礼上的圣餐变体为基督的肉体这条罗马天主教教义,以及他们在同样经过官方登记的信仰三位一体的礼拜参加教会活动,违反者就被免除这些刑罚。类似地,不信奉国教的牧师被免除了《礼拜仪式统一法》的刑罚,如果他们赞成与教会的政府和婴儿洗礼有关之外的三十九条信纲。最后,被任命为公共官员或私人公司的官员以及拒绝采取必要的宣誓或者接受必要的英国国教会圣餐的不信奉国教者,开始通过每年制定一部保障他们的法律这种惯例而被免除了任何剥夺资格或刑罚。“一个古怪的英国惯例”,伟大的法律史学家 F. W. 梅特兰(F. W. Maitland)这样称呼它。“它等于说,‘我们将废止这部法律,但是它可以被理解为没有人需要遵守,因为每年一部法律将被通过来保护那些不遵守它的人’。”[71]

在查理二世治下,犹太教徒是否应该和罗马天主教徒及不信奉国教的新教徒一样,被当作宗教上的非国教徒而被施以严厉的剥夺资格,或者作为外来的定居商人,有义务缴纳繁重的个人和团体法定税,这些是不清楚的。詹姆士二世发布了几个赦免宣言,指出旨在迫害犹太教徒的法律诉讼应该停止,而且他们应该"在他们通过行动忠实和服从于陛下政府时,安静地享受自由地信奉他们的宗教"。[72]在威廉三世统治之下,这个政策继续被实施并且被加以强化,当时一些犹太教徒变得可以信任,而其他人成为给威廉供给弹药的军火商。在这个时期,至少有一个犹太教徒被封为该国贵族,而且在1701年,宏伟的新犹太教会堂为进行礼拜而开放。[73]

230 不过,根据《团体法》和《检查法》,犹太教徒仍然被禁止担任民事的、政治的和军队的官职,而且一直连续遭受各种形式的法律迫害。只有到了19世纪,他们才获准进入英国大学,而且只有到了1860年,他们才通过制定《犹太教法修正法案》而得到了全部的权利和自由。[74]

第八章　英国法律哲学的转型

在新教改革之前,英国教会法学家和英国罗
马法学家写作的法律著作,以及英国大学里教授 231
的教会法和罗马法课程,反映了一种几乎无法与其他欧洲大学相区别的法律哲学;或者宗教改革前的英国神学和宗教作品基本上类似于那些法国、德国、意大利和其他欧洲神学家和哲学家的作品,对此不应该奇怪。在那些世纪里,西方基督教世界的所有地方的教会法学家和罗马法学家及神学家和哲学家形成了一个专一的共同体,都有共同的罗马天主教信仰而且都使用共同的拉丁语言。固然,一个人可以期望发现反映在16世纪之前关于民事诉讼法院、王座法院以及财税法院适用的法律的著述中,英国法律哲学与众不同的特征,因为这些法律在很多方面不同于很多类型的其他欧洲国家王室法院适用的法律。确实,它是一种惯例学说,其特殊的法律本质、渊源及其目的这些概念可以追溯至12世纪和13世纪的早期英国普通法。[1]无疑,很多英国学者——从12世纪和13世纪的格兰维尔(Glanvill)和布拉克顿(Bracton),到15世纪和16世纪早期的约翰·福蒂斯丘爵士(Sir John Fortescue)和圣日耳曼·克里斯多弗(Christopher St. German)——为英国王室法院适用的法律而感到自豪——这种自豪具有某种哲学意蕴。然而,即使像福蒂斯丘写作的著作——《英国法赞》在其背后的哲学方面,几乎与德国、法国和意大利法学家们写作的赞美德国或法国或意大利的世俗法的著作没有什么区别。

的确,福蒂斯丘,一直被当作一位特殊的历史相对论(historicism)的重要先驱而受到尊敬,这种理论在17世纪开始支配英国法律思想。事实上,福蒂斯丘确实将英国法律追溯至无法
232 追忆的古老习惯,回溯至前罗马时代。然而,他并不认为,他通过一个流亡的英国王子和他的大法官之间的虚拟的对话来"赞美"的"英国法",除了它们的古老之外,其根本性质、渊源和目的与其他国家的习惯法没什么本质不同。他写道,它们不仅包括特定的英国习惯,也包括"一般的原则,英国法教师称它们为法律格言(maxims),大陆法系法学家称为法律准则"。[2]此外,福蒂斯丘关于法律哲学的主要著作在自然法学派里被托马斯·阿奎那严格地呈现,它强调法律的最终渊源在于神的理性,其最终目的在于提升共同的善。[3]其他15世纪和16世纪早期的英国法学家受到自然法"唯意志论"学派的强烈影响,14世纪的哲学家奥卡姆的威廉(William of Ockham)是该学派的主要代表;然而奥卡姆派哲学,强调法律的最终渊源是神的意志而不是神的理性,不如它反对的阿奎那哲学那么"英国化",而是"意大利式的"。[4]

圣日耳曼也被视为现代英国法学的一个奠基人;而且确实,他

的《博士和学生》,写作于1531年英国新教改革的前夕,其中“学生”同一个“神学博士”为英国普通法辩护,展现了它与司法根本原则的一致性,的确包含了英国法律理论中后期发展的一些种子。然而,基本上,圣日耳曼还停留在16世纪欧洲法律哲学的传统中,它开始将自身从早期的罗马天主教神学和经院方法中分离出来。我们再次申明,它类似于阿奎那理论,也特别利用了15世纪法国奥卡姆派神学哲学家让·热尔松著作,圣日耳曼强调所有的法律,包括英国法,其最终渊源是理性的自然法、上帝的永恒法、一般的惯例,和一般的法律原则(“格言”)。同时,他通过区分“首要理性的法律”和“次要理性的法律”,解释了英国法的独特性。“首要理性的法律”由适用于所有时间和所有地方的一般原则组成,诸如构成杀人罪或伪证罪或侵扰和平罪的要素。

相比之下,“次要理性的法律”单独地由英国法律构成,这些英国法律既是理性也是英国习惯的产物。圣日耳曼将这些划分为“一般的次要理性法律”——由对全世界都是共通的法律习惯组成,和“特别的次要理性法律”——由一个确定的政体如英国的独特法律习惯组成。[5]因此,和福蒂斯丘一样,而且,确实和16世纪法国的和其他的法律人文主义者一样,圣日耳曼关心的是给该国政体的习惯法一个普遍合法性。

正是英国国教神学家和政治哲学家理查·胡克(Richard Hooker)于1590年在其多卷本著作《神圣政体的法律》中,为在17 233
世纪成长为第一种具有独特性的英国法学奠立了神学和哲学的基础。胡克的著作部分地为英国国教会辩护以免遭激进清教徒的攻击而写就的;然而,其精神,并非明显地应对加尔文宗教徒阶层中更为温和的元素,而是与之有相当的妥协。它也部分地为英国国教会之上的王权至上辩护以免遭清教徒和罗马天主教的攻击;然而,它也强调教会的自治和君主服从于“关于公共福利的法律”。[6]最后,胡克关心的是将他自己的英国国教哲学与曾经流行于罗马天主教会的亚里士多德哲学和托马斯主义哲学相当程度地等同起来;[7]然而,在关键点上,它根本地背离了——尽管是各自地——从亚里士多德到托马斯主义的思想。简而言之,他很好地博得了“明智的胡克”这个别名,尽管他不应为很多后来的著作者对其哲学的歪曲负责,他们抓住它的一个部分或另一部分,而忽略了它的精细之处,它的整体和它的全部方面。[8]

胡克有一种强烈的预感,分裂英国的宗教冲突将导致尖锐的国内争斗。在他的著作序言的开始部分,他写道,他写作该书的唯一目的就是,“子孙后代可能知道我们不曾通过沉默来不受束缚地允许事情像在梦里一样溜走”。他像一个战后的人来写作,就是说,作为一个回顾迫在眉睫的转型和寻求使其与以前已经消失的事务妥协的人来写作。他的著作在写成一个世纪后成为唯一的英国国教神学和英国政治哲学的经典表述并不偶然,因为英国革命正在接近尾声。约翰·洛克在他写作于1680年代的《政府论下篇》中高度评价了它。在18世纪和19世纪早期,胡克的著作在很大程度上超越了持有“自由”或“启蒙”信仰的著作家的作品,而继续反映了主流的英国政治和宗教思想。

对于胡克来说,法律以理性和道德以及人类自然的社会交往为基础;在这个意义上,他坚持经典的经院派自然法理论。但是,他也宣称,法律以意志和政治及人类本性的腐化为基础,因为社会交往性本身,后者需要对一个政治权威的命令服从;然而,政府的所有特别形式,都是人们对这些特别形式明显或策略性地同意的结果,一个特别政府的实证法之法律约束力特征正是来自这样的原初同意。[9]因此在胡克的理论中,存在一种强烈的唯意志论因素，而且强烈地暗示着一个政府的合法性历史地根源于人们的同意。一个世纪以后，洛克从胡克的著作中读出了社会契约论，它将证明反抗暴政政府的正当性。然而，事实上，胡克将原初人们的同意理解为作为一种普遍同意服从政治权威的永恒状态 234
之表达，而不是作为一种洛克意义上的社会契约以形成一个市民社会。[10]按照胡克的解释，这种永恒状态，与当时政治共同体的团体本质有关。“500 年后人们完成的一个公共社会的行为，与现在人们所做的都是同一个社会的行为，因为团体是不朽的；我们现在活在我们的先人里，而他们在他们的后裔里仍然活着。”[11]

因此过去政治权威制定的法律，仍然约束着现在——约束着整个共和国，包括其统治者。这当然可能变化，但是只能合法地变化，因为这在人们形成一个立法政府的原初同意中是绝对的。“因此，法律并非公共的官方许可还没有这样做出来的事情。”[12]这样的许可存在于法律被人们的代表以他们的名义制定的地方。按照胡克的说法，专制君主的法律，也是有约束力的，因为这样的君主享有其权威，或是通过神的指定，或者像在英国，是通过人们的同意。

胡克的“明智”在其一再重复对于“必要的”信仰或惯例和只是“可能的”信仰或惯例之间的区分中表现出来。清教徒，他控诉道，经常坚持某些仪式或教义的必要性，这些仪式或教义本身并不令人生厌，但是它们同时只具有“可能的”价值，就是说，它们是梅兰克顿(Melanchthon)*所称的 *adiaphora***,无关紧要之事。类似地,胡克尚没解决政府的具体形式问题,只要求它们或是以神的制度或是以人们的同意或者二者兼具为基础。胡克将同样的区别应用于法律制度,把例如偷盗应受惩罚这样的要求归结为自然法(或者,按照他对自然法的称谓,理性的法律),[13]但是将被适用的惩罚类型和程度留给了每个政体的实证法。[14]他的倾向是实质地减少必要的真实基督教信仰,和对正当的政治和法律秩序必要要求。宪政理论是不容怀疑的:就是主权的政治权威受到根本法的限制,但是其补充性法律可以根据特定时间和地点的需要而有所改变。

---

* 菲利普·梅兰克顿(Philip Melanchthon,1497—1560)是德意志新教神学家、人文主义者、教育活动家,他的成就对德国文化有深远的影响。1497 年 2 月 16 日,他出生于巴登,取名菲利普·施瓦茨德,"梅兰克顿"是希腊语的译音。他的舅父路希林(Johannes Rauchlin,1455—1522)是著名的人文主义学者,在他的悉心教育下,梅兰克顿对希伯来文、希腊文、拉丁文和圣经注疏等,皆有较深造诣,对逻辑、教学、历史、法律、医学等亦有涉猎。梅兰克顿自幼刻苦学习,聪慧过人,15 岁就获得海德尔堡大学文学学士学位,1514 年又获得第宾根大学文学硕士学位。之后,他开始了教学和研究生涯,他深入地研究了柏拉图、亚里士多德的哲学,荷兰人文主义者阿格里科拉的修辞学,英国哲学家奥卡姆的威廉和教育改革家约翰·韦塞尔的唯名论,以及《圣经》。1518 年,由路希林介绍到维丁堡大学教授希腊文,教学成绩显赫,在同行和学生中威望甚高。在此他结识了路德。路德死后,梅兰克顿成为路德派新教的主要领导人。梅兰克顿的主要著作有《宗教改革家的主体》,还有一些拉丁文、希腊文的文法和修辞学教科书。——译者注

** *Adiaphora* 是希腊文,意为 indifference,不重要的事,可有可无的事。在基督教神学历史里是关于一些宗教与道德的教理或实践上在圣经中没有绝对命令与绝对禁止的事。而关于 *Adiaphora* 的大争论发生在德国改教运动之后共有两次。第一次 *Adiaphora* 的大争论是关于"奥斯堡信条"。在 1529 年罗马天主教与国皇获得协议,合议镇压改教运动的政策。后因 1530 年土耳其人西侵,日耳曼皇帝查理五世需要福音派的协助来攻击土耳其人,希望宗派联合,便邀请复原派的人以书面陈请他们的意见讨论。而信义宗的人就预备"奥斯堡信条"(*Augsburg Confession*)共 28 条。前 21 条记载关于信义宗的教义,后 7 条指出信义宗所废弃的错误和过失。原来这为要与罗马天主教做个和解,希望他们接受,但罗马天主教看完后无改革之意,竟发表"驳奥斯堡信条"(*Confutation*),使得和解破裂。而墨兰顿再起草"奥斯堡信条的辩护"(*Apologia Augustana*)回"驳奥斯堡信条",于是改教者与罗马天主教正式分裂。而第二次的 *Adiaphora* 的大争论发生在 1681 年敬虔派阻止 Hamburg 城市建立剧院,因为他们认为世上的享乐事物是敌基督。而信义宗反对此意见,并认为基督徒在这件事上有自由。——译者注

胡克的《神圣政体的法律》为风行于17世纪的与法律的本质、渊源和目的有关的辩论设定了舞台。然而,在该世纪的第一个十年,它的光芒被另一种法律哲学所遮蔽,这就是詹姆士国王自己的法律哲学,他不仅写下了一本重要的著作阐述他的法律和政府理论,而且有效地执行反对那些敢于公开对抗者的理论。

绝对君主制的法律理论:詹姆士和博丹

詹姆士国王提出了一种神法、自然法和实证法相互关联的连贯的哲学。在写作于1598年《自由君主制的真正法律》中——当 235
时他仅是苏格兰国王,作为对加尔文主义者反对君主制观点的辩驳,也作为对罗马天主教的教皇至上要求的辩驳,詹姆士迎头碰上前宗教改革理论,即法律制造国王,而非国王制造法律,因此国王在法律之下。他的回答是上帝,作为宇宙的创造者,即自然秩序的创造者,任命君主在地球上执行他的意志。因此国王直接从上帝那里而不是通过与其人民签订的社会契约获得他们的权力。因为在基督教经文和传统中所揭示出来的神法是上帝的意志,所以人法是最高统治者的意志。统治者通过法律维护社会的秩序,正如上帝通过法律维护自然秩序一样。理性,在詹姆士国王的哲学里,并非内在于自然界而是在社会中,因为自圣安瑟姆(Saint Anselm)和阿贝拉德(Abelard)以来的大多数经院派神学家和哲学家都相信这一点。按照詹姆士国王的说法,理性,是一个应该被普遍遵守的标准,也是一种应该被普遍实行的手段,但是最终它是统治者的意志,而统治者的意志决定了理性是什么和理性要求什么;而且在异常的案件中,统治者,像上帝一样,可以有悖于理性而自由行事,没有人可以让其负责。国王是上帝在地球上的代表,这是上帝本身授予的。[15]

国王的意志应该遵守的原因,被詹姆士国王在一些原则里发现了,这些原则符合上帝的本质对于保存人性来说是必要的。因此,在一个自然状态里,王权是必要的,因为否则社会就会仅由一群群龙无首的碌碌大众组成。国王与其臣民的关系,詹姆士写道,是一种可比得上蜂房里的蜂王与其蜂臣之间或者父亲与家里的其他成员之间关系的自然关系。詹姆士也将绝对君主制与灵魂和肉体之间的关系作了对比。王权,在他的理论中,是政治机构的灵魂。

这个理论当然不是詹姆士国王原创的,但是事实上,在他的时代里,它是欧洲的绝对君主制支持者的流行理论。詹姆士从颇具影响的16世纪法国政治和法律哲学家让·博丹(Jean Bodin)那里获益良多并形成了他自己的观点,博丹曾经论辩说,因为从根本上看,上帝作为绝对君主统治宇宙,因此在人的社会,每一片政治领土内的主权都应该由一个绝对君主来行使。按照博丹的理论,上帝已经"确立了至高无上的君王作为他的副手来统治其他人"。[16] 有限主权理论在16世纪已经由其他人发展出来,绝对君主制概念——即君主高于而且因此豁免于法律——已经被法律家提出,并且也在早些世纪里被辩论和限制。然而,博丹,是第一个发展出了一套不可分割的主权——不仅最高而且是全部最高,一种从所有其他人法制定权威获得的单独最终人法制定权威——的系统理论的主要作者;而且他是第一个发展出主权权威全部豁免——根据定义——于它制定的法律——的系统理论的主要作者。

236 几乎在同一个世纪,托马斯·霍布斯的著作进行了预测,博丹假定在每一个稳定的政治秩序里,必须有一个终极权力,无论它是单独的一个人还是一群人,它制定法律并因此在法律之上。这与霍布斯的实证主义法学的主要区别在于,它假定国家立法权力的渊源在上帝那里。

博丹的主要著作,《论共和国》[17],在1576年出版,部分地指向法国胡格诺的主权可分,对君主制权威的法律限制和对拒绝这些限制的君主进行反抗的权利学说。一般而言,胡格诺派教徒,步加尔文宗教徒后尘,赞成杀死一个暴君[18]并非每个人(如同萨利兹伯里的约翰在12世纪曾经赞同的那样)基于圣经的权利和责任,但是推翻一个迫害坚持真正信仰者的君主,却是基督教团体负责领导、年长者或者官员的基于圣经的权利和责任。在攻击这种理论时,博丹并不排除一个贵族秩序的可能性;然而,他论辩说,君主制是更为可取的。[19]确实,博丹详细阐述了一个复杂的数学体系,以显示宗教巨变遵守某些循环,而且只有一个绝对君主所施加的权力才能对抗这样的动乱。他也论证说,某些气候导致某些类型的人的行为,绝对君主制适合欧洲的气候。[20]

在英国,哲学家和科学家弗朗西斯·培根,詹姆士国王忠实的首席检察官,也论证说政府是一件自然的事情,如同自然需要产生了政府一样,因此政府需要产生了法律。培根在1621年告诉议会,绝对君主制以外的政府形式"容易解体"。[21]40年后霍布斯作了类似的论辩,他为绝对君主制辩护说,这个与运动定律相符合的政府形式和自然实体相一致。

因此,通过神法("神授权力")进行统治的君主是实证法的最终渊源,而同时他自己根本地豁免于这些实证法,这种理论,与当时的科学和哲学思想紧紧地连在了一起。这种思想的一个主要特征就是,它假定整个宇宙建立在一个单一的解释性模型基础上,就是所有的现象——星辰、台球、政府形式——遵循同样的基本原则。博丹、培根、笛卡儿、费尔玛和其他人都为这种简化论观点着迷。

博丹的绝对君主——和詹姆士国王的绝对君主——并不能被认为是一种专制君主。恰恰相反:作为上帝的代表,他被假设通过正当的法律来进行统治。博丹,其自己就是一个受过训练的律师,秉承几乎被普遍接受的信仰,就是上帝要求国王实现神圣的戒律以在他们的王国里维持正义并且遵守自然法的原则,即理性和良心原则。确实,在他的加冕礼誓言里,君主——在英国也在其他欧洲国家里——发誓不仅履行其政府的道德义务也要履行其法律义务。

237 按照博丹,以及后来的詹姆士国王的说法,使他成为绝对的是他缺乏对上帝自己以外任何人的责任:在博丹的宪政理论里这是"现代的"。君主的誓言只向上帝而发。如果他违背了这项誓言,而且是一个暴君,他的臣民仍然被要求顺从他,而且有耐性地忍受专制统治的痛苦,虽然有祈祷、叹息和眼泪,要认识到他是上帝为惩罚人们的罪而被派遣来的。

君主确实能够而且应该与其他人分享权力的行使。然而,从法律上讲,他不能,即使他想,剥夺他不可分割且至高无上的主权的任何部分,他也不能授予别人合法的权力来废止他先前给予他们的任何管辖权。用博丹的话说,"至于通过法律的方式来控制(*voie de justice*),臣民没有高于他的君主的管辖权,因为所有支配的权力和权威都来自他,而且他不仅可以废除每一个官员的所有权力和管辖权,而且在其在场的时候,所有官员、行会、团体、阶层以及社会的所有权力和管辖权,都将完全丧失"。[22]

如朱利安·弗兰克林曾经指出的:

> 在17世纪的宪制冲突中,博丹为英国保皇党人提供了一个现成的论辩军械库,或者,更精确地讲,是一个发展他们的论辩的模型。[博丹的]《论共和国》将有助于显示所有的中世

> 纪对王权的制衡是如何发展出约束力的——法院[根据王室法律和公告而合法的]如何能够将审查仅仅解释成一种行政管理功能,议会的工作如何能够被理解为仅具建议性,或者,最多,是证实性的,以及国王签署的所有宪章和诺言如何能够被建构成是有条件的和临时的。已作必要修正[(拉丁语)*mutatis mutandis*]的博丹起初为法国设计的处方,也能够被适用于英国。[23]

当17世纪英国普通法专家运用一项"遗产",即司法的或议会的权力来限制君主特权时,詹姆士国王回应说,它们几乎没有被先前的君主作为一项"宽容"而得以批准,因此应该按照他的判断予以废止。

这样詹姆士也为他的哲学论辩增加了历史纬度:在任何阶层或议会或法律产生之前就有国王,而且正是国王分配了土地和建立了政府的形式。"因此这是必然的",他写道,"国王乃法律的作者和制造者,而法律不是国王的作者和制造者"。唯一的"根本法"就是那些维持王位继承的法律。一旦一个国王的世袭权力被确定下来,他就高于法律而且绝不受法律的限制,尽管他可以而且应该"按照其良好意志和为了给其臣民做个好榜样"而这样做。[24]国王自己是"不受约束的"。其政府的所有部门都向他负责,而不是他向他们负责。议会"只不过是国王和其封臣的主要机关"。[25]为了 238
举例说明这些主张,他着力利用了都铎王朝的先例。然而,他的语言,远没有都铎王朝的语言那么老练。伊丽莎白一世不会说——她也不可能这么说——詹姆士在1603年向其第一个英国议会致辞时所说:"我是丈夫,所有的岛屿都是我合法的妻子。我是头,它们是我的身体。"[26]

无疑,很多议会议员都为听到他们的新君主如此生硬地陈述绝对("不受约束的")君主制理论而感到震惊。然而,这个理论,对英国来说绝非初见,但是有大约70年时间它已经变得模糊了,而且经常以都铎君主制支持者的语言清楚地表达。以前修辞有点软,特别是在伊丽莎白45年统治期间;最初的两个英国斯图亚特国王欠缺手段,因此使得伊丽莎白将人民团结起来,人民的团结持续地受到左翼聚集起来的清教徒力量和右翼残存下来的罗马天主教力量的威胁。但是基本上,潜在的斯图亚特政府和法律理论就其本质而言与都铎王朝流行的理论并无区别。确实,詹姆士不断地强调他的理论与先前的都铎王朝实践的连续性。

此外,詹姆士一世——和后来的他的儿子查理——虽然他们的主权论和绝对专制论显得生硬,但是他们深深地尊敬英国法,包括英国普通法,而且有一种强烈的愿望要把它保存下来。他们统治时始终面对王座法院和议会里普通法专家的挑战,其中爱德华·柯克是最卓越的,无论詹姆士还是查理都一再重复地确认他们决心遵守过去的先例,而且维持他们从其都铎王朝祖先那里继承来的法律传统的完整性。

爱德华·科克爵士,陛下忠诚的反对派领袖

有一点需要进一步指出,这一点直接影响了法律哲学问题,就是,无论柯克还是他的支持者——他们中的清教徒和秘密地坚持被宣布为不合法的罗马天主教教义的人除外——都挑战了政府和法律的基本理论概念和原则,这些是由詹姆士一世清晰地表达出来的。柯克自己毫无疑问地接受了绝对君主制理论。他热爱普通

法,而且为保卫它向那些缩减其范围和管辖权的人开战,包括国王自己,但是他从来没有否认他们的哲学前提的真实性。他同意他们,保护共同体是国王的自然责任,国王是最高立法者,而且国王有绝对的任命和解除法官权力。作为伊丽莎白的首席检察官,在支持她的法律在教会之上地位最高时,他自己曾经指出"根据很多议会法律的权威,英格兰王国是绝对君主制"。[27]柯克不信仰圣经 239
权威、会众制和有灵感的年长者统治这些清教观念。他也不是加尔文主义者。同时,他对世俗君主要受到神圣权威的限制这种罗马天主教教义也不信仰。事实上,他是一个英国国教徒和彻头彻尾的君主主义者。对他来说,国王既是国家的首领,也是教会的首领,而且对他来说,国家的理性与清教和罗马神学分开了。然而,作为1606年到1616年这段时期的首席法官,后来作为一个议会议员,柯克坚定地为限制国王特权和使它们服从于普通法和议会的控制而战。

如果柯克接受了詹姆士国王的前提,他怎么能够避免詹姆士的结论?答案部分地在于该人的性格,部分地在于在当时英国自身发现的历史形势。但是它也部分地在于柯克的法律哲学。

詹姆士国王的政治和法律哲学中有一个深刻的模糊之处——而且,对于博丹的理论,也存在这样的问题——就是不仅他们而且特别是那些他们致辞所面向的对象加诸在"法律"和"国王"这两个词语上的含义并不相同。国王在这个意义上,确实被说成在法律之上,首先,他是最高的立法者,其次,如果他自己没有遵守他已经制定的法律,没有人能够挑战他。然而,那些负责解释和执行法律的人不能,而且没有被假定为,在每个案件中都观察国王的意见以决定法律说了些什么和它意味着什么。对于他们来说,法律一定是由概念、原则、规则和程序组成的,这些都已经在过去被制定或者被确定,它们的含义已经由它们被表达时所使用的语言传达出来了。确实,这是一个法律概念本身恰好就有的似是而非的论点:昨天制定的规则与今天还保持着关联——流行的法律事实上是对过去的记忆。类似地,“国王”,在詹姆士的哲学里是法律的最终渊源,他不仅是在一个特定时刻坐在王位上的那个人,而更是一个生活于早些时期和将要生活于未来的王室要人之继承人。对柯克来说,“国王的”法律不仅包括目前在位的君主的法律,而且包括其前任者的法律:都铎君主、金雀花王朝君主,和更早以前的诺曼君主,甚至盎格鲁—撒克逊统治者,他们在通过其咨议会和其议会以及其法院里而且通过它们,在数个世纪里,已经创造出来了一套历时甚远而且根据过去记忆的含义进行执行的法律制度。这也是一种法律的似是而非的论点:早期的立法者约束着后来的立法者,至少是假定。因此,对于柯克来说,被国王任命为普通法法院的首席法官,当他根据早些时候国王的法院和议会制定而且之后没有被废止或修改的普通法决定案件时,认为他确实是最好的服务于他的君主,这完全是可能的,而且是在一种必要的意义上。[28]

240 柯克正好相信詹姆士前辈们的法律依然有效,这是他和国王之间争论的主要论点。当议会议员在1621年挑战国王关于西班牙和罗马天主教会的政策,而且詹姆士禁止他们进一步对它进行讨论时,柯克和其他人坚持议会议员的言论自由,像法院的权力和一般臣民的自由一样,都是从以前的统治中继承下来的特权。詹姆士回应说“你的特权是从我们的祖先和我们的优雅和允许中获得的,其中大多数是从先例中成长起来的,与其说它们展现了遗产倒不如说是一种容忍”。在柯克的建议下,平民院采取了一个议程,明确表示“议会的自由,权利和特权以及司法权是古老的和毋庸置疑地与生俱来的,也是英国国民的遗产”。为此詹姆士从枢密院中开除了柯克而且把他投进伦敦塔，在那里他被关了严格的紧闭实则被隔离达 7 个月之久。[29]

因此，虽然柯克能够整体地接受詹姆士国王的政府和法律理论，然而仍大胆地挑战王室特权的特殊运用，首先，因为他毫不动摇地对法律的个人献身；其次，因为詹姆士国王的理论本身的法律和王权概念的模糊。我们在上一世纪的独裁政权里可以找到与之比肩者，当时勇敢的人站起来抵抗恣意的专政，挑战它们以实践他们自己先前制定的法律。然而，在 17 世纪的英国，还有第三个因素，就是人民的历史境遇，他们在三代人之前就果断地批判了有 400 年历史的教会和国家相互制衡的罗马天主教遗产，这是为了国家万能论者君主的利益——其中教会和国家在一个单一的首领的统治之下，但是它在 16 世纪早期发现了其自己，这段时期仍然遭受一方面尖锐的内部宗教冲突，以及另一方面，一种有关君主制统治最终渊源的深刻不确定性所带来的折磨。在这样的境遇下，柯克并不与斯图亚特的其合法性渊源在神授权力的君主制理论争论，但是他通过一种使国王棘手的方式，试图支持这种合法性，而且调节它，这就是，柯克证明司法决定和议会的立场的正当性，这些曾经起到限制王权的效果，因为它们是英国法律的历史先例——以前的君主所签署的先例——所规定的。国王原则上不能反对这样的一种证明，因为他，也证明其行为的正当性，部分地因为它们与其前辈君主们签署的英国法律先例的一致性。

因此柯克接受了其君主的法律哲学，但是他发现一种新的英国法律哲学学派直接地反对它！这种似是而非可以通过区分法律理论，诸如詹姆士的理论（以及博丹的理论）和英国法理论获得解决。

法律理论直接针对关于法律本质、法律渊源，法与道德和政治 241

的关系,基本权利和责任的法律概念以及其他相关的普遍本质事项的普遍问题。相比之下,英国法理论,只是间接地而且在一个特定的法律体系内针对这些问题,解决关于英国法的本质、英国法的渊源、英国法与道德和政治的关系等问题。在这两种意义的第一种意义上,17 世纪英国法律哲学的研究将需要分析托马斯·霍布斯、罗伯特·费尔玛、约翰·洛克、詹姆斯·哈灵顿和其他政治和法律哲学家的哲学作品,他们的理论自然反映了其英国政治和法律遗产,但是他们的政治作品的焦点是一般意义上的政治和法律,而不仅是特别的英国政治和英国法律。然而,柯克关注上面的所有对并非一般意义上的法律而是英国法的解释,而且识别给予英国法律特别特征的因素。其分析的更为一般且尚未明说的哲学和政治含义从属于其更为狭窄的法律方面,他以历史的方法进行了观察。

柯克的法律哲学不仅狭窄地集中于英国法上,而且甚至是更狭窄地集中于统治英国的法律的一个分支,即英国普通法,也就是传统上主要在民事诉讼法院、王座法院和财税王室法院适用的法律。柯克并不企图发展出一套英国国教会的教会法理论,这适用于英国的宗教法院,或者适用于广泛的其他英国法院的罗马法学家和教会法学家的规则和程序的混合体。他完全熟悉在这些其他法院里的各种案件中适用的教会法和罗马法,但是他认为它们是——如它们后来被大多数英国法律史学家所认为的那样——"外国"法。[30]我们应该将广泛传播的观念,即"英国法"——"这个岛上的法"——意味着上面的全部,而且总是意味着上面的全部,英国普通法,而不是与之平行的(如他的反对者正确地论辩的那样)"大法官法院法、宗教法院法、海事法院法……商人法、军事法和国家法",[31]更多地归功于柯克而不是任何其他人。

因此，柯克对于政府和法律的不受约束的君主主义一般理论，回答是——根本没有理论！他不否认詹姆士国王自然法理论的正当性，就是法律建立在理性的基础上。他也不否认詹姆士国王后来被称为法律实证主义的正当性——法律建立在意志——立法者意志的基础上。他只不过将法学的焦点从一般意义上的法律转移到英国法上，而且是更为特别的英国普通法上，他后来以历史的术语进行了定义。他对詹姆士的回应是历史，即他在很大程度上以传统和先例的术语所观察到的历史。他能够以这个获得侥幸成功 242
仅是因为它在那个时期不是一种理论，而且因为英国君主主义者自身，以及最重要的詹姆士国王，继续坚持英国的先例——他们对其解释得相当不同——应该被尊重。对于他们来说，他们也感到了对于君主制合法性的历史基础的需要。

然而，说柯克没有一套一般法律理论意义上的法律理论，这并不是说，他的英国法理论不具有重要的哲学含义。[32]其中有重要哲学意义的是他的人为*理性概念，即并非自然的而是通过人的努力和人的技术带给人类的理性。[33]在一篇经常被引用的文章里，柯克写道，法律是"完美的理性，它命令那些正确的和必要的事物而且反对相反的事物"。[34]在其表面，这个定义完全能为詹姆士国王接受，如它也可以被托马斯·阿奎那接受一样。事实上，国王在一个著名的谈话中对柯克说，既然法是理性，而且既然国王至少具有同他的法官一样的理性，因此他对法律的解释应该与柯克的解释或柯克引用过的那些人的解释具有同样的重要性。柯克回应说，上帝确实赋予了陛下很大的知识才能，但是法律的理性不是任何人

---

* Aitificail reason，又被译作技艺理性。但是，在译者看来，这种理性并非自然地而是通过人的努力和人的技术带给人类的理性，因此我将其翻译成与自然理性对应的人为理性。中国古代哲学家荀子在解读人性时说，"人性恶，其善者，伪也"，此处伪即为人为之意，译者所说的人为理性之人为就是这个意义上的。——译者注

都具有的自然理性而毋宁说是法律自身的人为理性。[35]“普通法”,柯克写道,“仅是理性;它要被理解为一种经过长时间的研究,观察和经验才能得到的完美的人为理性”。普通法“经过了很多代人,已经由无数严肃和博学的人们进行了精炼,而通过长时间的经验已经成为一个适用于这个领土的政府的完美品,古老的规则可以正当地检验它,*Neminem opportet esse sapientiorem legibus*:没有任何出于他自己的私人理性的人应该比法律更明智,它是尽善尽美的理性”。[36]

柯克的英国法概念,作为很多代博学之士的论证之体现,代表了一种不同于曾经在以前流行于西方法律哲学里和一般西方哲学里的理性概念。无论12世纪到15世纪的经院哲学还是16世纪的人文主义哲学都把理性理解为人们心灵中上帝给予的自然能力,一种可以理解和形成判断的能力。理性和意志形成对照,意志被理解为一种情感的自然能力,它激发一个人知道他或她的心灵或行为达到期望的目标,或者另外用来控制思想和行动。经院法律哲学曾经主张说,理性不仅能够使得一个人区分正义和不正义,而且可以指示说正义是更可取的。理性,他们论辩道,自然地趋向促进共同的善,而且因此与理性相悖的实证法无权要求获得遵守。
243 因此,他们将理性等同于内在于人性自身中的永恒道德原则——不是任何特定国家的法律而是适用于所有国家的普遍自然法。人文主义法律哲学家,无论是天主教的还是新教的,都没有根本地改变这种自然法概念,但是为其大大增加了对于法律规则的理性化和系统化的强调,以更好地实现合理的公共政策。因此,对于人文主义法律哲学家来说,他们中的大多数比他们的经院派先驱对于理性都不那么有信心——而对意志却有更多的信心,道德理性与一种最重要的政治理性相关,然而这也被认为是一种人性的能力,能够以一般的可以广泛适用的术语进行分析。

柯克不怀疑道德和政治哲学家定义的自然理性和自然法的存在,但是他为其并列了一种不同类型的理性,这可以被称为历史理性。英国普通法所依赖的"理性",他争辩说,是英国法律家的推理,就是英国法的"严肃和博学的人们",在过去的几个世纪里,曾经传统地论证法律事务的方式。这同样不是上帝在人性里植下的理性。它不能在个体的"私人理性"里发现。它是专家、有经验的人实践的谨慎理性,他们已经对他们的主题进行了专门的研究,他们知道它们的历史,他们在其他有经验的很多代人的知识和智慧的基础上建造它们。他们将知道——甚至在最为复杂的情况下——什么是理性的和什么是常识所要求的。[37]他们因此能够解决困扰外行和业余爱好者的问题。更为特别的是,他们会寻找解决主题自身范围内问题的方案。他们会寻找其理性、其内部逻辑。在法律里,他们会寻找法律自身——作为整体的法律和组成它的所有部分的法律——的逻辑、理性、感觉和目的。

然而,柯克的法律的人为理性概念,比这个更为狭窄,因为他关注的不是一般意义上的法律而是英国普通法。他的人为理性概念可以确实被运用到其他类型的法律——教会法、罗马法,或者,这个问题上的自然法或神法——既然在所有这些主题里受过训练的专家,该主题里的博学和有经验的人,将比其他人能够更好地理解它的内在理性、逻辑、感觉和目的。但是对柯克来说,英国普通法的人为理性是英国独特的植根于历史的法律理性、逻辑感觉和目的,一种经历了很多世纪的英国普通法法律家们的思想和经验的宝库。因此,它必须根据这段历史来理解。自然法是它的部分:在 *Calvin* 案中,柯克提升了这种明确的立场,就是自然法是普通法的一部分。[38]在 *Bonham* 案中,柯克指出了没有人可以做他自己事情的法官这个原则是一种“共同正确的”原则,即普通法的原则。[39]在他的《法学总论》(*Institutes*)一书中,柯克写到每个人自己
244 的辩护都应被听取这种权利是一项神圣的正义原则,而且他亲切地引用一个15世纪的民事诉讼法院首席法官的话:“对那些神圣教会从圣经中得出来的法律,我们应该给予信任;因为这……是所有法律所依赖的普通法。”[40]因此柯克并不否认自然法的正当性,而且他认为它已经被注入到英国普通法里。

实证法也是普通法的部分。柯克从不怀疑立法的约束力,但是他在英国普通法法院的先例、历史上议会的普通法法令诸如大宪章,以及更为一般地,对有关大量的复杂概念、原则、规则、程序的律师界和王座法院的理解,还有构成了英国普通法的众多的部门法——宪法、行政法和行政程序法、刑法以及刑事诉讼法、民法和民事诉讼法,以及其他法律——的制度的历史背景下看待立法。这些,被放在一起,在柯克看来是英国人民从很多世纪的角度来观察的政治和经济价值,是他们的基本道德的历史产物;而且只有一个浸泡在这种古老的法律中的人才有资格去理解即使相对较近的立法而且将其适用于特定的案件。

因此,柯克在英国的背景下确定了历史法学派的第一个原则,它后来被他的英国追随者在17世纪和18世纪作了进一步发展,而且它最终发展成一个全面的普遍法律理论,在自然法理论和法律实证主义旁边有了它自己的一席之地。这个第一原则在于这样的立场,就是一个国家的法律首先要被理解为这个国家的历史产物——不仅在显而易见的社会学的意义上,即现存制度由先前存在的制度而来,而且在哲学的意义上,即一个国家的法律的过去历史对于其现在和未来的发展,不仅曾经有过而且应该有规范上的重要意义。从这个观点看,在制定一项立法或做出一项司法决定

或行政决定或者在决定一个法律概念或原则或规则或程序的含义时，首先要寻找的法律的主要渊源，是习惯和先例。按照历史法学派的观点，法律的其他渊源，特别是普遍的正义道德概念（在自然法理论里优先）和立法意志的政治考虑（在法律实证主义里优先），应该被视为以考虑中的特定法律体系的历史发展和历史情境为根据而且从属于它们。

法律理论的历史学派本身在**泥古主义**（*historicism*）和**历史性**（*historicity*）之间被分开，前者是指一个作为一系列要被保存和重申的固定要点——在法律中，是固定的规则和决定——的过去的历史概念，后者是指一个作为过去的经验适应变化需要的过去的历史概念。嘉若斯拉夫·佩里甘（Jaroslav Pelikan）曾经在对**传统主义**（*traditionalism*）——他称这个为活人的死信仰，和**传统**（*tradition*）——他称为死人的活信仰之间作了一种类似的区分。[41] 245
这两种版本的历史法学之间的紧张在当代美国宪法判决中明显得引人侧目，在这里面某些法官只依赖美国宪法制定者的原初意图，而另一些法官则根据过去介入的几代人和几个世纪它们字眼变化的含义来解释宪法文本。

从这点来看，爱德华·柯克有时被划分为一个传统主义者，因为他在改革时一再重复地挑战王室特权的特别实践，坚持将特别的古老法律和法院裁决当作权威。而且他经常看起来要运用过去的某个固定事件的权威，并且为了其自己一再重复地呼唤它。他赞扬英国普通法的古老和其基本原则的古老特征。他重复着乔叟式的话，“从古老的田地里一定能发育出和长成新的谷物”。[42] 同时，他遭到了很多历史学家严厉的批评，而且在他自己的时期就受到了挑战，因为他对历史先例使用的方法在其第一次被引入时很难说就是这样构思的。然而，无论他对先例的求助还是对它的明显滥用都必须根据他的境遇来理解:大多数情况下,他不能,在没有丢官和承担被投入监禁的危险(尽管他也明显地没有这样的趋势)的条件下,挑战君主特权的滥用,除了根据他们违反了古老的法律和决定。但是他的动机是什么,柯克不仅是一个按照静止的术语来看待过去的文物爱好者。他相信英国普通法建立在"古老习俗"的基础上,这可以回溯至盎格鲁—撒克逊时期,这种相信并没有妨碍他注意到在过去的世纪里,其中已经发生的很多变化。同时,他没有像现在很多人将过去仅当作一种数据或者后来事件的原因或先前的条件那样看待过去。相反,他看到其里面的目的和规范。此外,过去对柯克来说主要不是刚刚的过去而最重要的是古老的过去,它首先意味着都铎王朝之前的过去,特别是布拉克顿和年鉴的过去。这造成了他的保守主义——在其历史背景里——这是革命性的。

约翰·塞尔登的法律哲学

将柯克的英国法律哲学(philosophy of English law)发展成一种英国的法律哲学(an English philosophy of law)花了柯克的追随者们两代人的时间。在第一代里,这个发展的领袖人物是约翰·塞尔登(1584—1654)。在第二代里,领袖人物是马修·黑尔(1609—1676)。这三个人之间的联系非常强。塞尔登在30岁时与69岁的柯克一起起草1621年的平民院抗议书,因为此事两人后来都被送
246 进了伦敦塔。后来塞尔登被选进议会,在那里他与其年长同事一起起草和确保制定1628年权利请愿书——为此他再一次被投进伦敦塔。[43]在1630年代和1640年代,塞尔登逐步成为年轻的黑尔

的导师和亲密的朋友，他最终任命黑尔为他的一个遗嘱执行人。最后，黑尔重新组织了柯克的《法学总论》，这样使它们更加系统和突出了它们的哲学含义。所有这三个人都以开业律师开始他们的职业生涯。所有这三人都深深地卷入了他们时代的重大宪政竞争中。所有这三人都是专注的和多产的学者。

塞尔登的学识要比柯克宽广得多。他是第一流的历史学家，当时主要的历史协会古文物协会公认的博学者。他也是一位多才多艺的圣经学者，东方学家和哲学家。约翰·密尔顿称他"号称此岛第一博学之士"。[44]

塞尔登将柯克的历史主义向前推进了巨大的一步，超越了一个古老的过去和不能改变的基本法概念而进入了一个演进的过去和展开的基本法概念。柯克已经充分地理解了普通法在过去的几个世纪里已经发生了变化；然而，他的整个重点都放在了其连续性上；他将这些变化视为这种连续性的偶然。塞尔登，在革命前的和革命的冲突中的一个稍后阶段登上舞台，重申这种连续性并且强调这些变化。他强调发展、成长。他信仰基本的英国宪政制度和原则的古老和永恒特征，比如，由贵族们组成政府和法院向法律负责。但是，他也看到周期性地出现的那些变化，例如这些基本制度和原则的逐渐发展。

最重要的是，塞尔登为英国法的历史发展增加了一种规范的重要性。例如，他将塔西佗描述的日耳曼的小邑（*wapentakes*）追溯至盎格鲁—撒克逊时期的贤人会议（*witans*），这在13世纪成为议会；[45]而且他发现，在这种发展中，原则—规范被应用到其本人时代的议会政体中。同时，人文主义的学识使他可以识别出英国法律演进中的突变，包括封建法的引入和主教法院独立性的加强。然而，他也强调在征服后与盎格鲁—撒克逊制度的有连续性的因素。他将英国历史上的古老的不列颠时期、撒克逊时期和诺曼时期当作一个单独历史发展的三个独特阶段,它们的共同因素在于都曾被接连地精练。尽管大多数古老法律都被代替了,但是他们的根本结构不但存活了下来而且都经历了改进。

此外,塞尔登的历史法学不仅是一种英国法理论。所有的法
247 律体系,他写道,都要被理解为是和历史相适合的。他假定一种人性的永恒法律就是人是文明的创造物,当他们首次住在一个岛上时,他们便“培植一个共同的社会”。然而,他进一步解释说,在后面的阶段,他们根据“几种便宜”,即“各种国家的”特别短缺和需要来解释和限制自然法。因此,包括英国普通法在内(通过暗示)的一个民族法律的相关性质,必须不能以其出众的古老来判断,因为所有的法律体系都是同等的古老,而要以其满足特定人民的短缺和需要的最优程度来判断。同时,各种民族的各种习俗,这是他们各自民法制度的来源,尽管根植于一种共同的人性,却要受到一种连续的有机变化过程的控制,通过这个过程自然法被具体化而且被改变。因此,一个民族法律的相关性质也要必须以它对其过去的有机连续性的忠实程度来判断——这种对于有机连续的重视程度,像一艘船或者一个房屋,它的材料历经多时已经完全被取代了,它还要被当作同一艘船和同一个房子。[46]

塞尔登并不否认——事实上,他确认过——所有民法的渊源都在“本性”里,即在上帝创造物的本性里,包括最为重要的人的道德本性。在一本重要的论述自然法的书里,[47]他详细地发展出道德和法律义务的最终渊源在于神谕这个理论,他发现这个理论首先是在圣经里被揭示出来的,特别是上帝和诺亚之间的立约,凭此上帝强加了某些禁忌而且诺亚接受了这些禁忌。根据犹太法典的传统,这些禁忌反对偶像崇拜、亵渎、杀人、乱伦、盗窃、吃活动物,

以及不遵从国内法律。塞尔登不仅强调立约或者契约以及诺亚时代的义务的本质上的重要性,而且也强调在实现它们时神授的人之良知的重要性。[48]他的整个分析因此符合同时代的新教神学和哲学趋势,特别是加尔文主义者的思想。[49]也许他最为独特的贡献是他对普遍道德义务契约性质的解释:它不仅是违反了一项冒犯了上帝而且他可以惩罚的禁令,而且是违反了一项立约。确实,对于塞尔登来说,大多数重要的自然法规则看起来已经成为这个规则,就是契约要遵守,*pacta sunt servanda*,他不仅将它适用于神约也普遍地适用于人约。[50]他遵守其契约的强烈观念与他的习惯法约束力观念有关,他实际上将它视为根本的合意。

在塞尔登的思想里最为独特的,以及在英国法律哲学发展过程中有最为关键重要性的,是他的历史和社会学观念,即国家的法律体系之间合法的多样性的渊源在于多样民族的多样习俗。正如每个个体不同于其他的一个,他写道,因此国家会有不同,而且那些不同导致了它们的习惯法不同。这种观念给予了这项原则一项 248
新含义——以前胡克曾强调过——就是人法的合法性最终来源不仅在于它们与神法的一致,包括理性和良知的法律,而且还在于它们同合法的立法权威意志的一致,此外在于它们符合人民的同意。塞尔登给了政府要经人民同意——其时所有冲突的党派都要赞成,尽管每派对它都给出自己的含义——的学说——一个新的法律维度:同意,在塞尔登看来,在习俗中展现出来,就是,在共同体默示或明示地接受的行为模式和规范里,他论辩说,所有的法律都历史地来自习惯法。确实,英国普通法被他和他的同事认为本质上是一种演进中的习惯法,在这个意义上它是行为模式和规范的体现,这些模式和规范是历经了许多代人和许多世纪回应变化中的环境而由普通法法律家发展出来的。

马修·黑尔爵士的生平和著作

当马修·黑尔在1609年出生时,塞尔登25岁,柯克57岁,但是柯克又活了25年,而塞尔登又活了45年,而且二者对黑尔都有深远的影响。看不出黑尔曾经见过柯克,但是作为1620年代的一个学生,他一定在议会里追随过柯克的行动,而且后来他成为柯克的《法学总论》和《法律汇编》的一个贪婪的读者。塞尔登成为他亲近的私人朋友,尽管他们的年龄有差距。在他的学问里和在他的法律职业生涯中一样,黑尔踩着这两个人的脚印前进,而且在很多方面超越了他们。[51]

正是黑尔首次表达了一种历史法学的一般理论,这在柯克对英国普通法的描写中和在塞尔登的历史和哲学的研究中都是模糊的。然而,相比之下,对于在19世纪和20世纪早期兴盛的历史法学派,黑尔——这也是在柯克和塞尔登的基础上进行的建构——将他的历史理论和他的两个主要竞争者,自然法理论和法律实证主义统合了起来。

黑尔的不同寻常的性格证明了他的个人生命比柯克和塞尔登的生命更长的正当性。他的母亲在他3岁时就死了,而他的父亲,因为反对当时必须提起虚假起诉这种惯例而放弃了从事法律职业,在塞尔登5岁时死了。在他父亲的一个亲戚的监护下,黑尔第一次接受当地的教区牧师,一个清教徒官员的教导,后来被他的监护人送到牛津接受一个第一流的清教徒神学家的教育。年轻的黑
249 尔自己想要成为一名大臣,但是他年轻时对于运动、戏剧、锦衣和参加聚会的热衷看起来已经分散了他对这个目标的注意力。他改

为学习法律，在19岁时进入了林肯律师会馆。他学习罗马法，也学习数学、光学、医学、哲学和神学。[52]

然而，他在林肯律师会馆有一次戏剧性的经历，他目睹了一个朋友喝酒差点把自己喝死（黑尔认为他确实已经死了），导致了他的一生中一次根本的变化。他在进餐之外放弃了喝酒，而且开始穿普通的衣服而不是奇特的绅士服装。他为了准备使自己度过一个无可责难的公共事业人生而不知疲倦地工作。他不说任何人的坏话。他想方设法地将其十分之一所得送给穷人，而且将额外的礼物送给需要的人。这些和相关的品质成为他终生的性格。作为一个法官，他不仅拒绝贿赂——当时法官们接受贿赂很普遍，而且他也拒绝任何礼物或好处，即使是最高等的贵族送来的，而且当某些额外的报酬通过很难拒绝的方式秘密地被送给法官时，黑尔将他的——匿名地——送给穷人。尽管在公共生活中与他位置相当者几乎总是很富裕，黑尔却生活得非常谨慎，而且死时仅留下了一个相对很小的不动产。

他绝对的正直为实际上接触过他的任何人所普遍认可。[53]它不仅铭刻在他与人们的个人关系上也铭刻于他的公共生活中——例如，作为在1640年代和1650年代被以叛国罪来审问的主要保皇党人合法的辩护律师，以及在1660年代查理二世治下作为代表被控叛国罪的清教徒的调解人（intercessor）；[54]1652年作为一个重要的议会法律改革委员会领袖和在克伦威尔治下从1653年到1657年作为民事诉讼法院的一个法官；以及在查理二世治下作为财政署大臣，还有从1671年到1676年他临死前，作为王座法院的首席法官。

黑尔的正直和作为其基础的深刻的宗教确信有助于解释他在一段长时期的革命暴乱中保持中立的政治立场和在连续的对立的

政体下在高位效力的能力。查尔斯·格雷将黑尔的政治中立归因于他对普通法的忠诚,这毫无疑问是正确的。“政权来了又走了,普通法还在坚持”,格雷写道,对于黑尔,他这样说,“法律的连续性对于文明的身份来说是至关重要的”。[55]然而,必须另外指出,他对于普通法持续性的热爱就其自身而言,至少要部分地通过他强烈的宗教信仰来解释。在精神上他是一个清教徒,像很多清教徒一样,他还是一个英国国教会的虔诚成员,黑尔相信,不仅法律的连续性而且宗教的连续性对于文明的身份是至关重要的。而且,他还相信,英国普通法连续性的根就在英国的宗教信仰里——一种超越了教义和仪式上的尖锐差异(这些差异产生了基督新教的不
250 同分支)的宗教信仰。在1660年代后期他将一部法案引入议会,以容许长老会众成为英国国教会成员——不是一个信仰自由问题,而是一个他们在英国国教会里被包容的问题,这是黑尔的特性。[56]黑尔也是一个对甚至包括贵格会中其他不奉国教的教派“宽容”的早期赞成者。[57]

黑尔强烈的个人性格,他对于普通法的热爱,以及他的宗教确信——所有这三点——都有助于解释他的公共生活里的法律家职业生涯和他的知识生涯,尽管主要被贡献给了法律学问,但还包括自然科学、哲学,以及神学。他是皇家学会——英国科学家和哲学家的精英圈子——里的活跃的成员,他的近友中就有杰出的清教神学家理查·巴克斯特(Richard Baxter)以及其他杰出的神学家。他精通政治和法律史,他也是第一本英国法律史的作者。[58]他关于英国刑法和民法的著述表现了对这些领域的系统研究。[59]此外,他认真地学习罗马法而且在数学,自然科学,哲学和神学领域里都有著述。[60]

黑尔的宗教信仰深刻地影响了他要成为一个学者的愿望,而

且他努力地像一个学者那样去弄清普通法的历史和体系。他的祈祷习惯致使他探求有关生命的意义和人的历史目的这样深刻的问题。他对学问的深切热爱和其多产的著述看起来主要受到他与他的上帝之间的关系,其次受到一种社会或政治责任感的激发。的确,在他写就的而且流传于朋友和熟人圈子里成打的著作和论文中,终其一生他只允许两本科学小册子付梓,而且禁止除了一些短篇著述之外所有关于各种主题的作品在其死后出版。[61]幸运的是,他并没有销毁这些其他作品。格雷写道,“也许黑尔去掌握一般原则和阐明特别原则的动力主要是他需要让自己有意义,需要呈交一份私人的关于英国普通法知识背景的解释,在这个过程中他度过了他在世间的一生”。[62]格雷又写道,“呈交一份他自己的解释能够很轻易地变为向其自己呈交一份知识的解释”。[63]

黑尔关于法官职务和审判规则的重要论文——写于1668年他的日记里,当时他正在进行巡回审判,这篇文章首次出版于1988年——就是一个既是对其自己的知识解释也是个人的向上帝的陈述。[64]它显示了黑尔法官在其法院里有一种强烈的上帝在场的感觉。

他的著述中没有一篇由对他的法律哲学的充分阐述构成,这也是黑尔的特性。事实上,每一篇,都没有完成而且实际上是断断续续的。他的《普通法的历史》第一次尝试给出英国法的历史起源和成长的完整描绘,而且它直到19世纪后期之前一直是早期英国法律史的标准教科书。然而,它的大部分都在讲故事的细节,只有 251
通过黑尔才能认为12世纪和13世纪是英国法律的形成前夕,而且他没有引用任何都铎—斯图亚特时期的法律。更重要的是,黑尔在其中努力以哲学术语描绘英国的法律史,而且努力表述其背后的理论,但只是部分地成功了。[65]在其另外一部重要的作品《法律的分析》里,黑尔提出了英国普通法是一套一致的系统;然而在前言里他承认英国对他自己来说过于复杂而不能将其“简化为一种精确的逻辑方法”。[66]他有一次确实将一份这样的英国普通法的系统化的要点概略给朋友们看,但是他说,把它做出来是一件必须根据国家的命令以及与其他英国普通法领域内的博学之士一起承担的工作。[67]不过,他的确成功地全面重新整理过柯克的《法学总论》第一卷里非常分散的利特尔顿评注,而且将它们广泛的哲学含义抽了出来。(后代的法律家主要通过黑尔的版本来读“柯克论利特尔顿”)类似地,黑尔的《英国普通法对话反思录》——在本书中他回应了霍布斯对柯克的攻击,建立了一个成熟法学的基础,但是它的大约七千个字,(首次)印刷于1921年,并没有为在这个基础上搭建一种结构留下空间。[68]他的更为技术化的法律著述也包含了对于英国法和一般法律本质的洞见,但是再一次地,它们将从中发展它们的一般哲学意涵的空间留给了读者。[69]

通过研究全部黑尔的著述来重建支撑其连贯的法律哲学还是可能的。一个人可以从这样的研究中得出结论,这种法律哲学,当在黑尔的传记的背景下进行理解时,体现了一种哲学,这种哲学在17世纪晚期,18世纪和19世纪早期主导着英国法律思想,而且它仍然在很多——如果不是大多数的话——英国(美国)开业律师和法官——尽管不再在很多英国(或美国)法律哲学著作家——的知识观点上发挥着重要作用。

黑尔的法律哲学

16世纪和17世纪在所有的欧洲大学为寻求接受而竞争的很

多法律哲学流派可以在两个主要的标题下被合并起来：自然法理论——它在本质上把法律当作从理性和良知中获得的法律规则和原则的观念的具体体现，和实证主义——它在本质上把法律当作一套由最高的立法权威、主权者所制定和执行的规则。后一种理论把法律看作主要地植根于政治（立法者意志）中。实证主义者并不否认法律应该服务于道德目标，正义目标，但是争辩说法律是一 252
个政治工具，一套表明了合法地组成的政治权威的政策规则，而且只有在它被制定出来以后，一个人才能问它应该是什么。自然主义者（Naturalist）——如果有人可能这样称呼他们的话，相比之下，相信一个人不能知道什么是法律，除非他同时认为它应该是什么，他们论辩说，因为法律规范中包含道德的［**包括**（*including*）政治的］目的是模糊的，因此要根据这些目的对它们进行分析、解释和应用。自然主义者否认与正义基本原则相冲突的政治权威规则和行为的正当性——事实正是如此。

在新教改革之前的 4 个世纪里，很多自然法理论占据主流，其中托马斯·阿奎那的自然法理论最终最为著名。奥卡姆的威廉早期提到了在神和人两个层面都相信意志优先于理性，这间接地与帕多瓦的马西利乌斯（Marsilius of Padua）的信仰，后来又与马基雅维里的信仰联系在一起，因其精华都在于所有政府和法律的强制性质。在 16 世纪，路德教会的政治和法律理论在这样的“意志主义者”学说里找到了支持，尽管路德派将实证主义理论和自然法理论结合了起来，而且在二者之间的紧张中沿存。

然而，这些有关法律本质的论点，有一个历史维度，这在很大程度上还没有被清晰地表述出来。自从离散的西方法律体系在 12 世纪形成以来，一套法律体系具有一种前进的特点，一种历经数代人和数个世纪成长的能力，这就被认为是当然的。这只是一个独特的西方假设:一套法律,一种法律体系,包括——而且应当包括——一个可以有机变化的内在机制,通过发展,通过成长而幸存下来——而且应当幸存下来。因此,新的法学家职业,从 11 世纪后期以来建立的大学里产生出来,发展了新发现的罗马法文本,而且新的王室法、城市法、封建法、庄园法以及商法,日益增多,每代人都在指望前人的工作。这些变化被认为是变化模式的部分,而且至少在后见之明看来,反映了一种内在的逻辑,一种内在的必要性。法律被认为不仅是前进的;它有历史。它讲述了一个故事。

然而,西方法律体系的历史维度,虽然有其关键的实践上的重要性,吸引了西方哲学家的注意并足以影响他们的法学:17 世纪之前,他们或拥护自然法理论或拥护实证主义理论或者拥护二者不稳定的混合。在 16 世纪的确出现过——最为显著的是在法国,一种法律思想的历史学派,他们坚持古老的日耳曼和法兰克习惯法,作为反对"外国的"罗马法学和教会法学的法律传统的模型。[70]这
253 种自然主义者的历史主义被用来反对君主的改革,尽管在英国,16 世纪"不受限制的君主主义者"也运用古老的英国传统和先例来支持他们的政策。然而,爱德华·柯克之前,在欧洲很难发现一个法律哲学家论辩说一套法律体系的历史具体表达了一项基本的宪法规范,这不仅支配而且应当支配所有后来的发展,而且约束君主的政治权威自身。但是正确地说,柯克并不是一个哲学家。如我们已经看到的,他将注意力限制在英国法上,而且并不试图去发展一套可以适用到所有法律制度的普遍命题体系。此外,柯克强调英国法律史从最早时期以来的连续性因素而并不想刻画曾经在过去的数个世纪里发生的很多历史变化的性格,尽管他完全熟悉这些变化。正确地讲,他不是一个历史学家。塞尔登确实既是一个哲学家也是一个历史学家。然而他,在普通法法院和特权法院之间

的革命前的斗争阶段进行写作，也强调了限制王室特权的古老传统。不仅强调英国法律传统的古老起源也要强调其演进和使其自己适应新需要的能力，留给了黑尔——在塞尔登的基础上进行。法律必须与时俱变，他写道，否则它们就将失去它们的用途。

黑尔发展出了一套第三种主流法学理论的框架，历史理论，两个世纪以后它同自然法理论和实证理论争夺至上地位，但是黑尔是在与其他两种理论结合而不是对抗的情况下提出的该理论。黑尔**部分地**（*partly*）把法律看作——在19世纪，历史学家将会说它应该**首先**（*primarily*）被看作——一种在历史上发展出来的民族精神（ethos）、历史观念和传统，法律所属民族或社会中演进的习惯之表现。依靠它在这种民族精神里的渊源，法律既对掌握着立法权的君主，政治上的"如此"（is）也对理性和良知的权威，道德上的"应该如此"（ought to be）加以限制。

黑尔的法律哲学可以被分为几个部分。第一个是他对什么可以被称为历史上的法律，就是历史维度上的法律，对于自然法，就是它的道德维度上的法律，对于实证法，就是其政治维度上的法律这样的关系概念。第二个是他的一个法律制度历史发展本质的概念。第三个是他对柯克首先勾出轮廓的人为理性概念的详细说明。第四个是他的君主和英国的君主理论。我将依次分析它们。

自然法和实证法的历史维度

黑尔认为自然法，像实证法一样，由一套独特的法律构成，而且它对国家产生限制。这种传统的西方概念与柯克认为自然法在英国的约束力只是取决于它已经成为英国普通法部分的程度这种 254
观点不同。因此，黑尔写道，有很多自然法禁止的犯罪行为，所以它们被刑法禁止而且应该被刑法禁止。他说，这些可能也被神法禁止,他把神法限制为圣经法。杀人和盗窃,他写道,既违反了神法也违反了自然法,被所有国家定为刑事可罚的而且应该被所有国家定为刑事可罚的,无论是基督徒还是异教徒。

黑尔仍然限定了神法和自然法的范围。一些圣经禁止的犯罪,他写道,只适用于以色列人的国家,因此对其他国家就不是必需的。此外,惩罚的种类和手段,他写道,“不应由神法或自然法决定而应(如果不是一并就是大多数的)留给不同国家的实证法和宪法”。这些不同国家的有关惩罚的实证法要尽可能地按照它们的历史发展来研究和理解。从一种对希伯来书、希腊人、罗马人以及盎格鲁—撒克逊人的法律详细研究中,黑尔得出结论:

> 惩罚看起来是实证的审判(*juris positivi*)而非自然的审判(*non naturalis*),至于它们的程度和适用,在不同的时代和不同的国家根据国家的紧急状况和立法者的智慧被设置得或高一些或低一些。只有在杀人案中,看起来是一个报复的审判,如果不是出于自然法之外(*ex lege naturali*)但是至少是根据授予所有人的一种一般的神法,Gen. ix. 6。
>
> 在其他的案件中,关于惩罚的对等的报复法看起来纯粹是实证的审判,而且尽管在犹太教法中人们可以发现他被制定在 Exod. xxi. 24,25,“以眼还眼,以牙还牙,以手还手,以脚还脚,以烧还烧,以伤还伤,以条纹还条纹”,然而由于受伤的一方还活着并且有能力对其伤害找到另外的满意办法,他并非处于杀人案中,我已经听说很多人在读犹太人的法律家法而且法律确认犹太人中的这些同等报复法被转化为对受伤的一方给予金钱的鉴定和估价。[71]

因此神法,在黑尔看来,在那些圣经的感知(percepts)中被发现,这些感知打算普遍地使用,比如《十诫》。自然法包括事实上所有国家都是共通的其他法律原则和制度,还包括这样的神法。神法和自然法约束所有的统治者。实证法不同于自然法,因为它从属于立法者的判断,尽管明智的立法者将根据理性而行动,而且将做这种历史条件下对社会有用的事。

然而,当黑尔转向分析英国刑法时,他把历史经验不仅看作是教导性的而且是规范性的。因此在反驳教会法学家的死刑不应该适用于偷盗这种错误说法时,黑尔写道,不仅功利要求如此猛烈的 255
惩罚,"当这种犯罪已经变得非常普通而且在很多环境下都能完成时",而且在英国,法律——被历史地考虑——已经如此的发展以至于在他的时代要求对偷盗适用死刑,给法官几乎没有留下任何判断的空间。[72]在这方面他确认了很多相关性。"如果我们走进我们自己的王国的法律和习惯",他写道,"我们将发现对偷盗的惩罚在几个时代根据该犯罪成长和流行的程度而有所变化"。[73]与柯克相比,黑尔从而提出了一种内容不断变化的历史法学。

关于一般的刑罚,黑尔采取功利主义的观点——反对自然法理论——就是:

> 惩罚的真实的或至少是首要的目标是阻止人们违反法律……大多数案件中惩罚的造成更多的是作为鉴戒,而且是为了预防邪恶而不是为了惩罚。当犯罪剧增,对于一个王国或国家来说经常是危险的……或者高度危害民间社会,以及对王国和它的居民造成巨大的不安全感和危险时,严厉的惩罚,甚至死亡自身,有必要由立法者的审慎加入法律的很多情况中,尽管可能超出了犯罪行为单独被考虑时仅有的负面

价值。[74]

一方面,这样一个惩罚的"真实的或至少是首要的"目的的观点和实证法律理论很相似,它使法律的道德和历史维度都从属于政治维度。另一方面,黑尔的犯罪要有刑法来禁止的观点反映了他对法律的道德维度的信仰,而且它和自然法理论很相似。在分析特定的法律体系而且特别是英国法律体系时,该体系的历史经验决定了他们的政治和道德方面的限制和相互关系,他将这两种理论合并起来。因此,可以说黑尔已经用一种新方法清楚地表达了整体法学,它从其形成以来在西方的历史传统里一直是模糊的,尽管法律哲学家们曾经想要确认一种理论或其他理论的最高地位。

一种法律体系的历史发展

黑尔没有发展出一种复杂的法律体系发展的理论,像萨维尼、梅因、迪尔凯姆、马克斯·韦伯,以及其他法律史学家或社会学家在19世纪或20世纪早期所做的那样。[75]然而,他的确有很多关于外国法律体系的渊博历史知识,这使他对法律的历史作了一些概括,而且将这些概括应用至英国法律历史的特殊特征中。因此他
256 写道,法律的本质是"适应条件、紧急状况和他们所任命之人的和任命他们之人的方便,当这些紧急状况和方便确实徐徐地成长,因此很多时候徐徐地发展出很多法律,特别是在长时段里"。[76]这种整体上不怎么显著的陈述具有重要意义,它使黑尔能够接受格兰维尔在亨利二世时期描述的普通法学说与布莱克顿在亨利三世时期讨论的普通法学说之间的区别。它使他能够展现爱德华一世的立法的重要性,爱德华一世是"英国的查士丁尼",在很多方面都是

黑尔的历史中的英雄，更一般地讲，重点在于他在整个英国法律史上的立法中所扮演的重要角色。柯克曾经将立法变革放在最末位置，尽管他很好地了解它们，他强调的是司法的连续性。然而，黑尔，他自己在克伦威尔统治下领导着著名的黑尔法律改革委员会，不仅与柯克的个人背景不同，而且，更重要的是，他生活在一个革命的巨变时期。像塞尔登一样，黑尔把英国普通法的历史看作一个适应变化中的需要的过程。在长期的观点看来，他把这样的适应当作一种逐步提高和自我完善的过程。在18世纪，这种观点在曼斯菲尔德（Mansfield）勋爵的表述中体现出来，"普通法纯粹自己运转"。[77]

然而，法律的基本宪政框架保持不变正是英国法律变革的实质。黑尔是普通法的坚定支持者，他认可议会独立学说，议会制度从盎格鲁—撒克逊贤人会议和民会*时期以来一直盛行，陪审团审判很早就实行了——以一种不同的形式——诺曼大小巡回审判，而且一般而言，无论诺曼征服还是任何后来的巨变都没有在英国宪政史上表现出一种根本的突变，尽管（与柯克相比）黑尔认为诺曼征服在财产法和其他领域带来了巨大的变化。[78]在这个问题上，如在其他问题上一样，黑尔在塞尔登的洞见的基础上进行建构。

黑尔的英国法律史中连续性和变革之间平衡的概念可以在他的惊人的亚尔古船**的类推和一个人的传记中找到：

> 但是，尽管那些特别的变化和添加在法律中已经发生，然而它们只是部分的和连续的，我们可以有正当的理由说，他们

---

* 民会（moot），旧时英格兰市、镇或郡的自由民为处理司法或行政问题而举行的集会。——译者注

** 亚尔古（*Argonaut*），希腊神话中的英雄，随同贾森乘亚尔古舟，去海外寻找金羊毛的英雄。——译者注

现在是同样的英国法律,自从开创以来已经600年了。正如亚尔古船返回祖国时和它离开时仍是同一艘船一样,尽管在长长的旅途中它已经有了连续的变化,它的以前的材料极少回来;而且正如提丢斯(Titius)在其40年后,在一本7年的小册子里,仍是同一个人,尽管物理学家告诉我们其身体极少有和以前一样的物质材料。[79]

257 这种身份上尽管有变化的似非而是更像是一个哲学家的难题的重述。在西方法律传统的背景下,它是一种解决普遍的事实的问题的新方法。非成文的英国宪法的事实首先包括英国普通法,其连续的适应紧急状况和人们的方便"当这些紧急状况和方便在人们中徐徐成长时"。在这方面,对这种哲学的唯实论和哲学的唯名论之间的中间路线的可选办法,是柏拉图式的观念,正义的抽象原则的现实,为极端的自然法理论的特征,以及马基雅维利式的观念,除了特定的主权者意志的决定之外没有任何事物是现实的,为极端法律实证主义的特征。英国法律体系的历史发展的本质,根据黑尔的看法,是总体的宪法——国家之舟——自身由联系的变化组成,它的每一个部分都经历了数个世纪。

作为人为理性的自然法

在更为广泛的方面,黑尔接受和进一步发展了柯克的概念,就是普通法自身是人为理性,即它的内在逻辑、它的结构和功能的一致性,由律师和法官以及立法者的理性经验构成,他们在很多世纪的过程中造就了普通法。黑尔捍卫柯克的论题,反对托马斯·霍布斯的直接攻击。在做这件事情过程中,黑尔清楚地表述了该论题的哲学基础,以至于它成为黑尔的整体法学的一部分。

霍布斯对柯克的攻击，被收录在一个对话形式里，这个对话在一个哲学家和一个法律家之间展开，前者代表了——尽管不是全部的——弗朗西斯·培根和霍布斯自己的思想，后者依赖——尽管不是全部的——柯克的著述。[80]霍布斯写道，柯克的作为人为理性的法律的观念既不真实而且模糊。首先，它是不真实的，因为在事实上法律并不产生于律师或法官的推理，或者甚至根本就也不产生于理性，而是产生于主权者的意志。要求主权者的法律为了能够被执行必须服从理性，无论是否"人为的"，按照霍布斯的看法，将导致任何人都不服从，他们声称比法律自身更加理性。人为理性的概念在第二个方面是模糊的，霍布斯写道，因为它不能澄清律师和法官的推理和实际的法律之间的关系，实际的法律就是主权者的命令，法官只能在特定的案件中对其进行解释和适用。"不是智慧而是权威制定法律"，这位哲学家说道。

黑尔——没有提起柯克的名字——没有直接回应这些指控而是相反地，招牌式地以理性的定义开始。这里他区分了，一方面， 258
事物中的理性，它们的一致或者相互依赖的适合，我们可以称其为它们的内在逻辑，如同当我们说，手表运转是因为发条和指针的相互关系"理性"，或者苹果从一个树上落下是因为重力"理性"；在另一方面，人的推理能力，它将原因和结果联系起来或者察觉到线和面的比例，或者另外理解现象。最重要的理性类型是这两种理性的结合，"当理性的能力与理性的主题结合起来时，而且通过应用和实践居于其中，它就是这种类型的理性，或者因此被采纳的理性，它将一个人命名为数学家、哲学家、政治家、物理学家、法律家。"[81]

"理性的能力"，推理的能力，呈现在所有人中，但是不同的主题或者不同的活动中的内在的理性并不相同，因此成为一个优秀的工程师或者优秀的外科医生或者优秀的数学家要求“通过特别的方法将理性的能力运用至特定的主题里”。一个人的理性可能只适合一个主题而不适合其他主题。“塔利是一个雄辩家,一个优秀的道德家,但只是一个平庸的政治家和一个蹩脚的诗人。”黑尔写道,“而且……一般地那些假装通晓各种知识的人只是浅薄的而且很少深深地看透任何事情。”

在所有的主题中,法律是理性的能力最难理解的,黑尔写道,因为它“当其适用于特定的案件时”处理“公民社会的管制和秩序以及正确和错误的标准”。道德行动是无限复杂的,而且在将道德原则适用于特定的道德行动时,确立可以在自然科学中找到的确定性和证明的种类是不可能的。结果,即使最为睿智的人也不同意将共同的正义观念特别地适用于特别的时间和场合中。的确,道德哲学家,习惯于“有关正义和正确的高度的沉思和抽象的观念……它们中间也有很多不同,当它适用于特定的情况时,而且这可能最有可能成为最差的法官,因为他们通过他们的良好思索、理论和人的交谈的共同来源之上的区别从普通的对错标准里被探索出来”。

如一个人今天可能说得那样,已经确立了不同的方法适用于不同的科学,根据要调查的主题事物的类别,以及因此一种普遍的理性能力不可能就其自身让一个人理解法律科学,而且进一步讲,道德哲学家(通过暗示,包括霍布斯)特别不适合理解法律,它不仅包括一般的原则而且还包括特定的人对于一般原则在特定情况下的具体的应用,黑尔得出结论说为了避免理性应用至特定的情况
259 中的不稳定性、不确定性和任意性,“而且为了人们可以通过经历和占有的规则和措施,以及达致可以不处于未知的特定之人的不确定的理性且任意的不确定裁判之下的目标”,“所有年龄段的智

者都已经同意”构建一种司法管理的特别法律和特别规则和方法。

对确定的需要，不能由法律和执行法律的程序的制定来获得全面的满足，因为还有将这些规则适用至大量的特别案件中的问题。因此，必须对这些法律进行详细的解释以满足大量的各种情况。没有一个个人可以，通过他自己的理性，决定这些法律应该是什么。即使他认为他知道在一个特定类型的案件中做什么是正确的，他必须确认他的知识可能逊色于在这类事物中更有经验的其他人的知识。黑尔写道，“对我来说，宁愿选择一种由一百或两百个年长者的明智经验和兴趣在我自己想出之前制定的法律是理性的”；而且，“再一次地，对我来说理性的是，宁愿选择一部一个王国幸福地利用其已经统治了400年的法律，而不是根据某些我自己的新理论拿一个王国的幸福和和平来冒险，尽管我对我自己的理论的合理胜于对这部法律的熟悉”。他给出了下面的说明：

> 在没有特别的习惯改变它的情况下所有的土地传给长子，这是英国法律的一部分。一个并非没有依法占有的侍从的自由保有流转，或者根据 pais 的一部法律的转让（attornment），但是在制定法已经改变［前面的规则］的情况下，一项不动产由契约转让给一个人仅是终身的，如果没有继承人的命令和多于此种的无限情况。现在如果（甚至）天底下最为精确的大脑将准备通过思索，或者通过阅读柏拉图或亚里士多德，或研究犹太教法，或者其他的观念来探寻，以发现在英国土地是如何继承的，或者不动产在这里是如何转移的，或者如何在我们中间流转，他将白费工夫，而且他的观念徒劳无益，直到他使他自己熟悉英国法律为止，原因是因为它们是模糊地根据习惯和惯例或者模糊地根据成文法或者议会的法

律而由其他人的合意和意志引入的制度。

因此,黑尔最后进入了霍布斯猛烈抨击的柯克的人为理性:

就所有的这个已经被讲过的而言,看起来人并非生下来就是普通法法律家,缺少理性能力的实践也不能给予一个人足够的普通法的知识,但是它必须通过阅读、研究和观察而熟悉和习惯和实践这种能力才能够给予一个人完全的关于它的知识。

与柯克相比,然而,黑尔主要不是通过从特定的英国普通法的
260 历史的论辩来回应霍布斯,而是主要地通过一般地从法律的本质的论辩来进行回应,这在英国法律史中有体现,但是在其他的法律体系的历史中也有体现。霍布斯追求永恒问题的永恒答案。他的哲学是非历史的,而且他反对柯克的历史主义,因为从它里面不能获得任何真理,任何教训。"经验不能得出任何有一般意义的结论",霍布斯写道。对这一点黑尔回应说,实际上,正如柯克可能已经指出了的,一个单独的重要经验可以被用来反驳一个普遍的命题,而且进一步讲,从普遍的经验一个人可以确实得出某些普遍的结论。

霍布斯曾经说过柯克的论辩首先是错的,因为它不能确认法律由反映了主权者意志的规则构成,其次,它是模糊的,因为它把法律定义为法官的决定,然而法官实际上只是在特定的案件中解释和运用了主权者的规则。事实上,错误的正是霍布斯的论辩,因为它不能确认,至少在英国,君主从过去得到其法律而且只有在过去所设定的边界内改变它;而且关于模糊性,霍布斯完全错在假定

了柯克将普通法定义为法官的意志。事实上，柯克引用司法先例作为古老的专业的习惯法，它是从很多代的博学的法学家的推理中长出来的。

用黑尔的术语来讲，柯克称为人为理性的是内在于法律自身之中的理性和富有经验的学者和博学的法律从业者的推理的结合。黑尔不同于柯克，黑尔将这样的理性（没有使用“人为的”这个术语）不仅归诸英国普通法而且也归诸一般的法律；而且不仅归诸历史维度而且也归诸政治维度和道德维度。因此不仅历史理性而且政治理性和道德理性——用亚里士多德的术语来讲，所有的实践理性，与纯粹理性相比——在黑尔看来，是推理的能力适用于主体事物内在的理性，它自己的内部逻辑的产物。

君主的本质

黑尔对霍布斯的回应的第二个部分名为“关于君主的权力”（第一部分名为“关于一般的法和理性的法”）。霍布斯将君主定义为一个国家里最高的实际权力；他假定一种纯粹理论的世界上的无政府的初始条件，一种所有人对所有人的战争，通过“自然理性”的实践引导那些活着的人们签订一份社会契约，凭借这份契约形成了一个共和国和创制一个君主，无论它是一个人还是很多人。他争辩说，根据人性，只有通过君主的权力才可能获得习惯的顺从而且因此才能在社会中维持和平。君主可以通过法律实施他的意志，然而，法律不能约束他，因为否则他就将失去他的维持秩序的 261
最高权力。“一部法律”，霍布斯在一篇著名的文章中写道，“是掌有控制他的或他们的臣民的主权的他或他们的命令，它公开和明白地宣布他们中的每一个人可以作什么和必须禁止做什么”。法律的典型形式因此就是成文法。“成文法”，这位哲学家在霍布斯的《对话》里说,“不是普通法的哲理和其他的可以讨论的艺术,而是因为通过服从于任何掌有君主权力的人而同意的应该被遵守的命令或禁止”。[82]柯克曾经说过法律的本质是合理性,而且对合理性的检验是其经受时间检验的能力。[83]正如D. E. C. 耶鲁曾经指出过的,“霍布斯不能允许合理性作为一种法律的本质或者其强制力的标准,因为如果人们……可能根据非合理性来质问法律的正当性,习惯的服从如何存在?”[84]

黑尔对霍布斯的君主的概念的批判主要采取了对英国宪制下政治权力本质的法律分析的形式。从一个霍布斯式的观点来看,这没有击中目标。霍布斯没有声称要描述任何现存的政体;用马克斯的术语来说,他的利维坦是一个模型——一种“理想类型”。但是像在所有这样的理想类型中一样,在这种理想的背后有着现存的现实,无论这种理想可能与它有多大的差别;否则它就不是一种理想类型,一种模型,而仅是一个乌托邦,一个“无处托身”。韦伯学派将现实解释为一种理想类型的例子。然而,如果现实并不与理想类型相适应遭到反对的话,韦伯学派将回应说理想类型仅是一种理想类型,一种模型。[85]黑尔全然很好地理解霍布斯将君主定义为实际的权力,最高而且不可分。他也理解,然而,霍布斯为这个英国规定这种模型,它曾经被20年的内部冲突撕扯而且仍然处于作为结果的混乱中。黑尔因此反对霍布斯的理想类型,不仅以道德的和政治的争辩,而且以英国宪政史的现实,对于后者他赋予了规范的重要性。

黑尔以定义——在此情况下以不同种类的权力的定义——开始——用他的常用的方法。首先存在强制的权力(*potestas coerciva*),国王并不处于法律的强制权力之下,尽管他的臣民处于(这写作于1689年之前,当时国王事实上受制于一个新的君主权力,议会的权力统治之下的法律的强制的权力)。然而,也存在第二种指示的权力(*postetas directiva*)。国王在其加冕礼上进行一种庄严的宣誓要遵守基本法,包括特别是那些有关臣民自由的法律。他不可以被强迫遵守这些法律,但是它们仍然具有指示的权力——它们指导着他。第三,存在一种暴虐的权力(*potestas irritans*),一种不正当的权力,在这些法律自己里面,即如果它们反对法律就使法律无效的权力。因此,国王的主权存在于一个法定的框架里(*within* a legal framework)。黑尔列出了存在于英国王权 262
中的六种重大的"君主的权力":制造和平和宣布战争的权力,给这个领域的钱币赋予价值和合法性的权力,赦免犯下公罪的人的权力,决定法院的管辖权的权力,征集陆军和海军军事力量的权力,制定法律的权力。然而,他也识别出了某些条件,即使这限制了上面所列的权力。他引用规定了国王不能强迫任何人离开王国或不经议会同意不能强加某些税收,以及更为一般地,他不能在没有两院的建议和同意时制定法律这些古老的成文法。

黑尔坚持这些英国宪法的现实反对霍布斯的论辩——在他的君主模型里——不能要求一个君主的权力有条件或对之进行任何修改,而且该君主可以凭其愿意制定、废止和改变任何法律,凭其愿意征收任何税收,凭其愿意的方式和时间毁损他的臣民的财产,而且只要他认为适当就可以用任何方式面对所有公共危险。"这些野蛮的命题",黑尔指出,"是:(1)完全错误的。(2)违反了所有的自然正义。(3)有害于政府。(4)摧毁了政府的公共的善和安全。(5)没有任何法律或理性的影子支持它们"。[86]他逐一对这些反对意见进行了说明。

黑尔争辩说霍布斯的君主观念是"错误的",即不正确的,这反映了他的历史法学。有人可能要问,一个"模型"如何怎么可能是不正确的呢?黑尔的回答是“在此种本质的事物里最好的对错标准不是一般的想象的观念或理性,而是这个王国的法律和习惯,它们已经整个地决定了理性而且将其限制在这样的法律和习惯的边界内”。这里黑尔刺破了作为一种模型,一种理想类型的君主的面纱,而且看到了其背后的特定地点和特定时间的君主的历史现实。在霍布斯的理论里,君主是一个假设的实际权力。黑尔,与之相反,争辩说,作为一个正确或错误的问题,君主不是假设的(一个“想象的观念”)而是真实的,而且它并不必要地仅是实际权力而可以是受到一个法律框架限制的权力,还有,最后,这些命题的真实性已经被英国的历史经验所证明。

黑尔对其立场并不单单依赖一种历史的证成而是将其与道德的和政治的证成相结合起来。自然正义,他写道,使得君主们去履行他们和他们的人民的约定:*pacta sunt servanda*——契约必须被遵守。对于这些义务,他写道,“是追加上的——非常庄严的[国王]在其加冕礼上的所发的要遵守和忠于他们的法律和自由的誓言。而且尽管国王的人民是神圣的,这是真实的,在没有任何外在的强制的情况下,然而没有人可以发问,质疑他是否处于上帝的眼界之内或者要求遵守它的自然正义的约束”。

263 类似地,政治的考虑,在实证法里表达出来,无论是英国的还是其他国家的,通常都限制和分割君主的权力。说君主不可以不可撤销地将他的某些权力委托给其他人是一种虚构。霍布斯曾经论辩说君主不能受到法律的约束,因为入侵或反叛或其他紧急情况可能发生,这需要他去反对它们,而且如果他不能这样做的话,他的臣民将失去一种保护的利益,而正是为了这种保护,他的最高权力才被建立起来。黑尔回答说“认为法律和政府的模型是根据这些极少发生的情况被架构出来的,这是一种愚蠢。一个人应该吃药而且打乱其正常饮食，因为这是当其犯了可能七年一次的病时的做法”。这里黑尔在他自己的实证主义和功利主义的基础上应对霍布斯。独立于历史的道德的考虑，将法律理解为表达于成文法命令里的君主的意志，“最好由某些法律来进行统治，尽管它们在某些时候带来某些不便，那么在恣意的政府统治之下可能带来更多的其他者所没有的不便”。

英国的历史法学和17世纪的宗教思想

像柯克，塞尔登和黑尔的这些人的法律哲学，必须被理解为其整个哲学所必需的一部分，该整体哲学包括他们的宗教哲学和他们的自然科学哲学。确实，“自然科学”这个术语在17世纪被用来容纳神性、人性以及所有物理世界的本质——所有这三者的知识；而且人性的知识包含了政治科学和法律科学。当然，它被理解为法律科学不同于，例如，天文科学，或者光学，或者其他物理科学，既在其方法上，也在其确定性或其结论的可能性的程度上。尽管如此，所有的科学都被认为是“关于一种合群的自然的”，逐个并排地存在在一个共同的团体里。

那么就不应该感到奇怪，柯克、塞尔登、黑尔和很多他们的法院和律师界的同事沉浸于不仅法律的知识而且神学的和物理科学里，他们的每一个这些知识的分支的观点都与他们的其他观点有关，而且他们在17世纪引入法律哲学里的革命性变化与当时事实上发生在“自然哲学”各个方面的革命性变化比肩进行。事实上，黑尔的历史法学在很多重要的方面和他年轻时接受训练的加尔文清教信仰体系相比肩，而且它也重点强调经验方法，这构成了一个

264 重要的自然科学里的新发展的要素,作为一个皇家学会的院士,他对之进行了讨论和写作。

尽管不同分支的被称为清教徒的人之间有很多不同,但他们都共享乐某些基本的加尔文主义的教义,这些最终成为一种英国的世界观点的一部分,而且这些在黑尔和他的同事们详细阐发的历史法学里得到了反映。这里列出六条这样的基本教义,还有它们在法学上的对应。

一条是信仰历史是神意的启示,上帝自己目的展开的精神故事,而且更为特别地,信仰上帝在历史中发挥作用,部分地,通过他的选国,英国,它历史地注定要为人类揭示和完成上帝的使命。这种信仰加强了这种确信——英国普通法已经展开了很多世纪,逐步地完善其自身,以及它是特有的英国的和至少就英格兰而言,优越于任何“外国的”法律。

第二种基本的清教徒信仰是世界的改革是一项宗教的天职,由上帝命令。这种信仰加强了对公共精神和公民美德的强烈的强调,这些是英国贵族制的议会和司法统治的一个标记,而且这些有助于给英国法提供其作为一种正义体系的合法性。

第三个基本的清教徒信仰是上帝是一个法律的上帝,他激发他的追随者将他的意志转化为法律的规则和制度。柯克,塞尔登和黑尔的历史法学在英国普通法的 16 世纪之前的遗产中发现了一种圣经法的世俗对应,他们利用它,既为了去除都铎—斯图亚特王朝的王室特权的合法性,也为普通法自身的实质改革提供一种基础。

清教神学的第四个要素是它的基于立约(covenant)的强烈的社会维度和它对信徒们的地方社区的团体特征之信仰。这种宗教的教导在历史法学对普通法——由组织严密的司法官和律师发展起来的地方社区的习惯和习惯的普通法——发展中的习惯的首要重要性之强调里找到了世俗的表达。

这种信仰体系的第五个特征是它对艰苦劳作、简朴、节俭、可信赖、纪律和天职的使命感——现在开始被称为新教伦理——的强调。以琐屑但重要的方式,这种神命的伦理加强了对英国历史法学的判例法的强调,更为特别的是,对为了决定一项法律规则或学说的可适用性而对先前类似的判例的事实进行最为小心翼翼的检查之必要性的强调。他的日记(引自笔记64)中关于审判的巨大的责任和负担及在得出决议前"细查每一证据,仔细考虑每个回答,每种情况"的需要,黑尔——像一个世纪前的德国的奥尔登多 265
尔普(Oldendorp)一样——认为审判包含了一种法官凭其自己的良心进行的深入调查。同时,奥尔登多尔普和黑尔之间在这个方面的区别反映了他们的不同法律渊源理论的区别。英国特别严重地依赖对判例的分析和类比,与德国—路德派——和罗马法学—教会法学——严重依赖对概念和学说的分析和类比形成对比,是英国历史法学整体必不可少的部分。对于黑尔来说,如一个世纪以后对于曼斯菲尔德来说一样,是"判例的理性和精神" 而"不是特定的先例的文字"[87]——重要的不是一套详细说明的体系化法律概念和学说的理性和精神——制定了法律。因此对于黑尔来说,它不仅是个别法官的良心而且也是司法官的集体良心,具体体现在先前判例字里行间的良心,这是至关紧要的。

最后,清教神学巩固了普通法很多分支的重要变化——这被认为根源于其历史发展的变化。因此清教徒强调所有人的原罪,包括法官自己,不仅强烈地反映在黑尔的审判哲学也反映在他的刑法理论中。黑尔以宗教的术语对清白和清白之证成进行陈述:尽管上帝要求法官判决有罪者有罪和清白者无罪,其中法官应该宣布无罪的罪行之证据并非结论性的,即使他因此冒判决有罪者无罪的风险,因为上帝自己是最终的法官,而且,此外,被错误地判为无罪的有罪的人可以忏悔和改过,这论述了这种联系中的特别的利益。类似地,清教徒强调受到神的激励而为新的严格的违反契约的责任所加强的立约里的共同体的渊源。在每个这样的发展中,普通法法律家发现了——或发明了——与圣经的权威相当的历史的权威。

英国的法学与17世纪的科学思想

英国的历史法学——在黑尔的时代和地方——与清教徒的宗教改革紧密地联系在一起,这比它与当时的自然科学变革紧密地联系在一起更容易展现出来。一方面,自然科学里的变革和法律哲学里的变革相反而且被认为是相反的。另一方面,两套思想的前提和方法互相是相同的。

不是一次而是两次根本的变革在17世纪的西方科学思想里
266 发生了。第一次反映在伽利略和笛卡儿的传记和著述里。伽利略,以他的关于通过感觉的证据得到某些真理的可能性的怀疑论和他求助于作为获得一些物性的知识的主要方法的数学,推翻了亚里士多德的关于宇宙的观点。宇宙,伽利略写道,是一本“开放的书……以数学语言写成,其字母是三角形、四边形和其他的几何图形”。[88]“上帝造了所有事物的数量、重量和尺寸”,[89]他写道。一代人之后,笛卡儿在伽利略关于感觉理解和他对“清晰和独特的观念”的要求作为在所有的知识领域获得确定性的唯一方法之数学方法的基础上建立了他的理性主义哲学。最终霍布斯、莱布尼兹和斯宾诺莎也接受了在政治和道德哲学问题上的所谓的“几何方法”。几何方法设置一种关于调查中的问题或目标的假设,然后通过一种详尽的分类体系来将其分解为联合且独立的单独因素,最后将用来描述它们组成的问题和运动的数学手段运用至对每一个这些因素的分析中。通过这样演绎的方法,伽利略证明了哥白尼的地球围着太阳转的假设的正确性。顺序也可以是反过来:像弗朗西斯·培根,一个人可以从具体的事实出发,通过一系列逐步归纳达到对它们所反映的普遍真理的确定性之证明。主要的观点在于宇宙现在被认为是一个根本上由物质和运动组成的机械的结构,而且这些被认为可以通过数学方法来发现,无论单独地还是通过与经验证明的联合。

此外,这种方法,被认为可以不仅适用至物质世界,也可以适用于所有的其他学科。如笛卡儿写道,“所有的学科如此地相互联系以至于将它们联合在一起进行研究比将一个从所有其他学科孤立开来进行研究要容易得多”。[90]事实上,整个西方都出现了所有的继续被称为“哲学”的很多分支都是并置的——自然的、人和神——的书籍和文章。然而,“哲学”意味着确定的知识——这与只是可能是真实的知识形成对比,被普遍地接受。因此,就不可能存在历史“哲学”,因为(据说)历史的知识只是建立在记忆的基础上,就是,建立在过去以来的陈述的基础上,这被认为是不可靠的。[91]无论是否存在一种法律哲学是可以争论的。弗朗西斯·培根相信这样的一种哲学是可能的,因为如果根据有限的大“公理”——通用的原则——其正确性可以通过从该法律体系所有部分中得出的特定规则例子进行检验——对之进行适当地分类,法律可以呈现出确定性。

17世纪的第一次科学革命在伽利略和笛卡儿,以及较小程度 267

上的培根的哲学道路上进行。真理和人的心灵可以衡量,测度和极端的事物等同起来,这些事物依次可以预先假定观察者的全部客观性。这种在它的方面将原因和目的的等同,如亚里士多德哲学里的“终极因”(final causes),被抵制支持将所有形式的原因降低为亚里士多德所称的“有效因”,现在也被视为柏拉图意义上的理性的必要性。亚里士多德哲学的有目的的和有机的宇宙的概念被拒绝支持一种道德上中立和机械的宇宙。[92]

在17世纪的进程中,然而,在数学方法和经验方法之间产生了巨大的分裂。经验方法开始被很多——特别是在英国——视为并非被用来生产数学上的确定的真理的培根意义上的归纳逻辑,而毋宁是或然论意义上的:经验方法,它被确认,只能产生“接近必然”的确定性,即一种高度的可能性。伽利略哲学假定自然科学的结论,建立在数学的基础上,有客观的确定性而且不依靠人的判断进行修改,至于科学实验则开始被理解为试错。利用实验去证实假设,在数学上被认为是正确的而且这是一个推理的必要性,使适合于包括经验的运用以确立被认为可能但并非必然真实的假设的可能性程度。[93]

这是一场革命性的变革,特别地反映在艾萨克·牛顿和约翰·洛克的传记和著述里,他们中的每一个都完全否认人类的思维能力能够得到绝对真理,因而改为强调不同的知识领域里的取得不同程度可能性的不同经验方法。这种假定感觉认识和,更为广泛地,经验,包括职业的团体的集合的经验,能够确立最大的可能性,使得不仅自然科学而且基于不同方法论的其他类型科学新范式的发展成为可能。

最后一个观点对于理解17世纪的法律革命是重要的,因为马修·黑尔和他的同事的历史法学与当时自然科学工作所使用的经验方法有紧密的关联，但是在本质上它与伽利略和笛卡儿详细阐明的数学方法相冲突。

有时可以推想普通法法律家与自然科学家的经验方法有很少的关系甚至没有任何关系，因为后者建立在假设和窜改的原则的基础上，而前者，当从对个别类似判例中判决的研究中得出一般的规则时，不将这些规则看作假设而是要被遵守的权威陈述，即使它们后来被证明并不令人满意。然而，这种法律的观点，只看到了法 268
律规则的形式，而没考虑它们的目的及它们的结果；因此它忽略了当法律规则的正当性在新的适用中受到挑战时它们被修改所采取的程序。诚然，一方面为了决定司法决定中模糊的规则而在法院上对汇编的判例的事实进行的分析过程；另一方面为了检验关于物理概率的因果的假设而对自然科学实验的事实进行分析的过程，二者之间有至关重要的区别。尽管如此，在这两个过程之间也有某些重要的相似性，特别是在它们背后的哲学含义方面。

自然科学的经验方法的哲学含义是一系列在伟大的 17 世纪该方法的追随者罗伯特 · 波义耳和并非别人而正是——再一次地——“哲学家”托马斯 · 霍布斯之间进行的好辩的辩论的主题。[94]哲学，霍布斯写道（今天我们将说“科学”），是“这样的一种效果和外观的知识，我们通过真实的推理从我们第一次拥有的关于它们原因或产生的知识：再一次地，这样的原因和产生可能来自知道的第一次的它们的效果——里面得到”。霍布斯论辩说，既然哲学的目标是能够得到最高程度的确定性，因此易犯错误的感觉知识不能构成它的基础。感觉和记忆，他在反对波义耳时写道，构成知识，但是因为不能由理性给出，“它们就不是哲学”。经验“除了记忆之外什么都不是”，而且没有任何普遍的真理可以从其中获得。霍布斯因此否认波义耳发明为制造一个人工真空而设计的空气泵,和他后来这项发明去检验关于光的运动的假设,就其自身而言能对构成"哲学"的这种确定性有贡献。相反,像波义耳自己承认的那样,它们只能产生可能的真理。

波义耳和他的支持者(包括他的朋友马修·黑尔)并不把他们对可能的真理的研究当做一种可叹的从野心勃勃的目标之撤回。相反,他们把对绝对确定性的追求当作既是一项失败的也是一项危险的计划——说其失败是因为所有的科学知识,他们辩论说,都是或然性的,说其危险是因为对绝对真理的追求导致不能容忍异议的教条主义。

但是如果从经验方法得来的真理总是可能性的而且从来都不是确定的,一项实验的有效性如何证明?波义耳回应是它的有效性依赖于科学共同体里的其他成员的确认。这项实验的目击者必须是多数人。如果它的这项实验可以被扩展至很多人,原则上至所有人,那么这个结果可以被认为是一项事实,即具有最高可能性的真理。因此波义耳预料到了20世纪后半期以来被广泛解释的
269 科学知识的社会理论:科学真理是被科学共同体当做真理接受的事物。[95]

波义耳也使经验方法的从业者应该避免引入关于第一个原因的思索成为经验方法的一个要求。自然哲学家们,他写道,可以合理地不同意自然效果的原因。这里他的敌人又是霍布斯,对于霍布斯来说,异议——不统一——是最大的罪恶。

黑尔在这场辩论中站在了波义耳的一边,他认为波义耳的自然科学哲学与他自己的法律哲学有一种紧密的亲和力。对于黑尔来说,法律原则的有效性,和自然科学的有效性一样,有赖于受过专门训练的从业者共同体的重复和确认。普通法法律家的"人为理性"自身体现了一种经验主义,不同于但是相当于自然科学家的

实验的经验主义。

很多世纪里西方的法律历史地发展着，每代人都自觉地在其前辈们的经验的基础上建设着，这当然是一项为人熟知的事实。在17世纪之前，然而，它还没上升到理论的层面上来。现在柯克、塞尔登、黑尔和他们的追随者将一种哲学的维度归诸英国普通法的历史。他们宣称，事实上，历史经验的规范性质，将习惯和真理放在了一个和作为法律渊源的衡平法以及立法同样的层面。他们因此奠立了一种历史法学的基础，它占据了和自然法理论及法律实证主义同等的空间。

在这个重大意义上，法律既具有一种道德的性质（其目的是实现法律正义）也具有一种政治性质（其目的是维护法律秩序），但是它也具有一种历史的性质（其目的是保存和发展作为法律的主人的人民的法律传统），这是他们的理解——在黑尔那里比在塞尔登那里有了更充分的发展，而在塞尔登那里比在柯克那里也有更充分的发展。法律的这三种目的或者方面，应该实现一体化，而且，更为特别地，法律的道德目的和政治目的之间不可避免地出现的冲突能够而且应该在法律史的背景下加以解决，在他们的著述中这些至少是有暗示的。因此，他们可能会说，法律，是根据历史的道德和政治的平衡；它是根据经验的正义和秩序的平衡。[96]

第九章　英国法律科学的转型

270 在17世纪后期和18世纪之前,英国法律体系在其方法上,即在其运行所使用的基本原则上经历了根本的变革。对英国法律历史性(historicity)进行新的强调,即对其历经许多代人和世纪的历史发展的强调,在对其进行系统化的新方法上体现了出来。

新的历史法学最明显的方法论上的显示是现代先例学说的出现。相关的方法论的变革包括某些诉讼的历史形式转变为对财产权利的保护和契约、侵权和不当得利的义务履行的近代救济。与诉讼格式的转变和先例学说紧密相连的是诉诸法律拟制作为改造旧的学说和程序适应新目的的工具。

法律方法中的其他变革不仅与对法律历史性的强调也与从旧的自然法的和实证主义法学理论中成长起来的新的真理和正义概念有密切关联。它们包括作为事实和法律的审判者的陪审团的独立性的增加、刑事审判中被告人权利的扩张、提出证据的对抗制度的引入，以及民事和刑事案件中新证据标准的确立。

最后，这种转型反映在一种新型的法律论著中，也就是说，这种论著将英国法作为一个整体和它的某些分支进行分析和系统化。[1]

这些主题——先例学说、诉讼格式、法律拟制、陪审团审判、被告人的权利、对抗制度、证据和论著——可能看起来首先只是盎格鲁—美利坚法律体系的一系列不同的特征。然而，它们也可以被看做，而且在本章里被作为，不仅是法律资料而且还是法律资料被理解的互相联结的方式——即是重要的一套关于法律的连贯知识 271
的构成部分，而且在这个意义上不仅是一种更具技术意义的法律方法的要素，在更为理论的意义上也是一种法律科学的要素。的确，在 16 世纪和 17 世纪，“方法”和“科学”这些词语经常被相互替换地使用，共同形成操作和理论的模式。[2]

说到法律科学，或法律的科学，某些人可能会误解，他们设想唯一真实的科学是自然科学，特别是如物理学和化学的这样的“硬”自然科学。这是一个当代盎格鲁—美利坚的用法；在大多数其他语言里，“科学”（在德语里是 *Wissenschaft*，在法语里是 *science*，在俄语里是 *nauka*）保留了其旧有的、较宽泛的意思，就是一套连贯的、系统的知识，将特别的事实与普遍的原则结合起来，而且不仅被应用至精确的自然科学，也被应用至不那么精确的社会和其他人文科学，包括法律科学（*Rechtswissenschaft*，*science de driot*，*pravovaia nauka*）。

然而，在将“科学”这个词语适用至法律中时还有另外一个严重的含糊之处，也就是说，法律科学可能不仅指一套法律学者产生的关于法律的知识（例如，和“物理学”一样，指的是一套物理学家产生的关于物质和运动的知识,或者,“地理学”指的是一套地理学家产生的关于地球信息的知识),也指一套法律自身产生的知识,它详细说明其功能和运转的方式。在这个意义上,要说一个特定的法律体系可以包含自身,那么一种科学就绝不能否认在适用时也是一门艺术;只能说其作者和从业者——立法者、法官、行政官和其他人——所制定的原则可以明白地定义其特征,这样的原则不仅可以是关于法律的陈述,而且是法律的陈述,而且,至少在西方法律传统里,它们被理解将一套连贯而系统地关于特别的规则和裁决、特别的操作模式建构成的一般法律理论。甚至最简单的法律规则——例如,一个确定类型的协议是一种受到法律约束的契约,或者预谋故意地和蓄意地杀死另一个人构成杀人罪——都意味着这个法律体系的一般原则,诸如契约导致可以由法院执行的民事责任的原则,某些类型的杀人要受到比其他杀人更严厉惩罚的原则,以及在民法和刑法之间要做出某些类型的区分,等等;而且这些原则被官方宣布为对于为了促进正义和保持秩序而实现法律的目的来说是必要的。这仅是说法律科学,像其他社会科学以及语言科学本身一样,在法律活动的参与者方面不同于自然科学,即那些制定或适用或管理法律或从事法律业务的人自己清晰明白地阐述这些活动的本质,而且他们的清晰明白的阐述从根本
272 上来说是这门科学的一部分。的确,在西方法律传统里,法律的参与者自己很多世纪以来一直自觉地将一套系统的、客观的和可被证实的知识,一套该法律体系自己通过其而可以被分析和评价的元法律(meta-law)的品质归诸他们自己对其正在从事的事务之阐述。

一方面,17世纪后期和18世纪中期之前的英国法规则和原则因此可以被说成是已经建构了其内部科学。另一方面,这个时期

法律学者所作的新的论述文献，不仅概括了内部的法律科学，而且部分地根据从英国法律制度内部，部分从其外部获得的标准对英国法律制度进行分析、分类、系统化和评价，因此可以说已经构建了一种外部英国法律科学。[3]然而，在这种文献中经常提到"法律科学"，并没有清晰地在其外部方面和内部方面做出区分。威廉·布莱克斯通(William Blackstone)，例如，在1753年开设第一次由一个英国大学提供的英国法律课程时，说根据法律自身里固有的"一般原则"，"法律不仅要被认为是一种实践事务而且也是一种理性科学"，而且洞悉这些原则是法律学者的任务。[4]同时，布莱克斯通遵循一种对英国法进行分析和综合的方法，这个方法在三代人之前由马修·黑尔引入，[5]是一种部分地从哲学、神学和自然科学，以及从整个西方法律学识中得出来的方法。布莱克斯通在英国法律科学的教学已经"委托给他来培养，条理化和解释"的著述里间接地提到了法律科学的外部方面，以及英国法应该"以一种可靠的、科学的方法"来进行研究。[6]的确，按其所说，如果只有英国法律体系操作的内部模式被教授，没有外部的理论分析和评价，在一个大学里讲授这门课程——它原为"每一个绅士和学者"的一般教育的组成部分而设——几乎没有什么意义。[7]

还要必须指出的是，最初的英国法论文的作者并不是教授而是法官和开业律师，而且他们的论文事实上强烈地影响了17世纪晚期和18世纪中叶早期发生的英国法律体系根本结构的制度变化。事实上，新的英国法律理论和以前在西方盛行的法律理论的主要区别在于这样的事实，就是早期的法律理论在其渊源和本质上主要是职业性的，而新的英国法律理论在其渊源和本质上主要是司法性的。英国革命提升了法律职业不仅作为实证法也作为法律科学的护卫者的作用。此一事实，也对英国法律科学——在较窄的

意义是它的方法,在较宽的意义上是其理论——的内部方面和外
273 部方面的一体化做出了贡献。

现代先例学说的出现

在英国王室法院判决发展的最初阶段,特别是在法院议程的书面记录引入之后,在作为法律是什么的指导之司法裁决中也出现了一种影响。决疑论,事实上也是当时教会法和罗马法制度的一种标志,但是它在英国王室法院里特别地兴盛,它们的法律并非一种大学的教学科目而仅仅偶然地在学术著作里被进行理论阐释。然而,决疑论,不把案例当作理论上的先例而仅是法律原则和规则适用的例子;没有一种 17 世纪之前西方盛行的法律体系,其司法判决既对案件中的当事人具有规范力,而且还被当作一种法律渊源;相反,它们被认为仅是法律在特定案件中如何适用的特别例子——在以后类似的案件中可以遵守也可以不遵守的例子。因此,尽管布拉克顿 13 世纪的巨著《论英国的法律和习惯》(*Treatise on the Laws and Customs of England*)提到了大约 500 个已决案例,而且布拉克顿也写了一本《注释书》(*Note Book*),包含了大约两千个案例的摘要,他不赞成先例学说,而且事实上“先例”这个词在他的词汇里是不存在的。

布拉克顿对待案例的态度反映在教会法学的规则里——这在其《论英国的法律和习惯》中不断重复——“一个人必须根据理性而不是例子来判决”(“*non exemplis sed rationibus adjudicandum est*”)。司法判决可以被用来例释法律原则,但是它们自身并非权威的法律渊源。在英国“年鉴”时期(*year books*, *ca.* 1290—1535

年)，“年鉴”是法律学者们参加的司法开庭的判例集，有时以口头论辩的方式讨论案件，而且在程序问题上一系列类似判决可以被认为是法官的习惯(*mos judiciorum*)存在的证据，但是即使这样的一种习惯被认为仅具说服力而非有约束力的权威。如果一个法官不同意一个先前判决，或者甚至一个先前的法院习惯，他可以说它是错的，因而不考虑它。

随着年鉴时期的结束，私人的案例判例集开始出版，其中的一些很像年鉴。通常以一些著名的律师或法官命名，16 世纪和 17 世纪早期的判例集由案例事实、法官和辩护律师陈述，以及编辑者评论和注释组成。作为历史记录，它们经常是相当不可信赖的。然而，它们的确加强了一种新出现的原则，在程序和辩护的问题中，普通法法院坚持它们的习惯——而且，在这个意义上，是它们的习惯。这个原则并非坚不可破；在 1557 年，这大约是有记录的“先例”这个术语第一次被使用之时，一个案例被编入一个集子里，据 274
说在该集子里判决还是由“两个主持人”做出的。[8] 此外，这个原则很大程度上被限制在包括司法管辖事务在内的程序事务上，而且可能与保持普通法法院和其他类型的法院管辖权之间独立界线的必要性有关。[9]

先例学说——司法判决是一项权威的法律渊源，在以后的类似案件中约束法院——要求在对于判决来说必要的法官陈述和那些不必要的法官陈述之间做出区分。只有那些对于做出判决来说必要的理由才可以构成法律原则和案例的“站的住”的原则。一个法院在一个特定的案件中所说的对于判决来说不必要的陈述，都被说成是“附带意见”(dictum)，只是被“说出来”的一些东西，因此在以后类似的案件中并不对法院形成约束。有约束力的是案件的“裁定”(holding)，也就是说，作为裁决必要根据的那些理由，即对于解释该案例的判决很关键的理由。正是案例的裁定组成了对未来类似案件构成约束的法律规则。

最早试图发展附带意见和裁定之间区别的是1673年民事诉讼法院首席大法官沃恩(Vaughan)做出的。沃恩指出:“法院给出的一个观点,如果对于判决不必要……但是……如果没有提出一个相反的观点,那么[判决]也可以给出,仅是一个白送的法官附带意见。”然而,沃恩并不认为,任何案件的裁定在以后的案件中都有必要被遵守。“如果一个法官认为另一个法院做出的判决是错误的”,沃恩指出,“他根据法律向法官发誓,即以他的良心,不应该做出类似的判决”。[10]

以马修·黑尔的话来说就是:“司法法院的决定……并不能制造一项正确的、名副其实的法律(只有国王和议会才能这样做);然而它们在详释、宣布和发布这个王国的法律是什么方面具有很强的重要性和很大的权威,特别是当这些决定与前代的决议和决定保持了一种一致性和适当性时,而且,尽管这些决定不太是一项法律,然而无论如何,它们是一种比任何其他私人观点更重要的证据。”[11]

在这种论述里值得注意的是,黑尔强调类似的案件决定历经时间考验的一致性。一系列司法决定一致地将一个司法原则或规则适用到很多类似事实情形中去,按照黑尔这样的一个原则或规则的存在和正当性的公式,这是明显的。这些决定不仅是这个原则或规则的“例子”,而且是其被司法界接受的“证据”,并因此成为其约束力的一种渊源。[12]法官,自然不能“制定”法律,但是他们可以在被广为承认的司法传统里“发现”它们,而且“宣布”它们。这
275 种“宣布的理论”,如其所称,意味着先例中的法律渊源自身和习惯中的法律渊源联系了起来,这依次与“合理性”中的法律渊源联系

了起来，因为法律中的道德因素凭此被呼唤。与合理性的联系为法院推翻甚至长期实行的错误留下了空间。然而合理性自身，它的17世纪英国概念，具有一个历史的维度。“法律合理性的确认”，如吉拉德·珀斯特玛（Gerald Postema）曾经在写作17世纪和18世纪早期“传统的”先例学说（如他适当地称呼它）的起源时说过的，“并没有如在经典自然法理论中那样建立在，确认法律遵守某些固定的理性或正义的先验标准上……毋宁说，它建立在两个其他的确认上：（1）先例和总体的法律的历史适当感，以及（2）信仰其组成的决定是受过训练的推理过程的结果而且反映了共同的经验”。[13]

因此，传统先例概念不应该与19世纪第一次出现的严格遵循先例学说相混淆，根据后者，一个特定案件的裁定被视为在下一个类似案件中对法院具有约束力。这种严格学说是一个19世纪心智的产物，而且同来自17世纪晚期和19世纪初期占据主流的很多不同概念联系在了一起。自然，这种严格学说，建立在裁定和早些时期确定的附带意见相区分的基础上。但是，早些时期的先例学说与法官的习惯（*mos judiciorum*）有着更为紧密的联系；它是一系列案例，而不是一个单独的决定，没有非常重要的理由就不应该被推翻。曼斯菲尔德在1762年，可能仍然会说，“案例的理性和精神而不是特定先例的文字制订了法律”。[14]

如前一章里显示的那样，传统先例学说建立在17世纪后期由化学家罗伯特·波义耳、物理学家埃萨克·牛顿、法学家马修·黑尔以及皇家学会的其他杰出成员详细解释的自然科学理论的基础上。[15]这个理论后来在18世纪中期由大卫·休谟做了发展。休谟将我们的真理知识归于我们检验真理的心智习性，而且他把这些心智习性归于从过去传下来的社会习俗。这是波义耳理论的形而上学版本,它认为无论自然知识还是社会知识的最终来源都是使用经验观察的同行的确认和接受。这种传统先例学说认为先前的裁定通过司法活动重复地适用至类似案件中是它们的可能正当性的最好证据,正如物理学家和化学家共同体对科学实验结果的重复确认被认为是其科学发现的可能真理的证据一样。

276

诉讼格式的转型

因为英国普通法的早期决疑论在 17 世纪晚期和 18 世纪初期转变为一种新的先例学说,因此建立在诉讼格式基础上的早期民事救济制度转变为一种新的实体性民法制度,在这种制度里,诉讼格式为适应财产、契约、侵权和不当得利的一般分类而被修改。

在 1178 年建立作为第一个永久性专业英国王室法院的民事诉讼法院的过程中,亨利二世曾经限制其民事管辖权范围为大法官发放令状的控诉类型。在一开始,这些主要是某些类型断言“侵犯”(如它们开始被称为的那样)土地和动产的占有权以及个人人身安全的控诉。后来大法官也为要求归还原告宣称属于他的钱财的控告而授予“债”令状,为弥补原告动产被错误占有而遭受侵害发放“非法占有”令状,为返回发誓义务已经履行的动产发放“财务返还”令状,为包含了一项承诺的封印文件的违反发放“契约”令状,还有很多其他令状。直到 1300 年,由成打不同类型的发给地方王室机构(郡治安官)的王室令状而开始的这样的“诉讼格式”,命令他们将被告带到民事诉讼法院或王座法院的法官面前对令状里陈述的指控进行答复。在 14 世纪和 15 世纪,然而,发放的新类型令状非常少，尽管其中一个，“间接侵害之诉”，具有重要的意义，因为它给予了某些类型非直接引起的人身或财产伤害也为某些类型因没有履行一项被告特别承担的行为而引起的伤害一种分类的救济（“特别的损害赔偿之诉”）。[16]在16世纪被称为“债务人承诺偿还或履行”*（indebitatus assumpsit），或者“普通的简约之诉”（general assumpsit）的一种新形式的间接侵害之诉，给了某些类型的义务违反一种救济，在这种情况下没有明白的承担，但是可以暗示出是某人，因为被告处于“负债”状态，因为被告人已经从原告接受了某些有价值的物品，而且在缺少一份价格合约的情况下，他将不按照所获利益进行赔付。

很多诉讼格式中的每一个都被相对严格地定义，而且它们组成了一个高度形式化的民事救济体系。此外，不同的审判程序有时适用至不同的诉讼格式。如果在事实上一个债务令状合适之时，原告从大法官那里得到了一个非法占有令状，或者当普通简约之诉合适之时，他得到了一个债务令状，在此案中他就失败了。部分地因为在王室民事诉讼法院和王座法院适用的民事救济的范围相对较窄和形式主义，都铎君主们创造了新的特权法院来解决新 277
类型的民事案件。同样地，在旧王室法院中可以得到的刑事救济的范围相对狭窄和形式主义是导致特权法院刑事管辖权扩张的因素之一。同时，与新的特权法院的竞争导致了旧法院扩大各种诉讼格式的范围以吸引起诉。因此在16世纪晚期和17世纪早期，它们将特别损害赔偿之诉的救济扩大到了包括新类型的承诺——例如，某些类型未生效的契约，也就是说，未来履行的承诺的交换，以及在行为或债务的延展具有价值的情况下一方为报答另一方的行

* 这是普通法上的一种诉讼方式，原告诉称：被告向其所负的债务或义务已经到期并证实了上述情况，由此被告承诺履行债务或义务。——译者注

为或债务的延展而答应有所行动。[17]然而,尽管有这些变化,契约方面的普通法制度相对而言没有怎么发展,而且起诉和证据保持了高度的形式性,因此在该时期,只有相对较小的某些类型的契约纠纷才发现了进入普通法法院之路。[18]

旧王室民事诉讼和王座法院"规定的程序",如其所称,反映了一种不同于在16世纪由王室特权创立的新的"高等法院",包括重新命名的高等大法官法院和重新命名的高等海事法院以及作为星室高等法院行事的国王委员会,被称为宗教事务高等法院的最高宗教法院、上访法院、监护法院以及其他法院的法律科学。例如,不仅大法官法院的程序法和实体法,根本上不同于旧法院的程序法和实体法,而且法律论辩进行和证明以及达成决定的标准也不同了。大臣的"衡平"不仅是一套规则体,而且也是一种不同的法律推理——当然,不是全部不同,但是因其不同而足以被区分开来。同样地,星室法院、宗教事务高等法院、海事和其他新法院都有其自己独特的法律方法。自然,存在一种共同的英国法律传统,它是共同的西方法律传统的一部分,但是在这些法律传统的每一个里面,都存在有多元的、虽然相互联系的法律体系,在这些体系中还存在多元的法律方法和理论。

随着在1640年代长期议会之前的星室法院、宗教事务高等法院和其他特权法院的衰微,以及普通法最终战胜大法官法院、海事法院和宗教法院的法律而成为至尊,普通法法院接管了其往昔竞争者的很多民事管辖权和几乎所有的刑事管辖权。诉讼格式不可避免地不得不或者(1)被放弃,或者(2)被局限于曾经被传统地适用的旧诉讼事由里,或者(3)扩大至提供以前只在竞争的法院里才能得到的救济。第三种可能性与对英国法历史性和传统先例学说的信条最为一致,而且它成了被采纳的那一个。

278

运用法律拟制来建立所有权

在某些场合下,通过运用法律拟制诉讼格式被转变。两个显著的例子是所有者的驱逐诉讼的转变以保护土地所有权而不仅是土地占有权,和所有者的取得诉讼的转变以保护所有权而不仅是物的占有权。

在13世纪就已经可以采取驱逐诉讼来保护占有土地的人,特别是承租人反抗那些不合理地宣称一项更好的占有权的人,包括他们的出租人的剥夺。在那时和其后的很多世纪里,土地上的最高权利,包括全面的使用权和处置权以及不仅是一项占有优先权,有非常有限的可适用性,而且只有通过一项非常麻烦的程序才能被确认。确实,不动产方面的普通法制度在很大程度上是由封建的使用占有法组成的,而且没有发展出一种明晰的所有权概念。然而,在17世纪,可以感觉到有一种将较为简单的占有诉讼格式改变成全部所有权保护的需要。普通法法律家为迎合这项需要设计的另外的解决方案是通过一系列拟制,将所有者的驱逐诉讼转变为主张土地权利的诉讼。因此在驱逐诉讼中的提出要求者(我们可以称呼他为斯密斯)宣称他已经将土地租给一个虚拟的承租人,某约翰,他在占有这块土地时,被另一方的一个虚拟的承租人,某理查驱逐,而且这个某理查已经通知其他当事人(我们可以称他为桑德斯),某约翰已经提出了一项针对他某理查的驱逐诉讼,对此他不打算做任何辩护,而且这个桑德斯应该出现在法院和申请被列为诉讼被告人。因此就有了一项虚拟的斯密斯给某约翰的出租,一项虚拟的某约翰的侵占,和某理查对某约翰的一项虚拟的驱逐,以及一项虚拟的桑德斯的通知说某理查将不为这场诉讼辩护,因此,在形式上,唯一有待法院决定的一点就是斯密斯还是桑德斯有较好的权利来出租这块土地。为该点而努力的诉讼被冠名为[设计的]某斯密斯对桑德斯,而且在形式上斯密斯因斯密斯的承租人的“驱逐”而起诉桑德斯。然而,实质上,被告桑德斯被允许提出一个第三人的权利资格,而且进程的公开通知被发出,这使得任何其他对这块土地提出要求者都可能出现。因此尽管实际的争议发生在两方之间,也就是斯密斯和桑德斯之间,二者任何一方都宣称对这块土地拥有所有权,但是宣称所有权的第三方可以作为当事人出现,程序就采取了一项针对出租土地的权利争议的形式,因为在普通法上这是唯一可以利用的方便的程序形式。

一种类似的拟制发生在取得诉讼的——或者,更为确切地说,为取得和变换的间接侵害之诉——转变之中,这种转变从一项损害诉讼而来,该项诉讼因某人宣称有更好的所有权要求获得这个
279 动产的全部所有权而对某动产所有人提起。按其最初的形式,原告宣称被告已经发现了一个属于原告的动产[“取得”(trover)是法语“*trouver*”而来,“发现”],而且想要欺骗他,拒绝归还它而是将其变为归他自己所用。赔偿是这项变换的损害金;占有这项动产的被告不需要归还它(因为他将参加一场财物发还之诉)但要按其价值进行赔付。在16世纪一项发现和欺骗原告的宣称被当做不可辩驳的,而且没有人尝试过辩驳。这些拟制被引入是为了避免提起非法占有之诉的需要,该项诉讼的古老程序(“宣誓断讼*”)麻烦而且不可信赖,还有的就是其救济不能令人满意。[19]然而,在当

* wager of law,又译“誓证裁决”。一种中世纪的裁判方式,被侵入罗马帝国的很多蛮族和部落采用。根据这种裁判方式,被告用誓言驳斥原告的指控,并且找来11个邻人宣誓证明其无辜。这种裁判方式在英格兰得到了发展,并在教会法院中被长期沿用,16世纪、17世纪趋于衰落,于1833年被废止。——译者注

时被提起的问题和非法占有中的问题相似：被告错误地行使了这个动产的占有权——属于原告的权利了吗？然而，在 17 世纪晚期和 18 世纪，一种另外的实体性拟制被增入程序拟制中：这项诉讼决定的不仅是作为当事人之间的占有优先权，而且是所有者的全部权利，正当的对抗所有可能要求的权利。[20] 再一次地，如在驱逐中一样，与之相伴的是允许被告提出辩护说这项权利不属于原告而属于第三方，而且提前通知公众这个诉讼尚未判决。[21]

驱逐和取得是英国普通法法院在 17 世纪和 18 世纪完成实体法变革的大量拟制的生动例子。乍一看这些拟制的运用可能是完全任意的。规则被用于按照它们的严格条件完全不能适用的场合。广义地解释一项规则使它引申为包括某些原本不涵盖的事情，如同宣称某个售货人的“担保”包含某些他没有明白确认的意外事故，尽管最初“担保”（“保证”）被理解为意味着一项明白的确认一样，这是一回事。这看起来并不侵害语言意义上的“担保”这个词的比喻运用，至少只要售货者被允许明白地否认特定的意外事故。但是说一个已经明白地否认一项担保的售货者无论如何都被认为已经造成了它——“在法律中被暗示”，尽管它事实上并不存在（甚至通过暗示）——是另外一回事。作为一个事实问题，他并没有那么做。作为一个事实问题，举出其他当时的例子也是不真实的：一个团体是一个“人”（因此可以起诉和被诉），或者不经允许进入一块土地而且被这块土地上的一个潜藏危险源所伤害的儿童是一个受邀者（因此比那些被认定为“侵入者”的人有更多的权利）。

然而法律拟制并非谎言。它们不是为了欺骗。在这个程度上，至少，“拟制”这个术语是非常适当的，因为它可以同样地被用于文学领域。

像一部虚构的文学作品一样，一个法律拟制在事实上并不打 280

算被当作真实的。然而,在另一种意义上它是真实的:它在法律上是真实的。

法律拟制当然,特别地惹得拘泥字义者不快,比如伟大的18世纪偶像破坏者杰里米·边沁认为每一个字都应该有一个单独的固定、客观和价值中立的意思。"拟制",边沁写道——"拟制、同义反复、专门性、迂回、不规则、矛盾还留在[英国法中],但是,最重要的是,拟制所具有的引发瘟疫的气息毒害了它接近的每一项文件的意义"。[22]但是,如果要保留历史传统(边沁认为历史传统毫无用处),而且仍然要改造得适应新条件,那么个别字眼或概念或规则的模糊甚至有时候的矛盾并不必然是不一致的;它们可以——在某些场合——既是有用的也是具有启发意义的。

在17世纪晚期和18世纪引入英国普通法的法律拟制的效用是,它们将新规则用于在旧规则中体现的程序和实体法上。因此新的情况被转变成过去的类似条件。[23]这的确是一般意义上的法律拟制的主要价值;用伟大的19世纪德国法学家萨维尼的话来说就是,在一项法律拟制中表达出来的新规则"直接加入到旧的和现存的制度里,而且通过这种方式旧制度的确定性和发展都获得了更新"。[24]在17世纪晚期和18世纪初期的英国,这不仅具有实践价值而且具有理论价值:它巩固了对普通法传统的信仰。英国法官诉诸法律拟制与他们诉诸先例学说紧密相关。二者都是制定新法律的方式——拟制直接且公开,先例间接且更巧妙。二者都保持了与过去的连续性——先例直接且公开,拟制间接且更巧妙。

诉讼格式的扩张以涵盖民事责任的主要类型

部分地通过诉诸拟制,但是主要通过案件类比和原则类比这样的推理，普通法法院在17世纪晚期和18世纪初期扩张了诉讼格式以涵盖三种主要民事责任的来源，它们当时在欧洲普通法中被认为是来自违反契约、错误行为（不法行为和侵权）和不当得利的责任。[25]因此，被称为“特别损害赔偿之诉”的诉讼被扩张至给予普通法法院对广泛的各种契约的管辖权，它们先前受大法官法院、海事法院、宗教事务高等法院和星室法院管辖。这起到了统一英国契约法的效果。同时，它使得契约法更加严格——不是与旧普通法相比，而是与其他法院的罗马法和教会法相比。议会在1677 281
年制定欺诈法是这种新的严格性的一个标记：很多先前在很多法院可以执行的口头契约现在在任何法院执行都要求有一个成文形式。

特别损害赔偿之诉的普通法救济扩张至涵盖种种以前在其他法院可以执行的契约，与之相随的是这些其他法院的某些契约原则被接受，而其他的被拒绝。或许契约法中的最大变化是引入了违反契约的绝对责任的英国原则，而不管履行的不可能性。这里标志性的案件是王座法院在1647年裁定的 *Paradine v. Jane* 案，在该案中被告承租人，因没付租金而被起诉，他辩解说德国王子鲁伯特的军队入侵驱使他离开了这块土地，因此他不能使用这块土地或者从其中获取利润。[26]法院简要地驳回了这种辩护。被告的辩护律师争辩说按照“理性的法律”他不应该因租金而被控告，因为他不能占有土地不是由其自己的错误引起，而且“民法和教会法和道德作家们都确认了这点”，更进一步讲，“根据海事法，被告也是不可告的，这是自然法也是国家法”。然而，法院毫不理会这些权威，指出通过英国的普通法，“当其契约的一方为自己创造了一项责任或义务时，他一定要使它完好……而不论任何由不可避免的必要引起的事故，因为他本可以通过他的契约来提出来以规避它”。[27]因此,一项如果被限制到土地出租就可以被证明的规则被转变为一项普遍适用于契约的新的无过错责任原则。[28]

绝对契约责任的采用反映了清教徒的契约神圣信仰和对商业交易安全强调。然而,这些理念和政策上的考虑不应该遮蔽新原则所赖以表达的方法的重要性。在一项根据一项土地租约而没付到期租金的诉讼中,法院在解释其裁决时,指出了一项宣布被普遍地适用于契约的原则。此外,这项原则还起到了将契约责任和侵权责任分开的效果,在侵权责任里,不可避免的必然性经常是一项正当的辩护。

普通法里契约和侵权的分开(它们在大法官法院、海事法院、星室法院和其他王室法院适用的法律中已经被分开很长时间了)也为英国侵权法科学产生了重要的影响。最重要的是,它标志着现代理论发展的第一步,根据很多普通法诉讼格式不当伤害个人或财产的责任必须或者基于伤害的故意促成,或者基于伤害的过失促成,或者在某些情况下基于没有故意或过失促成(所谓的严格或绝对责任)。

282 在14世纪就已经出现的侵害之诉(trespass)与间接侵害之诉(trespass on-the-case)之间的区分被保留:侵害之诉主要用于“直接地”导致损害,间接侵害之诉用于“间接地”导致损害;而且在很多类型的侵害之诉中,“不可避免的事故”是一种辩护理由,要由被告证明,然而在间接侵害之诉中,被告“过失的”行为事实经常不得不由原告来宣称和证明。这些基于过错的侵权责任的现代原理先驱在17世纪晚期和18世纪更加获得了高度发展。一个典型的例子是霍特爵士(Lord Holt)对1703年*Coggs v. Bernard*案中的受托法(law of bailment)的分析。[29]霍特爵士明显利用了以前适用于海事和其他非普通法法院的海事法和商人法的原理,他区分了受托人基于“疏忽”而对物品造成损失或损害之责任的受托——这里面“总的疏忽”(gross neglect)必须被证明,和除了“上帝和国王的敌人法”以外的严格责任中的受托——一个从海事法中吸收的术语。他也明显利用了罗马法的规则、原理和概念,详细地引用了查士丁尼的《法学总论》和支持和扩大了罗马法渊源的布拉克顿和其他英国权威。[30]还可以感觉到的是,在该阶段中,雇主因他们的雇员的疏忽行为导致的损害的代理人责任——一种与疏忽有着紧密联系的严格责任形式——进入普通法时外部渊源的影响。[31]

法律史学家认为关于疏忽的法律是19世纪的产物的传统观点已经不能足够认真地对待17世纪晚期和18世纪里的英国法律科学的发展,[32]可以说在这个阶段关于疏忽的原理被秘藏在诉讼格式的空隙中。用普拉克内特的话来说,“在这些树形成树木的观念很久之前英国法律家已经熟悉了这些树,而且直到1762年法律汇编的编纂者才以‘疏忽的间接侵害之诉’的名头收集材料”。[33]

法律拟制和案例及原理类比的运用,还有从普通法之外获得的原则之输入,也表现在普通的简约之诉的救济扩张进入英国普通法中,这相当于罗马法上的不当得利学说。前面已经指出,这种救济最初在15世纪晚期和16世纪早期被引入英国王室法,用于某些类型的案件,在这些案件中,没有明确的契约义务,尽管事实上或明或暗地存在潜在的契约关系。[34]因此,如果一方将物品交给另一方而没有说明条件,而且接受者拿到了这些物品而没有为其付款,或者一方为另一方提供有价值的服务而没有就价钱达成协议, 283
或者如果一方收到另一方的钱款而没有针对其应被偿付期间的协议,在这些特定的场合或某些其他场合——合计是8个,所谓的“一般的计算”——其他方有责任按其所接受的进行赔付。[35]

在17世纪后期和18世纪早期所发生的是普通的简约之诉被

扩大至不仅包括事实上暗示的契约义务也包括某些类型案件中因利益的接受而产生的义务,在这些案件中根本就不存在契约关系,不管是明确的还是暗示的,例如,钱款错误地给了一个陌生人,他无辜地接受了,现在可以被要求按照其得利的代价归还得利的总数给那个人。这两种义务之间的重要区别——一个契约的,另一个非契约的——当某人考虑义务的范围时就变得明显了。一般地,一个承担赔付其已经接受的利益之契约义务的人有责任这样做,无论在应当赔付之时是否还保有利益,而一个承担赔付其按照另一方的代价而获得利益之非契约义务的人负有责任,如果他根本上是有责任的,只有对他来说保有这份利益是不正当的。因此,这份利益消失了——例如,由于双方错误而支付的钱款从一个无辜的接受者那里被偷走——他就不再得利而且不再有责任归还它。此外,如果该义务是一种契约的义务——例如,如果被告已经认为他将为产品付款而接受了它们,或者原告已经按照同样的理解租给被告房子,那么法院可以按照市场价格确定数量,或者按照各方将接受或本应接受的价格确定,然而如果该义务是非契约义务,将要归还的总量由被告的实际得利衡量,这可能多于或少于市场价格或者假定的达成同意的价格。

在17世纪和18世纪早期,普通法法院和普通法作者开始谈及作为"准契约的"(quasi-contractual)普通简约之诉的救济。"准契约"是从罗马法中得来的术语;其文字含义是"好像(存在)一份契约"。一个"准契约"之诉(*quasi ex-contractu*)预先假定事实上不存在任何契约,无论是明示的还是暗示的,但是存在基于某些其他渊源的责任。这种其他渊源可能是什么并不被指出来,除非它与某些虚拟的"好像"方式中的契约责任有关。

在18世纪中期首席法官曼斯菲尔德爵士主持的王座法院给

了准契约广义的建构,指出在普通简约之诉中归还“拥有和接受到的钱款”的准契约义务建立在“自然正义”和“衡平”的基础上。[36]这有效地接受了不当得利学说进入普通法。曼斯菲尔德爵士的广义观点,尽管布莱克斯通认可,后来却被抵制了。[37]无论如何,英国 284 法院继续在法律中暗示普通简约之诉的传统案件的契约关系,其中并没有契约关系存在,即使通过暗示。最终,在 20 世纪的下半叶,英国法院全面接受了不当得利学说。

英国法院早期抵制不当得利的普遍学说和将准契约学说限定在某些有限的案件类型上,“一般的计算”之中,类似于绝对责任扩张至一般的契约,可以被解释为清教道德和商人经济学的反映。然而,它们也必须按照伴随着普通法法院战胜其对手而来的新法律科学来解释。普通简约之诉的普通法诉讼本身是 16 世纪晚期和 17 世纪早期的创新,根据在于假定存在债务人—债权人关系的地方,债务人一方就要支付通过暗示所知的他从债权人那里得到的数量。普通法之外——在海事法院、大法官法院、星室法院、宗教事务高等法院和上诉法院——较为广义的不当得利学说已经被接受。在 17 世纪晚期和 18 世纪,普通法法院,现在高于所有其他法院,将普通简约之诉扩展至包含所谓的一般计算限制里的案件——其中没有契约义务能够在事实上被暗示。然而,它们拒绝超越一般的计算包含的特定类型案件的范围,或者拒绝接受一种称为不当得利的广义救济,不仅要通过道德和经济的考量而且要通过方法上的考量来解释:不当得利学说缺乏清楚的边界;一个人可以衡量“得利”,但是保留它的“非正义”是一个太泛的概念,因此无法在普通法的案例方法中实行。然而,“契约中的绝对责任”,尽管是一个同样广泛的普遍概念,在技术上是可以接受的,因为特别损害赔偿之诉已经在概念上扩展至包括所有类型的正当契约,因此行为的不可能性在违反租约的诉讼中不是一个好的辩护理由的规则也可以通过类比扩展至其他类型的契约。

民事和刑事程序的转型

在英国普通法幼年时期,它没有规定一种民事和刑事案件的司法听证。相反,一次审讯,由 12 个宣誓之人(*jurati*)组成,向巡回的王室法官报告被告是否做了按照大法官的令状(在民事案件中)或者按照大陪审团的陈述或者控告(在刑事案件中)而被指控的违法行为。

285 陪审员被假设在司法过程之前已经收集了证据,而且知道裁决应该是什么。学者们认定这个阶段的陪审团具有“积极的”或“自行取证”的特征。在刑事案件中控告被宣布无罪的比例高得令人惊异。[38]唯一可用于强制陪审团给出王室法官们满意的裁决的制裁是宣告剥夺公民权,一种特别复杂而且很少使用的程序,只适用于在民事案件中挑战陪审团的裁决。

在时间的进程里,某些种类的证据开始——非常渐进地——被提交给司法过程中的陪审团。13 世纪以来,某些比如土地权利移转方面有争议的民事交易证人(所谓的事实证人),被召集在陪审团面前提供证词。截至 15 世纪,民事案件中的陪审团有时听取各方所做的陈述,而且偶尔听取证人所做的陈述,以回答法官代表陪审员提出的问题;在刑事案件中有时在法院上也由个人的原告做出陈述,包括受害人和受害人的亲属,以及诸如验尸官和治安官员这样的王室官员,以回答法官的问题。截至 16 世纪中期,民事案件中证人的出席并非不同寻常,在刑事案件中一个详尽的系统已经发展出来应对证据的产生，既在大陪审团控告阶段，其时治安法官盘问犯罪嫌疑人和证人，也在审理阶段，其时在某些类型的案件中王室检察官，和不仅是法官，询问被告和传唤证人。在 17 世纪早期，陪审员通常不在审理之前调查案件的事实，尽管直到 18 世纪他们才被禁止考虑从法院外获得的个人认识。[39]

因此"主动的"陪审团转变为被动的陪审团的第一个阶段发生在英国革命之前，主要是在都铎君主的支持下进行的。确实，在 16 世纪陪审团进程中证据的引入是通往渐强的世俗民事和刑事程序理性化的一部分，这种理性化发生在当时整个欧洲而且与新教改革和强大的君主制兴起有紧密的联系。[40]在英国，16 世纪陪审团审判渐强的理性化也需要支持普通法法院与其新的特权法院竞争，在这些特权法院里审判不是由陪审团而是由询问当事人各方和证人的专业法官进行。

紧随普通法法院战胜其竞争者之后的 17 世纪晚期和 18 世纪早期发生的主要变化是：(1)作为事实和法律的审理者的陪审团独立之确立；(2)刑事审理中被告的实体性程序权利之确立；(3)呈现证据的对抗制之引入；以及(4)刑事案件中有罪证明标准和民事案件中责任标准之新发展。这些要点中的每一项都将被逐一论述。 286

陪审团独立之确立

随着 16 世纪和 17 世纪早期普通法法院越来越多地使用证人证明，以及"主动的"陪审团逐渐地转变为"被动的"陪审团，陪审团丧失了很大部分的其先前的独立性。现在民事案件中的法官对于案件的了解丝毫不亚于陪审团。而且现在刑事案件中有人在法官面前提出一项控告，该项控告根据在治安法官之前，而且在很多案件中，王室检察官——他们提交已经被引入的支持该项控告的证据——之前进行的一项深入的审判前程序被提交给大陪审团的证据而提起。现在严厉的制裁——重重的罚金和苛刻的物质条件下的禁闭——开始被刑事案件中的审判法官加之于不顺从的陪审员身上。

在1640年代和1660年君主复辟之后,王室法官对陪审员的强制受到了王室至上的反对者的强烈攻击,因为国王逐渐地在普通法法院里对政治和宗教方面的异议者诉诸刑事起诉,而且因为他们的同侪陪审员越来越抵抗王室法官要对他们加以制裁的指示。一个轰动一时的案件是在1670年对年轻的辉格党激进分子彭·威廉(William Penn)和威廉·米德(William Mead)的起诉,原因是他们"煽动性地鼓吹和引起大量人们的骚乱……一起狂乱地和骚动地集会……极大地[对国王的臣民]造成恐怖和扰乱"。尽管法官威胁要剥夺他们的饮食和水以及否则就会羞辱他们直到他们做出有罪裁决,陪审员们还是拒绝宣告有罪。法官以拒绝服从其指示为名对每人罚款40马克(mark),*然后因他们不支付这些罚款而将他们投入监狱。[41]其中的一个陪审员,爱德华·布希尔(Edward Bushell),从民事诉讼法院得到了一个人身保护令状,民事诉讼法院在听审后主张陪审员不能因其裁决而被罚款或投入监狱,即使该裁决与法官的指示相冲突。[42]在释放这些囚犯时,首席大法官沃恩推论说陪审员有责任根据他们自己的判断来做出决定,而且法官在听取了同样的证据后可能得出一个不同的结论,这个事实并不能减少这份责任,因为,正如他在其主张中所陈述的,"法官和陪审团可以真诚地从证据中得出不同的结果,正如两个法官也可以这样,这经常发生"。[43]

---

* mark,金银的重量单位,约等于8盎司。——译者注

布希尔案主张陪审团是事实的最终审判者。它没有明示地主张陪审团也是法律的判断者——就是,它有权利拒绝法官在法律上的指示。这个问题成为一个棘手的问题,在民事和民事案件中得到的回答并不相同。在民事案件中,一个法官能够指示一个陪审团的裁决或者能够给出一个判决而不考虑这个裁决。在刑事案 287
件中,法官能够通过驳回控告而有效地指示一个无罪裁决,或者他可以在一个有罪裁决之后暂缓该囚犯的执行而且建议国王给予宽恕;但是布希尔案确立了他不能推翻陪审团的无罪裁决,即使它明显地使其指示的法律规则无效。这导致了广为传播的观点,就是陪审团可以平等地决定其面前案件所适用的法律。[44]在他首次出版于1680年被广为阅读的关于陪审团审判的论文中,约翰·豪勒斯(John Hawles)放大了布什尔案中沃恩的推论。“陪审员的职位”,他写道,“是按照良心来判断他的邻居,而且在那里他只需要容易学会的指导他的法律,除此之外任何法律都不需要”。[45]类似地,关于大陪审团的控告,豪尔斯在另一篇被广为阅读的论文中论辩说,大陪审团也是独立的,而且不应该向一个热心的检察官低头。它应该不仅注意事实,他写道,而且应该“自己考虑法律的知识”。[46]

陪审团独立之确立是一个具有重大政治重要性的事实,也是一个具有重大哲学重要性的事实,这不应该遮蔽其对于法律科学的同等重要性。在布希尔案中,首席大法官沃恩指出他怀疑:

> 是否任何事情都比对于两个人、学者、律师或者法官来减少从法律中的同一个案件得出的相反的和对立的结论更为普通……有比在信仰的论辩中给对立的原则施加同样的文本更为经常的事情吗?那么两个人不能以理性和真诚而理解是如

> 何出现的,一个证人或多个证人说什么?
>
> ……因此,这些法律的罚款和囚禁必需吗,因为他的确认为他不能另外地去做,秉承其誓言和忠诚,而且这经常是法官和陪审团面临的情况。[47]

一方面,刑事审判的首要目的是决定包含在控告中宣称的真实性,包括事实的宣称和违反法律的宣称;另一方面,不同的人们可以合理地从同一证据和同一前提中得出不同的结论。将结果之产生放在陪审团的手里的决定,法院进行强有力的指引但是不能主导,部分根据在于相信代表了社区的 12 个匿名人集体的判断,比一个或更多受过专门训练的官员所做的判断更堪信任。

被告的程序权利之确立

在 16 世纪引入的刑事程序中的变化不仅根本地削弱了陪审
288 团的独立性而且严重地限制了被告的权利。相反地,17 世纪晚期从司法支配走向陪审团获得自由也根本地增加了被告的权利。

在 1640 年之前的阶段,刑事案件中的被告地位可以概括如下。[48]首先,被告通常在审理之前被关进严密的禁闭之中。他受到治安法官或者其他地方官员的盘问,而且他的回答都被写下来而且供在审理时起诉之用,但是不给他任何机会来准备他自己的辩护。[49]第二,他不被出示控告,也不事先让其注意任何将在审判上使用的针对他的证据。第三,无论在审判之前还是审判中他都没有绝对的讨论权利,而且极少允许出现讨论。第四,他不被告知谁将出现在陪审团中。第五,在审判时他可以被陪审团或代表陪审团的法官以及控方盘问,没有规则限制能够被提问的问题和没有拒绝回答的权利。第六,起诉证人不需要面对被告,但是可以在他们缺席时将他们写下的证明向陪审团选读。对那些出席的控方证人没有适当的交叉询问。被告被给予了机会辩论他们的证明,但是当他这样做时,审判经常简单地变成了他和那些作证反对他的人之间的一场松散的口角之争。[50]最后,被告没有权利让法院召集证人,而且通常不被允许自己召唤证人。当证人由被告召唤时,他们不在誓言下被询问,而这是控方证人所能做的,因此他们的证明具有很小的可信性。被告也没有办法提前确定证人将要说什么。被告自己不允许在誓言下证明。

在英国革命的进程中和随后的几个时代里,这幅图画发生了剧烈的变化。用詹姆斯·菲茨詹姆斯·斯蒂芬(James Fitzjames Stephen)的话来说:

> 1640 年以后,刑事法院的整个精神和气质……看起来已经从前一个世纪根本地改变为我们今日其所呈现的样子。在每一个案件中,就我所注意的而言,被告人可以同反对他的证人面对面,除非有某些特别理由(比如疾病)可证明他们被剥夺这种资格是正当的。在某些案件中囚犯被询问,但是从来不会超过当一个人不得不在没有协商的情况下为自己辩护时实际不可避免的程度。当被这样询问时,囚犯通常拒绝回答。囚犯也不仅被允许,如果他认为合适就可以交叉询问反对他的证人,而且可以传唤他自己的证人。这些程序中的巨大变化明显自然地发生,而且没有制定任何法律。[51]

斯蒂芬在这一段里提到了 1640 年以后但是被控重罪(felony)的人有权在审理时由辩护律师提出异议之前的这个阶段。这种权利,以前存在于轻罪案件中,[52]由制定法在 1696 年引入叛国罪案 289

件中,在1730年代由法院扩大至一般的重罪中。

1696年叛国罪审理法已经被说成“同权利法案和宽容法一起属于革命后救济措施的种类的1688年革命之副产品”,[53]而且它“完成了从都铎风格的司法程序向本质上的现代司法程序的转变”。[54]它(在其他事项中)规定一个被控叛国罪的人在审理前和审理时可以有两个辩护律师来协助他;规定在传讯前5天他要收到一份控告副本,在审判之前有充分的时间准备他的辩护,而且审判之前两天他要收到陪审团全体陪审员名单的副本;规定在审判时没有任何没包含在控告中的公然行为可以作为反对他的证据被提交;而且还规定他不能被宣告有罪,除非两个证人发誓证明他已经做下了一项或更多的公然叛国行为。[55]

在其被制定之时,很多人论证说它的规定应该明示地不仅适用于叛国罪(其自身的范围被确定得非常宽泛)也适用于重罪,其时重罪由叛国罪以外的死罪组成。尽管这种论证并不占优势,但以后几个时代的法院,虽没有得益于制定法,将被告人审判前获知针对它的指控和有时间在辩护律师的协助下准备辩护的权利,在审判中就法律问题咨询辩护律师的权利,而且最终在1730年代在询问和交叉询问证人中由辩护律师提出异议的权利,确实渐渐地扩展至重罪案件。根据制定法,被告也给了让法院召集证人的权利和让这些证人在誓言之下作证的权利。[56]

值得强调的是这些权利首先被授予被控政治犯罪的人。二百年来,英国经历了一个差不多连续的系列戏剧性的政治人物刑事审判,首先是在都铎和早期斯图亚特家族统治之下,然后是在清教徒和后来的斯图亚特家族时期。天主教徒和新教徒,保皇党人和议会派,辉格党领袖和托利党领袖,或仅仅是简单的统治权力的激烈反对者——都曾经被连续指控为“严重叛国罪”。被这样指控的杰出人士曾经抗议他们在所属的普通法下的不正义,当时的纠问程序特别适合肃清政敌。因此1603年华尔特·拉雷爵士(Walter Raleigh),在捏造的指控中以叛国罪受审,要求法院传唤证人为一个人作证,这个人的庭外有高度疑问的复杂供述是控告使用的主要证据。除爱德华·科克爵士以外的主持法官,都拒绝了拉雷的要求。拉雷论辩说,"英国的普通法审判由陪审团和证人进行"。科克回应说,"不,由询问进行:如果三人蓄谋一项叛国罪而且他们都承认,就不会有一个证人,然而他们还是要被判刑"。[57]

随着1689年的光荣革命,在政治案件中引入一项新类型的程 290
序正义的压力不可避免地也加诸非政治案件上。再一次地,如在陪审团审理的案件中一样,英国刑事法选择一个保护被告免遭可能的官方不正义和腐败侵犯的程序作为模范。的确,刑事案件中的陪审团独立在实践中只有通过给予被告足够的权利来保护他在提交证据时免遭司法和控告的偏见才能被认识得到。这不仅是一个政治和道德的问题,也是法律制度整体的问题——一个法律科学的问题。

对抗制的引入

提及程序的"对抗制"和其对手,"纠问制",就是提出了比较法上的尖锐问题。在法国革命之后,法国、德国和欧洲大陆其他地方的刑事程序通过一个程序——这在广义的粗略角度看来仍然存在——的确立被改变,这是由于导致控告的犯罪的中立调查:一个中立的询问官员(法语 *juge d' instruction*,德语 *Untersuchungsrichter*)询问证人、收集证据、审问被警察或其他行政官员指控的人,而且,如果有足够的证据证明一项审判正当,就发起一项包含其根据之证据的全部报告在内的控告。该控告向被告展示而且提交给一个法院。在审判时,控方承担证明控告中的事实的责任。法院——在不同欧洲国家组成不同,但是在刑事案件中通常有一种或另一种的外行陪审团参与——通常首先审问被告然后审问证人。控方和辩护律师发问补充的问题。起诉被限制在控告中包含的证据里,然而辩方可以挑战该证据,而且可以引入其他证据。这个程序之所以被称为"纠问",因为它是一项对案件事实的"查纠"或"审问"——一项调查或者按照科克在华尔特·拉雷案中对其所称呼的那样,一项"询问"。世界上大多数国家使用某些类似于这种犯罪调查和审理的方法。

相比之下,"对抗制"已经成了自英国革命以来的英国刑事程序的特征,而且在大英帝国的很多部分里得到继承,包括北美殖民地,它共享了某些纠问制的特点,正如纠问制共享了对抗制的某些特征一样(的确,在20世纪大多数国家里两种制度逐渐相互拉近)。然而,英国对抗制与众不同的主要特征是:(1)控告由大陪审团提起,而且仅以控方提出的证据,也即趋向于显示罪行的证据为
291 根据;(2)在审判时,控方首先提出它的证人,辩方可以依次交叉询问他们,而且在"起诉的案件"结束时辩方可以提出他的情况,也就是他的证人,控方可以依次交叉询问他们;以及(3)被告不可以由控方或法院召集来证明,而且如果他不这样选择就根本不需要证明。如同在大陆制度里一样,有罪证明责任落在控方身上。在19世纪,这开始在英国作为无罪推定而被提及,但是广为传播的观念认为在欧洲大陆制度里它是缺席的,这是相当错误的。然而,存在这种区别:在这些制度里被告由法院召集,而且在法官面前必须回应他的问题和通过这些回应部分地被判断,然而在英国制度里不能从不去证明的被告之决定中得出相反的推论。他不"出乎其自己的嘴"或"出乎自己的沉默"而被宣布有罪。(然而,如果他决定

代表自己去证明,他可以被控方交叉询问)也是在英国制度里,对包括被告——如果他“出庭作证”——在内的证人的质问,主要由辩护律师进行,而不是如在很多的欧洲大陆制度里那样,主要由法院进行。

如果我们比较17世纪晚期和18世纪早期在英国出现的和在18世纪晚期和19世纪发展的刑事程序制度,很多在这个阶段晚期出现的对抗特征在早期阶段明显是不存在的。这使某些学者得出结论说,16世纪晚期和17世纪的英国纠问程序移植存活至19世纪。[58]在这样的背景下,经常对1836年的囚犯辩护律师法做出推论,认为该法根本地扩大了被告的辩护律师的权利。[59]然而,如果某人比较发生在该世纪和1640年后的半个世纪的发展和其前的进展而不是其后的变化,他就可以正确地说,在1640年后出现对抗制就变得明显了。的确,囚犯辩护律师法的发起人本人为1696年叛国罪审判法作为其很多原则的渊源献上了礼物。[60]

表征审判阶段的对抗制的主要特征,也就是控方和辩方提出证据而不是单独地由法院提出证据,是17世纪晚期的一个创新。这个时期之前,英国法官——像今天的欧洲大陆法官一样——就包含在控方的控告和控方证人的证明中的证据询问被告。确实,如前面指出的一样,被告在审判前不被告知这些证据。审判是一种司法调查,被告被要求回应很多针对他做出的断言。当控方证人被法院传唤时,被告再一次被问到他将不得不说什么以回应他们的指控。他极少有他自己的证人,而且,前面指出过,当他这样 292
做时,他不准备审问他们。甚至在辩护律师引入重罪审判之后,英国法官还主导着审判的过程。[61]与大多数的美国法官相比,他们仍然如此。但是,法官在询问当事人各方和证人中扮演一个主动的角色,这个事实并没有否定审判过程的对抗特征。首先,被告(尽管有时是证人)可以——而且经常这样做——拒绝回答法官的询问。其次,被告现在有权传唤他自己的证人。最后,也是最重要的,被告的辩护律师(或者在辩护律师缺席情况下,被告自己)现在有权询问辩方证人和交叉询问控方证人。证人是当事方的证人,不是像在其他欧洲国家那样,法院的证人。18 世纪早期对立的证人通过对立的辩护律师进行的交叉询问规则出现在刑事程序和民事程序里,这在对抗制的发展过程中是一个重要的部分。[62]它表现了一种发现问题真相的新方法——不是直接地,通过提出与最终的有罪或清白相关和重要的问题,而是间接地,通过将对立的辩护律师的问题限制到那些与特定证人的肯定性询问得出的证明相关和重要的问题上来。

证明有罪和有责之新标准

陪审团独立之确立,被告在刑事案件中程序权利的扩大,以及提出证据的对抗制之引入,与刑事和民事案件新标准的发展密切相关。这些是普通法审判程序现代化中的四个相互关联的因素。

证明的新标准建立在新哲学和科学理论的基础上,就是所有的证据,无论是自然现象还是社会现象,必须最初遭遇怀疑,这种最初的怀疑只有通过可能性的检验才能被解决。这是一种学说的新理论渊源,这种学说认为任何命题的证明责任落在主张它的一方。然而,这样的证明,可以不被要求——或者被期望——产生绝对的确定性而最多仅仅是,当时所称的"盖然确定性",它依次等同于最大的可能性。搬至法律中,这些基本原理意味着刑事和民事案件中的证明责任各自落在控方和民事原告方,而且意味着引入支持有罪或有责确定的证据必须比引入否定它的证据具有更大的检验力。在刑事案件中,因为一个有罪判决的结果非常严重——在叛国罪和重罪案件里,是绞死——如马修·黑尔写的那样,还如威廉·布莱克斯通在他之后重复的那样,它认为10个有罪的人被 293
判决无罪比一个清白的人被判决有罪要好一些。[63]的确,黑尔,如前面指出的那样,明白地谈到一种无罪推定。[64]在民事案件中,错误的结果不那么严重,而且通常平等地落在一方或其他方身上,责任可以适当地依赖于一个较低的可能性标准。直到1770年(就学者已经揭示的而言)"超出合理怀疑的证明"这个准确的刑事标准,而且直到甚至更晚时候"通过证据优势的证明"这个准确的民事标准,才第一次由英国法院宣示;[65]无论如何,这两种标准在17世纪晚期和18世纪中期之前一般地发给陪审员的司法指示里是含蓄的,即只有他们的良心因他有罪或者在民事案件里有责而获得满足,他们才做出一项反对辩方的裁决。当时的"感到满足的良知"不仅建立在可能性的普遍概念基础之上,而且建立在新近发展的关于被置于多种证明之上的评价的特别概念基础之上。[66]

可能性概念在17世纪晚期和18世纪初期首次被系统地详陈之时,就成为普通法证据的核心。杰弗里·吉尔伯特(Jeffrey Gilbert)的《证据法》,写于1700年代早期,但是出版稍后,是第一部关于该主题的系统的英文作品,它一开始就指出它将研究"应该提供给陪审团的证据,而且通过应该被衡权和考虑的可能性规则"。[67]作者然后提到"一个非常饱学之士"的观察——他指的是约翰·洛克,吉尔伯特与之有紧密的联系——"从完全的确定性和证明,下降到不大可能和未必有,甚至到不可能的边界,有几种程度;而且有几种心灵的行为分配给这些证据的程度,这可以被称为同意的程度,从全然确定和相信,下降到推测、怀疑,不信任和不相信”。[68]建立在洛克的《人类理解论》(*Essay Concerning Human Understanding*)的基础之上,吉尔伯特继续指出一个人可以最大限度地确定他凭感觉所感知之事,而且在法律问题上这样的确定性可以偶尔地通过建立在感觉感知基础上的“证明”来取得(他举出了J. S. 转让土地给J. N. 的记录的例子,在二者的一次关于土地是谁的争议中,必要的推论可以从对他们的行为的感知中得出它属于J. N.)。然而,大多数民众生活的问题,吉尔伯特继续写道,是不能这样“严格证明”的,“因此人的权利(Rights of Man)必须由可能性决定下来”。直接的感觉感知的下一步是“给予可信的而且无偏私的证人的忠实和信任,在宗教的严肃和义务以及伪证的危险和惩罚之下证明任何事实”;他们的证明“不能比如果我们自己已经看到它和听到它更多的理由来被怀疑;而且这 Original of Tryals 和
294 所有风格的证据”。吉尔伯特然后从这些概括转到他确定为证据法中第一位的和最重要的规则,即“一个人必须拥有能够证明事实本质的最大可能的证据”。[69]

这个“最佳证据”规则对于分析很多种类的证明和给予每一个将要证明的事实内容的重要性来说是关键的。之后,该论文的主体部分,不是以德国教授的主题方法而是以作为英国法官和执业律师标志的案例方法呈现的。它乍看上去是一本面向执业律师和法官的手册:在很多类型的民事和刑事案件中什么能够作为证据提出,什么不能。但是事实上当吉尔伯特提出它的时候,在证据法里有一种方法和一套体系及一种科学;它是一种经验方法;它也是一套以特定案件的证据证明力为根据的连贯的评价体系;最后,这样的评价建立在可能性科学——不是一种抽象科学或数学科学,而是一种在陪审团审判中显示出最大证明力形式的证据之经验总结——的基础之上。

科学的法律论文的出现

17 世纪晚期和 18 世纪早期的英国法律科学的转型也反映在关于很多英国法部门和英国法的总体的全面论述的出现。已经提到吉尔伯特关于适用于陪审团审判的证据法重要论文。吉尔伯特也写了关于 15 篇以上其他英国法部门的独立论文，包括不动产遗赠（*Devises*）、土地保有（*Tenures*）、用益和信托（*Uses and Trusts*）、寡妇地产（*Dower*）、债（*Debt*）和逐出租地之诉（*Ejectment*），以及民事诉讼（*Common Pleas*），财政法院（*Exchequer*），（大法官法院）罗马法院［*Forum Romanum*（*Chancery*）］，以及王座法院。[70]但是关于英国法的一个特定部门最具影响力的论文是豪津斯的颇为厚重的《国王之诉》（*Pleas of the Crown*），一篇全面分析英国刑事法的论文，大约与吉尔伯特的关于证据的论文同时写就。

在普通法战胜其对手之前，对英国证据法或刑事法的全面分析将不得不分成在不同种类的世俗和教会法院管辖权范围内适用的不同种类的证据和不同种类的刑事法。之前唯一全面分析英国法一个特定部门的例子是利特尔顿的《土地保有》（*Tenures*），它是关于土地法的，在 16 世纪用法律法语（Law French）写成，在 17 世纪早期由爱德华·科克爵士进行了翻译和深入的评论，但是这是使得普通法法院垄断关于自由持有土地保有的争议成为可能的例外。就关于总体英国法的论文而言，17 世纪中期之前它本需要分
开进入英国教会法、特权法院里适用的英国市民的罗马法、海事 295
法、商人法以及衡平法，还有所谓的王座法院、民事诉讼法院和财政署法院的普通法。正是革命性地确立了普通法超越其对手的至

上地位,才使得准确地谈及作为**英国法**(as *the* law of England)的这种法律成为可能。

第一本旨在对作为整体的英国普通法的整个内容进行分析的书籍是马修·黑尔的开创性著作《英国法分析》(*The Analysis of the Law*),副标题是《英国法的几个主题和部分的纲要和摘要,按方法进行整理》(*A Scheme or Abstract of the Several Titles and Partitions of the Law of England, Digested into Method*)。[71] 黑尔部分地利用了16世纪欧洲普通法的德国系统论者引入的主题方法,强调分成类(genus)和种(species),部分地利用了查士丁尼《法学总论》的术语学,但是他将这种方法改造成适合英国普通法的特性。[72] 因此在该书的前言中,他说明了他所说的其"分析方法",黑尔将英国法分为两类,"民事部分"和"刑事部分"。接着他将民事部分分成"民事权利或利益","对这些权利的错误行为或侵害",以及"适用于这些错误行为的救济或赔偿"。"民事权利或利益"然后分为"人的权利"和"物的权利",而"人的权利"进一步被细分为关于人自身的权利和关于人的货物或不动产的权利。然后"人"被再分为"自然人"和"法人"(包括政治法人),这些依次被进一步再分。最后,"错误行为"和"救济"也被分成它们各自的种类,而且整部著作都按照这种"方法"进行阐释。

英国法的"刑事部分"在黑尔的《分析》中被忽略了,仅因为,正如他在该书的最后一段所指出的,他已经写了一篇关于刑事法的论文,"我将在适当的时间把它添加到这本书里"。这篇之前的作品名为《国王之诉或关于这个主题的主要问题的方法总结》。[73] 它分为两个部分:犯罪行为的种类和很多种类的事件。犯罪行为的种类被分为普通法犯罪和制定法犯罪,而这些依次被分为死刑犯罪和非死刑犯罪。普通法死刑犯罪分为针对上帝[异端和魔法

(heresy and witchcraft)]的犯罪和针对人的犯罪[叛国罪和重罪(treason and felonies)]。重罪被说成有四个种类：针对生命、针对货物、针对居所、针对公共正义。很多普通法重罪(所有的死刑重罪)被定义[谋杀(murder)、一般杀人(manslaughter)、不同形式的盗窃(larceny)、强盗(robbery)、海盗(piracy)、夜盗(burglary)、纵火(arson)、越狱(breach of prison)]，而且列出了很多制定法的死刑犯罪。非死刑普通法犯罪也被列出，诸如重罪不报["包庇罪行"(misprision)]和危害和平(breach of the peace)。非死刑的制定法犯罪"很多，这里就不处理了"。

这本相对较短的大约45,000字(加上前面的问题和索引)的著作是第一部普通法法院适用的英国刑法的具有"方法"意义的作品。在不到两代人之后，它构成了威廉·豪津斯(William 296
Hawkins)的伟大著作《论国王之诉：关于这个主题的主要问题的制度，根据适当的标题而摘》(*A Treatise of the Plea of the Crown*: *A System of the Principal Matters relating to that Subject*, *digested under the proper Heads*)的基础。[74]豪津斯把黑尔的"摘要"扩展到一个全面的两卷体系，大约375,000字，它在长达一个世纪的时间里一直是英国刑事法的权威教科书。

黑尔分析方法的一个与众不同的特点是对欧陆欧洲普通法文献中的公私法截然区分进行了含蓄的抵制。黑尔根据拟制人法处理政治实体的法律权力。他指出，国王在其政治能力内是一个单独的法人。[75]这取得了将政府放进法律秩序之内而不是法律秩序至上的效果。对君主和从属官员(包括议会和司法官员)的权利、权力、特权和管辖权的实质限制都有某种程度的仔细说明。国王制定成文法的权力，黑尔写道，"只是一个有资格的和配合的权力"，它需要议会两院的同意，而且，尽管他有权发布声明，"在某些情况下这些声明可以变成法律,如在召集议会,宣布战争时,等等。……然而国王不能通过这些引入一部新法律,以改变或转移财产,或超越制定法或普通法确定的范围施加新的没收刑罚”。[76]这的确是对以之前已存的王室发布声明权力的一项实质限制。[77]

一般而言,黑尔的分析为英国法之所作与16世纪和17世纪欧洲共同法系统化者对整体的西方法律传统之所作相当。正如他们已经说明了一种全面的分析方法,这套方法适用于整个全体自治的法律制度,这些自治的法律制度以前存在于各种各样的欧洲公国,因此黑尔阐明了一种全面的分析方法,它适用于包括法官法和制定法在内的英国法的各个部分。然而,与欧洲普通法相比,黑尔的“普通法”重点只在于一种在前些阶段流行于英国的法律制度,即在王室的民事诉讼法院、王座法院和财政署法院适用的法律。黑尔只是粗略地论述了教会法、海事法、商人法和贸易中心城镇的法律,而完全忽略了大法官法院适用的被称为衡平法的这个英国法部门。的确,大法官法院的衡平救济甚至没有被收进黑尔论述救济的著作之章节里。

黑尔的论文所容纳的内容没有其所启示的重要,而且,特别是它对于其1713年首次出版后的两代人时间里的英国法律学术的重大影响更为重要。威廉·布莱克斯通,在他的《英国法分析》(*Analysis of the Laws of England*)(1753年)和他的四卷本的《英国法释义》(*Commentaries on the Laws of England*)(1765—1769)里,向
297 黑尔的英国法律“科学”表达了充分的谢意。[78]

因为豪津斯已经扩展了黑尔的英国刑事法概要,因此布莱克斯通扩展了黑尔的英国民事法分析——确实,将其扩展至三大卷。他的第四卷,关于刑事法,很大程度上建立在豪津斯的论文的基础上,因此只是间接地建基于黑尔的《国王之诉》之上。

布莱克斯通的两部著述体现了出现于英国革命时期的英国法律新科学。他写道，他的目的，是“对一个英国(ENGLAND)法律作一个规划，因此要全面地使每一个标题都可以根据它的总题目中某一个被推导出来，学者可能随后追求任何程度的微细之处；而且同时要精简，以使绅士可以凭宽容的适用来对整体进行沉思和理解”。[79]

为了“理解整体”，不仅有必要根据合适的“标题”对英国法的各个部分进行分类，而且有必要解释标题之间和部分和整体之间的关系。这些关系可以通过注意保持制度的合理性找出，这不仅包括制度的逻辑一致性而且包括其道德目的。它们也可以，或者有所选择地，从对实行立法者的意志、政策的关注中得出。而且它们也可以，或者有所选择地，从对保持英国法的连续性、传统和历史性的关注中得出。布莱克斯通，像黑尔和他之前的其他人一样，坚持所有这三个有时冲突的目标，法律哲学家将之分为自然法理论、法律实证主义和历史法学。然而，布莱克斯通的天赋，并不在法律哲学方面，而是在对英国法律制度运转方式的系统解读方面，即在他所说的英国法律科学方面。自然，他的科学是一种经验科学，[80]但是同时，他把英国法律制度总体当作一个经验事实，而且这个制度里的每个法律规则或法律制度，都包含了一个政治方面、一个道德方面和一个历史方面。他认为，而且毫不犹豫地说，某些英国法律是任意的，而且该法律秩序的某些部分缺乏一种自洽的结构；[81]然而，作为一个科学家，一个“方法学家”，确定其科学的对象所依赖的分析和判断的合理性和连贯性标准是他的任务。布莱克斯通的伟大贡献，像黑尔一样，是客观地审视了英国法律的资料、现象——案例、制定法、规则和程序以及制度——而且在其中辨别了潜在的原则和规则性、方法，通过这些英国法律制度才可以运转,他还找出了体现在法律自身里面的元法律。

英国法的首要标题,即形成基本范畴的主题——根据这些范畴英国法律的特定制度、原则、规则和程序才可以被分析,被布莱
298 克斯通部分地从查士丁尼的罗马法术语学中挖出,特别是从他的《法学总论》,而且更为特别的是从他的《法学总论》中的一个陈述,这个陈述将整个民法分成三个部分:人法、物法和诉讼法。因此布莱克斯通的《释义》的第一卷很大程度上是关于"人的权利",第二卷题名为"物的权利",第三卷,尽管题名为"私的错误行为,或民事侵害",主要是关于补救这样的错误行为或侵害的民事诉讼的。然而,除了"法学总论"名字和使用"人"、"物"和"诉讼"这些词汇之外,查士丁尼的《法学总论》和黑尔、布莱克斯通以及其他英国所谓的 17 世纪和 18 世纪"法学总论派学者"的法律著述之间联系极少。[82]首先,尽管查士丁尼《法学总论》的作者最初描述说其主题,民事法,要被分为人法、物法和诉讼法,他的书却没这样划分:经典的和后经典的罗马法学家都不是概念论者或综合论者。[83]第二,在查士丁尼"民法"里,公法被全部忽略,而且他的人法首先要区分奴隶的法律和自由人的法律,然而黑尔和布莱克斯通的"民法",像当时欧陆的"法学总论派学者"一样,包含了很多罗马人称为公法的部分,包括在"人"的标题下那些君主、议会议员和其他"官员"的权利和责任。第三,查士丁尼关注人"法"和物"法"(*jus*),然而黑尔和布莱克斯通,像他们的大陆同道一样,关注有关人和物的权利(*jura*)。与客观权利相比的主观权利概念或法律,几乎不存在于经典罗马法里,这是由 12 世纪的欧洲法学家首先发展出来的。[84]

因此在《释义》的第一卷里,题名为"人的权利",布莱克斯通以阐明"自然人"享有个人安全、个人自由和私人财产等"绝对权利"开始其论述。他然后分析了(1)"公共人物"的"相对权利",包括

立法者(议会)、执行者(国王和王室家庭)和某些其他人(外国人、文官和军队),(2)“私人”的“相对权利”,包括雇主和仆人、丈夫与妻子、家长与孩子、监护人和未成年人。最后,“人的权利”以关于法人的一节结束。当然这里没有查士丁尼的方法,虽然有大量改造成适合英国法律传统的 16 世纪和 17 世纪的欧洲共同法的方法。[85]

新法律科学的经验方法

在其内外两方面,17 世纪晚期和 18 世纪中期之前的新英国法律科学与 17 世纪的第二次科学革命具有一种紧密的关系。例如, 299
先例学说与其他科学里应用的经验方法紧密相关。一方面为了检验关于自然事件的因果假定而进行的实验分析;另一方面为了决定司法裁决中不明确的规则而对法院的汇编判例进行分析之间自然有关键的不同。然而,这两个过程之间也有重要的类似之处。正如自然科学里的实验结果的一致性有助于确定真理一样,因此在类似案件里的司法裁决的一致性有助于确定真理和正义:在某些重要的类似意义上的真理,和类似案件类似决定原则意义上的正义。此外,一种法律规则制度在它们适用中的连贯性和可预测性,通过法院将在未来案件中确定在过去的类似案件中已经确定的可能性而得以提升。

在艾萨克·牛顿(Isaac Newton)描述过的自然科学的经验方法和反映在先例学说中的法律推理的案例方法之间,还有一种显著的方法类似性。牛顿指出他调查支配重力和自然界其他主动力的规律的方法包括三个主要步骤:(1)从经验证据得出普遍原理(“规律”);(2)通过数学程序扩展这些原理;和(3)从理论的普遍命题出发对尚未解释的事实进行推论。他称第一步为“分析”,最后一步为“综合”*。这样的综合,或解释,他指出,总是被理解为按照新证据进行修订的主题。“作为对笛卡儿先验方法的回应,牛顿一再坚持科学命题的经验性质,而且他完全认识到了经验基础的代价是纯粹哲学确定性的丧失”。[86]类似地,在适用先例学说时,英国法官注意类似案件的先前裁决的经验证据,而且试图从它们中得出普遍的原则。然后他们通过逻辑的(尽管,当然不是数学的)程序详细描述这些原则,把它们适用到他们面前的案件中。最后,他们有时在之后将采取第三步,从一般理论中进行推论,即裁定其适用于诸多案件而不是他们面前的这一个。这种手边案件里的裁定将作为未来类似案件的先例发挥作用,尽管这些新案例可以怀疑以前谈及的原则的合法性,这些将可以在之后被修订。因为它是“案例法”,它永远不能取得确定性。它是一门科学,尽管是一门可能性的科学。

新法律科学和自然科学革命之间的类似之处也在被引入刑事和民事案件里的证据新标准里展现出来。为了在一个刑事案件中证明有罪,或者在一个民事案件中做出对原告有利的判决,要求陪
300 审团的“良心”必须因证据满足特定的可能性标准而获得满足是一个明显的在自然科学和神学以及哲学里盛行的新认识论运用至法律的例子。“感到满足的良心”在法律中被发现,如在道德神学和哲学里一样,原初的怀疑已经通过有证明力的证据被解决,而且这已经完全被说服。[87]当取得绝对的确定性被认为是超出了人类心智能力时,一个人可以以“一种确实可靠性”(moral certainty)而被

* 作者在这里称第三步为“综合”,其实应该是“演绎”。——译者注

宣布有罪，或者用约翰·洛克的术语来说，“最大限度的可能性”。[88]类似地，只有存在确信嫌犯有罪的“有证明力的原因”时才能进行逮捕——不是诸如在审判后被宣布有罪所需要的“最大限度的可能性”，而是保证进行一次审判的足够可能性。[89]的确，前面已经指出，一个整体的新证据科学根据牛顿的和洛克的可能性概念被发展了出来。

新的英国法律科学和其他科学的关系不是单向的。法律概念“事实”，或者“事实问题”——某些通常留给陪审团决定的事物，与“法律”，或者“法律问题”——留给法官宣布（虽然在刑事案件中不是最终地强加）相比，影响了其他科学里的“事实”概念。[90]在其他科学里，如在法律科学里一样，事实要被证人的证据证明，而理论，像法律的原则，要在权威的著述里寻找而且要有专家来发展。证据语言的其他因素，诸如“证词”、“旁证”以及“传闻证据”，也进入了自然科学的文本里。伟大的化学家罗伯特·波义耳比较了自然科学里重复实验的证据力和一个法院里多个证人的证词的证据力。“虽然一个单独的证人的证词对于证明被告方犯下杀人罪是不够的”，他写道，“然而两个证人的证词，虽然只具有同等的信用，即一份第二次的证词加之于第一次的证词，虽然其自身从来不比前者多哪怕一点点可信性，通常将足以证明一个人有罪，因为假定，尽管每份单独的证词应该具有唯一的证明力，然而这种可能性的同时发生……有充分的理由可以总计成一种确实可靠性，这种假定被认为是合理的。”[91]类似地，波义耳论辩说，如果一个化学实验，例如，被其他的化学家重复而得出同样的结果，其真理的可能性就增加了，不仅因为证词的增加，而且因为对于可疑命题的独立的证明力的数量。的确，自然科学里的“可能性”，类似于法律里的“可能性”，“有‘值得认可的’质的含义，而不是通过可能性程度所表达的今天的量的含义”。[92]

最为重要的是,英国法律科学最初从神学那里得来的17世纪英国概念“合理”(reasonableness),从神学和法律返回其他学科和普遍的演说中。它是一个几乎不能翻译成其他语言的字。

301 法语 *raisonnable* 和德语 *vernünftig* 都不能触及它的含义,因为它们的意思都不是英语中所称的“常识”(common sense),它部分地是直觉的,但是更多的是单独地来自推理中的那种合理性(rationality)。英语单词“合理的”最终开始在多种文本里被使用。英国法律家不仅开始说合理的怀疑,而且开始说合理的照顾、合理的依赖、合理的任务、合理的错误、合理的延迟、合理的力量,当然,还有“合理的人”。[93]如乔治·弗莱切(George Fletcher)已经展现的那样,这种术语在法语、德语和其他大陆法律制度里的缺席反映了盎格鲁—美利坚和大陆欧洲法律科学的一种重要差别。[94]

最后,现代英国法律论述的方法论,开启于马修·黑尔,完成于威廉·布莱克斯通,与17世纪第二次科学革命的新方法论也有很强的关系。

因为英国的法律论文作者绝大多数是法官和执业律师,他们自然把他们的大量注意力放在对司法裁决和法律实践中的英国法进行反思上。一个人因此在英国法律论文中发现了很多法律科学和筑进法律自身的其他科学的同样关联:先例的司法推理的经验特征,对证据法里的可能性的强调,受到事实问题和法律问题截然划分的重重影响的事实概念,以及对合理的强调。英国的法律科学的趋势首先是一门司法的法律科学,而不是首先是一门教授的法律科学,如在德国那样。[95]

然而,这种比较不应该被过多强调。在西方法律科学发展的整个阶段,教授、法官和立法者都起到了重要作用。在第一个阶段,从 11 世纪晚期到 15 世纪,这三种职业之间有一个显著的共生关系;特别是在教会法学家,很多主教、大主教和教皇承担了三种角色——法律学者、法官和立法者。伴随着路德改革,在最高立法者,现在的君主的角色和教授以及法官的角色之间有了较大的分离。在法律科学里,教授的角色占据主导地位——特别是在德国。在 16 世纪英国也是这样,教授在罗马法的法律科学里扮演了主导性角色,当时大学里只教授罗马法。然而,伴随着英国革命,普通法法院的法官角色被大大地提升。他们不仅决定案件而且以他们的司法观点,相当详尽地解释其裁决所根据的基本原则。当 18 世纪早期将英国法课程引入大学的努力成功之时,衣钵落在了布莱克斯通身上,他后来成为一位普通法法官,在其做律师时,当出现 302
在法官面前时其讲座不可避免地将重点放在了普通法上。直到今天,大多数英国(和美国)法律教授将其大部分学术生涯用在了分析、评论法官在已决的案件中做出的解释,而且他们在这些解释的基础上进行建构。

17 世纪和 18 世纪中期之前的英国法律科学,首先是法官的法律科学而不是教授的法律科学,它增加了 12 世纪到 15 世纪的辩证方法和 16 世纪的主题方法,以及 17 世纪早期体现在英国法先例学说和其他基本原则中的历史方法。这不可避免地使英国法律科学更多的趋向于成为一门特别的英国法律科学,而较少地成为一门普遍的法律科学,正如英国历史法学更多的是一门特别的英国法律历史发展的法学,而较少地是一门一般地法律发展和法律性质的法学。然而,这并不是说,英国法律科学和英国法律哲学是区域性的;相反,二者都显示了一种对于其特别主义者定位的普遍合法性的信仰。

新英国法律科学和英国革命

著名的比较学家奥托·卡恩－弗里恩德(Otto Kahn-Freund)指出,每种法律制度都需要一种统一因素,英国的这种统一因素是"历史连贯性的神话",而在大陆欧洲则是"逻辑连贯性的神话"。他又说:

> 如果法律可以被称作一门科学,[在英国]它是一门经验科学。这是对这个问题的初步回应:"以前做了些什么?"[而不是]受到寻求先前一个类似情形之束缚的一个逻辑过程……法律是一套逻辑体系,自足、全面,没有"缝隙",这种公理出现在大陆上以适应成长中的行政政府的需要……近代大陆制度在大学里由法律学者发展起来供政府官员使用……法律的管理掌握在[普通]法律师公会的手里归功于政治因素、绝对君主制在英国的失败和政体的贵族结构……某人可能有些夸张地说是1688年革命,而不是拒绝"接受"罗马法决定了大陆意义上的系统法律科学在英国的命运。[96]

英国法律科学的出现不仅是1688年光荣革命结果的一部分,如卡恩－弗里恩德所指出的,而是整个1640—1689年英国革命结
303 果的一部分,其以清教徒主导的议会对国王的反抗开始,在1689年的《权利法案》里达到了高潮。被普遍认可的是,这场伟大的革命不仅是一次宪制的转变,它第一次确立了议会超越国王的至上地位和普通法法院超越它们的"罗马法"对手的至上地位,还有一种

辉格党和托利党的两党制度,而且它是一次社会—经济的转变,它确立了拥有土地的乡绅("乡村")和上升中的商人阶级超越王室贵族("宫廷")的统治地位,它还是一次宗教的转变,它确立了加尔文信仰体系和更为自由("不拘泥于宗教教条能容纳不同意见")的英国国教的合法性。这是一场经典意义上的伟大的欧洲革命,在范围上类似于前一个世纪的路德改革和国王的德国革命以及下一个世纪的自然神论者和民主的法国革命。这些连续剧变的特点是内战、阶级斗争和新时代的启示景象。每一个都产生了根本的宪制的、社会—经济的和宗教的变化。

然而,较少被认可的是,大革命和法律哲学、法律科学和不可避免地相伴随或紧跟其后的刑事法和民事法的根本变化之间的关联。而且就英国革命而言,其意识形态是一种对于从早期以来的英国历史有机连续性的信仰这样的一种核心因素,只有通过都铎-斯图亚特暴政才能崩溃,大多数历史学家已经接受了一种根本上属于辉格党人的英国法律的发展版本,即它在 17 世纪晚期和 18 世纪早期没有经历根本的变化,英国"普通法"总是高于曾经与之同时存在的"外国"的法律制度,即 17 世纪晚期的宪制改革并没有在实质上影响王室法院适用的普通法的递增发展。的确,除了刑法,从 17 世纪晚期到 18 世纪晚期这个阶段英国法律的根本变化被大大地忽视了。[97] T. F. T 普拉克内特,20 世纪最杰出的两三位英国法律史学家之一,甚至说到"在 17 世纪的变迁兴衰过程中英国法的连续性和稳定性"。[98] 大概普拉克内特所说的"英国法"是指英国普通法而不是宪法,而且英国普通法是指民事法而不是刑事法,再有民事法是指其经常通过拟制得以保存下来的正式规则和原理,而不是其方法和理论。

一旦英国法在 17 世纪和 18 世纪经历了实质变化这种观点被

认可,问题就产生了:这些是如何同当时的“变迁兴衰”发生关系的? 更为特别的是,新的英国法律科学和其之前以及随其出现的宪制、社会—经济和宗教的转变有什么关系? 事实上,在其原因和
304 结果以及特征上,这是紧密相关联的,它们都经历了那个时代全部的变化。因此,关于宪制转变、新的先例学说和陪审团独立,二者都提供了针对法院裁决中的直接政治干涉的一套保护性武器,与普通法法院超越他们的对手占据至上地位和它们独立于国王(而且最终,在1701年,根据法官的终身任职,独立于议会自身)有密切的联系。[99]关于社会—经济的转变、财产法、契约法、侵权法和不当得利(“准契约”)的增强的系统化和理性化既是对土地阶层保护和商业交易安全的强化之结果也是其原因。同时,法律科学在很大程度上交给了法官和律师公会的成员,他们主要来自拥有土地的乡绅,而不是交给了大学教授,这导致了将它与其他欧洲国家的法律科学区分开来的特定种类的系统化。关于宗教的转变,大多数前面提及的法律变化来源于各种形式新加尔文主义者的清教主义,它们是作为英国革命的第一阶段的标志;刑事案件和民事案件的新的证明标准和普通法法律家详细说明的新的证据理论,以及更为一般地,审判程序的对抗制,也与新的能容纳不同意见的英国国教的出现有紧密联系,新英国国教拒绝了在某些宗教教义问题上取得绝对确定性的可能,而且它最终支持对可能的真理范围内某些种类异议的宽容。

如果这场法律科学的转变在全部英国革命的范围内观察,而不是仅在科学思想的一般转变的范围内观察,英国革命与较大的科学革命之关系难题也可以清楚一些。某些科学史学者已经将17世纪的自然科学转变与英国革命的清教阶段联系起来,当时各个领域的英国科学,他们中的很多人都同情清教,他们建立了皇家学

会,而且赞成经验主义作为科学知识的基础。[100]社会学家罗伯特·K. 默顿(Robert K. Merton),在马克斯·韦伯之后继续对加尔文教徒的工作伦理进行解释,论辩说清教徒对于世界改革的千年贡献,还有清教徒对于产业和事业的救赎价值的强调,为实验和观察的新科学方法创造了必要的环境。[101]其他学者将新科学“范例”溯源至英国革命的后期阶段,即复辟和光荣革命阶段,而且特别地溯源至这些后来的时代里对于一个更为自由的英国国教的承认,它没有清教主义那样教条,而更能接受积极的价值,对于科学来说,就是相反观点的冲撞的积极价值。[102]还有的学者在清教和英国革命 305
诸阶段的改革后的英国国教之间的辩证的相互作用中找到了新科学的渊源。[103]法律科学的转变提供了支持后面这种观点的证据。它也确认,而且补充了,默顿推进的更为广泛的主题,即在文化和科学之间存在“互动”,更为具体地说,在科学知识和经济、政治和宗教领域的“制度”发展之间存在“相互依赖”。[104]

或许一方面 17 世纪英国政治、经济和宗教制度的转变和另一方面科学,包括自然科学和法律科学之间的最为紧密地关联,非常强调行动和思想的共同特征。经历了一个漫长的共同主义的“中世纪”时期之后,所有领域的社会生活方面的个人主义之出现,常常被归功于 17 世纪,特别是在英国。[105]事实上,英国革命在所有阶段都以组织严密的宗教、政治和经济、职业以及其他的共同体的形成为标志。这种共同主义和自然科学的发展之间的关联在罗伯特·波义耳提出的论题中是明显的,而且直到今天科学家也是接受的,这就是特定领域的科学真理是由这个领域的科学家共同体通过连续的对于实验结果的确认来确立的。它与法律科学的关联在普通法法律家提出的类似论题中是明显的:法律规则和原理的正当性由组织严密的法官和律师在将它们适用至类似案件中的确认来确立。然而,在一个单独的案件中职业共同体的裁决,自身要由整个科学来证明其正当性。这个过程的特殊主义建立在对裁决或裁定与全体科学之间存在一种潜在的相互依赖和相互作用的认可的基础上。这种单独的法律,无论在运动律的意义上还是在契约法意义上,都形成了这样的一个法律体系的一部分,这是一种自然科学和法律科学建基于其上的根本假定。

第十章　英国刑事法律的转型

英国刑事法律在17世纪晚期和18世纪早 306
期经历了一次迅速且根本的转变，这个事实已经被英国革命自身的意识形态所遮蔽，这种意识形态声称至少从诺曼征服时期以来英国法律历史具有不曾中断的连续性。[1]它也被法律史学家对一方面的16世纪和17世纪早期英国刑事法改革，[2]和另一方面的18世纪晚期和19世纪刑事法律改革的深入研究所遮蔽。[3]奇怪的是，从17世纪四五十年代到18世纪六七十年代的百年已经被某些学者所忽视，他们在“中世纪”到“近代”的英国刑事法律变迁中探索主要转折点。只有到了1980年代法律史学家才开始出版关于这段时期英国刑事法律变化方面的重要著作，但是即使那些著作还没有尝试将它们分析的这些变化与作为其组成部分的政治、社会—经济和宗教革命系统地联系起来。[4]相比之下，社会史学家，特别是那些马克思主义社会史学家，已经强调了拥有土地的乡绅权力的上升与英国法律的某些重要变化,包括刑法的某些变化之间的关联,然而,他们没有审视总体的刑事法律体系的根本转变。[5]

英国的刑事法律,在16世纪和17世纪固然没有经历实质的变化。然而,在17世纪之前不存在一种能够被称为英国刑事法律制度的面面俱到的制度。不同的刑事法律制度继续被教会法院以及各种各样的世俗法院自身所实施,后者包括王室法院、地方法院、庄园法院,商人法院和城市法院。在16世纪,都铎君主们创造了
307 一套全新的王室法院体系,这称为特权法院,与旧的王室王座法院,民事诉讼法院和财税法院一同运行;这些新法院的每一个都有其自己的刑事管辖权和其自己的实体刑法和刑事程序。本章将展现,在英国革命中废除特权法院和刑事管辖权集中到普通法法院里,伴随着普通法在实体刑法和刑事程序两方面的革命性变化。我们将焦点放在这些创新与英国革命自身,即与整个——政治、宗教、社会、经济和法律的——反叛的关系上,这场反叛开始于长期议会在1640—1641年对国王的反抗,以议会至上和权利法案被采纳而达到了高潮。

本章分为四个主题:

1. 从12世纪到17世纪早期多样的刑事法律制度在英国的并存和竞争;

2. 英国普通法法院战胜其竞争对手对17世纪晚期和18世纪英国刑事法律发展的影响;

3. 拥有土地的乡绅的胜利对17世纪晚期和18世纪英国刑事法律发展的影响;以及

4. 加尔文教道德神学的胜利对17世纪晚期和18世纪英国刑事法律发展的影响。

多种刑事法律制度在竞争中共存

6 世纪到 11 世纪的盎格鲁—撒克逊刑事法律的踪迹极少在其后作为教皇改革之后果的法律改革——西欧各处都在进行——中存活下来。[6]像其他任何地方的同道一样,英国的诺曼统治者用一套新的依法实施的神意裁判制度——在该制度下有罪的人被处以死刑或肉刑的惩罚,代替了血仇解决和受害人私人赔偿的旧制度。[7]然而,随着 1215 年第四次拉特兰宗教会议有效地废除神意裁判,[8]英国国王们引入了适用于某些类型暴力犯罪的陪审团审判,他们在 15 年前已经在包括非法侵犯国王和平在内的某些类型民事案件中引入了这项制度。英国王室法官四处巡回,在前面的阶段召集大陪审团来提出被怀疑犯了所谓重罪之人,然后召集小陪审团宣布被控之人是有罪的还是清白的。[9]没有证据呈现;陪审员被假定已经提前获知被告是清白的还是犯了被控的罪行。自 308
我获知的陪审团是在连续几个世纪的进程中有时阻挠王室政策的英国地方政府的一个重要因素。大量被告人被宣布无罪。[10]同时,陪审团参与刑事和民事案件的裁决有助于使王室司法在地方上被接受。[11]

王室法官通过地方陪审团实施的实体刑法由有限类型的死刑犯罪——主要是谋杀、故意伤害、强奸、纵火、夜盗和强盗,被称为重罪,以及某些非暴力犯罪——著名的是盗窃和叛国——等组成。轻微的犯罪行为,被称为轻罪(misdemeanor),受到罚金、肉刑或者短期监禁(通常不超过 1 年),可以由王室法官提交给陪审团("可控告的罪行"),但是更为经常的是他们由地方(郡)政府而不是在王室法院里进行告发。而且地主和封臣参加的封建法院,地主和农民参加的庄园法院,从 12 世纪开始在英国(同欧洲其他地方一样)特许城镇建立的城市法院,以及市集或城市商人参加的商人法院,除了他们的民事管辖权外,都还有针对某些类型犯罪行为的刑事管辖权,而且都遵循他们自己的程序。

还有,教会法院实施的刑事司法制度按照与各种世俗刑事司法制度的对等重要性划分等级——而且更为复杂。英国教会法院实行罗马教会的教会法,它们至少对牧师(很大的一个阶层,比如包括大学学生)犯下的所有种类犯罪具有同时管辖权,而且对大量世俗人员犯下的罪行,包括异端(heresy)、渎圣(sacrilege)、巫术(sorcery)、魔法(witchcraft)、高利贷(usury)、诽谤(defamation)、性犯罪和婚姻犯罪以及世俗人员对牧师或教会财产犯下的任何罪行都有排他性的刑事管辖权。[12]教会的制裁包括救济金(alms)、赔偿(amends)、禁食(fasting)、善举(good works)、降低教会官职(degradation from church office)、长时期的肉体禁闭(long-term physical confinement)以及最终的逐出教会(excommunication)。根据教会法程序,教会法官采纳誓言证词,包括宣誓的各方及证人的书面质询和作证。对主教法院的裁决可以上诉至适当的大主教(在英国,坎特伯雷大主教或约克大主教)法院,也可以上诉至罗马的教皇法院。

12 世纪和 13 世纪在英国出现的各种各样的刑事法律制度的某些特征是不同寻常的,而其他特征则是同期一般西方法律制度的典型特征。英国教会法院、封建法院、庄园法院、城市法院和商人法院实施的刑事法律制度就是典型的。这些法院在其他欧洲国家也盛行着和实施着类似的实体法和程序法。然而,英国的大陪
309 审团控告和自我获知的陪审团裁决的王室制度则是不同寻常的。

在其他国家——例如，德国的公国——外行也参与刑事案件审判，但是他们在做出裁决之前在公开的法院上听取证据；此外，控告可以被官员提起，而且被告可以被官员追究。[13]不同寻常的还有，与其他王国的中央法院相比，英国王室法院的刑事和民事管辖权范围之广泛。这个时期其他欧洲国家还缺少一种发达的专业王室法官巡回听审刑事和民事案件制度。

确立于12世纪和13世纪的英国刑事司法制度在14世纪和15世纪经历了重大的发展。封建法院和庄园法院在重要性方面根本地衰落了，而城市法院和商人法院的管辖权在重要性方面却获得了增进。[14]教会法院也继续兴盛，尽管国王的议会偶尔颁行法律保护王室法院以免遭越来越被视为教皇侵蚀的干扰。王室法院（特别是王座法院）的刑事管辖权逐渐地扩张，而且部分地与某种类型证人证据缓慢地开始被引入大陪审团和小陪审团程序相关联。随着庄园领主的衰落，一个新的拥有土地的乡绅阶层开始获得地方政府的权力；拥有土地的乡绅中的杰出成员被国王委任为治安法官，他们在地方上实施刑事法，但要受到巡回的王室法官的定期控制。[15]简言之，12世纪和13世纪建构的刑事司法制度在14世纪和15世纪逐渐演进，发生了重要的但并非根本的变化。

这个演进过程中的第一次转变因亨利八世确认王室优于教会处于至上地位和建立新王室法院——它们管辖很多以前属于教会法院和其他法院范围内的事务——而发生的。在这些新法院里，枢密院和宗教事务高等法院具有最大的刑事管辖权，但是新的高等海事法院、上诉法院以及高等大法官法院也实施罚金和监禁的权力。所有这些新法院都适用一种显然不同于旧有的普通法法院适用的刑事实体法和刑事程序法，尽管他们在其管辖权与普通法法院竞合的情况下也适用普通法。[16]

从旧时国王咨议会里分离出来的新的都铎王朝枢密院,不仅是国王可以控制整个法院体系的主要执行武器,而且其自身还是一个司法机关。枢密院经常在一个天花板上点缀着星星的房间[称为星室(camera stellata)]里开庭,而且他们在星室的司法开庭在时间上与它们作为枢密院的其他事项分开。正如其开始被称呼
310 的那样,当枢密院作为高等星室法院开庭时,王座法院和民事诉讼的首席大法官也参加,尽管他们不是枢密院官员。大臣,枢密院的领导,通常将主持这些司法开庭,既听审刑事案件也听审民事案件。除了国王选择个人干预时的罕见案件之外,星室法院不能做出死刑判决,而且不能决定自有保有的土地上的权利;这些都留给了普通法法院。因此,星室法院通常对重罪和叛国罪没有管辖权,因为它们包含了死刑惩罚和土地充公。相反,其常规的惩罚是罚金、监禁(直至终身)、割耳或割鼻或割舌(不挖眼或砍腿)、鞭笞、枷号示众以及公开忏悔[有时带着一张写上其罪行的纸——例如,“因邪恶(旧时,危害治安)之辞”]。[17]相比之下,普通法法院被限制在对重罪案件判决绞刑、挖眼或砍腿、土地充公、没收动产以及放逐,而且对于危害较小的犯罪判决相对小额的罚金和不超过一年的监禁。

一般而言,星室法院的程序从教会法改变而来,它比当时的普通法法院的程序相当地更为复杂。与普通法程序相比,起诉或者由一个私人起诉者或者首席检察官进行,而不是由一个大陪审团提出或控告;当事人和证人通过发誓过的书面证词或在发誓的情况下被口头询问;在刑事案件中可以给受害人民事救济。[18]

特权司法和普通法法院实施的司法之间的区别可以通过 16 世纪枢密院的刑事案件展现出来,后者并非被明显地当做星室法院的开庭,在星室法院里要求 25 个书商报告前三年的买卖情况,

因进口包含“恶意内容”的书籍要被罚金，而且因交付印刷一种名为《福音书和使者注释》“错误的”宗教书物而对一个书商进行了监禁；[19]它下令对一个被告枷号示众，因其说过“邪恶的”—即叛逆的——话语，钉住他的耳朵直到它被扯掉为止；[20]它对某人进行了申斥，因其曾经“带着一种狂怒在国内游荡”，但在被判罪之后“自己已经开始为其游荡感到悔恨，声称其曾受到一个女人之爱的诱惑”，因而释放了他；[21]而且它还命令王室法官和萨里郡的治安法官撤销一项侵犯陛下的绅士跟班的起诉，因为其主人已经发现这项起诉是错误的，而且已经找到了那个使其走入刑事程序的人。[22]

16 世纪下半叶和 17 世纪早期的其他案例汇编，被标注为“枢密院前，星室里”，包括了 1596 年的一个案件，在该案中被告因错误地指出艾塞克斯伯爵曾经搜查过海军大臣的船而且发现火药桶里装着灰烬、尘土和沙子，并在女王面前称海军大臣为叛国者而被 311
控告。他被判决枷号示众并割去一只耳朵，而且被鞭笞，还要在头上挂上一个牌子展示其罪行，以及“在愉快时”被监禁，还有被罚金 20 磅——“要不是考虑到他作为一个农民和孩子的下贱，这个数目本应更大”。[23]16 世纪晚期和 17 世纪早期其他星室法院的案件包括轻蔑治安法官之类的妨害治安言辞和宣称审判不公而轻蔑枢密院的言辞。[24]

然而，不应该认为，星室法院首先关注的是政治犯罪和意识形态犯罪。其刑事管辖权也包括敲诈勒索罪（extortion）、伪造罪（forgery）、骚动罪（riot）、收买伪证罪（subornation of perjury）、抚养（maintenance）、缠讼（vexatious litigation）、诽谤罪（libel）、欺诈罪（fraud）［包括假冒他人（impersonation）］以及共谋（conspiracy）。这些是“复杂的犯罪，不像那些古老的重罪，它们都是暴力犯罪而非诡诈犯罪"。[25]只有在17世纪早期星室法院才获得了其作为政治和意识形态镇压工具的名声。之前,爱德华·柯克爵士自己,普通法反对王室特权法院的伟大的拥护者,这样描写高等星室法院:"在基督教世界里,无论在法院的法官方面,还是在它们根据其正当管辖权对案件进行的审理方面,都是最荣耀的法院……这个法院确实维持了全英国的安定。"[26]

"暴力犯罪"和"伪诈犯罪"之间的比较反映了普通法法院最为关注(尽管绝非排他性的)具体犯罪行为(或者,侵权案件中的具体侵权性质行为)——根据其外在特征可以对其进行客观的观察,和星室法院最为关注(尽管绝非排他性的)犯罪(在民事案件里的侵权或契约或其他民事)意图之间的根本区别。普通的王室法院对于某些类型犯罪的管辖权,首次确定于12世纪和13世纪,主要是根据中央政府镇压暴力犯罪的需要而建立起来的,而且主要因为此事中央政府的正当性获得了证明,它被限制在管辖主要是显然的"暴力和动用武器"行为。大部分缺少暴力色彩的道德犯罪被留给了教会法院,在14世纪和15世纪的某些情况下,也被留给了大法官法院——大法官通常是一个主教或大主教或者甚至是一个枢机主教。[27]直到1640年,普通法并不惩罚贿赂犯罪、敲诈勒索罪、伪造罪,伪证罪、欺诈罪、诽谤罪、煽动或共谋。它没有犯罪未遂原则。它几乎不区分首从。只是到了17世纪晚期和18世纪早期,在普通法法院战胜其竞争对手后,这些刑事法律的分支和要件才被纳入普通法中——而不是,像经常被认定的那样,因为以前英国法律理论和英国法律制度不够充分复杂,而是因为以前这些刑事法律的分支和要件在其他类型的英国法院的领域之内。

312 宗教事务高等法院,在枢密院和星室法院的监管下运转,像普通的教会法院,对教会法上的牧师的不道德行为和犯法以及异端、分裂教会和无论牧师还是世俗人员的不奉国教拥有初步管辖权。这些犯罪范围非常宽泛。“两个老女人在教会吵架是分裂教会,魔术是异端,教区牧师因收割其庄稼而不能在星期三做祈祷是不奉国教”。[28]法院的程序允许它传唤嫌疑人,而且在声名狼藉的依职权的誓言下查问他们。[29]出现在它面前的律师受过罗马法和教会法训练,而且在教会法传统里,法官采纳发誓过的质问和证词证据。然而,与一般的教会法院不同的是,它有权处以罚金和监禁。霍兹豪斯曾经这样描述它,“宗教事务高等法院遵守普通的教会法院……有点像枢密院和星室法院遵守国家的普通法院……无论是中央的和地方的”。[30]然而,对于这点,必须补充说在王室至上的观点看来,宗教事务高等法院和其从属的教会法院——平等地具有“国家的普通法院”性质——都受到枢密院和星室法院的指示和决定的控制。例如,在1613年,宗教事务高等法院被授予了执行关于新闻审查方面的星室法院规则的权力,这种权力一直行使到革命的清教徒控制的长期议会解散了它和星室法院才算终结。

其他特权法院也具有刑事管辖权,而且都根据最终源于教会法院的教会法程序规则运行。高等海事法院的管辖权主要是民事的,然而有很大的权力对海洋犯罪处以罚金和监禁。高等大法官法院和上访法院的管辖权也主要是民事的,可以对不服从其判决的行为加以罚金和监禁。[31]

指出普通法法院的刑事管辖权在都铎－斯图亚特时期也有所扩张了这一点很重要。议会的成文法多少有些增加了死刑犯罪的数量——而且除了极端的政治案件,像托马斯·莫尔案,* 普通法法院垄断了死刑处罚。创立新的死刑犯罪的立法经常也处以土地充公的刑罚和/或挖眼和砍腿这样的处罚,而且这些惩罚的施加也在普通法法院的排他性管辖权范围之内。为什么星室法院和宗教事务高等法院不被授予对叛国者或者巫婆或异端者施加死刑或者其他普通法处罚的权力还不清楚;毕竟,他们能够,而且有时确实,拷问嫌疑人和被告人——普通法法院不能这样做,如果只是因为在大陪审团面前拷问一个嫌疑人或证人或者在陪审团面前拷问一
313 个被告或证人难以使用的话就好了。或许某人不应该不经其同侪的判决就被处死,至少对一个非政治犯罪是这样,这可以被深深地感知得到。但是如果这是原因的话,星室法院为什么没有能够在其自己的审判过程中建立起陪审团审判?或许因为它是一个过于原始的程序。一个陪审团怎么可能查问证人?而且,如果证人在陪审团面前受到法官的查问或可能受到的律师查问,必须要有证据规则吗?但是,由于都铎君主治下在其他教会和国家部门里正在发生的根本变化,或许这些考虑都没有保持普通法里的刑事法

---

* 托马斯·莫尔案是其与亨利八世矛盾的产物。起初,亨利八世表面上非常欢迎人文主义的做法,令莫尔也很受鼓舞,他曾创作过一首长诗《献给英国最光荣和最理想的国王亨利八世加冕纪念日》,而且,莫尔反对新教的主张与亨利八世最初对待宗教改革的态度相吻合,再加上莫尔本人的声誉,亨利八世很希望接近他。1518 年,莫尔被任命为王室请愿裁判长,枢密顾问官。1521 年,出任副财务大臣,并受封为爵士。1523 年,经大法官沃尔西提名,当选为下院议长。1525 年,他被任命为兰开斯特公国的首相。1529 年取代沃尔西成为英国大法官,这是英国仅次于英王的第一号要人。但莫尔对自己的处境是非常清醒的,他曾对他的女婿说过,“若用付出莫尔的头颅的代价可以换得正和英国交战的法国任何一个无足轻重的城堡,英王会不假思索地把莫尔的头颅割下的”。由于他在国务活动中,坚持己见,不肯委曲求全,英王对他甚为不满。在处理亨利八世与宫女安娜·宝琳的婚事上,莫尔不愿违背自己的信念,于是在 1532 年辞去了他所担任的职务。他的做法激怒了亨利八世,在莫尔隐退后,英王并未就此善罢甘休,多次对他进行迫害。1533 年,亨利八世迫使议院通过法令,宣布他为英国教会的首领,而且他与安娜·宝琳的婚事也被认为有效,宝琳的女儿(后来的伊丽莎白女王)被宣布为英国王位的合法继承人,并要求全英杰出的人物,包括莫尔,都必须宣誓承认英王是教会的首领。莫尔因拒绝宣誓被关进伦敦塔。1535 年 7 月 1 日,法庭特别委员会对他进行了审判。1535 年 7 月 7 日,托马斯·莫尔被处以死刑,死后他的头被挂在伦敦桥上示众。——译者注

连续性的需要之感觉重要。

无论什么原因,普通法法院保持了它们对死刑判决的实质垄断,而且在其他法院里法官继续在没有陪审团的情况下开庭和依照誓言查问证人,使用书面的质询和证词,而且适用复杂的证据规则。然而,在这两种制度之间存在着互动,而且这对二者都有影响。特权法院的法官完全熟悉普通法;确实,前面已经指出,国王的王座法院和民事诉讼法院都出席星室法院案件的庭审。普通法法院的法官也熟悉特权法院适用的实体刑法和刑事程序。两种制度之间竞争的结果一定增加了相互的知识。特别是,普通法法院妒忌特权法院的权力,而且通过人身保护令状(writs of habeas corpus)、禁止(prohibition)和其他手段来抵制特权法院的侵蚀。

16 世纪和 17 世纪早期普通法的一些变革预示了发生在英国革命期间和之后的英国法律哲学和英国法律科学的转变。其中某些变革构成了刑事普通法走向之后的现代化的重要步骤,这正是本章的主题。然而,考虑到那些之前的变化,我们必须记住 16 世纪和 17 世纪普通法法院适用的刑事法保留了部分的刑事法律制度的多元结构,其中最高权力和主要的变革初创权已经落在了枢密院手里。最重要的是,正是枢密院控制了普通法法院管辖权的扩张和其主要的程序变化,正如它们控制了其他盛行的法院体系的管辖权和程序一样。[32]

普通法法院战胜其竞争对手

特权法院在 1640 年的废除,和其大部分刑事管辖权向普通法法院的转移,以及被保留下来的非普通法法院的有限刑事管辖权 314

服从于普通法法院的最终控制,对于英国刑事法的内容具有巨大影响。它意味着,一个人要因任何严重犯罪而被审判,必须已经受到了大陪审团根据呈交给它的证据而进行的控告,而且如果要被判刑,他必须要由小陪审团审理和定罪,而且控告和审理都要在一个普通法法院的监管下进行。对于在 15 世纪和 16 世纪一个人可能被指控的相对较小数量的普通法重罪,17 世纪晚期和 18 世纪早期的议会增加了很多其他的管辖权——这些管辖权部分的是从特权法院剥夺来的。重罪现在成了可以处以死刑的犯罪,除非议会决定他们应该受到其他制裁的惩罚。[33]以前在特权法院起诉的其他犯罪行为被重新作为普通法轻罪分类,结果是普通法法院施加罚金和监禁的管辖权被大大地扩展了。在 1640 年之后那个世纪里制定法创立的死刑犯罪是通奸(adultery),各种形式严重的伤害罪、伪造罪、海盗罪、偷猎罪以及各种形式新颖的复杂盗窃。[34]在 1640 年之后第一次可罚的轻罪包括多种形式的制定法禁止的赌博以及不赡养家庭——以前在特权法院里可罚。[35]轻罪审判像以前一样,大部分保留在治安法官的管辖权范围内,但是星室法院对他们行为的经常审查被废除了,现在它们只受制于巡回审判的王座法院法官们裁决的监管。[36]

还应该强调的是,与特权法院的刑事审判过程相比,普通法的起诉并非由一个官方的王室检察官而是由私人(通常是受害人或其近亲属)或者新组成的有关公共秩序或道德维持组织的代表发起。此外,辩方律师极少在普通法审判中出庭;被告通常自行辩护。

普通法法院在刑事案件中的新角色在下面王座法院于 1664 年审理的国王诉查尔斯·西德勒爵士案件(*The King v. Sir Charles Sidley*)的汇编中被描画了出来:

查尔斯·西德勒爵士在普通法上被控多种危害国王和平的轻罪,这是基督教的大丑闻,原因是他在女修道院的阳台上向大量人群展现其裸体,而且确实做了这些事,还说了这些话等。[指出其错误行为的细节]而且在法庭上公开地对他进行指控,法官告诉他,因为任何星室法院在此刻都没有更多时间使他知晓这个法院是国王的所有事务的道德看管人(*custos morum*),现在正是惩罚这种亵渎行为——此类行为侵犯了所 315
有谦逊——的时候,这些行为如此频繁以至于不仅基督教而且所有的道德[内容都被弄混淆了]。[该案继续至米迦勒节开庭期*结束。]法院已经要求在法庭上进行审判,他把自己交给法院并且承认了控告。因此法院考虑对他适用的判决,因为他是一个(现在肯特郡的)非常古老的家族的绅士,而且他的地产已经被暂时剥夺(不是为了使他破产而是为了改造他),他们对其仅处以2000马克的罚金和无保释地监禁一个星期,而且要保证三年时间里表现良好。[37]

可能需要指出的是,正如这个案件所表示的那样,王座法院不仅得到了星室法院对道德犯罪的管辖权,而且得到了其施加重罚金、监禁和监禁后缓刑(post-imprisonment probation)的权力。

---

* 米迦勒节开庭期:Michaelmas Term,英国法院自13世纪以来一直沿用的四个开庭期[春季开庭期(Hilary),复活节开庭期(Easter),三一节开庭期(Trinity)和米迦勒节开庭期]之一,自10月1日至12月20日。1873—1875年英国《司法组织法》予以废除,但这种传统的开庭期的划分仍为四大律师公会所保留,以确定各种期间和日期,如授予律师资格等时间,庆祝盛大日的时间等。——译者注

拥有土地的乡绅和富有商人的胜利之影响

1640年到1689年的英国革命确立了议会超越国王和拥有土地的乡绅及富有商人超越王室贵族的至上地位。因此,毫不奇怪,在17世纪晚期和18世纪早期很多新制定法中的死刑犯罪起到了保护拥有土地的乡绅和商人阶层的财产权的效果。例如,普通法的盗窃重罪被扩展至很多各种形式的经济犯罪,这些经济犯罪以前在普通法法院根本就不受惩罚或者只作为轻罪处罚。因此1731年的制定法将(死刑)盗窃罪扩大至包括偷盗门、栏杆以及其他附属于建筑物的物品,而其他的制定法则使得偷盗土地上的树木、庄稼和蔬菜成为盗窃罪——所有这些犯罪在以前只是偶然地被当作非法侵入,这并非重罪,因此只作为轻罪处理。[38]对这些经济犯罪施加死刑的新法律是1723年布莱克法(Black Act of 1723)最为臭名昭著,它旨在针对偷猎野生动物,但也包括了大量的其他犯罪。[39]

诺曼征服之后,国王曾经冒称某些土地乃其保留的野生动物之地,而且宣称任何没有国王颁发的打猎特许证者在英国狩猎,他都有权加以禁止。然而,在16世纪结束时,王室森林法的效力已经大大衰减。在詹姆士一世治下,王室重新认识到了对森林和打猎的权利;为了猎捕鹿、鹌鹑、野鸡和野兔执照——即使在自己的土地上进行,一个人必须占有一块自由价值相当不菲的保有和租
316 赁的土地。[40]另外,查理一世修改了一部分古老的狩猎法——这是关于作为国王敛财手段的特许权利的。违反者将处以轻罪惩罚。

清教革命和复辟之后,对林地和打猎的控制从国王那里转移

到拥有土地的乡绅手里。[41]在1671年议会制定了一部狩猎法，授予自由保有价值在100英镑以上的土地或者租赁价值在150英镑以上土地的所有者狩猎和保留野生动物的权利。然而，1671年狩猎法并没有对偷猎增加新的刑事惩罚，实际上还是那些旧有的惩罚。正是1723年布莱克法，制定于一系列联合的偷猎者掠夺（等于阶级战争）之后，对不仅关于偷猎（被称为“涂黑”，因为偷猎者为了掩饰他们自己，经常涂黑他们的脸）而且关于很多其他类型针对土地财产权的相关犯罪方面的刑法起到了法典化的效果。

布莱克法把任何人携带武器或涂黑脸或者另外掩饰自己仅为出现在鹿或野兔（hares）或欧洲兔（conies）“曾经或目前或将要”待在的地方定为死刑犯罪。该法也列出了大量的各种形式的具体死刑犯罪：打猎，击伤，或偷盗红鹿或小鹿；偷猎兔子或鱼；砍倒种植于任何林阴道或长于任何花园或果园里的树木；放火烧任何房屋、谷仓或干草堆；发出要求得到“钱财、野味或者其他贵重之物”的匿名信；还有很多其他行为。对任何人蓄意和敌意的射击——在任何住处或任何其他地方——都要受到死刑惩罚，甚至在被害人活过来的情况下亦是如此。因此任何人在任何地方进行的自杀未遂或自残未遂同样地要按照既遂进行惩罚，而且认定有意致残或谋杀的袭击仅为一项轻罪的旧法，被悄然地废止了。同样地，对毁坏鱼塘圩堤的行为动用死刑的该法的一节实际上取代了1568年一项制定法，它对这项具体的犯罪行为处以监禁3个月和三倍赔偿金加上需要有人保证另外的7年时间里表现良好。另外，该法的规定不仅扩展至首犯而且扩展至其同犯，包括案发之后的从犯。[42]

布莱克法规定的这些制裁的严厉性将在本章的下一节讨论。这里强调的是其覆盖范围反映了新政策对拥有土地的乡绅的财产权利增加保护这个事实。很清楚，这是阶级立法。在这种联系上，还应该指出,对执行的控制,在都铎王朝和早期斯图亚特治下大部分保留在王室官员或受王室监管之人的手里,现在在私人起诉制度下大部分转移至拥有土地的乡绅本人手里。

新出现的富有商人阶级也是新的刑事立法的受益人。海盗行
317 为——托运人和商人因其要冒特别的风险,现在受到1700年全面立法的惩罚。任何“背叛其信赖和变成海盗、敌人或叛逆者”的“任何船只的指挥官或船主或者任何海员或水手”都要承担刑事责任。同样地,任何“自愿地遗弃[船的货物]给任何海盗、敌人或叛逆者,或者从任何海盗、敌人或叛逆者那里带来任何诱使信息,或商之于,或联合于或者尝试腐蚀任何指挥官、船主、官员或水手放弃或撇下船只、货物或商品,或者变为海盗,或者投靠海盗”的船只的船主或船员都构成海盗罪,而且要受到死刑的惩罚。为了加速对海盗的审判,制定法授权英国船务人员——海军的和商人——组织一个由7个成员构成的法院来听审海盗案件,而且对于适格的案件,施加死刑惩罚。[43]

一系列有关伪造罪、盗窃罪和挪用各种类型钞票、债券、公债、汇票和其他商业票据的制定法也对银行业增加了保护。在1724年,它使伪造钞票或票据成为死刑重罪,而在1725年伪造东印度和南海债券也成为了死刑重罪;[44]以前此类伪造在星室法院里是一项轻罪,星室法院废除了之后,在普通法法院也是一项轻罪。[45]在1729年,从持有商业票据的保管人手里偷盗各种类型的商业票据成为了重罪;[46]以前,这种犯罪不仅被定性为盗窃罪,而且是一项轻罪,因为这些票据的持有者在由他们所代表的根本权利方面没有财产权利,因而就没有非法侵入的所得。在1742年,议会更进一步,把英格兰银行的官员或工作人员挪用各种类型的商业票据变成了一项重罪。后来关于挪用的制定法将这项犯罪扩展至南海公

司和邮局的工作人员身上。[47]

加尔文教道德神学的胜利之影响

我们将大量似是而非的观点归诸道格拉斯·海(Douglas Hay),就是在17世纪晚期和18世纪早期一方面死刑犯罪超乎惯常地增加——数量从1640年之前的大约30个增至一个半世纪以后的至少200个,同时对导致绞刑的死刑犯罪的控告比例却有了根本的降低。[48]对此,部分原因是陪审团经常裁决被控死刑犯罪的人无罪或其他人判决他们较轻的惩罚——包括那些没有受到死刑惩罚的犯罪——这个事实,部分原因是法官有时将降低死刑犯罪控告至较轻的犯罪指控,或者,作为替代地,将为被判刑的人提供 318
可能的国王赦免,这种赦免以放逐海外——主要是去北美按照契约劳役(indentured servitude)进行劳动,或者更为罕见的会在刑事惩罚殖民地(penal colonies)劳动——为条件。1718年议会制定了输送法,它使这种惯例规范化,允许法官对第一次被判决"有权享受神职人员特权的"重罪的人施加送出7年,对判决"非有权享受神职人员特权的"重罪的人送出14年。[49]因此议会继续制定死刑立法,但是提出起诉的比例在下降。

海对这种现象的解释是,法官、私人起诉者和陪审员趋向于成为拥有土地的乡绅统治阶级的成员,他们可以按照他们想给下层阶级传达的印象表现得或恐怖,或仁慈。死刑惩罚的威胁,特别是在财产犯罪案件中,阻止了很多预期的犯罪,而且有助于继续保持对财产神圣的信仰;同时财产阶层在其适用中应用自由裁量来加强客观现实的共同体感和法律的权威,并且因此忠诚于这个阶级制度。

海的很多解释受到了约翰·朗本(John Langbein)的挑战,他通过确凿的证据显示了,第一,与海的断言相反,这个时期被控死刑犯罪的人并非这个经济制度的穷困受害者而毋宁说是顽固的罪犯,他们在其职业活动中经常相当地成功;第二,大多数起诉这些犯罪的受害者并非来自财富阶层而是农民、零售商、工匠或者壮工;第三,陪审员的财产资格最小为每年10英镑,这几乎不能导致陪审员都来自英国的社会精英。[50]朗本指出,“[海的]统治阶级共谋理论是不符合陪审团自由裁量的现实的”。[51]

虽然朗本反驳了海对此矛盾的公然进行的马克思主义解释,他并没有给出其自己的解释。也就是说,他并不想解释英国历史上这个时期制定法死刑犯罪数量的特别增加,也不想解释在适用死刑惩罚时陪审团强烈地趋向仁慈的这个事实以及这两种现象之间的关系。的确,朗本的重点在于陪审团更为平民化的特征,相比之下,议会的议员则更具有贵族化的特征,这可能说明一种与海的分析略有不同的阶级分析的可能性:议会里拥有土地的乡绅想要对付所有的无赖,但是陪审团里的地方村民和镇民对他们却有些同情。然而这样的一种解释,将必须说明这个事实,就是上层阶级法官和议会议员愿意将法律的适用留给无拘无束的下层阶级陪审员。还有其他的一种解释,以及与朗本自己的分析一致的另外一种解释,它们将焦点放在了17世纪晚期和18世纪早期英国普通法法院里的刑事程序制度特征上,在这种制度下采纳证据的程序不
319 利于被告,他不被允许通过发誓作证而且不能由辩护律师代表他出庭。在这些情况下,陪审团可能非常认真地认为断定有罪者应该被证明超出了一种确实可靠性,或者如其后来开始被称呼的那样,一种合理怀疑。[52]早在1670年代,马修·黑尔在其日记里就写

道，“如果……天平是平的……在同情的一边犯错要比在严厉的一边犯错更为安全”，以及“在证据模糊的地方，假定无罪”。[53]在18世纪晚期，这将被开始称为无罪推定。[54]

然而，上面解释中的任何一种都没有完全解决这个矛盾。我们不能要求议会需要司法制度——议会最终要对其负责——不能提供的某些事务。至少，我们必须从假定议会制定的制定法和普通法法院做出的裁决反映了一种共享的观点、一套共享的价值和一种共享的信仰体系开始。

这个矛盾的关键在于加尔文教道德神学，其盛行于16世纪和17世纪早期的英国清教主义中，而且最终在17世纪晚期和18世纪渗透入英国国教里。[55]这种神学鼓励以最严肃态度对待作为法律问题的刑事制裁，[56]要按照“法律”这个字的正式含义，就是，作为一种设定的法律规则问题，然而，在将这些规则适用至具体案件时还要有高度的仁慈和尽责。

在16世纪，杰出的德国路德派法律学者们曾经将法律定义为两种截然不同的因素之结合：规则，他们认为它们带有地上王国的罪，因为它们在性质上是普遍的，因而不能区分每个人和每种境况的独特特点，和将规则适用至特定案件中，其中法官应该将自身置于独特的案件境况中，而且尽力实现对各方的正义，寻求他的良心和神的灵感的指导。[57]加尔文主义以其英国形式接受了路德派的（有罪的）规则和（有良心的）规则适用之间的区分。然而，它甚至比路德主义走得更远，一方面，它支持规则的严格和严肃之最大化；另一方面，它支持规则适用中的尽责和仁慈之最大化。这些对比之下的原则与在英国国教的道德神学里发现的三个加尔文教学说有关：(1)对每个基督徒过一种神圣生活的召唤，伴以罪人仅仅通过信仰获得拯救的可能性；(2)对故意之罪的惩罚和懦弱之罪的惩罚之区分;(3)对理解和纠正那些犯下罪孽的人的;以及,如果其行为构成了犯罪,提起刑事诉讼的共同体责任。我依次论述这些神学学说,然后把它们的关系追溯至英国刑事法和刑事程序的转变上。

320

通过信仰的神圣生活和拯救

传统的罗马天主教神学区分所谓的约束所有人的福音书规则,诸如爱上帝和他的邻人及不杀或不偷或不通奸或不做其他违反神法的行为的义务,和另一方面的所谓的为那些接受了过一种完美生活的人设计的全德的劝谕。全德的劝谕包括贞节、贫穷和服从,它们符合僧侣生活的三项传统的誓约。在传统的罗马天主教道德神学里,只有教会的宗教精英被期望使他们的生活符合全德的劝谕。然而,其他人可以被"拯救",即在上帝看来变得神圣——如果通过悔罪和苦修他们完全涤清了他们的罪孽。

无论路德还是加尔文都拒绝宗教精英和有罪的大多数之间的等级制度的道德划分。无论在传统的路德宗还是加尔文宗的思想里,所有信仰者,而不仅是僧侣的或僧侣式的精英,都被召唤过罪过不能玷污的"神圣的生活"。与之相伴地,所有的罪过行为,无论大小,都被说成是要在原则上通过永恒的天谴遭到惩罚的。同时,拯救——从天谴中被释放出来——可以通过信仰自身来实现。17世纪的英国加尔文主义者,无论清教徒还是英国国教徒,将所有基督教信徒过全德的生活和通过上帝的恩宠即使他们中间最为有罪的人的也可能获得拯救的双重责任学说发挥至极致。用杰里米·泰勒(Jeremy Tailor),一个最为出色的英国国教神学者的话来说,"所有的基督徒必须不仅是神圣的而且是不同寻常的神圣"。[58]这意味着罗马天主教拒绝对大罪和小罪——所谓的必死的罪,最终要受到天谴下地狱的惩罚，和可宽恕的罪，只需要当世的惩罚——进行区分。按照泰勒主教和其他 17 世纪中后期英国的道德神学家的理论，这样的一种区分，贬低了神圣的概念而且鼓励人们继续他们的罪恶历程。此外，它与攻击性的罗马天主教涤罪学说和与之相随的授权放任的实践联系在一起。按照加尔文神学，所有的罪，即使那些对其他人造成伤害的，都要在地狱中通过永恒的天谴来被惩罚，而且对于真正的信仰者，所有的罪，即使最具伤害性的，也能被神的恩宠宽恕。[59]

首先让人感到脸红的是，这些学说看起来没有为区分所犯之罪的程度提供任何基础。然而，事实上，加尔文主义道德神学，反映在 17 世纪英国学者和传教士的著述中，的确做了这样的区分。但是，它不是根据有罪的行为的严重程度而是根据罪的意志的堕落程度。恶意犯下的有罪行为被说成是反映了行为者的意志的腐化，因此就不能被宽恕，而并非恶意而是行为者个人的心智或精神 321
的衰弱而犯下的有罪行为，不那么“有意”，被说成是可以宽恕的。他们是可以宽恕的或不可宽恕的这个事实并不暗示他们在事实上将被宽恕，因为所有案件中的实际宽恕有赖于真正的信仰和神的恩宠。然而，可宽恕之罪和不可宽恕之罪之间的区分被用来辨别罪的程度，它们依次要根据意志被腐化的程度来测定。[60]

有意之罪和心智衰弱之罪

有意之罪和心智衰弱之罪之间的区分可能在促成英国陪审团在重罪案件中判决犯下重罪还是无罪，是否判决一项比被控的更轻的犯罪，以及适用死刑还是诸如送至海外这样的较轻的刑罚等裁决方面起到了重要的作用。彼得·金(Peter King)，在分析 18 世纪英国重罪起诉的案例汇编中的审判和宽恕政策时，已经指出在这些案件里“大多数”的裁定都是“根据下列标准:囚犯的年轻或衰弱,他的良好性格和以前的行为,他的就业或改造前景,他的家庭的穷困,他的清白的可能性,他的罪行的本质和周围的环境,或者他的背景的可尊敬性”。在这些标准里,金补充说,“[在司法汇编里]可尊敬性最少被提到而且是最为矛盾地被对待的因素”。他指出,法官们不仅注意到这些因素,而且“以一种系统的方式按照这些标准行事”。他把这些政策归诸“一种强烈的实际因素,在某种意义上的基督教博爱”。[61]

在上面列举的标准里,囚犯的年青或衰弱、他的良好性格、他的改造前景以及他的犯罪的本质与加尔文主义者的心智衰弱之罪的概念有特别的关系。对它们的考虑反映在金所称的“某种意义上的基督教博爱”里。其他标准——就业前景,他的家庭的穷困,他的清白的可能性,他的背景的可尊敬性——可以构成金所称的“一种强烈的实际的……博爱因素”。值得注意而且又是一个加尔文主义者的特性的是,当大多数各种有意行为可以受到死刑惩罚时,犯罪者的性格在裁定宽恕他或者降低他的判决时起到了支配性的作用。

对罪的抑制的共同体责任

所有信仰者被召唤过一种神圣的生活但是即使他们不能达到
322 这个目标也可以被拯救,以及这种有意之罪要比心智衰弱之罪普遍受到更严厉的惩罚,这种双重的神学学说与第三种神学学说相联系,这就是一种上帝已经为共同体强加了协助个体的信仰者努力获得正义的责任。与很多20世纪社会理论家的假定相反,17世纪晚期和18世纪早期盛行的信仰体系的主导性特点不是个体主义而是共同体主义。用罗伯特·桑德森(Robert Sanderson),一位杰出的17世纪英国国教主教的话来说就是:“上帝使我们成为社会性的被造物,使我们置身于政治组织和社会以及共和国里;使我们成为一个组织的成员和每一个其他组织的成员。因此,因为我们不是生来就只为我们自己,因此我们也不能只为自己活着;所以,我们的父母和朋友,以及熟人,不仅如此,我们中的每一个人都有一种权利和利益,这种权利和利益存在于我们中的每一个他人身上,而且我们的国家和共和国在我们所有人中也都有一份这样的权利和利益。”[62]

清教徒对共同体的道德提升的热切盼望,可以在17世纪作为政治行动中的立法因素的公共精神里得到体现,这也支持了清教徒对其邻居不会犯罪和得到正确矫正的关心。特别是在1689年之后,很多人害怕大众的不道德——在复辟时期不仅广为传播而且广为接受,将带来一次上帝对英国的审判,危及新的宗教解决方案。运用诸如约拿*(Jonah)在尼尼微(Nineveh)和罪恶的堕落之地传教的圣经想象,传教士和其他人鼓励他们的听众为了预先阻止这样的一次上帝的审判而去改变他们邻人的生活。[63]

这三种神学学说有助于解释一种刑事政策的矛盾,在这种刑事政策里刑事制定法为剧烈增加的犯罪规定了最为严厉的制裁,即死刑,然而陪审团越来越拒绝在根据这些制定法的起诉中适用死刑惩罚而经常代之于或者宣布被告无罪或另行判决他们较轻的犯罪,包括在死刑并不适用的指控中。从这种神学的观点来看,议

---

* 约拿,《旧约》中十二小先知之一,其事迹记录在《约拿书》中(他的预言书在犹太教正典中是较大的“十二先知书”的一部分)上帝命约拿去亚述国大城市尼尼微宣告该城将遭灾难,但他不认为居民如此罪恶深重的外国城市应得到解救,所以将船朝反方向驶离。当这艘船受到暴风雨威胁将被摧毁时,他忏悔自己的过错并要求船员将他丢出船外。他被大鱼吞吃,但他因祷告求救,被鱼吐到旱地上。约拿来到尼尼微传达上帝的教诲,这个罪恶城市的人民因此得以悔改。《约拿书》可能写于公元前5世纪或4世纪。——译者注

会可以通过宣布对在某种场合下杀死一只兔子的恶意偷猎者应该受到正如一再杀死大量的鹿的惩罚来证明其正当性。他们都跌入了为英国基督徒设定的道德标准之下。然而,因为有益于惩罚的罪恶是堕落的意志,法官和陪审团,在适用制定法规则时,必须尽责地研究案件所有的情况,包括被告的背景和性格,以决定他是否出于恶意或者出于其意志是否软弱和不够坚毅而犯下罪行。第一次犯罪者可能受到了惯犯的引诱而加入他们之中,而且可能因为
323 智力和道德的弱点,屈服于他们的哄诱。其他情况也可以减轻被告的罪行。因为上帝自己可以通过他的恩宠对甚至最悲痛的罪过免除天谴,因此法官或陪审团在他们判决时,可以对甚至最可憎的犯罪不用死刑——如果犯罪者,正在悔过,保证克服软弱意志。法官们越来越多地建议国王对被控死刑犯罪判决的人的宽恕,而且对于给予这些宽恕加上送至海外的惩罚;最终议会自己授权对很多犯罪适用流放代替了绞刑。[64]

与陪审团判决相关联的是对于维持个体信仰者的神圣生活和压制及矫正罪过的共同体责任的确信。陪审团被认为代表了共同体的集体判断。陪审团工作是桑德森主教表达的神学学说的表述,即"上帝使我们成为社会性的被造物,使我们置身于政治组织和社会以及共和国里面;使我们成为一个组织的成员和每一个其他组织的成员"。通过宣判罪行,陪审团实现了压制和矫正罪过的共同体责任。通过宣布无罪,或宣判较轻的犯罪,陪审团做到了通过其关于被宣称的罪过的本质和环境的审判实现了对这种责任的控制。

与神学的社会性学说紧密相关的是具有公共精神的志愿协会的形成,其目的是对违法者发起刑事审判。在职业的警察力量缺席以及王室检察官在特权法院的起诉被废除的情况下,审判中的

起诉留给了犯罪受害人或受害人群体或他们的家属。这样的私人起诉代价昂贵;只有在1660年代国王才为那些承担这些工作的人建立了特别的奖赏,而且只有到了1689年之后议会才建立了一套常规的支付制度来偿付他们的开支。[65]但是即使有这些偿付,私人起诉还是偶然的。从1690年代和18世纪初期开始,地方习惯改革协会被建立了起来,它雇佣信息员来收集诸如卖淫、酗酒、赌博和违反主日法*等道德犯罪方面的证据。这些协会的公务人员将发出地方治安警官执行的逮捕证,以把违法者带到地方治安法官面前。这些协会兴盛了大约五十年;尽管在1730年代,它们在数量上减少了,而且在1740年代明显地消逝了,但它们在1760年代在一定规模上复活了而且持续至19世纪早期。[66]

因此,在起诉协会的形成中,社会性的和压制罪过的共同体责任的神学学说通过拥有土地的乡绅的社会和经济利益被加强。[67]正如在严苛法律和宽大适用之间存在的矛盾情况中那样,一个人为了得到一种解释必须不仅注意道德而且要注意政治和经济。还有一个人必须也注意历史,包括法律自身的历史,因为正是普通法法院战胜其竞争对手而形成了这样的背景而且创造了使后来的英 324
国刑事程序成为可能和必要的条件。

加尔文教道德神学对实体刑事法的影响

新的道德概念也反映在英国自杀法、独立的阴谋犯罪(crime of conspiracy)的创立以及引入囚禁和流放作为主要刑事制裁的发展中。

---

* 主日法,Sunday law,规定在主日一般职业的人不得从事世俗劳务和商业活动,必须去教堂。违者要受到罚金或其他惩罚的处罚。——译者注

杀人罪

与新的制定法犯罪的增长一起,关于自杀的法官法在英国革命的后果里经历了实质的变化。这种变化的一个显著的展现是重罪—谋杀规则和轻罪—杀人规则的出现。另外,可用于将指控从谋杀降低至杀人的辩护理由开始由法院以所谓的挑拨话语被表达出来。这些发展,也可以通过加尔文教道德神学对17世纪晚期和18世纪早期的影响部分地获得解释。

根据重罪—谋杀规则,一个人在犯下任何重罪过程中导致一次死亡应负谋杀的责任,即使该死亡是完全不能预见的。根据轻罪—杀人规则,一个在犯下任何轻罪过程中导致一次死亡应付一般杀人的责任,即使该死亡是不能预见的。这两个规则,在今天的英国和美国的法律中还保留着,在大多数国家都被视为不合理的也是不公正的。比方说,为什么一个想要夜盗的人要负谋杀的责任——如果与他的所有期望都相反,一个陌生人无法预料地突然出现在房间里看到了这个夜盗者而且在惊骇中死于心脏病发作?固然,这个结果在今天比在17世纪和18世纪更为反常,当时大多数重罪,包括夜盗和谋杀,同样地要受到死刑惩罚。[68]然而,轻罪—杀人规则,在当时比今天更为严苛,因为一般的杀人(疏忽的杀人),作为一项重罪,类似于谋杀,原则上可以处以死刑惩罚,而轻罪原则上只能通过囚禁顶多一年和/或一项罚金来惩罚。因此一项相对较小的犯罪因为其客观的结果,被提到了死刑犯罪的水平,无论该结果如何不能预料。[69]

法官制定的重罪—谋杀规则在17世纪晚期的出现至少可以
325 部分地被解释为同样的加尔文教信仰体系促使议会去增加制定法死刑犯罪的数量。前面已经指出,这个信仰制度,不是通过他或她做下的行为的类型而是通过行为者在做这个行为时的堕落程度来衡量被告的行为的罪过程度。例如,偷盗行为和杀人行为,都违反了写在十诫里的神法,因此原则上都该死。然而,在特别的案件里,重罪——即使他杀了人——可以只被送至惩役的海外或可能甚至被判决一项较轻的犯罪,而且免予监禁以及/或一项罚金。相反,如果夜盗或强奸或盗窃偶然地导致了一次死亡,那么——如果行为者在做这个行为时的罪过足够大——他或她可能被正当地当做一个谋杀犯来进行惩罚。

17世纪之前,英国法中的谋杀和一般杀人的不同建立在预谋杀人("恶意的故意","恶意预谋")和骤然杀人("偶然的斗殴"或"意外事故")相区分的基础上。然而,在17世纪早期,预先策划开始被假定;结果是,很多以前被判决轻罪的人现在被判决谋杀罪。[70]随着17世纪晚期一般杀人被定义为疏忽的杀人之出现,普通法上的谋杀被保留了下来,甚至没有一种对各种程度的谋杀进行形式的区分,也没有可以证成的和可以辩解的清楚的杀人罪学说。17世纪晚期和18世纪早期的英国法律家们一定注意到了这些不足,因为特权法院已经从教会法中得到了一套复杂的关于这些问题的知识。然而,教会法学者("罗马法学者")的学说来自一种相当不同的神学,这种神学在1640年之后盛行于英国。对于教会法学者而言,各种类型犯罪之间的区分反映了各种类型罪过行为的区分。外部的法院要惩罚的是该犯罪行为,而惩罚要根据该类型行为的严重程度来衡量。罪行由与这种类型的行为有关的被告的心智状态——特别是其直接或间接的导致禁止结果的故意,或者如果缺乏故意,他或她的没有预见到禁止结果将发生的过错——来决定。教会法学者对于审理刑事案件的程序很好地适应了这些学说的实现,然而普通法制度下的陪审团审判在其发展的这个阶段,却不能这样做。

随着罗马法法院的浸没、无论重罪还是轻罪的普通法犯罪数量的剧烈增加、重罪—谋杀和轻罪—谋杀规则的被接受,王座法院面临着发现区分不同类型杀人新方式的需要。它在一系列的案件中主张被控谋杀的被告应该被判决一般杀人罪,而且对第一次犯
326 罪仅以监禁一年和/或罚金进行惩罚——如果看起来他们是在减轻他们罪行的情况下被"激怒"而杀死被害人。新的激怒学说没有被系统地详细说明而是逐渐地逐案地扩大。最后威廉·豪津斯对其进行了概括,他得出结论说一个在"热血"状态,即在一种极端愤怒或激动的状态下做下杀人行为的人,没有犯下谋杀之罪而是犯下了一般杀人之罪。[71]

激怒学说发挥的作用类似于通过区分各种类型刑事杀人的辩护和申辩学说在教会法中和其他法律制度下发挥的作用。然而,它通过一种反映了加尔文教的而非罗马天主教的道德神学来发挥这些作用。就本质而言,陪审团被授予了根据该案件的特定情况,而不是重罪原则上以死刑惩罚的一般规则,权衡被告行为的道德品质的初步责任。要被审判的不是同种类型行为的罪过而是被告在做下该行为时的罪过,而且如果他或她在做下该行为时缺乏罪过就可以避开一般规则的严苛。

共谋

现代英国阴谋学说也盛行于美国,它首次出现在 17 世纪晚期和 18 世纪早期王座法院的裁决中。因该学说的广度而在西方法律体系中独具特色,它使得两个或更多人仅通过协商一致来做一件违法之事或事实上本身并不违法但当两个人或更多人联合完成时就如此邪恶因此变得非法的行为可以被加以惩罚。在一些其他

法律体系里，如17世纪晚期之前的英国一样，协议去犯某些类型的严重之罪本身的确可以构成犯罪——显著的是协议去犯某些类型的反对国家的罪行，比如叛国罪。然而，一般而言，在其他西方法律体系中，一份犯罪协议本身并非犯罪，除非其后伴随着一项具体的行为——至少是一次犯罪预备行为，而在大多数法律体系中，是一次尝试着去做或者在干完之后隐瞒它的行为——促成了该协议。这样的一种犯罪的要旨不是"共谋"而是"共犯"，即两个或更多人参与执行完成一项犯罪行为。此外，这种协议或企图必须被导向一项犯罪的发生，而不仅是一项民事违法行为的发生。

在英国，"共谋"这个词在早期指的是因错误提起针对某人的指控而搅乱司法程序。[72] 17世纪早期之前，这样的一种"共谋"是不可罚的，除非结果是受害人被起诉而后来被判无罪。然而，在1611年，在星室法院裁决的一个案件中，被告密谋在一次刑事诉讼 327
中提交错误证据，但是大陪审团拒绝对密谋的人提出起诉，法院还是发现被告犯下了共谋之罪。[73]在1615年王座法院更进一步扩大共谋犯罪的范围，包括普利茅斯市的一个杰出市民与其他人一起一再努力毁掉该市市长的良好名誉。[74]在这两种案件中，诉讼被用来对付邪恶的协议。然而，爱德华·柯克爵士对这些裁决的汇编包括"一次与他人共谋做一件损害公共善的事"——"即使犯罪者没有为执行协议做任何事情"——这样的犯罪。在1664年，这种附带意见在一次针对一些伦敦啤酒制造者提起的起诉中被重复，他们在其自己中间曾签订协议，意图剥夺国王从便宜酒精饮料销售中产生的收入而不生产这种饮料。[75]王座法院主张这些啤酒制造者有罪；据他们说，一次追求如此协议的行为是不需要的。然而，在所有这些案件中，被告明显地在事实上，除了协议之外，还采取了某些步骤来实现他们的协议。至少一次“明显行为”的要求,还有一种“表现出来的共谋”,继续被宣称。[76]最后,霍特勋爵(Lord Holt)在1705年指出“如果[如他面前这个案件里的]两个或三个人一起聚会,而且谈论和共谋如何错误地起诉另一个人犯了一项罪行,它本身是一项明显的行为而且自身是一项可控的犯罪……这种恰好的一起集会就是一项明显的行为”,这个问题因此获得了解决。[77]因此,这个问题通过一次拟制——一种在英美判例法中持续至今天的一次拟制——而被解决。[78]

在其他案件里该学说被详细地阐明,即一项犯罪共谋不仅存在于有一项协议去干一项犯罪行为之时而且存在于有一项协议去干一项侵权行为之时,或者存在于事实上的一项既非犯罪也非侵权但是不道德的行为之时。因此威廉·豪津斯,在《国王之诉》(1716年)中指出,“这里可以没有任何怀疑但是所有的无论什么同谋,不正当地侵害一个第三人,在普通法上都是严重的犯罪”。[79]在1721年,王座法院主张作为某些被告的熟练裁缝如果不能获得较高报酬就拒绝进行服务的协议本身就是犯罪,法官们指出“任何种类的共谋都是非法的,尽管他们共谋的问题对他们来说可能是合法的,或者他们中的任何个人如果不是共谋来做而这样做都可能是合法的”。[80]在1724年,王座法院指出“一项通过一次合法行为的邪恶共谋达到一个非法目标就是一种犯罪,尽管结果是没有做任何行为”。[81]

臭名昭著的英国犯罪共谋学说在17世纪晚期和18世纪早期的出现反映了普通法法院作为英国人道德守护者之新角色。如在本章前面已经显示过的那样,他们部分地从死掉了的星室法院手里接管了这个角色。如在熟练裁缝案中阐明的那样,法院执行的道德是一种服务于新的统治阶级——拥有土地的乡绅和商人——

利益的道德。

同时,英国加尔文宗的公共道德和公共精神观念,在刑事法扩展至不仅包括社会性的侵害行为也包括集体协议中显示出来的犯罪动机的过程中发挥了重要作用。用曼斯菲尔德爵士的话来说,就是"无论什么与我们的法律原则和作为公共习惯的普遍审查者和守护者的王室法院相敌对,就注定要遭到限制和惩罚"。[82] 328

刑事制裁

加尔文教神学和新加尔文教神学也在两种类型的重罪制裁,即监禁和流放的创建中产生了深远的影响。

第一次对重罪适用监禁是由1706年的一部制定法引入英国的。[83]以前英国国王们经常把其敌人不定期限地投入监狱,在16世纪,新的王室特权法院把拒绝遵守其命令(民众的藐视)之人投入监狱。而且,在17世纪,所谓的矫正室,或"感化院"(Bridewells)首次出现在英国的城市里,后来出现在英国的各个地方,成为了一种收留和安置无家可归者、穷困之士和"顽固的乞丐"进行劳动的方式。[84]然而,普通法法院只能为了在审判前限制被告人、强迫归还显著的债务和惩罚被判决某些轻罪的人而施加相当短期的监禁制裁。[85]

1706年制定法没有把监禁当作死刑的一种可选刑罚或一种替代刑罚。它宁可使监禁成为一种适用于首次被判决所谓享有宗教人员特权的重罪之人的惩罚,即适用于以前的惩罚是首次犯罪者被限制为在拇指上烙印的重罪。现在最短监禁期限6个月和最长期限2年,可以由法院在烙印之外自由裁量适用。

1718年的流放法——之前讨论了有关严苛的规则和仁慈的规

则适用之间的紧张,规定了哪些要被流放之人一定要交给承包人,承包人要承担流放他们的费用,但是允许承包人出售或另外分配该契约给北美殖民地的第三方。

监禁和流放都在艰苦的劳动条件下被执行,而且毫无疑问有利于拥有土地的乡绅和商人的经济利益,他们从这样的劳动中获益。同时,它们反映了一种神学信仰,即辛勤劳动可以不仅是一种苦修的形式和复原的手段——如在罗马天主教神学中,也不仅是一种基督徒的召唤——如在路德宗神学里,而且是一种预定的拯救符号。任何情况下的艰苦劳动,在加尔文教神学里,都是一种由
329 神圣的"劳动立约"所加诸的责任,该立约"构建了基本的人们的友谊和亲属、权威和服从的关系",而且确立了"奉献和虔行、诚实和光荣、纪律和勤奋、谦逊和慈善的基本价值"。[86]在17世纪和18世纪,加尔文主义盛行的地方——英国、美国、荷兰、法国的胡格诺派教徒之间,勤劳、清醒、节俭和其他所谓的清教伦理也盛行,这并不偶然。[87]此外,一种神的正义和神的仁慈之间存在张力这种强烈的神学学说支持了惩罚的发展,一方面它比仅仅在拇指上烙印或者在国王宽赦的情况下就全部免除更为严苛;而另一方面,它比死刑判决更少严苛。

这种司法和仁慈之间的张力,的确是一种在巡回审判中向聚集起来参加重罪执行的人群宣讲的训诫的主要论题。前面已经指出,在轻微的犯罪和重大的犯罪之间没有做出区分;二者都可以平等地用死刑惩罚。然而,一个初犯者是可以矫正的。神的正义和神的仁慈之间的区分反映在人的法律与人的公平之间的区分。用尊敬的扎卡莱亚·马奇(Reverend Zachariah Mudge)在1732年埃克塞特卡斯特进行巡回审判时的宣讲的话来说,因为人的司法的不完美性"为公平留下了空间",[88]这是"一种根据仁慈观念阻止正

义进程的权力”。[89]马奇说,仁慈使得在适用法律时区分不同犯罪和不同犯罪人成为可能。[90]但是,仁慈也通过严厉地惩罚罪行来得到展现,因为对于罪行的正义惩罚就是对无辜者——即对于其犯罪的无辜受害者和对于一般的共同体——的仁慈。[91]

第十一章　英国民事、经济法律的转型

330 本章的主要目的，首先是叙述和解释发生在17世纪和18世纪早期尾随着议会的政治上的至高地位的确立，拥有土地的乡绅和主要的商人的经济支配，以及盎格鲁加尔文教道德神学的财产法、契约法以及法人法的根本变化；再者是将民事法的这些变化与伴随的商法和财政法，特别是王室的垄断权的消除、现代信用形式的引入、现代股票市场的兴起，被称为“税收国家”的出现，现代专利法制度的创造，以及海运和其他形式的保险业的引入联系在一起。

在分析财产、契约和法人等基本法律概念的变化时，首先把重点放在了实体法上，它与相关的以前由其他法院处理的各种类型的民事纠纷转移至普通法法院和扩展了普通法民事救济的管辖权和程序的改革相区分。尽管这个时期发生了如此深远的管辖权和程序变化，实体民事法的基本概念和原则和前一个时期还是根本一样的，而发展只是有所增加，这是在法律史学家们中间广为流传的观点。[1]需要提出的是这种观点被在下面的讨论中提交的证据所拒斥。

财产

在不动产法律——土地法中，17 世纪晚期和 18 世纪早期的关键事件是：(1)所谓的要求向上一级的领主提供服务或付款或要求他们同意各种形式的财产使用和处置的封建保有的废除，实际上导致了现代土地所有权法代替了保有制度；(2)对圈地运动的限制的消除和数千个圈地的实现，导致了土地所有的集中和长期限的租约代替了官册保有(copyhold)；(3)所谓的严格措施的发明，允许土地不动产历经多代完整地保留在同一个家庭，而这样的措施不包括保留了反对限制土地转让的规则；而且(4)信托和抵押法的发展，推动了不动产转让市场的建立。这些事件的每一个都将依次被讨论。 331

封建土地保有的废除

通过 1641 年和 1645 年的决议和 1656 年制定的一部制定法，长期议会废除了先前存在的国王通过直属封臣(tenants-in-chief)进行的土地保有形式，而且在国王复辟之后这些行动由 1660 年的保有废除法得到了确认。[2]这个立法的直接效果是剥夺了国王单方面地对地主强加某些种类的封建权力——主要是，所谓的骑士役保有和监护权——的权力。[3]任何人都必须说“所谓的”，因为那是在停止使用之前存在了很长时间的封建制度的语言。的确，封臣向其领主提供打仗的骑士义务早在12世纪就已经开始被付钱(免服兵役税,scutage)所抵偿,而且随着领主—封臣关系在14世纪和15世纪的实际消失,免服兵役税自身,连同大多数可付给后代或自由保有土地的转让的其他封建权力,实际上也消失了。正是都铎君主们为了为国王筹款而人为地在16世纪恢复了它们,而且正是他们的斯图亚特继任者查理一世将它们转变为强制贷款,这使得君主制在没有召集一次议会表决普通税收的情况下运行了11年。

保有废除法起到了使国王的整个税收权力服从于议会意志的效果。它也起到了将所有类型的自由持有的土地保有实际地转变为"自由和共同农役租佃"(socage)的效果。以前,奇怪的术语"农役租佃"曾经被适用于附有各种形式强制义务的各种形式土地所
332 有而不是骑士役土地保有。[4] 1660年法律将农役租佃保有转变为没有义务去向上一级履行役务或付钱,也没有要求上一级同意各种形式的使用和处置的自由保有——实际上就是现代意义上的所有权,尽管在名称上还不是。

圈地的限制的消除

与自由保有土地所有从向高一级的领主和国王进行的义务性付款和役务解放出来相联系的是对获得由村民共同拥有且主要用于牧羊和牧牛的土地限制的消除。这样的获得被称为圈地,因为他们是通过用栅栏、篱笆或者壕沟将它们围起来完成的。

圈地在12世纪到14世纪中期,庄园农业体制的全盛期并不经常。在这样的体制下,农民拥有小块的土地(strips),通常散布于庄园的各个部分,庄园领主"的"与这些小块土地有关的权利和义务,以及平民的权利,都按照庄园的习惯来确定。随着庄园体制在14世纪晚期和15世纪的衰落,特别是1348—1349年的"黑死病"之

后,农民普遍地保留了他们习惯的土地保有,这在旧的庄园档案的副本里有所描述,而且这些各色各样的土地保有都使用通用的名称“官册保有”。但是正如领主—封臣关系的逐步消失改变了封建保有的性质一样,因此领主—农民关系的逐步消失改变了庄园体制的性质。在15世纪的农村里出现了富裕的农民(自耕农,yeomen),他们从贫困的农民手里获得很多可耕小块土地,而且有时为了获得大块的毗邻的牧场——主要是为了牧羊,他们袭击平民。结果是驱使了大量的农民离开了土地。

因为15世纪晚期和16世纪早期圈地在数量上的增长,他们引致了大量的反对,不仅对小农阶级方面而且对国王和贵族方面,后者,在一方面认为他们自己是农民保护者而且在另一方面并不赞成处置新出现的富余自耕农阶级。在1515年,托马斯·莫尔在他的《乌托邦》里,写到圈地是“羊吃人”,[5]在1517年枢机主教沃尔西(Wolsey)指派一个委员会调查圈地导致的人口减少,圈地导致了高等大法官法院对犯罪者的起诉要花费20年时间。[6]在16世纪和17世纪早期的进程中,立法严厉地限制圈地运动,这已经成了拥有土地的乡绅兴起的一个重要因素。反圈地立法的废止在1624年查理一世的议会上由爱德华·柯克爵士和其他如提议——但没有成功。[7]在1630年代,查理一世坚决地起诉这项立法的违反者, 333
而且在1644年导致大主教劳德被处死的这样的指控就是他曾经支持无情镇压圈地。

在共和国期间和之后,议会全面同意进行圈地运动。议会最终受制于某些司法和议会的控制;特别是,因为议会开始制定成百个授权具体的圈地私法案,在这些法案里包括准予对某些容易受到其不利影响的人提供某些保护的条款变成了惯例。[8]

圈地运动,伴随着敞地*里的小块土地的“独占”,即合并,侵袭了官册保有制度,而对其提供保护曾经是都铎—斯图亚特限制圈地立法的一个目的。在16世纪缓慢地、在17世纪快速地——特别是在圈地被合法化之后,发展出了一种将官册保有转变为租约保有的惯例。主流的官册保有地产所从属的自由保有的所有者将与官册保有者签订协议,凭此协议后者将付一笔最初的总款,这被称为侵占罚金,然后同意按照一个长期的租约支付年租金。这样的协商租约保有取代了之前习惯的庄园官册保有,正如自由的农役租佃保有取代了之前习惯的封建保有一样。因为农役租佃保有中的所有者实际上不再是一个佃户而是一个所有者,因此长期限的租约保有人不再是一个农民而是一个农场主,其财产权利通过与地主签订的契约获得。确实,所有土地继续为国王所“拥有”的拟制只是掩盖了一个事实,即“非限嗣继承地产权**”现在构成了所有权,而且一项“租约保有”是一种确立了承租人某些财产权利的契约关系。[9]

严格的措施

反映了拥有土地的乡绅的利益的17世纪晚期和18世纪早期的土地法的这种剧烈的变化,也很好地通过所谓的严格措施展现出来,这是一种地产所有者可以合法地确保其财产的传承历经多代仍完整地在同一个家庭里进行的方法。

通过遗嘱或契约或当事人在世时有效的赠予处理自由保有的

---

* 敞地,open fields,指住宅以外的土地。——译者注

** 非限嗣继承地产权,fee simple,这种地产的继承不限于特定人,凡合法继承人均有权继承,包括直系的、旁系的和其他受遗赠的继承人。一旦拥有这种地产,本人享用终身——如果他有权当然可以任意处置——并将永远传给其后的继承人。在土地保有体系内它最接近于所有权。——译者注

土地的自由在12世纪首先被罗马天主教会积极地培育,它主要通过这样的遗赠和赠予获得了大约三分之一的欧洲土地。然而,教会"以自由施舍"占有的土地,几乎不可避免地留在了教会里。给其他人的土地捐赠人也经常要求遗赠,赠予或售出应该限制在某些特定的方式进行,而遗产受赠人或受赠者或其继承人经常要求其他方式。英国法通过创造了一套为实现广泛的各种具体目标因 334
而高度复杂的规则来回应这个两难局面。在遗赠或赠予中运用的某些话语形式可以被用于控制土地进一步处理给特定的人。例如,一份"给A终身,A死后限定继承给B和他的继承人"的土地遗赠或赠予将给A"终身的不动产",无权通过遗嘱处理这块土地,而是给了B全部的按其所愿处理这块土地的权力——如果A死时B还活着。同样地,如果A给予或遗赠土地给B,条件是在B死后他应该传给将要达到20岁年龄的B的大儿子,然后B可以在他有一个年龄达到20岁的儿子之前的任何时候通过处理这块土地挫败赠者的意图。"期待性剩余地产权",像其被称呼的那样,就是,这个未成年的儿子在这块土地上的未来利益,可以被消灭。这个规则的技术理由是如果B应该死在他的大儿子达到20岁之前,没有拥有这块土地的财产权,即将出现一种"依法占有的暂时无效"——而且这将是一个无法容忍的情况。这个规则普遍地扩展至这样的假定的期待性剩余地产权。一份对S,一个儿子,终身的赠予,期待性剩余地产权归属他的大儿子,受到S的支配直到他生了一个儿子,这个儿子就成了期待性剩余地产权的所有人。

这个针对依法占有的暂时无效的技术规则——它在英国仍然是法律——的意义是,既然一次偶然的不能实现将阻止立遗嘱者或赠者的意图,之后的选择将落在转移这份财产给他的法定继承人和将处理这份财产的全权给予这份终身不动产的中间遗产受赠人或受赠者。后者的可以替代之人至少类似于回应了立遗嘱者或赠者将要选择之事的前者,而且它比前者在经济上更为合理,因为土地的可转让性增加了它的价值。确实,在17世纪的普通法里有一种强烈趋势要去除大多数残存的对于土地转让的限制。

然而,一个纯粹的假设性期待性剩余地产权给了终身财产所有人转让这块土地的全部权利威胁到阻止形成了英国贵族统治的大地产所有人完整地保存这些不动产超过两代人。这个问题在1670年代被奥兰多·布里奇曼爵士(Sir Orlando Bridgman)解决了,他在当时被认为是律师界中最为杰出的成员,他的客户中间有英国最为富有和杰出的拥有土地的乡绅。奥兰多爵士是发明了被称为严格措施的策略的天才,通过它期待性剩余地产权的法律意义可以被保留,但是与此同时,它对寻求数代和数个世纪保留他们的支配地位的大家族之冲击则可以被避免。他在S——儿子,和G——孙子(因保留期待性剩余地产权而被控的信托人)之间创设了一种信托;而且信托人的不动产立即将这份赠予归属S,即开始生效。这个公式是一个高度复杂的公式:给S终身,剩余地产权给
335 信托人S的终身,被S信托终身而且保留期待性剩余地产权,剩余的地产权给其后的男性序列的第一个儿子(例如,按照男性序列传承,)连续的剩余地产权按照其后的男性序列给S的儿子。通过这种安排,儿子——S,被剥夺了他的在其自己的儿子出生之前转让财产的权利,因为在信托人中有一份有归属的不动产;而且信托人的任何与信托相反的处理财产的企图都是无效的。当孙子——G,出生时,他的剩余地产权归他。而且当孙子G达到成年年龄时,S,用两个前一代伟大学者精练的话来说就是,

已经四五十岁了,感到自己作为家族荣誉、传统和不动产

> 的守护者。G 可能是反叛的和未经规训的,但是他不能除去继承权的限制,而且从而获得剩余的地产权里的非限嗣继承地产权,因为不能除去继承权的限制只对占有中的限定继承的佃农来说才是可能的;因此,无论 G 在 21 岁时有多么疯狂和激进的观念,他都可以使得家庭不动产不受损失。正是在这点上,传统上 S 访问 G 进行一次聊天。他向他解释说,已经达到了成年的年龄线,G 将被需要进行遍游欧洲大陆的教育旅行,而且在夏初伦敦上流社会的社交季节表现自己;这将花钱,但是有 S 控制的家族基金,显示出已经将家族利益放在心中的家庭成员可以使用。S 进一步解释说一项重要的家族利益就是家族不动产的连续,而且为了这个目标有一些文件需要签字——现在而且立刻。因此逐渐地轻轻说服,对 G 来说按照请求签字和因此使得自己可以使用那些从一个慷慨的父母的津贴中得来的利益就是传统的。[10]

因此基本的模式被推进了一代。S 现在可以高枕无忧地信任 G 将没有权利把这份不动产置于家族之外直到他有一个 21 岁的儿子;到那时 G 按照他的次序将平静下来,致力于郡的耕种和猎狐生活,而且决定去照顾家族财产被保留下来。当然,你将认识到这种简短的叙述是一种简化,而且在某些程度上是一种小说化,还有对于很多家族的其他连续性策略也是需要的;但是这是基本的程序。通过这种方法,成千上万的不动产实质上完整地被保留了数个世纪;如果你对这进行了多大的程度感兴趣,看看 19 世纪的任何期间的伯克贵族和伯克的拥有土地的乡绅的记录即可。[11]

凭借这种制度,大地产家族的不动产被完整地保留了很多代,而这种制度持续到了 1925 年,当时它被新的有关财产和继承税的立法终结了。[12]

信托和抵押的发展

尽管一个拥有土地的非限嗣继承地产权的人不经其上一级领主同意而出售它的权利从1290年开始就在英国法中存在了,这样
336 的出售实际上被残存的封建的和庄园的役务和付款大大地抑制了。[13]在其他的土地保有存在的地方,即在城市里,土地和建筑物从早期以来就存在买卖。[14]在17世纪晚期,随着乡村里大多数封建的和庄园的土地保有的最后消失,一个繁荣的市场也开始在包括地产在内的农地上发展起来。确实,很多拥有土地的乡绅通过严格措施密切联系他们的不动产的后代就是为了抵抗这样的市场的诱惑。然而,很多同样拥有土地的乡绅,至少愿意出售部分他们的土地,而且这些土地经常被杰出的商人和其他通过商业扩张获得财富的人买走。它是一个这样的城市居民购买地产和加入拥有土地的乡绅等级的社会兴旺的市场,然而也保持了它与伦敦或其他地方的有利的商业联系。

在17世纪晚期,英国法对土地可以销售的巨大增长要求的诸多回应方式中,也许最重要的是开始对两种类型权利进行区分,一个被称为“衡平法的”(因此只能在一个衡平法院,即大法官法院执行),另一个被称为“法律的”(因此只能在普通法法院,即民事诉讼法院或王座法院执行)。衡平法权利概念的创设包含了一次信托法的转变,凭此信托给B的土地转让给A意味着A和B都成为土地的所有人,但是不同目的的所有人拥有不同的权利和义务。B是“衡平法上的”所有人;A是“普通法上的”所有人。B,而非A,拥有占有、使用和处置这块土地的权利,但是只能在信托指令的限制范围内进行,它可能要求他以某些方式来使用它而且只能在征得信

托人同意的情况下才可以处置它。相比之下，A，信托人，作为普通法上的所有人，不能侵犯B，受益人的权利，而且A的债权人的请求，与B的债权人的要求不同，不能针对这块土地执行。

土地的衡平法上的权利和普通法上的权利的区分是衡平法——其主要法律由大法官法院执掌——的一次根本转变——发生在17世纪晚期诺丁汉爵士领导之下——的一部分。[15]这次转变也导致了一种新的抵押法的发展，它大大地推动了包括城市和农业土地在内的土地市场的建立。普通法上的作为一项债务保证的土地"担保"，即保证——可以追溯至12世纪，当时债权人和抵押人，占据债务人的土地直到债务被偿付。[16]后来规则演变为，如果这项债务在一个确定的经过协议的时间里没有被偿还，就允许债权人获得这块土地。抵押法是普通法的一部分，但是在例外的情况下大法官将介入以实现衡平。因此大法官法院将允许不履行责任的抵押人随后重新占有这块土地，如果他在最初经过协议的时间届满之后某个确定的时间偿还了债务（衡平法的赎回），而且在 337
例外情况下也给予不履行责任的抵押人其他的救济形式。

然而，如果抵押法要服务于出现的土地市场，在17世纪所需要的就不是艰难情况下的衡平法救济而是一种新的承受抵押人与土地的关系观念。旧的观念是，根据普通法他是一个土地保证人，而且偿还了债务，他可以将这块土地归还抵押人。这个观念历经数个世纪被留给抵押人占有土地的惯例和大法官法院中的例外情况的衡平法发展所冲淡。然而，想要为了购买不动产或其他目的而借款的人将在使自己因受制于这样的一个保证期间而犹豫。

在17世纪晚期发展出来的新的衡平法里一再发现解决办法。抵押人保留了财产的衡平法上的权利，给予接受抵押人普通法上的权利。作为普通法上的所有人，接受抵押人只有占有和使用土地的从属权利,即防止土地价值实质性下降的权利,而且只在保证债务偿还不被置于危险之中的必要程度上控制土地的处置。用其他的话来说,抵押第一次成为完全的债务偿还的保证。同样地,它成了新的不动产流转的关键动力。

契约

因为从12世纪开始在英国和普遍地在欧洲存在一种高度发达且复杂的财产法,因此也存在一种高度发达的契约法。这首先是,教会法的契约法,它利用了,但是根本上改变了,在查士丁尼《法律汇纂》中发现的和在大学里教授的罗马法中的契约法。[17]也存在一套适用于包括英国在内的全欧洲市场里和市集上以及边境贸易中的习惯契约法——*lex mercatoria*,或者商人法,如它被称呼的那样。[18]成千个欧洲城市和乡镇的城市法院也解决契约纠纷,它们经常求助于教会法和罗马法(在英国,也求助于英国的王室法)以及它们自己的宪章和制定法,还有商人法和它们自己的习惯法,作为其裁决的渊源。[19]

然而,早期的英国普通法,即王室法院适用的法律——对于契约纠纷只有有限的救济,解决契约纠纷主要是通过普通法的债务之诉(action of debt)、非法占有之诉(detinue)、账目之诉(account)、欺骗之诉(deceit)、立约之诉(covenant)和间接侵害之诉(trespass on the case)。它们中没有一个是真正意义上的契约之诉,即为了
338 执行契约的诉讼。当间接侵害之诉在"损害赔偿之诉"中被适用时,即当被告已经许诺了做某事而且粗心大意地做了导致对原告的损害之时,其最为接近契约之诉。在14世纪和15世纪,当时普

通法法院、王座法院和民事诉讼法院，都不愿意为违反契约发展新类型的救济，大法官法院在契约方面获得了超出普通法之外的情况下（比如很多类型的口头承诺和第三方受益人的请求）或者普通法法院不能公正地裁决的情况下（例如，因为普通法救济的不充分）的广泛管辖权。在执行这些有限种类情况下的契约时，大法官的“良心法院”使用教会法、罗马法、商人法和他自己的灵活性和公平感（sense of fairness）。[20]

在16世纪和17世纪早期，适用于契约的英国法经历了重大的发展。都铎王朝的特权法院，包括上诉法院和改革后的高等大法官法院以及高等海事法院，行使了大大扩张的管辖权，将传统的商人法和从罗马法和罗马法律科学中获得的很多规则和概念适用到商业案件中。部分地为了应对新的竞争，部分地是由于时代的精神，普通法法院也开始改革损害赔偿之诉，使得它不仅可以在从前的因许诺的瑕疵履行导致的损害案件中使用，而且可以在某些类型完全不履行的案件中使用，它们也简化了其程序以使这种诉讼成为解决商业纠纷的一种不那么难使用的手段。在斯勒德案（*Slade's Case*，1602）中，损害赔偿之诉被用在半履行（half-performed）的契约案件和半履行的货物销售案件中，这些在从前要诉诸古老的债务救济和非法占有救济。到这时，普通法法院也详陈了一种对价学说，在效果上类似于衡平法学说和教会法学说，通过它，许诺的正当性和可执行性——无论在半完成的交易案件中还是在一个简单的承诺案件中——按照导致它或激起它的情况对其进行核检查。[21]

尽管有如此重大的变化，盛行于英国的包括普通法在内的所有法律制度中的契约责任的潜在假设，在16世纪和17世纪早期基本上保持了原样，正如它们在前一个时期一样。违反一份契约首先是可诉的,因为——如果——它是错的,再者,因为——如果——承诺人考虑到其合理且公平的目的有权要求执行该契约。带着某些条件,普通法法律家正如教会法法律家一样地接受了这些假定。在17世纪后半叶之前,损害赔偿之诉根本上就是一种针对违反一个(单方面的)承诺的诉讼,而不是违反了现代意义上的
339 (双边的)契约,而且需要考虑的事项根据道德的正当性证明和契约的目的来考虑。相比之下,普通法上的立约之诉,不是一种真正意义上的契约救济而是一种违反签章文件的诉讼;强行获得该文件是一个辩护理由,但是诱导中的欺诈却不是,尽管在某些案件中可以从大法官那里获得免除。普通法法院在执行某些种类承诺时使用与众不同的程序,适用与众不同的技术规则(经常为不同的程序所要求),而且只给予有限的契约救济这个事实反映了宗教领域和世俗领域的区分以及世俗领域细分为多元的管辖权。这些区分和细分自身与首次明确地出现于11世纪和12世纪的全球观点有关。

随着普通法战胜其竞争对手,摆在普通法法院面前的商业案件数量和种类的大量增加要求其救济和原理的扩张和修改。特别是在1660年之后,当时清教时期的某些最重要的改革在一个复辟的、精练的和有限的君主制治下得到了确认,普通法法院逐渐地采取了大量前一百年由特权法院和大法官法院详细说明的救济和规则。然而,17世纪下半叶和18世纪发展出来的普通法上的契约法的其他变化,不能归诸以前在竞争对手的司法权中被详细说明的原理的采取或改造。事实上,在已经发展了5个世纪的契约法中的某些基本假设中存在一种决定性的变化。这种变化可以概括成三个相互作用的命题:

第一,责任的潜在理论从违反承诺变化至违反契约。不再首

先强调有瑕疵的承诺者罪过或者错误，而是强调类似协议的约束性质和受约人期待的落空。这种变化比在双方的承诺被视为独立的或相互依赖的这个问题之前出现的更为尖锐。以前，它们一般被认为是独立的，因此一方不能执行承诺不是其侵犯另一方的行为的辩护理由，但必须是下一个诉讼的主题。在 1660 年到 1760 年这个世纪里，法院越来越将这两种契约看作相互影响的。[22]

第二，对契约的强调在一种新对价学说观念中得到了体现。广义地讲，这个学说涉及一种契约关系的相互性：A 对 B 的契约是有约束力的，如果它对 A 而言有某些利益的对价。契约背后的对价是其目的或动机或正当性证明的观念在 17 世纪下半叶让位于对价作为受约人因承诺人的承诺而支付的价格这种观念。这种变 340
化比对价的充分性或相对价值问题之前出现得更加尖锐。在清教革命之后的世纪里，法院的趋势是逐渐地执行合议的协议而不考虑对价的充分性。[23]受约人 1 镑的支出可以是支持承诺人履行价值 100 镑的服务的契约义务的充分对价：它表现了各方想要使其协议受到法律的约束。

第三，责任的基础从过错责任变化到绝对责任。受约人因不按照协议自身的期限履行而要赔偿，不考虑使得履行成为过度负担或根本不可能的意外情况的介入；一般来说，不履行借口被限制为在这些期限里要有规定。

从契约的承诺理论到协议理论的这种变化在著名的 *Paradine v. Jane* 案中得到了充分的展现，在前一章已经讨论过这个在 1647 年裁定的案子。在内战的高峰期时，某不动产的承租人，被入侵的军队剥夺了其对土地的占有，因此被出租人以不付租金为由起诉。承租人引用教会法、罗马法、军事法、道德法、理性法、自然法和国际法提出辩护说，契约的履行受到他不能控制的不可预见情况的阻止。的确,今天的英国法院可以在一个类似的情况下裁定"自然正义"将免除被告的责任,尽管因为根据今天的英国法,租约要比其他类型契约被执行得更加严格,这个问题很是复杂。在 *P v. J* 案中,法院阐释了一个广泛适用的严格契约责任原则。它认为在根据法律产生出一个契约的地方,当事人如果没有过错将被免责,"但是在当事人通过其自己的契约对其自身产生了一个义务或负担时,如果他可以,他一定要使它保持良好,不需考虑意外事故或不可避免的必要性,因为他已经通过他的契约排除了它"。[24]

我们可以发现提出了严格契约责任原理的早期案例。的确,可以显示出所有违反契约的现代诉讼原理的组成因素都已经在 15 世纪晚期和 16 世纪的间接侵权诉讼的胚芽中有所展现。[25]在追溯法律学说史时,在一些早期裁决或文本中发现每一个新发展的渊源并不困难。然而公正地说,在该案之前没有一个英国法院曾经提出过违反协议交易的绝对责任理论,即契约责任从侵权责任中区分出来,根据契约各方为他们自己设置了其责任这个事实;此外,在该案之后这个理论从没受到过有效的挑战。它成为了今日
341 英国普通法的一个普遍规则,即除非它在契约期限里另有规定,违反契约责任将无须过错证明。

然而,英国法律史学家,已经说过"直到 18 世纪对已办契约理论的严肃研究才得以进行",[26]直到 19 世纪才出现了一种以自治的当事人意志的同意为基础的契约交易理论。[27]这些陈述将其正当性依赖于一种"契约的普遍理论"这个术语的具体含义。18 世纪之前英国法中的契约责任被认为没有一套连贯的原则,包括表达当事人意图的交易协议的约束力原则,这种说法很难站得住脚。

违反契约的严格责任原理的出现,在票据法的发展中得到了显著体现。正如詹姆斯·斯蒂芬·罗杰斯(James Steven Rogers)所

展现的，17 世纪中期在英国法的交易票据史中是一条分界线，当时第一次宣布了尊重一项可流通的有约束力票据或为第三人出兑成为一项绝对义务，无须考虑背后的销售或服务或者产生其最初签发的其他交易的正当性。[28] 在 17 世纪中期之前，一项针对交易票据的被背书人或付款人或收款人（drawer）不支付而提起的诉讼需要证明该项契约赖于发行的“背后义务”的性质；正是整个的商业交易，而不是商业文件本身，引起了关于支付的权利和责任。罗格斯正确地将这些法律中的后期变化与 17 世纪从一个乡镇经济到一个国家经济的变迁联系起来，当时英国商人开始通过伦敦和英国其他地方的长期代理人来进行大规模贸易，“而且凭此获得了他们可以使用交易票据的远处信用”。[29] 然而，它也与新发展中的观念有联系，这种观念认为一项交易的承诺具有约束力而无须背后的交易的正当性。它可能或可能没有一个“对价”发出或签署。然而，通过某些正式的要求，交易的合法角色被实现——包括严格要求加入某些词语，包括“根据”收款人或被背书人的“命令”——以显示使该工具成为独立的权利渊源的意图，而不管是谁控制了该工具。

法人

正如加尔文教伦理影响了 17 世纪晚期和 18 世纪英国契约法的发展一样，它也影响了法人法的发展。然而，这不是马克斯·韦 342
伯（Max Weber）在其名著《新教伦理与资本主义精神》中描绘的加尔文教伦理。韦伯强调他所说的 16 世纪、17 世纪加尔文主义的“苦行”方面，即其致力于终生的自律、节俭和辛勤劳作，他说，这些创造了“一种个体前所未有的内在孤独感”。[30]按照韦伯的看法，正是预先命定论学说和强迫性的连续证明给自己和共同体看自己是选民共同体的愿望，导致英国加尔文主义者不仅以一种在世界舞台上前所未见的积极性来提高他们的企业经济利润而且去创造支持现代资本主义社会结构的信仰体系。

韦伯发展其理论，根本没有提到在加尔文教影响下出现的社会里盛行的法律制度——特别是英国和荷兰。事实上，他的论著不仅不能得到17世纪英国法发展的支持反而遭到了其反驳，这不是反映在个人主义者而是反映在共同体伦理和精神中。

一个显著的例子是一方面作为联合一群杰出人士组建生意或慈善企业的工具；另一方面作为很大数量的股东筹集资助该生意或慈善企业的资本的工具的股份公司的出现。在韦伯对资本主义精神的分析中，他并没有考虑如此重要的作为海外贸易企业的17世纪股份公司的共同体特征，它并非为利润而是为服务于公共事业而设计的。一个例子是1692年议会法以一个法人章程授权伦敦的一个商业公司与格陵兰岛开展贸易，它叙述了这样的贸易的重大的重要性，其如何落入了其他国家之手，以及需要通过很多人的联合努力重新得到它。[31]类似的公共目的的叙述标志着其他股份公司的共同体章程。自然，这些是企业家想要让股东获利的行为，也是允许冒险者降低他们交给联合持有的股票份额风险的新共同体形式。同时，这些企业依赖很多头脑相似的人的紧密合作，他们部分地为一种与其他人一起参与一种服务于公共事业的联合冒险的愿望所激发。

没有一项事情比被称为英格兰银行的股份公司的创立更为象征了17世纪晚期英国经济生活的共同体精神，该银行根据1694年的议会法设立，主要是为了资助政府对法国的战争。根据这项法律，国王任命特使以接受捐献，国王被授权将“捐献者和有贡献者、他们的继承人、后嗣并入一个政治组织和共同体里”。[32]股东被要求确定他们的有关英国经济福利的集体利益。大约1300人捐献了 343
12万英镑支持这场战争——而且从他们持股的价值的增长中获得了收益，这些部分地由来自海关税的政府补助金提供支持。捐献者包括杰出的商人和拥有土地的乡绅，在他们中间有很多议会议员。在董事会的第一批26个成员中，有6个后来成为了伦敦市长。该行的规章制度要求董事会每周开会，而且要求股东大会每年开会两次“来考虑这个法人的一般状态和条件以及按照他们的持股确定他们的股息……”[33]

17世纪晚期也出现了另一个重要的服务于共同体也服务于私人目的的法律制度，即现代信托法的创设。[34]类似于股份公司，信托工具为迎纳共同努力的更多成员的企业和慈善协会的形成提供了便利。

17世纪和18世纪英国共同体主义的根源，反映在这些新的法律制度里，并不是像马克斯·韦伯所说的来源于更为个体主义的预先命定和召唤学说的新教伦理的禁欲方面，而是来源于更为共同体主义的立约和立约的共同体学说的集体主义方面。

经济法律变革

与契约法、财产法和法人法领域的变革紧密相关的是经济法律的根本变革，包括(1)所有特别商品生产和销售垄断权的许可被取消；(2)私人经济和公共经济的变革，包括新形式的信用交易的引入、现代股票市场的兴起以及新形式的国家税收的引入；(3)发明专利和文学作品版权的引入;以及(4)针对财产损失或损害的保险的新方法的引入。除了垄断权的许可被取消——其中爱德华·柯克爵士的遗产发挥了重要的作用,这些变革在英国法的历史编纂中通常都被忽略了;然而,近些年来,经济史学家已经对它们进行了分析,他们已经逐渐地认识到法律制度在为经济增长提供便利方面的重要性。

对垄断的抨击

在都铎和早期斯图亚特时期,王室权力的一个重要特征就一344 直是国王授予他的亲信经济垄断权。通过所谓的特许证书,国王给予个人一种排除性的制造和销售特定产品的权利。某些这样的私人垄断在15世纪晚期和16世纪早期的法院上遭到了挑战。而且,在1624年查理二世难以控制的平民院(爱德华·柯克爵士是其中的杰出议员)制定了关于垄断的制定法,要求这样的条例和规章在生效之前应该由议会批准。然而,议会当时不敢完全地禁止王室特许证书确立的垄断。这样的王室权力确实在1603年的法院所受理的一个案件中遭到了挑战,但是该案的裁决是勉强的。[35]然而,爱德华·柯克爵士后来对其进行的汇编,将一种对这样的贸易限制的深度对抗归功于普通法,在光荣革命之后,柯克的观点开始作为一种对普通法的解释而盛行。[36]

宣布王室垄断授权为非法有利于保护传统的商品生产和销售制度及各种手工业行会的工作。数个世纪以来,每一个这些各种手工业行会的成员——羊毛编织工、银匠、金匠,铜匠、玻璃匠、皮鞋匠、制革匠、屠户、面包匠以及很多其他匠人——已经联合形成了组织严密的协会,这些协会设定质量标准和价格标准而且管理师傅和工人之间的关系。手工业行会负责其成员的职业惯例,而且行会法院听取拙劣的工艺、不正当的竞争以及类似之事的诉愿。行会首次在12世纪的西方世界成立起来，而且构建了一种主要的生产模式而一直使用到18世纪。在17世纪的英国，清教徒的共同体伦理通过立约和召唤的语言补充了行会的精神，而且行会看起来支持了1640年代和1650年代的清教事业以及1680年代的议会事业。[37]

私人经济和公共经济的新方法

16世纪和17世纪早期君主权力的巨大增长，部分地加上在新教国家国王权力超越教会处于至上地位以及保留了罗马天主教的国家的王室超越教会的权力的增长，导致了君主国家之间长期的宗教战争，这些战争主要由唯利是图的军队进行，而且这渐渐地导致了消耗君主们从其王室财产和偶然的特别征税中获得的经济资源。在英国，如前一章已经叙述过的那样，早期的斯图亚特君主求助于额外措施强迫他们的臣民付钱以进行他们的战争，这是议会革命的一个直接原因。[38]

随着光荣革命和威廉及玛丽的即位，议会开始设计一种新的经济制度，这部分地利用了早期荷兰的经验，新国王对此完全熟悉。

公共经济的一个来源是通过建立作为股份公司的英格兰银 345
行，其中所获得的资源贷款可以给予国王来资助英国和欧洲大陆的战争。英格兰银行被授权出售国王支持的公债，因此扮演了一个公共经济代理机构，为了资助政府的运转而从富人手里借钱。另外，依照在尼德兰也变得盛行起来的新的银行业惯例，英格兰银行为传统的接受存款和清理存款者的账单之传统的银行业功能增加了相对较新的折现本票的功能，即减除购买之时和到期之时之间将要增长的利息而购买它们。的确,英国国库发行本票在 1696 年是作为一种支持对法战争的方式被引入的。进一步地,1704 年本票法使得国王和私人或企业发行协议的商业票据成为可能,即票据可以通过签字来转让,而且在善意持有者手里免遭个人的诸如欺诈或先手无资格的抗辩。[39]

在 1680 年代和 1690 年代早期的现代股票市场,一种已经在尼德兰出现的较新的机构,同样在英国建立了起来,凭此股份公司可以通过出售可转让的股份来获得资金。各种股票价格在伦敦商业期刊上定期发布,而且标准的买卖契约被印制出来。[40]股票经纪人,正如他们现在被称呼的那样,在咖啡屋会见客户,发展了一套全新的同意(subscription)词、签名(underwriting)、付款(puts)和拒绝(refusals)等词汇。[41]一方面,新的流动的股票市场制度为商业企业和个体商人带来收入,通过英国银行,国王可以利用它们贷款而且议会可以通过税收的方式利用其资源。另一方面,国王自己可以为了一个公共目的投资股份公司,包括由国王为海外开发和殖民而资助的股份公司。

1690 年代,一种定期的股份交易市场开始出现,意味着股份具有了流动性和可交易性。[42]股份的转让受到议会任命的特别委员会的控制,而且禁止外国人持股。此外,诸如东印度公司和哈德森湾公司这样的特许公司的股份的所有权集中在少数人手里。这不是民主的中产阶级的资本主义,这是贵族制的商业主义,由拥有土地的乡绅的代表和选入平民院的杰出商人控制。

这种经济制度的转变一方面与新式的税收制度相结合,另一方面与一种国家债务的引入相结合。国王不再主要依靠王室的世
346 袭资源生活。随着商业活动的大扩张,英国,和其他欧洲国家一样,对事实上所有的消费品和它们生产中所使用的材料以及建筑

材料、房屋、马匹、马车和事实上被买卖或制造的所有东西加倍征税。富人为奢侈品——假发、烟草、游戏牌、骰子缴税；穷人——数量最多——也为事实上他们购买的所有东西缴税。还要征收土地税（“领地应付款”，如它们继续被称呼的那样）和进出口税。这些各式各样的税收一起支持了北美和印度的殖民以及其他经济史学家所说的“税收国家”的其他日益增长的活动。

专利权和版权

专利证书，在16世纪的英国被用于授权生产和销售物品，在当时也开始偶尔地被用于给予发明者一项发明的排除性权利。我们的现代法律术语“专利权”正是以这个用法来表示一项发明的排除性的使用权。然而，17世纪晚期之前，垄断一项发明的使用和垄断物品的制造和销售一样，是都铎和早期斯图亚特君主偶尔授予的一项王室恩宠的特权。在英国，和其他欧洲国家一样，这样的特权被授予以他们的技能服务于统治机关——君主、法院、贵族和在公家机关有经济或政治利益的人。[43]

1624年垄断法使得国王的垄断授权服从于议会的检查，但允许一项专利证书授予的例外，这项有效期14年的例外给予为这个领域提供了经济利益的新制造的“第一个真实的发明者”。[44]然而，只有到了17世纪下半叶，专利权才逐渐地开始不被首先视为一项垄断的国王授权，而是被首先视为发明者的一项法定的财产权。在光荣革命之后，专利权被正常地授予新发明。1690年代目睹了英国专利权的繁荣，这部分地与股票市场的兴起相关联。[45]

新专利法的背后是一项根本的原则，即一种产品或一种新流程的发明者应该对之拥有所有权、占有权、使用权和处置权，但是这种财产权利应该被限制在一定的年限内，因此最终新产品或流程将由所有的人们免费使用。原来法律中的作为给宠信分派的恩宠的王室特权成了发明者的一项特权,他对它们享有终生的专利权。

同样的原则被扩张至文学和艺术品作者。在17世纪之前它
347 主要是王室机构偶尔地通过专利证书给抄写员和书商,后来给印刷者授予制造书写作品或艺术作品副本的排除性权利。在英国,亨利八世做了很多这样的排除性印刷权利的授予,尽管这些权利被限制在7年时限里。虽然在1649年议会制定了第一部版权法,但它不是为了保护这样的作者而是保护被许可的印刷者免遭其他印刷者的盗版,它规定了对特许另一人印刷材料的印刷者要进行罚款。在1662年增加了有版权的作品副本应该在国王图书馆和两个大学的图书馆各自留存一份的规定。这部特许法直到1694年之前还停留在书面上,当时因为被授予特许的人的滥用,这种特许破产了。然而,没有一部特许法,出版作品的盗版就更猖獗。最后在1710年,议会制定了一部法律给予已出版著作的作者或其指定人20年的独家出版权,给予没有出版的著作的作者14年的独家出版权。作者的权利,和专利权所有人的权利一样,是一种有时限的特权,它服从于立约共同体分享作者的创造性作品的最终利益。[46]

保险

某些形式的保险,特别是海事保险,自12世纪和13世纪的第一次商业革命以来就存在于整个欧洲。然而,17世纪数学开始被应用至预测科学的发展中和损失风险关系计算被应用至保险费的成本中。新的风险管理科学是新的概率科学的一个产物,概率科学在牛顿、波义耳和其他人开创的物理学、化学以及其他自然科学中已经成为先驱,而且极大地影响了法律科学。现代海事保险业

在1680年代和1690年代晚期诞生在伦敦的咖啡屋里，在这里，所谓的保险商，使用新的统计分析方法来计算海外货物安全运输的概率，和它们的商人客户会面。[47]

第一家海事保险公司被称为安全集团，在18世纪早期根据国王的特许而建立，但是私人的保险业继续与之并行运作。然后就和现在一样，寻找保险的人们去找一个经纪人，他将发现一个风险承担者，该人将以保险费为回报承担损失，根据契约的术语签署他的名字（从此就使用术语"签署"）。除了海事保险，在18世纪可以购买很多其他种类的保险，包括财产损失风险保险、盗劫保险、死亡保险、火险以及其他意外事故保险。最后，39个保险商，在1670年代由爱德华·劳埃德为每人捐赠100英镑建立的伦敦咖啡屋里做生意，他们一起加入了劳埃德协会，"一个按照自我管理行为模 348
式而运作的个体企业的非社团组织群体"。这些和后来其他的劳埃德协会成员"将所有它们的经济资本都用来保证他们赔偿其客户损失的承诺"。[48]

保险业的发展与17世纪中叶的概率理论的诞生精巧而紧密相连。约翰·格劳恩特（John Graunt）的著作《对死亡率数量的自然和政治观察》（*Natural and Political Observations Made upon Bills of Mortality*）（1622）着重利用了在1650年代和1660年代发展出来的数学中的概率论，[49]它提供了开始被认为是保险精算科学的推理的基础。

很多历史学家都已经着重指出了17世纪晚期和18世纪早期英国新经济制度的创设与荷兰的同样制度的早期发展之间的关联，然而他们没有指出在17世纪荷兰和英国都受到加尔文教的强烈影响，以及1688年光荣革命之后英国经济才开始发展，当时荷兰的加尔文教信奉者威廉王子正坐在英国王位上。忽略加尔文教的影响,或者偶尔地在仅强调其一方面时追随马克斯·韦伯,即加尔文教生意人声称的致力于一种获得财富的召唤,这将预示着他们被上帝挑为选民之列,这些已经成了习惯。比预先命定论学说,或者,事实上著名的新教工作伦理更为重要的是加尔文教的立约神学。17 世纪晚期和 18 世纪早期英国和荷兰的经济制度的关键创新,以新类型的信用交易的创设为基础。股票市场的背后、国家债务的背后、税收国家的背后、本票的可转让性的背后——所有这些的背后是信用,其自身基于信任,其依次假定了由共享的立约——这种共享的立约是一种对看重其许诺——联系起来的主体的共同体,以及遵守其着眼的高于一切共享义务的信仰。

第十二章　英国社会法的转型

正如在16世纪新教德国的公国一样，在16世纪新教英国的第一次英国宗教改革中，一个国家教会被建立起来，根据法律它要求所有的英国臣民都属于该教会。根据都铎和早期斯图亚特君主的至上地位，英国国教会，和德国公国的路德教会一样，由规制以前属于罗马教会管辖范围事务的王室制定法进行管理。国家接管这些事务的特征通常是一次以前被认为是宗教性质的制度的世俗化过程。然而，它也可以被看作一次国家管辖权的宗教化过程，以前国家管辖权一直被限制在主要是世俗的领域。都铎和早期斯图亚特君主们，和他们之下的顾问和议会一起，不仅毅然宣布神法，[1]而且制定管辖以前被称为，现在仍可以被称为宗教关系事务的人法。特别是，16世纪有关教会礼拜仪式、婚姻、道德犯罪、教育、穷人救济方面英国法的变化——这些事务以前受服从于罗马教会机关的排他性管辖，现在 349

在重要的方面类似于路德宗冲击下的新教德国所经历的这些法律的变化。

如同在德国一样,尽管程度不相同,英国国教会的礼拜仪式,与以前英国教会适用的罗马天主教礼拜仪式相比,在礼拜方面给了教众参与更大的空间。拉丁语弥撒用书被为爱德华六世国王接受而伊丽莎白和她的斯图亚特继任者们稍作修改的公祷书(*the Book of Common Prayer*)所取代。[2]用庄严的英语写就,公祷书给了教会的祈祷者朗诵更大的空间,新翻译的英文圣经的篇章也需要在礼拜的各个阶段朗读。[3]

350 教众的唱诗受到了新引入的韵律赞美诗的刺激,尽管直到18世纪德国风格的赞美诗才被广泛地引入。[4]在某些都铎和斯图亚特时期的教会里,正如在路德宗和加尔文宗的地盘里一样,富有灵感的讲道开始在礼拜里发挥核心的作用。[5]

新的英国礼拜仪式,和德国王侯们采用的路德宗礼拜仪式一样,将圣礼的数目从7个减少到2个——洗礼和圣餐礼——而且后者的性质在一种新方式里做了限定。如同在路德宗里一样,婚姻,不再是一项圣礼,而成为了一项社会事务,尽管与路德宗相比,完全离婚还不被允许,而且如果双方互致了婚姻誓约,而且还作为夫妻生活在一起,就不要求一种婚姻形式。

另外在英国,如同在路德宗的公国一样,道德犯罪开始主要地被王室法律而不是像以前那样,由罗马天主教的教会法进行界定;然而,与路德宗的德国君主们相比,都铎和斯图亚特君主将很多这样的犯罪的管辖权留给了教会法庭,它在英国比德国进行得更加活跃。而且关于教育,在英国,如在德国一样,产生了一场运动,它使得学校对平民百姓更加开放,而且教师,与之前的教师相比,主要是世俗之士而非教士;但是与路德宗的德国法律相比,英国要求

16世纪和17世纪的所有教师从他们的教区主教那里获得一张教学特许证。

最后,16世纪和17世纪早期的英国济贫法,和德国一样,公然指责托钵教士和为“活该的穷人”建立的贫民习艺所。然而,与德国济贫法不同的是,都铎和早期斯图亚特立法将为救济穷人而筹集施舍品和征税留给了地方教区的官员进行,尽管在做这些事情时他们的行为受到了外行的治安法官的监督。

因此最高的英国世俗机关——在其议会中他的咨议会里的国王——比路德宗的德国王侯们更多地利用了主教们和教会的教区来执行宗教法。而且,都铎－斯图亚特时期的英国王室神学和王室法律比路德宗德国公国的神学和法律更为接近之前的罗马天主教神学和法律。第一次英国宗教改革因此与德国路德改革相比是一个较不激进的新教版本。

然而,在17世纪中叶,第二次英国宗教改革——伟大的诗人哲学家约翰·弥尔顿,在写作中提到它时,称其为“改革的改革”——与所有英国臣民都被要求属于的君主制国家教会的观念相对立。建立在德国革命右翼的加尔文宗神学基础之上,英国清教首先渗透入英国国教的各个部分,然后在1640年代和1650年代推翻了它,最后,在英国国教于1660年代被恢复之后,帮助它从属 351
于议会,而且同时为所谓的异议教会引入了一种宗教自由政策。在1689年之后,英国国教会不再是所有臣民必须被要求归属的国家教会;它仍然是英国国教,这意味着它是一个特权教会,由国家提供支持,但是英国臣民可以在其他“被宽容的”新教教会——特别是长老会、圣公会、浸信会以及后来的贵格会和卫理公会——里自由礼拜。[6]

随着多元宗教派别的共存,宗教法将成为什么?自然,礼拜仪式,可以独立地由各个不同的被宽容的派别来决定,但是婚姻呢?道德犯罪的制裁呢?学校法呢?济贫法呢?如果英国还继续是一个基督教国家,议会如何管理这些宗教事务,如何协调与它们相关的各种基督教会的不同理论和政策?

礼拜仪式

理论上,国王仍然是英国国教的统治者;形式上,伊丽莎白一世的至上地位法直到今日还继续有效,英国国教的大主教和主教仍然由国王任命而且服从国王的规制。然而,事实上,在1688年之后,考虑到合适的宗教组织的推荐,议会的制定法规定,首相将提名国王的英国国教会的主教和大主教,而且通过宪法惯例,国王必须接受首相的被提名人。[7]同样地,国王只有经过议会的同意才可以变更公祷书,而且自1689年以来没有一个国王或一届议会曾进行任何这样的变更。

议会的在教会的礼拜仪式方面的不干涉政策允许英国国教采取一种包括各种礼拜形式的英国国教的政策,它或以“低级教会”或以“高级教会”作为其特征。同时,被宽容的异议教会在很大程度上不受规制礼拜和信仰的法律网络的控制。

16世纪和17世纪早期清教事业的一个重要部分是英国国教礼拜仪式的改革,包括进餐时不用下跪,教士在教会场所不用穿着特别的服饰——“祭服”,不必使用熏香和教会场所的圣歌歌唱,以及不必使用在清教徒看来反映了错误的神学教义的其他仪式。的确,在复辟之后,当查理二世为了讨论公祷书的可能变化而召集了
352 各种各样宗教背景的人们时,理查德·巴克斯特(Richard Baxter),

一个清教徒领袖指出,如果清教徒要求废除下跪和曾经被授予的祭服,内战本有可能避免![8]然而,查理并没有让步于巴克斯特和其他人提出的对这种要求的重新解释。因此可以说,它不仅带来了一场内战也带来了一代王朝的变化,加上一部创立了对异议的新教教会宽容的议会制定法,这使得英国国教具有足够的"包容性"以容纳其自己的各个阶层,不仅包括盎格鲁—加尔文教而且包括盎格鲁—天主教的礼拜形式。

婚姻

英国的婚姻法并不如此轻易地让步于支撑英国的两次改革的新教信仰体系。都铎 - 斯图亚特王朝接受了新教的观点,即婚姻并不是一项圣礼;然而,他们称呼它为"一项圣礼的",而且他们保留了拥有再婚权利的完全离婚方面(亨利八世的离婚是全部在伪装成法院判决离婚的情况下进行)的禁止,而且他们也保留了早期的罗马天主教规则——在 1580 年被特伦特大会废止——正是丈夫和妻子同意结合的言语建构了婚姻以及教会的仪式不是必需的。因此秘密婚姻,有时是伪造的或欺诈性的,在 16 世纪和 17 世纪早期的英国继续合法。如克里斯多佛曾经指出的那样,"因为它作为滥欲的解毒剂赞成婚姻,罗马天主教教会使婚姻变得容易而且使离婚几乎不可能"。[9]尽管英国国教神学家们和英国的大众情感与这种婚姻观点对立,其不仅强调婚姻作为一种社会情况的特征而且强调配偶的爱谊的核心重要性,[10]然而英国第一次宗教改革期间的婚姻法仍然和在罗马天主教教会的教会法的情况基本一致。[11]

此外,尽管共和国时期的英国婚姻法有实质性的变化,包括要求或在教区教会或在集会场所进行婚姻的公共登记,而且包括民事法庭授予离婚的权利,这些改革在复辟之后都被废止了。的确,甚至在1689年议会的至上地位被确立之后,制定一项要求提前在双方居住的附近的教区教会,或者如果居住在不同的教区,那么就在这两个教区的教会通过发布公告("结婚预告")来对婚姻进行广而告之的法律——1753年哈德威克婚姻法就经历了超过60年的鼓动。[12]因此,秘密婚姻——罗马天主教教会本身在两个世纪之
353 前的特伦特大会上就已经宣布其非法,最终在英国也被宣布为非法。此外,根据哈德威克爵士的法律,公开地作为丈夫和妻子居住在一起本质上不再成为婚姻;的确,该法律要求除了贵格会会员和犹太教徒之外的所有婚姻都必须在英国国教会根据英国国教的仪式在一个教士和两个证人在场的情况下进行。这样,就婚姻的形成而言,宽容只被扩展至贵格会会员和犹太教徒!此外,完全的离婚,与分居相比,继续被禁止,除了在极少的场合下完全离婚才被议会自身授予被恩惠的人。[13]最后,包括婚姻关系在内的各种类型的法律问题仍由英国国教的教会法庭管辖。

因此对婚姻关系的管辖权从罗马天主教会到新教的世俗机关——先是国王后来是议会——的转移,并没有导致婚姻法的根本变化。直到1836年的婚姻法——其受到路德宗或加尔文宗新教教义的影响少于民主的个体主义,英国法才允许"根据诸如双方希望接受的礼仪形式"隆重庆祝婚姻,要求婚姻在政府部门登记,可以以通奸为理由获得完全离婚,而且将婚姻和离婚问题的管辖权转移给了民事法庭。[14]

道德犯罪

如在婚姻关系的情况里一样,因此在道德犯罪的情况里,第一次英国宗教改革期间的议会立法,很大程度上重申了以前在英国适用的罗马天主教教会的教会法的规定,而且将大部分的起诉与惩罚留给了教会法庭。这些犯罪包括非自然的性行为、通奸、乱伦、巫术、魔法、在教会行为不端、不参加教会活动、亵渎安息日、说亵渎话语、诅咒、酗酒、诽谤、高利贷和其他行为。然而,在这个时期内,议会偶尔制定法律使得一项或更多的这样的行为成为一项犯罪,凭此排除教会对它的管辖权。从而,非自然性行为在1553年,魔法在1541年,重婚在1603年被制定为只能在王室法庭惩罚的重罪。1624年的制定法使得酗酒和亵渎的咒骂和诅咒可以由地方治安法官给予罚金或带枷处罚,1625年的一项制定法增加了对违反主日法和在酒馆或其他公共场所饮用烈酒进行罚金或带枷处罚。[15]还有性犯罪和其他道德犯罪有时在治安法庭作为扰乱公共秩序而被起诉。然而,教会法庭的管辖范围仍很大。[16]

在1641年,清教议会废除了教会法庭的刑事管辖权。尽管这 354
种管辖权在复辟之后被恢复了,一直是最高教会法庭的宗教事务高等法庭,却没被恢复,星室法庭也是如此,它曾经也拥有道德犯罪方面的广泛管辖权。现在王座法庭作为道德看护人(*custos morum*)开始掌管以前属于教会法庭和特权法庭能力范围内道德犯罪方面的管辖权。此外,重建的议会也制定了给予治安法庭和普通法法庭对各种道德犯罪施加刑事惩罚的管辖权,包括在星期日做生意和从事赌博。[17]

然而,直到1690年代和18世纪,在英国革命成功之后,议会开始逐渐地但是系统地在道德犯罪问题上以治安法庭和普通法法庭的刑事管辖权替代了教会法庭的管辖权。对亵渎性的咒骂和诅咒进行罚金和带枷限制的法律制定于1694年和1746年。[18]一部1697/1698年的制定法对那些受过基督教教育或从事过这方面的职业而否认圣三一*中的任何一位的神性或基督教信仰的真理性或圣经是神的权威的典据的人施加类似的刑罚。[19]禁止赌博,包括各种形式的彩票,制定于1698年、1710年、1711年、1722年、1733年。在1739年制定了涵盖被称为红心A、法老、巴赛(basset)以及赌运气的运气游戏的法律。[20]1740年的一部法律设置了某些条件,根据这些条件,赛马可以被举行,而且规定只能授权两个跑道进行与赌博有关的赛马。[21]

对其中很多是放肆的戏剧和其他形式的公共娱乐的管制,在共和国时期之前是王室特权法庭的一个事务,清教道德制度在共和国时期被引入。复辟带来了一个甚至更为放肆的时期,重新恢复的君主特权之立法证明反对它是不奏效的。直到1737年剧院的演出才满足了国王、议会以及许多作家一直宣布的高道德标准,当时议会以全面的规则管理剧院,包括剧本和演员的许可以及将某些未获许可的演员定性为"无赖和流浪汉"。[22]

然而,与将都铎-斯图亚特时期的英国乐事转变为清教和后清教的英国式节制的议会立法相比,更为重要的是1690年代以礼貌改革协会的形式出现的志愿者团体。用达德利·巴尔曼(Dudley Bahlman)的话来说,这些团体组成了"改革之军",在巴尔曼正确地称为"1688年的道德革命"中发挥了核心的作用。他写道:

---

* 指圣父,圣子,圣灵三位一体。——译者注

教会和国家都没有提供改革之军。其阶层的确包括治安法官、警官和教士，但是这支军队是一支私人军队，制定其自己的规则，任命其自己的领导。[23] 355

这些团体开始时作为小规模的人群，一起来发现提升他们所说的其地方共同体里的“礼貌”。他们的数量和规模迅速增加，而且形成了委员会来采用规则和委任“干事”来执行它们的项目。它们的规则宣布它们的目的是结束“邪恶的和放荡的家庭”，与“酗酒、诅咒和咒骂、主日亵渎”作斗争，以及“调查”根据这些道德犯罪法律而被起诉的“警官和其他官员的行为”。司库、记录秘书以及其他官员被任命，付薪的调查员网络已经形成。

尽管既非教会也不是国家发起或控制了这场运动，二者都支持其事业。1691 年女王玛丽，在杰出的能够包容不同意见的主教斯蒂林弗利特的建议下，给米德尔塞克斯郡的治安法官写了一封著名的信，要求他们在起诉违反道德法律的罪犯方面要格外勤勉。威廉国王发表了整个一系列的王室声明要求法律官员在起诉道德犯罪方面要勤勉。这些王室声明起到了鼓励警官、地方官员和其他法律官员加入这些团体的作用，截至 1701 年仅伦敦一地就已经成立了 12 家这样的团体。在 18 世纪的头一个 20 年其数量遍及全国地快速增加。在怀特岛有一个几乎完全由英国国教的教士组成的协会，而在威尔特郡一个教区牧师成立了一个由老年人组成的协会。在朴次茅斯有两个协会，一个由市长、治安法官和市议员组成，另一个由 20 个商人组成。巴尔曼写道：“对很多英国人来说，这场改革是英国革命最重要的方面，因为只有通过一次礼貌改革这场革命才能耐久。威廉国王的工作被认为大有用处，如他自己在其声明中认识到的那样，除非英国得到上帝的祝福，而且为了获得上帝的祝福,一场礼貌的改革是绝对必要的。"

尽管民众参与对道德犯罪的刑事制裁的执行在西方法律传统里很难说是什么新鲜事,而且对英国来说也不是独特的,在遍及全国的地方共同体里的世俗之人的自我动员方面确有某些从根本上来说新颖之事,他们组成小团体,有正式的结构,帮助克服作为1660年到1688年的后克伦威尔复辟时期特征的道德行为的堕落,以前,英国国教的教士主要负责起诉诸如那些现在被礼貌改革协会调查和报告的道德犯罪;而且事实上很多英国国教会的牧师中
356 的"高级教会"的主教,和议会里的托利党人一起,发言反对这些世俗之人的协会,而大多数对其支持的——而且是成功地——是能够包容不同观点之人和异议牧师和辉格党人。

这些协会的法律特征,尽管非官方特征,在1700年出版的一个小册子里得到了生动的体现,这个小册子名为《对一场国家改革的帮助》,详细说明了他们雇佣的信息报告员的适当行为规则。信息报告员被教导要确定他们真得看到了违法行为。各种不同的规则为拘捕和起诉酗酒、亵渎、主日卖物品以及其他具体的犯罪而提出。一节题为"地方官员提供信息的谨慎规则"。虽然付薪信息报告员非常不受欢迎,他们中的很多人被暴力殴打或威胁,但这本小册子力劝热心的人承担这项任务,治安法官支持的控诉,他们强调"所有善良的国民通过及时的信息和牧师来努力"使反对堕落的法律付诸实施,而牧师在布道时将这些改革者类比于古代的忠烈和圣人。

这些协会在影响地方官员和立法者支持道德改革事业方面也发挥了重要的作用。它们发布告示列举官员们不能在这方面履行其责任的惩罚,而且请求平民院要求改善这些协会赖于起诉的法律。

这些协会在与道德犯罪斗争方面的效果在当时受到了强烈的

质疑而且不可能测度。“礼貌”当然继续需要“改革”。的确,某人指出这可以测度,酒精的消费量看起来大大地增长了。当然非常多的起诉由这些协会——根据它们残存的账簿进行,在1694到1738年的40年间超过了100,000起——但是这只证明这些协会是积极的,而非有效的。为了判断它们的效果,一个人将需要知道,如果这些协会不曾存在的话多少起应被起诉的道德犯罪将被犯下——一个没有答案的问题。

类似地,对于为什么它们在1730年代衰退而在1738年之后实质上停止存在[24]——但是后来在1750年代被卫理公会派领袖们,包括约翰·韦斯利,后来的威廉·威尔伯福斯以及其他主要的改革者们小规模地恢复了[25]——这个问题还没有给出充分的答案。这些协会的变迁兴衰伴随着警官们和其他治安官员们加强官方法律执行的努力以及在各个地方全职专业警察机关的最终建立。[26]

因此清教的拘捕和矫正道德犯罪者的志愿集体地方责任原则在英国革命——被复辟中断但是在威廉三世即位和议会至上地位确立之后继续进行——的清教阶段结束之后在英国存活了超过一个世纪。起诉道德犯罪的志愿团体的形成与议会确定这类犯罪和 357
授权由治安法官惩罚的责任假定联系在一起,这是一种以前主要属于牧师和教会法庭的责任。一个人可以以传统的视角把这些发展当作一种教会责任的世俗化过程;但是一个人也可以把它们看作一个世俗责任的神圣化过程。在西方法律传统里,它是新教教义(在这种情况下不是路德宗而是加尔文宗)对国家(在这种情况下不是德国国王和他的高级行政长官而是英国议会和各种名称的具有公共精神的基督徒领导的地方共同体)接受教会(在这种情况下不是罗马天主教教会而是英国国教会)的教会法的影响。

初等教育

英国革命带来了其在英国初等教育制度方面根本变化的结果,很大程度上得自加尔文教道德神学,其不仅盛行于异议教会而且盛行于能够包容不同观点的英国国教会里,后者组成了英国国教会的领导阶层和成员阶层的一个实质部分。这些变化指向劳动阶级的儿童教育和职业教育,而且大部分首先由来自贵族和主要商人的志愿团体实行,最终也受到了零售商和店主的支持。因此,他们帮助加强英国革命建立的阶级关系制度。

在英国革命爆发之前的世纪,英国的新教教会,和路德宗的德国公国的新教教会一样,一直强调将一种阅读圣经的学问带给最大多数人们的希求。在所有基督教信徒都被要求定期参加的英国国教会活动中要阅读英文译本圣经,还有英文公祷书。所有人都要听这些英文文本,如果他们可能的话,要阅读它们;这不仅是为了他们灵魂的拯救而且为了培养他们对其国家和国王的忠诚,因为教会和国家现在在新教君主的统治下已经联合起来,他们最大的敌人,无论是在国内还是国外,都是一个"外来的"罗马天主教。

而且在都铎-斯图亚特时期的英国,如在其他新教地方,政治权威比他们的罗马天主教前任更多地利用世俗之人来担任他们的
358 顾问和行政官员。在英国,这刺激了很多所谓的语法学校的创立,它们不仅教给共同体领袖新教信仰而且教给经典和博爱。[27]大重点被放在了让统治精英的孩童准备接受大学和伦敦四大律师公会里的高等教育上。

在16世纪和17世纪早期,英国的世俗权威第一次在学校教育

的组织方面扮演了领导角色。罗马天主教修道士和小教堂学校被市政和其他地方当局以及私人捐赠建立的学校取代。然而英国国教会也在世俗教育中扮演了一个重大角色——比路德宗的德国公国的牧师的角色还要重大。要被批准成为英国的一个教师,无论是在学校里的还是作为一个私人的家庭教师,都要求主管教区的主教的授权,这只有在对每个候选人进行透彻的考察之后才能给出。都铎–斯图亚特教会能够通过其许可权力,对全国的教育施加实际的控制。[28]

然而,16 世纪和 17 世纪早期高等的贵族和商人阶层教育范围之逐渐扩大,尽管由都铎–斯图亚特君主发起和控制,但有助于产生一个推翻其自身的阶级。如劳伦斯 · 斯通曾经指出的,这个时期的很多校长和指导老师是宗教异议者,他们对心灵自由的强调即使在英国精英中间也找到了能够接受的听众。此外,斯通指出,最终在导致革命过程中扮演重要角色的法律家们,在伦敦四大律师公会的学习课程中被教授说普通法在国王和教会之上是最高的。而且正是受过大学教育的贵族,他们对其特权很敏感,主导了向早期斯图亚特议会选送代表的地方政府机构。[29]

发生在威廉和玛丽 1688 年即位之后的英国学校教育的变化在 1640 年代和 1650 年代的杰出的清教作家的著作里已经显示出其预兆。[30]这些作家强调,用约翰 · 杜利的话来说,“整个教育工作的主要范围,无论对男孩还是女孩,应该正是这个:训练他们直到知道救世主上帝,他们可以敬仰福音书里的他而且成为他们这一代人中的共和国的有用工具”。第一个目标,训练他们“敬神”(杜利这样称呼它),是传统的,除了它是改革后的学校校长而不是高级教会的英国国教牧师所理解的“敬神”。第二个目标,训练他们“有用”(杜利这样称呼它),是新的;杜利定义它为“对他们所居住的社会的有用性,他们可以是有能力,各自按照其性别,去按照法律的召唤去追求有利的用处;而且不成为他们这一代的负担,在游手好闲和混乱状态下活着,要像从这个时期的学校里出来的人一
359 般地所做一样”。[31]因此一个职业的目标被增至神学目标里——培养男女孩童和所有阶层的孩童不仅能通过严格学习圣经和信条来理解新教基督教信仰而且要掌握一套有用的世俗知识,他们可以凭它们进入工作世界。

不仅学校教育的目的而且其方法都由清教伦理获知。严格的手段在女孩教育中被采取,以消除“无论什么……只为了挑起傲慢和满足好奇心和想象的喜悦”,诸如跳舞、美发和装饰。相反她们被教授“通过对上帝之恐惧而成为善良和小心的家庭主妇,当上帝召唤她们结婚时爱她们的丈夫和他们的孩子”。同时,“音韵[比如,语言]和科学可以在其中被发现,它们不能被忽略,但是有助于她们提高其智识能力”。“至于男孩”,杜利继续说道,“同一规则将被适用至语言,科学和就业……他们所有无用的头脑和身体的运用……将被改变为有用的就业,这使得他们适合管理、必要的贸易、航海和司法管理行政办公;和平与战争;以及他们可以服务于他们自己的家庭和他们邻居的经济职责”。[32]对小学生,包括长时间的课程和对行为不良的严重肉体惩罚要施加一种严格的训练。

清教的英国小学教育改革,在共和国时期只获得了部分的实现,在复辟时期被正式地批判,当时不奉国教者被禁止教学,否则就被处以非常严重的40英镑的制定法刑罚。[33]然而,在光荣革命之后加尔文教的教育理论被复兴,而且经历了发生在1690年代和18世纪早期的根本变化。

17世纪中期清教徒所开始的事业在18世纪早期不仅被长老会会员、公理会教友、卫理公会派教徒以及其他新的“被宽容”的加

尔文宗教派也被低级和高级教会的英国国教徒来执行。对所有阶级都进行教育的强调——该强调不仅植根于加尔文宗也植根于路德宗神学中——首先不是由学校条例或其他立法来实现,如在新教德国的公国一样,而是由地方共同体中的具有公共精神的人们汇集到一起形成建立,维持和资助面向穷人的学校教育且强调有用的贸易方面的学校教育的志愿团体来实现的。

最重要的这样的团体是众多的基督教知识传播协会(the Propagation of Christian Knowledge,SPCKs),第一个这样的协会由5个伦敦居民创建于1698/1699年的3月,包括一位杰出的牧师和四个卓越的英国国教会平信徒,其中在神学上某些属于高级教会,有一些属于低级教会,还有在政治观点上某些属于托利党人某些属于辉格党人。[34]他们的目的是发起具有公共精神的人们的地方团 360
体,首先在伦敦,最后遍及整个大不列颠,它们将为劳动阶级的孩子们建立所谓的慈善学校。在两年内伦敦协会的捐款名单已经扩大到90人。在一代人的时间里,全英国有数百个这样的协会,有超过1000家这样的学校。[35]每个地方协会都是英国独立的自治团体,尽管所有协会都遵守同样的规章制度。

基督教知识传播协会是重要的,不仅因为它们对下个世纪英国初等教育内容的深刻影响,而且因为它们内在的团体结构和它们自我管理的方法。捐款人,只有通过推荐才能获得允许进入,每年支付一笔捐款,在协会的会议上享有选举权。[36]因此这些协会根据两个根本的原则运转,这也是最近创建的英国银行和其他联合股票企业的特征:首先,经济原则,即每个贡献了相对较小数目钱款的众多“捐款者”,因此可以建立一种相对较大的资本基金,它可以以比这些账户的总数单独被花掉更有生产性的方式被使用;第二,法律原则,即这些捐款者,通过在捐款者会议上的讨论和投票,可以有效地以适合其目的的方式来指导这些协会的活动。

除了捐款者建立和资助的基督教知识传播协会发起的慈善学校之外,大量的慈善学校由财富阶层的捐赠而得以建立和被资助,并且按照建立它们的信托来管理。作为慈善信托,这些学校在理论上受到国王的监督,而且它们的基金和它们的行政管理归信托人。然而,在很多情况下,捐赠里指定的信托人是地方上的地主、乡镇公务人员以及其他作为慈善学校的捐献模范里的捐款者同一阶层中的卓绝之士。如玛丽·G. 琼斯曾经写道的那样,在大多数方面“大多数 18 世纪捐赠的初等学校是相似的”。[37]

基督教知识传播协会最初与英国国教会紧密相连,它们的规章要求它们支持的学校里的教师应该是奉行英国国教者。[38]限制所有教授英国国教徒的立法也保留在纸面上。然而,事实上,这些基督教知识传播协会最初与礼貌改革协会紧密相连,后者公然地包括长老会会员、公理教会会员以及其他的异议教派成员;而且在 18 世纪早期法庭的裁决致使这些不奉国教者对教学的立法限制失去了效力。[39]这样慈善学校的教学在事实上开始对“被宽容”的教会开放。

此外,基督教传播协会成了一个形成其他类型志愿团体的模
361 范,这些志愿团体起始于为被分开的英国教区建立慈善学校。因此在很多教区里无论地方牧师还是该教区里的一个或更多的平信徒都宣布需要建立一所地方学校,还有很多其他人加入进来制定这样的一所学校的计划,然后捐款者将为一个基金捐款以雇佣教师。教区居民可能同意为维持这样的一所学校每月捐赠少量的款项,然后定期开会讨论其成功和失败之处,如果他们不同意其运转的方法或教师的质量,每年的捐款可能就会下降。[40]

加尔文宗道德神学中的很多良善之处和很多可疑之处在劳动

阶级的孩子们的学校教育制度里得到了反映,这种制度在 17 世纪的最后一个 10 年和 18 世纪的前半叶或更多时间里开始盛行于英国。可疑的一面是对训练的夸大的强调。这些通常是面向 7 岁到 11 岁的孩子的四年制学校,他们被要求每天在班里待 6 小时。非常强调准时、行为矫正、文本的记忆以及注意力的集中和任何方面的行为不良——不仅包括诸如逃避等较为严重的犯罪而且包括缺乏注意、缺乏准备甚至嬉戏的分心或不礼貌——要被严重的惩罚,包括通过对女孩也对男孩使用鞭打。的确,孩子们被要求填写显示他们所犯的任何"错误"的表格。[41]这种流行的伦理在一本 1708 年的《最近建立的慈善学校的说明》中被很好的表达:"孩子们通过早期习惯于敬畏和惩罚以及顺从的征服而变得驯良和服从。通过这样及时的训练公众可以期待诚实和勤勉的仆人。"[42]

还有可疑的一面是教授下至下层阶级成员的学生。因此《慈善学校的信托人建立的慈善学校的良好秩序和管理规则》,根据伦敦主教的指示发表于 1724 年,建议老师们说这些学生们不要被教授任何"使他们置于仆人或者更为艰苦的职业境况至上"的知识。[43]这在实践中意味着对实践技艺——缝纫、针织以及对女孩同样如此,制鞋、园艺以及对男孩同样如此——趋向于增加,而"语言和科学"方面的教育经常被单单地限制在圣经和问答教学法里,加上阅读和算术。当然,很多情况依赖于教师们的质量,其中的某些是相当有造诣的。还有某些突出的声音代表先进的教育而被提出。然而,在实践中,这种观点一般地看起来曾经盛行过,即"孩子们要从懒散和无所定思中被营救出来,要通过问答教学法就其责任进行洗涤、梳理和教导,他们可以成为良好的男人和女人和有用的仆人。这些学校并不是为发展他们的智识权利而存在,也不是为驱使他们走向平等机会而存在"。[44]

362 反映在慈善学校里的加尔文宗道德神学的良好一面是其对拥有强烈社会责任感的调节训练的强调。这些学校在很多场合里取得真实的慈善目标的失败被其在某些场合里取得该目标的成功折抵了。有一些学校,在其中以并不残忍的方式进行,而且在其中献身的,敏感的和有能力的老师爱着而且尊敬他们的学生和其学生的家长。[45]在慈善学校里女孩和男孩一样多,而且更进一步,某些学会了阅读和写作的这些学校的毕业生走向了更高的行业和卓越的职业,也具有重要的意义。[46]

最重要的是加尔文宗道德神学反映在对世俗之士关心他们的较少幸运的邻居的基督教责任,特别是具有公共精神的领导,和“年长者”的责任的强调里。为穷人建立的慈善学校,由地方团体里的捐献成员进行资助和指导,给了所谓的“宗教的世俗化”或者本章中所称的“世俗法律的神圣化”一种新的维度。[47]

穷人的救济

从 12 世纪到 15 世纪,在英国和欧洲其他地方一样,包括病弱老幼寡以及其他不能谋生的人在内的穷人的救济,差不多都是由罗马天主教机构进行的,而且差不多全部是由教会税收(什一税)和个人对教会的慈善资金的志愿捐献提供资助。然而,在 14 世纪晚期和 15 世纪,农业的庄园制度的逐步消解和耕地向放羊的牧地的转变导致了农民向城镇的广泛移民,最终形成了比施舍者单独能够承受的更重的穷人救济负担。如在德国和欧洲的其他地方一样,大量的游民和流浪汉靠乞讨生活,还有人靠抢劫生活。在英国,和其他地方一样,这个时期的世俗立法对懒汉和游民施加刑事制裁——称他们为西德尼和比阿特丽斯·韦伯，“不是济贫法，即救济穷人的措施，而是反对穷人和劳动者的权利的法律……被锻炼出来，真的，是教会的慈善干的”。[48]

如在路德宗公国一样，16 世纪的英国也是这样。罗马天主教会的废除是一个建立一种通过市政税收和慈善捐献以及被没收的宗教基金进行资助的新的“公共资金库”形式的穷人救济制度的机会。[49]乞讨被禁止，乞丐的秩序被解散，而且在很多地方贫民习艺所被建立起来以给“正当的穷人”提供救济，也改造懒汉和安顿游 363
民。在某些罗马天主教地区类似的救济穷人的方法——特别是公共资金库和贫民习艺所——被建立起来，尽管僧侣的和其他慈善基金继续被保留而且乞丐继续被允许。

如在其他宗教事业——礼拜仪式、婚姻、道德犯罪和教育的场合一样——在穷人救济的场合也一样，16 世纪和 17 世纪早期的英国法律制度仍然在特征上与过去的罗马天主教的法律制度比其他新教国家的类似的法律制度关系要密切。很多以前由罗马天主教教会履行的慈善责任现在转移到英国国教会手里。只有在 1640—1689 年英国革命期间和其后穷人的救济责任才差不多完全转移到民政部门手里，而且同时一种新的穷人救济理论和一种新的动机才被引入——一种与加尔文宗的新教教义形式联系比路德宗联系更为紧密的理论和动机。

通过一系列枢密院发起的制定法引入的 16 世纪和 17 世纪早期期间的英国济贫法的主要变化，是此类救济责任委派给了英国领土据此被分开的成千上万个单独的教会教区。[50]当时的教区既是一个宗教单位也是一个政治单位。作为一个宗教单位，它由一个牧师领导——职责所系的教区长或教区牧师（“负责者”）——由在一次年会（被称为“乡镇会议”，后来被称为“教区会”）上从该教区的住户中选出来的世俗的教会委员来协助。教区的首要官员是治安法官,由国王任命,他差不多总是一个或更多教区的地方乡绅。[51]另外,每年都要从教区的住户中选出一个警官,一个公路的检查员,和穷人监督员,类似于教会委员。警官,由教区所在的郡治安法官选出,逮捕犯罪嫌疑人(在19世纪之前英国还没有组织化的警察部门)和在每3个月召开一次的会议(被称为地方法庭)上将他们递解给郡治安法官。公路检查员,在很多教区由警官和教区委员选出,负责维护教区的公路。根据1536年的一项制定法,穷人监督员,每次通常是两个牧师,每年由治安法官选出。[52]

关于这个地方政府制度的特殊之处是官员的六种类型——负责者、教会委员、治安法官、警官、公路检查员和穷人监督——只有
364 一种,负责者,不是一位世俗之人而且只有他才有工作报酬。此外,除了负责者和治安法官之外的所有官员,每年都通常通过一种轮换制度选择。这些官员都是拥有凭自由保有、公簿保有或者租赁管业权维持生计的土地的地方人士——被称为"住户"——承担着作为教会和国家领导的国王加之于其身的民政义务。

治安法官——乡绅——受到来自国王的强大压力要确保教区的贫穷受到了救济。根据伊丽莎白女王的立法,以西德尼和比阿特丽斯·韦伯的字样,"拥有土地的绅士和贵族负有责任,作为治安法官和教区的主人,不仅维持秩序和镇压犯罪,而且确保足够的低价食物供应,还要有较为规则的就业,以及,更为持久地,通过坚持穷人的征税和支出比例防止强壮者失业,孤儿、病人、老幼穷困"。[53]特别是在1590年到1640年,枢密院通过一系列的在地方法庭上发布给郡治安法官的命令和声明推行这项政策。正如韦伯斯写的那样,"对于无地的人或穷困的寡妇而言,咨议会里的国王可能看起来像他的人民的父亲"。[54]

穷人监督员承担审查教区的需要各种各样和各个程度的救济的居民,评估此类救济的年度成本,以及与负责者和教区委员一起,而且首先是地方的治安法官,确定比例——被称为穷人比例——居民应该为这个目的而缴税——的义务。不同职位和选择的方法的各自功能和权力很大程度上由地方习惯决定,在不同教区里有所不同。

除了依赖地方教区关照穷困者之外,英国国王也试图通过建立贫民习艺所——同欧洲其他国家一样——在其中一份严格的工作机制治疗懒汉的坏倾向——来矫治游民和流浪汉。第一个这样的机构在1557年建立于伦敦,为了回应爱德华六世国王和伦敦主教在1552年发出的一个提议。[55]它坐落在被称为感化院的一个亨利八世国王的以前的居处;几个时代里,大约两百个其他的这种"感化院",如其被称呼的那样,按照一种类似监狱的纪律进行运转,事实上在英国的各个部分都建立了起来。教区的警官可以将游民呈交地方法庭,然后将其送至一个感化院。[56]

然而,王室收入和地方税收自身不能充分地提供16世纪和17世纪早期的贫困者救济所必要的资金,事实上这样的资金实质上是由个体的慈善捐助来提供补充以建立所谓的医院和其他形式的穷困者生计维持机构。[57]

正是1640—1689年的英国革命使得英国济贫法从主要靠个体 365
的地方教会管理的体制转变为多少有些完整的国家体制而且同时其主要的重点从穷困者救济和懒汉矫正转变至强壮的穷人参加生产性和营利的工作,即如某人今天说的那样,从社会福利转变到工作福利。

根据早期的穷人救济制度,穷人比例的数量,以及救济的内容和本质,不可避免地在不同教区之间有实质的不同,某些教区比其他教区小很多,某些教区比其他教区穷很多。这导致的一个主要的问题是很多想要救济的人们转到救济较为丰厚的教区。为了解决这个问题,在16世纪和17世纪制定了一系列的法律,被称为解决法,其目的是要将在一个教区里的救济的给予限制到那些在此居住超过一段特定的时间,或在此拥有一定的价值的财产,或其家庭已经居住于此,或另有权利要求被算做成员的人中。[58]当这些法律被严格执行时,它们可以将一个贫穷之人终生限制在一个单独的教区里。对劳动的流动性和在不同的教区可以得到的救济数量的不平等的限制对总体的英国经济产生了一种实质的有害效果也开始被认识到。[59]

此外,这种早期制度已经开始遭到很多土地贵族的怨恨,他们是提供他们的教区里的穷人救济所需的税收的主要来源。很有可能导致很多土地贵族支持内战中的议会事业的一个不平就是国王加诸其身的为济贫而支付税收的压力。此外,感化院在极大程度上既非有效率的贫民习艺所也非有效的矫正院。其中的很多,事实上仅是监狱。[60]

在1640年代,英国革命的第一个阶段,领导的清教徒要求建立一种新型的贫民习艺所,它将强调,用萨缪尔·哈特莱伯的话来说,"谆谆教诲那些与清教徒的信仰和自我促进有关的道德价值",而且它将不仅收留成年穷人也收留孩子,它将"用它们的书籍教化和训练这些孩子们,逐渐地学会买卖,使得他们因此成为共和国的合格的仆人"。[61]哈特莱伯和其他人要求建构最主要的公民协会以建立和监督为此目的而设的贫民习艺所,它将不是类似于感化院的"矫正院"而是将成为生产性的和营利的企业。在1647年,内战的中途,第一个主要的官方协会被建立起来,成为伦敦穷人公司,而且在1649年它在伦敦建立了第一个这样的贫民习艺所。[62]

在1662年,英国革命的复辟阶段,伦敦贫民习艺所被另一个同类机构所取代,穷人公司的建立重新被得以批准。[63]伦敦贫民习艺 366
所成了一个其他习艺所的模范。人们不需要在其中工作,而且那些在其中工作的人可以随时离开。对"信仰和自我促进"的强调被保留,但是它与逐渐提高的对生产力和营利性的强调结合起来。慈善救济和感化院被保留,但是1723年的一部制定法授予牧师拒绝资助那些拒绝在新的贫民习艺所工作的穷人的权利。[64]

1723年法也规定了穷人的孩子可以在贫民习艺所接受教育和病人及年老者可以在那里得到供养。此外,它以长期的付薪管理者代替了早期制度的不付薪水且每年变化的人员。然而,该法将在各种地方批准穷人公司,以及后来的贫民习艺所的建立留给了未来的立法。据估计在18世纪的前半叶,一个大约由700个这样的贫民习艺所构成的网络通过这样的地方法律被地方穷人公司建立了起来。[65]

1723年贫民习艺所法也允许几个教区创建联合贫民习艺所。这是对针对早期教区济贫制度的强烈批评的一种回应。这些批评者中有诸如法学家马修·黑尔[66]这样的领袖人物,以及商人和经济学家约西亚·柴尔德。[67]这些人和其他人赞成一个贫民习艺所网络应该在全国建立起来,在穷人公司的控制之下,去执行训练和工作项目,这将把失业者开始成为面向市场的营利生产的主流。如约西亚·柴尔德写的那样,"我认为根本的错误是将每个牧师对自己的穷人的维持留给每个牧师照料"。[68]("狡猾的荷兰人",他继续说道,"并不要求寻找工作的人们待在他们来自的地方"。[69])在1696年到1711年,通过议会的地方法城市教区联盟被顾及到14个城镇,而且这个数目在1723年贫民习艺所法之前有了极大的增加。最后乡间教区联盟也被批准,尽管这样的联盟经常被地方贵族成功地抵制。事实上很大部分的教区继续按照以前运作的方式继续独立地运作。

然而,教区自身,在英国革命的过程中和其后有了根本的变化。一方面,教会的层级,牧师,在中央,中间,以及在地方层面,都不再在教区的政治和经济生活中扮演正式的角色。另一方面,宗教确信,精神价值,继续在决定政治和经济政策时具有极大的重要性——事实上,对于济贫,具有决定性的重要性。英国国教会和异议教会的成员的宗教确信,受到了加尔文宗道德神学的强烈影响,激发了他们去支持在17世纪中期至18世纪中期这个阶段制定的
367 英国济贫法的改革;而且关于工作义务和给予穷人资助的义务的宗教重要性,在这个阶段的英国国教和清教信仰体系之间没有根本的不同。[70]

此外,给予穷困者资助不仅要求为强壮者建立贫民习艺所而且要求建立能够补充(如果不能替代的话)旧的分散的个体捐献制度新的慈善救济来源。这即将以通过很多捐助人的联合捐献而形成的一种新的慈善活动资助形式而来临。[71]在17世纪晚期和18世纪,第一次很多捐赠者将联合为各种“医院”捐献,不仅为病人而且为穷人的孩子,为弃儿,为年老者,以及为处于急需中的其他人。这种“联合的博爱”,如它曾被称呼的那样,被联合股票公司模仿,这也在这个时期大规模地形成和兴盛。[72]另外,数百个所谓的“互助组织”在1640年的世纪里涌现出来,为它们的成员提供相互的疾病和不幸的保护。用保罗·斯莱克的话来说,“根据该法慈善的语言和权利义务的语言是不同的,而且有时彼此可能处于紧张之中,但是没有第一个,第二个将是不可想象的”[73]——没有第二个第一个将难以运转被增加至其中。

强调支撑英国17世纪晚期和18世纪早期济贫法转变的宗教

动机是认真对待这种转变的创造者写作的关于他们的动机，[74]但是同时在这个主题上与20世纪历史学说的主体背道而驰。在大量的关于英国济贫法历史的文献中，1920年代以来压倒性的强调都是关于济贫法和资本主义兴起之间的联系，更为具体地讲，这些法律据说是建立在保护资产阶级经济动机的基础之上的。或许这种解释的最强表述是与众不同的新马克思主义16世纪和17世纪英国史学家，克里斯多佛·希尔的表述，他在1997年写道："发生在改革和复辟之间的英国的思想革命的原因是经济的……但是对于一个商人来说被告知他的行为符合上帝的意志更好。因此观念使得经济过程变得平滑。"[75]希尔以一种"中产阶级"和"个人主义"意识形态为清教信仰体系的特征，以一种一个出现的商业资产阶级和工业家凭此剥削下层劳动阶级的手段为16世纪和17世纪的济贫法的特征。在此他最后赞成很多人（如果不是这个时期的大多数历史学家的话）的观点。因此在布罗尼斯瓦夫·格雷梅克对欧洲贫困的精巧研究中，作者一再减少宗教动机的分量和强调 368
作为16世纪和17世纪济贫项目主要理由的"工业资本主义的出现"。[76]

真实的情况是16世纪晚期和18世纪早期英国的济贫项目既非资本主义的也非个人主义的，更不是中产阶级的。17世纪最后几个时代和18世纪最初的几个时代的资本家，特别是城市商人和新出现的制造者阶级，将新的贫民习艺所当作一种不公平竞争的来源，它使用便宜的劳工，由纳税人的钱支持，以价低质劣的商品涌入市场。[77]接受资助的工作福利并不比早期的慈善福利更为"资本主义"；当然联合捐献者为了慈善事业的协会的以及为了相互保护的互助组织的（不付薪水的）穷人公司的形成，不能被解释成一种"个人主义"的体现；事实上，这些团体是加尔文宗共同体主义的体现。最后,对新的济贫制度的主要支持并非来自资产阶级、城市中产阶级或者商人们而是来自贵族化的土地贵族们,他们在英国革命中从王室贵族手中夺取了最高权力而且确立了自己作为统治阶级和议会、司法和市政工作权力的主要来源。英国革命不是一场“资产阶级”革命而是一场贵族革命。议会的政策首先不是由城市商业和专业阶层的公共舆论而是由占统治地位的土地精英们的公共精神决定的,他们形成了组织严密的协会以建立了面向强壮者的贫民习艺所以及为弱老孤以及其他不能工作的人创建医院。商业资本主义,的确,最后受益于这些政策,但是工业资本主义,仍然处于其幼年期,在它们的形成过程中几乎不是一个重要的因素。

那些英国革命期间和其后英国济贫制度的建立者认为对上帝意志的回应是第一位的,共同的博爱的法律是第二位的,第三位是合理的社会政策工具。马修·黑尔——很难说是一个资产阶级的资本家——以下列的话开始他的《论关于穷人的规定》:

> 对济贫的正当关注是一部法律,(1)关于对全能的上帝要求我们的强烈的虔诚:他已经留下穷人当他的小学生,留下富人当他的干事供养他们……[上帝]已经把穷人分散到人类的其余部分当做他的代替者和接受者。(2)它是人们之间的最伟大的博爱之法。怜悯和善行给与真正为我们服务的牲畜比给与那些与我们具有同样的共同本性的参与者更为正当。(3)它是一部巨大的关于民事审慎和政治智慧的法律:因为贫穷……使人喧嚣和动荡。哪里有很多的非常穷困之人,那里的富人就不可能持久或安全地继续为富人。

369 这些话附和了早期罗马天主教以及路德宗和基督教的所有其

他教派的话语。它们也反映了路德宗的观点，即关心穷人不仅是教会而且是政府机关——而且，的确，首先是政府机关——之事。但是后来在其《论关于穷人的规定》中黑尔区别了两种慈善：**救济**（*relief*）“无力的穷人”，他们是不能维持自己生计的弱者；和**雇佣**（*evnployment*）身强力壮的穷人，这里，黑尔写道，是“一种最大程度的慈善，而且对公共财富及王国和平与对穷人的受益和好处一样产生非常强烈和重要的后果”。[78]

因此同在路德宗的德国一样，英国的政府机关被赋予了神圣责任，作为上帝的“干事”，供养作为上帝的“代替者和接受者”的穷人。但是根据加尔文宗的原则，政府机关这样做不仅要通过政府为救济无能力者和穷困之人建立共同体基金和贫民习艺所，而且首先通过具有公共精神的人的志愿协会的形成，他们关心的不仅是照料残疾人和穷人而且要为自己找不到工作的身强力壮的人提供培训和最终提供有收益的就业。

本章叙述的内容经常以一次世俗化的过程为特征，在传统上这意味着责任和活动从宗教组织转向国民组织，无论是政府的、公共的或者私人的。在英国，如已经显示过的那样，这种制度的过程经历了两个阶段。16 世纪英国改革部分地是这种意义上的一种世俗化，部分地也是一次宗教责任和活动从一个教会向另一个教会——从罗马教会向英国国教会的转移。然而，英国国教会，就其被置于主要通过国王的枢密院和议会发挥作用的国王的最高权威之下而言，其自身已经“世俗化”了。只有在一种第二次英国改革期间和其后，1640—1689 年的英国革命，教会机关的某些基本的神圣责任和活动——起诉道德犯罪、教育、穷人救济——很大程度上才转移给了世俗机构。

有人提出——与通常的解释不同——在德国和英国革命中的

这样的转移不能仅仅也不能首先被理解为一种宗教责任和活动的世俗化过程,而是,并首先是,一种世俗责任和活动的神圣化过程。这,至少,是一个其新教创造者们——特别是16世纪的德国和17世纪英国的——如何理解它的问题。所有信仰者组成一种教士,一种精神组织的路德宗学说,和被选中者改造世界是基督徒使命
370 的加尔文宗学说,不可避免地导致从新教观点所看到的是世俗的神圣化。在新教国家,大部分罗马天主教会的教会法被世俗权力掌管和转变,而且不再由教士而由世俗之士执行。

然而,从20世纪开始,社会理论家对"世俗化"给出了比迄今在本分析所建议的更为广泛的含义。它开始提到总体上宗教信仰的衰落和其他信仰的替代。这些其他信仰包括,用欧内斯特·盖尔纳德话来说就是:

> 对现象的超自然或"宗教"解释的拒绝;用事件的结构和行动对现象的解释;一种实证的期待本质上的所有事物和人可以以自然存在于物质世界的术语来解释;决定论;认识论上的经验主义;心理学上的快乐主义和/或自我主义;对理性作为生活的指南和裁断者的相信;对传统权威的拒绝;伦理学上的功利主义,以及政治学上的功利主义和/或民主;关于真理理论的实用主义;相对主义。[79]

马克斯·韦伯在1920年代初将世俗主义的胜利称为"世界的除魅"。世俗主义自身已经被世俗化了。

在近代欧洲的历史学家中,这样一种世俗化了的世俗主义的来源有时被——错误地——追溯至16世纪和17世纪的新教教义。因此C. 约翰·索默维勒将他所称的16世纪到18世纪的空间和时

间、历史观念、政治理论、教育、语言和文化自身的世俗化主要归诸新教教义，这，他写道，“就其本性而言，具有一种世俗化的倾向”。甚至宗教，他争辩说，就其“成为某种需要解释之事而非所有解释的基础”而言，在早期的近代新教英国变得世俗化了。索默维勒将理性主义、个人主义和信仰的私人化追溯至16世纪和17世纪的新教教义。新教教义之下的世俗机构的胜利取得了“将宗教限制到较小的生活领域的效果”，因为这样的机构“总是具有较少的宗教（更多‘世俗’）的特征”。索默维勒举出“英国国家承担济贫活动”为例，这，他指出，“可以是有期限的亵渎，因为它包括以前被当作亵渎，按照字面意义，即教堂之外的神圣化的某些事务”。[80]

这种陈述尖锐地指出了把罗马天主教当作一种明显层级机构教会（“教堂”）的观点，和路德宗和加尔文宗将制度化的教会自身当作一种世俗（“俗世”）组织和无形的教会当作一种信仰者的精神（“神圣的”）共同体，“所有信仰者的教士”，“圣徒的共同体”的观点之间的不同。然而，西方基督教的这两种主要分支之间的连续性在神圣事务的法律规则的连续性里得到了反映。它在当时表 371
现出了，英国“宗教文化”的一种强化而非弱化，即议会取代了教会机构作为管辖礼拜仪式、婚姻、道德犯罪、教育和济贫的英国法律的最终来源，而且进一步，这些现实的宗教事务规则，可以说，逐渐地进入了世俗之士的手里。

尾　论

373 当前所有相关领域的学者——历史学家、神学家、哲学家、社会科学家和法律家——几无例外都很少关注16世纪和17世纪新教教义对西方法律制度发展的巨大影响。的确,他们大都忽略了考虑信仰体系对法律的一般影响——罗马天主教教义对11世纪晚期和12世纪西方法律传统形成的影响,路德宗和加尔文宗基督教对16世纪、17世纪和18世纪早期的国家法律体系发展的影响,自然神论和理性主义及个人主义的启蒙信条在18世纪晚期和19世纪对法律的影响,无神论和不可知论及各种世俗的社会和政治信仰体系在20世纪对西方法律传统的影响。他们也没有,再一次几无例外地,认识到尽管有——以及因为——这些变化,西方法律传统的连续性。

本书的主题是西方法律传统的进化建立在一种演进的西方信仰体系的基础上,而且及时地改变和进一步为现存的法律体系的必要变革提供一种基础,首先正是信仰体系的失败,这是周期性地求助于暴力行动,大革命的前提,它部分地转变了原初的天启图景以产生这种变化。然而,最后,在每种情况下,在超过一代人的斗争和剧变之后,革命走向终结,而且一种新的法律安排就会形成,它将它的乌托邦图景与某些一开始被推翻的法律制度相妥协。

随着每次大革命的终结,旧法和新法在一个新的整体中走到了一起。德国革命在开始被路德宗王侯统治和整个宗教管辖权服 374 从于世俗权威的区域里放逐了罗马天主教教会;然而相当数量罗马天主教教会法的实质内容被世俗的德国立法者和法庭以及路德宗的教会法庭重新引入。的确,包括美国在内的所有西方国家相当数量的法律,从历史上来看都得自于罗马天主教教会的教会法。在法律哲学里,有关神法和自然法的本质及它们与国家的实证法的关系的基本问题在路德改革之后仍然和以前是一样的,尽管路德宗法学家们对这些问题的回答与他们的罗马天主教前辈的答案并不相同。“良心”这个词和“公正”这个概念被赋予了新的含义。君主的法律规则盛行,但是它们要按照法律的目的,通过诉诸上帝给予的法庭的良心,公正地被适用。还有在法律科学里,旧的所谓经院方法遭到了路德宗法学家们的攻击而且一种新的主题或概念的分类方法被引入,但再一次地,很多早先的和解权威文本冲突的辩证方法事实上继续被融入新的主题方法中。然而,此时,大学的法律教授们在保持整个法律体系的完整性方面发挥了决定性的作用,既通过他们的论文也通过他们对疑难案件的决定权。按照新的路德宗法律哲学和法律科学,旧刑法和民法被分类和改造但是并没有被放弃。刑法的法典化,尽管施瓦岑伯格在转归路德宗之前已经完成,而且罗马天主教君主在路德宗信仰在很多德国侯国开始盛行之前已经采用,既体现了路德改革和德国革命的法律哲学也体现了其法律科学。

新教信仰对德国民法和经济法的影响没有对法律哲学和法律科学明显,也没有其对刑法的影响明显。然而,很多地区的统治者中新教王侯在促使其地区里的民法改革中最为积极并非纯粹巧合。新教对世俗之人在诸如执行道德和学校教育及济贫等事务方面的作用的强调是一方面通过对契约法的精炼和分类的强调来实现的,这样就可以为从事商业和其他契约关系的人们提供另外的保护;另一方面通过对财产法的精炼和分类的强调来实现的,这样可以更为确保土地的占有权和使用权转让给承租人的安全。德国革命以承载了圣经道德的圣经信仰的名义来进行,这将依次把法
375 律关系浸入各种层次的信仰者中。路德新教带给民法和经济法的不是一套根本上不同于罗马天主教也能支持的法律规则,而毋宁是一种通过王室立法和学术论文,以及通过世俗法庭和世俗的官僚制去对这些规则进行分类的强烈动机。

16 世纪德国法的最大变化是可以被称为宗教法的部分,即以前一直是教会实际垄断的法律分支,也就是说,管辖教会的礼拜仪式、婚姻、道德犯罪、教育和济贫的法律。在某些这类事务中,罗马天主教和路德宗的信条截然不同,对它们的管辖权从罗马天主教教会到路德宗国家的转移产生了最为重要的效果。礼拜仪式被转变为德国式的而且包括由圣会所唱的流行赞美诗。婚姻不再是一种神圣的礼仪(圣礼)而更多的是一种社会和一种家庭事件。以前一直在教会的内部法庭进行惩罚的很多类型的道德犯罪现在在世俗法庭里惩罚。用现代术语来说,工作福利补充了作为一种济贫主要方法的社会福利。这仍然是一次转变,而非新创,不是德国革命的第一个天启和唯信仰论阶段的激进分子所曾经预测的“新的天上之国和新的地上之国”。

类似地，17 世纪的英国革命，尽管在其第一个阶段它要求废除君主制，废除英国国教会，建构一个民主制政府，一部成文宪法，以及刑法和民法立法法典化，最后满足于一种服从于议会至上的立宪君主制，一种宽容持有异议的新教教会的“综合性”英国国教，一个土地乡绅阶级和富有商人支持的辉格党和托利党的两党制之下的政府，以及一套由一个独立的司法发展出来和由独立的陪审团适用于刑民案件的革新的和更加系统化的普通法。前一世纪的英国第一次新教改革在某些方面已经是德国路德改革的一个更后的版本，因为很多罗马天主教在精神事务方面的管辖权，包括宗教礼拜仪式、婚姻、道德犯罪、教育和济贫方面的法律规制，已经由王室统治者转移至新近国家化了的英国国教会手里，君主是该教会的最高头目。一个世纪以后，第二次英国改革，以及它作为其中一部分的英国革命的影响，从根本上提高了世俗之人在这些事务方面的作用，如在德国更甚于一个世纪以前，因为这个不同，这成为这两次革命的区别的特征：在德国正是地区的王侯和高级官员、国家发起和控制了世俗之人在道德犯罪、学校教育和济贫方面的参与， 376
而在英国，超过一个世纪之后，在慈善团体组织方面主要的具有公共精神的公民志愿团体发起和提供了必要的经济支持。这里盎格鲁—加尔文宗，当时被称为清教，它强调地方的共同体成为“一个山上之城”的使命，发挥了重要的作用。

在 17 世纪英国法转变的核心处是盎格鲁—加尔文信徒信仰上帝与英国人民立下了一份契约，信仰在以色列的孩子们曾经被选中时英国是一个选国，被选中，要成为“所有国家的光明”。这种对神的立约的信仰被加之于加尔文教徒的教义中，即历史整个地处于上帝的天意之内，而英国人民的历史，包括他们的制度的历史，是他们的宪法赖于建基的和作为其未来发展的指南的遗产。

英国形式的加尔文教也为反对君主绝对专制的反叛和议会贵族制的至上地位的建立做出了贡献。约翰·加尔文自己在一个世纪之前曾经写作说政府的最佳形式就是贵族制,或者,在某些情况下,是民主制调和的贵族制。这种观念也支持了废除都铎—斯图亚特王朝的王室特权法庭和普通法法庭的至上地位。

与英国法的历史性概念相关联的是作为英国法律科学中的一个核心因素的先例学说的引入。议会是最高的立法者,而且在理论上对其能力范围过去和现在都没有任何限制。但是法官们在使议会立法,以及事实上的不成文的英国宪法,适应反映在刑事和民事诉讼中的社会的变化中的需要的过程中扮演了创造性的角色。不仅议会立法而且司法先例都将支配民法和经济法的显著变化。

或许在17世纪晚期英国普通法法庭的程序中最为显著的变化是通过审判阶段的证人证据的引入而带来的陪审团的转变。现在法官和陪审团听取同样的证据,而且可以对其进行不同的解释。正如我们已经看到的那样,一种相对主义者的真实概念,与当时的新的科学方法相适应的一个概念,被阐明来解决哪一种解释应该获胜的问题,即在这样的案件中,不应该预先假定对事实的某种或其他解释是真实的,而与之相反,理性的人可以在关于真实方面有所不同,而且从而法官,在大多数案件中,不可以否决陪审团的裁决,因为建立陪审团就是为了发现事实。在对这个问题的权威的决定中,首席大法官沃恩,代表王座法庭发言,特别地指出即使在诸如宗教这样的重要问题上,理性的人可以有所不同。大约三十年后这种观点开始盛行于议会对宽容法的接受中。

377 一方面,西方法律传统在长达10个世纪以上的时期里逐渐演进的故事;另一方面,16世纪到20世纪的大革命所带来的演进过程中周期转变的故事,构成了一种对(1)常规的西方历史编纂,

(2)常规的社会理论,以及(3)常规法律哲学的显著挑战。

(1)

西方法律的历史与通常的西方历史的中世纪和近代的分期相矛盾,这是一种尽管遭受超过 80 年的杰出的专业“中世纪学家”(他们仍被这样称呼)的抨击但仍存活下来的历史分期。[1]或许法律史被包含在历史编纂课程里将强迫通史学家也去修改他们的分期。“近代”英国、德国、法国、意大利、瑞典、荷兰、波兰以及其他国家的欧洲法律体系最初形成于 12 世纪和 13 世纪,其首先受到新近独立的等级制罗马天主教教会的新教会法的影响,它支配所有西欧地区广泛的各种各样“精神事件”;第二,受到了 11 世纪晚期比萨的一个图书馆里发现了 6 世纪的东罗马帝国皇帝查士丁尼罗马法文本的影响,它为教会法学家们和作为地区统治者的顾问的法律学者们提供了一种大量的新法律语言;第三,还有王室或王侯们的法律、封建法、城市法以及商人法——涵盖教会法不涵盖的王室、封建、城市,以及商人的法律关系的事务——体系的类似起源和发展的影响。世俗法律的形成部分地是回应教会法的出现。世俗法律体系在教会管辖权和世俗管辖权并存的事务上与教会法竞争,而且在同时拥有管辖权的事务上又一次地相互竞争。

一个人当然可以经常地溯源至更早的时代。然而,在法律的历史中,很多表征了早期形成阶段的西方传统的基本法律制度和概念经历了这种传统在后来的革命变化阶段而仍然存活下来,这是一个关键的事实。例如,在 12 世纪和 13 世纪新的罗马法和新的教会法中得到发展的契约法和信用交易的详细的规则经历了连续的经济变化而仍存活了下来,而且成了 17 世纪出现的自由放任资本主义经济的一个核心基础。类似地,最初与 12 世纪教会基金会、

378 行会和大学相关联的协会的团体形式成为了近代商业公司发展的一个核心基础。类似地,如果没有以多元管辖权的共存和竞争为基础的一个政治组织内的法律至上这样的“中世纪”观念的幸存和适应,西方政治民主制的发展就是不能想象的。12 世纪的理性司法程序原则,以为确保对立的当事人的声音被一个中立的法官公正地听取而设计的规则作为基础,充当了 17 世纪理性议会程序发展的一个基础,其以对立的政治党派之间的辩论和 18 世纪晚期及 19 世纪政府的立法部门和行政部门的民主选举的理性程序的发展为基础。其他自 12 世纪以来幸存下来的基本法律概念包括官职的等级制的概念,在等级制的上下级之间有互惠的权利和义务。

此外,从 11 世纪晚期和 12 世纪起,罗马天主教西方的欧洲人开始将他们生活的时代描述为一个新时代,“现代时期”,一个“现代性”的时期。然后,与早些的编年史家相比,历史学家们第一次地认为历史从过去而来,穿过各个阶段,走向一个新的未来。在这点上他们反映了欧洲第一次革命党人的精神,他们在格力高利七世教皇的旗帜下为从皇帝、国王和封建主的统治下解放教士和建立教皇制下的作为一种独立的团体的,政治的和法律的组织而战斗。

“现代”和“现代性”也是在随后的激进变革的年代里产生的。“我们处于新时代的破晓之时”,马丁·路德大声地叫道,他的追随者采用“中世纪”(*Mittelater*)来指早期基督教和他们自己之间的这个阶段。今天“现代历史”在我们的大学里是从所谓的 18 世纪的文艺复兴开始,已经出现了一个学派拒绝作为那个时代的标示的理性主义、个人主义和资本主义,它们称自己为“后现代”。对于这些当代的分期无论有什么证明,它们都不可能适用于西方法律的历史,它展现了超过十个世纪显著的诸多连续性因素。

当然,历史的分期,有强烈的政治内涵。“中世纪”(*medieval*)这个词不仅令新教徒也令罗马天主教徒愉快,因为它意味着新教是一种创新而罗马天主教有一种从早期基督教以来不可打破的连续性。“中世纪”(Middle Ages)这个概念也令民族主义者感到舒服,因为它似乎要确定罗马帝国衰落和现代主权国家兴起之间的这段时期。然而,出于同样原因,罗马天主教徒和新教徒应该欢迎一种新的分期,它来自法律史,把 16 世纪和 17 世纪的新教改革时 379
期当做一个转变时期,现代性的第二个阶段。而且无论民族主义者还是国际主义者都有理由欢迎这样的一种分期,因为它对每种西方的国家法律体系都追溯至一个共同的跨越国界的形成时期,但是同时强调在民族国家的欧洲体系的共同基础上的出现。

(2)

19 世纪和 20 世纪的社会理论家已经使用“中世纪”和“现代”来区别所谓的封建主义时期和所谓的资本主义时期。在强调这种区分时,他们通常没注意到所谓的封建主义全盛期欧洲商业的巨大扩张和城市的兴起,以及不仅资本主义而且官僚主义、理性主义以及真正的所有形式的“现代性”从 12 世纪以来成为某种或另外程度的欧洲社会的特征。

卡尔·马克思,在 19 世纪中期进行写作,可以原谅其没能说明发生在所谓的中世纪历史中间的根本经济变革,因为那个时代的历史学家还不承认这些变革的存在。马克斯·韦伯,在 20 世纪早期写作,对于将“资本主义精神”溯源至 17 世纪,即他描述的社会秩序的“理想类型”,他将有较弱的借口。更为重要的是,二者对于法律制度在完成经济和政治变革时的独立角色都理解错了。

马克思在经济的阶级斗争中发现了从“中世纪”到“现代”时期的社会变革的基本渊源。他写道,在西方历史的中世纪时期,以及在其他文明的历史的可比较阶段,封建主控制了由他们的附从,主要是农奴,完成的物品生产和分配;在现代时期——大约从16世纪开始——资本家开始控制工人们在他们的工厂里制造的物品的生产和分配。根据这种理论,法律,是统治阶级借此维持其对其附从进行统治的一种手段,而且信仰体系,被称为意识形态,是解释和证明了经济的阶级意识的合理化;的确,在宗教的形成过程中,它们是一种引诱被剥削阶级接受他们的下等地位的“鸦片”。无论法律还是宗教,在马克思主义的术语里,是建立在社会发展的“经济基础”之上的意识形态的“上层建筑”部分。

韦伯和他的追随者接受了马克思主义者的历史编纂,它将社会的发展追溯至从封建主义到资本主义(有含蓄对未来的假设,即
380 从资本主义到社会主义),但是将社会发展的根本原因不仅归为经济因素也归为政治因素。对于韦伯派学人而言,与对于马克思主义者一样——而且,的确,也对于大量的非韦伯派和非马克思主义者——法律首先是一种权力的工具。然而,韦伯与马克思不同,他将法律的“上层建筑”和意识形态追溯至首先竞争政治权力的一个“基础”,而不是那些控制了生产手段的人的经济上的阶级利益。

如在本书中所作的一样,如果某人追踪两次大革命,德国革命和英国革命,对于西方法律的发展的影响,以及强调两种信仰体系,两种基督教版本,16世纪的德国路德宗和17世纪的英国加尔文宗,在以前的一种不同的基督教版本,罗马天主教的影响下曾经出现的一种法律传统的转变中的作用,他将发现与韦伯派学者比与马克思主义者的社会理论有更多的关联。然而,这样的一种研究和马克思主义和韦伯理论在把法律和宗教作为历史变革的基础

时有明显的不同。它在将王子们和高等官员,世俗的国家,看作在16世纪从罗马天主教教士手里拿走权力的阶级方面,以及将土地贵族,而不是资本主义的资本家看作在17世纪从国王和宫廷以及世袭贵族手里与马克思主义拿走权力的阶级方面,与马克思主义特别不同。它在16世纪和17世纪的根本的政治权力变革起源于信仰体系的根本变化和法律的变革,而不是信仰体系的根本变革和法律变革起源于政治权力的根本变革方面,与韦伯派学者特别不同。

在前一章里我们已经提及这个事实,即当代的经济史学家,在试图解释西方与世界其他地方相比的经济发展的特别的水平时,已经将西方的经济增长追溯至从11世纪和12世纪直到现在,而且他们中的某些人已经认为法律发展而且特别是为快速的经济发展所需提供了安全的财产法的周期变化,是一个重要的角色。对于这个重要的洞察还可以加上一点,也就是说,不仅财产法而且诸如契约法和商业协会法这样的部门法的变革,而且,总体的法律制度的变革,包括法律哲学和法律科学,都在刺激或抑制经济增长方面扮演了一个决定性的角色。而且一旦探究经济和法律的相互关系如此被拓宽,探究经济增长对法律的依赖和法律对背后的法律所在的社会的信仰体系的依赖就成为必要的了。有人可能希望某一天一份诺贝尔奖金能授予一个承担了该项深度探究的法律史学家。

381

(3)

不仅某些常规的历史编纂和常规的社会理论的谬误而且某些常规的法律哲学的谬误都通过对西方法律传统的起源和发展的研究被展现出来。

当前的法律哲学家以不同的姿态继续所谓的实证主义和所谓的自然法理论之间的古老的辩论。法律,首先,是像实证主义者所说的在由他们制定和由国家制裁执行的实证法的规则里表达出来立法者的意志的表述那样吗?或者法律,首先,像自然法理论家所认为的那样,是一种存在于人性中,通过理性和良心可以获知而且在立法者必须遵守否则就失去了作为法律的正当性的正义的根本标准里表达出来的道德原则的表述吗?这当然是一种合理的论争,尽管过去的世纪里很少有意外的两种理论中所缺少的,是一种对宗教基础的分析,不仅自然法学说而且实证主义最初都以它为基础。

缺少的还有它们与第三种理论的关联,这种理论在 19 世纪开始被称为历史法学,或者历史学派,它使法律的"意志"维度和"理性和良知"维度都服从于"经验"维度,即法律所属的社会的历史传统。历史学派把这其他的两者结合起来了,但是强调在任何给定的时期里无论宣布和执行法律规则的政治意志还是坚持这样的规则符合更高的正义标准的道德理性必须被历史地评估,即根据法律所在的社会的传统和价值来评估。伟大的德国法学家弗里德里希·卡尔·冯·萨维尼在 1814 年他的建立了历史学派的开创性的论文中举出的一个令人印象深刻的特别的例子,即当时德国就像法国一个时代之前已经完成的那样,提出制定一部民法典的建议是被误导了,不是因为政治或道德的考虑而是因为历史上德国人民、德国法律传统,以及德国法律语言自身对于准备这样一部法典来说是不够的。法律,萨维尼写道,用埃德蒙·伯克的著述来说,就是历史上数代人和数个世纪观察的人民文化的产物,而且必须根据其与他所说的 volksgeist,"精神"或"心智",某人可以说是社会的信仰体系的适应来评估。

前一章已经讲述了历史法学作为暗示的法庭的法学,通过英国普通法的历史性里的先例原理和信仰原理于 17 世纪在英国确立的故事。在 19 世纪,部分地在萨维尼的影响下,历史法学在欧洲各个国家和美国的法律学者中发现了很多信徒。的确,法律的 382
历史性在美国宪法中是暗示的,其成文语言要求数个世纪以来的连续的解释,因此一个人只有根据它开始是什么和趋向于成为什么才能理解它。然而,当代的法律哲学的作者中,无论在美国还是在欧洲,相信传统的规范特征的历史法学派,很难提出异议。西方经历了连续的转变的法律传统的规范特征的故事,支持了一种整体法学,在其中历史扮演了和政治及道德同等的角色,有助于解决它们之间的冲突。

某些人可能说,“但是历史和传统是两种不同的事”。确实,法律传统不只是普通意义上的历史,正如它不只是普通意义上的法律。然而,如果二者都是其一部分的法律传统被忘记或拒绝的话,无论法律还是历史都不能被理解,甚至不能被保留下来。

新教革命在转变以及因此保存西方法律传统方面的作用不仅是一个学术主题。C. 约翰·索姆维勒尖锐地提出了该问题,他主张新教导致了异议,异议导致了相对主义,相对主义导致了自然神论,自然神论导致了无神论——无神论对包括西方法律传统在内的西方文化的保存大概是致命的。我们应该将新时代的奠基者的继承人对他们的信仰的曲解归结于这些奠基者吗?或者我们应该以某种自豪和某种谦卑在解决新制度里体现的引起它们的新信仰和原创力的邪恶方面重新回到他们的功绩里吗?

在 21 世纪早期,西方法律传统不再有生机和不再良好。某些批评家已经说道在做这种论争和从这个角度观察历史时,《法律与革命》的前一卷从历史出发走向了预言。但是在所有的历史编纂中都有一个预言的因素。有人已经很好地说过,一个历史学家就是一个反过来的预言家。但是即使谈及过去的世纪里所发生的可能看起来,首先,在关于以往的数个世纪的书里是不合适的,经过反思,这的确是似是而非的,即现在能照亮过去——西方法律传统在我们的世纪的衰落说明了这种传统在其兴盛的数个世纪里的本质。同时,过去能够照亮未来。的确,用伟大的历史学家和预言家阿列克西·德·托克维尔的话来说,“当过去不再照亮未来时,精神将行走在黑暗中”。

注　释

下列缩略语在注释中使用： 385

CCC　Constitutio Criminalis Carolina

CR　*Corpus Reformatorum*, 28 vols. (Frankfurt am Main, 1834 – 1860)

LW　*Luther's Works*, ed. Jaroslav Pelikan, 55 vols. (St. Louis, 1956)

WA　Martin Luther, *Werke: Kritische Gesamtausgabe* (Weimar, 1883)

导　论

〔1〕　Harold J. Berman, *Law and Revolution: The Formation of the Western Legal Tradition* (Cambridge, Mass., 1983)(后文简写为: Berman, *Law and Revolution*).

〔2〕　See Jaroslav Pelikan, *The Vindication of Tradition* (New Haven, 1984), p. 65.

〔3〕　See Edward Shils, *The Virtue of Civility: Selected Essays on Liberalism, Tradition, and Civil Society* (Indianapolis,1997),p. 107. Cf. idem,*Tradition*(Chicago,1981).

〔4〕 参见 Ilan Rachum,"*Revolution*":*The Entrance of a New Word into Western Political Discourse* (Lanham,Md. ,1999),p. 230。Rachum 把"革命"一词的使用追溯到其在 14 世纪、15 世纪的意大利语汇中的起源,意指重大而突然的变化,包括重大而突然的政治变化。他的主要论点有两层含义:一、在 17 世纪和 18 世纪以前的很长时间里,和很多人所断言的恰好相反,"革命"开始意味着向前的变化,而不是一个循环往复——不是"旋转"——回到原来的位置;二、在政治领域,许多这样的变化被称为"革命"。但是,Rachum 忽略了尤根·罗森斯托克 - 胡斯(Eugen Rosenstock-Huessy)所提出的那些确凿的证据,即该词不仅仅意指"一场"政治变化,而更是指整个政治和社会领域内的根本的转型,这一用法最早是出现在 1688 年的英格兰,即当时发动那场革命并将之命名为"光荣革命"的辉格党人认识到,他们所发动的不仅是"一场"革命,而更是发生了一场"光荣革命"之时——他们希望这是英国历史上新纪元的开始,尽管这是在"恢复"古老的权利和自由的口号之下而进行的。参见 Eugen Rosenstock-Huessy,*Out of Revolution*:*The Autobiography of Western Man* (1938;reprint,Providence,1993),pp. 304 - 305,340 - 341。另见 W. A. Speck,*Reluctant Revolutionaries*:*Englishmen and the Revolution of* 1688(Oxford,1988),p. 1 and n. 1。罗森斯托克 - 胡斯的伟大著作几乎为所有研究欧洲革命的历史学家所忽略了。Norman Cantor 历数了四次革命,即教皇革命、新教革命、法国革命和俄罗斯革命,而不承认英国革命和美国革命。参见 Norman Cantor,*Medieval History*:*The Life and Death of a Civilization*(New York,1968)。而 Crane Brinton 在其著作 *The Anatomy of Revolution*,rev. ed. (New York,1965)中,分析了英国革命、美国革命、法国革命和俄罗斯革命,而忽视了
386 教皇革命和德国(新教革命)。更晚近一些有,Charles Tilly 在其 *European Revolutions*:*1492 - 1992*(Oxford,1993)一书中,考察了 16 世纪的西班牙和尼德兰、17 世纪的不列颠、18 世纪的法国和 20 世纪的俄罗斯的"突然而影响深远、发生在一个国家的统治者身上的受人欢迎的变化"的原因和结

果。Theda Skocpol 在他的 *States and Social Revolutions*:*A Comparative Analysis of France*,*Russia*,*and China*(Cambridge,Mass.,1999)一书中,着重考察了法国、俄罗斯和中国革命在爆发的最初几年里,也就是最为激烈的几年里的因果事项。与此相反,R. I. Moore 在他的 *The First European Revolution*:*c. 970 - 1215*(Oxford,2000)一书中描述了教皇革命之前和之后的世纪里,在政治、经济和社会领域所发生的变化,包括法律领域所发生的变化,同时,他尽力降低了革命造反的高潮所体现出来、并留在社会之历史记忆中的暴力性和迅速性的意义。这些作家没有谁像罗森斯托克 - 胡斯那样,把 12 世纪到 20 世纪的欧洲历史当作一个连续的历史——它为周而复始的、每次都要延续两三代人之久的革命性暴动所改变并承袭——来考察。

〔5〕 就此要参照的是 1917 年 10 月的布尔什维克革命,并对照于 1917 年俄罗斯所和平建立的所谓的"临时政府"——它在沙皇退位之后被称为"二月革命",以及 1905 年的民众暴动——它被称为"1905 年革命",并导致了俄罗斯第一个国家议会(杜马)的产生。前两次革命虽然也称为革命,但结果证明只是第三次革命的前奏——这个第三次革命本身在欧洲乃至全世界产生了重大的反响。

〔6〕 See Berman,*Law and Revolution*;pp. 94 - 107.

〔7〕 "Rex non debet esse sub homine sed sub deo et sub lege,quia lex fecit regem." Henry de Bracton,*De Legibus et Consuetudinibus Angliae*(*On the Laws and Customs of England*),Vol. 2,ed. George E. Woodbine,trans. Samuel E. Thorne(Buffalo,N. Y.,1968),p. 33.

〔8〕 "Gott ist selber Recht,deshalb ist. ihm Recht lieb."这句话在有关《萨克森明镜》的作品里被反复引用,但却没有注明其版本和页码,并且该书也是很不容易找到。例如,参见 Christoph Hinckeldey,ed.,*Justiz in alter Zeit*(Rothenburg ob der Tauber,1984),p. 10。

〔9〕 Myron Gilmore,*The World of Humanism*,*1453 - 1517*(New York,1952),p. 135.

〔10〕 更一般性的涵盖各个方面的条令称为 *Polizeiordnungen*,即“政策条令”。

〔11〕 参见 Jean Bodin, *On Sovereignty*, ed. and trans. Julian H. Franklin(Cambridge,1992)。博丹的著作深刻地影响了英格兰国王詹姆斯一世的思想,他因此而为其君主专制政体辩护。

〔12〕 此处以及本书其他地方所谓的“贵族政体”,指亚里士多德所说的“少数人的统治”,它区别于君主制即“一个人的统治”和民主政体即“多数人的统治”。但是,在英格兰,这个概念一般适用于有称号的贵族,即“Peerage”(贵族),而不是有土地的乡绅即“the squirearchy”(地主乡绅)。参见 Lawrence Stone, *The Crisis of the Aristocracy*: *1558 - 1641*(Oxford, 1965), p. 13。

〔13〕 该词最早的用法一般归功于伊曼努尔·康德,他把法国的“光
387 源”*die Aufklarung* 的哲学称为“启蒙”。

〔14〕 参见 James F. Traer, “From Reform to Revolution: The Critical Century in the Development of the French Legal System”, *Journal of Modern History* 49(1977), 73 - 88; idem, *Marriage and the Family in Eighteenth-Century France*(Ithaca, N. Y., 1980)。概览在“民法典”起草前的一段时期内私法的立法情况,参见 Phillippe Sagnac, *La legislation civile de la revolution francaise*(Paris, 1989)。

〔15〕 参见 *Documents of American History*, vol. 1(to 1898), ed. Henry S. Commager and Milton Cantor, 10th ed. (New York, 1988), pp. 82 - 85 之第一次大陆会议宣言和决议。“印花税法国会”(Stamp Act Congress)(1765年)的决议也向不列颠政府提出了类似的要求:“陛下在这些殖民地里的忠诚的臣民们,享有和他的大不列颠王国里的自然出生的臣民们一样的与生俱来的权利和自由。”(ibid., p. 58)

〔16〕 法国使节在谈及 1770 年代中期美国的局势时,用“les revolutions des empires”来称谓“新世界”殖民地的动荡。Gouverneur Morris 在 1776 年也使用了这一字眼,他在给他的母亲的信中谈到美国革命时说,

“帝国的大规模革命不经过重大的人员伤亡就很少有能够完成的”。参见 Rosenstock-Huessy, *Out of Revolution*, p. 646。此后,在比较对照美国和法国的经验时,就会使用“革命”一词。参见 Friedrich von Gentz, *The Origin and Principles of the American Revolution Compared with the Origin and Principles of the French Revolution*(Delmar, N. Y., 1977),该书最早于 1800 年用德语出版,出版不久就被 John Quincy Adams 译成英语——他把这部作品当作他父亲竞选连任时的宣传册。Cf. Robert R. Palmer, *The Age of the Democratic Revolution: A Political History of Europe and America, 1760 – 1800*, vol. 1 (Princeton, 1959), pp. 187 – 188(讨论这个小册子在美国政治中的重要作用的部分)。历史学家依旧分为两个阵营,一个认为美国革命就是一场革命性的暴乱,而另一个阵营将之视为殖民地人民争取英国人所享有的古老权利的一场独立战争。于是, Gordon Wood——他自认为属于前一个阵营——区分了进步的历史学家,如 Carl Becker,他们强调革命内在的阶级紧张关系和社会冲突;保守的历史学家,如 Bernard Bailyn,他们认为美国人所关心的“不是要重新铸造社会秩序,而是要净化腐败的宪法,和日益凸显的特权作斗争”。参见 Gordon S. Wood, *The Radicalism of the American Revolution*(New York, 1992), pp. 3 – 5, quoting Bernard Bailyn, *The Ideological Origins of the American Revolution*(Cambridge, Mass., 1967), p. 283。

〔17〕 Quoted in Joseph Story, *Commentaries on the Constitution of the United States*, vol. 1, 3rd ed. (Durham, N. C., 1858), p. 105, n. 1.

〔18〕 “社会实际上是一个契约……但是国家不应当仅仅被视为一个……可以由于合伙者的古怪想法而解体的、兜售胡椒粉、咖啡、白棉布或烟草之生意的合伙契约……它是一个至为科学的合伙,一个至善的合伙;它是有着一切美德和完美的合伙。这个合伙在多少代人里都不能被终止,它不仅是活着的人之间的合伙,而更是活着的人和已经死去的人、尚未出生的人之间的合伙。”参见 Edmund Burke, *Reflections on the Revolution in France*(1790), ed. J. G. A. Pocock(Indianapolis, 1987), pp. 84 – 85。

〔19〕 在 1770 年代, Benjamin Franklin 就提出他已经着手参与组织

的“伦敦自然神公会”(Deistic Society of London)应当改组为一个由圣礼和
388 一位“自然的牧师”构成的“教会”。

这一公会在1770年代末期和1780年代初期曾经在很多地方流行起来,并曾经有Thomas Paine和Dupont de Nemours这样的人物参加,并很可能有Richard Price和Joseph Priestley这样的英国激进分子参加。David Williams作为一位“自然的牧师”定期在该公会的“小教堂”布道。关于该公会的活动,参见Nicholas Hans,“Franklin,Jefferson,and the English Radicals at the End of the Eighteenth Century”, *Proceedings of the American Philosophical Society* 98(1954),406。

〔20〕 在这场伟大的宗教—哲学和政治—法律的争论中,一个叫人惊讶的事实是,双方都可以援引John Locke的著作,这是由于人们忽视了一个事实,即那些作品既可以为贵族制的、传统主义的和社群主义的英国革命辩护,也可以为民主的、理性主义的和个人主义的,并最终体现在法国大革命中的规划做基础。

〔21〕 参见Vincent Ostrom,The Meaning of American Federalism:*Constituting a Self-Governing Society*(San Francisco,1991)。Ostrom阐释了由18世纪末的美国所体现出来的联邦主义的深刻内涵,包括它在宗教圣约观念上的基础。他写道,联邦主义者挑战了传统的君权观念,并提出了“一个权力并行的、混合共和制的理论,它将使得大陆形成一个民主社会”。(p.97)

〔22〕 同一个俄语单词*vospitat*,意指“教育”“培养或养育”。关于苏维埃对法律之教育或养育功能的观念,参见Harold J. Berman,*Justice in the U. S. S. R.*(Cambridge,Mass.,1963),pp.277-284。

〔23〕 关于Karl Llewellyn之“父母型的法律”的说法,参见ibid.,p.284。

〔24〕 See Harold J. Berman,“Atheism and Christianity in the Soviet Union”,in Lynn Buzzard,ed.,Freedom and Faith:*The Impact of Law on Religious Liberty*(Westchester,ILL.,1982),p.127.

〔25〕 Quoted in Nathan Gardels,"An Interview with Czeslaw Milosz", *New York Review of Books*, February 27, 1986, p. 34.

〔26〕 参见 Manlio Bellomo, *The Common Legal Past of Europe*, trans. L. G. Cochrane(Washington, D. C., 1995)。正如 Bellomo 所云(p. xvii),研究 16 世纪和 17 世纪的 ius commune,或当时所谓的"普通法",尤其适宜于那样一个时代,即当读者们很容易想象出"国家之间的樊篱在很大程度上都已被拆除——不论是在个人的头脑中还是在集体的认知里——的未来世界,此时,任何特定的区域结构都成为过时的东西,或者是投机和财政欺骗的范围"。传统上,英国法的独有特征已经为法律史学家和比较法学家所强调,并且有很多著作和文章比较了英国的"普通法"和欧洲大陆的"民法"。Reinhard Zimmermann 较早地揭露了英国法土著成长品质的"神话";他说,"实际上,从诺曼征服开始,国家间的持续不断的交往就已经在英国法上留下了决定性的、典型性的特征。参见 Reinhard Zimmermann, "Civil Code and Civil Law: The Europeanization of Private Law within the European Community and the Re-emergence of a European Legal Science", *Columbia Journal of European Law* 1(1994), 87 - 88; idem., "Der europaische Charakter des englischen Rechts: Historische Verbindungen zwischen Civil Law und Common Law", *in Zeitschrift Fur Europaisches Privatrecht* 1(1993), 4; idem, "Das romisch-kanonische *ius commune* als Grundlage europaischer Rechtseinheit", *Juristenzeitung* 47(1992), 8。英国法和欧洲其他国家的法律之间的联系,在第七章到第十二章进行了阐述。 389

〔27〕 See Rosenstock-Huessy, *Out of Revolution*, p. 707.

〔28〕 "中世纪"一词最初所指乃是这样一个中间时期的概念,即此前的"古代"时期的发展过程被打断了,而此后的"现代"时期在某种意义上来说是回到了先前。尽管我没有发现证据表明"中世纪"一词使用于 11 世纪末 12 世纪初教皇革命之前的历史时期,但教皇革命的支持者声称,教皇革命带来了一个新的"现代"时期(参见 Berman, *Law and Revolution*, p. 112 and sources cited p. 581 n. 35),他们回顾前卡洛林王朝的教会法和教

父们的著作,并借此证明帝国对教会实施统治的那些世纪乃是“僭越的历史时期”。参见 citations to Augustin Fliche, *La reforme gregorienne*, in Charles J. Reid, Jr., “The Papacy, Theology, and Revolution: A Response to Joseph L. Soria's Critique of Harold J. Berman's *Law and Revolution*”, *Studia canonica* 29 (1995), 473 – 475。学者们发现“中世纪”一词最早出现在 15 世纪早期,并且据说是指代所谓的罗马陷落和大约 7 个世纪之后意大利自治城市国家的兴起之间的几个世纪。参见 Alison Brown, *The Renaissance*, 2nd ed. (London, 1999), pp. 7 – 8。后来,在 15 世纪的时候,意大利人文主义者用这个字眼来指代希腊和罗马文化古典作家和他们自己之间的一段历史时期,大体上是从 5 世纪到 15 世纪。但是,“中世纪”一词的这些用法都比不上路德的追随者在 16 世纪初所称谓的那个“中世纪”所产生的影响;他们的“中世纪”意指新教改革和早期恪守《圣经》的基督教——这正是改革所要恢复的状态——时期之间的历史时期。路德宗的“中世纪”(用英语来表述是“middle ages”)概念有着宗教和政治上的意义,它联系于罗马天主教会的强权。马克思主义者后来把它对应于“封建主义”。

〔29〕 See Berman, *Law and Revolution*, pp. 112 and 581 n. 35.

〔30〕 正如 Marc Bloch 就法国人的宣言所写的那样,“此后谁能否认花费如此高昂代价加以摧毁的这种制度的真实性?” Quoted in Berman, *Law and Revolution*, p. 42. 具有同样讽刺意味的是, F. W. Maitland 曾写道,“现在是刨根问底的人要问,是谁把封建制度引进到英国?如果可以解释,那么一个很好的答案会是 Henry Spelman……如果这个刨根问底的人继续带着他的问题追问,这个封建制度什么时候达到了它的顶峰?我将回答是(18)世纪的中期前后”。Quoted in S. F. C. Milsom, introduction to Sir Frederic Pollock and F. W. Maitland, *History of the English Law before the Time of Edward I* (Cambridge, 1969), p. xxviii.

〔31〕 用“文艺复兴”一词来指代一段历史时期即意大利的 15 世纪末和 16 世纪初的一段时期,这始自 19 世纪中期的法国历史学家 Jules Michelet,瑞士历史学家 Jacob Burckhardt 很快借用了这个词,来指代那一

时期、那一地区的艺术家和作家们取得巨大成就的历史。但除此之外,那也是一个充满政治和宗教腐败和丑闻的时间和地点。尽管实际上所有的学者都同意 George Holmes 所谓的"文艺复兴"是"一个众说纷纭的辞藻,它在使用时有着几十种不同的意思"。[*Renaissance*(London,1996),p. 7]但是,它仍然为人们使用着,并且不同的作者都像 Holmes 一样赋予这个字眼以不同的含义。这是一个应当径直抛弃的辞藻。

〔32〕 Douglass C. North 是那些经济学家中的佼佼者,他们强调法律制度在几个世纪的时间里、在促进西方经济方面的重要意义。他关于西方经济史的鸿篇巨制——这为他赢得了诺贝尔经济学奖——的主要论点 390
就是,"获得良好界定和保障的财产权利是经济发展的必要条件",并且进一步而言,正是安全的财产权利的不断巩固,带来了"西方的崛起"。参见他的论文"The Paradox of the West", in R. W. Davis, ed., *The Origins of Modern Freedom in the West*(Stanford,1995),pp. 7-34。他的主要著作有 Douglass C. North and Robert Paul Thomas, *The Rise of the Western World*(Cambridge,1973);Douglass C. North, *Structure and Change in Economic History*(New York,1981);idem, *Institutions, Institutional Change, and Economic Performance*(Cambridge,1990);Douglass C. North, Paul R. Milgrom, and Barry R. Weingast, *The Role of Institutions in the Revival of Trade: The Law Merchant, Private Judges, and the Champagne Fairs*(Stanford,1990)。

〔33〕 其最初的德语书名是 *Die Protestantische Ethik und der "Geist" das Kapitalismus*,在 1904 年和 1905 年分两次出版。Talcott Parsons 在其标准英译本中,把"spirit"(Geist)一词的引号去掉了。

〔34〕 Max Weber, *Economy and Society: An Outline of Interpretive Sociology*, ed. Guenther Roth and Claus Wittich(New York,1978),p. 53.

〔35〕 "时间就是金钱……金钱生出金钱,它的子息可以生出更多的金钱。……一个人断送了一个克朗,他就可能毁掉了它可以生出来的几十个镑。" Ibid., pp. 48-49.

〔36〕 虽然 Michael Walzer 和 Herbert Luthy 在很多方面都挑战 Weber

的命题,但是他们都同意他的这个看法,即禁欲主义从十六七世纪的新教教义一直被带进 19 世纪的资本主义中。参见 Michael Waker, *The Revolution of the Saints: A Study in the Origins of Radical Politics*(Cambridge, Mass., 1982), pp. 303 - 304; Herbert Luthy, "Variations on a Theme by Weber", in Menna Prestwich, ed., *International Calvinism, 1541 - 1715* (New York, 1985), pp. 382 - 384。问题在部分意义上是由于"禁欲"一词本身,它原本适用在修道士的生活上(Weber 所谓的"内部尘世的禁欲主义"),但它逐步获得了严格的、朴素的、能吃苦的、自我否定的等意思内容。我已经指出过,Weber 用这个词来指代资本家献身于所谓的"外部尘世"之神召上,即挣得越来越多的金钱,而避免其他享受。但是,Weber 本人也承认,真正的加尔文宗教义,和基督教的其他形式一样,也是把贪婪当做道德之罪而加以谴责的。另外,有充分的证据表明,十六七世纪新教徒虽然谴责喝酒、赌博和上剧院,但是非常热衷于音乐、艺术、文学、体育和美食。新教的确强调勤劳工作,的确重视成功,但这并不意味着它就从根本上不同于基督教的其他派别。

〔37〕 关于成立 Greenland Company 公司的法案,参见 Samuel Williston, "History of the Law of Business Corporations before 1800", *Harvard Law Review* 2(1888), 111。关于英国股份公司的经济和法律史,参见 William Robert Scott, *The Constitution and Finance of English, Scottish, and Irish Joint-Stock Companies to 1720*, 3 vols. (1912; reprint, Gloucester, Mass., 1968) 和 Frank Evans, "The Evolution of the English Joint-Stock Limited Trading Company", *Columbia Law Review* 8(1908), 339 - 361, 461 - 480。但遗憾的是,这些著作想当然地看待了这种经济法律实体的明显的社群主义品质和哲学,而没有予以讨论。

〔38〕 5 & 6 William & Mary c. 20(1694).

〔39〕 参见 John Giuseppi, *The Bank of England: A History from Its*
391 *Foundation in 1694*(London, 1966), pp. 9 - 14(讨论银行的起源和最早的投资者和董事的社会背景); Rules, Orders, and *By-Laws for the Good Govern-*

ment of the Corporation of the Governor and Company of the Bank of England, reprinted in *Bank of England: Selected Tracts, 1694 - 1804* (Farmborough, Hants.,1968),p. 11(关于董事会每周一次的会议)和 p. 19(关于两年一次的股东大会)。和在股份公司方面的情况一样,在银行业以及其他形式的信用行业一样,也有大量的经济和法律文献把这些现代制度追溯到 17 世纪的下半期,但是它们也想当然看待了它们明显的社群主义品质,而没有加以讨论。例如,参见 Frank T. Melton,*Sir Robert Clayton and the Origins of English Deposit Banking,1658 - 1685*(Cambridge,1986);P. G. M. Dickson, *The Financial Revolution in England: A Study in the Development of Public Credit,1688 - 1756*(London,1967);James Steven Rogers,*The Early History of Bills and Notes: A Study of the Origins of Anglo-American Commercial Law* (Cambridge,1995)。

〔40〕 See Max L. Stackhouse,"A Premature Postmodern",*First Things* (October 2000).

第一章 教会和国家的改革,1517—1555 年

〔1〕 在 *The Age of Reform,1250 - 1550*(New Haven,1980)中,Steven Ozment 写道,"欧洲在 1315 年到 1317 年经受了整个中世纪中最为严重的饥荒,而反复发生的饥荒加之以在本世纪中期沿着东方伸入西欧的贸易之路而传来的黑死病,疫情因此很难得到控制。很多地区丧失了半数以上的人口,而总体减少的人口数估计有原来人口数量的五分之二。到 1500 年的时候,所有这些境况已经完全恢复过来了,并且,16 世纪成为一个稳定增长,甚至是普遍增长的世纪。据粗略统计,帝国和法国、意大利是最大的国家,其中帝国有 1200 万人,法国和意大利都是 1000 万人。西班牙是 750 万人,英格兰 350 万人。到 1600 年的时候,德国的人口增长到 2000 万人,法国 1500 万人,意大利 1300 万人,西班牙 1000 万人,英格兰 550 万人。欧洲的全部人口到 1600 年时估计是 8500 万人,并且在 17 世纪稳定在 1 亿人左右。

市镇中只居住着全部人口的一小部分；估计整个欧洲有十分之九的人生活在乡村中。但这一概括在一定程度上未必真实，因为在有的地区（德国、尼德兰和意大利），城市的人口密度要比其他地区（西班牙）城市人口密度大。在宗教革命发源的萨克森，在1550年有五分之一的人口是城镇人。基于普遍的人口增长，许多城市在16世纪的时候扩大了一倍的规模，其中就有那不勒斯（在1500年的时候它有20万人口，可能是欧洲最大的城市）、塞维尔（Seville）、伦敦、米兰、科隆以及三个主要的宗教改革中心：奥格斯堡、纽伦堡和斯特拉斯堡。即使是法国这样的地区——宗教战争和国内战争在此牺牲了成千上万的生命，在16世纪的时候，登记在册的人口也是呈增长之势。尽管在1500年的时候只有5个城市自称人口突破了10万（伦敦、巴黎、佛罗伦萨、威尼斯和那不勒斯），但到1600年时，至少有一打的城市这样宣称。

德国的小城镇尤其多。在世纪之交的时候，德国大约有3000个小城，其中2800个的人口在1000人以下，并且只有15个的人口自称超过了10，
392 000人。奥格斯堡和科隆的人口在25，000和30，000之间，是其中最大的城市。而改革的发源地威登堡相比而言只是一个有着2500人口的小城。慈运理新教的家乡苏黎世拥有6000人口，而加尔文宗发轫的日内瓦在John Calvin于1536年到来之时，其城墙内只有15，000人口（pp. 191－192）。（关于德国之外的欧洲城市人口的不同估计，参见n. 68。）

〔2〕 现代英语中所谓的“German”和现代德语中所谓的“Deutsch”一词，其最初名词形式在8世纪时的拉丁语翻译形式是*theodisca*，意大利语的Tedeschi就起源于这个单词。关于“Deutsch”的起源，参见Eugen Rosenstock，“Unser Volksname Deutsch und die Aufhebung des Herzogtums Bayers”（1928），in Hans Eggers，ed.，*Der Volksname Deutsch*（Darmstadt，1970），pp. 32－102。“Theod”一词显然是“people”或“folk”的本地语解释，并使用在卡洛林帝国的军队中。

〔3〕 以前，教皇被称为圣彼得的代理人，皇帝称为基督的代理人。参见Berman，*Law and Revolution*，pp. 92－93。

〔4〕 Ibid. ,p. 503.

〔5〕 See C. P. Magill,German Literature(Oxford,1974),pp. 1 - 17.

〔6〕 See Berman,*Law and Revolution*,pp. 503 - 505,632 - 633.

〔7〕 Ibid. ,pp. 371 - 380.

〔8〕 Ibid. ,pp. 199 - 254. 履行义务的宣誓或信仰宣誓将使教会法庭拥有管辖权。

〔9〕 这些数据来自1521年沃尔姆斯帝国会议的Reichsmatrikel(联邦税收清单),它复制在Gerhard Benecke,*Society and Politics in Germany, 1500 - 1750*(London,1974),pp. 382 - 393上。要想精确确定出帝国境内任何给定时间的所有领地单位都是不可能的,Benecke本人承认这一列表是不周全的。

〔10〕 12世纪、13世纪德国领地法概览尤其是巴伐利亚法概览,参见Berman,Law and Revolution,pp. 505 - 510及其所援引资源。14世纪、15世纪概览,参见Karl Kroeschell,*Deutsche Rechtsgeschichte*,8th ed. ,vol. 2 (1250 - 1600)(Opladen,1992),pp. 59 - 125。

〔11〕 建立大学的城市有布拉格(1348)、维也纳(1365)、海德堡(1386)、科隆(1388)、爱尔福特(1392)、莱比锡(1409)、罗斯托克(1419)、格拉夫瓦尔德(1456)、弗莱堡(1457)、巴塞尔(1460)、英戈尔斯塔特(ingolstadt)(1472)、美因茨(1476)和威登堡(1502)。关于14世纪到17世纪时德国人在法国、意大利和德国境内学习的情况,参见Adolf Sto1zel,*Die Entwicklung des gelehrten Richtertums in den deutschen Territorien*, Vol. i (1872;reprint,Aalen,1964),pp. 45 - 111;Jacques Verger,*Les universO - fran-faises au Moyen Age*(Leiden,1995),pp. 122 - 173;Marcel Fournier,"La nation allemand a l' Universite d' Orleans au XIVe siele",*Nouvelle revue historique de droit francais et etranger* 12(1888),386 - 431。

〔12〕 See Karl Zeumer,*Quellensammlung zur Geschichte der Deutschen Reichsverfassung in Mittelalter und Neuzeit*,2 vols. (Tubingen,1913),vol. 1, pp. 173 - 176.

〔13〕 参见 Eugen Rosenstock-Huessy, *Out of Revolution: The Autobiography of Western Man*(1938; sreprint, Providence, 1993), p. 374。本章以及本书中的后面章节中很多见解来自 Rosenstock-Huessy 先导性著作——其早期著作的一个修订版,德语书名为 *Die Europaischen Revolutionen: Volkscharaktere und Staatenbildung*(Jena, 1932)。

〔14〕 11 世纪时,随着教皇革命的发生,教皇主张颁发赎罪券的权利,它可以代替罪人为洗净其罪而需要在地上苦行的期限。这只是"部分的赎罪券",通常标明以年、月、日的期限,或"隔离期"(Lenten periods)。
393 赎罪券上的期限并不是惩罚的期限,而是苦行的期限;即一张 6 年的赎罪券在价值上对等于在教会苦行规则之下生活 6 年的时间。而一张"完全"的赎罪券赎净罪人在尘世所招致的全部惩罚。参见 Paul F. Palmer, *Sacraments and Forgiveness: History and Doctrinal Development of Penance, Extreme Unction, and Indulgences*(Westminster, Md., Newman Press, 1960), pp. 329 - 367 and 398 - 401。在 1476 年的教皇诏书 Salvator Noster 中, Pope Sixtus Ⅳ 第一次把完全的赎罪扩大到已经处在炼狱的灵魂。参见 B. J. Kidd, *Documents Illustrative of the Continental Reformation*(Oxford, 1911), pp. 3 - 4。这就使得生者为其死去的、由于未完全赎净罪孽而遭受炼狱之苦的亲人,来购买赎罪券。

〔15〕 "功劳宝库"是由基督、圣母玛利亚和圣徒们的善工所积累起来的无限宝库,由教皇管理。功劳宝库理论在 1343 年的教皇诏书 *Unigenitus* of Clement Ⅵ中正式定型。参见 Kidd, *Documents Illustrative of the Continental Reformation*, pp. 1 - 3。

〔16〕 See Martin Luther, Address to the *Christian Nobility*, vol. 44 of *Luther's Works*(Philadelphia, 1966), pp. 142 - 143.

〔17〕 约翰·威克利夫(1320—1384)是牛津大学的一名讲师,他的宗教教义观是路德教义观的前兆。威克利夫否认教皇拥有整个基督教王国上的权威,而是宣扬一个所有信徒皆与神保有直接联系而组成的教会。和路德一样,他把《圣经》的一些章节译成本地语言,并且也和路德一样,

他也反对教会的圣餐变体的教义。参见 Kenneth B. McFarlane, *John Wycliffe and the Beginnings of English Non-Conformity*(New York, 1953); Anthony Kenny, Wyclif (Oxford, 1985)。虽然威克利夫的追随者——就是人们所知道的罗拉德宗——受到了英国国王的迫害,并在 1414 年的一次起义中被镇压下去,但是,小的罗拉德团体一直坚持到 16 世纪的时候宗教改革传播到英国。参见 John A. F. Thomson, *The Later Lollards, 1414 - 1520*(London, 1965)。

〔18〕 约翰·胡斯(1369—1415)是布拉格大学的一位院长,在 1400 年被授以圣职。他研究威克利夫的著作并深深为其改革的理念所影响。在他一部主要著作 *De Ecclesia*(1415)中,和威克利夫一样,他声称一个所有信徒组成的教会,以及基督作为首脑而不是教皇作为首脑的教会。在被宣布为异端邪说者后,胡斯来到康斯坦茨公会议,为他的观点辩护。尽管帝国皇帝西吉斯蒙德为他发出了一封要求安全通行权的信,但这次公会议还是在 1415 年把他烧死在火刑柱上。参见 Matthew Spinka, *John Hus' Conception of the Church*(Princeton, 1966) 和 *John Hus, A Biography*(Princeton, x - 8)。Hus 的死使他成为捷克民族主义的殉难者。1420 年,皇帝鼓动起一场镇压胡斯信徒的十字军圣战,因为改革的追随者已经名声大噪。第一次胡斯战争(1420 - 1434)以相互妥协而告终,它确立了一个波西米亚自治的教会,并使得修道院土地世俗化。战争在后来时断时续,一直延续到 1517 年。16 世纪到来,波西米亚成为路德宗和加尔文宗的乐土。参见 Josef Macek, *The Hussite Movement in Bohemia*(Prague, 1958) 和 *Howard Kaminsky, A History of the Hussite Revolution*(Berkeley, 1967)。

〔19〕 参见 Henry Kamen, *The Spanish Inquisition: An Historical Revision* (London, 1997), pp. 174 - 213。在这一时期,那一连串的罗马主教更关心他们在意大利当地政治权力角逐中的权力巩固问题和委派伟大的艺术作品的问题,而不是关心教会的精神面貌。在 Julius Ⅱ and Leo X 领导下召开的第五次拉特兰公会议(1512 - 1517)宣称的目的是改革基督教王国,但实际上不过是和法国订立了一项新的协约,并重申了不朽的教义而已。

394 这次公会议结束时,距离路德张贴他的《九十五条论纲》只有7个月。参见 Hubert Jedin, *A History of the Council of Trent*, vol. 1(New York, 1949); Richard J. Schoeck, "The Fifth Lateran Council: Its Partial Successes and Its Larger Failures", in Guy Fitch Lytle, ed., *Reform and Authority in the Medieval and Reformation Church*(Washington, D.C., 1981), pp. 99-126。

〔20〕 其德语文本复制在 Heinrich Koller, ed., *Reformation Kaiser Siegmunds*(Stuttgart, 1964);英语译文收录在 Gerald Strauss, *Manifestations of Discontent in Germany on the Eve of the Reformation*(Bloomington, Ind., 1971), pp. 3-31。关于评论和讨论,参见 Lothar Graf zu Dohna, *Reformatio Sigismundi: Beitrag zum Verstandnis einer Reformschrift des funfzehnten Jahrhunderts*(Gottingen, 1960)。

〔21〕 称为"改革"的自治市法律改革,发生在科隆(1437)、纽伦堡(1479)、汉堡(1497)、沃尔姆斯(1499)和法兰克福(1509),参见 Franz Wieacker, *A History of Private Law in Europe, with Particular Reference to Germany*, trans. Tony Weir(Cambridge, 1995), pp. 143-167(hereafter Wieacker, *History of Private Law*)。

〔22〕 Myron Gilmore, *The World of Humanism*, 1453-1517(New York, 1952).

〔23〕 Marsilius 建议教会由僧侣和平信徒组成的一般会议来统治。他的苦行理论也是路德反对牧师免罪权力的先声。参见 Alan Gewirth, *Marsilius of Padua: The Defender of Peace*, vol. 1(New York, 1951), pp. 260, 262, 265-268, 283-292。

〔24〕 第36条:"任何基督徒,凡真正忏悔,即得享完全赦免于罪刑,且无需赎罪券而享赦免。"第37条:"任何真正基督徒,活着的或死去的,皆参与基督和教会之利益;且此参与乃神恩准,无须赎罪券。"第76条:"我们主张的恰好相反,教皇的饶恕不能赦免最为轻微的罪,只要此罪涉及惩罚。"《九十五条论纲》的一个翻译文本收录在 John Dillenberger, ed., *Martin Luther: Selections from His Writings*(Garden City, N.Y., 1961), pp. 489 - 500。

〔25〕 本叙述所涉及的路德作品可以参见 Dillenberger, *Martin Luther*; Thomas M. McDonough, *Law and Gospel in Luther: A Study of Martin Luther's Confessional Writings* (London, 1963); Heinrich Bornkamm, *Luther's Doctrine of the Two Kingdoms in the Context of His Theology*, 2nd. ed. (Philadelphia, 1966)。

〔26〕 "A Commentary on St. Paul's Epistle to the Galatians" (1531), trans, in Dillenberger, *Martin Luther*, pp. 144 - 145.

〔27〕 See Martin Luther, *D. Martin Luthers Werke: Kritische Gesamtausgabe* (hereafter WA) (Weimar, 1883), p. 390.

〔28〕 参见 Martin Luther, "The Sermon on the Mount", in Jaroslav Pelikan, ed., *Luther's Works* (hereafter *LW*), 55 vols. (St. Louis, 1956), vol. 21, esp. p. 108(主张"这一职责和义务寄予那些参加世俗统治而实施法律和惩罚、维持人们之间的身份差异、管理并分配财产的人")。Martin Luther, "Whether Soldiers, Too, Can Be Saved", in J. M. Porter, ed., *Luther: Selected Political Writings* (Lanham, Md., 1974), esp. pp. 1 - 5(声称"毫无疑问,军事职业本身就是一个合乎法律的神召职业")。参见 Martin Luther, "On War against the Turk", in Porter, *Luther*, pp. 124 - 125(提出"教导……如何用良知来战斗")。

〔29〕 See Martin Luther, "Secular Authority: To What Extent It Should
be Obeyed" (1523), in Dillenberger, *Martin Luther*, pp. 382 - 392; *Martin Buc- 395
er*, "De Regno Christi", in Wilhelm Pauck, ed., *Melanchthon and Bucer* (Philadelphia, 1969), bk. 2, chap. 1 ("By What Ways and Means the Kingdom of Christ Can and Should Be Reformed by Devout Kings").

〔30〕 WA, 3z:394.

〔31〕 See Luther, "Secular Authority", p. 366; and idem, "An Appeal to the Ruling Class of German Nationality as to the Amelioration of the State of Christendom", in Dillenberger, *Martin Luther*, p. 411.

〔32〕 See Jean Bodin, On Sovereignty: *Four Chapters from Six Books of the Commonwealth*, ed. and trans. Julian H. Franklin (Cambridge, 1992), p. 23 ("the main point of sovereign majesty and absolute power consists of giving the law to subjects in general without their consent"); Glenn Burgess, "The Divine Right of Kings Reconsidered", *English Historical Review* 107 (1992), 837, 842 ("the essential feature of absolutism was its claim that the king alone was superior to the positive law and not bound by it"). See generally Julian H. Franklin, *Jean Bodin and the Rise of Absolutist Theory* (Cambridge, 1973); cf. Michael Stolleis, *Geschichte des offentlichen Rechts in Deutschland*, *Erster Band: Reichspublistik und Policeywissenschaft*, 1600 – 1800 (Munich, 1988), pp. 172 – 186.

〔33〕 参见路德对第4条戒律所做的解释,出自他的 *Large Catechism*, in WA, 30:132 – 182。

〔34〕 路德于1517年(译按:原文误为1917年)10月张贴出该《论纲》,马德格堡和莱比锡于11月即转载之。12月时巴塞尔出现了德文翻译版。但 Bernd Moeller 没有找到该《论纲》德语之外的当时流行的本地语翻译版。参见 Bernd Moeller, "Luther in Europe: His Works in Translation, 1517 – 1546", in E. I. Kouri and Tom Scott, eds., *Politics and Society in Reformation Europe* (London, 1987), pp. 237 – 238。所以,《论纲》在德国之外所产生的主要的直接影响局限在那些能够读懂拉丁文的人群。但是,欧洲的知识阶层阅读拉丁文的能力可能和阅读地方语言的能力一样好,而那些不识字的人可以通过认识拉丁文的布道者和学者来接触《论纲》的内容。Moeller 说道(pp. 24 – 25):"该《论纲》激荡起非凡的呼应。路德后来在回顾此事时说它们'在14天的时间里就传遍了整个德国'。即使这一断言要因为相对较少的转载数量而打折扣,但这一经院哲学的学术作品所获得的成功仍然是极其非凡的。"Moeller 还援引路德同时代的 Oecolampadius 的话说,该《论纲》"以惊人的速度传遍了整个德国,知识人群怀着特殊喜爱之情来表达他们的欢迎"。参见 Bernd Moeller, *Imperial Cities and the Reformation*:*Three Essays*(Philadelphia,1972),p. 24 and n. 10。

〔35〕 See Ozment,*Age of Reform*,p. 401.

〔36〕 See Roland H. Bainton, Here I Stand:*A Life of Martin Luther* (Nashville,1950),pp. 185 - 186.

〔37〕 De Lamar Jensen,*Confrontation at Worms*:*Martin Luther and the Diet of Worms*(Provo,Utah,1973),pp. 75 - 111.

〔38〕 See generally Steven Ozment,*When Fathers Ruled*:*Family Life in Reformation Europe*(Cambridge,Mass.,1983).

〔39〕 Robert Scribner,"Incombustible Luther:The Image of the Reformer in Early Modern Germany",*Past and Present* 110(1986),47 - 50.

〔40〕 See Ozment,*Age of Reform*,p. 231.

〔41〕 "像在翻译《圣经》、撰写教义问答、改革礼拜仪式和编著赞美诗集等方面的优秀表现一样,路德在讲道坛布道、在教室大厅演讲、在 up- 396
per room 做灵修祷告等也是同样非凡。路德的才能的确是叫人吃惊的,他那一代人没有谁可以和他匹敌。" Bainton,*Here I Stand*,p. 346.

〔42〕 在早些年,路德在写到犹太教时还是比较友善的,他希望借此有助于犹太人改信基督教。正是出于这样的考虑,较之先前几个世纪里——尤其是 15 世纪末在西班牙、葡萄牙和意大利的宗教裁判所里——的罗马天主教对待犹太人的态度,路德显得更少一些敌意。不论是罗马天主教还是新教,改信基督教的犹太人都不受歧视,而且,那些没有改信的犹太人也被允许从事一些形式的经济活动,并通常受到教会权威和世俗权威的保护。但是,绝大多数犹太人只能居住在犹太人街区内,衣服上要佩戴明显的黄颜色标牌,并被视为主流社会的弃儿。实际上,他们不断地被驱逐出特定的国家,或者是在一个国家内被驱逐出一个特定的城市。路德后来就像攻击土耳其人一样刻毒而激愤地攻击犹太人(尽管是他们养活了那个时代公然无忌的种族文化),这种攻击应当被视为是宗教上的,而不是出于种族上的原因。Heiko Oberman 曾经说道:"这些攻击所以如此激烈,也许可以通过这一事实来解释,即在他后来的岁月里,他基于

末世论信仰而曾说过他生活在一个终结的时代,此时,真正的教会为三个强大的敌人所威胁,即罗马主教所领导的偏离正轨的基督徒们、没有信仰的土耳其人——他们当时正在巴尔干和基督徒开战和犹太人——这些特选的子民,他们拒绝承认耶稣是弥赛亚。”参见 Helko A. Oberman, *The Roots of Anti-Semitism in the Age of Renaissance and Reformation* (Philadelphia, 1984), pp. 104 - 105。有一种在一定程度上相反的观点,见 Mark U. Edwards, *Luther's Last Battles: Politics and Polemics*, 1531 - 1546 (Ithaca, N. Y., 1983), p. 31。另见 Salo W. Baron, *A Social and Religious History of the Jews*, 2nd ed. rev. and enl., vol. 13 (New York, 1965), pp. 253ff.; Ronnie Po-Chia Hsia, "Jews", in Hans Joachim Hillerbrand ed., *The Oxford Encyclopedia of the Reformation*, vol. 2 (Oxford, 1996), pp. 340ff。另见 Chapter 4。

〔43〕 See David V. N. Bagchi, *Luther's Earliest Opponents: Catholic Controversialists, 1518 - 1525* (Minneapolis, 1991); John S. Oyer, *Lutheran Reformers against Anabaptists: Luther, Melanchthon, and the Anabaptists of Central Germany* (The Hague, 1964), esp. pp. 114 - 139.

〔44〕 See Berman, *Law and Revolution*, p. 94; *Orville. Prescott*, *Lords of Italy: Portraits from the Middle Ages* (New York, 1972), p. 43.

〔45〕 1517 年 10 月 31 日,路德写信给美因茨大主教,请求他收回他关于赎罪券的指示。这封信包括一份《九十五条论纲》抄本。后者引起了强烈的反映,尤其是来自英戈尔斯塔特的神学家 Johann Eck 的攻击。路德回应这些攻击的办法就是写了一系列的“解答”,在此详尽阐述了他的《九十五条论纲》。他把这些解答寄至 Pope Leo X,寻求教皇支持他抵抗多米尼加的“询问者”。参见 Martin Brecht, *Martin Luther: His Road to Reformation* (Philadelphia, 1985), pp. 190 - 192, 218 - 219。

〔46〕 Ibid., p. 369.

〔47〕 在告知 Duke Frederick the Wise 他即将离开他的瓦特堡时,路德在信中尖锐地说道:“我无意请求尊驾的保护;不,我认为我对尊驾的保
397 护要胜过他能够给我的保护。谁信仰得越虔诚,谁就保护得越好;并且,

因为我认为尊驾在信仰上还很脆弱,我无法相信尊驾就是能够保护我的人。"这一封信收录在 Rosenstock-Huessy, *Out of Revolution*, pp. 388 - 389。

〔48〕 See Hans Hillerbrand, *Landgrave Philipp of Hesse* (St. Louis, 1967).

〔49〕 这些人中就有 Andreas Karlstadt(1486—1541),他和路德一同在威登堡教书,但最终因为婴儿施洗和圣餐等问题而和路德决裂;Thomas Muntzer(约 1491—1525),他在 1517 - 1518 年时正在威登堡,并从 1519 年开始宣扬新教改革,但是在农民战争中他站在农民一方,并于 1525 年 5 月被捕并被处死。和瑞士牧师 Huldrych Zwingli(1484—1531),他 1519 年开始在苏黎世宣扬改革,但他反对路德关于施洗和基督亲临圣餐礼的教义。他在 1531 年爆发在瑞士各州的战争中去世。关于 Karlstadt,参见 Calvin Augustine Pater, *Karlstadt as the Father of the Baptist Movements: The Emergence of Lay Protestantism* (Toronto, 1984)。关于 Muntzer,参见 Hans-Jurgen Goertz, *Thomas Muntzer: Apocalyptic, Mystic, and Revolutionary*, trans. Jocelyn Jaquiery, ed. Peter Matheson (Edinburgh, 1993)。关于 Zwingli,参见 Joachim Rogge, *Anfänge der Reformation: Der junge Luther* (1483 - 1523), der junge Zwingli (1484 - 1523), 2nd ed. (Berlin, 1985);和 W. Peter Stephens, *The Theology of Huldrych Zwingli* (Oxford, 1985)。

〔50〕 关于城市改革,参见 generally Steven E. Ozment, *The Reformation in the Cities: The Appeal of Protestantism to Sixteenth-Century Germany and Switzerland* (New Haven, 1975);和 Bernd Moeller, *Imperial Cities and the Reformation: Three Essays*, ed. and trans. H. C. Erik Midelfort and Mark U. Edwards, Jr. (Philadelphia, 1972), pp. 41 - 115。

〔51〕 See William P. Hitchcock, *The Background of the Knights' Revolt, 1522 - 1523* (Berkeley, 1958); Hajo Holborn, *Ulrich von Hutten and the German Reformation* (New Haven, 1937).

〔52〕 参见 Bernd Moeller, "The German Humanists and the Reformation", *in Imperial Cities*, p. 23 (documenting Luther's criticism of Erasmus)。

Moeller 说:“总体而言,我们可以总结说,人文主义者不像路德那样,而是站在了中世纪天主教教义的基础上。”(p. 29)

〔53〕 关于路德和加尔文之间的关系,以及路德宗和加尔文宗理论之间的相似与不同,参见第七章。

〔54〕 See Franz Lau and Ernst Bizer, *A History of the Reformation in Germany to 1555*, trans. Brian A. Hardy(London,1969), p. 78.

〔55〕 关于斯克马卡迪克联盟在 16 世纪 30 年代和 16 世纪 40 年代的活动,参见 Hajo Holborn, *A History of Modern Germany*, vol. 1, *The Reformation*(New York,1959), pp. 215 – 217; Lewis W. Spitz, *The Protestant Reformation, 1517 – 1559*(New York,1987), pp. 117 – 121。

〔56〕 关于《奥格斯堡和约》的文本,参见 Sidney Z. Ehler and John B. Morrall, eds., *Church and State through the Centuries*(London,1954), pp. 164 – 173。该和约不适用于帝国境内“非德意志”的部分,包括尼德兰、瑞士和弗朗什孔岱地区(Franche-Comte)。

〔57〕 See Herman Tuchle, “The Peace of Augsburg: New Order or Lull in the Fighting”, in Henry J. Cohn, ed., *Government in Reformation Europe, 1520 – 1560*(London,1971), p. 155.

〔58〕 这一规定是作为原文本内容之补充而发布,并且不被认为是帝国的法律。忠实的天主教徒 Emperor Charles V 从心底不能认可主教和
398 大主教们背弃“古老的基督徒和天主教信仰”的叛教行为。而他又不得不承认这一行径,这就使得他把主持奥格斯堡会议的权威委托给他的兄弟 Ferdinand,并最终把皇帝宝座辞让给了他的兄弟。参见 Tuchle, “Peace of Augsburg,” pp. 147 – 148。

〔59〕 Ibid., p. 166.

〔60〕 Henry J. Cohn, “The Territorial Princes in Germany's Second Reformation, 1559 – 1622”, in Menna Prestwich, ed., *International Calvinism, 1541 – 1715*(Oxford,1985), pp. 135 – 166.

〔61〕 在这 7 位帝国选帝侯中,在 1555 年的时候,只有萨克森公爵

和布兰登堡侯爵是新教教徒。但是,1556 年巴拉丁伯爵改信新教,为新教阵营加上了第三席,剩下了 4 个天主教的选帝侯,即 3 位大主教选帝侯和波西米亚国王。1580 年代第一次出现了选帝侯中新教占多数的可能:罗马天主教的科隆大主教选帝侯根据路德宗仪式而结婚,并因此而被废黜。同样,1616 年巴拉丁选帝侯攫取了波西米亚的王冠,这再一次暂时地使新教占多数成为可能。但是,这些事件都没有填补这个空缺的位置。

〔62〕 就德国境内的政治斗争局势来看,其结果如下:德国北部维西河(Weser River)东部包括普鲁士在内,都属于新教。新教公国黑森、拿骚和萨克森占据了中部地区。尽管德国南部大多保留在罗马天主教内,但巴拉丁、安斯巴赫(Ansbach)和符腾堡也已经成为新教的阵营。在所有的帝国自由城市内,罗马天主教和路德宗都被容忍,但它们中的大多数都选择了路德宗,并且重要城市中只有亚琛和科隆主要保留在罗马天主教阵营内。属于天主教的分布在 3 个地区,即东部和南部的奥地利与巴伐利亚;德国中部美茵河畔的班堡、美因茨和乌兹堡的主教,以及弗兰克尼(Franconia)的福尔达修道院;西部莱茵区和威斯特伐利亚的大多数主教领地,包括特利尔和科隆大主教教区和蒙斯特(Munster)、帕德波恩(Paderborn)和斯特拉斯堡的主教教区。但是,即使在罗马天主教的领地里,新教也还在不断赢得改信而来的教徒。

〔63〕 A. G. Dickens, *The German Nation and Martin Luther* (New York,1974),p. 5.

〔64〕 Ibid. ,p. 182.

〔65〕 See generally Steven Ozment, Protestants: *The Birth of a Revolution* (New York,1992).

〔66〕 在试图"提供一幅简洁的关于改革运动的社会学图景时",R. W. Scribner 说道:"如果说它在所有的社会群体中都发现了支持者,这是一个没有意义的客观真理。" R. W. Scribner, *The German reformation* (Atlantic Highlands, N. J. ,1986),p. 25. 他接着说:"对于一个适当的社会学考

察而言,我们需要知道的是,它来自不同群体的支持者是否不成比例,每一个群体对这一信息的理解是否存在显著不同。我们还应当弄清楚其领导者和追随者之间的任何差别,以及在年龄、性别、职业或专业和财富方面,它是否存在不同的感召力。"Scribner 承认,"在现研究阶段,要对全部问题做出明确的答案是困难的"。但是,"我们现在掌握了足够的个案材料,可以试着拿出一个粗略的框架来"。但是,Scribner 的粗线条并不能有效挑战那个命题,即全部德国人民实际上都要么参加了这一方、要么参加了另一方而卷入改革中来,并且,通过所有群体——既包括胜利者也包括失败者——间的相互作用,他们共同实现了这个结局。如果我们想要讲述发生了什么、它们又是如何发生的这个故事,这就绝不是一个"没有意义的客观真理",即使它不能完全回答为什么它要发生这个问题。但是,
399 问题本身不仅是涉及它的原因,还涉及它的结果——实际正是结果在本质上影响了"所有的社会群体"。

〔67〕 参见 n.1。另参见 Paul Bairoch, Jean Batou, and Pierre Chevre, *The Population of European Cities: Data Bank and Short Summary of Results* (Geneva, 1988), pp. 6 – 68。据说巴黎在 1500 年拥有 225,000 人口,那不勒斯拥有 125,000 人口,米兰和威尼斯有 100,000 人口,布拉格和格林纳达有 70,000 人口,其他拥有 50,000 人口以上的城市有里斯本、图尔市(Tours)、罗马、伦敦、根特(Ghent)、波尔多、里昂、波伦纳、佛罗伦萨、热那亚、帕勒摩(Palermo)和维罗纳(Verona)。

〔68〕 Ozment, *Age of Reform*, p. 192;另参见 Ozment, *Reformation in the Cities*, pp. 121 – 131; Robert M. Kingdon, *Transition and Revolution: Problems and Issues of European Renaissance and Reformation History* (Minneapolis, 1974), pp. 53 – 107; Lewis W. Spitz, "Humanism in Germany", in Anthony Goodman and Angus MacKay, *The Impact of Humanism on Western Europe* (London, 1990), pp. 202 – 219(该文件关乎在 15 世纪的时候人文主义理念向德国的传播)。

〔69〕 See Moeller, *Imperial Cities*, pp. 41 – 42.

〔70〕 Peter Blickle, *The Revolution of* 1525: *The German Peasants' War from a New Perspective*, trans. Thomas A. Brady, Jr., and H. C. Erik Midelfort (Baltimore, 1981), p. 165.

〔71〕 Ibid., pp. 187 – 188. 但是,在弗莱堡或许还有其他一些城市,农民起义者和贫苦的城镇居民之间存在严重的分歧,参见 Tom Scott, *Freiburg and the Breisgau: Town-Country Relations in the Age of Reform and Peasants' War* (Oxford, 1986), pp. 212 – 213。

〔72〕 参见 Blickle, *Revolution of* 1525, p. 195。此处关于《十二条》的叙述主要摘自 Blickle 的内容。

〔73〕 See ibid., pp. 148, 189, 192 – 193.

〔74〕 See ibid., pp. 165 – 169.

〔75〕 See ibid., pp. 170 – 180.

〔76〕 See Steven E. Ozment, *Protestants: The Birth of a Revolution* (London, 1993), p. 30.

〔77〕 参见 Ole Peter Grell, ed., *The Scandinavian Reformation: From Evangelical Movement to Institationalisation of Reform* (Cambridge, 1995) 中所收集的论文。宗教宽容只有到 1781 年才在瑞典和芬兰、1844 年在丹麦、1845 年在挪威、1874 年在冰岛确立起来。

〔78〕 1518 年夏天《九十五条论纲》传播到格达斯克(Gdansk)。但是,到 16 世纪 50 年代的时候,波兰新教教义遭受了严重挫折,并出现了一个强烈的彻底反三位一体论的群体,这就是波兰教友会,它和主流的路德宗和加尔文宗同时存在。参见 Stanislas Lubieniecki, *History of the Polish Reformation and Nine Related Documents*, trans. George Huntston Williams (Minneapolis, 1995); George Huntston Williams, *The Radical Reformation* (Philadelphia, 1962), pp. 404 – 416 and 639 – 669. See Paul Fox, *The Reformation in Poland: Some Social and Economic Aspects* (Baltimore, 1924)。主要是由于波兰新教的分裂,罗马天主教从 16 世纪 60 年代开始得以在波兰实现了几个胜利,并最终在 17 世纪中期的几个十年间打垮了新教。参见

George Huntston Williams, *The Polish Brethren: Documentation of the History and Thought of Unitarianism in the Polish-Lithuanian Commonwealth and in the Diaspora, 1601 – 1685*, Harvard Theological Studies, no. 30, 2 vols. (Missoula,
400 Mont., 1980)。条顿修会后来也解体了,而波西米亚(现在的捷克共和国)大约在 Jan Hus 的捷克宗教运动之前一百年曾经是这么一个局面,而对胡斯信徒的同情之心直到 1517 年的时候仍然留有痕迹。

〔79〕 "Huguenots"可能来自与德语单词 *Eidgenossen* 即"同谋者"对应的法语单词的简略书写形式,这是 16 世纪 20 年代萨伏伊(Savoy)公爵的信仰新教的敌人们所使用的一个字眼。

〔80〕 关于路德宗在法国的发展,参见 Denis Crouzet, *La genese de la reforme francaise, 1520 – 1560* (Paris, 1996);和 Mark Greengrass, *The French Reformation* (Oxford, 1987)。关于《南特敕令》,参见 Bernard Cottret, 1598, vol. 1, *Edit de Nantes, pour en finir avec les guerres de religion* (Paris, 1997)。

〔81〕 关于荷兰宗教审判庭,参见 Edward Grierson, *The Fatal Inheritance: Philip II and the Spanish Netherlands* (Garden City, N. Y., 1969), pp. 55 – 56 and 66 – 72。

〔82〕 关于"反改革"和"天主教改革"等字眼之使用的分析,参见 H. Outram Everett, *The Spirit of the Counter-Reformation* (Cambridge, 1968)和 Hubert Jedin, *Katholische Reformation oder Gegenreformation? Ein Versuch zur Klarung der Begriffe* (Lucerne, 1946)。

〔83〕 Francisco Ximenes de Cisneros, *Biblia Complutensis* (Rome, 1983).

〔84〕 1536 年维多利亚在萨拉曼卡(Salamanca)建立了著名的学校,其中的学生就有未来的"大人物"们,如 Soto, Lessius, Molina 和 Suarez。维多利亚本人没有出版任何东西,但他的学生们以他的名义出版了他所教授给他们的内容。维多利亚教导他的学生们说,西班牙对被征服的南美人民的镇压是违背国际法的,但这一教导是无济于事的。他的"旧世界和新世界"之关系的观念,建立在"这个根本的原则之上,即发现并授予象征

所有权的称号之后才发生占有,野蛮人拥有他们的‘公国’的所有权……以及与西班牙和法国处于平等的关系”。参见 James Brown Scott, *The Spanish Origin of International Law: Francisco de Vitoria and His Law of Nations*(Oxford, 1934), pp. 106 – 107。Scott 公正地强调了维多利亚对被征服的拉丁美洲野蛮人根据国际法拥有完全权利之坚持的重要意义。但是,人们所谓的维多利亚关于这一主题以及其他主题的著作形成了现代国际法开端,这一见解却已经被证明是不真实的,尽管这一观念在 20 世纪最后几个十年之前曾被人们广泛接受。格劳秀斯通常被认为是现代国际法的奠基者,他的确从维多利亚以及西班牙 16 世纪的其他法学家的作品中援引了材料,但这种援引并不超过他对其他许多人的作品的援引,何况,国际法的普适性原则和适用于非基督徒的原则,早在 12 世纪、13 世纪就已被广泛接受。参见 Brian Tierney, *The Idea of Natural Rights: Studies on Natural Rights, Natural Law, and Church Law*(Atlanta, 1997), pp. 333 – 342。Tierney 指出,格劳秀斯使用了一套起源于 12 世纪的教会法学家的词汇。另参见 Landau, “Der Einfluss des kanonischen Rechts,” pp. 50 – 52。

〔85〕 关于 16 世纪西班牙新经院哲学和 16 世纪德国路德宗法律哲学和法律科学之间的共同点和不同点,参见 Chapter 2, n. 144, and Chapter 3。

〔86〕 参见 Wolfgang Reinhard, “Konfession und Konfessionalisierung in Europa,” In Wolfgang Reinhard, ed. *Bekenntis und Geschichte: Die Confessio Augustana im historischen Zusammenhang*(Munich, 1981), pp. 165 – 189;参见 Wolfgang Reinhard, “Reformation, Counter-Reformation, and the Early Modern State: A Reassessment,” *Catholic Historical Review 75* (1989), 383, 390, and n. 24(概述了对“信条化”问题的后续研究状况)。

〔87〕 See Ronald H. Asch, *The Thirty Years' War: The Holy Roman Empire and Europe, 1618 – 1648*(New York, 1997), p. 76. 401

〔88〕 参见 Leo Gross, “The Peace of Westphalia, 1648 – 1948”, *American Journal of International Law* 42(1948), 20, 21 – 22(回顾了该条约的宗教条款);和 Herbert Langer, 1648: *Der Westfalische Frieden. Pax Europaea und Neuordhung des Reiches*(Berlin,1994),pp. 11 - 69(回顾了《和约》的结构)。

〔89〕 See Martin Luther quoted in Gerald Strauss,*Law,Resistance,and the State:The Opposition to Roman Law in Reformation Germany*(Princeton,1986),p. 14.

〔90〕 See Owen Chadwick,*The Reformation*(Grand Rapids,Mich.,1965),p. 189.

〔91〕 Steven Ozment,Protestants:*The Birth of a Revolution*(New York,1992),p. 29.

〔92〕 所发生的从 Ständestaat 到 Fürstenstaat 的转型,以及王侯的官僚集团开始掌权,可以从人们对他们的官僚统治的抱怨中判断出来。参见 Gerald Strauss,*Luther's House of Learning:Indoctrination of the Young in the German Reformation*(Baltimore,1978),p. 159:"Protests from all over Germany accused *Amtleute*,*Vogte*,*Pfleger*,*Keller*,*Schergen*,*Schosser*,*Schreiber*,*Landsknechte*,*Knechte*,*Unterknechte of high-handed behavior.*"这些都是各种官员的名称。

〔93〕 See Otto Brunner,*Lord and Lordship*,trans. James van Horn Melton(Philadelphia,1992).

第二章 路德宗的法律哲学

本章部分地援用了作者和 John Witte,Jr. 合作写就的一篇文章,即"The Transformation of Western Legal Philosophy in Lutheran Germany," *Southern California Law Review* 62(1989),1573 - 1660。另见 Harold J. Berman,"Conscience and Law:The Lutheran Reformation and the Western Legal Tradition," *Journal of Law and Religion* 5(1987),177 - 202。

〔1〕 Ernst Cassirer,quoted in Herman Dooyeweerd,*Rechtsphilosophie und der Rechtswetenschap*(Amsterdam,1946),p. 93.

〔2〕 有两本相当新的简要讨论 16 世纪法学家的书,是 Ian Maclean,

Interpretation and Meaning in the Renaissance: *The Case of Law*(Cambridge, 1992),和 Donald R. Kelley, *The Human Measure*: *Social Thought in the Western Legal Tradition*(Cambridge, Mass., 1990)。但是,这两位作者都没有把路德宗法学家的理论和路德宗教义联系起来。Maclean 把 Christoph von Hegendorph,约翰·阿佩尔,约翰·俄尔敦道普等作为"人文主义者"法学家而加以讨论其理论,并把他们同非路德宗的人文主义法学家如 Cantiuncula,阿尔恰托斯和霍特曼努斯等联系起来。他的索引里都没有出现"路德"的名字和"改革"一词。Kelley 简要讨论了路德宗的各种神学和政治信念,并且也零零碎碎地提及了路德宗的一些法律思想家,如阿佩尔,von Hegendorph 和康拉德·拉格斯,但是他并没有在路德宗法学家的理论和路德宗神学和政治教义之间建立起联系。16 世纪西班牙的新托马斯主义的法学理论也为许多的著作所研究,但它也没有联系到其同时代的新教法律思想上。参见 for example, James R. Gordley, *The Philosophical Origins of Modern Contract Doctrine*(Oxford, 1991),它研究的是 Vitoria, Molina, Soto 和 16 世纪西班牙新托马斯主义神学家在契约法哲学上的贡献。关于 16 世纪西班牙新托马斯主义法律哲学和 16 世纪路德宗德国法律哲学之间的关系,参见 n. 144。

〔3〕 Franz Wieacker 在一个隐蔽的段落中记述道,路德最初是否认人的认知自然法的能力的,只不过"当路德宗神学接下来回到自然法时, 402
它和托马斯主义者的亚里士多德哲学联系起来,但是它强调了背离了梅兰登之人文主义影响的西赛岁式思考,并尤其强调《十诫》——它乃是宗教改革进程的依据"。Wieacker, History of Private Law, p. 209,另见 p. 471。Wieacker 用了几个段落的篇幅来阐述路德宗法学家俄尔敦道普的自然法理论(pp. 224 - 225),和两个小段落阐述路德的同事约翰·阿佩尔(p. 117),但是,他把他们更多地视为人文主义者而不是路德宗的阵营,并且也从未说出路德宗法律思想的特有品质是什么。同样, Helmut Coing, in *Europäisches Privatrecht*, Band 1, *Alteres Gemeines Recht* (1500 bis 1800)(Munich, 1985), pp. 229 - 232,只是粗略地涉及路德宗法律理论,尽管它简洁

地分析了路德宗的教会法和家庭法。Coing 也简洁地提及了俄尔敦道普的主题式方法(p. 21),并用一小段落阐述阿佩尔之近因和远因的区别及其在财产让渡上的应用(p. 179)。但是,不论是 Coing 还是 Wieacker——他们一般被视为20 世纪下半期德国法方面最杰出的两位神学家——都没有提及维吉里斯,柯令以及路德宗其他伟大的法学家。他们只是一笔代过梅兰登,但却忽视了他关于法律的著作。

Hans Hattenhauer 关于欧洲法律史的巨制也只是简略地提到宗教改革对法律的影响,他说:如果我们问及(16 世纪的新教教会)宗教改革对民法和刑法、对普通人的法律有什么意义,路德宗信徒的回答首先就将是不足道也(duftig)……(路德的)追随者、法学家俄尔敦道普(1480—1567)在1529 年着手写就了一部关于公正的书。但是,如果我们想要找出一位重要的法学家,他来自路德宗教改革的阵营并提出了根本的新东西,结果就不会太乐观了。路德没有为整个欧洲的法学理论带来有效的刺激。在他的教导下,欧洲诞生了伟大的神学家、音乐家、诗人和教育家,但是他的阵营内的法学家对欧洲法律的影响就实在微不足道了。欧洲法学理论的中心从罗马转移到了法兰西和布尔日(Bourges),而不是威登堡。Hans Hattenhauer, Europaische Rechtsgeschichte(Heidelberg, 1992), p. 367. Hattenhauer 仅仅提到了俄尔敦道普众多著作中的一部,并且没有提及阿佩尔、拉格斯、柯令、维吉里斯,甚至梅兰登的任何作品。

〔4〕 See Ernst Troeltsch, *Protestantism and Progress: A Historical Study of the Relation of Protestantism to the Modern World*, trans. William Montgomery(Boston, 1958), p. 101.

〔5〕 See Berman, *Law and Revolution*, pp. 143 - 151, 275 - 276.

〔6〕 舒尔普夫(1481—1554)是路德结婚时的伴郎。路德在 1520 年烧毁教会法时他就站在旁边,1525 年他陪同路德一起前往沃尔姆斯会议,并在那里代表他发言。路德在他生命的后期写道,最主要地是由于舒尔普夫榜样的作用,它“鼓舞着我(在 1517 年)写出天主教会的重要谬误”。Quoted by Theodor Muther, *Aus dem Universitats-und Gelehrtensleben im Zeit-*

alter der Reformation(Erlangen,1866),p. 190. 关于舒尔普夫更多的信息,参见 ibid. ;Roderich von Stintzing,*Geschichte der deutschen Rechtswissenschaft*,3 vols. (Munich,1880 - 1884),1:267 - 268(后文简称为 Stintzing,*Geschichte der Rechtswissenschaft*);和 Melanchthon's panegyric,*Oratio de Vita Clarissimiviri Hieronymi Schurffi*,*in Corpus Reformatorum*,28 vols. (Frankfurt am Main,1834 - 1860)(后文简称为 CR),12:86。Stintzing 和 Muther 是 19 世纪后半期两位杰出的德国法史学家。

阿佩尔(1486—1536)参加了路德的婚礼,并坚定地认同路德关于婚姻和家庭的著作,在 1529 年离开大学之后,他和路德保持了频繁的通信。 403
1523 年,当阿佩尔因为违背教会法、违背他的大主教而娶了一位从前的修女为妻而被关进狱中时,路德前来营救。他也强烈支持阿佩尔的小册子 *Defensio pro Suo Coniugio*(1524),并代表阿佩尔在提交给当地教会法庭的律师诉状中写了序文。关于阿佩尔的更多信息,参见 Stintzing,Geschichte,pp. 287ff. ;Muther,Aus dem Universitats,pp. 455ff. ;Theodor Muther,Doctor Johann Apel:*Ein Beitrag zur Geschichte der deutschen Jurisprudenz im sechszehnten Jahrhundert*(Konigsberg,1861);Franz Wieacker,*Grtinder und Bewahrer*:*Rechtslehrer der neueren deutschen Privatrechtsgeschichte*(Gottingen,1959),pp. 44ff. 。

路德还是其他法律人的朋友,包括巴斯流斯 · 穆勒(ca. 1501—1566),梅尔考尔 · 柯令(1504—1571),Gregor Brueck(n. d.),Hieronymous Baumgartner(d. 1565),和约翰内斯 · 施内德温(1519—1568)。当然,这些友谊并不能阻止路德谴责他那个时代的法律职业的贪婪、冷漠,以及对正义问题和社会需要的麻木不仁。参见 Hermann Wolfgang Beyer,Luthers und das Recht:*Gottes Gebot*,*Naturrecht*,*Volksgesetz in Luthers Deutung*(Munich,1935),pp. 51 - 54;Karl Kohler,*Luther und die Juristen*:*Zur Frage nach dem gegenseitigen Verhaltniss des Rechts und der Sittlichkeit*(Gotha,1873);Gerald Strauss,*Law*,*Resistance*,*and the State*:*The Opposition to Roman Law in Reformation Germany*(Princeton,1986),pp. 215 - 218。

〔7〕 See the collection of quotations in Jaroslav Pelikan, *Spirit versus Structures: Luther and the Institutions of the Church*(New York, 1968), pp. 20 - 24.

〔8〕 路德关于社会和政治问题的作品——其标题在此翻译为英语——包括"Shorter Sermon on Usury"(1519);"Longer Sermon on Usury"(1520);"An Appeal to the Ruling Class of German Nationality as to the Amelioration of the State of Christendom"(1520);"On Married Life"(1522);"A Sermon from the Gospel on the Rich Man and the Poor Lazarus"(1523);"On Temporal Authority: To What Extent It Should be Obeyed"(1523);"Against Wrong and False Imperial Mandates"(1523);"A Letter to the Mayor, Council, and Community of the City of Muehlhausen"(1524);"To the Council Members in the Cities of German Territories"(1524);"That Parents Should Not Compel Their Children to Marriage"(1524);"On Trade and Usury"(1524);"Against the Rapacious and Murdering Hordes of Peasants"(1525);"Whether Soldiers Too Can Be Saved"(1527);"On the Keeping of a Community Chest"(1528);"Concerning War against the Turks"(1529);"A Sermon on Keeping Children in School"(1530);"On Marriage Matters"(1530)。关于他和法学家们的通信,参见 Hans Liermann, "Der unjuristisches Luther," Luther-Jahrbuch 24 (1957), 69 - 85。

〔9〕 关于更多的路德法律和政治观点的讨论,参见 W. D. J. Cargill Thompson, *The Political Thought of Martin Luther*(Totowa, N. J., 1984); Johannes Heckel, *Lex Charitatis: Eine juristische Untersuchung tiber das Recht in der Theologie Martin Luthers*(Munich, 1963); Paul Althaus, *The Ethics of Martin Luther, trans. Robert C. Schultz* (Philadelphia, 1972), pp. 25 - 35, 112 - 154; Beyer, *Luther und das Recht*; *Ferdinand Edward Cranz*, *An Essay on the Development of Luther's Thoughts on Justice, Law, and Society* (Cambridge, Mass., 1959)。

〔10〕 尽管路德通常对罗马法持有微词,但偶尔他也会慷慨赞美它。

参见 e. g. ,WA,30:557("我们在德意志土地上的政府,应当并必须遵守罗马的帝国法律,它是所有政治与生俱来的智慧和理性,是神的礼物")和51:242(罗马法是"天上智慧"的典范)。但是,路德不停地批判罗马法的 404
具体规定,如那些与奴隶制度、婚姻和家庭以及财产相关的规定。例如,参见 WA,12:243ff.;16:537;14:591,714。关于更为一般的讨论,参见 Strauss,Law,Resistance,and the State,pp. 201 - 202;Heckel,Lex Charitatis,pp. 82 - 85。

〔11〕 WA,40:305;另见 51:242("来自人心的自然法和自然理性和所有成文法的渊源");cf. 17:102。

〔12〕 WA,51:242 - 243. 路德在法律和政治问题上抬高理性,而在教义和信仰上贬低理性,这在他的两个王国理论中已有预示。他的两个王国理论把基于信仰的精神知识和天上王国的活动,和基于理性的世俗知识和地上王国的活动区分开来。这种本体论的区分,一方面使得他路德把理性——当它侵入天上的王国时——当作"魔鬼的妓女"和"亚里士多德的撒旦饮料"而打发掉,另一方面又把它——当它保留在地上的王国时——视为"一个神圣的赐福"和"不可或缺的生活和学习指南"。参见 Bernhard Lohse,*Ratio und Fides:Eine Untersuchung uber die ratio in der Theologie Luthers*(Göttingen,1958),pp. 70 - 72;Brian Albert Gerrish,Grace and Reason:*A Study in the Theology of Luther*(Oxford,1962),pp. 10 - 27,57 - 68,84 - 99。

〔13〕 Bernhard Lohse 写道:"从经院哲学鼎盛时期开始,在早期语言用法的基础上,synteresis 和 conscientia 之间就基于其各自与我们所谓的良知的关系而做出了区分。一般而言,synteresis 被视为灵魂的能力,它并没有完全为堕落所侵蚀,而具有向善的倾向。而 conscientia 具体应用 synteresis 的原则。不管是像托马斯(阿奎那)或 Duns (Scotus)所主张的那样主要联系于理性,还是像 Bonaventura(或是 Ockham)所主张的那样主要联系于意志……没有多大的分别。在任何情况下,基本的设计是一样的。"参见 Bernhard Lohse,"Conscience Rd Authority in Luther," in Heiko Ohermann,ed. ,*Luther and the Dawn of the Modern Era*:*Papers for the Fourth International Conference for Luther Research*(Leiden,1974),p. 159。

〔14〕 See Emmanuel Hirsch,*Luther studien*, vol. 1(Gutersloh,1954), pp. 127 - 128.

〔15〕 Quoted in Friedrich Julius Stahl,*Die Kirchenverfassung nach Protestanten*,2nd ed. (Erlangen,1862),p. 37.

〔16〕 Cf. Luther,"Secular Authority:To What Extent It Should be Obeyed",in John Dillenberger,*Martin Luther*:*Selections from His Writings*(Garden City,N. Y. ,1961),pp. 368 - 369.

〔17〕 关于路德的法律之用途(usus legis)的教义,参见 John Witte, Jr. ,and Thomas Arthur,"The Three Uses of the Law:A Protestant Source for the Purposes of Criminal Punishment," Journal of Law and Religion 10 (1994),433 - 465;Frank Alexander,"Validity and Function of Law:The Reformation Doctrine of Usus Legis",*Mercer Law Review* 31(1980),514 - 519; Cranz,*Essay on the Development of Luther's Thoughts*, pp. 94 - 112; Wilfried Joest,Gesetz und Freiheit:*Das Problem des Tertius usus legis bei Luther und die neutestametliche Parainese*(Göttingen,1956);Werner Elert,"Eine theologische Faelschung zur Lehre von Tertius usus legis",*Zeitschrift fur Religions-und Geistesgeschichte* 2(1948),168 - 170。

〔18〕 WA,10:454.

〔19〕 尽管路德一般把"世俗的用途"称为"法律的第一用途",把"神学用途"称为"法律的第二用途"(参见 e. g. ,WA,10:454,40:486ff.),但是,路德主要强调的还是法律的神学用途,尤其是在他后来的生涯中。Alexander,"Validity and Function of Law",p. 515.

405 〔20〕 WA,15:302.

〔21〕 WA,4:3911,4733ff.

〔22〕 Romans 7:7 - 25;Galatians 3:19 - 22. Dillenberger, Martin Luther, pp. 14ff. , and discussion in Cranz, *Essay on the Development of Luther's*

Thoughts, pp. 112ff.

〔23〕 参见 generally, Adolf Harnack, *History of Dogma*, trans. Neil Buchanan, vol. 7 (New York, 1958), p. 206; Joest, *Gesetz*, pp. 196ff.; Werner Elert, *Law and Gospel*, trans. Edward H. Schroeder (Philadelphia, 1967), pp. 38ff.; Gerhard Ebeling, *Word and Faith*, trans. James W. Leitch (Philadelphia, 1963), p. 75。关于路德宗神学早期和晚期法律之第三用途的位置，参见 Ragnar Bring, *Gesetz uns Evangelium und der dritte Gebrauch des Gesetzes in der lutherische Theologie* (Berlin, 1943)。

〔24〕 参见 for example, *Apology of the Augsburg Confession* (1529), art. 4, *in Triglot Concordia: The Symbolic Books of the Ev. Lutheran Church* (St. Louis, 1921), pp. 127, 161, 163，此处是梅兰登谈及的法律所教导的美德。在他 1535 年版的《神学事宜之一般主题》（写于四年之后）中，梅兰登把"法律在美德上的教育"称为法律的第三用途。参见 CR, 21: 405 - 406。路德认同了梅兰登的这两部著作。在其中的几处细节上，路德还就法律的教化用途提出了建议——如果不是具体的表述方式的话。Cf. WA, 10: 454；另见 the collection of maxims under the rubric "Of Princes and Potentates", in *The Table Talk or Familiar Discourse of Martin Luther* trans. William Hazlitt (London, 1848), pp. 135 - 136。从这些段落以及其他段落可以看出，对路德而言，法律不仅可以阻止罪恶和导向恩典，而且还是基督教良知的老师。

〔25〕 H. Fild, "Justitia bei Melanchthon" (Diss., Erlangen, 1953), p. 150.

〔26〕 Wilhelm Dilthey, *Weltanschauung und Analyse des Menschen seit Renaissance und Reformation: Gesammelte Schriften* (Leipzig, 1921), p. 193.

〔27〕 Cf. K. Hartfelder, *Philip Melanchthon als Praeceptor Germaniae* (1889; reprint, Nieuwkoop, 1964); James William Richard, *Philip Melanchthon, the Protestant Preceptor of Germany* (New York, 1898).

〔28〕 See Philip Melanchthon, "De Corrigendis Adolescentiae Studiis", in Robert Stupperich, ed., *Melanchthons Werke in Auswahl*, 7 vols. (Gutersloh, 1955 - 1983), 3:29 - 42.

〔29〕 关于梅兰登更多的传记信息,参见 Hartfelder, *Philip Melanchthon*; *Wilhelm Maurer*, *Der junge Melanchthon zwischen Humanismus und Reformation*, 2 vols. (Gottingen, 1967 - 1969)。

〔30〕 有几位早期的学者坚持认为,由于梅兰登所获得的声誉不仅仅是一位神学家,还是一位人文主义者,所以他的形象在很多重要方面都不同于路德。于是,Otto Ritschl 把梅兰登作为"纯正路德教义的窜改者"而把他排除了出去。参见 Otto Ritschl, *Dogmengeschichte des Protestantismus*: *Grundlagen und Grundzüge der theologischen Gedenken-und Lehrbildung in den protestantischen Kirchen*, 4 vols. (Leipzig, 1908 - 1927), 2:39。另见 Franz Hildebrandt, *Melanchthon*: *Alien or Ally*? (Cambridge, 1946)。概览此类文献,参见 Robert Stupperich, Melanchthon, trans. Robert H. Fischer(Philadelphia, 1965), pp. 128 - 135; and Wilhelm Hammer, *Die Melanchthonforschung im Wandel Jahrhunderte*: *Ein Beschriebendes Verzeichnis*(Gutersloh, 1967)。但是,更近一些的作者把梅兰登推崇为路德教义最伟大的系统整理者,例如 Ernst Troeltsch 写道:"彻底把路德的教义严格协调起来的人,不是路德,而是梅兰登。他是路德教义的主要教师、讲解者、学术评论者、神学大使;就
406 此而论,他通过自己的构想已经超越了路德的理念。" Quoted in Michael Rogness, Philip Me lanchthon: Reformer without Honor(Minneapolis, 1969), p. vii。另见 Sachiko Kusukawa, The Transformation of Natural Philosophy: The Case of *Philip Melanchthon*(Cambridge, 1995), p. 4:"梅兰登在自然科学中发现了解决严重困扰着路德的事业的问题的办法;他重新诠释了涉及路德宗原则的那些经典作家和当代作家的作品;并且,他把自然科学改造成旨在树立和巩固路德的信息的教育学的一个有机组成部分。"

〔31〕 关于梅兰登的重要著作 *Loci Communes Rerum Theologicarum*,路德写道:"在整个神学领域,在宗教领域,我们还不曾有过比梅兰登的 Loci communes 更为翔实的作品。所有的教父们,所有的格言编纂者们,加

到一起也不能和这部著作相提并论。这是有《圣经》以来出现的最完美的著作。”Luther,*Table Talk*,p. 21。在路德去世后,路德宗神学家有一段时间分裂为两派:一派是所谓的菲利普派,他们是梅兰登的追随者,另一派是所谓的纯粹路德派,他们反对菲利普派。但他们之间的分歧不是很大,在1580年出版 Book of Concord 一书后,两派走到一起来。

〔32〕 See Adolf Sperl,*Melanchthon zwischen Humanismus und Reformation*(Munich,1959),pp. 141 – 170.

〔33〕 关于梅兰登法律理论之分析,参见 Guido Kisch,Melanchthons Rechts-und Solziallehre(Berlin,1967);C. Bauer,“Melanchthons Rechtslehre,” *Archiv fur Reformationsgeschichte* 42(1951),64 – 100。另见 Kusukawa,*Transformation*,pp. 165 – 167 and 176 – 178。

〔34〕 See Heinrich Bornkamm,“Melanchthons Menschenbild”, in Walter Elliger,ed. *Philip Melanchthons Forschungsbeiträge zur Vierhundertsten Wiederkehr seines Todestages*(Berlin,1961),pp. 76 – 90.

〔35〕 参见 Karl Gottlieb Bretschneider and Heinrich Ernst Bindseil, eds.,*Philippi Melanchthonis Opera Quae Supersunt Omnia*,CR,13:150 and 647。In CR,21:712,梅兰登把这些知识元素称为“人的机能的光线”(lux humani ingenii)、“智识中的自然植光”(*naturalis lux in intellectu*)、“植入头脑之中的神圣光线”(*lumen divinitus insitum mentibus*)。

〔36〕 梅兰登写道:“既然在推理原则中有如此内容,如数学,某些一般原则、一般概念或假设如‘整体大于部分’,所以在道德中也有一些一般的原则和基本真理,它们构成人类机能的基础规则。你将恰如其分地称之为自然法。” CR,21:117。梅兰登把这些基本原则和人生而体悟的《十诫》之基本原则联系起来:“自然法的称谓强调了道德知识的自然元素,即这些原则所引申出来的实践原则、正当原理和必需的结果。这些元素在《十诫》中以最好的、最得体的形式而被揭示出来,它是自然法的一个缩影和概括。”Quoted in Stupperich,*Melanchthons Werke*,3:208。

梅兰登就与生俱来的知识元素所做的更为详细的阐述,在他的 *Comp-*

endaria Dialectices Ratio(1520),*CR*,20:748;and *De Loci Communibus Ratio*(1526),CR,20:695。另见 Dilthey,*Weltanschauung*,p. 162。Dilthey 把梅兰登描述为“一个冰人(*Mittelglieder*),他把神的自然知识以及复兴的古典作品所揭示出的世界,和复兴的基督教王国里所启示出的虔诚信仰联系起来。在这种普遍精神中,人文主义和宗教改革之间的平衡被触到了”。
407 Dilthey,*Weltanschauung*,p. 162.

〔37〕 Melanchthon,quoted by Dooyeweerd,*Rechtsphilosophie*,2:58.

〔38〕 Dilthey,*Weltanschauung*;pp. 175 – 176. Cf. Berman,*Law and Revolution*,p. 175.

〔39〕 See CR,16:70 – 72.

〔40〕 参见 CR,13:547 – 555;and 21:116 – 117; and 399 – 400。但是,梅兰登区分了理论原则(*principia theoretica*)——他将之定义为几何、算术、物理、辩证法和其他(我们今天会如此称呼的)精确科学,和实践原则(*principia practica*)——他将之界定为伦理、政治、法律和神学原则和规范。他争论说,人类关于理论原则的理性知识,远远不像实践原则的理性知识那样容易被“罪”所扭曲。CR,vol. 21,cols. 398 – 400 and 711 – 713.

〔41〕 在他的 *Annotationes in Evangelium Matthei*,in Stupperich,*Melanchthons Werke* 一书中,梅兰登声称,“自然法和神法命令人去做人之自然本性的力量所不能做的那些事情……法律也不能把我们带到能够满足法律要求的境况中……(因为)罪牢牢控制着我们。”在其他地方,梅兰登为支持他自己的观点而援引了圣保罗在《罗马书》1:18 – 20 中的话语:“原来神的愤怒,从天上显明在一切不虔不义的人身上,就是那些行不义阻挡真理的人。神的事情,人所能知道的,原显明在人心里。因为神已经给他们显明。自从造天地以来,神的永能和神性是明明可知的,虽是眼不能见,但藉着所造之物,就可以晓得,叫人无可推诿。”CR,21:401 – 402.

〔42〕 CR,vol. 16,Col. 23.

〔43〕 Ibid.,col. 24.

〔44〕 梅兰登声称:“为了更容易地理解自然法,最好的方法就是利

用《十诫》。我们必须叫自然法适应《十诫》。"CR, vol. 21, col. 392。他在别处还说:"神为什么宣告《十诫》……答案是:这种公开而有权威的宣布可以找到很多的重要原因,但有两个原因特别的重要。第一个原因是,基于罪,人类理性中的光不再像从前那样清澈而明亮……针对如此昏昧,神不仅在西奈山上宣布他的法律,还从亚当在他的教会时起就维持和高举它……第二个原因是,人只知道他不能杀死其他无辜的人、不能抢劫别人的妻子和财货还是不够的。一个人必须首先知道神的本质,知道神郑重要求我们要像他,并且他反对所有的罪。所以他自己宣布了戒律,要我们可以知道,它们不仅在我们的头脑中,而且还是神的法律;神是所有罪的裁判者和惩罚者;我们的心可以认识神的愤怒并在它面前颤抖……神宣布他的法律,还是因为人的理性如果不依神的话语就将很快堕入错误和疑虑。如果神自己没有满是慈恩地宣布他的智慧,人们还将堕入更为深陷的对神之本质、正确与错误、秩序和紊乱等的疑惑深渊中。"CR, vol. 21, cols. 256 - 257. Cf. Maurer, *Der junge Melanchthon*, 1:288 - 290; and Bauer, "Melanchthons Rechtslehre", pp. 67 - 71。

〔45〕 就像路德和更早的经院哲学家一样,梅兰登也区分了三种类型的圣经律法,即仪式律法、司法律法和道德律法。在基督之后,只有道德律法[它被概括在《十诫》以及"为人黄金准则"(Golden Rule)、"真福八端"(Beautitudes)和保罗书信中的各种训谕里]还保持着效力。仪式律法(涉及献祭、仪式、宴席和类似事宜)和司法律法(涉及《旧约》形式的君主 408
制政府、法律和类似事宜)不再具有拘束力。参见 CR, vol. 21, cols. 294 - 296 and 387 - 392。另见 Wilhelm Pauck, ed., Melanchthon and Bucer (Philadelphia, 1969), pp. 53 - 57(翻译了梅兰登对仪式律法之一般主题的处理)。

〔46〕 至少有三种编排《十诫》的传统:犹太教传统、希腊东正教传统(一些非路德宗的新教就沿袭了这一传统)和圣奥古斯丁所确立的传统,罗马天主教会和路德宗神学家就采用了圣奥古斯丁的传统。在圣奥古斯丁的传统中——梅兰登就是采用的这一传统——《十诫》的前三条戒律划为第一表,后面的七条戒律划为第二表。(在希伯来《圣经》中,戒律就没

有编号,并且各部分之间也没有句读。参见 Exodus 20:1－17;Deuteronomy 5:6－21。实际上,它们并不是称为“戒律”,而是“话语”,即 d'vorim)就三种不同编排传统的详细信息,以及更多的阅读参考,参见 Berman and Witte,“Transformation of Western Legal Philosophy,” pp. 1619－20,n. 114。

〔47〕 Thomas Aquinas,*Summa Theologiae*,pt. Ⅰ－Ⅱ,qu. 98,art. 5.

〔48〕 例如,参见 Angelus de Clavasio,*Summa Angelica de Casibus Conscientiae*(Venice,1481),section on “Poenitentia”。另见 Rudolf Weigand,*Die Naturrechtslehre der Legisten und Dekretisten von Irnerius bis Accursius und von Gratian bis Johannes Teutonicus*(Munich,1967),pp. 220,438－439(就《十诫》讨论了 Huguccio,Laurentius,和 Raymond de Penafort)。Steven Ozment 在谈到十四五世纪天主教对《十诫》的看法时说:在 14 世纪末和 15 世纪的时候,《十诫》取代了“七宗罪”,成为口头教义问答和忏悔的主要指导。这是一个重要的变化,平信徒进行宗教自我反省的范围因此而扩大了。《十诫》在其他任何时候都没有被这样积极地推广、被这样仔细地解读过。Steven E. Ozment,*The Reformation in the Cities*(New Haven,1975),p. 17。

〔49〕 See Martin Luther,*Large Catechism*,*in Triglot Concordia*,pp. 166－215;and Melanchthon,CR,vol. 22,col. 220.

〔50〕 CR,vol. 22,col. 153.

〔51〕 CR,vol. 21,col. 716.

〔52〕 See Clyde L. Manschreck,ed. and trans.,*Melanchthon on Christian Doctrine*:*Loci Communes*,1555(New York,1965),p. 123;CR,vol. 22,col. 250.

〔53〕 See CR,vol. 22,col. 250.

〔54〕 Ibid.,col. 151.

〔55〕 See Manschreck,*Melanchthon*,p. 122;CR,vol. 22,col. 249.

〔56〕 See CR,vol. 21,cols. 69－70 and 250－251.

〔57〕 梅兰登说得很明白,不仅是神法(《十诫》),而且还有世俗法,都让人们知道他们的堕落,并把他们推到恩典中来,这样,“通过(集权政

府)和其他人员而施加的所有惩罚将叫我们知道神对我们的罪的愤怒,并将提醒我们改正修缮我们自身。" Manschreck, *Melanchthon*, p. 56; cf. CR, vol. 22, col. 152.

〔58〕 CR, vol. 21, col. 250。关于梅兰登的法律用途理论,参见 Philip Melanchthon, *Epitome Renovatae Ecclesiasticae Doctrinae*, *CR*, vol. 1, cols. 706 - 709; Oratio de Legibus, CR, vol. 11, col. 66; 和 Manschreck, *Melanchthon*, pp. 122 - 128。梅兰登的法律三重用途说在16世纪路德宗告解和教义问答中又被重复,尤其是 *The Formula of Concord*, pt. 6("of the Third Use of the Law"), *in Triglot Concordia*, p. 805:"法律所以要授予人,在于三个原因:第一,藉此可以维持外在的约束,狂野而桀骜不驯的人受到某些规则的强制;第二,人们藉此得以被引领而认识他们的罪;第三,那些获得重生的人,可以因此有一个固守的规则,他们根据这规则可以并应当成就他们完满的生活。"这一教义在加尔文宗的理论中也有突出的位置。参见 John Calvin, *Institutes of Christian Religion*, chap. 7。 409

〔59〕 参见 Pauck, *Melanchthon and Bucer*, pp. 138 - 140。路德提出他的命题,即人同时是圣徒和罪人(simul iustus et peccator) in LW, 21:205, 另见 LW, 5:50, 路德断言:"人有两重属性,即精神的属性和肉体的属性。根据精神属性,即人们所称谓的灵魂,他乃是一个精神的、内在的、新人;根据肉体属性,即人们所称谓的肉身,他乃是肉体的、外在的、旧人。"

〔60〕 Manschreck, *Melanchthon*, p. 127.

〔61〕 See CR, 1:706 - 708.

〔62〕 Ibid., at cols. 707 - 708. Cf. Köhler, *Luther und die Juristen*:"在梅兰登那里,对(国家和它的法律的)强调要超过在路德那里的强调。最初,梅兰登沿用了路德的观点,即集权政府要惩罚犯罪并维持和平。但在后来,他修正了他的观点:集权政府不仅要(在社会上)维持外在的和平与和谐,还要保证人们得体地生活(在社会之中)。集权政府必须通过实在法来努力实现的目标就是教育(disciplina)和义务感(pietas)。"另见 Strauss, *Law, Resistance, and the State*, p. 228:"(对梅兰登而言)法律是教育

手段的一部分,它可以修补公共的道德风尚。”

〔63〕 See Werner Elert,“Zur Terminologie der Staatslehre Melanchthons und seiner Schuler”, *Zeitschrifi fur systematischen Theologie* 9(1932),522 - 534.

〔64〕 See CR, vol. 11, cols. 69 - 70, and vol. 21, col. 1011; Manschreck, Melanchthon, pp. 328 - 331.

〔65〕 参见 CR, vol. 21, cols. 611 - 612:“但是我要说合乎理性的法即是那些遵循神在人们中间所创造的自然法的法律。它应当尊崇美德,而惩罚邪恶。”另见 CR, vol. 16, col. 230,此处梅兰登提及了“rationes iuris positivi”。

〔66〕 CR, vol. 16, col. 87(“magistratus est custos primae et secundae tabulae legis”)。另见 CR, vol. 22, col. 286:在地上的王国,“世俗的集权政府……应当是《十诫》的声音”。

〔67〕 See CR, vol. 16, cols. 87 - 88, and vol. 22, cols. 615 - 617; Manschreck, *Melanchthon*, p. 335.

〔68〕 CR, vol. 22, cols. 617 - 618.

〔69〕 CR, vol. 22, col. 610.

〔70〕 Gemeinnutz 或“一般的善”乃是 16 世纪德国法律改革的主题。一位德国学者曾经写道,对梅兰登而言,一般的善成为教会和国家所实施的宗教和道德教育的榜样。国家乃是美德的教师(paedogogium virtutis),它的政策乃是要促进这一进步(foelicitatis progressum),它的终极目的乃是永恒真福……对梅兰登而言,政治秩序(ordo politicus)和共同福利(salus publica)乃是同义词……并且历史被乐观地认为是一个进步过程。Ludwig Zimmerman, *Der hessissche Territorialstaat im Jahrhundert der Reformation* (Marburg, 1933), pp. 384, 386。

〔71〕 CR, vol 22, col. 615.

410 〔72〕 Ibid., col. 224.

〔73〕 关于梅兰登对契约的论述,参见 CR, vol. 16, cols. 128 - 152,

251－269,494－508(Dissertatio de contractibus);Manschreck,*Melanchthon*, p. 116;and Stupperich,Melanchthons Werke,2:802－803。

〔74〕 关于梅兰登的婚姻和家庭的观点,参见 CR,vol. 16,col. 509; vol. 21,co1. 1051;vol. 22,col. 600;vol. 23,col. 667。另见 Stupperich, Melanchthons Werke,2:801－802。关于16世纪路德宗婚姻理论和法律的详细研究,参见 John Witte,Jr.,*From Sacrament to Contract:Marriage,Religion,and Law in the Western Tradition*(Louisville,Ky.,1997),pp. 42－73。

〔75〕 Quoted by Emil Sehling,Kirchenrecht(Leipzig,1908),pp. 36－37. Cf. Philip Melanchthon,*Instruction to Visitors*,ibid.,vol. 1,pt. 1,pp. 149－152 and 163－165.

〔76〕 参见 CR,vol. 16,cols. 241,469,570;vol. 22,cols. 227 and 617;and Sehling,*Kirchenrecht*,vol. 1,pt. 1,p. 149。在 CR,vol. 22,cols. 617－618中,梅兰登概括道:"虔诚的统治者有义务用教会的财产对教会各部门、牧师、学校、教会建筑、法庭和医院提供必要的资助。如果允许这些财产被那些崇拜偶像的、无所事事的又有伤风化的修道士等一伙圣徒糟蹋掉,这是颇不合适的。这些统治者攫取这些财产也是不合适的,除非他们规定对牧师、学校和法庭进行得体的资助。"关于进一步讨论,参见 P. Meinhold,*Philip Melanchthon,der Lehrer der Kirche*(Berlin,1960),pp. 40,94; Hans Liermann,*Deutsches evangelisches Kirchenrecht*(Stuttgart,1933),p. 150ff.;Richard Nurnbetger,*Kirche und weltliche Obrigkeit bei Melanchthon*(Wurzburg,1937);Wilhelm Maurer,"überden Zusammenhang zwischen Kirchenordnungen und christlicher Erziehung in den Anfängen lutherischer Reformation",in *Die Kirche und ihr Recht:Gesammelte Aufsätze zum evangelischen Kirchenrecht*(Tubingen,1976),pp. 254－278。

〔77〕 CR,vol. 21,cols. 223－224.

〔78〕 Romans 13:1－7.

〔79〕 CR,vol. 22,col. 613. Cf. Manschreck,*Melanchthon*,p. 333.

〔80〕 参见 particularly CR,vol. 11,col. 66。进一步的讨论,参见

Kisch, *Melanchthons Rechts-und Soziallehre*, p. 86; Köhler, *Luther und die Juristen*, p. 103; Albert Haenel, "Melanchthon der Jurist", *Zeitschrifi für Savigny Stiftung für Rechtsgeschlchte* (hereafter ZSS) (Rom. Abt.) 8 (1869), 249 - 270。

〔81〕 Quoted by Kisch, *Melanchthons Rechts-und Soziallehre*, p. 177。进一步的讨论, CR, vol. 11, cols. 73 and 552。

〔82〕 See CR, vol. 11, cols. 921 - 922.

〔83〕 See CR, vol. 11, cols. 218ff., 357ff., 630ff., and 922ff.

〔84〕 参见 particularly Philip Melanchton, *De Irnerio et Bartolo Iurisconsultis Oratio Recirata a D. Sebaldo Munsero* (1537), in CR, vol. 11, col. 350。进一步的讨论, 参见 Kisch, *Melanchthons Rechts-und Soziallehre*, p. 117; and Haenel, "Melanchon der Jurist"。

〔85〕 关于梅兰登作为教师、同事和(或)通信者而与为数众多的德国杰出法学家保持联系的记载, 参见 Guido Kisch, "Melanchthon und die Juristen seiner Zeit", *in Melanges Philippe Meylan* (Lausanne, 1963), 2:135。

〔86〕 Quoted by Kisch, *Melanchthons Rechts-und Solziallehre*, pp. 113ff.

〔87〕 CR, vol. 11, col. 358 ("Romanum ius... quandam philosophiam esse").

〔88〕 Köhler, *Luther und die juristen*, p. 125: "不论在德国境内还是在德国境外, 法学家们都用最高的礼遇特别推崇梅兰登。那些杰出的学者
411 向年轻的学生们强烈推荐他的《伦理学原理》(*Elements of Ethical Doctrine*), 因为法律渊源问题在别的地方还从没有表述得如此清清楚楚。特别是在威登堡, 在(梅兰登的)个人魅力影响下, 形成了一个法学家流派, 他们用他们自己的生活和法学理论鲜明地展示了当时的宗教动态。"

〔89〕 P. Macke, "Das Rechts-und Staatsdenken des Johannes Oldendorp" (Inaugural diss., n. d.; date of oral examination May 25, 1966)。此处所引用的传记材料大多都来自 Hans-Helmut Dietze, *Johann Oldendorp als Rechtsphilosoph and Protestant* (Konigsberg, 1933)。参见 Erik Wolf, *Grosse Re-*

chtsdenker der deutschen Geistesgeschichte, vol. 3(Tubingen,1951),pp. 129 - 132;Sabine Pettke,“Zur Rolle Johann Oldendorps bei der offiziellen Durchfuhrung der Reformation in Restock”,ZSS(Kan. Abt.)101(1984),339 - 348。Cf. Otto Wilhelm Krause,*Naturrechtler des sechszehnten Jahrhunderts:Ihre Bedeutung fur die Entwicklung eines naturlichen Privatrechts*(Frankfurt am Main,1982),pp. 115 - 125.

〔90〕 Stintzing,*Geschichte der Rechtswissenschaft*,p. 311。Stintzing 称俄尔敦道普为“16 世纪中期最重要的德国法学家”。Ernst Troeltsch 把他描述为改革时代“最有影响力的法学家”(massgebendster Jurist)。Ernst Troeltsch,*Die Soziallehren der christlichen Kirchen und Gruppen*,Bd. 1 of *Gesammelte Schriften*(Tubingen,1912),p. 545,n. 253.

〔91〕 俄尔敦道普出生在哪一年仍然是一个争论的话题。Stintzing 接受 1480 年的说法(*Geschichte der Rechtswissenschaft*,p. 311)。但是最近 Wieacker 把俄尔敦道普的出生日期定在 1486 年(*History of Private Law*,p. 283)。而 Macke,“Rechts-und Staatsdenken des Oldendorp”,认为是 1488 年。其他历史学家还有认为是更晚近的日期的。但从俄尔敦道普的职业生涯看,1486 年或者 1488 年是更为得体的年份。

〔92〕 Macke,“Rechts-und Staatsdenken des Oldendorp”,p. 9;*Dietze*,*Johann Oldendorp*,p. 59;and Köhler,*Luther und die Juristen*,p. 127.

〔93〕 参见 Stintzing,*Geschichte der Rechtswissenschaft*,p. 323。俄尔敦道普对伯爵领主的整个回答是富于启发性的:“首先,永远尊贵的阁下,我邦和整个德国民族的骄傲、荣誉和希望,研究法律(这在神的话语之外乃是最为重要的职业和研究)不仅要参照神的话语来进行,而且要和神的话语保持一致;神的话语必须是它的出发点,是它的指南。并且,当通过成文法和衡平法而进行真正的美德教育成为必要时(就像我在一些人那里看到的那样,并且菲利普 · 梅兰登无疑已经在这方面做了很多),(永远尊贵的阁下)和其他阶层的人们就将避免很多欺诈和敌视。”

〔94〕 俄尔敦道普至少写了 56 篇单独的小册子,其中 3 篇是用古德

语写就的,其他的是用拉丁语。德语作品是最早的作品。俄尔敦道普的全部著述编目见 Dietze, *Johann Oldendorp*, pp. 18 – 21。Macke 的编目(“*Rechts-und Staatsdenken des Oldendorp*,” pp. viii-xl)虽然不像 Dietze 的那样专门针对俄尔敦道普,但却包括了 Dietze 著作中未见的 6 篇著作。其德语作品有两篇已经翻译为现代德语,并发表在 Erik Wolf, *Quellenbuch zur Geschichte der deutschen Rechtswissenschaft* (Frankfurt am Main, 1949),即 *Was billig und recht ist* (1529)(hereafter *Billig und recht*) and *Ratmannenspiegel* (1530)。而俄尔敦道普的一些拉丁文著作已经重印为 Johann Oldendorp, Opera, 2 vols. (Aalen, 1966),包括 *Isagoge Iuris Naturalis Gentium et Civilis* (1539)(hereafter *Isagoge*)和他关于罗马法所做的许多研究。他的 *Isagoge and the Divinae Tabulae X Praeceptorum* (ca. 1539)则编辑出版在 Carl von Kaltenborn, *Die Vorlaufer des Hugo Grotius* (Leipzig, 1848), pp. 1 – 25(Kalten-
412 born 误把 *Divinae Tabulae* 当作 Title 5 of the Isagoge,但这两部作品是分开来写的)。后面对 Isagoge 的引用出自 Kaltenborn 的版本。有 20 篇以上的俄尔敦道普的作品可以查证在 Treasure Room, Langdell Library, Harvard Law School。

〔95〕 俄尔敦道普写道:“Ius... idem est quod lex”(法律就是法律)。“法律(Recht),或是复数的法律(Gesetze),是(sic)两重的:成文的和不成文的”(“Recht, oder die Gesetze... ist zweierlei, geschrieben und ungeschrieben”)。在成文法一栏下,他列出了民法(罗马法)和实在法,在不成文法一栏下,他列出了习惯法、国家间的法和自然法。另见 *Isagoge*, p. 57,他在此处将习惯法和制定法放在一样的高度。

〔96〕 对俄尔敦道普而言,良知是理性的一种形式。Cf. Krause, *Naturrechtler*, p. 118:“理性和天启是两个独立的认知自然法的途径。但是,俄尔敦道普认为理性是自然法的第一渊源。只有当理性失败的时候,人类才应当通过《十诫》来解决他的疑虑,并且,此时我们也是用过利用理性来从神圣的戒律中寻找结论。把《十诫》等同于自然法,这就把俄尔敦道普和梅兰登明确地区分出来。俄尔敦道普试图表明,理性乃是堕

落的人性中的神圣火花,并且它是自然法的主要渊源。但是,俄尔敦道普还远远不是一个典型的理性主义者,他也不相信理性至高无上,因为说到底……(只有)在理性和神圣的戒律没有的矛盾的地方,理性才是自由的”。Krause 还指出,对俄尔敦道普而言,《十诫》“为人类彼此相处奠定了理想的秩序和基础,但它并没有具体的法律规则,而只是很一般性的原则”。但是 Krause 错误地以为梅兰登并没有把《十诫》“等同于”自然法。参见本章前面对梅兰登和自然法的讨论。

〔97〕 参见 Oldendorp, *Isagoge*, p. 15:“这些神圣章节用如此确凿无疑的口吻来订正和描述法律(ius)和自然法(lex naturae),以至于(它们之中)不能再有差异状态。”另见 *Divinae Tabulae*, p. 17:“既然……人类之知识的自然因素由于原罪而变得模糊不清了,仁慈的神就在石碑上来订正并描述出它们,以便有一个确凿的证明,即这些自然法乃是为神的话语所认证,并且神已把它铭刻在人的灵魂之中。”

〔98〕 Quoted in Macke,“Rechts-und Staatsdenken des Oldendorp”, pp. 30 - 31:“Natura: hoc est, Deus creator omnium”. 另见 *Isagoge*, p. 6:“自然代表着神自己,他是最初的原因,所有的原因都从这里出现。”

〔99〕 *Billig und recht*, p. 57。在最初的引用中,我用“自然法”代替了“衡平法”(Billigkeit)的字眼;俄尔敦道普则将这两个字眼同义使用。

〔100〕 Quoted in Dietze, *Johann Oldendorp*, p. 81.

〔101〕 *Divinae Tabulae*, pp. 15 - 25。进一步的讨论,参见 *Naturrechtler*, pp. 118 - 122。

〔102〕 参见 Oldendorp, *Opera*, 2:286 - 288。在这些页面中,俄尔敦道普不仅采用了亚里士多德对“原因”的分析,还采用了亚里士多德的慷慨之概念,即“一个人的资源的明智处理,即在正确的时间给予正确的人以正确的数量”,以及交换正义的概念,即交换资源的价值相等。关于16世纪西班牙法学家的契约法中所利用亚里士多德这些观念的情况,参见 James Gordley,“Contract Law in the Aristotelian Tradition”, in Peter Benson, ed., *The Theory of Contract Law* (Cambridge, 2001), pp. 265, 297, 307。

〔103〕 *Isagoge*, p. 13.

〔104〕 Ibid., pp. 12 – 13。另见 the collection of quotations from other works of Oldendorp in Macke, "Rechts-und Staatsdenken des Oldendorp", pp.
413 49 – 50。就奴隶制度,俄尔敦道普写道:"尽管奴隶在任何意义上都是人,也是神按照自己的样子所创造,但他们却被强制归为没有理性的牲畜之类……所有事关严格奴役的这些(规则)在被制定进世俗法律时,就时违背自然法的。所以它们不应当被遵守"(p. 50)类似的援引出现在 *Isagoge*, p. 13。

〔105〕 参见 *Billig und recht*, pp. 60 – 62。俄尔敦道普敦促市民们"把一般的善当作最高理想来加强。因为在服务于一般的善的时候,你不仅是帮助了一个人,而是很多人"。

〔106〕 Immanuel Kant, *Critique of Pure Reason*, trans. Norman Kemp Smith (London, 1929), A/32-B/71, A/34-B74, and discussion in Ken Kress, "Legal Indeterminacy", *California Law Review* 77 (1989), 283, 332 – 333。这与 Lon L. Fuller 在和 H. L. A. Hart 的经典辩论中所采取的立场是相似的,参见"Positivism and Fidelity to Law: A Reply to Professor Hart", *Harvard Law Review* 71 (1958), 630, 669 – 670。Hart 的立场是,每一个规则都有"一个确定的核心内容",只有在"界限暧昧"的案件中,如何应用规则才变得不够明确起来。参见 H. L. A. Hart, "Positivism and the Separation of Law and Morals", *Harvard Law Review* 71 (1958), 593, 606 – 608。Fuller 争辩说,规则的适用,是通过把那些案件情况归拢到规则所明确涵摄的范围和不太明确的涵摄范围内来适用规则的。相反,他提出,在每一个案件中,它们应当根据它们的目的而适用。在翻译为俄尔敦道普的使用字眼后,这就是规则总是被"衡平地"适用。

〔107〕 CR, vol. 16, cols. 72 – 81,关于梅兰登对衡平法的讨论,参见 CR, vol. 21, col. 1090。

〔108〕 CR, vol. 16, cols. 72 – 81. Oliver Wendell Holmes, Jr. 法官在 Lochner v. New York, 198 U. S. 45, 76 (1905) 案中所表达之不同意见也正

是这个说法("一般主题并不解决具体的案件。判决取决于判断和直觉,它们比任何特定的大前提都更微妙")。

〔109〕 CR, vol. 16, cols. 66 – 72 and 245 – 247; Stupperich, *Melanchthons Werke*, vol. 2; pt. 1, p. 159; Manschreck, *Melanchthon*, pp. 332 – 333; CR, vol. 11, cols. 218 – 223。进一步讨论梅兰登的衡平法理论,参见梅兰登的 *In Quintum Librum Ethicorum Aristotelis Enarrationes Philippi Melanchthonis*, in *CR*, vol. 11, col. 262。参见 *Kisch, Melanchthons Recht-und Soziallehre*, pp. 168 – 184。

〔110〕 Manschreck, *Melanchthon*, p. 333.

〔111〕 "衡平乃是灵魂的判断,它出于真正理性的追求,关乎涉及道德品质的情节因素,因为(这些情节因素)标明何者当为何者不当为。"(Aequitas est iudicium animi, ex vera ratione petitum, de circumstantiis rerum, ad honestatem vitae pertinentium, cum indicunt, quid fieri aut non fieri oporteat.) Oldendorp, *De Iure et Aequitate, Forensis Disputatio* (Cologne, 1541), p. 13。约瑟夫·斯托里法官在他的 *Commentaries on Equity Jurisprudence* 中援引了这句话。在讨论了各种法律规则"根据它们的属性和操作,不论它们是矫正性的还是惩罚性的,不论它们是限制一般性的权利还是领先于公共正义或政策,也不管它们是普遍的应用还是用于特定的严格限制的目的"而予以衡平解释之后,斯托里援引格老休斯和其他人的话补充说:"但是衡平还在其他意义上进行应用,这或许也要展示给读者。这些不同的意义为俄尔敦道普在其著作 *De Jure et Aequitate Disputatio* 中详细的汇集起来;并且,他最后给出了一个他认为最为准确的衡平定义,就一般意义而言, Aequitas est judicium animi..."此处完全引用了拉丁文原文。(但是,斯托里把"indicunt"拼为"incidunt",并随后就插入了"recte discernens"几个单词。) Joseph Story, *Commentaries on Equity Jurisprudence, As Administered in England and America*, 12th ed., rev. Jairus Ware Perry (Boston, 1877), p. 7, n. 2。斯托里的图书馆里有一卷俄尔敦道普的著作。 414

〔112〕 参见 Aristotle, Ethics, in *The Ethics of Aristotle*: *The Nicomach-*

ean Ethics, ed. And trans. J. A. K. Thomson(London, 1953), bk. 5, chap. 12, p. 10:“衡平,尽管是正义的,但却并不是法庭的正义,而是在法律破坏了正义之平衡后,恢复其平衡的方法。这种矫正所以必要,是由于在有些情况下法律所能做的不过是泛泛之论而已,而有的案件则不是一般的论述所能解决的……所以,当出现一个案件,此时法律只规定了一般性规则,而对此规则而言却存在例外,那么,当立法者由于语言的概括性而留下了犯错误的漏洞时,为了弥补这个漏洞,而做出如果立法者本人此时在场也将会做出的那种表述修正,制定如果他知道这种特殊情节也将要制定的那种法律,则这就正当的。”另见 Aristotle, *The Art of Rhetoric*, trans. John Henry Freese(London, 1926), bk. 1, chap. 12, secs. 13 – 19。

〔113〕 See Harold J. Berman, “Medieval English Equity”, *in Faith and Order: The Reconciliation of Law and Religion*(Atlanta, 1993), pp. 55 – 82. See also the sources listed in Berman and Witte, “Transformation of Western Legal Philosophy”.

〔114〕 参见 Oldendorp, Disputatio 72: in *De Jure et Aequitate Disputatio* (1541):“最高级的法律有时候就是法律,在其他时候则是最佳状态的法律,没有弹性的法律,一般的规定,精微的措辞,刚性的法律,严格的法律,(它们都对立于)衡平,善和公正,epieikeia,或适度,诚信,自然正义,等等。”

〔115〕 俄尔敦道普写道:“自然法和衡平是一个东西”(“Nattirlyk Recht und Billigkeit ist ein Ding”)。Quoted by H. Dietze, *Naturrecht in der Gegenwart*(Bonn, 1936), p. 71。Cf. Wolf, Quellenbuch, p. 161。Guido Kisch 激励赞扬俄尔敦道普为第一个把传统的亚里士多德衡平观念予以改进的伟大的人文主义法学家。参见 Guido Kisch, *Erasmus und die jurisprudenz seiner Zeit: Studien zum humanistischen Rechtsdenken*(Basel, 1960), p. 228。但是,Kisch 在解释俄尔敦道普的衡平理论时,并没有说清楚他所进行的改进的属性。Dietze 写道,在俄尔敦道普的著作中,命题和反命题彼此参差龃龉:其论题是衡平和法律是两种类型的法律,而反命题是它们两者乃是

一个并且是同一个。参见 Dietze,Johann Oldendorp,pp. 88 - 89。更准确的说法也许是,俄尔敦道普实际上调和了彼此矛盾的论点,他断言法律和衡平——即规则和根据良知而适用规则——乃是一个整体的两个不同部分,并且,在发生彼此冲突的时候,衡平具有优先的效力。

〔116〕 See Macke,"Rechts-und Staatsdenken des Oldendorp",pp. 63 - 66.

〔117〕 就此,俄尔敦道普的自然法观念也截然区别于阿奎那的观念,阿奎那说到自然法乃是神法和人法的中间状态。参见 Aquinas,*Summa Theologiae*,pt. II-II,pp. 93 - 95。

〔118〕 Macke,"Rechts-und Staatsdenken des Oldendorp",p. 151,恰当地批驳了 Erik Wolf and Franz Wieacker 过分简单化处理俄尔敦道普的自然法(或衡平法)观念的做法。这一指责同样可以指向 Carl von Stachau Kaltenborn,*Die Vorläufer des Hugo Grotius auf dem Gebiete des iusnaturae et gentium Sowie der Politik im Reformationszeitalter*(Leipzig,1848),pp. 233 - 236,Wolf 和 Wieacker 的根据在一定程度上就在于这里。Wolf 说过,俄尔敦道普的自然法包括源自自然理性的不变的原则,它在人法之上;这种描述来自俄尔敦道普的 Billig und Recht,而并没有考虑俄尔敦道普的其他著述。参见 Wolf,*Quellenbuch*,p. 161。而 Wieacker 根据俄尔敦道普的《入 415
门》,把自然法描述为法律规范的神圣渊源,它等同于《十诫》,参见 Wieacker,*History of Private Law*,pp. 283 - 284。Kaltenborn 也是根据《入门》把俄尔敦道普的自然法描述为法律原则的神圣渊源,这样的法律原则是实在法的渊源和检验依据。从这个观点来看,《十诫》仅仅帮助人的理性理解并应用自然法。这种对俄尔敦道普的误解在一定程度上,是由于 Kaltenborn 毫无根据地把俄尔敦道普的 Divinae Tabulae 简单化为一个简单的《入门》(*Isagoge*)。Macke 在俄尔敦道普全部著作的基础上,令人信服地指出,他的完整的自然法概念,只能从他的自然即神本身,即万物的创造者(deus creator omnium)的观念推导而出。所以,自然法既包括神赐的法律规范(《十诫》)——世俗的法律规范渊源于此,也包括来自神赐理性

的原则,但它所包含的内容还要多得多,即神所根植于人身的良知的能力,亦即将规范和原则公正地应用于具体情节的能力。

〔119〕 *Isagoge*,pp. 6 – 11;Billig und recht,pp. 58 – 67. 俄尔敦道普援引了一个较早的经院哲学的良知观念,他将之定义为实践理性的一个方面,一般的道德原则正是通过它而被应用到具体的情节之中。托马斯·阿奎那曾经把这一良知观念发展为将善恶知识运用到具体场合的行为。参见 Eric D'Arcy,*Conscience and Its Right to Freedom*(New York,1961),p. 42;Michael Bertram Crowe,The Changing Profile of the Natural Law(The Hague,1977),pp. 136 – 141。但是,阿奎那并没有像俄尔敦道普那样把这种道德概念转化为法律概念。另外,与阿奎那不同的是,俄尔敦道普接受了路德宗的良知观念,即它关乎人的所有方面,包括他的信仰,而不仅是他的智识和道德素质。

〔120〕 D'Arcy,*Conscience*,p. 42.

〔121〕 "信仰修复、保护并维持我们的良知",路德写于 *On the Freedom of the Christian*(1522),quoted by Michael G. Baylor,*Action and Person*:*Conscience in Late Scholasticism and the Young Luther*(Leiden,1977),p. 247。

〔122〕 Oldendorp,*Disputatio*,quoted in Dietze,*Johann Oldendorp*,p. 173;另见 pp. 78 – 89,126 – 131;Macke,"Rechts-und Staatsdenken des Oldendorp," pp. 67 – 72。在俄尔敦道普的裁判理论和比其晚一个世纪的英格兰圣公会清教徒 Sir Matthew Hale 法官所发展起来的理论之间,有着惊人的相似。

〔123〕 Quoted in Macke,"Rechts-und Staatsdenken des Oldendorp",p. 121.

〔124〕 参见 Dietze,*Johann Oldendorp*,pp. 11 – 13。在十六七世纪时广为流传的法律字典 *Lexicon Juris*(Frankfurt,1553;Venice,1555)中,俄尔敦道普把世俗政体(civitas)定义为"市民的一个社团法人,它成立的目的在于利用合伙的权利而繁荣昌盛"("universitatis civium,in hoc collecta,ut lure societatis,vivat optimo")。

〔125〕 Oldendorp, *Lexicon Juris*, p. 272:"magistrata... legum ministri sunt." Cf. *Divinae Tabulae*, p. 19; and *Ratmannenspiegel*, pp. 73 – 77.

〔126〕 Quoted in Macke, "Rechts-und Staatsdenken des Oldendorp", pp. 79 – 80:"Falsum igitur est simpliciter asserere, principem habere potestatem contra ius. Decet enim tantae maiestati... servare leges".

〔127〕 See ibid., p. 85.

〔128〕 See ibid., pp. 85 – 92.

〔129〕 Oldendorp, *Lexicon Juris*. See also Macke, "Rechts-und Staatsdenken des Oldendorp", p. 92.

〔130〕 Macke, "Rechts-und Staatsdenken des Oldendorp", pp. 92 – 94.

〔131〕 Ibid., pp. 80 – 82. 416

〔132〕 Ibid., p. 110.

〔133〕 Oldendorp, *Lexicon Juris*, p. 249:"Iuris finis est, ut pacifice transigamus hanc vitam umbratilem, ac perducamus ad Christum et aeternam vitam".

〔134〕 Ibid. See also Macke, "Rechts-und Staatsdenken des Oldendorp", p. 13.

〔135〕 例如，参见 *Isagoge*, pp. 9 – 10:"毫无疑问，人性由于亚当的堕落而败坏了；于是只有火花保留下来，藉此就有可能领略到神法和自然法的慷慨赠与"("ceterum natura hominis ex Adae lapsu adeo corrupta fuit, ut vix igniculi remaneant, ex quibus tam magnifica divini et naturalis iuris bonitas agnosci posset")。

〔136〕 对罗马天主教教会作为第一个现代国家之性质的详细分析，以及教皇革命后世俗国家的崛起，可以参见 Berman, *Law and Revolution*, pp. 113 – 115 and 275 – 276。

〔137〕"中世纪晚期的智识和宗教历史的核心问题是那种诞生了理性与天启之综合体的心智问题，即那种专横而诱人的中世纪鼎盛时期之神学图景的问题。" Steven Ozment, *The Age of Reform*, 1250 – 1550 (New Haven,1980),p. 21.

〔138〕 See the collection of quotations by Jaroslav Pelikan, *Reformation of Church and Dogma*(1300 – 1700)(Chicago,1989),p. 20.

〔139〕 关于盎格鲁—美利坚陪审团衡平的观念,参见 the important article by George E. Butler Ⅱ,"Compensable Liberty:A Historical and Political Model of the Seventh Amendment", *Notre Dame Journal of Law, Ethics, and Public Policy* 1(1985),595,713 –720。Butler 表明,在英格兰和美国的陪审团审判的发展过程中,法官所宣布的法律规则和陪审团所适用的法律规则之间存在鲜明的区别,"陪审团衡平"一词用于具体案件做出判决的过程。陪审团衡平不同于"陪审团的拒绝"(jury nullification),后者是在法院开始用绝对专断的措辞、而不是可选择性的措辞,规定出试图在实际上限制陪审团最终权力的规则后,而出现的情况。

〔140〕 WA,32:390;See also 38:102.

〔141〕 CR,vol. 16,col. 436.

〔142〕 关于德国法治国理论在 19 世纪和 20 世纪的发展,参见 Otto von Gierke, *Johannes Althusius und die Entwicklung der naturrechtlichen Staatstheorien*, 5th ed. (Aalen,1958),pp. 264ff. ("Die Idee der Rechtsstaat");Herman Dooyeweerd, *De Crisis der humanistischen Staatsleer in het Licht eener calvinistische Kosmologie en Kennistheorie*(Amsterdam,1931),p. 40。关于路德宗教义对国家现代理念的贡献,参见 James D. Tracy, ed., *Luther and the Modern State in Germany*(Kirksville, Mo.,1986);Gunther Holstein, *Luther und die deutsche Staatsidee*(Tubingen,1926)。

〔143〕 Thomas Aquinas, Summa Theologiae, pts. Ⅰ-Ⅱ,qu. 90,art. 4.

〔144〕 路德宗的法律哲学有时候被他的反对者挖苦说是建立在一对孪生的观念上,一是已经堕落之人的根本性的罪使得他不能遵守自然法,二是人法本质上不是与生俱来的理性的反映,而是立法者意志的反映。这些观念区别于路德同时代的罗马天主教阵营所坚持的观念,尤其是 16 世纪"晚期经院哲学"的西班牙法学家的观念;这些法学家在托马

斯·阿奎那的自然法理论基础上发展出他们的一套法律哲学。于是,在一本也许很著名的著作中,James Gordley 写道:“路德宗信徒和加尔文宗信徒声称,堕落已经大大地降低了人的品质,以至于他既不能辨识、也不能做到善。王侯们宣称法律仅仅取决于他们的意志。其矫正措施就是托 417
马斯主义对自然理性的信念,尤其是托马斯主义的自然法理念。James Gordley, *The Philosophical Origin of Modern Contract Doctrine*(Oxford,1991), p. 70。但是,如本章所论述,路德宗神学家和法学家虽然就人性问题很不乐观,但却相信神在人的头脑中种植了基本的道德原则的知识——notitiae,并且,神已经在《十诫》中启示了基本的法律原则,耶稣把它总结为爱神、爱邻人如己的戒律。尽管梅兰登不像托马斯那样对人理解基本的自然法原则的能力充满信心,但同时,他却对人之良知——它由信指导、受恩典启示——衡平地适用那些原则的能力抱有更大的信心。另外,虽然路德宗法学家较之托马斯主义者更为直率地表明,由于人有弱点,因此就有必要维持一个政治秩序,也因此某些时候就有必要某些与自然法的基本原则相抵触的法律,但是,托马斯也修正了他所谓的与自然法冲突的人法“就不再是法律”的格言——他曾经在一定场合说过,“为了避免丑闻和骚乱”,即使这样的法律“或许”也要被遵守,尽管如果这样的法律不但冲突于自然法、而且还冲突于神法就不能再被遵守了。参见 Thomas Aquinas, *Summa Theologiae*, pts. Ⅱ-Ⅱ, qu. 96, art. 2。

实际上,路德宗法律哲学和西班牙新托马斯主义法律哲学之间有着很多的相似之处。正如前面已经表明的那样,俄尔敦道普采纳了作为法律“原因”的慷慨和交换正义之概念,这些概念(如 Gordley 所分析)对新托马斯主义法律思想来说是基础性的。同时,西班牙新托马斯主义者也不同于经典的托马斯主义,并向着新教教义靠拢,他们频繁地援引《十诫》以及法律(而且不仅是道德)教义的其他《圣经》渊源。并且,不论是西班牙新托马斯主义者还是路德宗法学家,都是立基于15世纪末和16世纪初的人文主义基础上,伴随着其经典的古代渊源的复兴。并且,二者都是君主主义者,强调世俗法和精神法的王室立法渊源,因为当时西班牙正把王室权威抬高过教会权威，尽管它还保留对教皇的名义上的附庸地位。路德宗法律哲学显著区别于西班牙新托马斯主义者的地方，在于它的教义（1）衡平法不仅像亚里士多德所教导的那样，在特殊案件中严格适用规则将导致不正义时，它可以被应用，而且，它就镶嵌在规则本身，所以，每次应用每一条规则都在适用衡平法；（2）衡平法的终极渊源不在于理性，而是良知；（3）良知的终极渊源也不在于理性，而是信和恩典的综合。

也可以指明的是，在法律科学上，就像法律哲学上的差别一样，西班牙新托马斯主义者没有采用下一章将要讨论的路德宗法学家的主题方法，而是继续像早期的经院哲学所做的那样，围绕着引导出解决方法的案件（disputationes）、问题（questiones）和争论（articuli）来组织他们的资料。

第三章　德国法律科学的转型

本章部分地援用了作者和 Charles J. Reid, Jr. 合作写就的一篇文章，"Roman Law in Europe and the *Jus Commune*: A Historical Overview with Emphasis on the New Legal Science of the Sixteenth Century", *Syracuse Journal of*
418 *International Law and Commerce* 20（1995），pp. 1－27。

〔1〕 See Berman, *Law and Revolution*, pp. 123－151.

〔2〕《学说汇纂》是6世纪早期，在查士丁尼统治时期所编纂起来的一套法律作品的一部分，它的现代英文译本大约有1200页之重，其内容则是其前面几个世纪里杰出法学家的学说摘录汇集，并且主要是采用法律规则的形式，它们可能来自特定案件的判决或解答。另外还有《法学总论》和《法典》（Codex）以及《新律》（Novellae）等作品，它们构成了西方在16世纪时开始称为《民法大全》（*Corpus Juris Civilis*）的内容，其中《学说总论》被用作学生的入门教材，而《法典》则汇总了查士丁尼之前的皇帝立法，《新律》则包含了查士丁尼本人的法律敕令。

〔3〕 参见 Winfried Trusen, *Anfänge des Gelehrten Rechts in Deutschland: Ein Beitrag zur Geschichte der Frührezeption*（Wiesbaden, 1962）。尽管 Trusen 的论文论述了这个无可置疑的事实，但是，那些主流的法律史学家

还是继续把德国对罗马法“实践的继受”划定在从 15 世纪开始。

〔4〕 1495 年的条令规定,新成立的命名为“帝国法院”(*Reichskammergericht*)的组成人员至少要有半数的人应当接受过法律教育。德国境内王侯高级法院效仿了这个榜样,到 16 世纪中期的时候,在大学里接受过罗马法和教会法培养的法学家已经控制了整个德国的上层法官阶层,这实际上也逐渐影响到了底层法庭的人员组成。参见 Wieacker, *History of Private Law*, pp. 133 – 135。

〔5〕 “Humanist”(人文主义者)一词,在 14 世纪的时候指在大学里学习语法、修辞、诗歌、历史和哲学的学生,这些课程区别于神学、法律和医学等更为标准的课程。到 15 世纪和 16 世纪早期,“人文主义者”的字眼开始应用在古典的拉丁和希腊文化若干领域的复兴上。这个字眼可以涵盖众多不同的哲学观点,所以比特拉克、伊拉斯莫和梅兰登等都可以归为人文主义者的范畴内。同时,人文主义的各个阶段的共同特征是攻击先前的、教会和国家所奉行的所谓的经院哲学的正统理论。参见 Philip P. Wiener, ed., *Dictionary of the History of Ideas*, Vol. 2 (New York, 1973), pp. 515 – 523。

〔6〕 这些以及类似的抨击, quoted in Paul-Emile Viard, Andre Alciat, 1492 – 1550 (Paris, 1926), p. 119, nn. 1 – 9。

〔7〕 关于瓦拉对法律科学之影响的分析,参见 Donald R. Kelley, *Foundations of Modern Historical Scholarship: Language, Law, and History in the French Renaissance* (New York, 1970), pp. 19 – 52. Cf. Myron P. Gilmore, *Humanists and Jurists: Six Studies in the Renaissance* (Cambridge, Mass., 1963), pp. 3ff.; Quentin Skinner, *The Foundations of Modern Political Thought*, Vol. 1 (Cambridge, 1978), pp. 201ff.; Ernst Andersen, *The Renaissance of Legal Science after the Middle Ages: The German Historical School No Bird Phoenix* (The Hague, 1974), pp. 31ff。

〔8〕 Kelley, Foundations, p. 31. See also Lisa Jardine and Donald R. Kelley, “Lorenzo Valla and the Intellectual Origins of Humanist Dialectic”,

Journal of the History of Philosophy 15(1977),143 - 164.

〔9〕 Cf. Kelley,Foundations,p. 40. 瓦拉的“反特里波尼安主义”在16世纪法国法学家的学术圈子中起到了重要的影响,这个学术圈子包括Charles Dumoulin,Fransois Hotman,Jacques Cujas,Pierre Pithou,和其他法学家。参见 Stintzing, *Geschichte der Rechtswissenschaft*, pp. 375 - 381; Julian Franklin,*Jean Bodin and the Sixteenth-Century Revolution in the Methodology of Law and History*(New York,1963),pp. 36ff. ;Andersen,No Bird Phoenix,pp. 103ff。

419 〔10〕 Kelley,*Foundations*,p. 41.

〔11〕 Theodor Viehweg, *Topics and Law: A Contribution to Basic Research in Law*, trans. W. Cole Durham(Frankfurt am Main, 1993), pp. 61 - 63;Karl H. Burmeister,*Das Studium des Rechts im Zeitalter des Humanismus im deutschen Rechtsbereich* (Wiesbaden, 1974), pp. 241 - 251; Stintzing, *Geschichte der Rechtswissenschaft*,pp. 121 - 129.

〔12〕 Lorenzo Valla,*Contra Bartolum Libellum Cui Titulus de Insigniis et Armis Epistola*(1518),quoted and discussed in Gilmore,*Humanists and Jurists*, pp. 31 - 32,and in Domenico Maffei,*Gli inizi dell'umanesimo giuridico*(Milan, 1956),pp. 38 - 41。这些针对巴尔多鲁斯的抨击本来是瓦拉在给朋友的一封信中提出的,但它后来公之于众,并在Pavia大学引起轩然大波,瓦拉被迫辞掉他的教席并逃离该市。

〔13〕 在14世纪的时候,Lucas de Penna曾说过,“神通过罗马帝国皇帝的媒介而恩赐人类以法律”,以及“我们应当相信,圣灵驻在(罗马制定法中)”。Quoted in Walter Ullmann,*The Medieval Idea of Law,as Represented by Lucas de Penna: A Study in Fourteenth-Century Legal Scholarship*(London,1946),pp. 75 - 76。

〔14〕 Andersen,*No Bird Phoenix*,pp. 30 - 121;Hans Erich Troje,*Graeca Leguntur: Die Aneignung des byzantinischen Rechts und die Entstehung eines humanistischen Corpus iuris civilis in der Jurisprudenze des* 16. *Jahrhunderts*

(Cologne,1971);idem,"Die Literatur des gemeinen Rechts unter dem Einfluss des Humanismus",in Helmut Coing,ed.,*Handbuch der Quellen und Literatur der neueren europaischen Privatrechtsgeschichte*:*Neuere Zeit*,Vol. 2(1500 – 1800)(Munich,1977),pt. t,pp. 615,640 – 671。最为著名的揭露就是"君士坦丁的捐赠"(Donation of Constantine),它据宣称乃是君士坦丁皇帝授予教皇塞尔维斯特(Pope Sylvester)以在基督教王国之内现世的排他性精神和物质权威。这份文件从9世纪开始就被教皇视为扩大教皇权威的重要的历史依据。1433年,Nicholas of Cusa曾经提出了一些证据,认为所谓的"捐赠"是一个伪造的文件。1440年,瓦拉提出了令人信服的语言学证据,证明它是伪造物。瓦拉的证据虽然只是在私人圈子里流传,在1517年之前并没有公之于众,但路德和其他改革者在攻击教会法和教皇权威时利用了这个证据。Cf. Andersen,*No Bird Phoenix*,pp. 31ff。

〔15〕 尤其是在法国,16世纪的时候,罗马法学家的法律思想主要停留在古文物研究的视野内,并因此而对当时法国法的"高卢寻根"运动贡献量多。关于法国法学家在对古代法律文本进行语言学重建上的记述,参见 particularly Andersen,*No Bird Phoenix*,pp. 33ff.;Coleman Phillipson,"Jacques Cujas",in John MacDonnell and Edward Manson,eds.,*Great Jurists of the World*(Boston,1914),pp. 83 – 108;and Ernst Spangenberg,*Jacob Cujas und seine Zeitgenossen*(Frankfurt am Main,1967)。居雅士被普遍地认为是法国16世纪最杰出的法学家,但是,他并没有发展出一个系统的法学理论。他的主要贡献更在于挖掘、编辑和注释了大量的罗马法古代手稿。关于人文主义法律学者在古文物研究方面的成就,参见 Kelley,*Foundations*,151 – 216;Hans Troje,"Die Literatur des gemeinen Rechts unter dem Einfluss des Humanismus",in Coing,*Handbuch*,vol. 2,pt. 1,pp. 615 – 795;Michael H. Hoeflich,"A Seventeenth-Century Roman Law Bibliography:Jacques Godefroy and His Bibliotheca Iuris Romani",*Law Library Journal* 75(1983),514 – 527。在17世纪的时候,他们开始被称为"考究学派"(the Elegant School)。参见 Peter Stein,"Elegance in Law",*Law Quarterly Review*

77(1961),242 - 256。

〔16〕 See Maffei, Inizi, p. 56.

〔17〕 关于德国大学法律系的教学方法和课程的变化,参见 Burmeister, *Studium des Rechts*, pp. 17ff., 73ff., 251ff. Cf. also Helmut Coing, "Die
420 juristische Fakultat und ihr Lehrprogram", in Coing, Handbuch, Vol. 2, pt. 1, pp. 30 - 49, 59 - 61, and Otto Stobbe, *Geschichte der deutschen Rechtsquellen*, Bd. 1 (Aalen, 1965), pp. 9 - 43。

〔18〕 See Erasmus, letter to Charles Sucquet, July 2, 1529, in P. S. Allen and H. M. Allen, eds., *Opus Epistolarum Des. Erasmi Roterdami*, 12 vols. (Oxford, 1906 - 1958), 8:221.

〔19〕 布多伊斯在巴黎大学学习希腊语、语言学、神学和医学,他也在奥尔良大学短暂地学习过法律。关于他的生活和工作的一般性研究,参见 Louis Delaruelle, *Guillaume Bude: Les origines, les debuts, les idees maitresses* (Geneva, 1970), and Jean Plattard, *Guillaume Bude et les origines de l'humanisme francais* (Paris, 1923)。

〔20〕 *Udalrici Zasii Censura Interpretationis Petri Stellae*, col. 247, quoted in Michael L. Monheit, "Passion and Order in the Formation of Calvin's Sense of Religious Authority" (Ph. D. diss., Princeton University, 1986), p. 46. 查修斯对布多伊斯的谩骂,有一定的讨论,见 Roderich von Stintzing, *Ulrich Zasius: Ein Beitrag sur Geschichte der Rechtswissenschaft im Zeitalter der Reformation* (Basel, 1857), pp. 196ff.。

〔21〕 See Godehard Fleischer, "Ein europaischer Streit uber einer bereicherungsrechtlichen Frage" (Diss., Freiburg im Breisgau, 1966), pp. 60 - 62; and Monheit, "Passion and Order", p. 41.

〔22〕 关于查修斯生平研究,参见 Steven Rowan, *Ulrich Zasius: A Jurist in the Renaissance* (Frankfurt am Main, 1987); Stintzing, *Geschichte der Rechtswissenschaft*, pp. 155 - 174; Erik Wolf, *Grosse Rechtsdenker der deutschen Geistesgeschichte*, vol. 2 (Tübingen, 1944), pp. 55 - 91; Guido Kisch, *Erasmus und die jurisprudenz seiner Zeit*: *Studien zum humanistschen Rechtsdenken*(Basel,1960), pp. 317 - 343; Hans Winterberg, *Die Schuler von Ulrich Zasius* (Stuttgart,1961)。

〔23〕 查修斯的作品,包括大约八百条法律意见(*responsa and consilia*)和他关于《学说汇纂》的讲义以及许多的书信,收集在他的 *Opera Omnia*,6 vols. (Lyon,1550)。另见 Hans Thieme,ed. ,*Aus den Handschriften Ulrich Zasius*(Freiburg im Breisgau,1957)。

〔24〕 Preface to *Intellectus Juris Civilis Singulares* (1532), quoted in Wolf, *Grosse Rechtsdenker*, p. 22.

〔25〕 *Lucubrationes Aliquot Sane Quam Elegantes*, *Nec Minus Eruditae* (1518), p. 69, quoted in Wolf, *Grosse Rechtsdenker*, p. 17.

〔26〕 关于阿尔恰托斯的生平和职业生涯,参见 Coleman Phillipson, "Andrea Alciat and His Predecessors", in MacDonnell and Manson, Great Jurists of the World, pp. 58 - 82。关于他的著作及其重要意义,参见 Roberto Abbondanza, "La vie et les oeuvres d'Andre Alciat" and "Premieres considerations sur la methodologie d'Alciat", in *Pedagogues et Juristes*(Paris,1963), pp. 93 - 106, 107 - 118; Vincenzo Piano-Mortari, "Pensieri di Alciato sulla giurisprudenza", in *Apollinaris*: *Studia et documenta historiae et juris* 33 (1967), 189 - 220; Maffei, "Andre Alciat", in *Inizi*, pp. 132 - 136; Kelley, *Foundations*, pp. 87 - 115。

〔27〕 在阿尔恰托斯 1582 年版的著作(Opera)中,大约出现了八百条这样的意见(consilia and responsa)。

〔28〕 Hans Erich Troje, "Alciats Methode der Kommentierung des '*Corpus iuris civilis*'", in August Buck and Otto Herding, eds. , *Der Kommentar in der Renaissance*(Boppard,1985), p. 60。Troje 的判断虽然只是针对阿尔恰托斯而发,但同样适用于查修斯的著作。

〔29〕 这个判断最终为 Viard, Andre Alciat, p. 164, and Maffei, "*Andre Alciat*", p. 132 所支持。Piano-Mortari, "Pensieri di Alciato", p. 219 甚至断 421

言阿尔恰托斯的"理想"包括"回避最初的观念,而仅仅是截取了他所继承的古代和中世纪的法律－哲学思想的一部分"。

〔30〕 这些法学家包括 Claudius Cantiuncula(Claude Chansonnette)(ca. 1490 – 1560), Christophus Hegendorphinus(1500 – 1540), Matthaeus Gribaldus Mopha(n. d.), Franz Frosch(d. 1540), Sebastian Derrer(d. 1541),Joachim Hopperus(d. 1576)和其他法学家。参见 Burmeister,*Studium des Rechts*, pp. 251 ff., and Troje, "Die Literatur des gemeinen Rechts", pp. 718 – 730。但是,他们主要关心的在教学领域:调整、简化并缩短法律教程。Stintzing,*Geschichte der Rechtswissenschaft*, pp. 242 – 260 把这些较早法学家的工作描述为德国法律科学的"方法论和体系化试验阶段"。同样,Theodore Muther,*Doctor Johann Apel: Ein Beitrag zur Geschichte des deutschen Jurisprudenz im sechszehnten Jahrhundert*(Königsberg,1860),pp. 7 – 8 把这一法律科学的早期阶段界定为16 世纪后三分之二期间出现的伟大的体系化作品的"准备阶段"。

最近几位作家已经对这一结论提出挑战,并且没有把较早的作品从后来的发展阶段中区别开来。例如 Troje("Die Literatur," p. 734)把 Hegendorf 的 *Libri Dialecticae Legalis Quinque* 视为新的法律科学的"第一个高峰"。Franz Wieacker(*History of Private Law*, pp. 162 – 165)把 Cantiuncula, Derrer, Frosch, Drosaus, 阿佩尔,拉格斯等人的作品视为人文主义法律科学的不同表达方式,只不过它们更关注于法律教育、法律语言以及查士丁尼的《法学总论》。Guido Kisch 认为,Cantiuncula 在德国法律科学发展史上是"开拓者"的角色,他"把注释法学派赶下圣坛",并揭开"法律源头被重新赏识"的序幕。Guido Kisch, *Claudius Cantiuncula: Ein Basler Jurist und Humanist des* 16. *Jahrhunderts*(Basel, 1970), pp. 57 – 71。Hans-Peter Ferslev, "Claudius Cantiuncula: Die didaktischen Schriften"(Thesis, Cologne, 1967)把"阿尔恰托斯、查修斯和布多伊斯的语言学－历史学学派"和"Cantiuncula, Apel, and Hegendorf 的辩证－综合学派"相对比,并争论说后者的每一个成员都提出了一个法律综合体:Cantiuncula(和 Nicolaus Everardus)的基础是西赛罗的主题,而 Hegendorf 和阿佩尔的基础是梅兰登的辩证法(pp. 35 – 40)。虽然事实是,这些法学家中如 Cantiuncula 和 Hopper 后来的作品对体系化法律科学的完善起到了推动作用,但他们早期的作品——近来的权威专家在论证他们的主张时曾援引这些作品——却是反映出我所说的法律科学的第二阶段。例如,Christophus Hegendorphinus, *Libri Dialecticae Legalis Quinque*(Paris,1531;1549 ed.)曾经被 Troje 和其他作家描述为第一不综合性体系化的法律作品,但实际上,其中有三分之二的页数都是先前不同法律范畴和教义之观点的松散编纂,其摹本乃是 Rudolph Agricola 的辩证分目。参见 n. 38。

〔31〕 有一封来自 Joannes Fichard 的信,它询问查修斯如何看待建立新的体系化法律科学的呼声,作为回答,查修斯敦促他以前的学生仅仅研究《学说汇纂》这本书。"我在此并不是想要说服你",他写道,"法律没有原则或界分点。它当然有这些内容,但它们实在广泛,尽管不是漫无边际"。但是他警告说,如果要采用一套专注于研究这些原则的方法,最终将是没有结果的。"作为结论,不要担心方法论的问题:50 卷的《学说汇纂》既是你的方法,又是你的课本。Letter of ca. 1530 in Rieggerus, *Udalrici Zasii, jc Friburg Quondum Celeberrimi, Epistolae ad Viros Aetatis sive Doctissimus*(Ulm, 1774), p. 382。Stintzing, *Geschichte der Rechtswissenschaft*, pp. 108ff. 讨论了查修斯在其他著作和通信中所表达出的类似观点。 422

〔32〕 除了阿佩尔、拉格斯和俄尔敦道普,路德还结交了很多别的德国法学家,并和他们保持通信联系,他们在发展新的体系化的法律科学方面都发挥了影响,他们有 Joachim von Beust(1522—1597), Henning Gode(1450—1521), Kilian Goldstein(1499—1568), Joachim Hopper(d. 1576), Melchior Kling(1504—1571), Basilius Monner(ca. 1501—1566), Christoph Scheurl(1498—1542), Johannes Schneidewin(1519—1568), Hieronymous Schurpf(1481—1554), Michael Teuber(1522—1597)。路德的朋友和笔友中还有相当多的路德宗神学家,他们在起草帝国的、领地的、城市的法典以及教会条令方面做出了贡献。这些人有 Johannes Brenz(1498—1570),

Martin Bucer(1491—1551),Johannes Bugenhagen(1485—1558),Johannes Oecolampadus(1482—1531),Andreas Osiander(1498—1552)。关于路德与其同时代法学家的关系的概览,See Karl Köhler,*Luther und die Juristen:Zur Frage nach dem gegenseitgen Verhaltniss und der Sittlichtkeit*(Gotha,1873)。就其中每一位法学家和神学家的个人生平和著述情况,参见 *Allgemeine Deutsche Biographie*,56 vols.(Leipzig,1875—1910)。

关于查修斯对路德和路德教义所持的态度,参见 Stintzing,*Geschichte der Rechtswissenschaft*,pp. 216 - 255。关于阿尔恰托斯对路德和路德教义所持的态度,参见 Phillipson,"Jacques Cujas",p. 72。他们既是法律改革者,又是神学改革者,但却没有贯彻到底。

〔33〕 关于梅兰登在威登堡作为法律教师的事迹,以及他与登堡及别的地方的众多法学家的关系,参见 inter alia,Guido Kisch,*Melanchthons Rechts-und Soziallehre*(Berlin,1967),pp. 60ff.;Stintzing,*Geschichte der Rechtswissenschaft*,pp. 287ff.。Theodor Muther,*Aus dem Universitats-und Gelehrtensleben im Zeitalter der Reformation*(Erlangen,1866)强调了梅兰登对 Hieronymous Schuerpf 的景仰和他们之间的友谊。

〔34〕 其修订版出版于 1525 年、1535 年、1544 - 1545 年和 1555 年,题目有微小改动。关于这些变化的重要意义,参见 Quirinius Breen "The Terms '*Loci communes*' and '*Loci*' in Melanchthon",*Church History* 16(1947),197,203 - 204;Muther,*Aus dem Universitats-und Gelehrtensleben*。

〔35〕 梅兰登给方法的定义是"进行调查和解释说明的正确途径或次序,这或者是针对简单问题或者是针对所主张的论题……即方法(Methodus)是一种习惯(habitus),它将表明一门科学(scientia)或是一门艺术(ars),通过一定的理性(ratio)手段而实现解决之道。"Melanchthon,Erotemata Dialectices(n. d.),p. 573。

1534 年,Erotemata Dialectices 的早期版本在冠以 Dialectices Philippi *Melanchthonis Libri II* 出版时,在标题 *De Demonstrationibus*,p. 112 之下,梅兰登写道:"(即)当我们使用演示证明时、当我们给出定义时、当我们寻求

原因时、当我们从原因推导结果和适当功能时、当我们演示这一门艺术的起源和源泉时,这种教学方法应当特别适合于我们上面所谈及的方法一词。因为(某些)原则和某些共同的判断是我们与生俱来的。因为神已经在我们的头脑中刻下了某些知识(notitiae)元素,它们就像做判断时的规则,乃是关乎自然和世俗风气的知识,而不管它们是何种知识。"这一从1534年版Dialectices截取下来的段落,明确将"方法"界定为演示证明和做出判断的一个途径,以及分类、调查和解释说明的途径。 423

〔36〕 Melanchthon, *Erotemata Dialectices*, pp. 573 - 578.

〔37〕 梅兰登在1521年以及以后的著作中所发展出的"一般主题"(*Loci Communes*)方法,必须区分于在其前面几年中、某些法律小册子所发展出来的主题方法,其中最著名的有Peter Gammarus, Legalis Dialectica (1514); Nicolaus Everardus, *Topicorum Seu de Locis Legalium Liber* (1516, reprint, 1552); and Claudius Cantiuncula, *Topica Dialectices* (1520), reprinted in *Primum volumen tractatuum ex variis iuris interpretibus collectorum*, 2nd. ed. (Lyon, 1549), pp. 253 - 271。在这些小文章中,用Stintzing的话来说,所谓的方法被用作"快速记忆的手段……其中的论证和材料被组织得十分便于查阅"。Stintzing, *Geschichte der Rechtswissenschaft*, pp. 114 - 115。每一种题材都是一个题目,例如高利贷、无遗嘱死亡、解放奴隶等,它们从《学说汇纂》或是它的注释、评论或是其他什么地方收集而来(在Everardus著作的第一版中,有131个这样的主题)。在每一个题目下,都是一个隐秘的总结,它概括了就这一主题,罗马法律文本、它们的注释、评论,以及希腊和罗马哲学家的著作、教父的著作、基督教公会议和经院哲学和罗马法学家的著作中所做的讨论。这样总结传统教义,固然很有综合性,但实在是囫囵吞枣,缺乏批评。它几乎就没有打算解决某些文本之间的张力或龃龉问题,或是剔除那些陈腐过时没有实际意义的内容。Stintzing总结说这些法学家的主题方法,只是提供了一个方便检索传统教义的概览,而并未为法律科学的发展做出什么贡献。"只有在(这些作家)明确意识到改革辩证主题的时候",Stintzing写道(*Geschichte der Rechtswissenschaft*, pp. 119,

121)“才能明白看到科学的发展。但是,(他们)并没有做到这样的改革,而是继续沿着经院哲学的套路走下去……所有的这些工作对主题科学的发展而言,都没有什么用处。这些所谓的主题式作品不能被视为新领域的开端,而只能视为经院哲学传统的残喘尾声”。

〔38〕 例如,参见 Neal W. Gilbert, *Renaissance Concepts of Method* (New York,1960),pp. 127–128,它把梅兰登的辩证作品简单地视为“浅薄的教义”,把他的分析问题简单地视为“一个大杂烩”。“梅兰登”,Gilbert 写道,“仍然用辩证法的发现部分来对待方法,但 Ramus 卓越的同时也是充满争议的改革,才是把方法探入判断领域的开拓”。Walter J. Ong, *Ramus, Method, and the Decay of Dialogue: From the Art of Discourse to the Art of Reason* (1958; reprint, Cambridge, Mass., 1983)抱有相似的观点,认为 Ramus 是第一个把方法当作探索真理之钥匙的人,并且,梅兰登在他 1547 年的 Erotemata 之前,从没有讨论过方法问题。但实际上,梅兰登在他的 *Dialectices Libri II* (1534)中,已经把方法和正当、理性、科学和真正的知识联系起来。不论是 Gilbert 还是 Ong,都没有注意到这一更早的作品。Gilbert 说过,“因为没有办法接触其更早的版本,这就叫我们不能确定其更早的(Erotemata)版本中是不是有方法的教义”。p. 126, n. 13。Ong 在 1973 年出版的一个小随笔中,似乎修正了他的观点,他写道:“在 1543 年和 1547 年之间,三个人(Ramus、Sturm 和梅兰登)都在他们关于辩证法或逻辑的课本中加入了有关方法的章节。(梅兰登对方法的触及要稍稍早一些)。” Walter J. Ong, “Ramism,” in Philip Wiener, ed., *Dictionary of the History of Ideas*, vol. 4, Studies of Selected Pivotal Ideas (New York, 1973), p. 43。但是,在 1994 年致作者的一封信中,Ong 承认,他过高地评价了 Ramus 的开创性,并且,梅兰登要早得多的主题式方法的详细阐述具有远为重要的意
424 义。更近期,Ian Maclean 在其关于 16 世纪的法律诠释和法律语言的一本重要著作中,也把主题方法的进步主要归功于 Ramus,而仅仅是提及了梅兰登。参见 Ian Maclean, *Interpretation and Meaning in the Renaissance: The Case of Law* (Cambridge, 1992)。尽管像 Ong 一样,Maclean 也把 Ramus 的

方法和加尔文宗联系起来，而把梅兰登的方法和路德宗教义联系起来，但他又把 Ramus 的方法归功于 Freigius (Johan Thomas Frey)，而没有注意到 Freigius 属路德宗（pp. 42 - 43）。他忘了指出，他从 Freigius 的书［*Partitiones Juris Utriusque*（Basel, 1571）］中所复制出来的图表，与此前早于一代人之久的路德宗法学家们所绘制的那些图表，在风格上几乎是一模一样的。

本书所持观点，即梅兰登从很早开始就把方法应用在辩证法之判断领域，以及梅兰登是这样做的第一人，得到下面作者的支持：Paul Joachimsen, "Loci Communes: Eine Untersuchung zur Geistesgeschichte des Humanismus und der Reformation", in Luther-Jahrbuch (1926), 85 和 Ernst Wolf, *Phillipp Melanchthon: Evangelischer Humanismus* (Gottingen, 1961)。另见 Quirinius, "The Terms '*Loci communes*' and '*Loci*' in Melanchthon," and Adolf Sperl, *Melanchthon zwischen Humanismus und Reformation: Eine Untersuchung uber den Wandel des Traditionverstandnisses bei Melanchthon und die damit zusammenhangenden Grundfragen seiner Theologie* (Munich, 1959), p. 34。

在 20 世纪后期的德国法律史资料编纂中，梅兰登看来几乎完全没有留下踪迹。例如，Helmut Coing 在其一本高度概括主题方法的作品中，把主题方法的起源和发展视为一条从 Rudolf Agricola (1444 - 1485) 到 Peter Ramus (1515 - 1572) 的脉络，而仅仅用一句话来概括梅兰登在方法上的贡献，即"梅兰登的方法论作品在路德宗领地内的意义等同于 Ramus 作品在加尔文宗领地内的影响"。参见 Coing, Handbuch, pp. 24 - 25。同样，Hans Hattenhauer 在一项关于欧洲法律史的综合研究中，也是用了一句话，即梅兰登和路德是"路德宗世界里具有拘束力的《圣经》和法律解释的渊源"。参见 Hans Hattenhauer, *Europaische Rechtsgeschichte* (Heidelberg, 1992), p. 367。Vincenzo Piano Mortari 在其关于 16 世纪的法律逻辑方法的著作中，倒是常常提到梅兰登的著作，但是他在提到这些著作时几乎总是与 Agricola 的著作没有什么分别，并且总是把它们归入人文主义的阵营，而不是路德宗阵营。参见 Vincenzo Piano Mortari, *Diritto logica metodo nel secolo X*

Ⅵ(Naples,1978)。Paul Koschaker 在其就罗马法对欧洲历史之影响所做的开创性研究中,不仅没有提及梅兰登,而且还断言法律科学本身(*Rechtswissenschaft*)乃是19世纪德国历史法学派的发明,是“德国制造的”。参见 Paul Koschaker,*Europa und das romische Recht*(Munich,1947),p. 210。我们只能够把这些历史盲点解释为是对西方法律传统之宗教渊源的否认和抛弃。

〔39〕 Ramus 声称他的分类方法——它本质上是数学模式的——将会结出果实,但是,认真阅读一下 Ong 的著作将会证明,Ramus 实际上没有做出任何有新意的或具有重要性的内容。参见 Ong,*Ramus*,pp. 171 - 195。

〔40〕 梅兰登在1521年版 *Loci Communes* 的开首段落中,就区分了传统经院哲学的神学主题,他写道,它们是“让人难于理解的”“愚蠢的讨论”,它们“对某些异端邪说的论证,比对天主教教义的论证更为精致”。他写道,这样的阐述工作并不能激励并形成一个基础,来支持真正的“基督教知识:知道法律所要求的是什么,去哪里可以寻求力量来履行法律和恩典以求遮蔽罪恶,如何在魔鬼、肉欲和世界面前坚强一个颤抖的灵,如
425 何安慰一个受到折磨的良知。经院哲学教导了这些事情吗?保罗在他的《罗马书》中撰写基督教教义概要的时候,他对三位一体、道成肉身、或是积极与消极创造的奥义进行了哲理性阐述吗?没有!但是他讨论了什么呢?他探讨了法律、罪、恩典,关于基督的知识就是特别寄托在这些(主题)之上。保罗是如何反复地说明他希望那些虔诚的人们多懂得一些关于基督的知识啊!因为,他已经预见了,当他放下这个救助(主题)时,我们就会执拗地探讨一些对基督全然冷漠而陌生的问题。所以,我们将讨论让你懂得基督、坚强你的良知、唤醒抵抗撒旦的决心的那些(主题)。”Melanchthon,*Corpus Reformatorum*,22:83 - 85,translated in Wilhelm Pauck,*Melanchthon and Bucer*(Philadelphia,1969),pp. 20 - 22。

〔41〕 关于阿佩尔的生平和著作情况,参见 Muther,*Aus dem Universitats-und Gelehrtensleben*;Stintzing,*Geschichte der Rechtswissenschaft*,pp. 270ff.;idem,“Johann Apel,” in *Allgemeine Deutsche Biographie*;F. Merzbacher,“Johann Apels dialektische Methode der Rechtswissenschaft," ZSS(Rom. Abt.) 55(1958),364ff.;Franz Wieacker,*Humanismus und Rezeption*:*Eine Studie zu Johannes Apels Dialogus oder Isagoge per Dialogum in IV Libros Institutionum* (1940), reprinted in Grunder und Bewahrer: Rechtslehrer der neueren deutschen Privatrechtsgeschichte (Göttingen, 1959), pp. 44 - 104; Gerhard Theuerkauf,*Lex*,*Speculum Compendium Iuris*,*Rechtsaufzeichnung und Rechtsbewusstsein in Norddeutschland vom* 8. *bis* 16. Jahrhundert(Cologne,1968),pp. 202ff。阿佩尔全部著作目录见 Muther,*Aus dem Universitats-und Gelehrtensleben*,pp. 12,455 - 487。

〔42〕 *Methodica Dialectices Ratio ad Iurisprudentiam Accomodata*,*Authore Iohanne Apello*(Nuremberg,1535)。阿佩尔在跋中所署的日期是 1533 年 7 月 31 日。参见 Troje,"Die Literatur des gemeinen Rechts",p. 734。

〔43〕 *Isagoge per Dialogum in Quatuor Libras Institutionum Divi Iustiniani Imperatoris*,*Autore Ioanne Apello*(Bratislava,1540).

〔44〕 Apel,*Methodica*,fol. 272r. ibid., B. 4; also D. 8. See also Stintzing,*Geschichte der Rechtswissenschaft*,pp. 289 - 290.

〔45〕 Stintzing,*Geschichte der Rechtswissenschaft*,p. 289。做出类似判断的还有 Ferslev,"Claudius Cantiuncula",p. 36,他写道:阿佩尔是"第一个在逻辑上把法律材料进行了理性处理的人"。另见 Muther,*Doctor Johann Apel*,pp. 34 - 35("阿佩尔的辩证方法总体上是梅兰登的方法;司法方面的范例则是他自己的"),和 Wieacker,*Humanismus und Rezeption*,pp. 64 - 67。

〔46〕 Quoted by Wieacker,*Humanismus und Rezeption*,pp. 62 - 63.

〔47〕 Ibid.

〔48〕 关于路德宗神学解释学的基本原则的综述,参见 Joachim Beckmann,"Die Bedeutung der reformatorischen Entdeckung des Evangelium fur die Auslegung der Heiligen Schrift",*Luther-Jahrbuch* 34(1963),20ff.; Edward H. Schroeder,"Is There a Lutheran Hermeneutic"? in Robert W. Bertram,ed.,*The Lively Function of the Gospel*:*Essays in Honor of Richard R. Cae-*

mmerer(St. Louis,1966),pp. 81 -98。关于路德宗神学解释学的更广泛的意义,参见 Karl Hall,"Luthers Bedeutung fur den Fortschritt der Auslegungkunst",in *Gesammelte Aufsatze zur Kirchengeschichte*,6th ed. (Tubingen, 1932),1:544ff. ;Alfred Voigt,"Die juristische Hermeneutik und ihr Abbild in Melanchthons Universitatsreden",in Carl Joseph Hering,ed. ,*Staat-Recht-Kultur*:*Festgabe fur Ernst von Hippel zu seinem* 70. *Geburtstag*(Bonn,1965),pp.
426 265ff. 。

〔49〕 关于 *ius ad rem* 之概念的发展过程,参见 Harry Dondorp,"*Ius ad rem* als Recht,Einsetzung in ein Amt zu Verlangen",*Tijdschrifi voor Rechtsgeschiedenis* 59(1991),285 - 318;Peter Landau,"Zum Ursprung des 'Ius ad Rem' in der Kanonistik",in Stephan Kuttner,ed. ,Proceedings of the Third International Congress of Medieval Canon Law(1971),81 - 102。*Ius ad rem* 这个字眼在 12 世纪被创造出来的时候,是指代这样的一种法律状态,即一方当事人已经被授予了一块封地或者圣俸,但他还没有完成实际的占有。这一当事人在这一财产上没有完全的权利(*ius in re*),进而享有对抗封地之领主或者教会上司的、在未来时间上被赋予实际占有的权利。*ius ad rem* 概念的发展,是 *ius* 作为一项主观权利而发展的一个更大过程的一部分。在此之前,*ius* 一词在罗马法中仅仅涉及客观权利,即"法"(law)。这个"法",*ius*,规定责任和义务,但在古典罗马法中,没有表示主观权利的单词。12 世纪的教会法学家第一次用 *ius* 来表示一个人——(别人)对他负有义务——有法律根据的权利主张,它反映了"人的自治地带"和"个人选择的中立空间"。参见 Brian Tierney,*The Idea of Natural Rights*:*Studies on Natural Rights*,*Natural Law*,*and Church Law*,1150 - 1625(Atlanta,1997),pp. 66 -67。在 13 世纪的时候,对主观权利的新的理解融入整个教会法体系中。参见 Charles J. Reid,Jr. ,"The Canonistic Contribution to the Western Rights Tradition: An Historical Inquiry", *Boston College Law Review* 33 (1991),37 -92;and Charles J. Reid,Jr. ,"Thirteenth-Century Canon Law and Rights:The Word Ius and Its Range of Subjective Meanings",*Studia Canonica*

30(1996),295－342。

〔50〕 在做出这一区分时,阿佩尔最早在《入门》中表示了他从在Konigsberg所发现的一部手稿中所蒙受的恩惠,他把那部手稿误认为是查士丁尼《法学总论》的早期版本,但到18世纪的时候,它被确定为12世纪之Brachylogus Juris Civilis——注释法学派的一个成果——的一个早期版本。在1551年之后,Brachylogus的几个版本把阿佩尔的《入门》作为附录而收录进来。参见Stintzing,*Geschichte der Rechtswissenschaft*,pp. 292－293;and Theuerkauf,*Lex*,p. 195。但是,经院哲学法学家并没有把"所有权"和"债"的区分作为整合法律学说的基础。实际上,*Brachylogus*仅仅在其由几十个法律主题组成的目录中收录了所有权和债,而这些主题主要是从查士丁尼《法学总论》中提炼出来,并按照《法学总论》来编排的,而且仅仅提供了初步的法律分类。它并未意图界定法律主题间的关系,并仅仅就每一个主题给出令人费解的定义和说明——通常不到一百个单词。*Brachylogus*于1557年在里昂出版的一个版本只有123页,每一页不到二百个单词。如此一部作品显然不同于阿佩尔的著作,不论是在结构安排上还是在综合性上。

〔51〕 阿佩尔在他的《方法》中,声称不论是就其质料因(即它的规定内容)还是它的形式因(即它的形式)来说,法律(ius)都是划分为公法和私法,并且私法又进一步划分为成文法和不成文法。从动力因(即它的渊源)来看,阿佩尔把法律划分为自然法、国家间的法和市民法(即罗马法)。于是,不成文的私法来自于自然法,成文的私法来自市民法。尽管这种划分并没有排除公法部分地来自市民法,但是,阿佩尔对市民法的分析倾向于主要集中在其私法的侧面上。

〔52〕 关于罗马法和早期教会法中公法和私法之间的区分,参见
Hans Mullejans,*Publicus und Privatus im romischen Recht und im alteren kan-* 427
onischen Recht unter besonderer Berucksichtigung der Unterscheidung Ius publicum und Ius privatum(Munich,1961)。Mullejans通过他对法律渊源仔细地研究得出结论说,罗马的法学家和早期教会法学家"并没有明确区别""*ius*

publicum(公法)——涉及国家或教会管辖范围内的事务的法律”和“*ius privatum*(私法)——调整人们的私人事务的法律”(*pp*. 1 - 3,187 - 188)。

〔53〕 Apel,Methodica,fol. 27sr。约翰·俄尔敦道普在他的 *Lexicon juris civilis*(1547)中采用了这种区分。参见 Stintzing,*Geschichte der Rechtswissenschaft*,p. 296。阿佩尔的体系化方式遭到 Wieacker 的尖锐批评,Wieacker,*Humanismus und Rezeption*,pp. 84 - 86。在 Wieacker 来说,阿佩尔的体系建立在他的“幻觉”上,即法律可以通过“不会有结果的机械的辩证法”来改造。Wieacker 补充说:“一个新的法律体系,只能在新的共同体和社会形式以及新的基本的正义理念的基础上产生。”与 Wieacker 相对立,我坚持认为,阿佩尔的“新的体系化法律”所反映的,正是新教改革所确立起的“新的共同体和社会形式”,以及和新教教义相联系的“新的基本的正义理念”。

〔54〕 Wieacker,*Humanismus und Rezeption*,p. 69.

〔55〕 在彰显新的法律体系化方法方面,16 世纪和 17 世纪的德国和荷兰作家所撰述的其他重要著作还有(根据作者名字的字母表顺序排列,并标注其可以见到的最早出版版本的日期):Johannes Althusius(ca. 1556—1638),*Iurisprudentiae Romanae Methodicae Digestae Libri Duo*(1586);idem.,*Dicaeologicae Libri Tres*,*Totum et Universum Ius*,*Quo Utimur*,*Methodice Complectentes*(1618);Benedict Carpzov(1595—1666),*Practicae Novae Imperialis Saxonicae Rerum Criminalium*(1703);Balthasar Clammer(d. 1578),*Compendium Iuris*(1591);Hermann Conring(1606—1681),*Opera Iuridica Historica*,*Politica et Philosophica*(1648);Christoph Ehem(1528—1592),*De Principiis Iuris Libri Septem*(1556);Gerhard Feltmann(1637—1696),*Institutiones Juris Novissimi*(1671);idem,*De Jure in Re et ad Rem*(1672);Johann Thomas Freigius(1543—1583),*Methodica Actionum Iuris Repetitio ad Ordinem Iurisconsulti Triboniani Instituta*(1569);idem,*Partitiones Juris Utriusque*(1571);Ludwig von Freudenstein Gremp(1509—1583),*Codicis Justinianei Methodica Tractatio*(1593);Hugo Grotius(1583—1645),*De Iure Belli ac Pa-*

cis Libri Tres(1646);Johann Gottlieb Heineccius(1681—1741),*Elementa Juris Civilis Secundum Ordinem Pandectarum*(1731);Joachim Hopperus(1523—ca. 1580),*De Iuris Arte Libri Tres*(1553);Joannes Kahl(d. ca. 1552),*Jurisprudentiae Romanae Synopsis Methodica*(1595);Melchior Kling(1504—1571),*Das gantze Sechsisch Landrecht mit Text und Gloss in eine richtige Ordnung gebracht*(1572);Samuel Pufendorf(1632—1694),*De Officio Hominis et Civis Juxta Legem Naturalem Libri Duo*(1673);Mattaeus Stephani(1576—1646),*Exegesis Iuris Civilis, Quotimur, ad Methodum Institutionum Justiniani Imperatoris Concinnata et Secundum Tria Iuris Objecta, Tribus Partibus Comprehensa*(1617);idem,*Tractatus Methodus de Arte Juris et Eius Principiis*(1631);Samuel Stryk(1640—1710),*Institutiones Juris Civilis cum Notis*(1703);idem,*Specimen Usus Moderni Pandectarum*(1708);Christoph Sturtz(ca. 1555—1603),*Methodus Logica Universi Iuris Civilis in Quatuor Institutionum, Quinquaginta Pandectarum et Novem Libros Codicis, Iusta Ratione Continuationis Omnium Titulorum Anima-adversa et Proposita*(1591);Nicolaus Vigelius(1529—1600),*Methodus Iuris Controversi*(1579);idem,*Methodus Juris Pontifici*(1577);idem,*Methodus Observatium Camerae Imperialis*(ca. 1579);idem,*Methodus Universi Iuris Civilis Absolutissima*(1561);idem,*Partitiones Iuris Civilis: Digestorum Suorum Rationem et Ordinem Breviter Demonstrates* 428
(1571);idem,*Praefatio Apologetica: Methodus Duplex Commentariorum Tiraquelli*(1586);Hermann Vultejus(1555—1634),*Iurisprudentiae Romanae Justiniano Compositae Libri Duo*(1590)。

〔56〕 在16世纪的德国和荷兰法学家中,Udo Wolter写道:“到目前来看最伟大的那些人都是新教阵营的”。Udo Wolter,*Ius Canonicum in Iure Civili: Studien zur Rechtsquellenlehre in der neueren Privatrechtsgeschichte*(Cologne,1975),p. 59。在注释〔55〕所列的那些作家当中,看来只有Hopper和Freigius保持了对罗马天主教教会的忠诚。

〔57〕 关于康拉德·拉格斯的生平和著作情况,参见Theodor Muther, *Zur Geschichte der Rechtswissenschaft und der Universitaten in Deutschland* (Jena, 1876), pp. 299ff.; idem, "Lagus, Konrad", in *Allgemeine Deutsche Biographie*; Stintzing, *Geschichte der Rechtswissenschaft*, pp. 296ff.; Theuerkauf, Lex, 4183ff.; Hans Erich Troje, "Wissenschaftlichkeit und System in der Jurisprudenz des 16. Jahrhundert", in Jurgen Bluhdorn and Joachim Ritter, eds., *Philosophie und Rechtswissenschaft: Zum Problem ihrer Beziehungen im 19. Jahrhundert* (Frankfurt am Main, 1969), pp. 76ff.。

〔58〕 Konrad Lagus, *Protestatio Adversus Improbam Suorum Commentariorum de Doctrina Iuris Editionem ab Egenolpho Factam* (Danzig, 1544), A. 4v. Cf. Theuerkauf, Lex, p. 201, n. 74; and Troje, "Wissenschaftlichkeit und System in der Jurisprudenz des 16. Jahrhundert", p. 76。Troje 恰当地把这一洞察理解联系到梅兰登头上:"康拉德·拉格斯……试图写一个梅兰登的《神学事宜之一般主题》的姊妹篇。他在方法论上所遵循的和所尝试的,很明显受到梅兰登的启发。"

〔59〕 Lagus, Protestatio, A. 4v.

〔60〕 拉格斯的 Juris *Utriusque Methodica Traditio* 在整个欧洲都被反复重印:在法兰克福(1543, 1552, 1565),在巴黎(1545),在里昂(1544, 1546, 1562, 1566, 1592),在鲁汶(1550, 1552, 1565)和在巴塞尔(1553)。

〔61〕 Lagus, *Juris Utriusque Methodica Traditio*, B. lv.

〔62〕 Theuerkauf, *Lex*, p. 206; See also Gilbert, *Renaissance Concepts*, p. 112 and sources cited therein.

〔63〕 Lagus, *Methodica*, B. I. "所有这些所谓的法律 loci ordinarii(惯常的主题)",他写道,"从没有(被经院哲学法学家们)整理出一个有序的关系来。而通过安排这样的有序关系,一个学生会很容易明白(主题间的)全部关联所在,以及在一定程度上明白它们是如何概要地揭示出全部法律知识。我们可以在所谓的'Summae'(大全)中看到在这一方向上的一些进步,尤其是 Azo 和 Hostiensis 的著作。但是,这些大全的作者没有试图把整个法律体分成彼此区别的主要部门。他们所感兴趣的,仅仅是把

他们在'查士丁尼法典'或者'教令'中发现的那些既有法令中的特定标题,辩证地(或是教条地)做出描述。他们对单个的标题所做的关注,要远远超过对一种 *methodum juris*(法律方法)的关注"。

〔64〕 *Lagus*, *Methodica*, B. lv. Cf. Theuerkauf, Lex, p. 201, n. 73。Stintzing 写道:"拉格斯的《方法》实际上是最老的法律综合概要。" Stintzing, *Geschichte der Rechtswissenschaft*, p. 300。

〔65〕 Theuerkauf, Lex, p. 206, 写道"可以设想"拉格斯"了解了阿佩尔把辩证法应用到法学理论的尝试",并且"或许"拉格斯对阿佩尔 1535 年版的《方法》和 1540 年版的《入门》是很熟悉的,但是要说有什么影响则"不能证明"。他接着特地声明,拉格斯在民法中做出所有权和债的基本界分,这一事实"不得被追溯到阿佩尔的影响,而更可能是直接建立在查 429
士丁尼的《法学总论》的基础上"。Otto von Gierke 更早就做出过类似的解释,他写道:"拉格斯固然是最早的抱持体系化法律教科书之理念的人,但他保留了《法学总论》的基本安排次序。" Otto von Gierke, *Johannes Althusius und die Entwicklung der naturrechtlichen Staatstheorien*, Vol. 5(Aalen, Scientia Verlag, 1958), p. 38。这样的结论是找不到根据的。实际上,查士丁尼《法学总论》并没有为拉格斯——还有阿佩尔——将民法划分为两个基本部分——一个构成所有权(dominium 或 res),另一个构成债(obligatio)——提供基础。相反,《法学总论》提出了——尽管没有遵循——一个人法、物法、诉讼法的划分,阿佩尔拒绝了这样的划分,拉格斯批评并改造了这种划分。《法学总论》将 dominium 定义为对 re 的所有权,但却没有将之区分于 ad rem 之权利。就所有权法和债法区分的进一步的讨论,参见第五章。

要解释这两位作者之间何以存在如此重大的相似,我们必须首先注意这个事实,即他们俩在威登堡大学是同事,教授十分接近的课程,并且他俩都是路德和梅兰登的忠实追随者。在那个时候,作者不引用同时代其他作者的作品乃是一个常见的做法。拉格斯对他的威登堡同事们的依赖,以及他对他们的超越,为 Muther 一针见血地指出来。Muther, *Aus dem*

Universitats-und Gelehrtenleben, pp. 308 – 309。"当阿佩尔将他的全部注意力放在教条式地辩证看待单个的法律资料,并直到后来才开始将这些资料予以体系化的对待之时,拉格斯从一开始就已经把最大的注意力放在体系上。在他之前,人们总是严格地区分罗马法和教会法渊源,并分别单独地讲授这些文本中的内容。正是拉格斯,率先开启了把这些法律渊源和体系融合为一体的做法,并教条化地用一个体系化的概要来阐述经过教会法修正的罗马法。我相信,如果我指出在这一点上拉格斯所努力效仿的榜样就是梅兰登,我就没有把问题搞错。在 1521 年,这位德国的老师首次出版了他的《一般主题》,这是一本体系化的神学概要,它可以被视为新教教义的第一个小全书。这本书所取得的伟大成就,以及它对神学研究所产生的重要影响,激励着其他学科尤其是法学理论来效仿它。"

〔66〕 这一"偶然的"分析摘自 Lagus, *Methodica*(Lyon, 1544), pp. 9 – 12, 24 – 26。

〔67〕 Ibid., p. 68.

〔68〕 See Theuerkauf, *Lex*, p. 201.

〔69〕 教会法学家不得不了解一些罗马法;12 世纪伟大的教会法学家 Hostiensis 就写了一部关于罗马法的著作。与此相反,罗马法学家一般忽视教会法,尽管 13 世纪伟大的法学家 Baldus 既是罗马法学家又是教会法学家,并在两个领域内广泛著述。这两门课程分开讲授,并且既有的书籍都是关于它们之间的差异问题的。参见 nn. 70 and 71。

〔70〕 Cf. Muther, *Aus dem Universitats-und Gelehrtenleben*。关于在 16 世纪之前罗马法和教会法在法律教学和著述上的分治情况,参见 Wolter, Ius Canonicum, pp. 1 – 52。Wolter(pp. 50 – 51)写道:"注释法学派就教会法而言只是做些表面的敷衍文章。只是在婚姻法和权利法的特定问题上,教会法的主要价值才被认真对待。"他继续说,评论法学派如 Bartolus 和 Baldus,在他们对教会法和罗马法比较研究的基础上,在婚姻家庭法、财产
430 权利保护和诚信契约领域大量使用教会法的一些概念和规定。他们也使用教会法的衡平概念来调整个案适用法律的严苛。Wolter 总结说,即使在

评论法学派中,“教会法和市民法的重叠,也仅存在于对教会法大全(*Corpus Juris Canonici*)的单项规定内容的采用上,因此这仍然是偶尔才发生的”。

〔71〕 俄尔敦道普在他的重要著作 *Collatio Iuris Civilis et Iuris Canonici*(《市民法和教会法对照本》)也采用了类似的方法。关于这种把罗马法和教会法“拿到一起来”的典范,参见拉格斯的讨论“De Obligationibus Quae ex Quasi Contractu Oriuntur”,in *Methodica*,pp. 364 - 367。

〔72〕 Theuerkauf,*Lex*,p. 208. 拉格斯的《方法》末版出版于1592年。

〔73〕 Konrad Lagus,*Compendium Juris Civilis et Saxonici*:*In grundlicher ordentlicher ausszug/begriff und einhalt des Keys-und Sachsischen Rechten*(1597年初版于马格德堡,1603年再版)和《萨克森明镜》不同的是,拉格斯的概要只涉及 Landrecht,而不是 Lehnrecht。参见 Theuerkauf,*Lex*,pp. 281,284 - 287,290 - 291。

〔74〕 关于维吉里斯的生平和著述情况,参见 Stintzing,*Geschichte der Rechtswissenschaft*,pp. 424 - 440;A. London Fell,*Origins of Legislative Sovereignty and the Legislative State*,Vol. 2(Cambridge,Mass.,1983),pp. 111 - 113;idem,“Nicolaus Vigelius”,in. *Allgemeine Deutsche Biographie*,39:693。

〔75〕 维吉里斯在他长寿的一生中还写就了其他“方法的”著作。参见 Stintzing,*Geschichte der Rechtswissenschaft*,pp. 428 - 440。他于1568 - 1571年在巴塞尔出版的 *Digesta* 是一部七卷本的巨著,其中的第一卷专门研究公法。他开卷第一章就是关于法律的“定义和划分”,在此他像拉格斯那样,按照亚里士多德的四因论来进行法律分析。他还用德语和拉丁语为《卡罗林纳法典》写就了系统的评论;这是第一部关于德国刑法的体系化著作。参见第六章。

〔76〕 关于阿尔苏休斯的生平和著述情况,参见 Stintzing,*Geschichte der Rechtswissenschaft*,pp. 468 - 477;idem,“Althusius,Johann”,in *Allgemeine Deutsche Biographie*;von Gierke,*Johannes Althusius*。

〔77〕 See von Gierke,*Johannes Althusius*,pp. 37 - 49;Stintzing,*Ge-*

schichte der Rechtswissenschaft, pp. 468 – 477.

〔78〕 下面这些来自西班牙、法国和英格兰的16世纪、17世纪的法学家,他们为欧洲的普通法贡献了重要著作。Diego de Covarruvias y Leyva, *Variarum ex Iure Pontificio Regio, et Caesario Resolutionum Libri Tres* (1545);Francisco Suarez(1548—1617), *Jurisprudentiae Romanae a Justiniano Compositae Libri* Ⅱ (1590);Hugues Donellus(1527—1591), *Commentariarum Juris Civilis*(1576);Sir Arthur Duck(1580—1648), *De Usu et Authoritate Juris Civilis Romanorum in Dominiis Principum Christianorum*(1653)。

〔79〕 Utrumque jus 通常被翻译为"两种法律"。其他可能的翻译是"每一种法律"和"一种以及另外一种法律"。直到今天,欧洲的法律学者还可能获得 J. U. D. 学位,即 juris utriusque doctor,"两种法律的博士",就是指罗马法和教会法的博士。

〔80〕 一个典型的例子是西班牙罗马天主教法学家 Covarruvias——注释〔78〕所提到过的——的著作,它一方面在它的内容目录中表明,普通法包括从教会法和罗马法中抽出的一般原则,但另一方面它又把它三个
431 主要部分的第三部分(libri)专门用在作为普通法之组成部分的王室法和封建法。同样,英国16世纪的罗马法学家 Sir Arthur Duck 把 Libri Feudorum——12世纪封建法的汇编——作为普通法的一个种类而包括进来。参见 Peter Stein, "*A Seventeenth-Century English View of the European Jus Commune*," pp. 719 – 720。

〔81〕 18世纪的书目提要编纂家 Martin Lipen 给这种文献编纂了一个类目,冠名 *Differentiae Juris*。参见 Martin Lipen, *Bibliotheca Realis Juridica* (Hildesheim, 1746)。在 Lipen 总标题"Differentiae inter Jus Canonicum et Civile"下面,有21种文章标题,其中最早的是1535年的作品,最近的是1746年。在 Jean Portemer, Recherches sur les "*Differentiae juris civilis et canonici*" *au temps du droit classique de l'Eglise*(Paris, 1946)一书中,也列出了几十本从12世纪到16世纪早期的、关于罗马法和教会法之区别的著作,及其内容目录报告。研究差异的早期文献和后来的文献之间,看来存在显

著的不同,即早期的文献集中在两个独立的管辖权领域,即教会的和世俗的,而后来者则集中在唯一的世俗管辖权领域,早期的教会法就存在于这个世俗管辖权之中。正是由于两个“种”合并到单一的“属”下面,当代史学家在谈及所谓建立在“罗马—教会法”之上的16世纪欧洲普通法。16世纪晚期 *differentiae iuris* 的出现,是在 Luigi Moccia 所谓的比较法学科发展的第一阶段的背景下发生的。在这一阶段,比较法的目的,Moccia 声称,是提出“一条寻求国家法律体系之协调的途径”。参见 Luigi Moccia, “Historical Overview on the Origins and Attitudes of Comparative Law”, in Bruno de Witte and Caroline Forder, eds., *The Common Law of Europe and the Future of Legal Education*(Cambridge, Mass., 1992), p. 613。

〔82〕 例如约翰·俄尔敦道普在定义普通法(*jus commune*)中是声称它“代表着自然法”(pro iure naturali)(*Lexicon Juris* [1546], p. 250)。俄尔敦道普本人写了一本冠名为 *Collatio Juris Civilis et Canonici, Maximum Afferens Boni et Aequicognillinem*(Cologne, 1541)的书,他在此强调的不是“差别”,而是“对照”,即两个体系的共同特征。参见 Heinz Mohnhaupt, “Die Diffentienliteratur als Ausdrsuck eines methodischen Prinzips fruher Rechtsvergleichung”, in Bernard Durand and Laurent Mayali, eds., *Exceptiones Iuris: Studies in Honour of Andre Gouron*(Berkeley, 2000), pp. 439 – 458。Mohnhaupt 强调(p. 450)俄尔敦道普在比较罗马法和教会法上所起到的作用,这“不仅是在于揭示(它们)之间的差别,而且还在于详尽阐述它们的共同之处”。俄尔敦道普不仅写出了一部法律的“科学方法”——就像阿佩尔、拉格斯和维吉里斯的著作一样,它们都是建立在梅兰登的“特殊法律主题”(praecipui juris loci)上——而且,他还于1541年,在梅兰登普遍主题的基础上,写出了一部哲学性的“普通法的主题”(*Loci Iuris Communes*)。

〔83〕 关于16世纪法国对法律科学的贡献,参见 Kelley, *Foundations*, pp. 53 – 148; Andersen, *No Bird Phoenix*, pp. 112 – 122; Phillipson, “Jacques Cujas”; and Coing, *Handbuch*, pp. 56 – 58, 238 – 242, 756 – 759, 786 –

787,902－926。

第四章　德国革命和刑事法改革

〔1〕 See John H. Langbein, *Prosecuting Crime in the Renaissance: England, Germany, France* (Cambridge, Mass., 1974). pp. 129－209; Eberhard Schmidt, *Einfuhrung in die Geschichte der deutschen Strafrechtspflege* (Göttingen, 1965); Robert von Hippel, *Deutsches Strafrecht*, Bd. 1 (Berlin, 1925), pp. 159－
432 220.

〔2〕 “贫穷和流浪的问题已经到了一个以前可能从未出现过的严重程度。” Thorsten Sellin, Pioneering and Penology: *The Amsterdam Houses of Correction in the Sixteenth and Seventeenth Centuries* (1942), p. 8, quoted in John H. Langbein, *Torture and the Law of Proof: Europe and England in the Ancien Régime* (Chicago, 1977), p. 33。参见 Robert Jütte, *Poverty and Deviance, in Early Modern Europe* (Cambridge, 1994), pp. 143－157。

〔3〕 See Berman, *Law and Revolution*, pp. 371－380, 503－510.

〔4〕 Ibid., pp. 57－58. See also Robert Bartlett, *Trial by Fire and Water: The Medieval Judicial Ordeal* (Oxford, 1986), and the sources cited therein.

〔5〕 尽管 John Langbein 在称谓“Roman-canon Inquisitionsprozess”这一体系时沿用了 Schmidt 和其他人的说法,但是他承认,它“在渊源上所含有的教会法因素要远远多于罗马法因素”并且“这个模糊得一塌糊涂的查士丁尼渊源不能也没有禁得起中世纪大规模的详细阐述。” 参见 Langbein, *Prosecuting Crime*, pp. 129, 138。实际上,罗马法的程序法,不论是刑事程序法还是民事程序法,在西方几乎没有留下任何影响。

〔6〕 纠问式审判程序何时被引入德国的司法实践,学者中存在相当大的分歧。有人说是 15 世纪,有人说是 14 世纪,还有人说是 13 世纪或 12 世纪。造成混乱的原因之一是在那些世纪里还没有德国民族国家,而另一方面倒是有一个日耳曼民族的神圣罗马帝国,它拥有很小的刑事管辖权,而其中的大量的德国“领地”(Länder)则各自都有自己的法院系统。

另一个原因是,在 19 世纪和 20 世纪的中世纪史专家中,几乎普遍地把罗马天主教的教会法视为外国法——实际上,它不仅是德国的外国法,对所有其他西方基督教国家来说都是外国法。Cf. Schmidt, *Einfuhrung*, pp. 28-29。所以 Langbein 写道纠问式程序"直到 16 世纪才在德国巩固下来"——此处的"德国"显然指的是整个帝国,并就此既俯瞰了德国的教会法又包括了德国领地的法律。Langbei 并没有否认,在帝国和领地内,教会法庭从 12 世纪开始就在使用纠问式程序,并且德国的这些教会法庭由德国教会法学家组成。他们所使用的这套纠问式程序,至少从 12 世纪开始,就由德国各领地法院内经过改造而加以应用起来。参见 Udo Wolter, *Ius Canonicum in Iure Civili*(Cologne, 1975), pp. 8-9。

〔7〕 Cf. U. S. Constitution, art. 3, sec. 3:"无论何人,非经该案证人二人证明或经其本人在公开法庭自首,不得受叛国罪的裁判。"两名证人的规则是教会法学家和罗马法学家的创造,他们利用了罗马法和《圣经》权威的渊源。或许,正是由于这个规则是他们有意识的一项创造结果,他们才愿意为这个规则补充例外规定。参见 Richard Fraher, "Ut nullus describatur reus prius quam convincatur: Presumption of Innocence in Medieval Canon Law", in Stephan Kuttner and Kenneth Pennington, eds., *Proceedings of the Sixth International Congress of Medieval Canon Law*(Vatican City, 1985), p. 494. Cf. H. van Vliet, *No Single Testimony: A Study on the Adaptation of the Law of Deuteronomy* 19:15 *into the New Testament*(Utrecht, 1956)(旨在探究两名证人规则的《圣经》起源)。

〔8〕 参见 Langbein, *Torture and the Law of Proof*。在写到对废除神明裁判的反应时,Langbein 说(p. 7):"罗马—教会法的证明规则解决了如何使人的裁判能够被接受的问题。这样的裁判将建立在确定性的基础上。 433
它所依赖的标准如此之高,没有人会担心神不再介入答疑解惑。"这个观点受到了 Richard Fraher 等人的挑战, Richard Fraher, "Conviction According to Conscience: The Medieval Jurists' Debate Concerning Judicial Discretion and the Law of Proof", *Law and History Review* 7(1989), 23-88; Mirjan Damas-

ka,"The Death of Legal Torture",*Yale Law Journal* 87(1978),860－884(旨在检讨 Langbein)。Damaska 争论说 Langbein 夸大了这一新的证明体系的严格性(pp. 865－866)。Cf. Walter Ullmann,"Reflections on Medieval Torture", *Juridical Review* 56(1944),123－137(描述了 13 世纪到 15 世纪时使用刑讯时所遵循的规则和原则)。

〔9〕 关于哪些人免受刑讯的问题,参见 Langbein,*Torture and the Law of Proof*,p. 13。

〔10〕 Ibid. ,p. 7.

〔11〕 参见 Fraher,"Conviction According to Conscience," pp. 37－38。在"法律证明"(legal proofs)或是"法定证明"(statutory proofs)体系下,一名证人将形成半个证明,在被捕之前向其他人承认犯罪也将形成半个证明,这两个半个证明拿到一起就将形成一个充分证明。非目击证人的证人证言会形成四分之一的证明。参见 J. P. Levy,*La hierarchie des preuves dans le droit savant du moyen age*(Paris,1939)。

〔12〕 参见 Fraher,"Conviction According to Conscience",p. 52。Laura Stern 对 15 世纪的佛罗伦萨的观察与此很一致:"大多数要宣告有罪的犯罪都摆出一套证据……这就似乎限制了法官的自由裁量,并使得他的判决成为必然,再次给正义一种按部就班的特征。但是,实际上的判决并不是这样运行。在进行一项诉讼时,证据要被所有的法官和教区长进行权衡。在实践中,关于证据的品质和不同品质的证据如何被结合起来,存在大量的不确定性。在许多犯罪审判中,法官被授予了大量的自由裁量权,即使是在证据阶段。" 参见 Laura Ikins Stern,*The Criminal Law System of Medieval and Renaissance Florence*(Baltimore,1994),pp. 31－32。Cf. Walter Ullmann," Medieval Principles of Evidence", *Law Quarterly Review* 62(1946),82－83:"把法官视为真理探索者的观念,就使得严格并具有拘束力的证据规则成为不可能的……(法官)具有完全的自由来筛选并衡量证据。换句话说,面对相互冲突的证据,法官们享有确定其相对价值的自由,这个自由如果要被一套刻板而僵化的规则限制住,法官们不会答应。

他们认为,真理可以通过很多途径来获得,而强制法官遵循一定的证据种类或规则,当然不会有助于发现真理。”

〔13〕 例如14世纪教会法学家William Durantis这样定义pene occultum犯罪:“它被称为‘几乎是秘密的’,即准秘密,因为既然有几个人知道它,或许是两三人,或者甚至是五个人,所以它仍然是能够证明的。” William Durantis, *Speculum Iudicialis*, pars iii, rubric, Quid sit occultum? (Lyon, 1574)。参见Fraher,“Conviction According to Conscience”, pp. 48 – 51(讨论Durantis、霍西滕西斯和安德列亚等教会法学家对pene occultum犯罪和“显著的”或称“臭名昭彰的”犯罪行为之间的差别的看法)。

〔14〕 Quoted in Harold J. Berman, “Law and Belief in Three Revolutions”, *Valparaiso Law Review* 18(1984), 581 – 582, n. 13.

〔15〕 参见Herbert L. Packer, “Two Models of the Criminal Process”, *University of Pennsylvania Law Review* 113(1964), 1 – 68。在更早的教会法学家和罗马法学家的著作中就已经出现过类似的重要冲突。13世纪教会 434
法学家霍西滕西斯认为,“公共利益”的需要允许教会法庭省略一系列拘泥的程序,以便控制犯罪。而Pope Innocent IV以一个普通的教会法学家而不是教皇的身份在私下里写道,“正当程序”作为保障条款还是应该被遵守。Richard Fraher曾经说过,不论是在市民法学家的圈子内还是在教会法学家的圈子内,霍西滕西斯的“公共利益”模式最终成为主流的刑事诉讼哲学。参见Richard Fraher, “The Theoretical Justification for the New Criminal Law of the High Middle Ages: ‘*Rei Publicae Interest, Ne Crimina Remaneant Impunita*’ ”, *University of Illinois Law Review*(1984), 581 – 589。

〔16〕 See Erik Wolf, *Grosse Rechtsdenker der deutschen Geistesgeschichte*, 4th ed. (Tubingen, 1963), p. 102, reprinted in Friedrich-Christian Schroeder, ed., *Die Carolina: Die peinliche Gerichtsordnung Kaiser Karls V von* 1532 (Darmstadt, 1986), pp. 120 – 184. See also Stintzing, *Geschichte der Rechtswissenschaft*, pp. 612 – 617; Hippell, *Deutsches Strafrecht*, pp. 196 – 199; Langbein, *Prosecuting Crime*, pp. 163 – 165.

〔17〕 参见 Otto Stobbe, *Geschichte der deutschen Rechtsquellen*, Bd. 2 (Aalen, 1965), pp. 242 – 243。施瓦岑贝格领导着一个专家队伍,但是 Wolf 声称我们不知道他们是哪些人以及他们做了些什么。参见 Wolf, *Grosse Rechtsdenker*, pp. 115 – 118。

〔18〕 第一个职业化的帝国大法院(Reichskammergericht)于 1495 年成立后,立即就感到有必要再用立法来规定它的刑事管辖权及其进行审判刑事案件的程序。参见 Stintzing, *Geschichte der Rechtswissenschafi*, pp. 622ff。1497 – 1498 年弗莱堡帝国会议,提出"就如何操作一项刑事事宜,应当有一套共同的'改革和制定法(条令)'"。1500 年的奥格斯堡帝国会议则把这个提议上升为一项决议,决定由帝国治理委员会(Reichsregiment)在帝国大法院的建议和帮助下来承办。但是,这一事务就此搁浅,直到 1517 年的美因茨帝国会议才再次把它提起来,在这次会议上各阶层向皇帝提交了一份"陈情书"(Denkschrift),陈述了现存的种种弊病。但仍然没有什么结果。到 1521 年 1 月,沃尔姆斯帝国会议委任了一个委员会,来就可处死刑的犯罪起草一个立法,这个委员会立即就着手起草,并在 1521 年 4 月,草案提交帝国治理委员会审议和修正。帝国治理委员会于是指定了一个由施瓦岑贝格领衔的委员会来筹备这一立法。在此之前,《班堡死刑法庭立法》已经广泛地流传开来,以手册的形式出版印刷,并被该委员会采用为蓝本。在最终于 1532 年被通过之前,它经历了一连串的草案。参见注释〔23〕和〔24〕。

〔19〕 "大体上《班堡死刑法庭立法》有五分之一的条文没有出现在《卡罗林纳法典》中,并且《卡罗林纳法典》也有几个条文在《班堡死刑法庭立法》中没有对应的内容。《卡罗林纳法典》修改《班堡死刑法庭立法》条文的地方也并不罕见。但是,从整体上来看,修改的内容还是较少的。《卡罗林纳法典》实际上就是《班堡死刑法庭立法》的一个翻版。" Langbein, *Prosecuting Crime*, p. 163, n. 96. Cf. Stintzing, *Geschichte der Rechtswissenschaft*, p. 629.

〔20〕 参见 Heinrich Zoepfl, ed., *Die Peinliche Gerichtsordnung Kaiser*

Karls V neben der Bamberger und der Brandenburger Halsgerichtsordnung, 3rd synoptic ed. (Leipzig, 1883),在这部书中,《班堡死刑法庭立法》和 1521 年、1529 年版本的《卡罗林纳法典》以及其最后的 1532 年版相互比照着安排在平行的栏框中,脚注则提及了《班堡死刑法庭立法》的布兰登堡版本中 435
细微改动。这些法典都使用最早的古德语,显然还没有现代德语的译本。随后这些法典就有法语、拉丁语、波兰语、低地德语和俄语译本(1967 年)。Langbein, *Prosecuting Crime*, p. 140, Langbein 写道,据说 Peter the Great 为准备一部军事法典,曾经研究过《卡罗林纳法典》,并且,直到 1870 年代,德国法院还在引用《卡罗林纳法典》中实体条款。

〔21〕 阿佐大约在 1210 年就对《查士丁尼法典》的刑事法律条文进行了注释;写过刑事法律概要的罗马法学家还有 William Durantis 和 Albert Gandinus,他们在 1299 年出版的 *Tractatus de Maleficiis* 极大地影响了 14 世纪、15 世纪的刑法。这些以及其他作者都列举在 Wolf, *Gross Rechtsdenker*, p. 105。Wolf 像其他研究这一时期的刑法史学家一样,列举了罗马法学家的名字,却忽略了教会法学家,而他们实际上在那一历史时期具有甚至更大的影响。Fraher, "Conviction According to Conscience" 修正了这种疏忽,他讨论了那些在 13 世纪到 15 世纪写出了具有影响意义的刑法著作的教会法学家,其中包括 Tancred, Johannes Andrae 和 Angelinus Aretinus。

〔22〕 关于 1507 年之前的德国的"死刑立法"(Halsgerichtsordnungen),参见 Stobbe, *Geschichte der deutschen Rechtsquellen*, Bd. 2, pp. 237–241。这些更早的立法较之《班堡死刑法庭立法》则更为简单,例如,1481 年的《纽伦堡死刑立法》仅仅简单地列举了几种犯罪,如盗窃罪和谋杀罪。Ibid., p. 240.

〔23〕 参见 Georg Dahm, *Untersuchungen zur Verfassungs-und Strafrechtsgeschichte der italienischen Stadt im Mittelalter* (Hamburg, 1941), pp. 42–56; and Carlo Calisse, A History of Italian Law (Boston, 1928), pp. 173–179。国会图书馆也保存了 40 种以上的意大利城邦的制定法文本。这些城邦包括大的城市如 Turin, Bologna, Cremona, Viterbo 和 Trent,以及很多的较小的城

市,如 Apricale,Aviano,Celle,Fondi 和其他城市。佛罗伦萨也制定了一部主要的法典。参见 Josef Kohler and G. degli Azzi,*Das florentiner Strafrecht des XⅣ. Jahrhunderts mit einem Anhang uber den Strafprozess der italienischen Statuten*(Mannheim,1909)。同时参见本章后面的论述。

〔24〕 Gerhard Schmidt,"Sinn und Bedeutung der Constitution Criminalis Carolina als Ordnung des materiellen und prozessualen Rechts",ZSS(Germ. Abt.)83(1966),239,252－253.

〔25〕 Reinhart Maurach, *Deutsches Strafrecht*, 4th ed. (Karlsruhe, 1971),p.47。Maurach 列举了领地的法典编纂,黑森(1535)、库法尔茨(1582)、汉堡(1603)和巴伐利亚(1616),并补充说"所有的这些法律都是彼此关联的,但是它们构成了'德国的普通刑法'"(das gemeine deutsche Strafrecht)。

〔26〕 See Emil Brunnenmeister,*Die Quellen der Bambergensis:Ein Beitrag zur Geschichte des Deutschen Strafrechts*(Leipzig,1879).

〔27〕 Wolf,*Grosse Rechtsdenker*,p. 109. Cf. Constitutio Criminalis Carolina(hereafter CCC),art. 104.

〔28〕 Friedrich Karl von Savigny,*Of the Vocation of Our Age for Legislation and Jurisprudence*,trans. Abraham Hayward(New York,1975),pp. 68－69.

〔29〕 例如 Carlo Calisse 在谈到 14 世纪、15 世纪的意大利刑罚时曾经说:"处罚既是为了惩罚罪犯,也是要通过威慑来阻止重复犯罪和效仿。这样的体系就产生了十分残酷的处罚。死刑有很多可怕的执行方式,有残害肢体、弄坏眼睛、拷打、鞭挞、放在笼子中示众、关禁闭,这些都是要让人产生恐惧。"参见 Calisse,*History of Italian Law*,p. 175。

〔30〕 CCC,art. 6. See August Schoetensack,*Der Strafprozess der Carolina*(Leipzig,1904),pp. 96－97.
436

〔31〕 CCC,arts. 12－15.

〔32〕 CCC,art. 12.

〔33〕 Langbein 在 *Prosecuting Crime* 中把 redliche Anzeigung 翻译为 "legally sufficient indication"并把它描述为"是与盎格鲁—美利坚法律中的'合理根据'(probable cause)相近的一个概念"(p.161)。但是,应当指出,在非死刑案件中,"法律上的充分指征"不仅足以进行起诉,而且也足以定罪。但在死刑案件中,"充分指征"是实施刑讯调查的正当根据,而"充分证明"(sufficient proof)则是不经刑讯而定罪的正当根据。

〔34〕 例如,第 23 条规定"每一个被用来进行刑讯审问的充分指征,都应经两个可靠证人的证明,如下面几个涉及充分证明的条款所描述"。然后,第 25 条列举了 8 项"引起怀疑的事项"并因此可以成为调查的正当理由,尽管第 27 条又规定"这些怀疑事项中的任何一项都不能单独构成作为刑讯依据的法律上的充分指征"。第 27 条接着说,当前面所列举的 8 个怀疑事项中有两个以上的事项出现时,负责实施刑讯的人"应确定上述怀疑事项是否确实构成充分指征"以"进行刑讯审问"。第 29 ~ 32 条规定了指导调查者在什么时候可以合法适用刑讯的一般原则。第 45 ~ 47 条确定了关于刑讯审问的正当行为措施的规则,而第 33 条特别规定了对谋杀传闻的调查。此处所使用的《卡罗林纳法典》的译文,主要来自 Langbein, *Prosecuting Crime*, pp. 266 – 308。

〔35〕 CCC, art. 20.

〔36〕 CCC, art. 69.

〔37〕 CCC, art. 59.

〔38〕 Bambergensis, art. 33.

〔39〕 CCC, art. 37.

〔40〕 CCC, art. 43.

〔41〕 CCC, art. 52.

〔42〕 CCC, arts. 71, 74, 65. Cf. art. 67:"当在至少有两名或三名根据真实知识而作证之可靠证人的情况下证实了一项犯罪时,应当根据案件的本质而进行刑法的程序和判决。"

〔43〕 CCC, arts. 41, 137. Cf. Schoetensack, *Strafprozess der Carolina*,

p. 79,讨论程序中的言辞问题。

〔44〕 See Langbein, *Prosecuting Crime*, p. 172.

〔45〕 Quoted and discussed ibid. ,p. 172.

〔46〕 Langbein(ibid. ,pp. 172 - 174)坚持认为,这些条款的存在,表明起草者“对他为之立法的法院的能力实在是缺乏信心”,并且他们也是朝着与限制刑法专断之目标的相反方向工作的,因为他们实际上允许在制定法之外界定犯罪,“与现代严格解释(nulla poena sine lege,行为非法所禁者不罚)原则是相矛盾的”。但是,他继续说,“自由裁量要受规则指导,并由专业人士来操作,这就把自由裁量和履行刑法规则协调起来了”。他指出,这里所规定的自由裁量,不是“根据统治者的命令所进行的裁量”。

〔47〕 See Langbein, *Torture and the Law of Proof*, p. 57,总结了 Adolf Friedrich stolzel, *Die Entwicklung des gelehrten Richtertums in deutschen Territorien: Einerechtsgeschichtliche Untersuchung mit vorzugswieser Berucksichtigung der Verhaltnisse im Gebiet des ehemaligen Kurfurstentums Hessen*, Bd. 1 (Stutt-
437 gart, 1872), pp. 349, 355ff。

〔48〕《卡罗林纳法典》在区分总则和分则上走出了很远的路,尽管这个区分做得还不彻底。例如,第 106 ~ 136 条涉及各种类型的犯罪所要被实施的处罚。第 137 条涉及“无可争议的杀人,其发生情节使之得免处罚”,而接下来就是自我防卫的处理(第 138 ~ 145 条),意外死亡(第 145、146 条)以及在斗殴和哄吵中杀人(第 147 条)。第 149、150 条规定“几种类型的也可以归入无罪的自杀”。同样,盗窃分为偷盗和公然强盗(第 156、157 条),第一等、第二等、第三等犯罪(第 158 ~ 161 条);加重情节(第 162 条);减轻或免予处罚的盗窃情节,如年幼或饥饿(参见第 163 条,关于年幼;和第 165 条,关于“真实的贫穷或饥饿”)。

〔49〕 例外的有纵火罪(第 125 条)和抢劫罪(第 126 条),这两种犯罪只规定了刑罚。很可能是施瓦岑贝格和他的同事们认为,在这些方面应当可以适用老法律给出的界定。

〔50〕 有三个有限的例外是,1499 年 Tyrolean 领地刑事程序条令、

1506 年 Radolfzell 条令(它和 Tyrolean 立法一并构成 Maximilianischen 死刑立法)和 1498 年 Wormser Reformation 所规定一些犯罪的定义。参见 Eberhardt Schmidt, ed., *Die Maximilianischen Halsgerichtsordnungen fur Tirol* (1400) und Radolfzell (1506) *als Zeugnisse mittelalterlicher Strafrechtspflege* (Bleckede/Elbe, 1949)。Wormser Reformation 有现代版本。

〔51〕 例如,《卡罗林纳法典》第 127 条——它重复的是《班堡死刑法庭立法》第 152 条——规定,"纠集普通民众进行邪恶造反集权政府(Oberkeit)者",应当被砍头或鞭打或放逐。在《卡罗林纳法典》的第 138、158、167 条可以发现援引民事处罚的情况。另见 Schoetensack, *Strafprozess der Carolina*, pp. 37, 38。

〔52〕 CCC, art. 109.

〔53〕 Wolf, *Grosse Rechtsdenker*, p. 149.

〔54〕 CCC, art. 140.

〔55〕 See Langbein, *Prosecuting Crime*, p. 171.

〔56〕 参见 Stintzing, *Geschichte der Rechtswissenschaft*, pp. 623 – 624, 628, 267。在施瓦岑贝格去世 11 年之后,路德写道,为了实现一定的结果,"我们将不得不从所有的地方召集那些真正谙熟《圣经》的人……包括一些来自世俗阶层的人……他也将博学而正直,就像约翰·冯·施瓦岑贝格还在活着那样,他是我们知道去信赖的人"。WA, pp. 50, 622, 11 – 16 (*Von den Konzilien und Kirchen*, 1539)。

〔57〕 于是 Langbein 对《卡罗林纳法典》有如此功力的研究,却完全忽视了它和宗教改革的关系。在他的索引中,既没有出现梅兰登和路德的名字,也没有出现分析性的"改革"栏目。Langbein 把这个故事完全视为 Inquisitionsprozess——它早在 13 世纪就开始在适用教会法的法院里出现了——在 16 世纪的胜利。参见 Langbein, *Prosecuting Crime*, pp. 154 – 155。就此而言,他沿袭了 19 世纪晚期和 20 世纪的德国法律史学的传统套路。

〔58〕 Carl Guterbock, *Die Entstehungsgeschichte der Carolina auf Grund archivalischer Forschungen*(Wurzburg,1872),p. 207.

〔59〕 See Stintzing, *Geschichte der Rechtswissenschaft*, p. 628.

〔60〕 Wolf 写道:“施瓦岑贝格生活中的神学修养和宗教奋斗,没有多少反映到《班堡死刑法庭立法》中……它的正义(观念)还不是宗教改革的正义观念。在《班堡死刑法庭立法》所能彰显的那个时代的基本精神风
438 尚看(geistige Grundstimmung),我们只能说施瓦岑贝格是‘宗教改革中的一位法律思想者’。” Erik Wolf, “Johann Freiherr von Schwarzenberg”, in Schroeder, *Die Carolina*, p. 151。

〔61〕 See Wolf, “Johann Freiherr von Schwarzenberg”, pp. 131 – 132, 135.

〔62〕 CCC, art. 11.

〔63〕 Wolf, “Johann Freiherr von Schwarzenberg”, p. 146.

〔64〕 Stintzing, *Geschichte der Rechtswissenschaft*, pp. 620 – 621.

〔65〕 See Langbein, *Prosecuting Crime*, p. 168.

〔66〕 See ibid., pp. 171 – 172. See also Wolf, *Grosse Rechtsdenker*, pp. 126 – 127.

〔67〕 Wolf, “Johann Freiherr von Schwarzenberg”, pp. 150 – 151.

〔68〕 Wieacker, *History of Private Law*, p. 100.

〔69〕 分析几部 Statuti 的“总则”,可以看到这些文件和《卡罗林纳法典》之间的重大差别。意大利的“总则”主要是一些劝诫字眼和泛泛的宣示目的,例如 statuta for Cremona 的第三个红色标题——即它的“总则”——仅仅是一个长长的段落,告诫该城的居民保持和平。它声称,本法的目的之一就是保持城市的力量和活力,并且,为了捍卫和保护人民的权利,要规定并公布统治者的和平。参见 Gino Solazzi, ed., *Statuta et ordinamenta Communis Cremonae*(Milan, 1952), p. 11。Book 3 of the statuta of Teramo(1440)(including the town of Assisi)也是一个“总则”,它开始就宣示在刑事案件中进行审判所依据的权威。第一段宣称,法官行使他拥有的权力,是为了人民得以诚实地生活,公共利益得以在刑事诉讼中受到保

护。参见 Francesco Savini, ed., *Statuti del Commune di Teramo del 1440* (Florence, 1889), p. 104。The proemium of the statuti of Celle(1414)开头就是祈求圣母玛利亚、天使、使徒和圣徒给城市提供指引,然后就是告诫所有有关人等要遵从法律。参见 Maddalena Cerisola, ed., Gli statuti di Celle (Bordighere, 1971), pp. 23 - 24。

〔70〕 只需考察一下华盛顿国会图书馆所藏的 19 世纪意大利城市 Statuti,就证实了这一分析。尽管这些 statuti 在特征上彼此相差很大,但还是可以说,一般地讲,在程序规则方面,它们与《班堡死刑法庭立法》和《卡罗林纳法典》相似的地方,要超过实体规则上相似的地方。例如,有的 Statuti 对自诉行为进行了限制,规定对那些不能证明案件事实的控告者施以严重的罚金,Cf. *Statuta et ordinamenta Communis Cremonae*(1389), pp. 39 - 40(对不成立的控告者处以罚金)和 *Statuti di Aviano del 1403*(要求控告者提供担保)。有的 statuti 也包括限制刑讯的条文,这类似于《班堡死刑法庭立法》和《卡罗林纳法典》中的有关条款。例如, Statuta Castra Serrae (1473)规定在将被告人付诸刑讯之前要"legitime probata inditia et sufficientia"(合法地证明了并且有充分指征)。但是,就算是站在程序法的角度看,这些 statuti 在诸如问询证人等事项上的规定也实在是草草潦潦,并且也没有一部 statuti 把传闻从直接证据中区分出来。

在实体法方面也是如此,《班堡死刑法庭立法》和《卡罗林纳法典》要比我们正在讨论的这些 19 世纪 statuti 综合得多,复杂得多。例如,尽管这些 statuti 有时提及共谋和犯罪企图,但它们并没有给这些概念做出定义,并且它们也完全遗漏了诸如必要防卫等一般性的概念。作为特定犯罪的要件,它们的确提及犯罪意图,这一般被界定为 irato animo(在心智被激起 439
的情况下)或是 scienter(明白知道的),并且也偶尔规定在有自首的情节时减轻处罚(See *Statuti del Commune di Teramo del* 1440, pp. 131 - 132),但是,我们所考察的这些 statuti,根本没有提及在由于疾病而导致缺乏认知能力的情况下,免除被指控人刑事责任等之类的事项。尽管偶尔也提及上诉到高级法院,但是,并没有程序规定要把疑难案件递交到博学的法学家那里——这可能是因为意大利的法学家自己就被认为是博学的法学家了,他们工作的时候就没有外行人在场,并且他们大概是熟悉罗马法学家和教会法学家们所写就的那些刑法著作的。

〔71〕 参见 Langbein, *Prosecuting Crime*, pp. 222, 248 - 249 on the French ordinance and pp. 130 - 131 and 204ff. on the Marian statutes。他的著作的中心点无疑是令人信服的,即在16世纪的时候,主要的欧洲国家所发生的刑事法律领域内实质性立法改革,有着一定的共同特征;并且与此同时,由于各个国家内部先前存在的法律体系,那些改革在一些重要方面必然地存在分歧。

〔72〕 Friedrich Engels, *Der Deutsche Bauernkrieg* (1850), in Karl Marx and Friedrick Engels, *Werke*, Bd. 7 (Berlin, 1969), pp. 327, 332.

第五章 德国民事和经济法律的转型

〔1〕 此处"民法"一词使用的是它的当代意义,主要包括财产法、契约法、侵权法、行业协会法、商业交易法以及相关的领域,它的意思不再是原来罗马法中的 *jus civile*,即"(罗马)市民的法律",以别于 *jus gentium*,"(所有)万民的法律"。在11世纪到15世纪的时候,欧洲人把整个罗马法体系称为市民法。但是,该法律中的大部分内容,包括罗马民事和刑事程序法、罗马刑事实体法的大部分、罗马家庭法、涉及神圣仪式的罗马法以及罗马宪法和行政法,在很大程度上都被欧洲的罗马法学家们忽视了。16世纪的法律著作第一次在 *jus publicum*(公法)和 *jus privatum*(私法)之间做出了严格的区分,并且,今日所谓的 civil law(民法)主要归类于 jus privatum 标题之下。与英国和美国法学家不同的是,欧洲大陆的法学家仍然强烈地强调把法律划分为"公法"和"私法"。这样,本章作为民法来探讨的内容,在德国法律史学家通常被描述为私法,尽管像我们就要阐明的那样,它的很多内容在很大程度上由公共权威来调整。当代盎格鲁—美利坚法律学者在称谓欧洲大陆法律体系时,为区别于盎格鲁—美利坚的"普通法"法系而使用的特殊名词"民法法系",在此被拒绝使用,因为它毫无

历史的根据。此处的“经济法”一词,是用来指代民法部门内的那些紧密联系于贸易、投资、金融和一般经济发展的方面。

〔2〕 一个重要的早期例子是霍西滕西斯在13世纪后期就De Pactis(“关于协议”)而写就的一部著作。霍西滕西斯把休战、达成和平、解决为了规避判决而进行的诉讼以及商业交易都包括了进来。参见*Summa Domini Henrici cardinalis Hostiensis*(1537;reprint,Aalen,1962)。 440

〔3〕 See Klaus-Peter Nanz,*Die Entstehung des allgemeinen Vertragsbegriffs,im 16. bis 18. Jahrhundert*(Munich,1985),pp. 104ff.

〔4〕 Ibid.

〔5〕 Coing注意到,16世纪“普通法”中各种契约教义“对古罗马法来说是陌生的”,这意味着它们是全新的,但这并没有表明这些教义有很多在教会法中已经存在了几个世纪。Helmut Coing,*Europaisches Privatrecht*,Bd. 1,*Älteres Gemeines Recht*(*1500 bis 1800*)(Munich,1985),p. 412。

〔6〕 参见Gustaf Klemens Schmelzeisen,*Polizeiordnungen und Privatrecht*(Munster,1955)。Schmelzeisen在分析德国领地条令——这些条令的私法教义在调整着习惯法中的财产和契约关系——方面是独树一帜的。

〔7〕 See Matthias Weber,*Die Schlesischen Polizei-und Landesordnungen der fruhen neuzeit*(Cologne,1996),p. 222.

〔8〕 Otto Feger and Peter Ruster,*Das Konstanzer Wirtschafts-und Gewerberecht zur Zeit der Reformation*(Constance,1961),pp. 55-56.

〔9〕 See Wurttemberg *Landesordnung* Ⅱ(3)(1).

〔10〕 在罗马法之*Codex*,bk. 4,title 32中,确立了贷款收取利息的规则。通常用来描述这种利息的词语是usura,意指“通过使用而将获得之物”。对过度的利息没有一般性的限制,尽管罗马帝国的皇帝经常地限定可以索取的最高数额。参见Adolf Berger,*Encyclopedic Dictionary of Roman Law*(Philadelphia,1953),pp. 753-754。拉丁语单词interesse意指“在……

上拥有利益”,它并不表明基于借贷而产生的利益,而是由于违背一项契约而导致的损害赔偿的尺度。例如,在 *Digesta* 13.4.2.8,动词 interesse 指的是当一个曾同意在以弗所支付一定数额的人,在迦太基进行支付时所带来的损害。12 世纪晚期的罗马法学家阿佐显然是第一个把 interesse 用作名词的人,尽管他的用法仍然是传递罗马法传统的损害赔偿之尺度的意思。参见 John T. Noonan, Jr., *The Scholastic Analysis of Usury*(Cambridge, Mass., 1957), p. 106。但是,到 13 世纪中期或晚期,教会法学家用 interesse 这个词语来表达出借人为其劳动、风险或者未来利益的潜在损失而应获得的合法数额的补偿,它区别于超出此种补偿的数额,此时“usura”一词开始被限制在这一补偿数额上(pp. 112 - 115)。

〔11〕 See Raymond de Roover, “The Concept of the Just Price: Theory and Practice,” *Journal of Economic History 18* (1958), 418 - 434; John W. Baldwin, *The Medieval Theories of the Just Price: Romanists, Canonists, and Theologians in the Twelfth and Thirteenth Centuries* (Philadelphia, 1959); Joel Kaye, *Economy and Nature in the Fourteenth Century: Money, Market Exchange, and the Emergence of Scientific Thought* (Cambridge, 1998), pp. 87 - 101.

〔12〕 参见 Terence P. McLaughlin, “The Teaching of the Canonists on Usury, Part Ⅱ”, *Mediaeval Studies* 2(1940), 21, n. 204(涉及世俗法对惩罚高利贷者的规定)。

〔13〕 为人们所广泛接受的韦伯的理论,即关于高利贷和公平价钱的教义在本质和结果上是反资本主义的(参见注释〔21〕),已经受到 John T. Gilchrist 和 John F. McGovern 等人的有效批判。参见 John T. Gilchrist, *The Church and Economic Activity in the Middle Ages* (New York, 1969), pp. 274ff.; and John F. McGovern, “The Rise of New Economic Attitudes in Canon and Civil Law, A. D. 1200 - 1550”, Jurist 32(1972), 44 - 55。

441 〔14〕 See de Roover, “Concept of the Just Price”, pp. 427 - 428.

〔15〕 虽然时常有相反的观点表达出来,但它没有证据来支持。另见 Kaye, *Economy and Nature*, pp. 80 - 88。法学家们特别利用了损害赔偿

法中的两条学说,即已掏出腰包的费用(积极损害,damnum emergens)和“期待损失”(消极损害,lucrum cessans),来为借贷的合法利息构造规则。参见 Noonan,*Scholastic Analysis of Usury*,pp. 118 - 128 and 249 - 256。Richard Helmholz 已经指出,在英格兰,索取过度的利息很少在教会法庭被控诉,而是在教会内庭来忏悔,并且如果这构成贪婪之罪,就要被判补赎。参见 Richard H. Helmholz,“Usury and the Medieval English Church Courts”,*Speculum* 61(1984),reprinted in Helmholz's *Canon Law and the Law of England*(London,1987),pp. 323 - 339。

〔16〕 这一观点接着援引亚里士多德的理论而得到支持,即钱币作为衡量商品价值的尺度,它本质上是不会生产的(“不结果实的”或“不生育的”),并且,如果出借人在不同的时间赋予它不同的价值,就是扭曲了它的属性。托马斯·阿奎那认为,虽然钱币的购买力会发生变化,但是这不是由于借钱人的过错,所以出借人不可以从中渔利。参见 Noonan,Scholastic Analysis of Usury,p. 56。这一观点虽然为一代一代的道德哲学家所推崇,但是它与这一历史时期的经济和法律现实尖锐冲突。在写到 11 世纪和 12 世纪的商业革命时,Robert Lopez 强调,“慷慨的赊欠是(它的)伟大润滑剂”。参见 Robert Lopez,*The Commercial Revolution of the Middle Ages*,950 - 1350(Cambridge,1976),p. 72。关于 12 世纪和 13 世纪商业银行惯例的记述,参见 N. J. G. Pounds,*An Economic History of Medieval England*,2nd ed.(London,1994),chap. 9(“The Commercial Revolution”),pp. 407 - 442。

〔17〕 参见 Robert B. Ekelund,Jr.,et al.,*Sacred Trust: The Medieval Church as an Economic Firm*(Oxford,1996),p. 118。在有利息地出借钱币时,教皇通常把真正的利息数额伪装成对其所提供服务征收的费用(servitia)。Ibid.,p. 119。教会也发起成立 monti di pieta,即一种慈善基金,其目的是“以可能的最低利息借钱给穷人,来减轻目前的穷苦”。参见 Geoffrey Parker,“The Emergence of Modern Finance in Europe,1500 - 1700”,in Carlo M. Cipolla,ed.,*The Fontana Economic History of Europe*,Vol. 3,*The Sixteenth and Seventeenth Centuries*(Glasgow,1974),p. 534。

〔18〕 Carlo M. Cipolla, *Money, Prices, and Civilization in the Mediterranean World: Fifth to Seventeenth Century*(Princeton,1956), pp. 63－65.

〔19〕 Ibid., p. 65. 苏黎世利率被援引在 Karl Marx, *Capital*, Vol. 3, chap. 36。参见 Karl Marx, *On Religion*, ed. Saul K. Padover and The Karl Marx Library, Vol. 5(New York,1964), p. 135。

〔20〕 马克斯·韦伯在解释罗马天主教对高利贷——他把所有的利息主张都归并于此——的抨击时,把它说成是对正在出现的市场经济之非人格属性的“有清醒意识的抗议”。“其中所夺涉及的,”韦伯写道,“(是)伦理理性和经济领域理性化过程之间的原则性纷争”。参见 Max Weber, Economy and Society: *An Outline of Interpretive Sociology*, ed. Guenther Roth and Claus Wittich, Vol. 2(New York,1968), pp. 584－585。根据韦伯,这一纷争随着 16 世纪资本主义的崛起和清教伦理的传播而变化。Benjamin Nelson 明确地从韦伯的分析开始其论证,他认为罗马天主教伦理禁止
442 基督徒之间的高利贷,但允许现实中基督徒和犹太人之间的高利贷,这种伦理在十六七世纪的时候为加尔文宗伦理所取代,并且,Nelson 认为,加尔文宗伦理允许基督徒兄弟之间的高利贷行为。参见 Benjamin Nelson, *The Idea of Usury: From Tribal Otherhood to Universal Brotherhood*, 2nd ed. enl. (Chicago,1969)。Nelson 的分析和韦伯的一样是有瑕疵的,因为他相信过度利息和合法利息之间的差别在“后中世纪”才开始出现(p. 17, n. 34)。而实际上,1215 年的第四次拉特兰公会议就有规定,禁止犹太人放贷者“从基督徒那里榨取过度的(高利贷)利息”。参见 *Decrees of the Ecumenical Councils*, ed. Norman P. Tanner, S. J., Vol. 1(London,1990), p. 265, Concilium Lateranense IV, 1215, 67, *De usuris Iudaeorum*。关于加尔文的观点,参见注释〔23〕。对新教改革前后之高利贷历史的误解,仍然在影响着这个问题在当代的研究。参见 Edward L. Glaeser and Jose Scheinkman, “Neither a Borrower nor a Lender Be: An Economic Analysis of Interest Restrictions and Usury Laws”, *Journal of Law and Economics* 41(1998), 25－26。

〔21〕 LW 45:248.

〔22〕 参见 William J. Wright, *Capitalism, the State, and the Lutheran Reformation: Sixteenth-Century Hesse*(Athens, Ohio, 1988), pp. 17 – 21。像罗马天主教一样,路德宗教义对非商业借贷如亲友之间的借贷也网开一面。例如,梅兰登区分了基于责任而要求的借贷(officiosa mutuatio) 如家庭用途,和基于其他原因而发生的借贷(non officiosa mutuatio) 如用于"经济用途",就像国王向市民借贷那样。他写道,前一种类型属于《圣经》的要求范围,"慷慨借出,不要指望任何回报"。在 *Officiosa Mutuatio* 中,梅兰登允许根据实际损失或收益上的减少(damnum emergens or lucrum cessans) 来取利息,但是他又写道,损失必须很为明显(insigne)。参见 Philip *Melanchthon, Dissertatio de Contractibus*, CR, Vol. 16, cols. 505 – 506。

〔23〕 See Noonan, *Scholastic Analysis of Usury*, pp. 365 – 367, and W. Fred Graham, *The Constructive Revolutionary: John Calvin and His Socio-Economic Impact*(Richmond, Va., 1971), pp. 90 – 94.

〔24〕 Hans Liermann, *Deutsches evangelisches Kirchenrecht* (Stuttgart, 1933), p. 254(估计德国在 16 世纪上半期的物价上涨是 50%)。

〔25〕 参见"Population in Europe, 1500 – 1700" in Cipolla, *Fontana Economic History of Europe*, p. 15(估计人口增长了 25%, 从 1200 万增长到了 1500 万)。

〔26〕 See Wright, Capitalism, pp. 30 – 32.

〔27〕 See Fernand Braudel, *The Wheels of Commerce*, trans. Siân Reynolds, Vol. 2 of *Civilization and Capitalism, Fifteenth to Eighteenth Centuries* (New York, 1982), pp. 232 – 249.

〔28〕 关于第一次商业革命,参见 Robert S. Lopez, *The Commercial Revolution of the Middle Ages*, 950-u50(Englewood Cliffs, N. J., 1971); 关于商业法在十二三世纪的发展,参见 Berman, *Law and Revolution*, pp. 333 – 356。

〔29〕 See Wright, Capitalism, p. 3. See also Ludwig Zimmermann, Der okonomische Staat Landgraf Wilhelms IV: Der hessische Territorialstaat im Jahrhundert der Reformation(Marburg, 1933), pp. 389 – 393.

〔30〕 See Wright, *Capitalism*, pp. 3 – 5.

〔31〕 See, e. g., Eli Heckscher, *Mercantilism*, Vol. 1 (London, 1955), pp. 19 – 30.

〔32〕 See Immanuel Wallerstein, *The Modern World System: Capitalist Agriculture and the Origins of the European World Economy in the Sixteenth*
443 *Century* (San Diego, 1974), pp. 137 – 143.

〔33〕 See Richard Ehrenberg, *Capital and Finance in the Age of the Renaissance: A Study of the Fuggers and Their Connections*, trans. H. M. Lucas (London, 1928), pp. 79 – 86; cf. Paul Kennedy, *The Rise and Fall of the Great Powers: Economic Change and Military Conflict from 1500 to 2000* (New York, 1988), pp. 54 – 55.

〔34〕 See Raymond de Roover, *L'évolution de la lettre de change, XIVe-XVIIIe siècles* (Paris, 1953), pp. 23 – 42.

〔35〕 欧洲在16世纪时所使用的一些价值单位,见于 Marie-Thérèse Boyer-Xambeu, *Private Money and Public Currencies: The Sixteenth-Century Challenge*, trans. Azizeh Azadi (Armonk, N. Y., 1994), p. 107; Cf. Cipolla, *Money, Prices, and Civilization*, pp. 42 – 43。

〔36〕 See Cipolla, *Money, Prices, and Civilization*, p. 38.

〔37〕 一位杰出的欧洲经济史学家在1977年写道,法律史学家对16和17世纪的经济史"没有兴趣"。参见 Slicher von Bath, "Agriculture in the Vital Revolution", in *The Cambridge Economic History of Europe*, Vol. 5, *The Economic Organization of Early Modern Europe* (Cambridge, 1977), p. 42。这一形式在接下来的几十年里没有什么变化。

〔38〕 See Ernst Meynial, "Notes sur la formation de la théorie du domaine divise (domaine direct et domaine utile) du XIIe au XIVe siècles dans les romanistes", in *Mélanges Fitting*, Vol. 2 (Montpellier, 1908), pp. 409 – 461. Cf. Berman, *Law and Revolution*, p. 239.

〔39〕 See Berman, *Law and Revolution*, pp. 242 – 245.

〔40〕 Ibid. ,pp. 453 – 457（英格兰）,475 – 476（法国）。

〔41〕 Hugo Kress,*Besitz und Recht*:*Eine civilrechtliche Abhandlung*(Nuremberg,1909),p. 10.

〔42〕 Helmut Coing,*Privatrechtsgeschichte*,*Handbuch der Quellen und Literatur der neueren-europaischen*(Munich,1973),pp. 277ff.

〔43〕 参见 Kress,*Besitz und Recht*,pp. 9 – 10. Cf. Coing,Privatrechtsgeschichte,pp. 272,277ff。Coing(p. 272)顺便提及教会法对剥夺土地和动产(the actio spolii)进行救济的影响。

〔44〕 See *Bernhard Walthers Privatrechtliche Traktats aus dem 16. Jahrhundert*,ed. Max Rintelen(Leipzig,1937),p. 1.

〔45〕 See Johan Apel,*Methodica Dialectics Ratio ad Iurisprudenti Accommodate*,*Authore Johanne Apello*(Nuremberg,1535);Johan Apel,*Isagoge per Dialogum in Quattuor Labors Institutum divi Iustiniani Imperatoris*,*Autore Johanne Appel*(Bratislava,1540).

〔46〕 阿佩尔在他 1536 年发表的第一部主要著作中,写到有两种财产权利(jura in re),区别于基于契约和其他债而产生的权利(iura ad rem),这两种权利即是 proprietas 或说完全所有权,和 ius in re specificum,后者指向 ususfructus,即使用和受益的权利,它是在别人所有之物上的权利。另见 Apel,Methodica,leaf 274 rb-277 rb。在他去世之后,1540 年出版了他的晚期著作《入门》,在这本著作中他重申了他的这一分析,而仅仅在措辞上进行了细小的变动,用“dominium and its affines”代替了“ius in re”,用“obligatio”代替了“ius ad rem”。参见 Stintzing,*Geschichte der Rechtswissenschaft*,p. 295。Stintzing 注意到,“在两部著作中,阿佩尔都特别提醒不要混淆契约和获得所有权的方法”。Cf. Theodor Muther, Doctor Johann Apel:Ein Beitrag(Königsberg,1861),pp. 54ff.

〔47〕 但是,这两种 dominium,即 direct and beneficial dominium 之间的区分,并没有经受得住 19 世纪晚期罗马法学家的法学理论的武断,这种法学理论主张所有权是绝对的和一元的,要么它就不是所有权。所以 do-

minium utile 的表述被拒绝了。这种发展趋势早在 16 世纪就被另外一位
444 杰出的、无疑也熟悉阿佩尔著作的法学家 Hugo Donellus(1527—1599)尝试过了。Donellus 在法国出生并长大(他的法文名字是 Hugues Doneau),他在法国 16 世纪伟大的法律学术中心 Bourges 执教并著述了多年的时间。但是,像法国一些其他杰出法学家一样,他也是一个新教徒,在 1572 年的"圣八多罗买日大屠杀"(Saint Bartholemew's Day massacres)之后,他感受到人身威胁,并随后接受邀请来到德国讲学,他一直留在那里直到去世。参见 A. P. Th. Eyessell, Doneau: *Sa vie et ses ouvrages*(Geneva, 1970)。对 dominium utile, Donellus 替换为短语 jura in re aliena(在他人财产上的权利)。参见 Robert Feenstra, "*Dominium and ius in re aliena*: The Origins of a Civil Law Distinction," in Peter Birks, ed., *New Perspectives in the Roman Law of Property: Essays for Barry Nicholas*(Oxford, 1989), pp. 111 - 122。Feenstra 讨论了更早时候的阿佩尔的分析,他注意到划分所有权的概念——由阿佩尔提出,却被 Donellus 拒绝——呼应了当时的现实。实际上, Donellus 的 jus in re aliena 本质上就是阿佩尔的 ususfructus。但是,阿佩尔或多或少已经为当代的大多数作者所遗忘了。Cf. Peter Stein, "Donellus and the Origin of the Modern Civil Law", in *Mélanges Felix Wubbe: offerts par ses collègues et ses amig à loccasion de son soixantedixième anniversaire*(Fribourg, 1993), pp. 439 - 452. Stein 把财产法和债法的最早区分归功于 Donellus,并称他为"现代民法的奠基人"(p. 452)。甚至在 Feenstra 认识到阿佩尔的工作领先了 Donellus 一代人,并且在法国和其他国家广为流传之后,仍把阿佩尔视为"德国 16 世纪无足轻重的法学家中的一员而已"。

〔48〕 See Johann Oldendorp, *Actionum Forensium Progymnasmata*, *in Opera*, 2 Vols. (Aalen, 1966), 2: 588 - 589.

〔49〕 Christopher Zobel, *Differentiae Iuris Civilis et Saxonici*(Leipzig, 1598)。Zobel 复制了最早由 Ludwig Fachs 所列举的 70 项"差异",和最早由 Benedict Reinhard 所列举的 273 项"差异",并补充以他自己的评论,部分用德语,部分用拉丁语。Reinhard 的著作是以手写体形式出现的,并是

早在1549年的成果,它后来和看起来更早的Fachs的著作结合起来,于1567年出版,并于1573年和1582年再版。该Fachs-Reinhard differentiae以拉丁语写就,在1586年、1595年和1598年翻译为德语并出版,并有Georg Schwarzkopff的评论和补充,冠以Ludovici Fachsi et Benedicti Reinharti Differentiae Iuris Civilis et Saxonici。18世纪的书目提要作者Martin Lipen在他的Bibliotheca Realis juridica(Leipzig,1746)中,举出了大约50种这样的Differentiae Juris,附之以21种*Differentiae inter Jus Canonicum et Civile*和5种*Differentiae Juris Hebraica*。在16世纪最重要的关于差异的著作中,就有Bernhard Walther(参见Chapter 3)的作品,它用德语写就,用15个题目分析了普通法和低奥地利各领地法之间的差异,包括役权、行政特权、先买权和亲属关系、没有遗嘱的继承、家庭关系、保释和其他形式的担保、遗嘱和封建采邑。

〔50〕 Coing,*Privatrechtsgeschichte*,p. 366.

〔51〕 英语中与拉丁语的census、法语的rente和德语的Zins相对应的是mortgage(抵押),它附着于土地的租赁,有一定的年数期限,并最终取得土地占有权。参见Charles Montgomery Gray,*Copyhold,Equity,and the Common Law*(Cambridge,Mass.,1963);R. W. Turner,*The Equity of Redemption*(Cambridge,Mass.,1931);Charles J. Reid,"The Seventeenth-Century Revolution in English Land Law",*Cleveland State Law Review* 43(1995),221ff。 445

〔52〕 See *Martin Luther:Works*,trans. H. E. Jacobs,6 Vols.(Philadelphia,1915－1932),4:96－97;Benjamin Nelson,*The Idea of Usury*(Chicago,1969),p. 33.

〔53〕 在Wurttemberg,一项Rentenkauf交易价格如果超过一定的数额,那么就不再是需要法院的认可,而是王侯大法官的认可。参见Robert von Hippel,*Deutsches strafrecht*(Berlin,1925),Bd. 1。

〔54〕 参见William J. Wright,*Germany:A New Social and Economic History*(London,1996),p. 181:"资本主义出现在漫长的16世纪(1450－

1610 年)”。Wright 认识到合伙关系对于融资和从事经济活动的重要性,并指出(p. 183)汉萨的运输业(Hanseatic shipping)“开始由合股公司控制”。他也强调了使用远程代理,包括作为代理和全权代表的家庭成员,他们拿一定的红利或是薪水(p. 184)。在交易场所方面,Wright 注意到(p. 186)它们就是不同国籍的商人为了做生意而定期的聚会,无须同时伴随展览、交货或是支付商品的价款。15 世纪和 16 世纪交易场所上的新动向,Wright 记述说,与 12 世纪到 14 世纪的商人集市不同,就是银行业的表现,他并且说,这对资本主义的发展很是重要。但是,除了交易场所的银行业之外,所有这些因素在前几个世纪就都已经出现在欧洲的商业贸易中了。

〔55〕 Wright 在断言“股份公司的理念”在 16 世纪时就已经出现时倚靠了 Bruno Kuske 的著作(ibid.)。但是他所援引的 Kuske 的著作却没有多少内容涉及股份公司,好像是 Wright 误把合营企业的风险出资人分红利的制度当作股份公司了。

〔56〕 Heckscher is quoted in Wright, *Capitalism, the State, and the Lutheran Reformation*, p. 3。在这部著作中,Wright 强调了黑森的君主们作为“重商主义国家的设计师”所起到的重大经济作用,以及他们的路德宗信仰在保护穷人的需要而牺牲经济进步的利益,甚至是损害到他们自己作为统治者的需要。其他类似的措施还有很多,包括农民被赋予在企业主得以把食物和羊毛全部买断并嗣后高价出售这些货品之前,以市场价格优先购买这些物品的权利,并且,农民和纺织工的权利得到保护,不受不公平的信用制度和取消回赎权制度的压迫。同时,限制进口国外的布料,征收贸易税以作为国家收入的主要来源,并且对市场交易还有其他控制措施。

第六章 德国社会法的转型

〔1〕 See Peter Brown, “St. Augustine”, in Beryl Smalley, ed., *Trends in Medieval Political Thought* (Oxford, 1965), p. 11.

〔2〕 *The Confessions of St. Augustine*, trans. E. B. Pusey (New York,

1907),pp. 317 - 318;Saint Augustine,*The Trinity*,ed. Roy Deferrari,trans. Stephen McKenna(Washington,D. C.,1963),pp. 271 - 289,308 - 309. Cf. Leonardo Boff,*Trinity and Society*,trans. Paul Burns(Maryknoll,N. Y.,1988),p. 56;Harold J. Berman,"Law and Logos",*De Paul Law Review* 44 (1994),149 - 150.

〔3〕 参见 Berman,*Law and Revolution*,pp. 92 - 93,581 - 582。尽管这些神职人员被泛泛地称为"spirituals",但是他们还是分为"世俗的"教士——他们在特定的主教辖区任职并受地方主教规诫,和"属修会的"教士——他们是宗教修道院的成员并受修道院律条(regulae)约束。另外, 446
"spirituals"的称谓,在 13 世纪晚期和 14 世纪的方济各运动的极端表现中看来更为合适。

〔4〕 教皇格列高利七世对 Bishop Hermann of Metz 所讲,1081 年 3 月,quoted in ibid.,p. 110。

〔5〕 尽管教会法总体上被称为精神法,但是期间还是存在一个区分,即那些调整严格的世俗事务的教会法——称为 jus temporale(现世法),和那些涉及与精神事业相联系之现实事务的教会法——称为 jus annexum spiritualibus(精神辅助法)。例如,规定平信徒推举教会职位候选人的"任命法",被认为"不是精神的,而是辅助于精神的"。Hostiensis,*Commentaria*,x. 1. 6. 28。

〔6〕 例如,14 世纪伟大的意大利法学家巴尔杜斯,他既是罗马法学家又是教会法学家,他写到,在涉及精神或混和理由的冲突中,应当援用教会法,因为它与神法相联系。参见 Giuseppe Ermini,"Ius Commune e Utrumque Ius",*Acta Congressus Iuridica Internationalis* 2(1935),522,n. 32。

〔7〕 路德宣称,婚姻是"经济和政体的源泉,和教会的温床"。Quoted in Johannes Heckel,*Lex Charitatis:Eine juristische Untersuchung uber das Recht in der Theologie Martin Luthers*(Munich,1953),pp. 101 - 102.

〔8〕 Cf. Christoph Strohm,"*Ius divinum und ius humanum:Reformatorische Begrundung des Kirchenrechts*",in Gerhard Rau,Hans-Richard Reuter, and Klaus Schlaich, eds., Das Recht der Kirche, Bd. 2, Zur Geschichte des Kirchenrechts(Gutersloh, 1994), p. 145。Strohm 声称,看不见的教会(“教会作为《圣经》的创造物和爱的精神共同体”)的法是“Law sui generic”(“独一无二的法”),并且,它的唯一性“首先是建立在这一事实之上,即在它的无可置疑的品质中,它可以被那些基于信而被赋予救赎希望的人们真正地知道并承认”(p. 145, n. 108)。另见 Heckel, Lex Charitatis。

〔9〕 See D. Gerhard Ebeling, “Zur Lehre vom triplex usus legis in der reformatorischen Theologie”, in Wort und Glaube, Bd. 1(Tubingen, 1960), pp. 50－68; John Witte, Jr., and Thomas C. Arthur, “The Three Uses of the Law: A Protestant Source of the Purposes of Criminal Punishment?” *Journal of Law and Religion* 10(1993－1994), 433－465.

〔10〕 这些特定类型的条令,有时被融入大的“政策条令”(Polizeiordnungen)中,参见 Gustav K. Schmelzeisen, Polizeiordnung und Privatrecht(Münster, 1955)。

〔11〕 See Harold Berman and Charles J. Reid, Jr., “Roman Law in Europe and the *Jus Commune*”, *Syracuse Journal of International Law and Commerce 20*(1995), pp. 1－30.

〔12〕 这些神学家包括路德、梅兰登、约翰·布根哈根、Antonius Corvinus、Kaspar Cruciger 以及其他许多人等。参见 Anneliese Sprengler-Ruppenthal, “Kirchenordung, evangelische,” in *Theologische Realenzyklopadie*, Bd. 18(Berlin, 1989), pp. 679－681。

〔13〕 加尔文宗城市和公国所颁行的教会、婚姻、惩戒和其他条令不在现在的讨论范围之内。

〔14〕 参见 Sprengler-Ruppenthal, “Kirchenordnung”, pp. 670－707 及其所援引的出处。1530 年《奥格斯堡信条》保留了个人忏悔和罪的赦免。它最终失去了强制性。

〔15〕 路德宗对罗马天主教教会圣礼的主要改革,参见 Timothy
447 George, *Theology of the Reformers*(Nashville, 1988), pp. 92－95 and 145－158。

〔16〕 See Hans J. Hillerbrand, ed., *The Oxford Encyclopedia of the Reformation*, *vol.* 2(1996), pp. 439－441("Protestant Liturgy").

〔17〕 *LW* 35:50L.

〔18〕 *LW* 35:53－54.

〔19〕 Carter Lindberg, The European Reformations(Oxford, 1996), p. 116.

〔20〕 Ibid., pp. 116, 117.

〔21〕 Luther, "The Order of Baptism", *LW* 53:95－103.

〔22〕 Quoted in John Tonkin, "Luther's Understanding of Baptism: A Systematic Approach", *Lutheran Theological Journal* 11(1977), 101－102.

〔23〕 See Paul Nettl, *Luther and Music*, trans. Frida Best and Ralph Wood(Philadelphia, 1948), p. 82.

〔24〕 参见 Johannes Riedel, *The Lutheran Chorale: Its Basic Traditions* (Minneapolis, 1967), pp. 35－38。路德希望他的赞美诗通过借助于传统的德意志民歌曲调和浓厚的德国地方简单话，而强化民众对福音神学的信仰。路德说过，音乐"使人们更温和更慈善，更有修养也更明智"。(p. 36)一位路德宗教改革的杰出诠释者曾经写道："音乐是教会向太直白、太表面化作斗争的声音符号。" Eugen Rosenstock-Huessy, *Out of Revolution: The Autobiography of Western Man*(1938; reprint, Providence, 1993), p. 423。

〔25〕 这本赞美诗集叫 Achtliederbuch(《八首歌曲书》)，参见 Frank C. Senn, "Liturgy," in Hillerbrand, *Oxford Encyclopedia of the Reformation*, 2: 441。

〔26〕 Ulrich Leupold, ed., *Liturgy and Hymns*, in Helmut T. Lehmann, ed., *Luther's Works*, Vol. 53(Philadelphia, 1965), p. 194.

〔27〕 在做弥撒中，在 Creed(使徒信条)和 Sanctus(以圣哉！圣哉！起首的赞美诗)之外，路德还为 Introit(入祭文)、Gradual(弥撒升阶圣歌)和 Agnus Dei(神的小羊)加上了聚会合唱的赞美诗。参见 Robin Leaver, "Theological Consistency, Liturgical Integrity, and Musical Hermeneutics in

Luther's Liturgical Reforms",Lutheran Quarterly 9,n. s. (1995),117 - 138。

〔28〕 Letter to Georg Spalatin, quoted in James F. Lambert, *Luther's Hymns*(Philadelphia,1917),p. 15.

〔29〕 *LW* 53:225.

〔30〕 Quoted in Nettl,*Luther and Music*,p. 75.

〔31〕 Leupold,*Liturgy and Hymns*,p. 225.

〔32〕 See Rosenstock-Huessy,*Out of Revolution*,p. 417.

〔33〕 Lambert,*Luther's Hymns*,pp. 441 - 50;Nettl,*Luther and Music*,p. 53.

〔34〕 George,*Theology of the Reformers*,p. 91,citing *LW* 39:22,WA 6:75.

〔35〕 Quoted in George,Theology of the Reformers,p. 92。他所指的分别是约翰·布根哈根、Justus Jonas 和菲利普·梅兰登(Jonas 在 University of Erfurt 讲授法律,他于 1514 年在威登堡毕业,并成为路德圈子中的早期成员)。

〔36〕 Luther,"A Reply to the Twelve Articles",*LW* 4:223.

〔37〕 至迟在 1527 年,路德还反对官方对再洗礼派教徒的迫害,他说:"那是不正当的,并且我也深深为此难过,穷人们被如此可怜地处死、烧死或残酷地杀死。让每一个人信仰他所喜欢的。如果他是错误的,那么他将在地狱之火经受的惩罚就已经足够了。除非有叛乱发生,我们应当用《圣经》和神的话语来敌对他们。用火,你将一事无成。" Quoted in Roland Bainton,*The Travail of Religious Liberty*(New York,1958),p. 61。但是,在 1536 年,他签署了一项备忘录,建议对再洗礼派教徒施以死刑(p.
448 64)。另见 Nikolaus Paulus,*Luther und die Gewissensfreiheit*(Munich,1905)。

〔38〕 See Ulrich Nembach,*Predigt des Evangeliums:Luther als Prediger,Padagoge und Rhetor*(Munster,1972),pp. 25 - 59.

〔39〕 Quoted in Annaliese Sprengler-Ruppenthal,"Das kanonische Recht in Kirchenordnungen des 16. Jahrhunderts",in Richard H. Helmholz,ed.,

Canon Law in Protestant Lands(Berlin, 1992), p. 49. See also idem, "Bugenhagen und das protestantische Kirchenrecht", in ZSS 88(kan. Abt.) (1971), 205 – 207.

〔40〕 See the Calenberg-Gottinger *Kirchenordnung* of 1542, in Emil Sehling, ed., *Die evangelischen Kirchenordnungen des XVI Jahrhunkerts*, Bd. 6, Vol. 2(Aachen, 1955), p. 732, discussed in Sprengler-Ruppenthal, "Das kanonische Recht," p. 50.

〔41〕 Sehling, *Kirchenordnungen*, pp. 91 – 92.

〔42〕 See generally John Witte, Jr., *From Sacrament to Contract: Marriage, Religion, and Law in the West*(Louisville, Ky., 1997), chap. 2; Hartwig Dieterich, *Das Protestantische Eherecht in Deutschland bis zur Mitte des 17. Jahrhunderts*(Munich, 1970)。See also John Witte, Jr., "The Transformation of Marriage Law in the Lutheran Reformation", in John Witte, Jr., and Frank S. Alexander, eds., *The Weightier Matters of the Law: Essays on Law and Religion—A Tribute to Harold J. Berman*(Atlanta, Ga., 1988), pp. 57 – 98.

〔43〕 参见 Witte, "Transformation of Marriage Law", p. 70; 另见 pp. 76 – 94（分析在 Eheordnungen 所发现的婚姻法的一些主要改革）。另见 Dieterich, *Das Protestantische Eherecht*, passim。

〔44〕 See Dieterich, *Das Protestantische Eherecht*, pp. 147 – 166, 177 – 180.

〔45〕 这一节部分地援用了 John Witte, Jr., "The Civic Seminary: Sources of Modern Public Education in the Lutheran Reformation of Germany", *Journal of Law and Religion* 12(1996), 173 – 223。

〔46〕 关于意大利，参见 Paul F. Grendler, *Schooling in Renaissance Italy: Literacy and Learning*, 1300 – 1600 (Baltimore, 1989); idem, *Books and Schools in the Italian Renaissance*(Brookfield, Vt., 1995)。大约有两打的德国城市（主要是汉萨同盟内的城市）既建立了拉丁语学校，也建立了地方语言学校，既培养官员也培养商人。一些大的行业和商人行会也开办了

他们自己的学校,另外还有一些由一位或几位世俗教师开办的私人寄宿学校和不收寄宿学生的学校。参见 Witte,"Civic Seminary",pp. 182－183。

〔47〕 参见 ibid.,p. 186。在强调教育的重要性时,路德遵循了耶稣给使徒们的最后教诲:"所以你们要去,使万民做我的门徒,奉父子圣灵的名,给他们施洗。凡我所吩咐你们的,都教训他们遵守。"(《山上的布道》28:18－20)

〔48〕 Quoted in Witte,"Civic Seminary",p. 187.

〔49〕 Quoted ibid.,p. 188.

〔50〕 这一套观念,最早表达在1520年路德针对基督教王国之改良的革命性的《向德意志民族的统治阶级呼吁》(*Appeal to the Ruling Class of German Nationality*)中,他在此中支持强制性的普遍公众教育,他认为这是地方世俗行政官员作为基督徒的责任。参见 Witte,"Civic Seminary," pp. 191－192。

〔51〕 See Gerald Strauss,*Luther's House of Learning:Indoctrination of the Young in the German Reformation*(Baltimore,1978),pp. 194－198.

〔52〕 Ibid.

〔53〕 参见 William J. Wright,"The Impact of the Reformation on Hessian Education",Church History 44(1975),183,声称"奖学金体系……是路德宗的理念"。

〔54〕 See Apology of the Augsburg Confession, in *Concordia Triglotta*
449 (1921),art. 6,p. 287.

〔55〕 See David W. Myers,"Poor Sinning Folk":*Confession and Conscience in Counter-Reformation Germany*(Ithaca,N. Y.,1996),pp. 63－76.

〔56〕 See Werner Heun,"Konsistorium",in *Theologische Realenzyklopadie*,Bd. 19(Berlin,1990),pp. 483－488.

〔57〕 See Brian Tierney,*Medieval Poor Law:A Sketch of Canonical Theory and Its Application in England*(Berkeley,1959).

〔58〕 Ibid.,pp. 84－86。"hospital"一词源于拉丁语"hospites",意即

“guests”,用来指代各种供人们寻求救助的地方。

〔59〕 这一分析援引的数据来自 Robert Jutte 的重要著作:*Poverty and Deviance in Early Modern Europe*(Cambridge,1994),和 Bronislaw Geremek 的大作:Poverty:*A History*, trans. Agnieszka Kolakowska(Cambridge, Mass., 1994)。但是,它大大不同于 Jutte 的观点,即在济贫政策上,从罗马天主教到新教没有实质性的变动,并且即使有所变动的地方,也不是由于宗教信仰的变化。Jutte 于是断言(p. 105):“今天的历史学家在 16 世纪贫穷救济组织的典型特征上,看不到多少或是根本不能看到宗教的影响,不管是罗马天主教的还是新教的影响。”他的观点为当代其他历史学家所广泛接受,尽管他们的前辈们并不如此。在论证这一观点时,Jutte 用几个例子指出,路德宗的济贫政策和措施在罗马天主教那里就有原型,并且在路德宗教改革之中和之后,罗马天主教也在采用这样的政策和措施。他说(p. 108):“我们已经证明,改革既没有产生社区自治的贫穷救济体制,也没有产生政府的贫穷救济体制,因为这两种体制在罗马天主教国家那里就有其对应物。”但是,紧接着这一断言,他就又补充说:“但是毫无疑问,在 16 世纪的时候,对路德的救济原则及其结果讨论塑造了处于问题焦点的贫穷救济制度,不论是在德国还是在欧洲其他地方。宗教改革为发展新的社会政策开辟了道路,它支持了世俗的贫穷救济制度。”并且,他在书的结论处(esp. pp. 194,198),特别强调路德宗神学观念和罗马天主教神学体系内所发生之相应变化,对新济贫制度的影响。

同样,Natalie Zemon Davis 在其对罗马天主教占主导地位的里昂市在 1534 年所建立之济贫制度的描述中,也对业已出现的德国新教样本的特殊影响不以为然。里昂市的共同基金把世俗城市政府部门的慈善活动集中到一起来,她把这一基金的设立主要归因于“由于固有的贫穷问题,加之以人口增长和救济扩张而出现的城市危机”。她断言,这样的福利改革发生在新教的城市,发生在天主教的城市,也发生在混杂信仰的城市,它“建立在双方一致的价值和认识基础上”。Natalie Zemon Davis,“Poor Relief, Humanism, and Heresy: The Case of Lyon”, *Studies in Medieval and Re-*

naissance History 5(1968),267。她承认,"新教和天主教的宗教情感和教义,都在为消除乞讨、建立集中的提供救济和新生的组织而努力",但是她又补充说,就里昂市的天主教来说,并且或许在其他天主教城市也是如此,"这条路靠着基督教人文主义者,沿着伊拉斯莫的一项改革规划,而……水到渠成地打开了"(p. 268)。在 Davis 的叙述中,对里昂市新教人
450 口的巨大增加对改革所形成的压力,和罗马天主教的政府强烈反对削减或是取消罗马天主教的慈善捐赠,仅仅是提及而已。至于人文主义,Davis 和 Jutte 强调了伟大的罗马天主教人文主义者、西班牙的流亡者、伊拉斯莫的朋友 Juan Luis Vives 的著作所起到的作用。但是,Vives 像伊拉斯莫一样,是一个罗马天主教改革者,他的一些著作被教皇放进了他的文献索引中。也像里昂市的牧师、里昂市济贫改革的罗马天主教主要领导人、人文主义者 Jean de Vauzelles 一样,Vives 也是新教徒的朋友;实际上,路德宗历史学家 Andreas Osiander 认为他是路德秘密的崇拜者。参见 Carolos G. Norena, *Juan Luis Vives* (The Hague, 1970), p. 3; Jutte, *Poverty and Deviance*, p. 117。Davis 说罗马天主教和路德宗新教分享许多共同的价值,这当然是正确的,但是,由世俗来代替教会掌管贫穷救济,则是在经过了一场和罗马天主教权威的艰苦斗争之后,才实现在里昂,而这是在几十年之前,就已经在纽伦堡以及德国其他城市,在路德宗的教会权威的推动下实现了。

Jutte,Davis 和那些忽视了德国领地内路德宗教义对济贫的影响的当代其他历史学家,也就不能在路德宗神学和路德宗政治学之间建立起恰当的联系。例如,他们看不到,路德主张由城镇委员会设立济贫共同基金,和他的神学有什么联系。但是,路德本人和他的同事们比如约翰·布根哈根,则把共同基金视为所有信徒皆是祭司之神学教义的展现。他们也不能考虑明白,路德宗拒绝对那些身强力壮的乞丐慈善施舍,和路德宗世俗神召的教义之间有什么关联。

在宗教改革之中和之后,在天主教国家里就有王室政府和地方城镇委员会建立的济贫制度,但这只是一些偶尔出现的事例,很难影响这些结论。新教改革,以及相伴随的世俗权威权力的扩张,在此前的世纪里就已

经有了显著的预兆。

〔60〕 其中第43条宣称："基督徒应被教导说，向贫穷人的施舍或是向困难的人出借，所做的善事要好于购买赎罪券。" 参见 Kurt Aland, ed., *Martin Luther's Ninety-five Theses: With the Pertinent Documents from the History of the Reformation* (St. Louis, 1967), p. 54。另见 Carter Lindberg, "Reformation Initiatives for Social Welfare: Luther's Influence at Leisnig", *Annual of the Society of Christian Ethics* (1987), 86。

〔61〕 Lindberg, "Reformation Initiatives", p. 87.

〔62〕 See Carter Lindberg, "'There Shall be No Beggars among Christians': Karlstadt, Luther, and the Origins of Protestant Poor Relief", *Church History* 46 (1977), 322－323.

〔63〕 路德表示了一个愿望，即"生活在教区内的每一个贵族、城镇人和农民，应根据他们的能力和收入，为他自己、他的妻子和孩子，每年向基金上缴一定数额的钱币，以维持住公共会议审慎决定下来的……必要的、足够的基金总体数量"。*LW* 45:190。另见 Lindberg, "Reformation Initiatives", p. 92。

〔64〕 See Jutte, *Poverty and Deviance*, p. 107.

〔65〕 See Harold J. Grimm, "Luther's Contribution to Sixteenth-Century Organization of Poor Relief", *Archives for Reformation History* 61 (1970), 228.

〔66〕 See Lindberg, "Reformation Initiatives", p. 93.

〔67〕 See Grimm, "Luther's Contribution", p. 227. 451

〔68〕 在威登堡和纽伦堡就是如此。Ibid., pp. 226 and 229 (讨论威登堡) and pp. 229－231 (讨论纽伦堡)。但是，大多数济贫法都不包括像莱斯尼格济贫法那样的对牧师、匠人、商人和其他人等的救助。Cf. Frank Peter Lane, "Poverty and Poor Relief in the German Church Orders of Johann Bugenhagen, 1485－1558" (Ph. D. diss., Ohio State University, 1973), pp. 117－118 (比较莱斯尼格立法和不伦瑞克、吕贝克、汉堡和希尔德斯海姆等城市立法)。

〔69〕 “布根哈根担当了37年的威登堡市教堂牧师(1522-1558),是路德的个人忏悔神父和神事顾问,是威登堡的大学教授,东北欧改革者的顾问,不伦瑞克、汉堡、吕贝克、石勒苏益格—荷尔斯泰因、丹麦、波美拉尼亚、希尔德斯海姆、不伦瑞克—沃芬布特尔改革的组织者,为北部德国提供《旧约》和《新约》的低地德语翻译的组织者,《诗篇》的著名评论者,《四福音书》的协调讲解者。布根哈根主持并为路德和凯瑟琳·冯·波娜的婚礼进行祈祷,路德的葬礼上也是他来致悼词。他还为丹麦国王和王后加冕,使第一位福音派牧师授就任圣职,改造了哥本哈根大学,并两次拒绝了主教职位。” Lane,“Poverty and Poor Relief ”,pp. 1-2。

〔70〕 这是布根哈根所起草的《不伦瑞克教会条令》序言中的句子。Ibid. ,p. 141。

〔71〕 Ibid. ,p. 146。Ernst Wolf 记述道:“信仰之灵、神的慈爱和对《圣经》的倚靠,这乃是布根哈根教会条令基础的三件事。” 参见 Ernst Wolf,“Johannes Bugenhagen”, in Wilhelm Schmidt, ed. , *Gestalten der Reformation*(Wupperthal-Barmen,1967),p. 62。

〔72〕 See Lane,“Poverty and Poor Relief”,p. 160.

〔73〕 Ibid. ,pp. 155-156.

〔74〕 Ibid. ,pp. 174-175[discussing H. Nobbe,“Die Regelung der Armenpflege im 16. Jahrhundert nach den evangelische Kirchenordnungen Deutschlands”,*Zeitschrift für Kirchengeschichte* 10(1889),574].

〔75〕 See Max Weber,“Science as a Vocation”,in From *Max Weber: Essays in Sociology*, ed. and trans. Hans H. Gerth and C. Wright Mills(New York,1958),pp. 138-139. See also Anthony T. Kronman,*Max Weber*(Stanford,Calif. ,1983),pp. 166-170.

〔76〕 Ernst Troeltsch,*Die Bedeutung des Protestantismus fur die Entstehung der modernen Welt*(1911)。神学家 Troeltsch 和社会学家韦伯是亲密的朋友。Troeltsch 的著作是其1906年为一个德国历史大型研讨会所做讲义的扩大版。这个演讲职位最初是提供给韦伯的,但韦伯婉言谢绝了它。

参见 Hermann Lubbe, *Säkularisierung: Geschichte eines ideenpolitischen Begriffs*, Vol. 2(Freiburg, 1975), p. 74, n. 2。

〔77〕 在 Heinz-Horst Schrey, ed., *Säkularisierung*(Darmstadt, 1981)所编纂的目录中包括368种著作！关于16世纪德国和英格兰的世俗化，有两部重要的著作分别是 Irene Crusius, ed., *Zur sakularisierung geistlicher Institutionen im* 16. *und im* 18./19. *Jahrhundert*(Göttingen, 1996), and C. John Sommerville, The Secularization of Early Modern England: From Religious Culture to Religious Faith(New York, 1992)。就我所知，本章内容是第一个把一些法律部门界定为"精神的"之尝试；这些法律部门直接受到 Sommerville 所谓的宗教信仰的启示，而不管它们是不是由教会权威来颁行。

〔78〕 Hans Blumenberg, *The Legitimacy of the Modern Age*, trans Robert M. Wallace(Cambridge, Mass., 1983), pp. 10 – 11. 452

〔79〕 参见 Gerhard Oestreich, "Strukturprobleme des europäischen Absolutismus", in *Geist und Gestalt des frühmodernen Staates: Ausgewahlte Aufsätze* (Berlin, 1969), pp. 179 – 197。参见 also Winfried Schulze, "Gerhard Oestreichs Begriff 'Sozialdiszplinierung' in der fruhen Neuzeit", *Zeitschrift fur historische Forschung* 14(1987), 265 – 302(批判 Oestreich 的著作)。

〔80〕 See Michael Stolleis, "'Konfessionalisierung' oder 'Säkularisierung' bei der Entstehung des fruhmodernen Staates", *Jus Commune* 20(1990), 1 – 23; and Heinz Schilling, "Die Kirchenzucht im fruhzeitlichen Europa in interkonfessionell vergleichender und interdisziplinarer Perspektive-eine Zwischenbilanz", in Heinz Schilling, ed., *Kirchenzucht und Sozialdisziplinierung im frahneuzeitlichen Europa*(Berlin, 1994), pp. 11 – 40.

〔81〕 See Robert Jütte, *Obrigkeitliche Armenfursorge in deutschen Reichsstadten der fruhen Neuzeit: Stadtisches Armenwesen in Frankfurt am Main und Köln*(Cologne, 1994).

〔82〕 关于罗马天主教对乞讨问题的神学理论，参见 Michel Mollat, *The Poor in the Middle Ages: An Essay in Social History*, trans. Arthur Goldhammer(New Haven,1986),pp. 119 - 134。

〔83〕 参见 Wolfgang Huber,*Kirche und Öffentlichkeit*(Stuttgart,1973),pp. 58 - 59。这种教会和国家联合的最终目的,Huber 写道,是“die Verkirchligungder Öffentlichkeit”,即“公共生活的教会化”。

〔84〕 See Heckel,*Lex Charitatis*,p. 45。Cf. the church ordinance of the principality of Luneberg:“The first and greatest concern of the prince must be that God's Word be preached purely and rightly.” “Radtslach to nodtroft der kloster der forstendoms Luneborch,Gades wort unde ceremonien belangen”,in Emil Sehling,ed. ,*Die evangelischen Kirchenordnungen des* XVI *Jahrhunderts*, Bd. 6,Vol. 1(1955),p. 586.

〔85〕 Rosenstock-Huessy,*Out of Revolution*,p. 369.

〔86〕 Karl Löwith,*Meaning in History*:*The Theological Implications of the Philosophy of History*(Chicago,1949),其德语版在出版时冠以 *Weltgeschichte und Heilsgeschichte*:*die theologischen Vorraussetzungen der Geschichtsphilosophie*,2 Vols.(Stuttgart,1953)。

〔87〕 See Blumenberg,*Legitimacy of the Modern Age*,orig. *Die Legitimitat der Neuzeit*(*erweiterte und überarbeitete Neuausgabe*)(Frankfurt,1966)。See also idem,*Säkularisierung und Selbstbehauptung*(Frankfurt am Main,1974)。Cf. Robert M. Wallace,“Progress,Secularization,and Modernity:The Lowith-Blumenberg Debate”,*New German Critique* 22(1981),63 - 79.

第七章 英国革命,1640—1689

〔1〕 当然,这并不是说,任何像英国革命那样的革命以前曾经发生过。而只是说,像前一个世纪的德国革命和后一个世纪的法国革命一样,它曾经在泛欧洲的范围内被政治和宗教运动所酝酿,并且其产生的政治与宗教后果也是泛欧洲的。

〔2〕 H. R. Trevor-Roper,“The General Crisis of the Seventeenth Century”,*Past and Present* 16(1959),31 - 64. 五年前,埃里克·霍布斯鲍姆

(Eric Hobsbawm)曾经在他的文章中讨论欧洲经济的“普遍危机”,参见,“The Crisis of the Seventeenth Century”,*Past and Present* 5 (1954),33 -53;6 (1954),44 - 65。在同一年,法国历史学家 Roland Mousnier 的研究,Les XVIe et XVlle siecles,5th ed. (Paris,1954),将 1958 - 1715 年这段时期描述成“危机世纪”。但是休·特雷弗—罗珀(H. R. Trevor-Roper)的文章则 453
发起了最激烈的争论。参见 *Past and Present* 18 (1960),8 -42; Trevor Aston,ed. ,*Crisis in Europe*,1560 - 1660 (Garden City,N. Y. ,1967)。

〔3〕 一个既处理社会经济危机也处理政治危机的更广义方法的例子,可以在下列著作中找到,Geoffrey Parker and Lesley Smith,eds. ,*The General Crisis of the Seventeenth Century* (London,1978)。但是,这部文集的诸位作者,并没有将社会经济危机和政治危机联系起来,并且宗教的角色仅被看作一种可能的革命意识形态。

〔4〕 一般来说,天主教教区效忠于西班牙,1566 年和 1572 年对西班牙的反抗都被残酷地镇压了。然而在 1576 年,17 个教区中的 13 个教区签署了《根特和约》,准备反对西班牙的联合行动,并结成一个由各教区阶层选出的尼德兰各阶层大联盟(United Netherlands Estates-General)。1578 年一个“信仰自由法”被提出,它曾允许所有任何地方的一百个或更多家庭的宗教少数派拥有信仰自由。这被击败了,而且天主教和加尔文宗之间的区分进一步被加深了。因此,尼德兰人,和德国人一样,仍然留在国教的基本宪制框架内,没有信仰自由,同时,它发展出来了一种政府的共和形式的门径,既在地区层面也在国家层面。参见 Geoffrey Parker,*The Dutch Revolt* (Ithaca,N. Y. ,1977)。

〔5〕 See Winthrop S. Hudson,“John Locke: Heir of Puritan Political Theorists”, in George Laird Hunt, ed. , *Calvinism and the Political Order* (Philadelphia,1965), pp. 108 - 129. See also Menna Prestwich, *International Calvinism*,1541 - 1715 (Oxford,1985).

〔6〕 英格兰在这个结果中具有既定利益,因为选侯弗里德里希五世是詹姆士一世的女婿。弗里德里希是加尔文教徒,在他接受了波希米亚

各阶层成为他们国王的提议后,他在布拉格外的白山战役(1620 年)被帝国军队打败,并且他的领地被西班牙军队占领。在议会议员对他们大陆的清教徒同道们以有力的军事支持时,国王追求更多的外交手段达致调停弗里德里希和詹姆士的女儿伊丽莎白重回巴拉丁选区的适当的目标。英国军队在 1625 年被派往巴拉丁,而且对西班牙(卡迪斯远征军)和法国(解救罗谢尔)发起了进攻。军事行动以失败告终,其与法国(1629 年)和西班牙(1630 年)签订了和平条约。在 1630 年代英国在战争中没有扮演积极的角色。参见 W. B. Patterson,*King James VI and I* and the Reunion of Christendom (*Cambridge*,1997),pp. 293 – 338 (分析了詹姆士解决三十年战争的外交努力)。

〔7〕 *See Sigfrid Henry Steinberg*,*The Thirty Years' War and the Conflict for European Hegemony*,1600 – 1660(New York,1966),pp. 2,99.

〔8〕 Ibid. ,p. 83.

〔9〕 See Perez Zagorin,*The Court and the Country*: *The Beginning of the English Revolution* (London,1969);*Rebels and Rulers*,*1500 – 1660*, Vol. 2 (Cambridge,1982),pp. 138 – 146.

〔10〕 Roger Merriman, *Six Contemporaneous Revolutions* (Oxford, 1938),pp. 170 – 189; P. A. Knaechel,*England and the Fronde*: *The Impact of the English Civil War and Revolution on France* (Ithaca, N. Y. , 1967). Richard Bonney,"The English and French Civil Wars," *History* 65(1980), 365 – 382,分析了两个国家内战之间的异同。另见 A. Lloyd Moote,"The French Crown versus Its Judicial Officials,1625 – 1683" *Journal of Modern History* 34(1962),146 – 160 (分析了巴黎议会做出的对一个与国王对立的独
454 立司法权威进行合法化的宣称)。

在他的书中,Merriman 也讨论了"那不勒斯叛乱"和"尼德兰革命"。1647 年的那不勒斯叛乱基本上是一次民众的叛乱。地方精英没起什么作用,除了帮助西班牙国王镇压叛乱以外。参见 John Huxtable Elliott,"Revolts in the Spanish Monarchy," in Robert Forster and Jack P. Greene,eds. ,

Preconditions of Revolution in Early Modern Europe(Baltimore,1970),pp. 111, 123 - 127。在尼德兰,革命早在半个多世纪以前,在成功地摆脱西班牙国王获得独立并建立新共和国(联合省)的斗争中就开始了。第一次反叛起始于 1566 年,而西班牙对荷兰共和国的官方认可直到 1648 年《威斯特伐利亚和约》才实现。它因此成为 1640 - 1689 年英国革命的先驱。在 Merriman 概括进他的"六次当代革命"中的 1650 年反叛,涉及了政府的形式,共和国形式被采纳:一个区际共和政体的联合,处于一个各阶层大联盟(由荷兰支配的,最大最繁荣的七个教区)中的联合权威,或者一个单一的共和国,在总督权威下逐渐中心化。1650 年,25 岁总督威廉的死亡,使得荷兰能够通过废除这个官职,并加强教区各阶层权力来重新要求领导权。

〔11〕 See John Huxtable Elliott, *The Revolt of the Catalans: A Study in the Decline of Spain, 1598 - 1640* (Cambridge, 1963); "Revolts in the Spanish Monarchy", pp. 109 - 130; Merriman, *Six Contemporaneous Revolutions*, pp. 10 - 17.

〔12〕 Hobsbawm, "Crisis of the Seventeenth Century", p. 33。其他历史学家,则避免使用马克思主义的框架,曾同样强调生产总量的下降和欧洲经济增长速度的减慢。这些作品在以下文章中被总结, Niels Steensgaard, "The Seventeenth-Century Crisis," in Parker and Smith, *General Crisis*, pp. 27 - 42。

〔13〕 英国避免了欧洲大陆周期性地发生的破坏型生存危机。Lawrence Stone, *The Origins of the English Revolution* (London, 1972), p. 67。然而,在 1620 年代和 1630 年代商业和贸易的确衰退了。

〔14〕 转引于 Trevor-Roper, "General Crisis," p. 31。

〔15〕 Parker and Smith, *General Crisis*, p. 1. Ralph Josselin,一个英国的教区牧师,在他 1652 年的日记中写道:"法国可能因其自己的分化而在激情中沉沦。西班牙已经差不多降低了巴塞罗那,这个加泰罗尼亚的第一大城市的地位,王国也是这样;这个事件的问题要稍稍等一下。波兰不

再与哥萨克人进行战争,但是战争仍威胁着他们。丹麦和瑞典都很平静,德国也是,然而明斯特和约还没有全部被执行:土耳其还没有对威尼斯人采取什么重大的行动,也没有像以前那样幸运和尚武,好像这个民族已经达到它们的巅峰而现在有点正在下降。"帕克和斯密斯指出这份日记"揭示了对一个小镇艾塞克斯来说平常的广泛外国事务信息"。同上,p. 2。

〔16〕 *Calendar of State Papers, Venetian*, 1647 - 1652 (London, 1927), p. 170,威尼斯驻西班牙大使的信中继续写道:"此外从这个结束起,Cardenas 报告称在其取得了在苏格兰的胜利后,Cromuel 写信给议会说通过这次成功,他们现在可以认为内部事务是安全的,而且对于未来,他们必须想着帮助其他国家摆脱这种束缚,而且要通过建立共和的邻居们来巩固他们的政府。"Merriman, *Six Contemporaneous Revolutions* (p. 95 n. 4),引用了爱德华于1651年2月9日在马德里写给王室大臣爱德华·尼古拉斯的
455 一封信,来作为这种外交信件的确证:

"你可以看到新共和国对待你的朋友多么勇敢和坦率,布雷克,最近在卡迪斯,公开地说,君主制是世界厌倦的一种政府形式:在英国它已经过去,走到了法国,而且它一定会被西班牙以很大的努力抛弃掉,但是在十年之内它将同样地在那里被确定下来。"

〔17〕 爱德华·海德(Edward Hyde),克拉伦顿伯爵和查理二世的第一大臣,他的首次出版于1702 - 1704年的著作题为《英国的反叛与内战的历史》(*History of the Rebellion and Civil Wars in England*)。在现代历史学家中,注意伊万·阿兰·茹茨(Ivan Alan Roots), The *Great Rebellion, 1642 - 1660* (London, 1966)。参见 J. P. Kenyon, *The Stuart Constitution*, 2nd ed (Cambridge, 1985), p. 7。

〔18〕 G. R. Elton 对劳伦斯·斯通(Lawrence Stone)的《英国革命诸原因》(*Causes of the English Revolution*)进行了评论, *Historical Journal* 16 (1973), 207。

〔19〕 James R. Hertzler, "Who Dubbed It 'The Glorious Revolution?'" *Albion* 19 (1987), 579 - 585.

〔20〕 参见 Eugen Rosenstock-Huessy,*Out of Revolution: The Autobiography of Western Man*(1938; reprint,Providence,1993),p. 761,以及关于这三种恢复,p. 260。

〔21〕 关于17世纪的“革命”这个术语,参见 Vernon Snow,“The Concept of Revolution in Seventeenth-Century England”, *Historical Journal* 5(1962),167－174; 以及 Zagorin,*Court and Country*,pp. 13－16。二者都强调这个术语的天文学含义在17世纪占支配地位,这是一种对星体回到它们在天空中最初位置之循环的强调。Zagorin 指出法国历史学家 Fransois-Pierre-Guillaume Guizot (*Histoire de la r&olution d'Angleterre depuis l'avbnement de Charles I jus-qu'a sa mort*,2 Vols. [Paris,1826])第一次系统地将1640－1660年这段时期当作现代意义上的一次真正革命。Christopher Hill,“The Word 'Revolution' in Seventeenth-Century England,” in Pamela Tudor-Craig and Richard Ollard,eds. ,*For Veronica Wedgewood These Studies in Seventeenth-Century History*(London,1986),pp. 134－151,论争说在连续性的一次中断这个意义上的“革命”,在1688年之前已经被使用,催化剂(catalyst)正是1648－1649年冬季的剧烈发展。这种观点得到了卡迪斯海军大臣布雷克的声明确认,前已引过。

〔22〕 Berman,*Law and Revolution*,pp. 19,24.

〔23〕 G. R. Elton,*The Tudor Constitution*(Cambridge,1960),p. 327.

〔24〕 *State Papers of Henry VIII,1509－1547*,Vol. 1(London,1970),p. 392,克莱默(Cranmer)与主要的德国路德宗人物,包括马丁·布塞尔(Martin Bucer)关系密切,而且在1532年娶了路德的朋友安德里斯·奥兹安德尔(Andreas Osiander)的一个亲戚。参见 Diarmaid Maccullogh,*Thomas Cranmer: A Life*(New Haven,1996),p. 72。

〔25〕 Elton,*Tudor Constitution*,p. 344.

〔26〕 See Basil Hall,“Lutheranism in England”,in Derek Baker,ed. ,*Reform and Reformation: England and the Continent*(Oxford,1979),pp. 111－112.

〔27〕《六条信仰原则》(Six Articles)宣称任何拒绝圣餐的变体——通过圣餐礼的仪式上他们进行提升,圣餐的面包和酒成了基督的灵体和血——的人是异端,因此应该被绑在火刑柱上烧死,而且任何保持与六条信仰原则的其他规定相反观点的人都是重罪,因此应该被绞死。Hall,"Lutheranism in England," pp. 118 - 119; 参见 Edward John Bicknell, *A Theological Introduction to the Thirty-nine Articles of the Church of England* (London, 1944), pp. 12 - 13; 另见 Elton, Tudor *Constitution*, pp. 399 - 401。

〔28〕 A. G. Dickens, *The English Reformation* (New York, 1964), p.
456 287.

〔29〕 Elton, *Tudor Constitution*, pp. 423 - 442 和文件 pp. 197 - 201。

〔30〕 E. B. Fryde et al. eds., *Handbook of British Chronology*, 3rd ed. (London, 1986), pp. 572 - 574.

〔31〕 Elton, *Tudor Constitution*, p. 22,认为声明在普通法法院没有效力。并非如此。R. W. Heinze, The Proclamations of TudorKings (Cambridge, 1976), pp. 63, 262 - 263,引证特别是王座法院、民事诉讼法院以及财税法院作为可以审判不法行为的地方列出的声明。其他声明提及或暗示,记录的任何法院都是适当的审判地。另见, Frederic A. Youngs, *The Proclamations of the Tudor Queens* (Cambridge, 1976),他陈述道(pp. 39 - 40):"尽管一些法学家主张把声明限制在从属地位,并否定它们在其中有创造法律的权利,但是玛丽和伊丽莎白都使用君主声明来形成临时立法。"声明可以扩大现有法律的影响;它们能将情境限定在现有立法的范围之内;它们能直接或通过对主要的罪犯适用设计的处罚从而及于从犯而创造新的犯罪。

〔32〕 其他特权法院,即由君主特权创建的法院,包括北方委员会法院、边境和威尔士法院、兰开斯特领地法院、切斯特领地郡的财税法院。事实上,虽然,并非在理论上,高等海事法院是一个新法院和一个特权法院,尽管之前的所谓海事法院乃其前身。高等大法官法院事实上,并非在理论上,也是一个新法院和一个特权法院,尽管其源头,即14世纪和15世

纪的大臣会议管辖权也很强大。

〔33〕 在1970年代和1980年代,修正主义史学家们,尽管他们自己在很多观点上并不一致,但都挑战了迄今几乎所有被普遍接受的观点,即宪制冲突的逐渐升级导致了1640年代英国革命的爆发。这些修正主义者将议会的力量,国王反对派的存在,以及清教的煽动作用减至最小。相反,他们强调议会的无效性和其内部的分割,战争开支带来的财政危机,以及1630年代王室宗教政策的"革命"本质。英国革命的爆发因此看上去就成了一个内战前这个时代由国王的财政、宗教和外国政策的失误所带来的一个历史事件。参见 Conrad Russell,"Parliamentary History in Perspective,1604 - 1629",*History* 51 (1976),1 - 27;同一作者,*Parliaments and English Politics,1621 - 1629* (Oxford,1979);Kevin Sharpe,ed.,*Faction and Parliament: Essays on Early Stuart History* (Oxford,1978) 和 Howard Tomlinson,ed.,*Before the English Civil War* (NewYork,1983)。这些观点中真实的要素是革命是不可避免的;如果双方有更多的理解和更少的固执,它本可以被避免。这适用于所有大革命。

〔34〕 "酒税和磅税"是14世纪以来给国王的海关税。酒税是针对每"吨"(桶)出口的酒评定的一种固定费用。磅税是一种对所有进出口的货物根据其货币价值(磅数)按比例征收的税。"苛税"并非一种斯图亚特时代的创新;在玛丽女王统治时期,它们就已经被引入,而且在伊丽莎白女王统治下继续存在。在1606年,一个名为约翰·贝特(John Bate)的商人向对葡萄干进行征收"苛税"的合法性提出了挑战。赞同国王的头等男爵格莱明(Gleming)领导的财税法院判决说"如果国王可以征税,他可以随其意愿征收任何数量的税,[而且]这要被诉诸国王的智慧……而不能由一个臣民来争论;而且很多事情留给了其调整其权力的智慧,而不是他的权力将被受到限制"。J. R. Tanner,*Constitutional Documents of the Reign of James I* (Cambridge,1930),p. 342。 457

〔35〕 同上书,pp. 245 - 247。

〔36〕 1621年议会由詹姆士关于欧洲宗教战争的政策,以及他安排

自己的儿子查理娶天主教的西班牙公主为妻的意图所支配[查理后来娶了另外一个天主教的公主,法国的亨里埃塔·玛丽娅(Henrietta Maria)公主]。詹姆士拒绝议会的商讨,宣布对外政策属于君主特权范围,其包含了"远超出[平民院的]范围与能力的事务"。1621 年 12 月 18 日,平民院采纳了一个异议声明,声明它拥有主动讨论所有教会与国家事务的权利,并且国王不能限制此类讨论。这直接与 1593 年放弃的原则相反:在伊丽莎白治下,与君主特权相关的事务,称为"国家事务",只有在君主的紧急许可下才能在议会中讨论。柯克起草的 1621 年异议声明,宣布"自由、公民权、特权以及议会的管辖权是古老的并且无疑是与生俱来的权利,是英国臣民的遗产"。第二天詹姆士关闭了议会,12 月 30 日,他派人拿走平民院的日志,并出现在枢密院,撕掉了记载异议声明的那一页。同上,pp. 274 - 295。柯克和其他两位平民院的议员被送进伦敦塔,在那里柯克被监禁了 6 个月。大约 70 位绅士因此类反对意见而被投入监狱。

"强制借贷"曾被都铎王朝用作一种财政手段,但从未如此规模地使用,在他统治之初也没有战胜过议会对君主的反对。参见 Frederick C. Dietz, *English Government Finance*, 1485 - 1558 (Urbana, Ill., 1921), pp. 93 - 97, 163 - 166, 211; *English Public Finance, 1558 - 1641* (New York, 1932), pp. 25 - 26, 62 - 63。

〔37〕《权利请愿书》复制于 Kenyon, *Stuart Constitution*, pp. 68 - 71。1629 年,第二个充满恶意的议会会议戏剧性地结束了,议长根据国王的命令,宣布了议会休会,但是平民院坚持继续开会。议长站起来制止了争论,但是两个议员将他推倒,并让他待在自己的座位上,此时,另一个议员宣读了三项决议,间接地批评了国王。平民院通过了决议,然后投票决定自己休会。

〔38〕 没有了议会,查理求助于一系列的手段来筹款,即使这些款项比以前的强制借贷更为超出常规。参见 Roger Lockyer, *Early Stuarts: A Political History of England, 1603 - 1642* (London, 1999), pp. 267 - 268。最具冒犯性的是"船款",最初从海港的乡镇和周边的地区征收,以增加针对

外国敌人和海盗的海军力量，但是现在由查理也扩大至内陆郡。查理的船款按照比传统的税种更高的比例和针对更广泛的人征收，而且以前曾经免缴此类税的很多小土地自由保有人和商人现在也被卷了进来。在1637 年，在汉普登案中(Hampden's case)，一个王座法院和民事诉讼法院的联合开庭，通过七对五的投票，赞成对一群拒绝支付船款的绅士们定罪。

〔39〕 三个反主教制度的小册子作者(William Prynne，John Bastwick，and Henry Burton)在 1637 年由星室法院进行了审判，而且下令割下他们的耳朵，支付很重的罚款，以及被判处终身监禁。

〔40〕 Winston Churchill，*A History of the English-Speaking Peoples*，Vol. 2，The New World (New York，1956)，pp. 212 - 213。在 1640 年 4 月，第二次 458
苏格兰战争之前，查理召集了一届议会(1629 年以来的第一次)，然而，三个星期之后他解散了它(它被称为短期议会)，因为它拒绝给予他战争款项，除非他首先赔偿其带来的不平。

〔41〕 为数很少的被控官员是那些在 1637 年七对五的汉普登案投票中支持国王的那些王座法院和民诉法院法官。参见 W. J. Jones，*Politics and the Bench: The Judge and the Origins of the English Civil War* (London，1971)，pp. 139 - 143，199 - 215。

〔42〕 《废除星室法院法》(17 Charles I，10)在 1641 年 7 月 5 日被通过。它也废除了注释〔32〕中列出的其他特权法院。《废除宗教事务高等法院法》(17 Charles I，11)也在同一天被通过。这两部制定法收录于 S. R. Gardiner，*Constitutional Documents of the Puritan Revolution*，*1625 - 1660*，3rd ed. (Oxford，1958)，pp. 179 - 189. 在 1642 年被终止的上访法院的档案，参见 John H. Baker，*An Introduction to English Legal History*，3rd ed. (Cambridge，1990)，p. 105。

〔43〕 大抗议书仅以一次 159 对 148 的投票被通过。这份文件和国王的答复，可见 Gardiner，*Constitutional Documents*，pp. 202 - 232，233 - 236。

〔44〕 “这样的一个事件完全没有先例。有人已经指出，议会日志的

通常登录突然中断,‘如同该场景的兴奋已经麻痹了工作中的职员’。议院自身都被惊愕、狂怒和羞耻击倒了。‘这样的一个祈祷,眼泪和呻吟的夜晚’,一个目击者很久之后写道:‘我终生都没见过。’正如一位作者在当时说的‘陛下臣民的顺从已经被败坏’。以前担心的危险最终来临了,以前只是怀疑的国王准备用武力解决,现在就可以确定了,即使这违背了其誓言。议院求助于城市寻求保护,而且将其会议换到市政厅召开,当其返回威斯敏斯特时它不得不在军队的看护下开会。”J. R. Tanner, *English Constitutional Conflicts of the Seventeenth Century, 1603 – 1689* (Cambridge, 1928), p. 114。

〔45〕 在英国“旧历”中,新年开始于 3 月 25 日。这在 1751 年之前不曾受到过挑战。因此 1641/1642 年 1 月既指“旧历”年也指“新历”年。

〔46〕 普特尼辩论使得更为保守的高级军官更为反对更为激进的低级军官和普通士兵。克伦威尔参与了这些辩论,但是高级军官的主要发言者是他的女婿亨利·埃尔顿(Henry Ireton)。没有达成一致意见。这些辩论记载于 A. S. P. Woodhouse, ed., *Puritanism and Liberty, Being the Army Debates, 1647 – 1649*, 2nd ed. (London, 1974)。

〔47〕 Gardiner, *Constitutional Documents*, pp. 371 – 374。查理的辩护意见和这场审判的重要性将在本章稍后讨论。

〔48〕 Blair Worden, *The Rump Parliament, 1648 – 1653* (Cambridge, 1974), pp. 306 – 308.

〔49〕 See Austin Woolrych, *Oliver Cromwell* (Oxford, 1964), pp. 46 – 47.

〔50〕 See Antonia Fraser, *Cromwell, the Lord Protector* (New York, 1973), pp. 48 – 50.

〔51〕 See Claire Cross, “The Church in England, 1646 – 1660,” in G. E. Aylmer, ed., *The Interregnum: The Quest for Settlement, 1646 – 1660* (Hamden, Conn., 1972), p. 102.

〔52〕 虽然有爱德华一世国王的命令,有证据说明少数的犹太教徒仍在王国内,因为来自犹太教的转变继续在整个 14 世纪和 15 世纪被记录

下来。另外,一个西班牙马拉诺*(Marranos)小团体存在于伦敦,尽管其 459
成员忍受着相当的痛苦来隐匿他们的犹太人身份。在16世纪对希伯来兴趣的复兴和希伯来研究进入哈佛大学和剑桥大学,有助于创造一种被某学者标注为“闪米特族特质爱好者”的氛围。在1650年代,开始与Menassah ben Israel,一个阿姆斯特丹的犹太教团体的领袖就犹太教徒重归英国进行协商,在1655年给了Menassah一份邀请,他个人领导了这场回归。参见David S. Katz,The Jews in the History of England,1485–1850(Oxford,1994),特别是pp. 107–144;参见同一作者,*Philo-Semitism and the Readmission of the Jews to England,1603–1655*(Oxford,1982)(记录了舆论气氛的改变和其对基督教—犹太教关系的影响)。

〔53〕 关于爱尔兰天主教的控告,参见Nicholas P. Canny,“The Ideology of Colonization: From Ireland to America”,*William and Mary Quarterly* 30,3rd ser.(1973),575–598;James Muldoon,“The Indian as Irishman”,*Essex Institutes Historical Collections* Ⅲ(1975),267–289。参见Brendan Fitzpatrick,*Seventeenth Century Ireland: The Wars of Religion*(Dublin,1988)。

〔54〕 Austin Woolrych,“Cromwell as a Soldier”,in John Morrill,ed.,*Oliver Cromwell and the English Revolution*(London,1990),pp. 93–118;*Oliver Cromwell*,*Letters and Speeches*,ed. Thomas Carlyle,Vol. I(London,1845),pp. 472–473.

〔55〕 引用于Eugen Rosenstock-Huessy,*Out of Revolution*,p. 358。

〔56〕 Fraser,*Cromwell*,pp. 355–357.

〔57〕 对于本讨论中引用的文件,参见Kenyon,*Stuart Constitution*,pp. 339–344(Act of Indemnity) and 331–332(Declaration of Breda)。

〔58〕 关于弑君者的情况,参见A. L. Rouse,*The Regicides and the Puritan Revolution*(London,1994)。

---

* 马拉诺(Marrano)指中世纪时在西班牙和葡萄牙境内被迫改信基督教而暗地依然信奉原来宗教的犹太人或摩尔人。——译者注

〔59〕 财政立法现在由平民院发起,而且这被用作声称贵族院不能干预的立法特权的一种手段。参见同上书,pp. 415 - 419。

〔60〕 在1670年代,查理以得自路易十三的每年200,000英镑的补助巧妙地突破了议会的财政限额,这是1670年多佛密约的一部分,在其中查理承诺帮助法国进行对荷兰的战争而且在最早可能时间里公开地皈依天主教。当在1670年晚期贸易重新恢复时,国王的收入增加了而且他变得越来越独立于立法会议。"复辟的财政解决方案,原来旨在恢复一种国王和议会应该合作的平衡宪制,已经为第二次斯图亚特暴政打开了通道。"Roger Lockyer, *Tudor and Stuart Britain* (New York, 1985), p. 349。

〔61〕 参见 Baker, *Introduction to English Legal History*, pp. 127 - 128(讨论大法官法院)和 pp. 142 - 143(讨论海事法院)。

〔62〕 詹姆士二世,在1685年即位,采取了很多反动的措施:他建立了一个就便宜而言和旧宗教事务高等法院非常相像的宗教专门法院;他因政治原因解除法官职务;他在军队里提拔天主教徒;而且他在1687年发布了一个新的放任声明,产生了提升所有针对罗马天主教成员的民事惩罚的效果。参见 Goldwin Albert Smith, *A History of England*, 2nd ed. rev. (New York, 1957), p. 365; and Frederick George Marcham, *A History of England* (New York, 1950), pp. 482 - 484。

〔63〕 查理二世曾经在其临终之时宣布他自己是一个天主教徒。见 Marcham, *History of England*, p. 481。然而,詹姆士二世,当时是一个新教徒,只是在后来成了一个天主教徒。在詹姆士的儿子出生之前,人们认为
460 他将由他的清教徒女儿玛丽继承王位,其嫁给了威廉。

然而,詹姆士儿子的出生,活生生地改变了这种政治打算。同上书, p. 484。

〔64〕 在威廉入侵时期,他的支持者已经建构了一种强大的宪制境况来反对詹姆士继续统治。当七个英国主要的主教拒绝在讲道坛上朗读他的放任声明和请求他撤回这份无效的声明时,对其权威的一个重要的宪制挑战已经被提起。这些主教们因煽动性的诽谤罪被审判,但是在

1688 年 7 月所谓的七主教案中他们被宣布无罪,这严重地破坏了詹姆士统治的合法性。参见 *Marcham, History of England*, pp. 483 - 484。

〔65〕 参见 Howard Nenner, *The Right to Be King: The Succession to the Crown of England, 1603 - 1714* (Chapel Hill, 1995),特别是 pp. 149 - 247。

〔66〕 See Hertzler, "Who Dubbed It 'The Glorious Revolution?'"

〔67〕 1 William Ⅲ and Mary Ⅱ c. 36 (1689). See Lois Schwoerer, *The Declaration of Rights, 1689* (Baltimore, 1981).

〔68〕 12 & 13 William III c. 2 (1701)。自 1701 年以来,还没有英国法官被解除职务。

〔69〕 1 William & Mary, c. 6 (1689).

〔70〕 1 William & Mary, c. 18 (1689)。《信仰自由法》的正式名称是"陛下的英国国教会里提出异议的新教徒臣民免遭某些法律惩罚之法"。

〔71〕 F. W. Maitland, *The Constitutional History of England: A Course of Lectures*, ed. H. A. L. Fisher (Cambridge, 1965), p. 516 (这些讲座最初是在 1887 年和 1888 年进行的)。

〔72〕 See Katz, *Jews in the History of England*, pp. 151 - 153.

〔73〕 Ibid., p. 201.

〔74〕 参见同上书, passim; 也可见 Abraham Gilam, "The Emancipation of the lews in England, 1830 - 1860" (博士学位论文,华盛顿大学,1978 年), pp. 80 - 175。

第八章 英国法律哲学的转型

〔1〕 这种观点,产生于 17 世纪,在英国人思想偏狭的全盛期 19 世纪和 20 世纪早期甚至获得了更多的支持。因此威廉·斯塔布斯,一位主要的维多利亚时期的英国宪政史学家,将英国法描述为最纯粹的日耳曼习惯法的幸存下来的范例,对此他归诸一种与绝对专制的罗马法学者的理论相反的,对个人自由和君主的宪政限制的强烈强调。从亨利二世时

期开始,他写道,英国普通法反映了一种与教会法或民法全然不同的哲学,对后两者“在英国有最大的反感”。参见 William Stubbs, *Lectures on Early English History* (London, 1906), p. 257; 同上作者, *Constitutional History of England*, vol. I (Oxford, 1891), pp. 584－585。法律和政府的民主的、个人主义的、经验的、盎格鲁－撒克逊或日耳曼理论和专制的、集体主义的、教条的罗马法理论之间的古老的冲突的观念也在十九世纪晚期的美国广泛传播,而且,例如,在哈佛大学由亨利·亚当斯进行教授。参见 Henry Adams, *Essays in Anglo-Saxon Law* (Boston, 1905),包括了他在哈佛大学的讲义。

类似的观点甚至在近来的学者中颇受重现。因此昆廷·斯金纳在《近代政治思想的基础》[Quentin Skinner, The Foundations of Modern Political Thought, Vol. 2 (Cambridge, 1978), pp. 54－55]中,指出英国人对罗马法和教会法法律家的“民族主义的敌视”“可以追溯至布拉克顿在13世纪
461 为习惯的辩护”。事实上布拉克顿,在其关于英国法的伟大论著中,至少在500个不同的地方有利地引用了罗马法;此外,Raleigh 主教——作为布拉克顿的牧师的法官,而且他把其案例收入了他的《案例教科书》,是一个罗马教皇的热情的支持者,他当时第二次被托马斯·贝克特召见而且不得不逃至法国以避开国王的愤怒。斯金纳也错误地将这种观点归诸15世纪英国法学家约翰·福蒂斯丘,即全部罗马法典和英国宪制的“政治”性质背道而驰,而且他把福蒂斯丘错误地当作罗马法学家和教会法学家的“恐惧者”。事实上,在斯金纳为支持这些结论而引用的这一页,福蒂斯丘仅仅指出英国法“适用于英国的效用如同民法对于帝国的好处一样”。参见 Skinner, *Foundations*, p. 55; 以及 Sir John Fortescue, *De Laudibus Legum Angliae* (英国法赞美论), ed. S. B. Chimes (Cambridge, 1942), pp. 25 and 37。

一位杰出的当代中世纪英国法律史学家,范·卡内冈(R. C. van Caenegem),作出过一个与斯塔布斯和斯金纳类似的论争,而且另外比较了20世纪的“英国的日耳曼和封建的法律和习惯”经验的、推导的特征和欧陆

大学的罗马法的教条的、演绎的特征。参见 R. C. van Caenegem, *The Birth of the English Common Law*, 2nd ed. (Cambridge, 1988), pp. 85 - 110。但是当然这种比较应该在英国的日耳曼和封建习惯与西欧其他国家的日耳曼和封建习惯之间,以及欧陆大学的罗马法和英国大学的罗马法之间进行。

〔2〕 Fortescue, *De Laudibus Legum Angliae*, p. 20.

〔3〕 参见 John Fortescue, *De Natura Legis Naturae*, *in Works*, ed. Lord Clermont, Vol. I (London, 1869)。福蒂斯丘将该书呈交教皇检查,问他将该书传授给所有教会的儿子们是否正确和适当或者否则就"废止它"(p. 332)。福蒂斯丘提出了这个正统的观点,当时或多或少地为西方所分享,即人法,包括议会的制定法,都来自自然法,自然法是神法的一种反映,而且与自然法冲突的制定法是无效的;而且进一步说,教会是神法和人法的最后看护者而教皇在其解释方面是最后的权威。确实,福蒂斯丘只是说世俗法官,在解释神法时,应该"在可疑之问题上遵循最高的罗马教皇的教令"。参见 George L. Mosse, "Sir John Fortescue and the Problem of Papal Power", *Medievalia et Humanistica* 7 (1952), 89; 参见 Joan Lockwood O'Donovan, *Theology of Law and Authority in the English Reformation* (Atlanta, 1991), p. 49。

〔4〕 参见 Norman Doe, *Fundamental Authority in Late Medieval English Law* (Cambridge, 1990), pp. 12 - 19; 同一作者, "Fifteenth-Century Concepts of Law: Fortescue and Pecock," *History of Political Thought* 10 (1989), 257 - 280。

〔5〕 参见 Christopher St. *German*, *St. German's Doctor and Student*, ed. T. F. T. Plucknett and J. L. Barton (London, 1974), pp. 8 - 31; 参见 J. A. Guy, *Christopher St. German on Chancery and Statute* (London, 1985), p. 19。"在神圣日耳曼的框架里,上帝和自然的普遍法律被展现为既理性地先于又和谐地与英国普通法(人法)共存"。

〔6〕 参见 Richard Hooker, *The Laws of Ecclesiastical Polity*, bk. 1, chap. 10, reprinted in *The Works of that Learned and Judicious Divine*, *Mr.*

Richard Hooker, ed. John Keble (1888; reprint, New York, 1970), 1:239。在
462 最后一点上,胡克写道"法律给人统治权之处,谁怀疑接受了它的国王必须遵守它而且要在法律之下活动呢?根据这句格言 Attribuat rex legi, quod lex attribuit ei, potestatem et dominium(国王将服从于授予他权力和统治的法律)和另一句格言 rex non debet esse sub homine sed sub deo et lege(国王应该在上帝和法律之下)"。Hooker, *Ecclesiastical Polity*, bk. 8, chap. 2, (Keble ed. 3:342)。这最后一句表述,来自布拉克顿,在其著作《神圣政体》(*Ecclesiastical Polity*)的注释中被引用了 11 次。参见 Arthur S. McGrade, "Constitutionalism, Late Medieval and Early Modern-Lex Facit Regem: Hooker's Use of Bracton," in *Acta Conventus Neo-Latini Bononiensis* (Proceedings of the Fourth International Congress of Neo-Latin Studies), ed. R. J. Schoeck (Binghamton, N. Y., 1985)。

〔7〕 他称托马斯·阿奎那为"神学派中最伟大者"。参见 Hooker, *Ecclesiastical Polity*, bk. 3, chap. 9 (Keble ed., 1:381)。另见 Robert K. Faulkner, *Richard Hooker and the Politics of a Christian England* (Berkeley, 1981), pp. 63-72,比较了胡克和亚里士多德及阿奎那。

〔8〕 关于胡克神学的综合性,参见 John E. Booty, "Hooker and the Anglican Tradition", in *Studies in Richard Hooker*, ed. W. Speed Hill (Cleveland, 1971), pp. 207-239; 以及 John Marshall, *Hooker and the Anglican Tradition: An Historical and Theological Study of Hooker's Ecclesiastical Polity* (Sewanee, Tenn., 1963)。

〔9〕 See Hooker, *Ecclesiastical Polity*, bk. 1, chap. to (Keble ed., 1:239); Cf. E. T. Davies, *The Political Ideas of Richard Hooker* (London, 1946), p. 65.

〔10〕 See W. D. J. Cargill Thompson, "The Philosopher of the 'Politic Society': Richard Hooker as a Political Thinker", in Hill, *Studies in Richard Hooker*, p. 39; See Faulkner, *Richard Hooker*, pp. 110ff.

〔11〕 Hooker, *Ecclesiastical Polity*, bk. 1, chap. 10.

〔12〕 Ibid.

〔13〕 胡克用“自然法”或“自然的法”（“natural law” or “law of nature”）术语来提及无生命的自然和动物的和人等生物的现象，使用“理性法”术语来提及人的道德和智识过程。参见 Davies，*Political ideas of Hooker*，p. 49。

〔14〕 Hooker，*Ecclesiastical Polity*，bk. 1，chap. 10.

〔15〕 参见 *The Trew Law of Free Monarchies*，*in The Political Works of James I*，ed. Charles Howard Mcllwain（Cambridge，Mass.，1918），各处。然而，与上帝不同，一个统治者可能被证明是邪恶的。这样的一个统治者将被作为对罪的适当的惩罚而被宽容，而不是被拒绝（p. 67）。

〔16〕 Jean Bodin，*On Sovereignty*，ed. and trans. Julian Franklin（Cambridge，1992），p.`46.

〔17〕 Jean Bodin，*Les six livres de la Republique*（The six books on the Republic）（1576）。该著作的 1853 年文本以影印版由 Scientia Verlag 重印于 1961 年（Aalen，Germany）。一个现代的缩简译本是 Jean Bodin，*Six Books of the Commonwealth*，trans. M. J. Tooley（Oxford，1955）。欲求博丹的核心争论和注释的译本，参见 Bodin，*On Sovereignty*。

〔18〕 John of Salisbury，Policraticus，ed. C. C. Webb（Oxford，1909），3. 15；另见 *The Statesman's Book of John of Salisbury*，*Being the Fourth*，*Fifth*，*and Sixth Books*，*Selections from the Seventh and Eighth Books*，*of the Policraticus*，trans. with intro. John Dickinson（New York，1963），pp. lxxiii-lxxiv。对萨利兹伯里的政治理论，包括其诛弑暴君论的分析，参见 Berman，*Law and Revolution*，pp. 276 – 288。

〔19〕 参见 Julian Franklin，*Jean Bodin and the Rise of Absolutist Theory*（Cambridge，1973），pp. 23，54ff.。在其早期著述中博丹曾经为一种有限主权论辩护过，但是在《共和国》（*The Republic*）中，他论争说在每个有秩序的 463
共和国里，必须有一个单独的绝对权威的中心，而且对君主权力的明显宪政宪制，诸如君主宣誓遵守王国的法律和他建立的各种执行政府职能的

官职,对他都没有约束力。王子、贵族和人民共享主权,他写道,将等于“无政府状态”。Ibid. ,p. 29。

詹姆士对王权专制的论争的前提与博丹的不同之处在于,或许是因为詹姆士信奉新教,严重地信赖圣经渊源,包括,特别是,来自萨慕尔纪、编年纪、列王纪和圣咏集(books of Samuel, Chronicles, Kings, and Psalms)的绝对君主统治。

〔20〕 See Anton Meuten, *Bodins Theorie von der Beeinflussung des politischen Lebens der Staaten durch ihre geographische Lage* (Bonn, 1904).

〔21〕 Francis Bacon, "A Speech of the King's Solicitor, Persuading the House of Commons to Desist from Farther Question of Receiving the King's Messages", in *The Works of Francis Bacon*, ed. Basil Montagu, Vol. 2 (Philadelphia, 1857), pp. 276, 277.

〔22〕 Quoted in Franklin, *Jean Bodin*, p. 93。博丹并没有对君主的绝对权力施加两种理论上的限制,即国王有义务尊敬他们的契约和他们不可以在没有赔偿的情况下剥夺人们的财产。后一个义务包括对国王任意征税权力的限制。在审视这些限制时,某些作者对博丹赞成绝对君主制理论这种观点提出争论。然而,博丹确实没有提出任何执行这些对专横权力的限制的手段;在其理论中,没有任何政府机构被授权反对君主的意志,没有任何公民不服从的权利被授予君主的臣民。然而,作为一个实践问题,法国君主,确实受到贵族手里的某些重要的限制。参见 J. Russell Major, *Representative Institutions in Renaissance France, 1421 – 1559* (Madison, Wisc., 1960)。

〔23〕 Franklin, *Jean Bodin*, p. 106.

〔24〕 James I, *Trew Law of Free Monarchies, in Charles H. McIlwain*, ed., *The Political Works of James I* (Cambridge, Mass., 1918), pp. 62 – 63.

〔25〕 Ibid. cf. John D. Eusden, *Puritans, Lawyers, and Politics in Seventeenth-Century England* (New Haven, 1958), p. 46.

〔26〕 Quoted in Mcllwain, *Political Works of James I*, p. xxxv.

〔27〕 *Caudrey's Case*, 5 *Coke's Reports*, 1, 8 (K. B., 1595); 77 Eng. Rep. Ⅰ, p. 10.

〔28〕 柯克在这点上的立场阐述于 *Calvin's Case*(1608)里,在其中他引用 Plowden 的观点,"国王自身有两个身体,即一个自然身体和一个政治身体",后者"由政策和政府组成"而且"在幼年和老年以及其他自然缺陷和失去聪明情况下是完全无效的"。参见 Ernst Kantorowicz, *The King's Two Bodies: A Study in Medieval Political Theology* (Princeton, 1957), p. 7。因此国王的法律可以在其死后继续存活下来。

〔29〕 借口是他在某时没给国王缴税。普通法法官开释了抱怨者,而柯克于是被解除了看管。Catherine Drinker Bowen, *The Lion and the Throne*(Boston, 1957), pp. 455 – 457。注意普通法的"生而有之的权利"理论在北美殖民地反对王室特权滥用的斗争中发挥了重要作用。

〔30〕 为了假定新罗马法和新教会法对 12 世纪以来这个时期的英国来说是外来的,一个人不得不得出荒谬的结论,即它们对所有其他欧洲国家来说也是外来的。理察·霍姆赫兹(Richard Helmholz)已经指出了柯克"占有了相当数量的罗马法和教会法方面的著作收藏。他对它们表达 464
的厌恶并没有妨碍他利用他在这些著作中所发现的东西"。Richard Helmholz, *The Jus Commune in England: Four Studies* (Oxford, 2001), p. 4。

〔31〕 这是阿什利(Ashley)警卫长对柯克和塞尔登及两位平民院的出场的立场所提出的反对意见,这是在一次 1628 年——权利请愿书——"关于臣民免予监禁的权利和自由"——发布之前贵族院和平民院之间召开的会议上提出的。阿什利争论说《大宪章》(Magna Carta)里的 per legem terrae 这个术语必须被理解为指的是"这个王国的各种法律"而不仅指普通法。参见 State Trials, iii, 153; 参见 J. W. Gough, *Fundamental Law in English Constitutional History* (Oxford, 1955), pp. 61 – 63。

〔32〕 查尔斯·格雷(Charles Gray)已经说过柯克有"特别的头脑"(an ad hoc mind)而且"他并不做哲学的思考"。参见 Charles M. Gray, "Reason, Authority, and Imagination: The Jurisprudence of Sir Edward Coke", in Perez Zagorin, ed. , *Culture and Politics from Puritanism to the Enlightenment* (Berkeley, 1980), p. 28。然而,格雷又说道:“依照他的看法,是可以看出法学大纲的。”同上书。

〔33〕 格雷已经说过柯克人为理性的概念“可能是柯克对法律理论最为重要的贡献”,同上,p. 30。另见 J. W. Tubbs, *The Common Law Mind: Medieval and Early Modern Conceptions* (Baltimore, 2000), pp. 162 - 165。

〔34〕 Edward Coke, *The First Part of the Institutes of the Laws of England*, ed. Robert H. Small (Philadelphia, 1853), 319b (p. 15).

〔35〕 柯克版的对话录详尽地展现于 *Prohibitions del Roy*, 12 Coke's Reports 63 (1608)。尽管它被高度粉饰了,它确实精确地表现了冲突的本质而且它的很多部分为其他来源所确证。它的内容如下:

“注意在9月10日星期天在同一个期间,国王、坎特伯雷大主教本柯罗夫特就禁令问题向其抱怨,国王被告知说当这个问题构成教会法官已经审理的问题时,或者就有关什一税的制定法的详细解释问题,或者就任何其他教会的事情,或者就伊丽莎白一世的制定法。关于高等特派法院,或者在任何其他在法律方面没有明显的权威的情况下,国王自己可以以其国王身份来决定它;而法官只是国王的代理人;国王可以采纳他所愿意来自……法官……的理由,而且可以自己决定它们。大主教说在上帝那很清楚,通过《圣经》里上帝的话语这样的权威属于国王。”

“在所有英国法官和财政大臣都在场和征得他们清楚的同意的情况下,对此我这样回答,国王自己不能判决任何案子,无论刑事的,作为叛国罪,重罪等,或者在当事人之间,有关遗产,动产,或者物品等,但是根据英国的法律和习惯,这应该由某些法院来决定和判决,而且案件总是由法院考虑因此法院给出判决。”

“当时国王说他认为法律建立在理性的基础上,他和其他人也和法官一样具有理性。对此我回答说,确实上帝赋予了陛下极好的知识和极强的天资。但是陛下对英国的法律并不熟悉,而且关于他的臣民的遗产或物品或财产的事件不是由自然理性而是由人为理性和法律的判决来决定的,这里的法律是一种在一个人可以对其获得熟知之前要求长期的学习和经验的法律;法律是审判臣民的这些事件的金权杖和手段,而且它保护陛下的安全和和平。这极大地冒犯了国王,他说,那么他应该在法律之下,这肯定是叛国罪,如他说。对此我说,布拉克顿曾经说过,quod Rex non Debet esse sub homine sed sub Deo et lege(国王不应在任何人之下,但在上帝和法律之下)。” 465

〔36〕 Coke,*Institutes*,97b (p.1).

〔37〕 的确,将“理性”翻译成“合理性”和参见提升“常识”是17世纪英语的发展,柯克对此做出了贡献。直到今天在其他语言中很难找到与英语词汇“合理的”和“常识”的精确对应。通常地将“合理的”翻译成“理性的”是一种曲解;如朗·富勒(L. Fuller)曾经说过的那样,“合理的是不太理性的”。同样地,常识和公共舆论并不是一回事;它更像是共同体的共享的道德判断。参见 Christopher Hill,“‘Reason’ and ‘Reasonableness’ in Seventeenth-Century England,” *British Journal of Sociology* 20 (1969),235 – 252; 另见 John Underwood Lewis,“Sir Edward Coke (1552 – 1633): His Theory of ‘Artificial Reason’ as a Context for Modern Basic Legal Theory”,*Law Quarterly Review* 84 (1968),330 – 342。参见 Michael Lobban, *The Common Law and English Jurisprudence*,1760 – 1850 (Oxford,1991),pp. 6 – 7。

〔38〕 参见 *Calvin's Case*,7 *Coke's Reports*,1a。参见 Gray,“Reason, Authority,and Imagination,” pp. 37,55 n. 24。当时“自然正义”比“自然法”开始被英国法院更为频繁地使用,并最终取代了它。

〔39〕 *Bonham's Case*,77 *Eng. Rep*. 638,644 (K. B. 1611),有时被用来申明这种主张,即法院可以废止一项议会的法律,如果它与普通法相矛盾。事实上,该案的裁决建立在对制定法的解释而非废止它的基础上。参见 Samuel Thorne,“Dr. Bonham's Case,” Law *Quarterly Review* 54 (1938),543 – 552,批评了 T. F. T. Plucknett 在“Bonham's Case and Judicial Review,” *Harvard Law Review* 40 (1926),30 – 70 中得出的某些结论。

但是,另见 Charles M. Gray,"Bonham's Case Reviewed," *Proceedings of the American Philosophical Society* 116 (1972),35 - 58;以及 Tubbs, *Common Law Mind*, pp. 154 - 155。在任何情况下,在 1611 年,对一部制定法的合宪性司法审查和为了使其遵守宪法的要求而对一部有疑问的制定法的司法解释之间的界限很窄。如果,如柯克假定的那样,普通法法院的法官们有解释普通法的最终权力,那么为了避免一个特定案件中的司法控制就需要由议会对普通法进行一种清晰的改变。

〔40〕 Coke, *Institutes*, pt. z, sec. viii (p. 625). 参见 Eusden, Puritans, *Lawyers, and Politics*, p. 124。参见 Coke, Institutes, lib (自然法是"英国各种法律"中的一种)。

〔41〕 Jaroslav Pelikan, *The Vindication of Tradition* (New Haven, 1984), p. 65.

〔42〕 Sir Edward Coke, *preface to The First Part of the Reports of Sir Edward Coke, KT.* (London, 1727); See Geoffrey Chaucer, *The Parliament of Foules* (ca. 1380), ed. T. R. Loundsbury (Boston, 1877), p. 52: "For out of olde feldys, as men sey, /Comyth al this newe corn from yer to), ere."

〔43〕 塞尔登在伦敦塔的第一个时期只持续了五个星期。在第二个时期,开始于 1629 年,他被提前释放但是仍被限制直到 1635 年年初。参
466 见 David Sandier Berkowitz, *John Selden's Formative Years* (Washington, D. C., 1988), pp. 231 - 290。

〔44〕 John Milton, *Areopagitica*, ed. John W. Hales (Oxford, 1886), p. 16.

〔45〕 Berkowitz, *John Selden*, p. 276.

〔46〕 参见 Arthur B. Ferguson, *Clio Unbound: Perception of the Social and Cultural Past in Renaissance England* (Durham, N. C., 1979), p. 295 (quoting Selden, Ad Fletam Dissertatio)。理查 · 塔克以一种"英国法的伯克式理论"(the Burkean theory of English law.)的表述来概括这个过程,这来自塞尔登,被引用于文本中。参见 Richard Tuck, *Natural Rights Theories*:

Their Origin and Development (Cambridge, 1979), p. 84。塞尔登对西方法律传统的理解在很多方面超出了其继任者，甚至迟至20世纪。例如，他理解查士丁尼的罗马法不仅是为欧洲法所“接收”。他拒绝通常的英国的假定“每一个其他基督教国家(除了英格兰和爱尔兰)的最高的和支配的法律……是古老的查士丁尼的罗马皇帝的法律。”他坚持说“没有一个国家是由[这种法律]统治的。”“毫无疑问”，他继续说道，“习惯使得这些法律中的某些部分在所有它们被研究过的地方接收为法律，连英国也是这样的，”但是这只意味着它们已经成为地方法的部分。英国因此在其独特型方面并不独特：“每个基督教国家都有其普通法，如这个王国有一样”。参见 Richard Helgerson, *Forms of Nationhood: The Elizabethan Writing of England* (Chicago, 1992), p. 68 (quoting Selden, *History of Tythes*)。

〔47〕 John Selden, *De Jure Naturali et Gentium juxta Disciplinam Ebraerorum Libri Sep turn* (London, 1640).

〔48〕 J. P. Sommerville, “John Selden, the Law of Nature, and the Origins of Government,” *Historical Journal* 27 (1984), 440 – 442.

〔49〕 理查·塔克论辩说塞尔登的政治哲学是高度原创性的而且表现了一种与当时的很多以神学为基础的政治理论的决定性的突变。参见 Tuck, *Natural Rights Theories*, pp. 90 – 100. J. P。然而，索摩维勒论辩说，虽然塞尔登是一个具有高度原创性的法律史学家(以及希伯来和希腊古代文明学者)，然而他对当代的同样的政治理论争论并无什么新的贡献。见 Sommerville, “John Selden,” p. 446。这里论争的是塞尔登的法律哲学所建构的政治哲学中的特别部分的原创性的主要内容。

〔50〕 参见第十一章。

〔51〕 霍兹沃斯写黑尔：“他的性格和天才使得他很容易地成为了其时代最伟大的英国法律家和英国曾经见过的最科学的法学家。” William S. Holdsworth, *A History of English Law*, 13 Vols. (London, 1922 – 1952), 6: 580 – 581 (此后都引自 Holdsworth, *History of English Law*)。在其他地方霍兹沃斯指出：“[黑尔]是柯克之后出现的最伟大的普通法法律家，而且尽

管其影响从来没有像柯克那么大过,他作为一个法律家,超越了柯克。他们各自占据了我们的法律史这种立场如同他们的性格和精神面貌的不同而不同。柯克……站在了中世纪和现代法律中间。黑尔是第一个我们的伟大的现代普通法法律家……他是柯克所从来都不是的——一个真正的历史学家;而且,和培根一样,他研究了很多法律以外的事物,以及英国普通法之外的其他体系的法律。"W. S. Holdsworth,"Sir Matthew Hale," *Law Quarterly Review* 39 (1923),424 - 425. 一个对柯克和黑尔的卓越比较可见 Charles M. Gray,"Editor's Introduction" to Matthew Hale, *The History of the*
467 *Common Law of England* (Chicago,1981),pp. xxiii-xxxvii。

〔52〕 马修·黑尔的经典传记仍是与其几乎同时代的吉尔伯特·伯内特所写的那本 *Lives of Sir Matthew Hale and John Earl of Rochester* (London,1829)。另见 Edmund Heward,Matthew Hale (London,1972)。另外的传记材料也可见 Holdsworth,"Sir Matthew Hale," and Gray,"Editor's Introduction"。

〔53〕 Holdsworth,"Sir Matthew Hale," p. 408.

〔54〕 霍兹沃斯指出黑尔在其审判时期当过查理一世的顾问而且他建议查理为新创立的"高等法院"的管辖权辩护。同上 p. 403。看起来黑尔在其北弹劾时也建议过斯特拉福德而且也为劳德提供了法律服务。同上书。

〔55〕 Gray,"Editor's Introduction," pp. xiv-xv.

〔56〕 黑尔的法案被英国国教会的教士的反对意见"杀死得结结实实",他们害怕它"意味着对优先和生存空间的更多竞争"。同上书,p. 103。

〔57〕 对于反映了黑尔的宗教见解的具体的法律贡献可以举出很多例子。作为一个法官,他建立了一种在刑事案件中对囚犯的小心谨慎的公平的榜样。他曾经有一些难度地说服过一个陪审团,宣布一个因饥饿而偷窃了一条面包的人无罪。他也同清教徒一样最为关注济贫;他的"论有关穷人规定",写于 1659 年,包含了一种详细的为穷人提供工作的计划,预测了只有在一个半世纪之后才得以执行的改革措施。然而,他也同

清教徒一样对魔法极端厌恶,而且在 1664 年按照制定法规定对两个被陪审团发现犯有蛊惑某些儿童罪行的妇女适用了死刑。

〔58〕 黑尔的 *History of the Common Law* 首次出版于 1713 年,这时他已经去世几年了。事实上,黑尔的大量的法律著述中没有一种是在其有生之年出版的,尽管它们中的很多以手抄本的形式广为传播。

〔59〕 黑尔的 *History of the Pleas of the Crown*,首次出版于 1736 年,并非一部历史而是一部处理死刑犯罪的刑法和程序教科书。Heward 写道(Matthew Hale,pp. 133 - 134):“这部书是一个绝技(tour de force)。它是系统的和详细的……黑尔成功地做到了将大量的材料简化为一定数量的连贯的与死刑犯罪有关的刑法。”他的《法律分析》将法律区分为两个部分,即民法和刑法,但是它自己只处理民事问题,它把民事问题分为民事权利或利益,与这些权利有关的不当行为或侵害,以及适用于这些不当行为的救济或赔偿。民事权利在以欧陆普通法的风格被细分为人的权利(主要是义务)和物的权利(主要是财产)。

〔60〕 尽管他没有就罗马法写过任何文字,黑尔崇拜罗马法而且,以其同时代的传记作者伯内特的话来说,“为其在英国如此少的被研究深深地悲叹”。引自 Heward, *Matthew Hale*,p. 26。当黑尔对英国法的系统化受到了从 11 世纪晚期在西方已经发展起来的罗马法学家的法律科学强烈影响。他的英国法的系统化也受到了他的精确的和自然的科学知识的强烈影响,就此他写出了几部长篇的小册子。他也熟悉波义耳和牛顿以及某些伦敦皇家学会的创始人。他的关于宗教的论文中的三篇在其死后由其朋友,清教徒大臣理查·巴克斯特出版。它们被简化了。同上,pp. 127 - 128。

〔61〕 Gray,“Editor's Introduction,” p. xv.

〔62〕 Ibid. ,p. xix.

〔63〕 Ibid. ,p. xvi. 468

〔64〕 这份日记,保存在耶鲁大学的贝尼克稀少图书和手稿图书馆(Beineke Rare Book and Manuscript Library of Yale University),由麦亚·詹

森(Maija Jansson)编辑和出版,题名为"马修·黑尔论法官和审判",载于*Journal of Legal History* 9 (1988),201-213。它揭示了黑尔在行使其司法职责时对神的指导的强烈依赖。他写道,审判是如此"艰难的一份工作"以至于"任何人接受它都是一种奇迹,以及任何作出正确判决的人都应该想要得到它或者不期望被降职或解除这份工作"。他列举了12种这种工作的要求,包括"它要求一种经常为害怕全能的上帝和其在场的感觉而感到敬畏。"在描述他在审判刑事案件的感觉时,他写道"正是上帝的优雅和善使得我自己没有陷入如我作出的判决中的事情那样的极大暴行中去。我有甚至那些犯罪分子都有的……同样的激情,欲望和堕落。但是甚至当我的位置的责任要求在惩罚犯罪时要做到正义和尽可能地严格,然而同样的共同的人性和人的弱点感应该同时迫使我对这些犯罪人有很大的同情。"法官,黑尔写道,必须"在讯问,审查,判决时避免所有的急躁,[而且必须]停顿和思索,非常仔细,衡量每一个回答,每一种场景。"这些沉思导致黑尔得出结论,即如果在一个刑事案件中,"一个人在最好的审问基础上作出判决,其审理的案件非常接近一致",一份无罪判决要比一份有罪判决更合适,"因为尽管对无辜者判刑和对有罪者宣布无罪都是上帝所厌恶的事情,然而在这里那是一份充分的有罪证据出现了,但是 in obscuris et in evidentibus praesumitur pro innocentia"(无论在在模糊的问题上还是在清楚的问题上,无罪要被假定),而且我宁愿通过事实的真相的忽略或者其不明显而宣布十个有罪的人无罪也不愿对一个无罪之人判刑。对于一个有罪的人,或者明显可以证明有罪之人,在日后法官可以后悔和更改,以天意的方式神的正义之手还可以触摸到这个人;但是一个无辜者失去生命在这个世界上是无可挽救的。但是这必须被有意去做,根据一份真挚的,明智的,公正的查究,证据是不明显的,而不是一个人出于偏向或无益的怜悯将使他自己放弃对一个犯罪人实行公正。

〔65〕 See Gray, "Editor's Introduction," p. xviii.

〔66〕 Matthew Hale, *preface to The Analysis of the Law*, 2nd ed. (1716), quoted in Barbara Shapiro, "Law and Science in Seventeenth-Century Eng-

land," *Stanford Law Review* (1969),746。夏皮罗(Shapiro)强调黑尔将普通法和民法都当作"体系"来处理,即作为"系列的相关的部分"而不是令状或规则的偶然的分类(p. 746)。

〔67〕 黑尔的传记作者伯内特报告说一些人曾经对黑尔说他们"把普通法看作一种研究,它不可能变成一种配置,不能形成一种理性的科学,因为普通法难以理解而且普通法的案例的多样性"。黑尔决然地回答说他"与他们的想法不同",而且他用大量的篇幅来勾画出"整个秩序和其中各个部分的配置以最大地满足那些他所送给的人"。引自 Holdsworth, History of English Law, p. 584。

〔68〕 该文发表于 *Law Quarterly Review* 37 (1921),274 - 303。名称为"Sir Matthew Hale on Hobbes: An Unpublished Manuscript",其中有波洛克爵士(Sir Frederick Pollock)撰写的简短导论。

〔69〕 黑尔的一些更为理论化的法律著述包括 *The Jurisdiction of the Lord's House*, *Considerations Touching the Amendment and Alteration of Laws*, *A Short Treatise of Sheriff's Accompts*, 以及 *A Treatise on the Admiralty Jurisdiction*。全部著作目录参见 Heward, *Matthew Hale*, pp. 130 - 155。 469

〔70〕 参见 Donald R. Kelley, *Foundations of Modern Historical Scholarship: Language, Law, and History in the French Renaissance* (New York, 1970), pp. 118 - 120; 同一作者, *Franfois Hotman: A Revolutionary's Ordeal* (Princeton, 1973), pp. 192 - 197。参见 Gerald Strauss, *Law, Resistance, and the State: The Opposition to Roman Law in Reformation Germany* (Princeton, 1986)。另见第八章。

〔71〕 Matthew Hale, *Historia Placitorum Coronae*, ed. Sollom Emlyn, Vol. 1 (Philadelphia, 1847), p. 13.

〔72〕 Ibid., p. 12.

〔73〕 Ibid., p. 11.

〔74〕 Ibid., pp. 12 - 13.

〔75〕 萨维尼,一般被认为是法律哲学的历史学派的创始人,把法律

的发展看作社会共同意识历史发展的一部分。法律,他写道,首先是由习惯和大众的信仰发展而来,而在之后才由法学家的活动发展出来。当一个人变得更加成熟时,而且社会和经济生活变得更加复杂时,其法律就变得更少象征而更为抽象,更为理论化,要求通过一种专门受过训练的法学家阶层来掌管和发展。然而,专门的或理论的要素不应该,萨维尼写道,变得与象征因素和支撑了早期和后来法律发展的共同体观念和理想相分离。因此萨维尼以一种规范的分析使得历史和社会学分析结合起来。参见 Friedrich Karl von Savigny,*Vom Beruf unsrer Zeit fur Gesetzgebung and Rechtswissenschaft* (1814),2nd ed. (Heidelberg,1840),trans. Abraham Hayward,*On the Vocation of Our Age for Legislation and Jurisprudence* (1831; reprint,New York,1975)。

梅因也看到了从"早期社会"的源头而来的现代法律的发展中的规范要素,强调历经数个世纪作为主要的法律创新的来源的从拟制到衡平到立法以及作为主要的法律义务的来源的从身份到契约的变迁。参见 Henry Sumner Maine,Ancient Law (London,1861) and *Early History of Institutions* (London,1875)。

迪尔凯姆在强调法律渊源的一个民族的道德感和集体意识(conscience collective)方面同意萨维尼的看法,而且在追溯法律的重心从压制到恢复性制裁的运动方面部分地以梅因为基础。参见 Emile Durkheim, *The Division of Labor in Society* (Glencoe,Ⅲ,1893),以及 *Durkheim and the Law*,ed. Steven Lukes and Andrew Scull (New York,1983) (一个迪尔凯姆关于法律和法律演化的论文集)。然而,与梅因和韦伯相比,迪尔凯姆并没有明显地将规范的重要性放到其进化理论上。类似地,韦伯在追溯他所说的法律从克里斯玛类型到传统类型再到形式理性类型的变化时,并没有将一种规范的特点加之于每一种特定类型的法律内部的或从一种类型到另一种类型的历史发展中。参见 *Max Weber on Law in Economy and Society*,ed. Max Rheinstein(Cambridge,Mass.,1954)。

〔76〕 Matthew Hale,*The History of the Common Law of England*,ed.

Charles M. Gray (Chicago,1971),p. 39.

〔77〕 这种陈词看起来已经由曼斯菲尔德爵士在 Omychund v. Barker,1 Atkyns 32 (1744)案中作为副总检察长第一次表达过。一个印度人根据“印度教徒”(Gentoo)信仰所发的誓言是否可以被一个英国法院接受为 470
证据还存在争议,因为一部议会的制定法要求采用根据福音书的誓言。曼斯菲尔德论辩说“理性,正义和便利的原则”要求这种证词被允许。在解释为什么法院应该在这个案件中超越制定法的文本时,他指出,“一项制定法非常少见地可以包括所有案件,因此普通法,其自身纯粹靠得自正义的源泉的规则,就此原因而言是优于一项议会的法律的”。法院因此接受了这种推理。参见 J. W. Gough,*Fundamental Law in English Constitutional History* (Oxford,1955),p. 188。曼斯菲尔德的观点非常接近黑尔的法律发展理论。迈克尔·劳本已经指出过,“黑尔使得普通法的灵活性和其古老性和谐起来,通过提出一种伯克式的观点:普通法是一个身体,成长和使适应人民的需要,曾经接近完美。”Lobban,*Common Law and English Jurisprudence*,p. 3。劳本引用黑尔的说法“通过英国人民的使用,实践,商业,研究和提高,[法律]在亨利二世时代取得了很大的进步”而且在爱德华一世,“英国的查士丁尼”治下,法律“获得了一种巨大的完美。” Hale,*History of the Common Law*,pp. 84 and 101。

〔78〕 诺曼征服在普通法中是否一个决定性的断裂在 16 世纪晚期和 17 世纪早期宪制辩论中是一个具有根本的重要性的问题。一方面,议会派如柯克,希望强调代议机关相对于君主的特权,他们论辩说诺曼征服不出场英国法的一种根本断裂而且也主张说议会自身的根源可以追溯至盎格鲁–撒克逊时代的薄雾中。另一方面,保皇派如劳德大主教,倾向于将盎格鲁–撒克逊的过去仅当作“一种对反叛的刺激”。参见 Christopher Hill,“The Norman Yoke,” in *Puritanism and Revolution: Studies in Interpretation of the English Revolution of the Seventeenth Century* (London,1958),p. 62。黑尔和塞尔登一样,采取一种中间观点,和柯克一起宣称代议政府从盎格鲁–撒克逊时代以来的连续性,但是与柯克不同的是追溯封建财产法

和其他相关问题至诺曼人。

〔79〕 Hale, *History of the Common Law*, p. 40。亚尔古英雄的比喻以塞尔登为基础,在本章前面讨论过。黑尔有时也将比较法比作一条由很多支流汇入的河流。

〔80〕 参见 Thomas Hobbes, *A Dialogue between a Philosopher and a Student of the Common Laws of England*, ed. and intro. Joseph Cropsey (Chicago, 1971)。The *Dialogue* 印刷下来有 115 页。它首次出版于 1681 年,霍布斯逝世后两年,写作于 1661 年之后,黑尔 1676 年逝世之前。黑尔看过它的手稿。黑尔的回应也是至其逝世前还没出版,但是,如同霍布斯的评论一样,毫无疑问在其有生之年以手稿形式传播。霍布斯的评论短但是在某些方面是包含于其 1651 年出版的著名著作《利维坦》(*Leviathan*)中的很强的政治和法律哲学论述。

〔81〕 这些和以下的引用来自 William Holdsworth, "Sir Matthew Hale on Hobbes," *Law Quarterly Review* 37 (1921), 287 - 291。

〔82〕 Hobbes, *Dialogue*, p. 69; 另见 D. E. C. Yale, "Hobbes and Hale on Law, Legislation, and the Sovereign," *Cambridge Law Journal* 31 (1972), 123 - 124。

〔83〕 See Lewis, "Coke: His Theory of 'Artificial Reason'", p. 339.

〔84〕 Yale, "Hobbes and Hale on Law, Legislation, and the Sovereign,"
471 pp. 121, 123 - 124.

〔85〕 See Harold J. Berman, "Some False Premises of Max Weber's Sociology of Law," *Washington University Law Quarterly* 65 (1987), 759 - 760.

〔86〕 这些和下面的引用来自 Holdsworth, "Sir Matthew Hale on Hobbes," pp. 297 - 298 and 302。

〔87〕 *Fisher v. Prince*, 97 *Eng. Rep.* (K. B. 1762), p. 876, quoted in *Cecil H. S. Fifoot*, *Lord Mansfield* (London, 1936), p. 219。曼斯菲尔德的"案件的理性和精神"与"特定的先例的文字含义"相比,导致了为对某一特定问题的一系列类似的裁决而不是为一个单独的案件的裁定赋予权

威。这是黑尔的先例学说概念之后的发展,其先例学说表达于其陈述"在解释,宣布和公布这个王国的法律是什么方面,特别是当这样的裁决与前时代的决议和裁决保持了一种协和和一致时,法院的裁决……具有很大的分量和权威"。Hale,*History of the Common Law*,p. 45。只有在19世纪晚期这种宣言的先例理论,如其开始被称呼的那样,被称为遵循先例(stare decisis)的严格的学说所替代——既在英国也在美国,"遵守裁决",即一个其事实与后面的案件的事实类似的单独的案件的裁定对后一案件有约束力。后面的理论反映了一种历史主义,这与黑尔或曼斯菲尔德的历史性观念相当不同。19世纪晚期的历史主义与一种面向基于权威的法律原则和规则的理性分类的可预测性有关,而且与18世纪晚期的启蒙观念和19世纪的法典化运动比与17世纪英国革命相关的一种正在进行的司法宣布法律的传统观念更为协调一致。参见 Harold J. Berman,"Law and Belief in Three Revolutions," *Valparaiso Law Review* 18 (1984),607 - 608; Harold J. Berman,Samir Saliba, and William R. Greiner, *The Nature and Functions of Law*,5th ed. (Westbury, N. Y., 1996), pp. 483 - 485; Rupert Cross and J. W. Harris,*Precedent in English Law*,4th ed. (Oxford, 1991), pp. 24 - 36; Charles M. Gray,"Parliament, Liberty, and the Law," in *Parliament and Liberty: From the Reign of Elizabeth to the English Civil War*, ed. J. H. Hexter (Stanford, 1992), pp. 155, 157 - 160。

〔88〕 Galileo Galilei, *Dialogues Concerning Two New Sciences*, trans. Henry Crew and Alfonso DeSalvio (New York, 1914), p. 24.

〔89〕 引自 John Herman Randall, Jr., *The Making of the Modern Mind* (Boston, 1926), p. 237。

〔90〕 René Descartes, *Rules for the Direction of the Mind*, in *Great Books of the Western World*, Vol. 31 (Chicago, 1952), p. 1.

〔91〕 See Lucien Lévy-Bruhl, "The Cartesian Spirit and History," in Raymond Klibansky and H. J. Paton, eds., *Philosophy and History: Essays Presented to Ernst Cassirer* (Oxford, 1936), p. 191.

〔92〕 在大量的关于伽利略和笛卡儿的贡献的哲学含义的大量文献中,下列研究对目前的讨论相关:Maurice Clavelin,*The Natural Philosophy of Galileo*: *Essays on the Origins and Formation of Classical Mechanics*,trans. A. J. Pomerans (Cambridge, Mass. , 1974); Robert E. Butts and Joseph C. Pitts,eds. ,*New Perspectives on Galileo*,(Dordrecht,1978); William A. Wallace,ed. ,*Prelude to Galileo*: *Essays on Medieval and Sixteenth-Century Sources of Galileo's Thought* (Dordrecht,1981); Desmond Clarke,*Descartes' Philosophy of Science* (University Park,Pa. ,1982)。

〔93〕 参见 Barbara Shapiro,*Probability and Certainty in Seventeenth-*
472 *Century England*。

A Study of the Relationships between Natural Science, *Religion*, *History*, *Law*,*and Literature* (Princeton,1983),夏皮罗展现了在培根死后三十年到五十年里,皇家学会的经验科学家放弃了他的观点,即归纳法能够产生出某些知识,相反地,接受了一种盖然论的观点。参见 Steven Shapin and Simon Schaffer,*Leviathan and the Air Pump*: *Hobbes*,*Boyle*,*and the Experimental Life* (Princeton,1985)。部分地根据夏皮罗的工作,Shapin 和 Schaffer 指出(p. 24)"通过采取一种知识的盖然论观点,一个人可以达到一种适当的确定性而且可以将目标对准确保对知识要求的合理同意。对物理命题的必要的和普遍的同意的寻求被视作不适当的和不合理的。它属于一种'教条的'计划,而且教条主义不仅被看作一种失败而且对真正的知识来说是危险的"。

〔94〕 这个辩论在 Shapin 和 Schaffer 的 *Leviathan and the Air Pump* 里有深入的分析。本章里的霍布斯和波义耳的论辩的引用和解释可见本书 pp. 107 – 108。

〔95〕 参见 Robert K. Merton,*The Sociology of Science*: *Theoretical and Empirical Investigations* (Carbondale,1973);参见同一作者,*Science*,*Technology*, *and Society in Seven teenth-Century England*, 1st American ed. (New York,1970)。默顿,被称为知识社会学的学科开创人,没有明显地指出他

所说的"可证明的科学知识"最终是科学共同体决定其所是的事物;然而,这个命题呈现于其著作各处。参见 *Sociology of Science*, pp. 267 – 278。他写道科学的探究预先假定了"文化与科学"之间的互动,而且存在一种科学知识与"经济、政治、宗教、军事等"领域的"制度"发展之间的相互依赖。另见 I. Bernard Cohen, ed., *Puritanism and the Rise of Modern Science* (New Brunswick, N. J., 1990) (对罗伯特·K. 默顿于知识社会学的贡献的一种回顾)。

这种科学知识——"真理"——不是靠个人的理性或神的或其他权威意志来获得,而是通过满足相关的科学共同体所设定的标准来获取,这也是托马斯·库恩的重要的科学的革命的观念的潜在的前提,在这些革命中科学共同体创造新的科学"范式"(paradigms)。Thomas Kuhn, *The Structure of Scientific Revolutions*, 2nd ed., enl. (Chicago, 1970)。另见 Shapiro, *Probability and Certainty*, pp. 15 – 73, and Shapin and Schaffer, *Leviathan and the Air Pump*, pp. 69 – 79, 卓越地讨论了这种与众不同的 20 世纪科学知识研究方法的 17 世纪起源。

〔96〕 参见 Harold J. Berman, "Toward an Integrative Jurisprudence: Politics, Morality, History," *California Law Review* 76 (1988), 797 – 801。这种三位一体的法律观点与看起来盛行于 17 世纪英国著作家中间的社会生活的观点总体上明显地类似。因此 F. Smith Fussner 指出可以"确切地说""大多数 17 世纪的英国著作家们认为政治、道德和传统(历史的别名)当作形成了一种三位一体。" F. Smith Fussner, *The Historical Revolution: English Historical Writing and Thought, 1580 – 1640* (London, 1962), p. xvii。

第九章 英国法律科学的转型

〔1〕 在这里使用的"法律论文"这个名称比 W. B. Simpson, "The Rise and Fall of the Legal Treatise: Legal Principles and the Forms of Legal Literature", *University of Chicago Law Review* 42 (1981), 632 中提出的意义要广泛。辛普森把"论文"限定为关于英美法单独部门的一种特定类型的 473

系统的专论,他主张说,一种产生于1770年代和1780年代且只是在20世纪衰落的类型,包括就英国法整体而论的系统的著作,比如一方面13世纪布拉克顿的著作,另一方面17世纪晚期马修·黑尔的著作和18世纪中期布莱克斯通的著作。只因为在其文章中粗略指出的原因,辛普森对于把写作于17世纪晚期和18世纪早期的英国法的单独部门的著作,比如杰弗里·吉尔伯特的《证据法论》(*the Treatise on the Law of Evidence by Jeffrey Gilbert*)和威廉·豪津斯的《刑法论》(*the Treatise on Criminal Law by William Hawkins*)算作"论述"表示犹豫。

〔2〕 参见第三章的讨论。

〔3〕 哈特(H. L. A. Hart)在法律规则的内在方面和外在方面做了类似的区分,尽管为了不同的目的。他把法律规则的内在方面描述为支配受制于法的人的规则,对他们来说法律规则是他们受约束的"游戏规则",外在方面是这些规则看起来是一个外在的观察者描述它们约束其他人但他自己不参与游戏的方面。参见 H. L. A. Hart, *The Concept of Law*, 2nd ed. (Oxford, 1994), pp. 56-57, 88-90, 102-103。这里需要说明的是外在的观察者也是游戏的参与者。

〔4〕 William Blackstone, *Commentaries on the Laws of England*, 4 Vols. (1765-1769; reprint, Chicago, 1979), 2:2, 4:5; 见同一作者, *An Analysis of the Laws of England* (1753; reprint, Buffalo, 1997)。参见 Daniel J. Boorstin, *The Mysterious Science of the Law: An Essay on Blackstone's Commentaries* (1941; reprint, Boston, 1958) p. 20(概括了布雷克斯通的英国法律科学观念的特征):"英国法的任何地方的'原则'都有待发现。"

〔5〕 See Matthew Hale, *The Analysis of the Law: A Scheme or Abstract of the Several Titles and Partitions of the Law, Digested into Method* (ca. 1670; first published London, 1713).

〔6〕 Blackstone, *Commentaries*, 1:4, 34.

〔7〕 同上书, 1:5-6; 参见 1:33:"仅仅通过在普通法职业之前的学术教育这一步和同时使得法律初步成为学术教育的一部分,这里指出的

不便之处永远不能有效地防止。因为科学是共同的事业,在相互的邻近处最为繁荣:没有任何分支的学问,但是可以通过来自其他学科的协助获得帮助和提高。"

〔8〕 "Et le briefe et judgement supra fuit rule per opinionem Curiae de Banco non obstante deux presidents." See C. K. Allen, *Law in the Making*, 7th ed. (Oxford, 1964), p. 204.

〔9〕 在15世纪晚期和16世纪早期,普通法法院有时为了证明它们对摆在它们面前的事务的管辖权的正当性而提及以前的裁决。参见 John H. Baker, "New Light on Slade's Case," *Cambridge Law Journal* 29, pts. 1 and 2 (1971), 51 - 67, 213 - 236;同一作者, The Common Law Tradition: Lawyers, Books, and the Law (Hambledon, 2001), pp. 158 - 164,其他的英国法院也这么做。参见 Thomas G. Barnes, "A Cheshire Seductress, Precedent, and a 'Sore Blow' to Star Chamber," in Morris S. Arnold et al., eds., *On the Laws and Customs of England: Essays in Honor of Samuel E. Thorne* (Chapel Hill, 1981), pp. 359, 378。

〔10〕 *Bole v. Norton* (1673), *Vaughan's Rep.*, 382. 474

〔11〕 Matthew Hale, *History of English Law* (London, 1739), p. 67, cited by C. K. Allen, Law in the Making, 6th ed. (Oxford, 1958), p. 206.

〔12〕 参见 Gerald J. Postema, "Some Roots of the Notion of Precedent," in Laurence Goldstein, ed., *Precedent in Law* (Oxford, 1987), pp. 9, 16:"根据黑尔的观点,无论先例的含义或规范内容还是其权威都建立在它被认为是共同体的集体经验(或'智慧')的基础上,法律是该共同体的知识库"——而且"法律汇编是该共同体的公共档案"。

〔13〕 Ibid., pp. 16 - 17.

〔14〕 *Fisher v. Prince*, 97 *Eng. Rep.* 876 (K. B. 1762).

〔15〕 关于皇家学会,参见注释〔100〕。关于休谟的知识以惯常的经验为基础的理论,参见 Terence Penelhum, *David Hume: An Introduction to His Philosophical System* (West Lafayette, Ind., 1992), pp. 76 - 77; Daniel E.

Flage, *David Hume's Theory of Mind* (London, 1990), pp. 92 - 93; 参见 Knud Haakonssen, "The Structure of Hume's Political theory," in David Fate Norton, ed., *The Cambridge Companion of Hume* (Cambridge, 1993), pp. 182, 202 - 203。

〔16〕 关于令状制度的起源和发展,参见 F. W. Maitland, *The Forms of Action at Common Law: A Course of Lectures* (1909; reprint, Cambridge, 1965)。关于14世纪令状的"冷冻"和大法官法院的衡平管辖权因而发生的扩张,参见 T. F. T. Plucknett, *Statutes and Their Interpretation in the First Half of the Fourteenth Century* (Cambridge, 1922), pp. 121, 169; 另见 Harold J. Berman, *Faith and Order: The Reconciliation of Law and Religion* (Atlanta, 1993), chap. 4 ("Medieval English Equity"), pp. 65 - 67。

〔17〕 对于普通法法院采取的同一方向上的其他变化,参见 John H. Baker, "Origins of the 'Doctrine' of Consideration, 1535 - 1585," in Arnold et al., *On the Laws and Customs of England*, pp. 336 - 358。

〔18〕 16世纪和17世纪早期普通法法院里的一大部分契约案件是关于所谓的保证金的诉讼。这些是只有在不及时履行契约义务时存在疏忽情况下才要支付的违约之债。这些债务通常至少是契约价格的两倍,可以减少按缔约时判断,因此在疏忽的情况下债务人可以就这些判断被起诉。参见 A. W. B. Simpson, *A History of the Common Law of Contract: The Rise of the Action of Assumpsit* (Oxford, 1987), p. 125 (指出了在作为例子的1572年,503起关于债务的诉讼被提起,相比之下只有三起损害赔偿之诉被提起)。

〔19〕 非法占有之诉有三项主要的缺点:(1)它允许被告选择合法地发誓,这在实践中意味着,一个被告将获胜,如果他能够集聚6个或12个人宣誓说他的陈述是真的;(2)被告有权选择或者归还物品或赔偿其对债务的不履行所带给原告的损失;(3)在被告选择了归还物品的情况下,他可以按照当时的判断的任何条件交付它们。参见 John H. Baker, *An Introduction to English Legal History*, 3rd ed. (London, 1990), pp. 7:441 - 445。宣

誓断讼法在 1833 年被废除了。

〔20〕 霍兹沃斯认同这种观点,即追索侵占物诉讼的决定性的变化发生在 16 世纪晚期,当时诉讼人被允许为第三方的权利辩护——*the jus tertii*——作为显示原告缺乏在被要求之物的财产权利的一种手段。他说道:"在这个阶段的末尾[17 世纪末期],我们可以看到这种观念的开始,即如果一个追索侵占物诉讼中的原告不是依赖他的占有,而是依赖于他的占有权,被告可以通过证明一个 *jus tertii* 来满足他的请求。换句话说,原告必须证明一种绝对的正当利益对抗全世界。" Holdsworth, *History of English Law*, 7: 426. 参见 *Cooper v. Chitty*, *I Burr*. 20, 97, *Eng. Rep*. 166 (1756), 172, 每一个都断言曼斯菲尔德爵士认为追索侵占物诉讼的证据中第一个要素是"原告的财产",而且主张,一个因分配破产状态的物品给债权人而获得了物品的官员必须给其所有人支付这些物品的价值,在所有人破产之前这些物品已经通过破产被转移。 475

〔21〕 某些英国法律史学家往往强调在 16 世纪和 17 世纪早期利用拟制来扩展驱逐之诉和追索侵占物诉讼的范围,而且他们低估了 17 世纪晚期和 18 世纪早期更为重要的变化。然而,初期的拟制,是程序拟制,普通法法院诉诸其以在同其他法院竞争时使其吸引力显得合理并提升其吸引力。参见 Holdsworth, *History of English Law*, 7: 405。相比之下,17 世纪晚期和 18 世纪诉诸实体拟制发生这样一个时期,这时普通法法院处于至上地位,而且并不需要利用拟制来扩展其相对其他法院的管辖权,但是的确需要它们来维持与过去的连续性的神话。

〔22〕 Jeremy Bentham, "A Fragment on Government," in *The Works of Jeremy Bentham*, Vol. 1, ed. J. Bowring (1843), p. 235, n. s. 另见同一作者, "Elements of Packing as Applied to Juries," in *The Works of Jeremy Bentham*, Vol. 5, ed. J. Bowring (1843), p. 92 ("在英国法中,拟制是一种梅毒,蔓延于每一根血管,而且将腐烂气息带入该体系的每一个部分")。

〔23〕 参见 Lon L. Fuller, *Legal Fictions* (Stanford, 1967), pp. 63 - 65。欧文·巴菲尔德(Owen Barfield),英国法律家和诗人,曾经比较过法律拟

制和隐喻,其中旧词获得了新的含义。他写道,法律拟制是就先前存在的语言表达新含义的过程和在法律中将先前存在的法律规则运用至新情况的一个极端的例子。参见 Owen Barfield, *The Rediscovery of Meaning and Other Essays* (Middleton, Conn., 1977), pp. 44 ("Poetic Fiction and Legal Diction"), p. 57。

〔24〕 See Friedrich Carl von Savigny, *Vom Beruf unserer Zeit für Gesetzgebung und Rechtswissenschaft*, 2nd ed. (Heidelberg, 1828), pp. 32 - 33, quoted in Fuller, *Lega Fictions*, p. 59.

〔25〕 在《查士丁尼法学总论*》中,债(*obligationes*) 被分为四种类型:契约之债,私犯之债,准契约之债(*quasi ex-contractu*),准私犯之债(*quasi ex-delicto*),尽管以后各种类型的契约之债,私犯之债,准契约之债和准私犯之债被确定下来了,对它们之间相区别的潜在原则却没有进行概念的分析(在经典和后经典罗马法中通常也是这样的)。17 世纪的欧洲罗马法学家因这些不同的本质和这些区分自身而奋斗。截至 17 世纪,合并了罗马法,教会法和欧洲世俗政权的法律的共同特征的欧洲普通法(*jus commune*),将准私犯之债吸收进私犯之债中而且将不当得利的概念加之于准契约之债中。参见 Reinhard Zimmermann, *The Law of Obligations* (Oxford, 1990), pp. 1 - 33, 885 - 886。

〔26〕 *Style* 47, 82 *Eng. Rep.* 519 (1647); *Aleyn* 26, 82 Eng. Rep. 897 (1647). Aleyn 的汇编通常为美国的契约法引用或复制。这份别具风格的
476 汇编,本书的讨论主要取自它,对被告人失败的论辩给予了更多的说明。

〔27〕 Style 47.

〔28〕 尽管在英国和美国法中一个人甚至在没有过错情况下违反契约仍然要承担责任,在 Paradine 诉 Jane 案中宣布的绝对责任学说已经在过去的世纪里遭到了普遍的批判,除了在英格兰,至少仍可以说它可以使用至租约案件。即如果没有明显的相反的条款,因不可预见的意外事件

---

* 译《查士丁尼法学阶梯》。——译者注

导致的不可能完成的风险被放到了承租人身上。还有在当事人多少有对等的交易权力和他们在他们的契约里加入一系列将作为不履行的托辞的意外事故条款的商业案件中,因不包含在该系列中的不可预见的意外事件而阻碍契约目的的风险,至少在某些类型的案件中,将由债务人承担。参见 Harold I. Berman,"Excuse for Non-performance in the Light of Contract Practices in International Trade," *Columbia Law Review* 63 (1963),1413。

〔29〕 2 Lord Raymond 909,92 Eng. Rep. 107 (1703).

〔30〕 See George W. Paton, *Bailment in the Common Law* (London, 1952),pp. 81 - 85.

〔31〕 这种发展也是霍特爵士的一份贡献,他主要地从海事法中将其引入普通法,海事法在当时被认为是国际法。参见 *Boson v. Sandford*,2 *Salk.* 440,91 *Eng. Rep.* 382 (1691),一个货主因货物在船长看管下受损而起诉船东的海事案件。船东否认有责,因为他们本人没有承担载运这些货物的工作,但是霍特爵士主张"无论谁雇佣了另一个人都应该向他负责,而且承担所有利用他的看管。"在英国革命之前,这种诉讼可能在高等海事法院提起过。截至 1691 年获胜的普通法法院已经采纳了柯克爵士的附带意见,即海事法院的管辖权要被限制为发生在公海上的事务。

〔32〕 G.爱德华·怀特(G. Edward White)指出"在 19 世纪之前抛开侵权责任的标准去谈独立的'侵权诉讼'是一种误导",而且"作为一种独立的法律范畴的侵权概念在布莱克斯通的《英国法释义》中没有出现"。他写道,"对 1870 年代之前的侵权诉讼的关键研究不在于一个被告人是'有过错的'海事另外违反了某些侵权责任的广泛的标准,而在于关于被告的损害的状况的某些事情是否迫使被告人支付原告的损失。侵权责任就那么精确"。Edward G. White,*Tort Law in America: An Intellectual History* (New York,1980),p. 14。这些陈述在狭隘的意义上是正确的。它们没有考虑 17 世纪晚期和 18 世纪导致民事责任的很多种类的不正当行为。与以很多具体方式中的任何一种疏忽地导致对某人或财产的损害的诉讼相比,独立的"出于疏忽的诉讼"确实只是在 18 世纪(不是 19 世纪)才出现。

另外布莱克斯通和其他人在写作包括“间接侵害之诉”的“非法侵入”的民事责任时,并没有发展出一套普遍的理论清晰地识别或由疏忽或由故意的不正当行为或由特别危险的行动导致的损害责任。然而,这些区分在一类普遍的非契约民事责任的语境中被做出来了。布莱克斯通清晰地将契约之债从私犯之债中独立出来,他把私犯分为“公共犯”(犯罪)和“私人的不当行为”(侵权)。“个人诉讼,”他写道,“是这样的一类,凭此一个人主张一份债务,或个人义务,或其中的损害;而且同样地凭此一个人可
477 以对其人身或财产的伤害造成的损失要求一个满意的结果。前者被说成可以在契约中发现,后者为侵权或不当行为……所有关于债务或允诺的诉讼都是和前者属于一个性质;所有关于非法侵入,损害,攻击,诽谤的言辞以及类似者的诉讼都和后者属于一个性质。” Blackstone, *Commentaries*, 3:117. 后者当然构成了“一类独立的法律范畴”。

〔33〕 T. F. T. Plucknett, *A Concise History of the Common Law*, 5th ed. (Boston, 1956), p. 471,谈到 Percy H. Winfield, “The History of Negligence in the Law of Torts,” *Law Quarterly Review* 42 (1926), 195。温菲尔德接下来谈到了 Comyns's 1762 *Abridgement of the Laws* 中的救济。

〔34〕 因此“损害赔偿之诉”被分为两种形式:“特别的损害赔偿之诉”,其中有一个明确的承诺,和“一般的损害赔偿之诉”,其中一份之前的债务可以暗示一个承诺。

〔35〕 See Baker, *English Legal History*, pp. 389 - 390, 394 - 395; Holdsworth, *History of English Law*, 3:443; A. W. B. Simpson, “The Place of Slade's Case in the History of Contract,” *Law Quarterly Review* 74 (1958), 381; John H. Baker, “New Light on Slade's Case,” *Cambridge Law Journal* (1971), 51, 213.

〔36〕 参见 *Moses v. Macferlan, 2 Burr. 1005, 97 Eng. Rep.* 676 (1760)。这是一个根据红色印刷的“钱已经收到”而提起的诉讼。原告已经给被告签署了期票,被告答应他将不要求原告支付而只要求这些期票的发票人支付。然而,这个承诺,在一个小额请求法院(被称为“良心法

院”)的前一个程序中,已经被判决为不可执行的,而原告已经在那个程序中被要求尊重这个签名。曼斯菲尔德爵士主张“根据自然正义的纽带”,被告有义务偿还这些支付,而且诉讼的原因“以原告案件的衡平为基础,如其以一个契约为基础(‘*quasi ex contractu*’,罗马法对其这样表达)”。布莱克斯通引用这个裁决并且通过引用它详细地指出某些债来自“比如理性和正义的规定的法律只是暗示的契约”而且钱已收到之诉“只为了被告应偿还的钱”,如“错误支付的钱,或者碰巧没有考虑而支付的钱,或者通过强迫支付之钱,敲诈勒索之钱,或压迫之钱,或者对原告利用了不适当的优势情势”。Blackstone,*Commentaries* 3:162. 曼斯菲尔德的民法上的准契约之债——不是查士丁尼罗马法而是 17 世纪罗马法学家的欧洲普通法——在下文中有很好的展现,参见 Peter B. H. Birks,“English and Roman Learning in *Moses v. Macferlan*”,*Current Legal Problems* 37 (1984),1。

〔37〕 1922 年另一位主要的英国法官,Lord Scrutton,概括“曼斯菲尔德爵士现在被丢弃的学说”的特征为“这种含糊不清的法学,其有时是迷人的符合潮流的作为人与人之间的正义”,以及“好心的思想喷溅”。参见 *Holt v. Markham* (1923) K. B. 504,513。

〔38〕 通过对英国诉讼名录的研究,托马斯·格林已经显示出从 12 世纪到 15 世纪陪审团一般地只判决被控杀人者的 20% 有罪。参见 Thomas A. Green,“The Jury and the English Law of Homicide, 1200 - 1600”, *Michigan Law Review* 74(1974),413。格林得出结论(p. 432):“看起来在中世纪晚期陪审团有罪判决大部分限制为罪行极大的杀人罪。”

〔39〕 Giles Dunscombe,in *Trials per Pais* (1682),指出了甚至在他的时代陪审员可以参考并非司法记录的证据:“他们可以有在法院上展示以外的证据。他们是住在附近的人,法官是外来人。他们可以有来自他们自己的个人知识的证据,他们知道法官不知道的证人的错误表达,或者可 478
能知道证人品行低劣或声名狼藉,这些对于当事人或法院来说都可能是不知道的。”引自 Theodore Waldman,“Origins of the Legal Doctrine of Reasonable Doubt”,*Journal of the History of Ideas* 20 (1959),299,310。直到

1705 年陪审团才从郡里而非争议事实发生的地方的紧接的邻人中选取(p.308)。

〔40〕 关于宗教改革后的德国出现的新的刑事程序,参见 John Langbein,*Prosecuting Crime in the Renaissance: England, Germany, France* (Cambridge, Mass., 1974), pp. 129 - 209(全面地评论了卡罗林那法典的内容,16 世纪早期的德国刑法典,以及围绕其颁布的情况);and Harold J. Berman, "Conscience and Law: The Lutheran Reformation and the Western Legal Tradition", *Journal of Law and Religion* 5 (1987), 188 - 189(简要地讨论了卡罗林那法典语路德宗思想的关系)。对于就刑法的目的而对新教思想的主要要素的分析,参见 John Witte, Jr., and Thomas C. Arthur, "The Three Uses of the Law: A Protestant Source of the Purposes of Criminal Punishment", *Journal of Law and Religion* 10 (1993 - 1994), 433。

〔41〕 *The Trial of William Penn and William Mead*(他们自己撰写), in Howell's *State Trials*, Vol. 6 (1670; reprint, 1816), pp. 951 - 999.

〔42〕 *Bushell's Case*, *Vaughan Rep.* 135, 124 Eng. Rep. 1006 (1670). 沃恩法官的见解的一个评注版收录于 *Howell's State Trials*, 6:999 - 1026。

与几乎所有现代论述相反,沃恩和其他当时的汇编者将"Bushell"拼写成两个 l,而不是一个。

〔43〕 *Vaughan Rep.*, 147, 124 *Eng. Rep.* at 1012.

〔44〕 参见出色的讨论 *Thomas A. Green*, *Verdict According to Conscience: Perspectives on the English Criminal Trial Jury* (Chicago, 1985), pp. 256 - 264。根据对老城堡(中央刑事法院)的汇编的研究,约翰·朗本主张说与有关国家事务的审判("政治审判")相比,Bushell's Case 的裁决并没有影响"日常的刑事审判",因为法官们继续有权自由评论案件的事实和做出对被告的论辩有偏见的陈述,甚至有权教导陪审团要返回一个有罪判决。John H. Langbein, "The Criminal Trial before the Lawyers", *University of Chicago Law Review* 45 (1978), 285. 然而,如朗本所承认的,陪审团可以在没有刑罚的情况下不考虑法官的指令(p.298)。在 17 世纪末期为被告

人引入了辩护律师之后，首先是在叛国罪审判中，然后在 1730 年之后，在重罪案件中也开始使用，辩护律师可以告诉陪审团它应该根据其自己的良心作决定，而不是法官，在决定该案中的所有事务中有最终的发言权。确实，被广泛接受的是在刑事案件中陪审团是法律和事实的最后法官。

〔45〕 John Hawles, *The Englishman's Right* (London, 1680), p. 1, quoted in Green, *Verdict According to Conscience*, p. 255。Hawles 增加说："因为陪审团被法律赋予了这样的权力，因此将它们排除出去，或者强占同样地权力，都彻底地击败了它们的制度的目标。"

〔46〕 John Hawles, *The Grand Jury Man's Oath and Office Explained* (London, 1680), p. 13, quoted in Green, *Verdict According to Conscience*, p. 259.

〔47〕 *Vaughan Rep.* at 141 - 142, *Eng. Rep.* at 1009.

〔48〕 See James Fitzjames Stephen, *A History of the Criminal Law of England*, Vol. 1 (London, 1883), pp. 346 - 350.

〔49〕 See Langbein, *Prosecuting Crime*, pp. 21 - 31.

〔50〕 "altercation"(争吵)这个词为托马斯·史密斯(Thomas Smith)所使用，*De Republica Anglorum* (*1565*), ed. Mary Dewar (Cambridge, 1982), 479
p. 114。参见 Stephen, *History of the Criminal Law*, 1:346 - 349; and Langbein, *Prosecuting Crime*, pp. 29 - 31。

〔51〕 Stephen, *History of the Criminal Law*, 1:358.

〔52〕 "轻罪"(misdemeanor)这个词在 16 世纪开始被用于谈及星室法院管辖权内的犯罪。这个时期之前，普通法法院管辖权内的轻微犯罪(minor crimes)，诸如骚动非法侵入，劳动犯罪，以及其他犯罪，经常采取可诉侵入的形式，它结合了侵权和犯罪而且可以给予受害人赔偿金和给予国王罚金以及有时候的监禁作为制裁。尽管禁止被告人拥有辩护律师或召见证人的规则只适用于重罪，然而辩护律师出现在略轻的普通犯罪案件中还是非常不寻常的。相比之下，在星室法院，它对所有非死刑犯罪(即除了重罪和叛国罪以外的所有犯罪)拥有管辖权而且对它们中间的大

多数(包括伪造罪、伪证罪、骚动、煽动、间谍、赡养、欺诈、诽谤、共谋)拥有排他性的管辖权,被告人不仅被允许而且被要求拥有律师。参见 Stephen, *History of the Criminal Law*,1:341。It is 似是而非的是假设当普通法法院接管了星室法院的刑事管辖权时,它们将继续星室法院的实践,即在轻罪案件中允许有律师出场。

〔53〕 Samuel Rezneck,"The Statute of 1696: A Pioneer Measure in the Reform of Judicial Procedure in England", *Journal of Modern History* 2 (1930),5,6. Rezneck 看起来已经是第一个认识到 1696 年的叛国罪审判法是可比得上 1689 年权利法案和宽容法的光荣革命的意识形态的反映的历史学家。在 1980 年 James R. Phifer 写道:"如同 1696 年叛国罪审判法一样的重要的一部法律本应受到如此少的学术关注在英国历史上至少也是讽刺。这个唯一的给了这部法律超过几页篇幅的历史学家是一篇写作于 1930 年的文章中的 Samuel Rezneck。" James R. Phifer,"Law, Politics, and Violence: The Treason Trials Act of 1696", *Albion* 12 (1980),235。最近该法已经被认真对待,尽管其与英国革命的关联在很大程度上被忽视了。参见 J. M. Beattie,"Scales of Justice: Defense Counsel and the English Criminal Trial in the Eighteenth and Nineteenth Centuries", *Law and HistoryReview* 9 (1991),221。

〔54〕 See Phifer,"Law, Politics, and Violence", p. 255.

〔55〕 The Treason Trials Act, 7 William Ⅲ and Mary Ⅱ c. 3 (1696). 该法的第一部草案在 1689 年被引入议会而且每年一次直到 1696 年。对于这部法律之前的草案的历史,参见 Rezneck,"Statute of 1696", p. 21; and Phifer,"Law, Politics, and Violence", pp. 244 - 254。

〔56〕 参见 Stephan Landsman,"The Rise of the Contentious Spirit: Adversary Procedure in Eighteenth-Century England", *Cornell Law Review* 75 (1990),534 - 539; and Beattie,"Scales of Justice", pp. 224 - 227 and 230 - 231。关于被告人在审判前看到起诉书的权利,参见 Douglas Hay,"Prosecution and Power: Malicious Prosecution in the English Courts, 1750 - 1850", in

Douglas Hay and Francis Snyder, eds. , *Policing and Prosecution in Britain*, 1750 – 1850 (Oxford, 1989), p. 352, n. 31; and William Hawkins, *A Treatise of the Pleas of the Crown*, Vol. 2 (New York, 1721), p. 402。这些文本展现了这样的一种权利存在过,尽管它不是绝对的。朗本以别的方式阅读了它们。参见 John Langbein,"The Historical Origins of the Privilege againstSelf-Incrimination", *Michigan Law Review* 92 (1994), 1047, 1058。 480

〔57〕 See Stephen, *History of the Criminal Law*, 1:334.

〔58〕 参见 Langbein,"Privilege against Self-Incrimination"。朗本正确地指出了截至 1800 年,对抗制程序还占优势。参见 Landsman,"Rise of the Contentious Spirit", p. 502。

〔59〕 对于 the Prisoner's Counsel Act 文本,参见 6 & 7 William Ⅳ c. 114 (1836)。

〔60〕 因此促成了 the Prisoner's Counsel Act 的一个早期版本的 James Mackintosh 爵士,宣布 the Treason Trials Act of 1696 产生了"一种作为对臣民的保护而被普遍感觉得到的好处"而且辩护律师向重罪起诉的扩大将导致同样的后果。参见 *Parliamentary Debates*, Vol. 4, (London, 1821), p. 1513, quoted in Beattie,"Scales of Justice", p. 252。

〔61〕 关于尾随英国革命的刑法中辩护证人的引入和其他程序的发展,参见 Samuel Rezneck,"The Statute of 1696: A Pioneer Measure in the Reform of Judicial Procedure in England", *Journal of Modern History* 2 (1930) 5ff. ; and Phifer,"Law, Politics, and Violence"。对于叛国罪审判法的诸多改革来说使得他们自己在普通的刑事审判中被感觉得到要花费时间。例如,朗本深入 18 世纪中间年代的档案,在中央刑事法院中大多数程序中辩护缺乏辩护律师而且在辩护证人可以得到的场合,他们普遍地受到了法官的审问。参见 John H. Langbein,"The Criminal Trial before the Lawyers", *University of Chicago Law Review* 45 (1978), 263 – 316。

〔62〕 本章的讨论受到了 Landsman 的支持,"Rise of the Contentious Spirit"。相比之下,朗本强调 18 世纪的英国刑事审判的非对抗制的"大

陆”特征的持续性,特别引用了在进行审判时法官的积极角色和辩护律师的有限角色。参见 Langbein,“Criminal Trial”。然而,这里论辩的是从一种支配的纠问制刑事审判模式到一种支配的对抗制刑事审判模式的转变不应该首先由法官和辩护律师发挥的积极或消极作用程度而是要由兰兹曼(Landsman)所说的体现在被告人拒绝回答问题和权利,被告人的证人发誓作证的权利,当事人的各方证人互相交叉询问,以及法官和陪团之间的功能划分中的“争论精神”的表现来衡量。

〔63〕 参见 Sir Matthew Hale, *Pleas of the Crown: A Methodical Summary* (London, 1982), p. 289(一个出版于 1678 年的最初著作的摹写本);Blackstone, *Commentaries*, 4:352, 在《君主之诉》中,黑尔写到最好宣布五个有罪的人无罪而不判处一个无辜的人有罪。在其日记中(以及或许在其他地方),他将数字从 5 升到 10。Quoted in Harold J. Berman,“The Origins of Historical Jurisprudence: Coke, Selden, Hale”, *Yale Law Journal* 103 (1994), n. 147。

〔64〕 “In obscuris et in evidentibus praesumitur pro innocentia”(在模糊的事务中和甚至在清楚的事务中,都要做有利于无辜者的假定), quoted in Berman,“Origins of Historical Jurisprudence”, n. 147。注意这是 1688 年黑尔日记的一条,当时他在巡回开庭。它可能是一条当时的拉丁格言。

〔65〕 刑事案件中一般的“超过合理怀疑”证明标准的第一次明显的司法适用看起来是在 1770 年马萨诸塞皇家殖民地的波士顿屠杀案中。参见 Anthony A. Morano,“A Reasonable Examination of the Reasonable Doubt Rule”, *Boston University Law Review* 55 (1975), 516-519。在其母国对这个
481 一般标准的第一次阐明看起来是在 1798 年的一个爱尔兰案件中。参见 John Wilder May,“Some Rules of Evidence: Reasonable Doubt in Civil and Criminal Cases”, American Law Review 10 (1876), 656-657。民事案件中一般的“证据优势”证明标准首次在 19 世纪被阐释。这些宽泛的标准被概括成特定的砝码以被用于特定类型的案件中的特定类型的证据中,它们在 17 世纪和 18 世纪吉尔伯特的专论和其他学术著述以及辩护律师的论

辩和司法评价中有所阐述。

〔66〕 前面指出过,朗本抨击过英国刑事程序的实质性变化发生在17世纪晚期和18世纪中期之前这种论点。根据他对18世纪中央刑事法院刑事审判的研究,他得出结论,最早在1780年代之前,在普通的重罪审判(与《国家审判》中汇编的"政治案件"相比),没有有效的辩护权利,因此对抗制尚不能盛行,陪审团受法官控制,而且被告人还没有受到要求排除合理怀疑的证明的保护。参见 Langbein,"The Privilege against Self-Incrimination"。他把自证其罪的特权定义为被告人根本不证明的权利:如果,没有辩护律师,被告人就什么都不说,他将什么辩护也没有,对于他有关这种特权的结论,确实没有什么争议。对于朗本对中央刑事法院实践的描述的准确性也无可置疑。然而,因为被告人在中央刑事法院很少有辩护律师出场,就因此推想英国法中没有有效的辩护权利,却是一个错误,事实上在当时,如朗本所承认的,《国家审判》中汇编的很多重罪案件(不是其中的所有,无论如何,政治案件都算是)被告人相当经常地有辩护律师出场。朗本也不否认这些审判,无论在中央刑事法院还是在王座法院,都经常是控方证人和被告证人之间的一场论争,那么至少在这种程度上,存在一种对抗程序。而且,在中央刑事法院和其他地方陪审团经常做出无罪判决,或者比指控的罪名要轻的判决,尽管有很强的导致相反方向的司法指示,对此他们无须忍受被报复的痛苦,这个事实看起来证明了与朗本的结论相反的结论,即 Bushell's Case 还有生命力。

这里提出的这种观点,即"感到满意的良心"标准并没有给予被告人类似于"超越合理怀疑"标准那样的保护,是更难辩护的。如朗本所强调的,"超越合理怀疑"这个术语在1770年之前的可得的法律文献中并没有出现。的确,无论黑尔还是豪津斯抑或布莱克斯通都没有提到任何刑事或民事案件的一般证明标准。然而从非法律文献来看,很清楚,"感到满意的良心",一个在法律和道德哲学上广为使用的术语,意味着一种考虑了所有证据和根据可能性标准做了权衡的良心。也很清楚的是,无论陪审团实践还是法律学者和法官的著述都反映了一种在对被告人罪行有合理怀疑时对他们定罪的强烈反对。因此得出这个结论看上去很公平,即至少"超越合理怀疑"标准的种子播种于17世纪晚期。

〔67〕 Geoffrey Gilbert, *The Law of Evidence* (New York, 1979) (1754年出版的 *The Law of Evidence* 的影印本,包括所有的仔细比较过的原始参
482 考文献。)

杰弗里·吉尔伯特爵士(1674—1726)首先在英格兰然后在爱尔兰从事法律业务。他在1715年被任命为爱尔兰财政署的 chief baron。但是很快回到英格兰服务于英国财政署,at his death,他是该署的 chief baron。在他去世28年后,他的关于证据法的论著首次出版。参见 Michael MacNair, "Sir Jeffrey Gilbert and His Treatises", *Journal of Legal History* 15 (1994), 252-255 and 258。

〔68〕 Gilbert, *Law of Evidence*, p. 1. 关于吉尔伯特与长于他的约翰·洛克的关系,参见 MacNair, "Sir Jeffrey Gilbert", pp. 255-256。根据 MacNair 的论述(p. 255),在1709年吉尔伯特匿名准备和出版了一篇论文,题为"An Abstract of Locke's Essay Concerning Human Understanding"。

〔69〕 Gilbert, *Law of Evidence*, p. 3。参见 Stillingfieet v. Parker, 6 Mod. 248, 87 Eng. *Rep.* 995 (1704),吉尔伯特引用该案支持他的最佳证据规则公式。

〔70〕 参见 MacNair, "Sir Jeffrey Gilbert", pp. 258-260。15篇吉尔伯特的论文在其死后出版而其他论文仍是手稿形式。吉尔伯特使用黑尔的 *The Analysis of the Law* 作为一种模范,而且很明显,在其头脑里他最终不得不以一种综合性的对总体的英国法的"分析"来整理其各种论文。

〔71〕 黑尔的 *Analysis of the Law* 大约写作于1670年而且私下流传。它首次出版于1713年。参见 Matthew Hale, *The Analysis of the Law* (Chicago, 1971),1713年版的影印本。其最初的扉页并没有署名马修·黑尔为作者,只是说这部著作"由一位学者写作"。

〔72〕 黑尔指出(*Analysis of the Law*, p. A3):"我不把自己限制在[罗马]民法的方法或术语里,也不把自己限制在给出一般框架或法律分析的

其他人的方法或术语里,但是我将应用我认为对我致力的事情最有助益的方法。"

〔73〕 See Matthew Hale, *Pleas of the Crown* (London,1716).

〔74〕 参见 William Hawkins, *Pleas of the Crown, 1716 - 1721* (London,1973),豪津斯的两卷本的影印版,一卷最初出版于 1716 年,另一卷出版于 1721 年。这部书在 18 世纪有 7 个版本,在 19 世纪有 1 个版本。

〔75〕 Hale, Analysis of the Law, p. 6.

〔76〕 Ibid. p. 13.

〔77〕 黑尔关于对王室声明限制的观点由布莱克斯通进行了更为全面的发展。参见注释〔78〕。

〔78〕 参见 William Blackstone, *Analysis of the Laws of England* (1756; reprint, Buffalo, 1997),以及同一作者, *Commentaries*。这两部著作都以布莱克斯通在 1753 年开始进行的牛津大学讲座为基础。*Commentaries* 在其生前有 8 个版本,到 19 世纪中期又有了另外的 15 个版本。参见 David Lieberman, "Blackstone's Science of Legislation", *Journal of British Studies* 27 (1988), 121。后来 H. J. Stephen 对之进行了全面修订,这个版本继续出版至"二战"以后。参见 S. F. C. Milsom, "The Nature of Blackstone's Achievement", *Oxford Journal of Legal Studies* 1 (1981), 1。

关于布莱克斯通对黑尔的 *Analysis* 的依赖,参见 Alan Watson, "The Structure of Blackstone's Commentaries", *Yale Law Journal* 97 (1988), 799。布莱克斯通自己指出"所有至今公开的对于英国法分类的方案中,最自然和最科学以及最全面的,看起来是马修·黑尔爵士死后出版的 *Analysis of the Law* 中的分类方案",而且"有学问的读者"应该能够很容易地理解他 483
与黑尔的不同观点,虽然"对于学者来说通过对它们的比较来学习可能是无所收益的工作"。参见 Blackstone, *Analysis*, preface, p. vii。

〔79〕 See Blackstone, *Analysis*, p. iv.

〔80〕 迈克尔·劳本(Michael Lobban)论辩说布莱克斯通试图将当时的平民作家(civilian writers)使用的演绎逻辑运用到英国普通法中"而

且凭此运用一种罗马法结构创造了一种理论上连贯的英国法观点”。劳本最终得出结论,布莱克斯通在这种尝试中失败了,因为他不能从逻辑之前的自然法原则中演绎地推导出英国法。参见 Michael Lobban,“Blackstone and the Science of Law”,*Historical Journal* 30 (1987),311,312,321,331。事实上,布莱克斯通使得自然法原则与英国科学经验主义者的历史方法结合了起来。他的目的,确实是“一种理论上连贯的英国法观点”,但是没有“运用一种罗马法结构”。

〔81〕 布莱克斯通认为英国法“永不能被责难……[或]被发现有错误”,边沁认为布莱克斯通是一个英国法“顽固的或混浊的辩护者”(参见 Jeremy Bentham,*The Fragment on Government*,*in A Comment on the Commentaries and a Fragment on Government*,ed. J. H. Burns and H. L. A. Hart [London,1977],pp. 398 - 400),边沁的这种观点和布莱克斯通的著述中的很多例子相冲突。例如,布莱克斯通用最苛刻的话批评死刑的广泛适用,称其“对恶毒程度不同的犯罪适用同一种惩罚是荒谬的”,而且认可当时一种降低惩罚等级的观念。参见 Blackstone,Commentaries,4:17 - 18。布莱克斯通也谈到“妻子的结婚财产成了丈夫的财产和权利”规则和其他各种这样的规则是“荒谬的而且贬损了公正和自然正义箴言”。Quoted in Robert William,“Blackstone and the ‘Theoretical Perfection’ of English Law in the Reign of Charles Ⅱ,” *Historical Journal* 26 (1983),39,53. 对于边沁对布莱克斯通的 *Commentaries* “根本上基于误解的攻击”的出色的分析和驳斥,参见 Richard A. Posner,“Blackstone and Bentham”,*Journal of Law and Economics* 19 (1976),569,570,and 571。

与边沁对布莱克斯通作为英国法的纯粹的辩护者的攻击相关的是邓肯·肯尼迪(Duncan Kenne)的攻击,他从一个当时的“批评”视角出发,称布莱克斯通“在美国法律思想的自由主义模式发展过程中是一个关键的人物”,他认为这种模式首次假定了一种两种“根本上对立的想象的权利”,即市民社会和国家之间的冲突,然后假定了这种冲突可以通过法律获得解决。肯尼迪概括 *Commentaries* 的特征是“对权利和权利的冲突是虚假的因此权利和权力的冲突也是虚假的这种单纯观念的一种大篇幅的说明”。参见 Duncan Kennedy,“The Structure of Blackstone's Commentaries”, *Buffalo Law Review 28* (1979),205,217,382。当然,布莱克斯通确实敬畏英国普通法,但是他在揭露其中权利和权利相冲突以及权利与权力相冲突的领域时没有犹豫。他特别批评了王室权力的过大,论辩说国王是“执行官员”,他的“章程和政令,我们称为声明,应该只在它们既不与旧法冲突也不创制新法的领域里对臣民有约束力;但是只能执行已经存在的法律”。参见 Blackstone,*Commentaries*,1,pp. 260 - 261。

〔82〕 黑尔和布莱克斯通并没有称他们的著作为《法学总论》(Institutes),即使他们的著作已经被 Cairns,Watson,Lobban,Lieberman 以及其他 484 人认为具有“法学总论派”的特色。然而,柯克的确这样称呼他的主要著作,它很难被称为罗马法意义上的法学总论——一种 Cairns 和其他人打了折扣的用法——“因为”,柯克写道,“我的期望是,它们应该为勤奋的人建立基础和教导以及引导他按照现成的方式来掌握一种英国国家的法律知识”。Quoted in John W. Cairns,“Blackstone, an English Institutionalist: Legal Literature and the Rise of the Nation-State”, *Oxford Journal of Legal Studies* 4 (1984),337. 这个词在略有不同的含义上被使用,尽管不是以托马斯·伍德(Thomas Wood)的论著中 *An Institute of the Laws of England* (1729; reprint,New York,1979)的 luig 意义来使用,作者指出该书是“通过为英国法学生提供一种帮助他们记忆的方法”来协助他们。伍德是黑尔的一个追随者和布莱克斯通的一个先驱。

〔83〕 查士丁尼的罗马法的强烈的决疑论和非理论本质在 Berman, Law and Revolution,pp. 135 - 140 中进行了讨论,还有其他者,Fritz Schulz, *History of Roman Legal Science* (Oxford,1953) and Peter Stein,*Regulae Juris: From Juristic Rules to Legal Maxims* (Edinburgh,1966)。

〔84〕 参见 Brian Tierney,“Origins of Natural Rights Language: Text and Contexts,1150 - 1250”,*History of Political Thought* 10 (1989),615; 同一作者,“Ius Dictum a lure Possidendo: Law and Rights in Decretales 5. 40.

12," in Diane Wood, ed., *Church and Sovereignty: Essays in Honour of Michael Wilks* (Oxford, 1990, p. 457; 同一作者,"Willey, Ockham, and the Origin of Natural Rights Theories", in John Witte, Jr., and Frank S. Alexander, eds., *The Weightier Matters of the Law: Essays on Law and Religion* (一份献给伯尔曼先生的礼物)(Atlanta, 1988), p. 1; Charles J. Reid, Jr., "The Canonistic contribution to the Western Rights Tradition: An Historical Inquiry", *Boston College Law Review* 33 (1991), 37; 同一作者,"Rights in ThirteenthCentury Canon Law: An Historical Investigation",(博士论文, Cornell University, 1995)。

〔85〕 阿兰·华生(Alan Watson)论辩说,布莱克斯通一定部分地从一位16世纪完全和17世纪早期的主要罗马法学家Dionysius Gothofredus(1549—1622),特别是从Gothofredus大量的多卷本the *Corpus Juris Civilis*中,按照其表格形式,提取出*Commentaries*的结构。参见Watson,"Structure of Blackstone's Commentaries", pp. 806 - 825。然而,应该注意到,尽管华生谈及"布莱克斯通的Commentaries的结构极端依赖于查士丁尼的《法学总论》"(p. 811),他也注意到了查士丁尼的《法学总论》并没有呈现出一种表格形式。表格形式是16世纪的法学家们首次发展出来的,他们根据Philip Melanchthon首次引入的主题方法而形成的一种表格形式来呈现欧洲普通法(*jus commune*)。而且布莱克斯通的表里所列出的条项,与Gothofredus的表里(华生在pp. 813 - 825中方便地呈现了这两种表)所列相比,是按照权利("人的权利"等),而不是按照法律("人法"等)来分类的,而且再说一次,这属于16世纪和17世纪的欧洲普通法传统而不是查士丁尼的罗马法传统。布莱克斯通提到了John Cowell 1605年的*Institutiones Juris Anglicani*(英译本出版于1651年),写到了它的"将英国法简化为查士丁尼法学总论的努力","我们不能为如此被强迫和非自然的一个发明应该在执行时有所不足而感到奇怪"。Blackstone, *Analysis*, p. vi. 然而,华生在把布莱克斯通的方法与受过欧洲普通法训练的17世纪和18世纪欧洲法学家的方法连接起来,这当然是对的。如梅特兰(Maitland)非常

好地评价它,“它是一种对西欧所有国家来说都是共同的法律的观念,这 485
种观念使得布莱克斯通完成了以一种理性的方式陈述英国法的任务”。F. W. Maitland,“Why the History of English Law Is Not Written”, in N. A. L. Fisher, ed. , *The Collected Papers of Frederic William Maitland*, Vol. 1 (Buffalo, 19n), pp. 484, 489. 布莱克斯通自己受过罗马法训练而且经常利用英国法律制度的民间渊源。

〔86〕 Margaret J. Osler,“John Locke and the Changing Ideal of Scientific Knowledge”, *Journal of the History of Ideas* 31 (1970), 9.

〔87〕 See Barbara J. Shapiro, *Beyond Reasonable Doubt and Probable Cause* (Berkeley, 1991), pp. 1 - 113.

〔88〕 对于洛克的确定性和高度可能性之间的区分,参见他的论著 *Concermng Human Understanding*, bk. 4, chap. 16, secs. 6 and 7。“其他人所说的‘或然确定性’对洛克来说是一种可能性。” Shapiro, *Beyond Reasonable Doubt*, p. 8.

〔89〕 See Shapiro, *Beyond Reasonable Doubt*, pp. 42 - 113.

〔90〕 参见 Rose-Mary Sargent,“Scientific Experiment and Legal Expertise: The Way of Experience in Seventeenth-Century England”, *Studies in the History and Philosophy of Science* 20 (1989), 19; and Barbara Shapiro,“The Concept of ‘Fact’: Legal Origins and Cultural Diffusion,” Albion 26 (1994), 1。另见 Peter Dear,“ Totius in verba: Rhetoric and Authority in the Early Royal Society,” *Isis* 76 (1985), 149 - 151, 断言在 17 世纪下半期,有责任评价和判断个人观察准确性的团体的权威开始代替诸如亚里士多德和伽林等最重要文本的权威。关于皇家学会的作用,参见注释〔100〕。

〔91〕 See Sargent,“Scientific Experiment”, p. 38.

〔92〕 Ibid. , p. 39.

〔93〕 参见 George P. Fletcher,“The Right and the Reasonable”, *Harvard Law Review* 98(1985), 949。关于“合理性”和 17 世纪英国特有的“常识”概念之间的关系,参见 Robert Todd Carroll, *The Common-Sense Philoso-*

phy of Religion of Bishop Edward Stillingfleet, 1635 - 1699 (The Hague, 1975), p. 148 (将"常识"和"人类的经验"等同起来了)。

〔94〕 Fletcher, "Right and Reasonable", pp. 950 - 954, 980 - 982.

〔95〕 See Raoul van Caenegem, *Judges, Legislators, and Professors; Chapters in European Legal History* (Cambridge 1987).

〔96〕 Otto Kahn-Freund, intro. to Karl Renner, *The Institutions of Private Law and Their Social Functions* (London, 1949), p. 8.

〔97〕 对1640年代和1650年代很大程度上没有成功的清教徒法律改革运动并不缺乏研究,例如,参见 Nancy L. Matthews, *William Sheppard: Cromwell's Law Reformer (Cambridge 1984)*; Donald Veall, *The Popular Movement for Law Reform, 1640 - 1660* (Oxford, 1970); and Mary Cotterell, "Interregnum Law Reform: The Hale Commission of 1652", *English Historical Review* 83(1968), 685。后来的法律发展方面的学术是偶然的,刑法除外。甚至在这个领域,詹姆斯·斯蒂芬(James Stephen)重要的1883年著作仍然或多或少地被孤立了大约一个世纪。更为晚近的关于这个主题的文献中,最全面的是约翰·彼蒂(John Beattie)的 *Crime and the Courts in England, 1660 - 1800* (Princeton, 1986)。另见 Douglas Hay, ed, *Albion's Fatal Tree: Crime and Society in Eighteenth-Century England* (New York, 1975); Peter Linebaugh, *The London Hanged: Crime and Civil Society in the Eighteenth Century* (Cambridge, 1992); Landsman, "Rise of the Contentious Spirit"; John
486 Langbein, "Albion's Fatal Flaws", *Past and Present* 98 (1983), 96; 同一作者, "Shaping the Eighteenth-Century Criminal Trial"; 同一作者, "The Criminal Trial before Lawyers"; and Charles J. Reid, Jr., "Tyburn, Thanatos, and Marxist Historiography: The Case of the London Hanged", *Cornell Law Review* 79 (1994), 1158。

〔98〕 See T. F. T. Plucknett, "Bonham's Case and Judicial Review," Harvard Law Review 40 (1936), 30.

〔99〕 In the 1701 Act of Settlement 中,议会宣布王室法官"在良好行

为期间”任职。参见 12,13 William Ⅲ c. 2。这种规定的目的是防止因政治原因使法官去职。该法有其想得到的效果。在 1907 年 John Maxey Zane 写道:“因为[光荣]革命,没有一个法官被去职,也没有一个著名的腐败的决定的例子。”参见 John Maxcy Zane,“The Five Ages of the Bench and Bar of England”,in *Select Essays in Anglo-American Legal History*, Vol. Ⅰ (Boston, 1907), pp. 625,709 - 710。

〔100〕 皇家学会的起源,或许是欧洲最古老的科学协会,可追溯至 1640 年代之前,当时——内战中期——各种学科和不同政治和宗教观点的学者每周聚会一次,先是在牛津,然后在伦敦,讨论“新哲学”(the new philosophy)。在 1660 年 11 月,这些聚会的参与者同意成立“一个提升物理—数学经验知识的学会”,而且在 1662 年被授予了皇家特许状。在其下几个年代里的著名成员有化学家罗伯特·波义耳,物理学家艾萨柯·牛顿,哲学家约翰·洛克,法学家马修·黑尔和约翰·沃恩,和神学家约翰·威尔金斯以及吉尔伯特·伯内特。最初,文章和讨论的重点是对所有各种学科都是共同的科学概念和方法。然而,最后,随着笛卡尔和莱布尼茨的认识论普遍地遭到共同的批判和重点放在了经验知识上,自然和人文科学倾向于变得更加专门化而且相互脱离。皇家学会通史包括 Marie Boas Hall, *Promoting Experimental Learning: Experiment and the Royal Society, 1660 - 1727* (Cambridge, 1991),和 Martha Bronfenbrenner, *The Role of Scientific Societies in the Seventeenth Century* (Chicago, 1963)。

〔101〕 参见 Robert K. Merton, *Science, Technology, and Society in Seventeenth-Century England* (New York, 1970),最初作为一篇论文发表于 Osiris 4 (1938), 360。参见 I. Bernard Cohen, ed., *Puritanism and the Rise of Modern Science* (New Brunswick, N. J., 1990); M. D. King, “Reason, Tradition, and the Progressiveness of Science,” *History and Theory* 10 (1971), 3。

〔102〕 参见 W. M. Spellman, *The Latitudinarians and the Church of England, 1660 - 1700* (Athens, Ga., 1993) [阐述了英国国教在“天主教的绝对可靠性和新教的主观确定性”之间提出的“中间道路”(middle way)的

哲学前提(p. 22)]。参见 Barbara Shapiro, *John Wilkins: An Intellectual Biography* (*Berkeley*, 1969)。新认识论的法律表达可以在首席法官沃恩的主张中看到,这种主张在前一章已经讨论过,即“法官和陪审团可以在由证据得出的结论方面真诚地有所不同”。

〔103〕 参见 James R. Jacob and Margaret C. Jacob, “The Anglican Origins of Modern Science: The Metaphysical Foundations of the Whig Constitution,” *Isis* 71 (1980), 251。

〔104〕 参见 Merton, *Science, Technology, and Society*。默顿没有探讨一方面的 17 世纪科学发展的潜在哲学前提和另一方面的其他制度发展之
487 间的内在关联,而是关注于展现后者提供了一种社会环境,在这种社会环境下新科学运动被“合法化”。他的理论中写道,“并不预先假定只有清教可以实现这种功能”。参见 Benjamin Nelson, “Review Essay” (on Merton's book), *Varieties of Political Expression in Sociology* (Chicago, 1972), pp. 206 - 207。

〔105〕 对于这种观点的经典陈述,参见 Crawford Brough MacPherson, *The Political Theory of Possessive Individualism: Hobbes to Locke* (Oxford, 1962)。早期西方社会以不受约束的共同体主义为特征,这种观点在 Colin Morris 的 *The Discovery of the Individual*, 1050 - 1200 (New York, 1972) 和同一作者的“Individualism in Twelfth-Century Religion: Some Further Reflections”, *Journal of Ecclesiastical History* 31 (1980), 1 中遭到了有效的反驳。关于 12 世纪和 13 世纪个人主义的文献由 Charles Reid 在“Rights in Thirteenth-Century Canon Law” (Ph. D. diss., Cornell University, 1994), p. 3 里进行了回顾。

第十章 英国刑事法律的转型

〔1〕 这种没有中断的连续性神话保留在斯蒂芬(James Fitzjames Stephen)经典的三卷本 *History of the Criminal Law in England* (London, 1883) 以及霍兹沃斯在其 *History of English Law* (该书的最后几卷出版于其死后

几年）里对刑法的处理中。更为晚近以来，密尔松（S. F. C. Milsom），写了英国法在19世纪之前的基础，区分了两种成形的观点，第一种他似乎定在了12世纪和13世纪，第二种定在了16世纪，但是在第二个时期里，他指出，“体系在任何事情都没有太大变化的情况下被转型……诸多制度都被保留下来，如法律规则自身被保留下来一样；而且二者在很大程度上都是通过卑鄙的和凌乱的权宜之计迂回进行的”。S. F. C. Milsom, *Historical Foundations of the Common Law* (London, 1969), p. 52. 特别是关于刑法，Milsom 写道：“我们可以简短地叙述英国刑法的悲惨历史。任何有价值的东西也没有创造出来。除在秩序维持这个问题上令人钦佩之外，在[19世纪]改革时代之前，没有人值得赞美。”(p. 353)密尔松对19世纪之前英国刑法史的评价，与斯蒂芬相反，但是他在相信其本质不变的特征上与斯蒂芬是相同的。

〔2〕 约翰·朗本（John Langbein）的重要著作 *Prosecuting Crime in the Renaissance: England, Germany, and France* (Cambridge, Mass., 1974) 的重点是16世纪制度和程序变化。他和其他人通过大量关于16世纪和17世纪早期英国刑法特定方面的学术论文对其进行研究。

〔3〕 标准著作是 Leon Radzinowicz, *A History of English Criminal Law and Its Administration from* 1750, 5 Vols. (London, 1948－1968)。Radzinowicz 正确地将18世纪晚期当作这样的一段时期，在这段时期里杰里米·边沁和其他“启蒙思想家”攻击传统英国刑法制度，而且他把19世纪当作很多早期改革建议付诸实践的时期。

〔4〕 本章涵盖了同样的时间阶段，以及某些同样的地理区域，J. M. Beattie 在其重要的详细研究著作 Crime and the Courts in England, 1660－1800 (Princeton, 1986) 中对这些区域进行了研究，但是它以一种相当不同的视角提出主题而且增加了不同的信息。Beattie 首先关注的是“在现代 488
司法管理形式建立的这段时期里，英国法院对待犯罪的方式”，以及“被起诉的犯罪的特征和社会含义……和法院对待被起诉者的方式”(p. 4)，至于早期以来的刑法和刑事管理如何不同或它们与相伴随的政治、社会经

济或宗教变化有何关系,则不在关注范围之内。结果是,对于特权法院的废除对犯罪方面的普通法发展的影响,或者对于作为道德看管者的王座法院的作用,一种曾经留给特权法院的作用,我们还没有说过什么。还缺少的是讨论诸如伪造和欺诈等复杂犯罪转给普通法法院以及新共谋学说的发展带来的影响。Beattie 忽视了英国革命的清教背景,这导致遗漏了这样的事实,即他曾详细描述过其活动的起诉团体,起源于 17 世纪完全由宗教推动的礼貌改革协会。他没有考虑神学思潮,也阻碍了他发现解决某种 18 世纪英国刑法核心矛盾的方式:制定法上的死刑犯罪的特别扩张和执行比例的相应下降。最后,通过将大部分重点放在城市档案上,Beattie 没有对土地贵族在刑法发展过程中的作用给予足够的重视,更为具体地讲,他低估了英国刑法发展的游戏规则的重要性。

这个注释的目的不是贬低 Beattie 的重要成就——目前的研究大大得益于这些成就,而是帮助解释他的目的和本章提出的目的之间的区别。

关于从 1640 年到 1660 年这个清教徒统治阶段里刑法改革的动力,已经有很多研究。特别是,Donald Veall, *The Popular Movement for Law Reform*, 1640 – 1660 (Oxford, 1970), pp. 127 – 166; Nancy L. Matthews, William Sheppard: *Cromwell's Law Reformer* (Cambridge, 1984); Mary Cotterell, "Interregnum Law Reform: The Hale Commission of 1652," *English Historical Review* 83 (1968), 689; Edmund Heward, *Matthew Hale* (London, 1972), pp. 36 – 47。这个阶段鼓吹的刑法改革措施,只有一小部分被采纳。黑尔委员会的很多建议在 1688 年光荣革命之后被采用。

这里对 17 世纪晚期和 18 世纪刑事程序变革的处理,受到了 Thomas A. Green's excellent work Verdict According to Conscience: Perspectives on the English Criminal Trial Jury, 1200 – 1800 (Chicago, 1985), pp. 105 – 264 的滤清。

〔5〕 17 世纪和 18 世纪完全服务于土地贵族利益的刑法中的某些变化,参见 Douglas Hay, Peter Linebaugh, and E. P. Thompson, eds., *Albion's Fatal Tree: Crime and Society in Eighteenth – Century England* (London,

1975）；Peter Linebaugh，*The London Hanged：Crime and Civil Society in the Eighteenth Century*（Cambridge，1992）；and E. P. Thompson，*Whigs and Hunters：The Origins of the Black Act*（New York，1975）。 489

〔6〕 对于盎格鲁-撒克逊和其他日耳曼刑法的一般讨论，参见 Berman，Law and Revolution，pp. 52 – 61。

〔7〕 诺曼人也将决斗引入了英国。T. F. T. Plucknett，*A Concise History of the Common Law*，5th *ed.*（Boston，1956），p. 427。

〔8〕 参见 canon 18，Fourth Lateran Council，in Norman P. Tanner，ed.，*Decrees of the Ecumenical Councils*，Vol. 1（London，1990），p. 244。参见 John W. Baldwin，"The Intellectual Preparation for the Canon of 1215 against Ordeals，"*Speculum* 36（1961），613（回顾了 12 世纪晚期和 13 世纪关于 ordeal 的教会法和哲学争论）。

〔9〕 克拉伦敦条例（1166）要求陪审团出现在王室法官面前，这些法官被广泛地认为在特别的地区里做下了坏事。然后被告要接受"净化"（或通过 ordeal 或通过助誓）来检验他们到底有罪还是清白。很多早期的大陪审团程序，无论在最初决定名声时还是在依赖通过助誓的净化时，都与教会法有相似之处。参见 Richard H. Helmholz，"The Early History of the Grand Jury and the Canon Law，"*University of Chicago Law Review* 50（1983），613；参见 Roger D. Groot，"The Jury of Presentment before p. 215，"*American Journal of Legal History* 26（1982），1。关于大陪审团的规模，贝克（Baker）指出，"陪审员通常多于 12 人，后来通常是 23 人"。John H. Baker，*An Introduction to English Legal History*，3rd ed.（London，1990），p. 577 n. 24. 陪审团首先为包括非法入侵土地在内的民事案件而建，在 1215 年第四次拉特兰会议之后适用于刑事案件，该次会议禁止教士参与决斗。

〔10〕 14 世纪对重罪（死刑）杀人的定罪比例一般保持在 10% ~ 20%。然而，被宣布没有重罪杀人的很多被告人，被发现犯有非重罪的意外杀人或自卫杀人。一份非重罪杀人判决导致被告人的所有财产自动被国王没收，在其从监狱放出来之前必须获得国王的原谅，而且被告人还可

能要接受被害人的民事起诉。参见 Green, *Verdict According to Conscience*, p. 59 n. 122,概括了 James B. Given, *Society and Homicide in Thirteenth-Century England* (Stanford, 1977)的研究;Barbara Hanawalt, *Crime and Conflict in English Communities*, 1300 - 1348 (Cambridge, Mass., 1979); and Ralph B. Pugh, "Some Reflections of a Medieval Criminologist", *Proceedings of the British Academy* 59 (1973), 83。参见 Thomas A. Green, "Societal Concepts of Criminal Liability in Mediaeval England", *Speculum* 47 (1972), 669(论辩说 13 世纪到 15 世纪英国的低定罪率是关于杀人的社会信仰的结果,这种信仰与"纸面上的"法律相当不同)。

〔11〕 See Green, *Verdict According to Conscience*, p. 105.

〔12〕 在 1170 年以后的英国,教士的利益保护着他们免遭世俗的重罪起诉,但不免除世俗的轻罪起诉(例如,在法国,情况相反:教士只可因严重犯罪而在世俗法院里被起诉)。参见 Berman, Law and Revolution, pp. 256 - 264。

〔13〕 See Langbein, Prosecuting Crime in the Renaissance.

490 〔14〕 从 12 世纪开始,主要的英国城市通过皇家特许状被授权可以建立法院听审包括大量可适用强制罚金的犯罪在内的很多案件。在 13 世纪、14 世纪和 15 世纪,所谓的原材料(staple)法院在 14 个英国乡镇被创建,这些乡镇在诸如羊毛、皮革和石墨等"原材料产品"方面有着最为活跃的贸易。1353 年的原材料法正式认可了,由商人法而不是英国普通法来管理这些原材料乡镇上商人们和他们的家庭以及家族之间的关系。参见 Berman, *Law and Revolution*, pp. 347, 380 - 386; Helen M. Jewell, *English Local Administration in the Middle Ages* (New York, 1972), pp. 133 - 135。

〔15〕 第一部威斯敏斯特制定法(1327)提到了"和平守护者"。他们是被国王任命的地方人士。他们承担执行第一部劳工法的任务,这部规制薪金的法律是黑死病导致的劳工短缺的结果,它制定于 1349 年。随后的第二部威斯敏斯特制定法将和平守护者改成了"治安法官",他们要承担这样的责任,即"限制……犯罪者、骚动者和所有其他的教讼者,以及根

据他们的非法侵入或罪行、追击、拿获及惩罚他们;还要根据王国的法律和习惯,而且按照他们的判断力和良好的考虑来确定看起来对他们最好的方式,使他们接受监禁和适当的惩罚"。Quoted in Sir Thomas Skyrme, *History of the Justices of the Peace*, 3 Vols. (Chichester, 1991), 1:31. 后来的14世纪和15世纪的制定法对治安法官强加了很多义务,无论是在刑事调查领域还是在执行经济管理领域。另见 Charles Beard, *The Office of the Justice of the Peace in England in Its Origin and Development* (New York, 1904)。此外,相当部分的治安法官的责任来自地方习惯。参见 J. R. Lander, English Justices of the Peace, 1446–1509 (Gloucester, 1989), p. 7。

〔16〕 关于高等特派法院的刑事管辖权,参见 Roland G. Usher, *The Rise and Fall of the High Commission* (Oxford, 1968)。关于海事法院的刑事管辖权,参见 Holdsworth, *History of English Law*, 1:550; 关于上访法院的刑事管辖权,参见1:413;关于大法官法院的刑事管辖权,参见1:457–459 和 W. J. Jones, *The Elizabethan Court of Chancery* (Oxford, 1967), pp. 225–235 (讨论了16世纪大法官法院对侮辱和其他强制机制的运用)。参见 Penry Williams, "The Activity of the Council in the Marches under the Early Stuarts", *Welsh History Review* 1 (1960), 133–160; 和 R. R. Davies, "The Law of the March", *Welsh History Review* 5 (1970), 1–30。参见 Thomas Barnes, "Due Process and Slow Process in the Late Elizabethan and Early Stuart Star Chamber," *American Journal of Legal History* 6 (1962), 221。

〔17〕 参见 William Hudson, *A Treatise of the Court of Star Chamber*, 写作于1621年,尽管直到1792年才出版。1792年版本由 Thomas Barnes 加了导论以 *A Treatise of the Court of StarChamber as Taken from CoUectanea luridica* 为名进行了重印(Birmingham, 1986)。另见 Cora L. Scofield, *A Study of the Court of Star Chamber* (New York, 1900)。参见 Barnes, "Due Process and Slow Process," 和同一作者, "Star Chamber Mythology," *American Journal of Legal History* 5 (1961), 1。

〔18〕 See Barnes, "Due Process and Slow Process", pp. 227–230.

〔19〕 John R. Dasent, ed. , *Acts of the Privy Council*, 46 Vols. (London, 1890 –), 1:119(1543).

〔20〕 Ibid. , 1:390 (1546).

〔21〕 Ibid. , 1:249 (1545).

491 〔22〕 Ibid. , 11:412 (1579).

〔23〕 W. P. Baildon, ed. , *John Hawarde: Les reportes del cases in camera stellata*, 1593 – 1609(April 29, 1596) (privately printed, 1894), p. 39.

〔24〕 Ibid. , p. 104. 本注释和以前的注释来自 John P. Dawson 为他的法律发展与法律制度课上的学生使用而编纂的尚未出版的案例和材料集,该课程是哈佛法学院在 1960 年代和 1970 年代开设的。

〔25〕 Thomas G. Barnes, "The Making of the English Criminal Law: Star Chamber and the Sophistication of the Criminal Law", *Criminal Law Review* (1977), 316.

〔26〕 Edward Coke, *Fourth Institute* (reprint, Buffalo, 1986), pp. 65 – 66.

〔27〕 See Harold J. Berman, "Medieval English Equity," in Faith and Order: *The Reconciliation of Law and Religion* (Atlanta, 1993), pp. 55 – 82.

〔28〕 Quoted in Holdsworth, *History of English Law*, 1:609.

〔29〕 关于 ex officio oath,参见 Mary H. Maguire, "Attack of the Common Lawyers on the Oath Ex Officio as Administered in the Ecclesiastical Courts of England", in Carl Frederick Wittke, ed. , *Essays in History and Political Theory: In Honor of Charles Howard McIlwain* (Cambridge, Mass. , 1936), pp. 199 – 229。关于高等特派法院,参见 Usher, *Rise and Fall of the High Commission*, pp. 239 – 249。

〔30〕 Holdsworth, *History of English Law*, 1:668.

〔31〕 与高等特派法院不同,海事法院、上访法院,其他主要的特权法院,即威尔士和 North 的 Marches 法院,都不是特别法院而是有广泛管辖权的法院,它拥有审理重罪和适用死刑的资格。

〔32〕 在16世纪和17世纪,犯罪方面的普通法里主要程序变化,通过治安法官在刑事调查和起诉方面任务的扩大而发生,他们的这些任务主要受到星室法院的监管。乡村里充任治安法官的土地贵族,听取原告和证人的意见,指导大陪审团进行导致起诉的行动,而且,无论对于大陪审团审判还是审理陪审团的行动,他们都对证人提交的证据施加有限的控制。参见 Langbein, *Prosecuting Crime in the Renaissance*, pp. 72 - 73, 79 - 80 (关于大陪审团的监管); 同一作者,"The Origins of Public Prosecution at Common Law", *American Journal of Legal History* 17 (1973), 313。

〔33〕 在1170年贝克特殉难之后,王室法院失去了宗教法院因重罪而审判"教士"的管辖权。后来王室法院采取了这样的程序制度,即在调查他们的教士身份之前对他们进行审判,而且只有在他们被定罪后才能以教士利益为借口进行辩护和移送宗教法院。在这样移送之前,王室法院要求他们应该在拇指上烙印,以表明他们现在已经失去了在将来任何世俗的重罪审理中以教士利益为借口进行辩护的权利。当时,"教士"阶层扩大到了任何能够阅读(或朗读)圣经中的一点诗句的人。因此,在大多数重罪审判中,首犯实际上都被判处了缓刑。在17世纪晚期,随着议会开始根本地增加制定法重罪的数量,它开始将他们中的大多数当作"非教士人员",它指出,如果没有国王宽恕,将对首犯适用死刑。

〔34〕 关于通奸(adultery),参见 Keith Thomas, "The Puritans and Adultery: The Act of 1650 Reconsidered", in Donald Pennington and Keith Thomas, eds., *Puritans and Revolutionaries: Essays in Seventeenth - Century History Presented to Christopher Hill* (Oxford, 1978), pp. 257 - 282。 492

Winfield E. Ohlson, "Adultery: A Review, Part Ⅰ", *Boston University Law Review* 17 (1937), 350. 关于新型的攻击,参见 Holdsworth, *History of English Law*, 8:421 - 423, 11:535; 关于伪造,参见 11:534; 关于海盗,参见 William Blackstone, *Commentaries on the Laws of England*, 4 Vols. (London, 1966), 4:71 - 73; 关于偷猎,参见 Leon Radzinowicz, "The Waltham Black Act: A Study of the Legislative Attitude toward Crime in the Eighteenth Centu-

ry”,*Cambridge Law Journal* 9 (1947),56 - 81; on 盗窃共犯,参见 Holdsworth,*History of English Law*,11:530 - 531。沃尔瑟姆 · 布莱克法的规定由很多 17 世纪末期更为具体的制定法作为先声,这些制定法是针对各种偷猎行为的。参见 Holdsworth,*History of English Law*,6:403。

〔35〕 See Holdsworth,*History of English Law*,11:539 - 540; 6:404.

〔36〕 参见 Skyrme,*History of the lustices of the Peace*,1:110 - 111; 2:69 - 73。在 1758 年,王座法院裁定,用曼斯菲尔德爵士的话来说,就是它“无权或不要求审查治安法官的理由,据此他们形成了他们的判决”。*Rex v. Young and Pitts*,*quoted by Skyrme* (2:70)。

〔37〕 *LeRoy versus Sir Charles Sidley*,1 Sid. 168 (Mich. 15 Charles Ⅱ B. R.)(作者译自法律法语).

〔38〕 See 4 George Ⅱ c. 32 and other statutes reviewed in Holdsworth,*History of English Law*,11:530,4:71 - 73.

〔39〕 See Radzinowicz,“Waltham Black Act”; See Thompson,*Whigs and Hunters*.

〔40〕 关于狩猎法的历史,参见 Roger Burrow Manning,*Hunters and Poachers*: *A Social and Cultural History of Unlawful Hunting*,1485 - 1640 (Oxford,1993); Chester Kirby,“The English Game Law System”,*American Historical Review* 38 (1933),240 - 262; Chester Kirby and Ethyn Kirby,“The Stuart Game Prerogative”,*English Historical Review* 56 (1931),239 - 254。詹姆士一世统治下议会的制定法要求“自由保有土地者每年必须有 40 镑的收入,如果他们要打猎的话;拥有终身地产的人必须收入加倍;所有其他人必须人均拥有 400 镑财产”。Kirby and Kirby,“Stuart Game Prerogative”,p. 241。

〔41〕 关于 1671 年的狩猎法,P. B. Munsche 已经注意到它“表明了狩猎特权从国王向土地贵族的移转”。参见 P. B. Munsche,*Gentlemen and Poachers*: *The English Game Laws*, *1671 - 1831* (Cambridge,1981),p. 13。

〔42〕 See Radzinowicz,*History of English Criminal Law*,1:57 - 58.

〔43〕 11 and 12 William Ⅲ c. 7 (1700).

〔44〕 11 George Ⅰ c. 9 (1724); 12 George Ⅰ c. 32 (1725).

〔45〕 See Holdsworth, *History of English Law*, 11:533 – 534.

〔46〕 2 George Ⅱ c. 25.

〔47〕 See Holdsworth, *History of English Law*, 11:489.

〔48〕 See Douglas Hay, "Property, Authority, and the Criminal Law", in Hay, Linebaugh, and Thompson, *Albion's Fatal Tree*, pp. 17 – 18. Hay 考虑了Radzinowicz, History of English Criminal Law, 1:1 – 4 中死刑制定法的剧烈增长。Radzinowicz 强调这些数字只能被当作大约数，考虑到存在于各个时期的制定法死刑犯罪数量估计中的矛盾。参见 Linebaugh, *The London Hanged*, p. 91。

〔49〕 4 George Ⅰ c. n, sec. 1，关于教士和非教士重罪，参见注释〔33〕。在 1718 – 1769 年这个时期，15.5 % 的被判重罪者被绞死，69.5% 的人被送往美洲，而余下者则被给予了较轻的惩罚。参见 Roger Ekirch, 493
Bound for America: The Transportation of British Convicts to the Colonies, 1718 – 1775 (Oxford, 1987), p. 21。

〔50〕 参见 John Langbein, "Albion's Fatal Flaws", Past and Present 98 (1983), 96 – 120。关于提起诉讼的受害人，朗本已经注意到："受害人通常比施害人更为富足，尽管经常只是显微的……受害人很少来自财产精英。他们是典型的小店主、工匠、公寓管理人、旅馆主人，等等"，同上书，p. 106。参见 Peter King, "Decision-Makers and Decision-Making in the English Criminal Law, 1750 – 1800", *Historical Journal* 27 (1984), 25 – 58，特别是 pp. 27 – 28。然而，国王承认"广泛的社会团体应用法律和在法律范围内做出自由的决定，这个事实并不必然使这种观点无效，即法律最终是由一小群贵族精英掌握的。……如 Hay 所建议的，这可能有助于以整体观察人们的视角使其合法化，而且因此增加了其对统治集团的有用性"(p. 51)。相比之下，Peter Linebaugh 论辩说对陪审员服务的最低财产要求，恰恰通过由他们承担有罪判决责任而增进了土地贵族的利益，根据他们相

对不独立的位置和弱点,他们特别能够接受统治阶级的主导。参见 Linebaugh,*The London Hanged*, p. 78。参见 Peter Linebaugh,“(Marxist) Social History and (Conservative) Legal History: A Reply to Professor Langbein”, *New York University Law Review* 60 (1985),213。但是 Linebaugh 的主张和他自己在其书中其他地方举出的证据不一致,该书认为伦敦陪审团经常做出宣布被告人无罪的裁决或者减轻针对他们的指控。参见 *The London Hanged*, pp. 85 - 86(在 1715 年 1 月的巡回审判中被指控犯下死罪的女人中的一半和男人中的 40% 被宣布无罪)。对 Linebaugh 所作这本书的批评,参见 Charles J. Reid, Jr.,“Tyburn, Thanatos, and Marxist Historiography: The Case of the London Hanged”, *Cornell Law Review* 79 (1994),1158。

〔51〕 See Langbein,“Albion's Fatal Flaws”, p. 106.

〔52〕 约翰 · 朗本已经指出,直到 18 世纪末期“超越合理怀疑”标准还“缺乏清晰的明确表达”。John Langbein,“The Historical Origins of the Privilege against Self-Incrimination at Common Law”, *Michigan Law Review* 92 (1994),1057。然而,如 Barbara Shapiro 已经说明的那样,一直到 17 世纪晚期,法官们才普遍地在传达了同样含义的语言方面教导陪审团。因此只有在“如果你的良心被满足”或者只有“如果你相信”证据之时,陪审团才被指示去发现被告人有罪。如果他们对证据的准确性有“任何怀疑”,他们就被指示宣布无罪。Shapiro 认为这些套话或类似的套话来自关于盖然性证据本质的学术论争,他还认为,相应地“‘超越合理怀疑’这个术语……不是对‘任何怀疑’检验的替换,而被用于澄清盖然确定性和令人满意的相信这些观念”。参见 Barbara Shapiro, *Beyond Reasonable Doubt and Probable Cause: Historical Perspectives on the Anglo - American Law of Evidence* (Berkeley, 1991), p. 21。

对于 Shapiro 的分析,应该增加这样的事实,即盖然确定性概念首先是在 17 世纪英国的宗教辩论中发展出来的。Henry Van Leeuwen 已经在英国国教会对罗马天主教要求的回应中找到了这个概念的一个渊源,这些要求认为确定性可能仅在教会的文件夹里,因为只有教皇有资格宣布拯救问题上的确定性。从 1626－1650 年这段时期里的 William Chillingworth 开始,英国国教徒通过区分确实为真的圣经,和只是盖然确定性可以归咎于其的圣经解释来答复这个要求。关于圣经知识,教皇的盖然确定性被说成是并不比任何其他人的更有权威。 494

Henry Van Leeuwen 这样总结 Chillingworth 对盖然确定性定义:"[盖然确定性]是关于事实问题的日常生活确定性,而且它以排除了错误可能性的所有实践目的的证据为基础……盖然确定性被描述成这样的确定性,即一个健全而理性且有思考能力的人在尽可能充分和公正地考虑了所有可得证据,并且赞成证据看起来最有力的一方之后所具有的确定性"。参见 Henry G. Van Leeuwen, *The Problem of Certainty in English Thought*, 1630－1690 (The Hague, 1963), p. 23。

〔53〕 黑尔不同寻常的日记没有传播开来,在其逝世后三个世纪才被发现。它被编辑和发表于 Maija Jansson, "Matthew Hale on Judges and Judging", *Journal of Legal History* 9 (1988), 201,本章引用的部分在 208 页。黑尔使用的拉丁习语,这里引用的是对其进行的翻译,即"tutius probate in mise[re]cordia quam in severitate"和"in obscuris et in evidentibus praesumitur pro innocentia"。

〔54〕 "无罪推定"这个短语也可以追溯至 1789 年的法国人权宣言,其第 9 条说:"任何人在其未被宣告为犯罪以前应被推定为无罪,即使认为必须予以逮捕,但为扣留其人身所不需要的各种残酷行为都应受到法律的严厉制裁。"因此一个被控犯罪的人在审判之前要被当作是无罪的。相比之下,19 世纪盎格鲁—美利坚的无罪推定学说,本质上类似于 17 世纪和 18 世纪初期确立的早期学说,即控方在审判中负有证明被控方有罪的责任。法国对被控方审判之前权利的关心,部分地产生于臭名昭著的秘密逮捕令(lettres de cachet)的使用,在英国和美国通过人身保护令获得了解决,虽然审判中的无罪推定在法国(以及欧洲其他地方)通过 dubio pro reo(存疑时,有利被告)学说和证明责任规则得到了维系。关于无罪推定在 19 世纪英国法中的历史发展,参见 C. K. Allen, *Legal Duties and Oth-*

er Essays in Jurisprudence (1931; reprint, Aalen, 1977), pp. 253 - 294。

〔55〕 关于加尔文宗教义对英国国教道德神学的影响,参见 Dudley W. R. Bahlman, *The Moral Revolution of 1688* (New Haven, 1957); 参见 Tina Isaacs, "The Anglican Hierarchy and the Reformation of Manners, 1688 - 1738", *Journal of Ecclesiastical History* 33 (1982), 391。

〔56〕 "最大严重性学说"这个术语由 Leon Radzinowicz 创造,用来描述 18 世纪死刑犯罪的增殖,参见他的 *History of English Criminal Law*, 1: 231 - 267 关于神学正义和死刑惩罚之间的关系,一般可见 Randall McGowen, "The Changing Face of God's Justice: The Debate over Divine and Human Punishment in Eighteenth - Century England", *Criminal Justice History* 9 (1988), 63 - 98。

〔57〕 参见第二章("衡平")。

〔58〕 引自 Thomas Wood, *English Casuistical Divinity during the Seventeenth Century, with Special Reference to Jeremy Taylor* (London, 1952), p. 138。

〔59〕 对于 17 世纪英国国教会主教 John Davenant 来说,"不可饶恕的"这个词不应该被用来"区分或区别对待各种罪,如 Romish Divines 习惯
495 于所做的那样;二是应该用来彰显,根据法律判断每一个罪——甚至最小的罪——应得的惩罚都是死刑"。引自 H. R. McAdoo, *The Structure of Caroline Moral Theory* (London, 1949), p. 105。同时,英国国教的道德神学家强调所有的罪都可以通过完全表现出来的忏悔获得宽恕,这种忏悔包括四个因素:"悔悟,供认,终生改善和信仰"(p. 121),忏悔本身是免费给予信仰者的一种优美产物(pp. 54 - 55)。参见 C. FitzSimons Allison, *The Rise of Moralism: The Proclamation of the Gospel from Hooker to Baxter* (New York, 1966), pp. 64 - 65。

〔60〕 关于这种区分和它导致的很多精致,参见 McAdoo, *Caroline Moral Theory*, pp. 112 - 119。

〔61〕 King, "Decision - Makers", pp. 56 - 57.

〔62〕 Bishop Robert Sanderson, *Ad Populum*, *Sermon* 4 (from *The Col-*

lected Works of Robert Sanderson*, Vol. 3），引自 Wood, *English Casuistical*, pp. 58－59。

〔63〕 See Bahlman, *Moral Revolution*, pp. 1－30；See Edward Bristow, *Vice and Vigilance：Purity Movements in Britain since 1700* (Dublin, 1977), pp. 11－31.

〔64〕 注意对首次犯下重罪的教士，运送取代了缓刑。

〔65〕 See Beattie, *Crime and the Courts in England*, p. 52.

〔66〕 参见第十二章（“道德犯罪”）。

〔67〕 See sources cited in David Phillips, “Good Men to Associate and Bad Men to Conspire：Associations for the Prosecution of Felons in England, 1760－1860,” in V. A. C. Gatrell, Bruce Lenman, and Geoffrey Parker, eds., Crime and the Law：The Social History of Crime in Western Europe since 1500 (London, 1980), p. 120. See also Adrian Shubert, “Private Initiative in Law Enforcement：Associations for the Prosecution of Felons, 1744－1856”, in Victor Bailey, ed., Policing and Punishment in Nineteenth－Century Britain (New Brunswick, N. J., 1981), pp. 25－41.

〔68〕 关于重罪谋杀规则的出现，参见 David Lanham, “Felony Murder－Ancient and Modern,” *Criminal Law Journal* 7 (1983)：91－97；and J. M. Kaye, “The Early History of Murder and Manslaughter, Part Ⅱ”, *Law Quarterly Review* 83 (1967)：587－601。

〔69〕 See Paul H. Robinson, “A Brief History of Distinctions of Criminal Culpability”, *Hastings Law Journal* 31 (1980), 815, 838－839；J. F. Quinn and J. M. B. Crawford, *The Christian Foundations of Criminal Responsibility：Historical and Philosophical Analysis of the Common Law* (Lewiston, N. Y., 1991), pp. 306－308.

〔70〕 See Green, *Verdict According to Conscience*, pp. 72－85.

〔71〕 William Hawkins, *Pleas of the Crown, 1716－1721*, Vol. 1. (London, W16), pp. 80－82. See also Graeme Coss, “‘God is a Righteous Judge

Strong and Patient: and God is Provoked Every Day': A Brief History of the Doctrine of Provocation in England", *Sydney Law Review* 13 (1991), 570 - 577.

〔72〕 特别参见 Percy Henry Winfield, *The History of Conspiracy and Abuse of Legal Procedure* (Cambridge, 1921)。另见 James Wallace Bryan, *The Development of the English Law of Conspiracy* (Baltimore, 1909), pp. 9 - 50; R. S. Wright, *The Law of Criminal Conspiracies and Agreements as Found in*
496 *the American Cases* (Philadelphia, 1887), pp. 5 - 6; Francis B. Sayre, "Criminal Conspiracy", *Harvard Law Review* 35 (1921 - 1922), 393, 394 - 398。

〔73〕 *The Poulterers' Case*, 9 Coke 55b (1611).

〔74〕 *Baggs' Case*, 11 Coke 93b, 98a (1616).

〔75〕 *Rex v. Starling*, 1 Sid. 168 and 1 Keb. 650 (1664).

〔76〕 In *Rex v. Armstrong, Harrison, et al.*, 1 Vent. 305, 86 *Eng. Rep.* 196 (1677 - 1678),被告声称针对他们的裁决——共谋对一个人提出错误的起诉——应该被中止,因为"仅仅共谋,没有通过某些明显的行为执行它,根据 *the Poulterers' Case* 不应该被指控"。法院判决说"按照这种共谋的本质和设计,已经足以断定存在这种明显的行为了"。

〔77〕 *Regina v. Bass*, 11 Mod. 55, 88 *Eng. Rep.* 881 (1705)。霍特爵士不加讨论地引用了 *the Poulterers' Case and Rex v. Armstrong*。

〔78〕 在 1994 年美国最高法院引用 *Regina v. Bass* 来判决一项明显行为的证明不需要根据惩罚违反致幻毒品法的制定法。参见 *United States v. Shabani*, 513 U. S. 10, 16 (1994)。为了一个无异议的法院,奥康纳大法官指出:"*Shabani* 提醒我们,法律不惩罚犯罪想法,而且还主张,没有明显行为要求的共谋违反了这个原则,因为该罪行就其构成而言主要是主观的。然而,禁止刑事共谋并不惩罚纯粹的思想;犯罪协议本身是犯罪行为,从 *Regina v. Bas* 以来一直是这样认为的。"同上书,第 16 页。拟制被用于"明显的"这个词:与一种纯粹的精神活动相比,一份协议毫无疑问是一种行为,但是"明显的行为"的使用,意味着一种公开的或明白的行为,

暗指比一份纯粹的协议更为严重之事。第九巡回区的上诉法院已经强烈地表达了这种观点——*Shabani* 案正是该院所判——所用的是下列的文字:“完成共谋违反联邦法律之罪的明显行为是某种不同于共谋之事,它是一种实现共谋目标的犯罪,它不需要是一种犯罪行为,也不需要是作为犯罪目标的罪行,它必须附随或遵从该协议而且必须促进了犯罪目标的实现。”Marino v. United States,91 F. 2d 691,694 - 695 (9th Cir. ,1937)。

〔79〕 Quoted in Sayre,“Criminal Conspiracy”,p. 402.

〔80〕 *Rex v. Journeymen Tailors*,8 Mod. 10 (1721)。法院在本案中声称要适用 1349 年和 1351 年的劳工法[the Statutes of Labourers of 1349 (23 Edward Ⅲ c. 7 (1349)] and 1351[25 Edward Ⅲ c. 1 (1350)],后来的法院和著作者,无论在英国还是在美国,都错误地将共谋追溯至这些制定法。事实上,这些劳工法清楚地规定了不仅要求非法协议还要求追求其中目标的非法行为。

〔81〕 *Rev v. Edwards*,8 Mod. 320 (1724).

〔82〕 *Jones v. Randall*,98 *Eng. Rep.* 706,707 (K. B. 1774).

〔83〕 5 Anne,c. 6,sec. 2 (1706).

〔84〕 See Joanna Innes,“Prisons for the Poor: English Bridewells,1500 - 1800”,in Francis Snyder and Douglas Hay,eds. ,*Labour*,*Law*,*and Crime*: *An Historical Perspective* (London,1987),p. 42.

〔85〕 See R. B. Pugh,*Imprisonment in Medieval England* (London, 1968),pp. 1 - 47.

〔86〕 See John Witte,Jr. ,“‘Blest be the Ties that Bind’: Covenant and Community in Puritan Thought”,*Emory Law Journal* 16 (1987),579,584. 如 Witte 所说明的那样,工作成就自身不是一种拯救的方式而是一种某人获得拯救的符号。只有“优美的立约”才能把拯救赠与信仰之人,然而甚至没被选中获得拯救的人也要遵守工作契约的基本内容,比如诚实和服从。 497

〔87〕 马克斯·韦伯在一篇高度自我矛盾的论文中将清教伦理和资

本主义“英雄时代”联系起来,这篇论文的盲目拥护者将在这里出现的连接中找到某些支持,这些连接发生在清教对工作契约的强调和17世纪英国刑法的某些发展之间,后者中显著的是,对逆向地影响了土地贵族和商人阶层经济利益产生不利影响的犯罪施加严酷刑罚的制定法在增多。然而,在韦伯对清教教义的理解中,忽视了分析其立约神学和因此导致的清教对很多品质的强调,这些品质包括公共精神,谦逊,慈善,共同体主义,zowo 牺牲,和其他圣经中的美德,它们并不能很轻易地符合他对清教徒“禁欲主义”或“资本主义精神”的定义,见第九章和第十二章。

〔88〕 See Zachariah Mudge, *Sermons on Different Subjects* (London, 1739), p. 315.

〔89〕 Ibid., p. 317.

〔90〕 必须实行仁慈,“因为一种惩罚一定适用于千万种犯罪,其中每种犯罪都有些独特之处,而且一部法律必须决定千万种案件,其中每一种都有其不同之处”。同上书,第315页。

〔91〕 “如果正义仁慈地对待共同体内的受害者和无辜者,那么当然地,一种混杂的犯罪宽恕,一种普遍的减轻惩罚,一种无差别对待每一种邪恶的优雅,就不是这样的”。同上书,第317页。其他与执行刑法相关的布道触及类似的主题。因此 George Halley,在1691年一次面向有罪囚徒的布道中,强调正义和公平是一回事,而且它们同时证明了处决恶人的正当性,二者单独地可能阻碍执行它们。参见 George Halley, *A Sermon Preached at the Castle of York to the Condemned Prisoners* (London, 1691)。

然而,其他的巡回布道,都警告法官们要实行仁慈。因此在1698年一次巡回至伯里·圣埃德蒙的布道指出:“这里也是对那些手握司法之剑和权威之人的告诫:作为地球上的法官你应该是明智的,不要完全根据一个人的地位预先做出判决,也不要根据他的同伴预先做出判决;尽管一般而言,一个地方罪人的喧嚣应该作为罪恶之地的喧嚣和喊叫,然而要观察得更近些,而且区分出特别者”。参见 William Bedford, *Two Sermons Preached at St. Marie's in Bury St. Edmund's at the Assizes* (London, 1698), p. 13。

类似的,爱丁堡的一次布道宣称:"上帝自己算了他的陌生工作——一种不属于他的眷顾的外来部分——的正义,对此在抑制之前永不会停止计算;而且甚至当时有些厌恶……统治者的仁慈应该是上帝缝补残破世界这种不同寻常的怜悯之拷贝,而且应该尽可能远的是这个伟大榜样的一种精确转抄"。参见 James Webster, *A Sermon Preached to the High Church at Edinburgh at the Election of the Magistrates of the City* (Edinburgh, 1694), p. 7。感谢 Gregory Lubkin 在揭示和分析这些布道方面的协助。

James Webster 的布道中提及上帝的"陌生工作"引自 1527 年的路德协和书(*the Lutheran Formula of Concord of 1527*),在其中法律被概括成"基督的陌生工作"的特征,其三个"用途"是通过刑罚的威胁阻止顽抗的人们犯错误,使人们知道它们的义务并因此忏悔他们的罪,以及指导信仰的人们走在道德生活的路上。参见 Paul Tillich, *Love, Power, and Justice: Ontological Analyses and Ethical Application* (London, 1954), p. 49。("爱,为了实践其适当的工作,即慈善和宽恕,必须为进行这个工作提供一个场所,通过其关于审判和惩罚的陌生工作。")关于路德宗教义在法律中的应用,见第二章。 498

第十一章 英国民事、经济法律的转型

〔1〕 英国法律史学家一般都把财产和契约方面的普通法历史看作从 12 世纪到 18 世纪晚期或者甚至 19 世纪的一种逐渐成长的发展过程,据说,当时全部的现代学说和原则都得自对各种演化中的普通法诉讼格式的分析。因此,普拉克内特(T. F. T. Plucknett)讲述了契约法规则逐渐展开的故事,从债务之诉和损害赔偿之诉开始,在布莱克斯通的论著和曼斯菲尔德的意见对契约学说的综合分析中达到了高潮。参见 T. F. T. Plucknett, *A Concise History of English Law*, 5th ed. (Boston, 1956), pp. 627 - 656。密尔松以类似的方式对待财产法,他把其成长理解为一种逐渐的过程,"一步步地向前"。参见 S. F. C. Milsom, *Historical Foundations of the English Common Law* (London, 1969), p. 168。其他学者已经认识到了 17

世纪新发展的重要性。因此约翰·贝克(John Baker)已经注意到,在1651年“契约”这个词首次在“英国法”(他指的是适用于王座法院和民事诉讼法院的英国法)中被适用于描述“两个或更多与完成某事相关的人之间的一种协议,凭此双方当事人彼此受到对方的约束,或者一方受到另一方的约束。”参见 John H. Baker, An Introduction to English Legal History, 3rd ed. (London, 1990), p. 361 (quoting Serjeant Sheppard)。贝克认为新术语的引入是重要的而且断言,“截至17世纪结束,契约和侵权的现代区分是适当的”(p. 361)。学者们很长时间以来就一直认识到了,17世纪对于现代形式商业团体——特别是股票公司——的发展具有决定性的重大价值,而且这些重要发展也发生在这个时期有关物和款的个人财产法领域,包括追索侵占物诉讼转变为动产权利之诉和对保释法的详细解释,它们大部分来自海事法,为了保护将货物交给承运人或仓库管理人看护之人。新的侵占犯罪之创设在这种关系上也要被提到。这里试图要做的是显示这些和其他各种发展之间的关系,以揭示作为革命一部分的英国民法和经济法转变的革命特征。

〔2〕 See A. W. B. Simpson, *A History of the Land Law*, 2nd ed. (Oxford, 1986), pp. 21-24, 198-199; See also Charles J. Reid, Jr., "The Seventeenth-Century Revolution in the English Land Law," *Cleveland State Law Review* 43 (1995), 221, 241-242.

〔3〕 英国的骑士服役源头在土地上,征服者威廉将其分封给其主要的骑士,他们被期望去为国王提供军事服务作为交换。监护,另一种相关的事件,由土地监护和身体监护构成。当一个佃农死时留下了一个未成年的继承人,地主就行使该继承人的土地权利而且接管其中产生的利益直到继承人成年为止。身体监护意味着地主有权安排继承人的婚姻,对此继承人只可以拒绝一大笔费用支出。参见 Reid, "Seventeenth-Century Revolution," pp. 235-236。

〔4〕 在诺曼征服之后仍被保留下来的撒克逊词汇“农役租佃”(socage)与“自由民”(sokemen)这个词汇有关,最初指的是自由农阶级,他们

可以为庄园地主提供租金或农役但是不提供军事服役。到了 13 世纪,一种不自由的农奴农役租佃也出现了,它给农奴以自由民的身份,与其他农奴相比,还多了免遭逐出和增加租金的法律保护,但是它拒绝给予他们自由保有者的权利。参见 Paul R. Hyams, *King, Lords, and Peasants in Medieval England: The Common Law of Villeinage in the Twelfth and Thirteenth Centuries* (New York, 1980), pp. 194 - 195。在早期阶段,与农奴农役租佃相比,自由的农役租佃给予这些农民多于农奴身份的财产但是少于自由保有者的权利,诸如在王室法院提起诉讼的权利。同上书,第 199 ~ 200 页。 499

〔5〕 托马斯·莫尔写道:"你的羊……常常是如此顺从和如此容易喂养,现在开始,根据报道,它们吞吃人类自身和毁损和减少土地、房屋和乡镇,却是如此贪婪和如此野蛮……为了贪得无厌的暴略者和其土地能够连起来,而且能够用一个围墙将其数千英亩的土地包围起来,佃农被驱逐……穷困的不幸者被不择手段地或欺骗地强迫离开他们的家——男女、夫妻、孤儿寡母、带着年幼孩子的家长和虽不富裕但人数众多的家庭——因为种地需要很多人手……在到处流浪中,留给他们的只是去偷窃和被绞死——你可以公正地这么说!——或者去流浪和乞讨……因此少数人肆无忌惮的贪欲正在毁灭这个岛国曾经被当做最有价值财产的事物。" Thomas More, *Utopia*, Vol. 4 of The Complete Works of St. Thomas More (New Haven, 1963), pp. 65 - 71。

〔6〕 参见 I. S. Leadam, *The Domesday of Enclosures 1517 - 1518* (Nottingham, 1897); Joan Thirsk, *Tudor Enclosures*, end ed. (London, 1989), pp. 214 - 216; Reid, "Seventeenth-Century Revolution," pp. 254 - 255。对很多圈地是友善的和进步的这个事实的强调,与农业生产的理性化有关。

〔7〕 柯克废除反圈地立法的努力是一种主张的更大转变的一部分。Walter Raleigh 爵士曾经在 1601 年论辩说,这些立法限制了英国人的自由,废除它"就会将自由留给每个人,这是每一个真正英国人的渴望"。清教辩论家 Samuel Hartlib 在 1651 年提出了这样一个问题,即公有土地"通过制造懒人是否比养着懒人更不会导致贫穷;而且受过充分训练的这些

穷人是否只能被送上绞刑架或继续乞讨,而不能为共和国做点事呢? Gabriel Plattes,一个哈特利波的信徒,之前曾论辩说圈地导致了国家财富的增长,而且穷人因此实际上受益了"。参见 sources cited in Reid,"Seventeenth-Century Revolution," pp. 256 - 259。

〔8〕 Ibid. ,pp. 259 - 261.

〔9〕 在 17 世纪,租赁保有开始被当作一种"准不动产",这意味着它不能直接作为一种财产和终身地产传给继承人,但是可以在承租人临终之时,通过留给其遗嘱执行人或管理人的指示,来转移这份租赁保有。参见 Simpson,*History of the Land* Law,pp. 249 - 250。这些限制并没有减少承租人的土地财产权,而且长期租借确实开始在商业企业中被广泛地应用。

〔10〕 继续引用:"在这点上将被创造的重新解决方案包括以下的步骤:(a)S,终身佃户,受托人将他们的财产交给 G,限定继承不动产继承人。这使他在占有方面成了排在限定继承土地佃户。(b)G 经历一次有利于非限嗣继承地产的家庭事务律师所有者的恢复。(c)家庭事务律师终身转让给 S,剩余地产终身给 G,剩余地产终身给 S 和 G 的受托人以保持剩余地产的连贯性,剩余地产给 G 的按照限定男性继承顺序的第一个和其他儿子"。A. James Casner and W. Barton Leach,*Cases and Text on*
500 *Property*,2nd ed. (Boston,1969),pp. 357 - 358。

〔11〕 Ibid.

〔12〕 严格的解决方案避免了对所谓"永恒"的某些限制,这被定义为给予授权书中提到的任何活着的人死后超过 20 年的"永恒"土地授权。"反对永恒规则",如其被称呼的那样,首先是由诺丁汉爵士在 1681 年 Duke of Norfolk's Case 中提出的,后来被一系列 18 世纪的大法官进行了详细说明。

〔13〕 根据 Quia Emptores,18 Edward I c. 1 (1290)这项制定法,一个上级地主不再要求非限嗣继承地产的佃户出售者继续提供附属于土地的劳役和付款,但是必须要求他们在一系列分封地方面不再充任买主。参见 Sir Frederick Pollock,*The Land Laws*,3rd ed. (1896; reprint,Littleton,

1979),pp. 70 - 71。一部稍早一些的制定法,*De Donis Conditionalibus*,13 Edward I c. 1 (1285),对限嗣继承不动产转让施加了严格限制,要求在其上级可以转让土地给其他人之前,同意限嗣继承的佃户这一方。

〔14〕 城市土地主要为 burgage tenure 拥有 (burg 是一个盎格鲁-撒克逊词汇,意为"城市"),除了监护意外,它一般不受所有封建关系的约束。burgage tenure 拥有的土地可以自由地转让,而且可以抵押以筹集流动资金。

〔15〕 按照诺丁汉爵士——在其 1682 年死前,他做了 10 年的大法官——的看法,"旧的用益哲学应该让位于新的信托哲学,它以清晰的公共政策和法律本质和目的为基础"。Austin Wakeman Scott, *The Law of Trusts*, 3rd ed., Vol. 1(Boston, 1967), p. 22. 当时普通法法律家们改造了两种残余的用益制度——积极用益和根据拥有土地的客户所需之用益。参见 Percy Bordwell, "The Conversion of the Use to a Legal Interest," Iowa Law Review 21 (1935), 1 - 46; and John L. Barton, "The Statute of Uses and the Trust of Freeholds," *Law Quarterly Review* 82 (1966), 215 - 225。

〔16〕 参见 Harold Dexter Hazeltine, "The Gage of Land in Mediaeval England," in *Select Essays in Anglo-American Legal History*, Vol. 3 (New York, 1909), pp. 646, 647 - 650。"活抵押"(*vif gage*)和"死抵押"(*mort gage*)被区分开来,根据前者,被抵押人需要用土地增益来抵偿债务的进一步减少,而根据后者,被抵押人不需要这么做(因此才形成了词汇"mortage")。

〔17〕 参见 Berman, *Law and Revolution*, pp. 245 - 250 and 348 - 354, 甚至最优秀的当代欧洲契约法律史学家也没有对更为形式化的日耳曼和罗马契约法现代化过程中,教会法的决定性影响给出一种充分的说明。Reinhard Zimmermann 的伟大著作, *The Law of Obligations: Roman Foundations of the Civilian Tradition* (Oxford, 1996), 只是偶尔触及一点教会法的影响。James R. Gordley 在 *The Philosophical Origins of Modern Contract Doctrine* (Oxford, 1991)一书中,简要地提到 13 世纪到 14 世纪的教会法和罗

马法学说的差异,但是接下来坚决地强调了罗马法的影响。因此 Gordley 把 Baldus 在意图概念方面对教会法的明显贡献当作对罗马法学说的重复(p. 56),而没能注意到 Baldus 既是一个罗马法学家也是一个教会法学家,而且,在查士丁尼罗马法中,没有任何内容支持一种普遍的区分可执行和不可执行的承诺的交易意图原则,而在 Huguccio 和 Hostiensis 的教会法里这样的内容却有很多。Hostiensis, *Summa*, bk. Ⅰ, *De pactis*, sec. 1,它写于
501 1240 年代,指出"契约是两个或更多人的合意,以明确的话语有意约束他们给付或做同一件[事情]",一方给另一方……因此,我说"有意约束,因为如果我提出某事只是为了教导别人活着为了开玩笑,这就不会对我有什么约束。"教会法学家也经常消极地说道意图学说。在一本后来的著作中,一位杰出的教会法学家宣布"契约应该被遵守……只要它们不违反法律或公共政策[*contra bonos mores*]而且非欺诈为之"。参见 Richard Helmholz, *Canon Law and the Law of England* (London, 1987), p. 272。

〔18〕 一篇简短的拉丁语论文,题为 *Lex Mercatoria*,主要是关于程序的,自英国出版于大约 1280 年。在 Paul R. Teetor, "England's Earliest Treatise on the Law Merchant," *American Journal of Legal History* 6 (1962), 178 - 210 中,它被翻译过来了。关于实体商人法的第一部全面的英国著作看起来是 Gerard Malynes 1622 年的著作, *Consuetudo vel Lex Mercatoria*, 或 *The Ancient Law Merchant*。Malynes 这样解释他所说的商人法:"我根据古名 *Lex Mercatoria* 来作为这本著作的题名,因为它是所有王国和共和国都批准了的习惯法,而不是由任何君主主权制定的法律"。在 1473 年, Stillington,爱德华六世的大法官,在 *Carrier's Case* (Y. B. Edward Ⅳ 9, 64 Selden Society 30)中说,由外国商人参与的案件"应该根据自然法来决定,某些人称其为商人法,它是一种全世界通行的法律"。参见 Mary Elizabeth Basile et al., eds., *Lex Mercatoria and Legal Pluralism: A Late-Thirteenth-Century Treatise and Its Afterlife* (Cambridge, Mass., 1998)。

〔19〕 John H. Baker 在"The Law Merchant and the Common Law before 1700," *Cambridge Law Journal* 38 (1979), 295 - 322 中论辩说,1700 年

之前“商人法”这个术语并不指一套与众不同的实体法。另见 James Steven Rogers, *The Early History of the Law of Bills and Notes: A Study of the Origins of Anglo-American Commercial Law* (Cambridge, 1995), pp. 20 - 21。然而,无论 Baker 还是 Rogers,都提到这样的事实,即在商人争议中适用商人法的市集和乡镇法院,也适用英国普通法,即王座法院、民事诉讼法院和财税法院解决其他争议适用的法律,而且他们对两类案件的裁决有时被这些法院审查。换句话说,一个普通法债务或契约或账目诉讼可以在市集法院或乡镇法院提起,而且将根据普通法来裁决;但是一个关于执行为交付某些物品而支付某些价款的口头协议——对此普通法不给予任何救济——的诉讼,将由市集法院或乡镇法院根据一套与众不同的实体商人法来裁决。普通法法律家——以及当代英国法律史学家经常以“自治法”(borough law)来指这套法律。然而,黑尔在 17 世纪下半叶的写作中,指出“普通法包括商人法”。Matthew Hale, *The History of the Common Law of England*, ed. Charles M. Gray (Chicago, 1971), p. 18。

〔20〕 See Willard T. Barbour, “The History of Contract in Early English Equity,” in Paul Vinogradoff, ed., *Oxford Studies in Social and Legal History* (Oxford, 1909), p. 4.

〔21〕 See A. W. B. Simpson, *A History of the Law of Contract: The Rise of the Action of Assumpsit* (Oxford, 1975), pp. 297 - 302 (Slade's Case) and 316 - 488 (consideration).

〔22〕 See Samuel J. Stoljar, *A History of Contract at Common Law* (Canberra, 1975), pp. 147 - 163; Charles W. Francis, “The Structure of Judicial Administration and the Development of Contract in Seventeenth-Century England,” *Columbia Law Review* 83 (1983), 35, 122 - 125; and Holdsworth, *History of English Law*, 4:64, 72, 75.

〔23〕 Simpson, *History of Contract*, p. 446. 502

〔24〕 Aleyn 26, 82 *Eng. Rep.* 897 (1648)。这是一份比 Style 47, 82 *Eng. Rep.* 519 (1647)更为全面的案例汇编,常见的是一个复制本。参见

David Ibbetson, "Absolute Liability in Contract: The Antecedents of Paradine v. Jayne," in F. D. Rose, ed., *Consensus ad Idem* (London, 1996), p. 1。

〔25〕 See Simpson, *History of Contract*, pp. 31 – 33.

〔26〕 Plucknett, *Concise History of the Common Law*, p. 652.

〔27〕 See P. S. Atiyah, *The Rise and Fall of Contract* (Oxford, 1979), passim. Atiyah 指出契约和侵权之区分"在 17 世纪和 18 世纪只获得了缓慢的演进"(p. 144)。参见 Grant Gilmore, *The Death of Contract* (Columbus, 1974), p. 140 n. 228 ("直到 19 世纪晚期'契约'和'侵权'才被截然分开")。Morton Horwitz, 在 *The Transformation of American Law*, 1780 – 1860 (Cambridge, 1977) 一书的第 160 页,指出"现代契约法在根本上是 19 世纪的创造物……只有到了 19 世纪,法官和法学家才……第一次宣称,契约义务的来源是契约双方的合意"。这些被广泛接受的误解,首先,以不考虑除普通法外的所有英国部门法——英国商人法、英国海事法、英国宗教法院的教会法、国际法的英国适用,甚至很多普通法分支,诸如买卖法——为基础;第二,以没有看透规定的程序——它在 19 世纪之前一直盛行于普通法中,在诉讼格式后面支撑着实体学说,而且实体学说在起诉结束后的审判阶段被辩论。18 世纪晚期和 19 世纪关于契约法的论文之出现,确实标志着一种新的普通法系统化方法,以及后来的诉讼格式之废除——这允许这种方法被提炼和被扩大。但是,如 Atiyah claims 所说 (例如,在 139 页),承诺交易可以导致契约义务这种观念在 18 世纪晚期还没有出现,然而至少从 13 世纪教会法学家——包括英国教会法学家——时代以来就一直存在,而且在 17 世纪晚期它被普通法法院采纳之前,不仅在英国宗教法院而且在英国城市法院、商人法院、海事法院和大法官法院的实践中都有所反映。

〔28〕 Rogers, *Early History of the Law of Bills and Notes*, pp. 94ff. and passim.

〔29〕 Ibid., p. 103.

〔30〕 Max Weber, *The Protestant Ethic and the Spirit of Capitalism*, trans. Talcott Parsons (London,1992),p. 104.

〔31〕 关于合并格林兰公司的法律,参见 Samuel Williston,"History of the Law of Business Corporations before 1800," *Harvard Law Review* 2 (1888),111。关于英国股份公司之经济史和法律史,参见 William Robert Scott, *The Constitution and Finance of English, Scottish, and Irish Joint-Stock Companies to 1720*, 3 Vols. (1912; reprint, Gloucester, Mass.,1968)。另见 Frank Evans,"The Evolution of the English Joint-Stock Limited Trading Company," *Columbia Law Review* 8 (1908),339 - 361,461 - 480。不幸的是,这些著作并没有讨论这种经济和法律企业强烈的共同体特征,而是认为其理所当然。

〔32〕 5 & 6 William & Mary c. 20 (*1694*).

〔33〕 参见 John Giuseppi, *The Bank of England: A History from Its Foundation in 1694* (London,1966),pp. 9 - 14 (讨论了该银行的起源和最 503
早的投资者和董事的社会背景); *Rules, Orders, and By-Laws for the Good Government of the Corporation of the Governor and Company of the Bank of England*, *reprinted in Bank of England: Selected Tracts, 1694 - 1804* (Farnborough, U. K.,1968),p. 11 (关于董事会的每周会议) 和 p. 19 (关于双周全体股东大会)。如在股份公司中一样,因此在银行业和其他形式的信用产业中,存在大量的经济和法律文献,这些文献溯源这些现代形式的制度至17 世纪下半叶,而且这些文献认为不强调它们强烈的共同体特征是理所当然的。例如,参见 Frank T. Melton, *Sir Robert Clayton and the Origins of English Deposit Banking*, 1658 - 1685 (Cambridge,1986); P. G. M. Dickson, *The Financial Revolution in England: A Study in the Development of Public Credit, 1688 - 1756* (London,1967); Rogers, *Early History of the Law of Bills and Notes.* 1995)。

〔34〕 关于这种发展,参见 Reid,"Seventeenth-Century Revolution," pp. 288 - 296 and authorities cited there。

〔35〕 *Darcy v. Allen*, 72 *Eng. Rep.* 830 (1602),裁决扑克牌生产专

控皇家许可证是无效的。该案中没有法官意见。柯克对该案的分析——他所提出的就好像是法官意见，可能采纳了辩护律师的观点。参见 Jacob Corre,"The Argument,Decision,and Reports of Darcy v. Allen," *Emory Law Journal* 45（1996），1261－1227。

〔36〕 See William L. Letwin,"The English Common Law Concerning Monopolies," *University of Chicago Law Review* 21（1954），355－385；Donald W. Wagner,"Coke and the Rise of Economic Liberalism," *Economic History Review* 6（1935），30ff.；Donald O. Wager,"The Common Law and Free Enterprise：An Early Case of Monopoly." *Economic History Review* 7（1936），217ff.；Barbara Malament,"The 'Economic Liberalism' of Sir Edward Coke," *Yale Law Journal* 76（1967），1321－1358.

〔37〕 See Robert Ashton,*The English Civil War：Conservatism and Revolution*, 1603－1649（London,1989），pp. 84－85,92；George Unwin,*The Gilds and Companies of London*（New York,1964），pp. 336－339.

〔38〕 关于16世纪和17世纪欧洲其他地方统治者榨取钱财的可以比较的手段，参见 Carolyn Webber and Aaron Wildavsky,*A History of Taxation and Expenditure in the Western World*（New York,1986），pp. 262－268。这些手段包括出售诸如贵金属采矿垄断权，对土地和农产品征收直接税和间接税，没收财产，为国王岁入而剥削殖民地，以及出售公职。

〔39〕 参见 E. E. Rich and C. H. Wilson, eds.,*The Cambridge Economic History of Europe*, Vol. 5（Cambridge,1977），p. 352。因为荷兰的影响，这些创新有时被称为"荷兰财政"。参见 Scott B. MacDonald and Albert L. Gastmann,*A History of Credit and Power in the Western World*（New Brunswick,N. J.,2001），pp. 132－133。然而，事实上英国在引入新的财政方法发明已经超越了荷兰。参见 Jan De Vries and Ad van der Woude,*The First Modern Economy：Success, Failure, and Perseverance of the Dutch Economy, 1500－1815*（Cambridge,1997），pp. 131－132,141－142,152,155。

〔40〕 参见 Edward Chancellor,*The Devil Take the Hindmost：A History*

of Financial Speculation（New York,1999）。早在1690年代,投资者就开始抱着大把获利的想法投机股票。因此潜水钟——带来了在海里丢失的货物可能被打捞上来的希望——的发明,导致了超过一打的公司的创立,有些公司承诺对其投资能够获得100%或更高的利润率。同上书,第36～38 504
页。诸如卖空和特权买卖等实践也是这个时期的产物。同上书,第39页。虽然1690年代的"泡沫"最终破灭了,但是投机精神在1720年臭名昭著的南海泡沫中达到了最高点,它是由南海公司滥发股票引起的,该公司是为了利用南太平洋的新近发明而成立的。它的董事们用新募集来的收益支付以前的许诺。同上书,第66～80页。紧接着这场灾难之后,议会宣布各种形式的投机非法,比如卖空和特权贸易和期货贸易。同上书,第88页。另见Peter M. Garber,*Famous First Bubbles: The Fundamentals of Early Manias*（Cambridge,Mass.,2000）,pp. 115－120。

〔41〕 在1690年代股票泡沫之前,"经纪人"（broker）这个词仅指拉皮条者。Garber,*Famous First Bubbles*, p. 31。

〔42〕 See Chancellor,*Devil Take the Hindmost*, pp. 31－39.

〔43〕 在伊丽莎白女王治下,发行了一系列专利证书,部分的是为了给英国带来在欧洲其他地方可以发现的创新科技。参见Christine MacLeod,*Inventing the Industrial Revolution: The English Patent System, 1660－1800*（Cambridge,1988）,pp. 11－13。意大利的城邦,特别是威尼斯,在专利法的发展过程中起到了特别重要的作用。参见Pamela O. Long,*Openness,Secrecy,Authorship: Technical Arts and the Culture of Knowledge from Antiquity to the Renaissance*（Baltimore,2001）,pp. 90－95。

〔44〕 该法的术语为下文所引,Adam Mossoff,"Rethinking the Development of Patents: An Intellectual History,1550－1800." *Hastings Law Journal* 52（2001）,1255,1272－1273。

〔45〕 See Christine MacLeod,"The 1690s Patent Boom: Invention or Stock－Jobbing?" *Economic History Review* 39,2nd ser.（1986）,549－571.

〔46〕 See Richard Rogers Bowker,*Copyright: Its History and Its Law*

(Boston,1912),pp. 25 - 31。雕版和印刷受到了 1734 年和 1735 年一系列法律的保护。然而,直到 19 世纪,戏剧表演和生产工艺设计才受到了保护,而且只有在那时英国才开始约束自己遵守关于保护外国版权的国际协定。

〔47〕 See Peter L. Bernstein, *Against the Gods: The Remarkable Story of Risk* (New York,1996),pp. 90ff.

〔48〕 同上书。另见 Ralph Straub, Lloyd's: *The Gentlemen at the Coffee-House* (New York,1938)。

〔49〕 See Ian Hacking, *The Emergence of Probability: A Philosophical Study of Early Ideas about Probability, Induction, and Statistical Inference* (Cambridge,1975),pp. 102 - 110.

第十二章 英国社会法的转型

〔1〕 第二部至上法,在 1559 年伊丽莎白一世即位时制定,宣布她和她的继承人是"这个王国唯一的最高统治者……在所有的精神或宗教事务或事业方面和世俗方面一样"。1 Elizabeth I c. 1 (1559).

〔2〕 第一部英文的祈祷书,主要由托马斯·克莱默大主教设计,爱德华六世在 1549 年采纳,更多地利用了新教神学,显著的是在圣餐变体方面拒绝了罗马天主教。参见 Samuel Leuenberger, *Archbishop Cranmer's Immortal Bequest: The Book of Common Prayer of the Church of England: An E-
505 vangelical Liturgy* (Grand Rapids, Mich., 1990)。在伊丽莎白女王 1559 年采纳的第三部共同祈祷书,1604 年詹姆斯一世采纳的第四部,以及查理二世于 1662 年采纳的第五部也是最后的一部中,都没有什么太大变化。尽管与加尔文宗神学有某些妥协,但是长老会和其他异议教会还是与罗马天主教特征——它保持了各种版本——以及英国国教会的礼拜惯例还是有冲突。参见 Willian Sydnor, *The Real Prayer Books: 1549 to the Present* (Wilton, Conn., 1979), p. 10。

〔3〕 圣经的第一个英文本是由威克利夫(John Wyclif)在 14 世纪根

据拉丁文圣经翻译的。之后1407年的一部宗教制定法宣布将任何圣经文本翻译成引文都是一种异端的行为。在1526年,丁道尔(William Tyndale)翻译了希腊语新约,在1530年他出版了他翻译的布部分希伯来旧约。在16世纪结束之前,已经有了其他的英文译本,在1604年詹姆士一世国王任命了一个学者委员会来搞一个权威译本,它出现在1611年。詹姆士国王圣经一直是官方版本,其在英国国教会里被要求阅读。参见Brooke Foss Westcott, *A General View of the History of the English Bible*, 3rd ed. rev. (New York, 1916)。

〔4〕 加尔文原则上同意茨温利的,任何给人美感的事物——诸如音乐、服饰、礼节手势和图像——应该在工作中被除去。然而,他开始认为,只要所唱的被排他性地限制在圣诗中,就会对会众的歌曲有好处。有韵律的圣诗集之第一个英文译本出版于1652年。参见Richard Arnold, *English Hymns of the Eighteenth Century* (New York, 1991), pp. 4－7。Madeleine Marshall and Janet Todd, in *English Congregational Hymns in the Eighteenth Century* (Lexington, Ky., 1982)一书的第12页,写道"有韵律的赞美诗是加尔文送给英国的礼物"。最终世俗之人变得厌倦了圣诗的"所谓的呆板",因此,在1735年John Wesley出版了一部赞美诗集,它和Issac Watts及其他人的赞美诗集一起,"获得了不可预测的高度普及",尽管根据议会的礼拜仪式立法,在典型的英国国教会场所歌唱它们是非法的,直到1859年。参见Arnold, *English Hymns*, pp. 7－17。

〔5〕 虽然这样的布道,特别地被英国国教会里的清教徒实践着,它也被某些杰出的非清教徒实践。因此16世纪坎特布雷大主教,Hugh Latimer,展现了一种布道类型,它"支持仁慈感情的重生"而且信守"信仰证明了的诺言"。参见Charles Montgomery Gray, *Hugh Latimer and the Sixteenth Century: An Essay in Interpretation* (Cambridge, Mass., 1950), p. 20。

〔6〕 参见第七章("The Religious Settlement")。

〔7〕 See Bernard Palmer, *High and Mitred: A Study of Prime Ministers as Bishop－Makers, 1837－1977* (London, 1992), pp. 1－8; See Norman Doe,

The Legal Framework of the Church of England: A Critical Study in a Comparative Context (Oxford,1996),pp. 163 - 165.

〔8〕 事实上,它使得光荣革命取得了这些清教徒的目标。

〔9〕 Christopher Lasch,"The Suppression of Clandestine Marriage in England: The Marriage Act of 1753," *Salmagundi* 26 (1974),90 - 91.

〔10〕 John Witte 写道:"成打的英国国教和英国清教作者,从 1600 年以来,详细解释了这种婚姻的'共和国模式'[凭此它被认为是]'一个家庭里的好成员容易成为教会和共和国的好成员'"。参见 John Witte, Jr. ,"The Goods and Goals of Marriage," *Notre Dame Law Review* 76 (2001), 1059,quoting William Gouge,*Of Domesticall Duties: Eight Treatises* (London,
506 1622),p. 17。另见同一作者,*From Sacrament to Contract: Marriage,Religion,and Law in the Western Tradition* (Louisville,Ky. ,1997),p. 173。

〔11〕 参见 Richard H. Helmholz,*Roman Canon Law in Reformation England* (Cambridge,1990),pp. 69 - 70;和 Martin Ingram,*Church Courts, Sex,and Marriage in England*,1570 - 1640 (Cambridge,1987),pp. 125 - 218。

〔12〕 参见 16 George Ⅱ c. 33 ("一部较好的阻止秘密婚姻的法律")。该法要求婚姻当事人在他们的经常住所公布了结婚预告之后,要从他们的牧师那里得到一份许可,但是它也承认坎特布雷大主教的权利和他的"正当的官员"在适当的情况下免除这些要求。该法也要求,当事人在未满 21 岁时要经父母同意。另见 Stephen Parker,Informal Marriage, Cohabitation,and the Law,1750 - 1989 (New York,1990),pp. 29 - 47; and James A. Brundage,*Law,Sex,and Christian Society in Medieval Europe* (Chicago,1987),pp. 563 - 564。

〔13〕 关于议会授予离婚的环境,参见 Holdsworth,*History of English Law*,11:622 - 623。

〔14〕 See 6,7 William Ⅳ c. 85 (1836). See Holdsworth,*History of English Law*, 15:208 - 209.

〔15〕 See Holdsworth,*History of English Law*,1:619 - 620.

〔16〕 Helmholz, *Roman Canon Law*, pp. 109 – 114.

〔17〕 See Holdsworth, *History of English Law*, 6:404, 11:539.

〔18〕 参见 6,7 William Ⅲ and Mary Ⅱ c. 11（1694）。为了保证顺从,该法的规定应该在教会里每年朗读四次,这被加以了特别的说明。参见 Holdsworth, *History of English Law*, 6:404。

〔19〕 See 9 William Ⅲ c. 35（1697/98）.

〔20〕 See 12 George Ⅱ c. 28.

〔21〕 参见 13 George Ⅱ c. 19。参见 18 George Ⅱ c. 34（1746）（确定了重量要求和参加赛马者应该遵守的其他标准）。

〔22〕 See 10 George Ⅱ c. 28（1737）（关于剧院管理）。See Holdsworth, *History of English Law*, 11:547 – 549（分析了制定法的术语）; See Dudley W. R. Bahlman, *The Moral Revolution of 1688*（New Haven, 1957）, pp. 1 – 30.

〔23〕 Bahlman, *Moral Revolution*, p. 31。这个说明得自 pp. 37 – 38, 40 – 41, 48 – 55, 58 – 59。

〔24〕 Bahlman（同上书,第 66 页）得出结论:衰落仅因为失去了“热情和希望”。

〔25〕 See Leon Radzinowicz, *A History of English Criminal Law*, Vol. 3, *The Reform of the Police*（London, 1956）, pp. 144 – 156.

〔26〕 参见 John H. Langbein, “Shaping the Eighteenth-Century Criminal Trial: A View From the Ryder Source,” *University of Chicago Law Review* 50（1983）, 55 – 67。1829 年的 Robert Peel 爵士大城市警察法成立了第一个英国公共警察机关,一般被其创立者称为 Bobby（英国俚语,“警察”）。公共起诉主管也被任命,“负责有限区域内的系列犯罪”。同上书,第 56 页。

〔27〕 受捐赠成立的语法学校在伊丽莎白统治下从 51 个增加到 280 个或更多,而且在 1700 年达到了 400 个。参见 James Bowen, A History of Western Education, Vol. 3（New York, 1981）, pp. 129 – 130。

〔28〕 参见 S. J. Curtis, *History of Education in Great Britain*, 6th ed. (London, 1965), p. 98。另见 Helen M. Jewell, *Education in Early Modern England* (New York, 1988), pp. 25 - 37。

〔29〕 See Lawrence Stone, "The Educational Revolution in England, 1560 - 1640," *Past and Present* 28 (1965), 41, 77 - 78.

〔30〕 参见 Samuel Hartlib, *Considerations Tending to the Happy Accom-*
507 *plishment of England's Reformation* (1627), 和 John Dury, *The Reformed School* (1649)。这两本著作都复制于 Charles Webster, ed., *Samuel Hartlib and the Advancement of Learning* (Cambridge, 1970)。另见 John Milton, *Tractate of Education*, in Oliver Morey Ainsworth, ed., *Milton on Education* (New Haven, 1928), pp. 51 - 64。在17世纪改革后的传统中对英国教育有影响的大陆作者包括 John Comenius 和 Hermann Francke。关于 Comenius, 参见 David Cressy, *Education in Tudor and Stuart England* (London, 1975), pp. 101 - 102; 关于 Francke, 参见 Mary G. Jones, *The Charity School Movement: A Study of Eighteenth - Century Puritanism in Action* (Cambridge, 1938), pp. 37 - 38。另见 Irene Parker, *Dissenting Academies in England: Their Rise and Progress and Their Place among the Educational Systems of the Country* (Cambridge, 1914), pp. 1 - 44。

〔31〕 Dury, *The Reformed School*, in Webster, *Samuel Hartlib*, p. 148.

〔32〕 Ibid., p. 149.

〔33〕 Uniformity Act 1662, 1665 Act, Parker 46.

〔34〕 基督教知识促进会(SPCK)的五个发起人是英国国教会的杰出成员,现在的英国国教会比革命前更加"包容"。

〔35〕 参见 Jones, *Charity School Movement*, pp. 364 - 371, 关于超过1000个英国慈善学校在 Account of Charity School 中达到了1724个。Jones 写道(p. 19):二者[受捐赠成立的学校和捐献的学校]都是慈善学校,二者都致力于通过教化提升道德,二者提供的教育都以宗教知识为基础,当它们有支付能力时,二者都为学生提供免费的教育、衣服和学徒费,而且英

格兰和威尔士的基督教知识促进会与苏格兰和爱尔兰的一体化学会——二者都使得对慈善学校运动给予个人为慈善事业的努力,使用“慈善学校”这个术语。

〔36〕 参见 Craig Rose,“The Origins and Ideals of the SPCK,1699 - 1716,” in John Walsh,Colin Haydon,and Stephen Taylor,eds. ,*The Church of England*, c. 1689 - c. 1833 (Cambridge,1993),p. 172。其成员只有推荐才能获得进入资格,但是不用支付每年的捐献金,而且在会议中只享受观察员身份。

〔37〕 See Jones,*Charity School Movement*, p. 19.

〔38〕 See W. O. B. Allen and Edmund McClure,*Two Hundred Years: The History of the Society for Promoting Christian Knowledge, 1698 - 1898* (New York,1970),pp. 22 - 23.

〔39〕 最后,1714 年议会的一项法律使得初等学校完全不受《礼拜仪式统一法》的约束。参见 Parker,*Dissenting Academies*, pp. 48 - 50。

〔40〕 See Jones,*Charity School Movement*,pp. 43 - 49.

〔41〕 See W. K. Lowther Clarke,*A History of the SPCK* (London, 1959),pp. 43 - 44.

〔42〕 See Jones,*Charity School Movement*, p. 73.

〔43〕 Clarke,*History of the SPCK*, p. 27.

〔44〕 See Jones,*Charity School Movement*, p. 74.

〔45〕 Ibid. ,pp. 106 - 109.

〔46〕 关于慈善学校在女童教育中的作用,参见 Jewell,*Education in Early Modern England*,pp. 89 - 91。

〔47〕 Norman Sykes,*Church and State in England in the Eighteenth Century* (New York,1975),p. 379.

〔48〕 参见 Sidney Webb and Beatrice Webb,*English Local Government: English Poor Law History*, pt. 1, *The Old Poor Law* (London,1927),p. 397。第一部处理穷人问题的议会法是“关于惩罚乞丐和流浪者”的1531 年法, 508

其导言提到了“懒惰,所有罪恶之母和根”。参见 22 Henry VIII c. 12。该法只允许老年穷人和体弱者乞讨,而且只能在经过审定的区域。

〔49〕 See Chapter 6 on sixteenth-century Germany.

〔50〕 参见 27 Henry VIII c. 25 (1536) (创设了教区穷人监督员办公室); 5 & 6 Edward VI c. 12 (1552) (要求每个教区的施舍品和税款征集者要被指定); 14 Elizabeth I c. 5 (1572); (要求税款征集者和穷人监督员每月“观察和调查”穷人); 39 Elizabeth I c. 30 (1598) (要求每个教区的教会委员和四个监督员驱使穷人去工作而且使乞丐的孩子去当学徒); and 43 Elizabeth I c. z (1602) (每个小教区被要求的监督员数目减少到两个,但是另外保留了 39 Elizabeth I c. 30 的规定)。参见 Katherine L. French, Gary C. Gibbs, and Beat A. Kfimin, eds. , *The Parish in English Life, 1400 – 1600* (Manchester, 1997), pp. 74, 77, and n. 15。

〔51〕 Webb 兄弟报道说,在 17 世纪晚期,有大约 3000 个治安法官和大约 9000 个教区。大多数教区的人口在几百人左右或更少。

〔52〕 参见 28 Henry Ⅷ c. 6。选择的方法,警官、检察员和监督员报告的机构,在很大程度上由地方习惯管理而且变化很大。参见 Webb and Webb, English Local Government, pp. 298 – 299。

〔53〕 Ibid. , p. 398.

〔54〕 同上书,第 399 页。关于治安法官,参见 John P. Dawson, A History of Lay Judges (Cambridge, Mass. , 1960), pp. 136 – 145。

〔55〕 See Sidney Webb and Beatrice Webb, *English Prisons under Local Government* (London, 1922), pp. 12 – 13; and Bronislaw Geremek, Poverty: *A History, trans. Agnieszka Kolakowska* (Oxford, 1997), pp. 217 – 219.

〔56〕 关于感化院的情况,参见 Webb and Webb, *English Prisons*, pp. 12 – 17。

〔57〕 一般可参见 W. K. Jordan, *Philanthropy in England, 1480 – 1660: A Study of the Changing Pattern of English Social Aspirations* (London, 1959); and W. K. Jordan, *The Charities of London, 1480 – 1660: The Aspira-*

tions and Achievements of the Urban Society（New York,1960）。

〔58〕 第一部安置法制定于1662年。参见13 & 14 Charles Ⅱ c. 12. 其他17世纪的安置法包括3 William & Mary c. 11（1692）；和8 & 9 William Ⅲ c. 30（1697）。该法的一次主要改编制定于1723年。参见9 George I c. 7。解决法的基本原则是，试图离开他们的教区到其他地方寻找工作的人要被遣返回家。

〔59〕 这是Dudley North的一种批评，他是一位众所周知的自由放任经济的17世纪代表。参见Richard Grassby, *The English Gentleman in Trade: The Life and Works of Sir Dudley North*（Oxford,1994）,pp. 247 - 250。北方“强烈地鼓励了劳动力的一次国际流动”和“谴责了安置法，它通过限制国际移民和劳动力流动，已经在地区之间制造了人为的制造成本差异，而且阻碍了工资率的均等化”。同上书，第247页。

〔60〕 关于感化院的失败，参见Joanna Innes, “Prisons for the Poor: English Bridewells, 1555 - 1800,” in Francis Snyder and Douglas Hay, eds., *Labour, Law, and Crime: An Historical Perspective*（London, 1987）, pp. 42 - 122。

〔61〕 See Valerie Pearl, “Puritans and Poor Relief: The London Workhouse, 1649 - 1660,” in Donald Pennington and Keith Thomas, eds., *Puritans* 509
and Revolutionaries: Essays in Seventeenth - Century History Presented to Christopher Hill（Oxford,1978）,pp. 206,219.

〔62〕 1647年法令创造了伦敦穷人公司，它被授权组织贫民习艺所和矫正院，由1位主席、1位副主席、1位司库和40个全体大会每年选举产生的助理来管理。参见Pearl, “Puritans and Poor Relief,” pp. 222 - 223。

〔63〕 1662年安置法重新合并了部分1649年安置法的内容而且考虑了伦敦、威斯敏斯特、米德尔塞克斯，以及萨里等地的贫民习艺所。1662年安置法也考虑了穷人公司的重建，尽管这直到1698年才发生。重新组建的公司“在作为一个孤儿院操作方面类似于最初的公司，它强调有限的教育和培训”。同上书，第224页。参见13 & 14 Charles II c. m（the Act of Settlement)。

〔64〕 See 9 George I c. 7.

〔65〕 See Paul Slack, *The English Poor Law, 1531 - 1782* (Cambridge, 1995), p. 34.

〔66〕 *A Discourse Touching Provision for the Poor [1659], written by Sir Matthew Hale, late Lord Chief Justice of the Kings Bench, London: printed by H. Hills, for the John Leigh at Stationers Hall* (London, 1683), p. 25, 见第三章:"这种救济提出:1. 季度会议上的治安法官确实测定和划分他们的几个郡的教区为几个分区,在每个分区都可以有一个为各自分区公共使用而准备的世界屋……即一个,两个,三个,四个,五个或六个教区有一个世界屋,这取决于这几个教区的大小和容纳人数"(p. 27)。"3. 每年由上述的治安法官选择一位师傅负责贫民习艺所,在上述的股票外给一份合宜的收入或者其中连续三年的收益"(p. 30)。

〔67〕 参见 Josiah Child, *A New Discourse of Trade* (London, 1670)。柴尔德(Child)是一个商人,他作为共和国的海军食品供应者积累资金的财富。他随后写了关于贸易问题的小册子,而且担任东印度公司的主管人员,有一段时间他在那里是唯一的统治者。他被广泛地认为位居英国第一流经济学家名列。

〔68〕 Child, *A New Discourse of Trade*, quoted in Webb and Webb, *English Local Government*, p. 103.

〔69〕 同上书。改革的很多推动力来自小册子作者,他们比较了英国的情况和荷兰及德国的济贫运转情况。Richard Haines,一个改革的鼓吹者,在 1678 年写道:"在荷兰……他们在每个城市都有为永恒禁闭而准备的公共的贫民习艺所"。引自同上书, p. 106。

〔70〕 See Timothy Hall Breen, "The Non-existent Controversy: Puritan and Anglican Attitudes on Work and Health," Church History 35 (1966), 273 - 284.

〔71〕 See Slack, *English Poor Law*, p. 42, 概括了 David Owen, *English*

Philanthropy: *1660 - 1960* (Cambridge,1964)。

〔72〕 参见 Slack,English Poor Law,p. 43 (引自 Owen,English Philanthropy)。

〔73〕 Ibid.,p. 44.

〔74〕 See Matthew Hale, "A Discourse Touching on Provision for the Poor," in *The Works Moral and Religious of Sir Matthew Hale*, Vol. 1 (London,1805),pp. 515,516.

〔75〕 See Christopher Hill,*Puritanism and Revolution*: *Studies in the Interpretation of the English Revolution of the Seventeenth-Century* (New York, 1964),p. 225.

〔76〕 See Geremek,*Poverty*: *A History*, p. 220.

〔77〕 Daniel Defoe 反对一部想要进一步建立贫民习艺所的法案,他写道:"因此我谦恭地认为,为了在每一个乡镇建立起制造业以把制造业从安置的地方调换到秘密的教区和私营公司,为了把我们的贸易分配给每一家,那就一定会导致制造商资金倒闭,它将导致千万个家庭失业,而且将面包从穷困者的嘴里拿走,勤勉的家庭去喂养游民、盗贼和乞丐,他们本应该被法律方法强迫着去寻找很简单就能拥有的工作;而且这部法律将不会安置和救济穷人,只是增加他们的数量,使他们中最优秀的分子挨饿。"参见 Daniel Defoe,*Giving Alms no Charity* (1704; reprint,Yorkshire, 1972),p. 23。

〔78〕 Hale,*Discourse*, 1:7.

〔79〕 E. A. Gellner, "French Eighteenth-Century Materialism," in D. J. O'Connor,ed.,A *Critical History of Western Philosophy* (New York,1986), p. 278.

〔80〕 参见 C. John Sommerville,*The Secularization of Early Modern England*: *From Religious Culture to Religious Faith* (Oxford,1992),pp. 149, 163,186 新教教义,他进一步论辩说,导致异议,异议导致相对主义,相对主义导致自然神论,自然神论导致无神论(pp. 160 - 162)。

尾 论

〔1〕 在美国,Charles Homer Haskins 首先发展出这个命题,即现代性开始于 12 世纪。他和他的门徒 Joseph Strayer“提出了美国[所谓的]中世纪研究家从 1920 年代到 1980 年代的研究议程”。Paul Friedman and Gabrielle M. Spiegel,“Medievalisms Old and New: The Rediscovery of Alterity in North American Medieval Studies,” *American Historical Review* 103 (June 1988),682。

致　谢

我要特别感谢两位为本书的问世而协力工作的伙伴，一位是小约翰·维特（John Witte, Jr.），在本研究的第一阶段他还是哈佛大学法学院的一个学生，1985 年毕业之后，他来到了我在埃莫里大学（Emory University）法学院的新办公室，成为一名全职的研究助理，现在他已经是这里的一名优秀的学者和教师，是我可贵的同事和朋友；另一位是小查尔斯·J. 雷德（Charles J. Reid, Jr.），他也是一位不平凡的学者和朋友，在被聘为圣托马斯法学院（St. Thomas Law School）的法律副教授之前，他已经为本书做了十年的研究助理。约翰·维特的《法律和新教》（*Law and Protestantism*）一书，涵盖了这一研究领域的部分内容，在它出版问世之时，本书业已杀青，等待出版评论。所以，我就没有机会借鉴它的成果了。但是，我参考了他此前发表的几篇论文，并且也参考了查尔斯·雷德所发表的几篇论文。

我还要深深地感谢理查德·赫姆霍兹(Richard Helmholz)和詹姆斯·麦尔登(James Melton),谢谢他们在本书付梓前对部分章节的有益评论。

我也要衷心感谢我的事务助理南希·克纳雅克(Nancy Knaak),她用勤奋和智慧把成堆的报告、通信、会议、旅行安排以及本书出版过程中所经历的"一揽子"事务安排得井井有条,她用非凡的才能把看起来毫无头绪的草稿整理成清晰的文本。

我也感谢伊丽莎白·查普尔(Elizabeth Chappell)认真而聪明的协助研究,尤其在本书后期准备出版之际,她是一位合作的朋友。

埃莫里大学为这项研究提供了慷慨的资金支持,这里的历史系和法学院则提供了智力和精神上的支持,我对此也是心怀感激。

最后,我还要向哈佛大学和埃莫里大学无与伦比的学者和图书馆员们致以感激之情,他们为这一研究慷慨地提供了必要资料。特别感谢哈佛大学法学院图书馆的特藏管理员,他(她)们为我使用16世纪、17世纪和18世纪的珍稀著作提供了方便。

索 引

(条目后数字系本书英文原版页码,检索时请查本书边码)

译后记

在15世纪的时候，一位名叫福蒂斯丘的英格兰爵士，在追随从英格兰流亡海外的王子殿下的途中，不失时机地劝导他的流亡殿下学习英格兰的法律。在一番引经据典的说教之后，他又苦心援引了圣经《诗篇》里的话来作为凭据：先知说，“你们世上的审判官该受管教”。身为一位谙熟法律的司法大臣，福蒂斯丘在援引《圣经》里的这句话时，特意解释明白：先知所告诫的，是如王子殿下这样的将做“世上的审判官”的人；先知并没有说那些“世上犁田的人”或者“世上居住的人”要接受管教。可见，先知所说的，就是要你们做君王的人接受“法律的管教”，而不是什么别的实用技艺或机械技能，也不是大而无当的理论空谈。接下来，福蒂斯丘继续劝说道：“先知接着说：‘你们世上的审判官该受管教。’‘恐怕主随时发怒，你们便在道中灭亡。’王子殿下，圣经不仅命令你接受法律的训导，你应藉此追求正义，而且,还要求你热爱正义本身,因为它说道:‘热爱正义,你们世上的审判官。’”

把法律、正义等概念和神的属性联系在一起,和世俗之中的王侯贵族联系在一起,这样的情感认识逻辑,在西方文明史之中,其鼎盛时期或许已经过去了。那一鼎盛时期,用我们熟悉的字眼来描述,应可谓是其“古风”流行的时代吧。普通人从记忆中寻找往日的慰籍,闻达者从历史中借鉴未来的道路。伯尔曼先生就是在具有浓郁古风的西方历史中寻找今日大行其道的法律文明的路标的。

见仁见智,所有的立论都有其特定社会背景和个人认识局限。在这里,有意思的是,这位英国的老贵族着意强调了“世上的审判官”、“世上犁田的人”和“世上居住的人”的区别。这就可以叫我们联想起《论语》里面的一则故事:樊迟请学稼,子曰:“吾不如老农。”请学为圃,曰:“吾不如老圃。”樊迟出。子曰:“小人哉,樊须也!上好礼,则民莫敢不敬;上好义,则民莫敢不服;上好信,则民莫敢不用情。夫如是,则四方之民襁负其子而至矣,焉用稼?”在追求法治精神和实践的时代,我们的汉语读者如果在读过这一本书之后,能够为自己的使命而更加骄傲,或是能从自己身上看到或是反省出一些作为法律人应有的尊严和骄傲,感受到另一种形式的“荷国重任”,而别于“老农”和“老圃”意义上的“小人”角色,这也许就在一定程度上,在我们自己的法治发展轨迹上,呼应本书作者伯尔曼先生的旨意了。

本书是袁瑜琤和苗文龙合作翻译的,具体分工为:袁瑜琤翻译序言、导论、致谢和第一章到第六章(德国部分),苗文龙翻译第七到十二章(英国部分)和结论及索引。

在翻译过程中,我们得到了北京大学社会学系刘莉和中国人民武装警察部队学院冯申的热情帮助。该书的翻译还得益于北京大学出版社贺维彤先生和北京博珩第零公司的毕竞悦总策划费力联系。同时还需要感谢的是我们的老师贺卫方教授和武树臣教授。我们的朋友陈薇芸博士、淳于闻博士、刘毅博士在学术、生活等各方面照顾甚多;法律出版社的诸位编辑为此书的出版所付出的劳动,我们在此要表示衷心的感谢。我们在与北京大学法学院04级博士班的学友们以及我们的同门兄弟姐妹的日常交流中获益良多,篇幅所限,恕不一一列出诸位的名字。

衷心感谢以上师友的帮助。译事多艰,良非虚言,诚望各位方家贤达批评指教,联系邮箱为 yuanych@126. com, miaowl@126. com,我们提前谢过。

译　者

2007 年 3 月

图书在版编目(CIP)数据

法律与革命. 第二卷 / (美) 哈罗德·J. 伯尔曼 (Harold J. Berman) 著 ; 袁瑜琤, 苗文龙译. -- 北京 : 法律出版社, 2018(2022.9 重印)

书名原文: Law and Revolution, II: The Impact of the Protestant Reformations on the Western Legal Tradition

ISBN 978-7-5197-2478-8

Ⅰ. ①法… Ⅱ. ①哈… ②袁… ③苗… Ⅲ. ①法制史-研究-西方国家 Ⅳ. ①D909.9

中国版本图书馆 CIP 数据核字(2018)第 160273 号

法律与革命(第二卷)
FALÜ YU GEMING(DI ER JUAN)

[美]哈罗德·J.伯尔曼 著
袁瑜琤 苗文龙 译

责任编辑 韩满春
装帧设计 贾丹丹

出版发行 法律出版社
编辑统筹 学术·对外出版分社
责任校对 李景美
责任印制 陶 松
经 销 新华书店

开本 A5
印张 24.375 **字数** 558 千
版本 2018 年 8 月第 1 版
印次 2022 年 9 月第 3 次印刷
印刷 北京中科印刷有限公司

地址:北京市丰台区莲花池西里 7 号(100073)
网址:www.lawpress.com.cn
投稿邮箱:info@lawpress.com.cn
举报盗版邮箱:jbwq@lawpress.com.cn
销售电话:010-83938349
客服电话:010-83938350
咨询电话:010-63939796

书号:ISBN 978-7-5197-2478-8
定价:128.00 元
凡购买本社图书,如有印装错误,我社负责退换。电话:010-83938349